KB065251

A Communicative Grammar of English

원활한 의사소통을 위한
구어 영문법

A Communicative Grammar of English

제프리 리치 & 얀 스바트빅 편저
김주성 감수

원활한
의사소통을 위한
구어 영문법

Third
Edition

빅북

서문

그동안 「A Communicative Grammar of English」는 권위 있는 문법책이자 혁신적인 문법책이라는 두 가지 입지를 모두 확고히 다져왔다. 기존의 내용을 완전히 개정한 제3판에서는 구어체 영어에 보다 중점을 두었으며 코퍼스(Corpus, '전집'이나 '언어자료'로 번역하며 특정한 주제의 언어 연구를 염두에 두고 구축한 텍스트) 자료를 기반으로 실증적인 사례를 더욱 풍부하게 활용하였다. 그뿐만 아니라 한층 간결한 설명을 제공하고 롱맨 코퍼스 네트워크를 이용하여 더 풍부한 코퍼스 사례를 제시하였고 중요한 문제와 사소한 문제의 차이점을 밝힘으로써 훨씬 '교육적으로' 설명하려고 노력했다.

이 책의 구성은 제2판과 기본적으로 동일하여 각 부분마다 번호가 매겨져 있으며 다음과 같이 3개의 Part로 나눠진다.

● Part 1 이 책의 활용법 가이드
● Part 2 실용 영문법
● Part 3 영문법의 A부터 Z까지

「A Communicative Grammar of English」는 랜돌프 쿼크, 시드니 그린 바움, 제프리 리치, 얀 스바트빅이 공동 저술한 「A Comprehensive Grammar of the English Language(이하 CGEL로 표기)」(1985, 롱맨)를 기반으로 만들었다. 하지만 이 책은 「CGEL」의 방대한 내용을 단순히 축약한 것이 아니다. 구성도 전혀 다를 뿐 아니라 특히 Part 2에서 두드러지듯이 「CGEL」에 없는 내용이 추가되었기 때문이다. 반면에 문법의 구조나 형식적인 측면에서는 「CGEL」이나 시드니 그린바움과 랜돌프 쿼크가 공동 저술한 「A Student's Grammar of the English Language」(1990, 롱맨)에 비해 다소 포괄적이지는 못한 편이다. 만약 빈도와 언어변이형, 일상 어법의 문제에 대해 참고하고 싶다면, 이 책과 전반적으로 동일한 뼈대를 활용하고 있는 더글라스 바이버와 스티그 조핸슨, 제프리 리치, 수잔 콘래드, 에드워드 피네건이 공동 저술한 Longman의 「Grammar of Spoken and Written English」(1999)가 특히 참고할 만하다.

이 책은 영문법의 전문 용어와 분류를 최대한 간소화하려고 노력했기 때문에 Part 3에서 사용한 용어와 분류가 모두 「CGEL」과 일치하지는 않는다.

2019년 8월,
영국의 랭카스터와 룬드에서

기호 일러두기

( ) 둥근 괄호로 묶은 어휘 항목은 선택적인 내용이므로 빼고 사용해도 아무 문제가 없다.

    Susan said she would call back but she didn't (do so).

    수잔은 다시 전화하겠다고 말했지만 하지 않았다.

위 문장은 다음과 같이 두 가지로 사용할 수 있다.

    … but she didn't do so. 또는 … but she didn't.

또한 둥근 괄호는 상호 참조를 표시하기도 한다.

    (408 참조)라는 것은 '본 책의 408번 항을 참조'하라는 뜻이다.

〔 〕 대괄호로 묶은 숫자는 상호 참조가 필요한 사례 뒤에 사용한다.

    문장 〔5〕의 경우와 같이 …

또한 대괄호는 어휘 항목을 구분할 때에도 사용한다. 예를 들어 다음 문장에서는 대괄호로 두 개의 부사를 구분한다.

    We go 〔to bed〕 〔early〕.

    우리는 〔잠자리에〕 〔일찍〕 든다.

/ 사선이 그어져 있으면 두 가지 어휘 항목 중에 하나를 선택할 수 있다는 뜻이다. 예를 들어 다음 문장에서는 some- 이나 any- 로 시작하는 대명사 중 하나를 골라야 한다.

    Did somebody/anybody phone?

    누군가 전화했어?

{ } 중괄호가 있으면 여러 어휘 항목 중에 하나를 선택할 수 있다는 뜻이다. 예를 들어 다음 문장에서는 세 가지 관계 구문 중에 하나를 선택하면 된다.

$$\text{The film} \begin{Bmatrix} \text{which we liked best} \\ \text{\{that we liked best\}} \\ \text{we liked best} \end{Bmatrix} \text{was} \cdots$$

    {우리가 가장 좋아한} 영화는 …

~ 물결표는 '대략 동등하다'는 의미이다. 예를 들어 다음과 같은 능동태와 수동태 문장 사이에 표시할 수 있다.

    They published this paper in 1999. 그들은 1999년에 이 논문을 발간했다.

    ~ This paper was published in 1999. 이 논문은 1999년에 발간되었다.

- 줄표(대시, dash)는 문장 속에서 콤마(,)와 콜론(:)의 기능을 수행하는데 단어의 유사 관련 형태를 나타낼 때에도 사용한다. 예를 들어 다음과 같이 동사의 형태나 비교급 형태에서도 사용한다.

    give – gave – given

    big – bigger – biggest

〈 〉 꺾쇠괄호는 변이형을 표시할 때 쓰인다. (44-55 참조)

    〈격식체〉, 〈일상체〉　　〈구어체〉, 〈문어체〉

    〈영국식〉, 〈미국식〉　　〈공손체〉, 〈친근체〉

* 별표는 금지를 나타낸다. 뒤따르는 내용이 '정확한 영어 표현'이 아니기 때문에 사용하면 안 되는 용법이라는 뜻이다.

    Ann's car라는 표현은 사용해도 좋지만 *the car of Ann이라고 표현하면 안 된다.

/ / 사선 사이에는 단어의 음소를 표기한다. (43 참조)

    lean /liːn/　　leant /lent/

′ 강세표시는 단어에서 강세를 받는 음절 위에 위치한다.

    ′over　　　　　　　　(1음절에 강세)

    temp′tation　　　　　(2음절에 강세)

    transfor′mation　　　(3음절에 강세)

_ 밑줄 친 음절에는 핵억양이 얹힌다. 억양에 따라 뉘앙스와 뜻이 달라지기도 한다.

    How could you dò that? 네가 어떻게 그럴 수가 있어?

    ` 하강조: yès

    ′ 상승조: yés

    ˘ 하강상승조: yĕs

| 세로줄은 성조 단위를 구분하는 데 사용한다. (37 참조)

    | I àlmost phoned them úp and said | Come a bit làter |

    나는 그 사람들한테 전화해서 조금 늦게 오라고 말할 뻔했어.

‖ 겹세로줄은 〈영국식〉 용법과 〈미국식〉 용법을 구분하는 데 쓰인다.

    철자 : colour ‖ color　　발음 : /′kʌlə ‖ ′kʌlər/

Contents

Part 3 영문법의 A부터 Z까지

용어 정리(색인)

일러두기

1. 이 책은 랜돌프 쿼크(Randolph Quirk), 시드니 그린 바움(Sidney Greenbaum), 제프리 리치(Jeoffrey Leech), 얀 스바트빅(Jan Svartvik)이 공동 저술한 「A Comprehensive Grammar of the English Language」를 기반으로 만들어졌습니다.

2. 이 책은 영어를 외국어로 사용하는 사람들이 의사소통 능력을 습득하는데 필요한 문법 지식을 집대성한 획기적인 문법서이다. 방대한 관용어를 바탕으로 원어민이 사용하고 있는 정확한 영문 표현을 제시하였으며, 미국 영어와 영국 영어의 차이, 쓰기와 말하기의 비교 등에 의해 분류하였다. 오늘날 대화, 상담, 말하기 등의 장면에서 사용되고 있는 풍부한 영어표현을 익히기에 적당한 교재이다.

3. 영어의 효과적이고 원활한 의사소통을 위한 구어체 위주의 영문법은 접근 방식에서 혁신적이고, 적용 범위에서 신뢰할 수 있으며, 설명에 있어서 간단명료하고 명확한 편이다. 이제 완전히 수정되고 재설계된 제3판에서는 교사, 고급 학습자 및 영어 학부생에게 매우 많은 도움을 제공할 것이다.

4. 앞의 목차에 제시된 숫자는 본서의 쪽수(page)가 아니라 영문법의 효과적인 구분을 위하여 저자가 제시한 명시적 일련번호임에 유의하라.

1

이 책의 활용법 가이드

A guide to the use of this book

이 책의 소개(Introduction)

1 언어의 의사소통적 접근법에서는 문법이 중요하지 않다는 주장이 가끔 제기되곤 한다. 하지만 필자는 의사소통 능력이란 언어를 조합하는 몇 가지 기술에 따라 달라지며 여기에는 문법적인 요소도 포함된다고 생각한다.

의사소통 능력을 갖추기 위해서는 문법 능력과 사회 언어적 능력, 의사소통 전략 혹은 소위 전략적 능력이라 일컫는 기능이 최소한 필요하다. 하지만 원활한 의사소통을 하기 위해서는 문법 능력이 사회 언어적 능력이나 전략적 능력과 마찬가지로 중요하다는 관점을 뒷받침할 만한 이론적 동기나 실증적 동기는 없다. 의사소통적 접근법의 제1목표는 학습자가 이런 종류의 지식을 원활하게 통합하도록 만듦으로써 결과적으로 제2언어 프로그램이 진행되는 내내 한 가지 능력이 다른 능력보다 지나치게 강조되는 일이 없도록 하는 것이다.
(마이클 커네일과 메릴 스웨인, '제2언어 교육과 시험에 대한 의사소통 접근법의 이론적 기반', 「응용언어학」 1 : 27, 1980)

이 책도 마찬가지지만 영문학 학습의 의사소통적 측면을 강조하는 데에는 몇 가지 이유가 있다. 다음 네 가지 이유에 대해 생각해 보자.

새로운 관점

2 이 책은 실력이 상당히 뛰어난 학생, 예를 들어 대학교 1학년 정도의 독자를 대상으로 집필하였다. 이런 학생은 학교에서 몇 년 동안 영어를 공부했기 때문에 이미 영문법의 기초가 잡힌 경우가 많긴 하지만 일상생활에서의 영어 구사 능력이 실망스러운 수준인 경우도 있다. 이런 현상이 생겨난 부분적인 원인은 '지나치게 문법 위주의 학습' 때문인 듯하다.
이 책의 Part 2 '실용 영문법'에서는 문법 구조를 의미와 용법, 상황과 체계적으로 연결하고 있으므로 이 책을 공부하는 학습자는 새로운 관점의 문법 탐구를 통해 많은 효과를 얻을 것이며 결과적으로 언어 능력의 범위와 의사소통 전략의 사용 능력을 개선하고 확충하게 된다. 그리고 이 책의 Part 3 '영문법의 A부터 Z까지'에서는 문법 형태와 문법 구조에 관해 필수적인 정보를 제공하므로, 이 책을 영문법에 관한 일반적인 참고 서적이나 자료집으로 활용해도 좋겠다.

한 차원 발전한 구성

3 영문법을 구조적인 면에서 제시한 전통적인 접근법에서는 본질적으로 어느 정도 문제가 있다. 예를 들어, 전통적인 구조 문법에서 시간의 개념은 동사의 시제, 시간 부사, 시간 표시 전치사구, 시간을 나타내는 접속사와 절이라는 네 가지 관점에서 다루어진다. 하지만

언어의 구조를 배우기보다는 언어를 활용하는 데 주로 관심을 보이는 학습자에게는 (게다가 이런 현상은 대다수의 외국 학생에게 나타난다) 이런 배열이 특별히 도움이 되지 않는 듯하다. 따라서 이 책의 Part 2에서는 실용 영문법을 다룸으로써 시간에 관련된 개념들과 더불어 유사한 문법 개념들을 한 데 모아 제시하고 있다.

구어 영문법

4 의사소통 접근법의 중요한 요소 한 가지는 구어를 구사하고 이해하는 화자의 능력이다. 말하기를 강조하다 보면 오해를 불러일으키는 경우가 많아져서, 의사소통 중심의 교육이라고 하면 구어에 집중하라는 뜻으로 받아들이는 경우가 많다. 하지만 필자는 이런 생각에 동의하지 않는다. '의사소통'이란 말과 글 모두를 이용한 의사소통이라고 믿기 때문이다. 전통적인 문법은 문자(읽기와 쓰기) 위주의 언어에 편중하는 경향이 있기 때문에 필자들은 의사소통을 위한 문법에서 두 가지 형식의 언어 사용을 모두 설명하고 예시하는 것이 중요하다고 생각한다. (구어와 문어에서 사용하는 문법에 대해서는 17–32항을 참조)

코퍼스 자료

5 흔히 문법책에서 제시하는 예문은 일상에서 사용하는 실제 언어에서 가져왔다기보다는 문법학자들이 만들어낸 것일 경우가 많다. 만들어낸 예문은 특정한 문법 요소를 분명히 보여준다는 장점은 있지만 부자연스럽거나 '딱딱하게' 보이기 때문에 실제 사용하는 생생한 용법과는 거리가 먼 문법을 배우게 된다. 바로 그런 이유로, 문법은 의사소통 접근법에서 비교적 중요하지 않은 부분처럼 여겨질 때가 많다. 이 책에서는 특정한 언어의 문법이 사실은 학습자에게 중대한 문제라는 관점을 취하고 있다. 문법이야말로 언어가 어떤 원리로 작용하는지를 그대로 보여주기 때문이다. 즉, 문법은 말하는 사람이 상대에게 알리고 싶은 의미를 전달하는 방식을 설명해준다. 이번 개정판에서는 영어 코퍼스, 그중에서도 특히 롱맨 코퍼스 네트워크에서 가져온 비교적 출처가 분명한 예문 수백 개의 도움을 받아 문법 진술문을 실증하였다. 컴퓨터에 저장된 코퍼스를 활용하면 구어체와 문어체로 표현된 현대 영어 자료에서 수백만 가지 단어를 얻을 수 있다. 하지만 코퍼스 예문은 산만한 자료를 생략하여 단순해질 수밖에 없는 경우가 많다. 반면에 만들어진 예문을 활용할 경우, 정확한 대조를 분명히 나타낼 수 있는 등 장점도 있다. 이 책은 출처가 분명한 예문과 설명에 가장 명확하게 도움이 되는 예문을 균형 있게 활용하고 있다.

이 책의 구성(The way this book is organized)

6 이 책은 다음과 같이 세 부분으로 나누어진다.

- Part 1 이 책의 활용법 가이드 (1-56항)
- Part 2 실용 영문법 (57-434항)
- Part 3 영문법의 A부터 Z까지 (435-747항)

이 책은 사용하기 쉽도록 1에서 747까지 각 항목에 차례로 번호가 매겨져 있다. 책의 끝부분에는 독자가 보고 싶은 부분을 가장 쉽게 찾을 수 있도록 페이지가 아니라 항목 번호를 표기한 자세한 색인을 수록해두었다.

이제 세 부분의 개요를 살펴보고 각기 어떤 내용을 담고 있는지 알아보자.

Part 1 이 책의 활용법 가이드 (1–56)

7 Part 1에서는 책의 의도와, 책을 이해하고 필요한 내용을 찾는 데 필요한 정보 체계를 설명하려 한다.

앞으로 알아두어야 할 중요한 내용 중의 하나는 영어의 여러 가지 변이형에 대한 길잡이 부분이다. (44-56) 영어를 구사할 때면 특정한 목적 때문에 문법 형태나 구조를 선택해야 할 때가 있지만 이용할 수 있는 문법 구조는 저마다 다른 '표현법'이나 '변이형'에 속해 있기 때문에 서로 의미가 다른 경우가 많다.

의사소통을 위한 영문법에서 중요한 부분은 자신이 처한 상황에 맞는 적절한 표현을 선택할 줄 아는 것이다. 예를 들어, 말로 의사소통을 할 때 선택하는 문법은 글로 의사소통을 할 때와 다를 때가 많을 것이다. 그리고 글을 쓸 때 만약 일상적인 상황에서 의사소통을 한다면 격식을 갖춘 상황과는 다른 표현을 선택할 때가 많을 것이다. 그러므로 이 책 전반에 걸쳐, 상황에 따라 어떤 문법 형식이 맞는지를 밝힐 때마다 〈구어체〉, 〈문어체〉, 〈일상체〉, 〈격식체〉와 같은 변이형 표시를 사용했다. 이제 꺾쇠괄호가 등장하면 상황에 맞는 적절한 변이형을 선택했다는 신호임을 기억해두기로 하자.

Part 1의 특별한 한 가지 목적은 구어의 특징을 표현할 때 사용하는 기호를 설명하고 예시하는 것이다. 대부분의 사람은 올바른 철자를 적고 구두점을 찍는 등, 종이 위에 문어체를 표현하는 데 필요한 관습에 익숙하다. 그러면 종이 위에서 구어체의 본질을 표현하려면 어떻게 해야 할까? 그러기 위해서는 말할 때 사용하는 모음과 자음을 나타내는 기호가 필요할 뿐만 아니라(43 참조) 강세와 억양의 특징을 나타낼 기호가 무엇보다도 필요하다. 이중에서 후자는 구어 영문법과 긴밀하게 통합된다. (33-42)

해럴드 파머는 유명한 획기적인 저서 「A Grammar of Spoken English」(1924년 초판 발행)에서 영어의 특징을 모두 담아낸 음성 표기를 통해 구어 문법을 제시하기도 했다. 파머는 용감하게도 문법이란 문자 언어 연구와 같은 말이라고 생각하던 당시의 천편일률적 추정을 수정하는 가치 있는 시도를 감행했다. 하지만 책을 활용하기가 엄청나게 힘들게 만들었기 때문에 역설적이게도 의도와는 달리 구어체의 특징을 널리 인식시키려던 계획이 차질을 빚었다.

파머와는 반대로, 이 책에서는 학습자들이 문법 사항을 이해하는 데 필요한 특별한 기호를 최대한 사용하지 않으려 노력했다. 말하자면, 음성학 기호나 강세와 억양 기호의 사용을 되도록 삼갔으며 구어 문법의 쓰임새를 이해하는 데 중요한 부분에서만 제한적으로 사용하였다.

Part 2 실용 영문법 (57-434)

8 Part 2는 문법을 설명하는 핵심적인 부분이자 가장 많은 지면을 할애한 부분이다. 게다가 의사전달자의 눈을 통해 문법을 제시하되, 본서의 제목인 〈원활한 의사소통을 위한 구어 영문법〉에 맞아떨어지게 설득력 있게 제시하고 있다. 지면이 허락하는 한 최대한 자세하게 설명하려는 질문은 다음과 같다.

특정한 상황이나 맥락에서 특정한 의미를 전달하려고 가정한다면 어떤 문법 형식과 구조를 사용할 수 있는가?

의사소통이란 단순한 과정이 아니다. 목적을 달성하기 위해서는 한 원을 다음 원이 감싸고 있는 4개의 원에 대해 생각해 보면 도움이 된다. 4개의 원은 각기 다른 종류의 의미기능과 그런 기능을 구성하는 다양한 방식을 나타낸다. 아래에 그려진 4개의 원은 각각 Part 2의 Chapter 1~4에 해당한다.

'형식 단위의 유형'을 나타내는 오른쪽 행은 너무 엄격하게 해석해서는 안 된다. 의미의 다양한 층위와 문법 단위의 위계 사이에 놓인 관계를 살펴보면 여러 모로 유용하겠지만 단위의 유형이 중복되는 경우도 많고 중요한 요소는 이 밖에도 더 있다. 예를 들어, 억양은 Chapter 2~4에서 의미를 표현하고 구분할 때 중요한 역할을 한다.

의미 또는 의미 구성	형식 단위의 유형
Chapter 1 개념	단어, 구, 절 (57-239)
Chapter 2 정보, 사실, 생각	문장 (240-297)
Chapter 3 서법, 감정, 태도	발언, 대화 (298-350)
Chapter 4 관련된 담화의 의미와 신호	담화나 텍스트 (351-434)

Chapter 1 개념 (57~239)

9 첫번째 Chapter의 내용은 관념적인 혹은 개념상의 의미를 나타낸다. 여기에는 문법의 기본적인 의미 범주가 포함된다. 예를 들어, '수,' '한정적 의미,' '양,' '시간,' '방법,' '정도' 등이다. 이런 용어는 세상에 대한 우리의 경험적인 측면을 가리킨다. 여기서 다루는 구조 단위는 문장보다는 더 작으며, 예를 들면 단어와 구, 절이 해당된다.

Chapter 2 정보, 사실, 생각 (240~297)

10 두번째 Chapter의 내용은 의사소통의 논리적인 측면을 대변한다. 여기서는 Chapter 1의 범주를 이용하지만 진실과 거짓이라는 개념에 비추어 범주를 평가하고 그에 응답하는 것으로, 이 범주는 우리가 정보를 주고받을 때 의존하는 개념이다. '평서문, 의문문, 응답문'과 같은 범주가 여기에 해당한다. '긍정과 부정,' '가능성,' '확실성' 역시 포함된다. 여기서 주로 관심을 기울일 형식 단위는 문장이다.

Chapter 3 분위기, 감정, 태도 (298~350)

11 세번째 Chapter의 내용은 문법을 화자와 청자의 태도와 행동에 연결시키는 의사소통의 사회적 관점을 다룬다. 화자의 입장에서 보면 언어는 태도와 감정을 표현하며 사회적 목표를 수행하는 수단이다. 청자의 입장에서는 언어가 청자의 행위와 태도를 통제하거나 그에 영향을 미칠 수 있다. 이처럼 의사소통의 '지배적' 측면은 명령, 요청, 충고, 약속과 같은 언어 행위를 통해 이루어진다. 의미의 논리적 측면(Ch. 2)을 활용하더라도 이 활용은 각각 다른 종류의 사회적 기능을 수행하도록 확대되거나 어느 경우에는 '변용distorted'되기도 한다. 따라서 논리적 관점에서 보면 의문문이란 무엇이 진실이고 무엇이 거짓인지를 정확히 알기 위해 정보를 이끌어내는 수단이다. 의문문을 '각기 다른 맥락을 염두에 두고' 조정하면 다음과 같은 권유문으로 만들 수 있다.

  Would you like some more? 조금 더 드시겠어요?

또는 다음과 같은 제안문을 만들어도 된다.

  Why don't you come with me? 저와 같이 가는 게 어때요?

또는 강렬한 감정을 표현해도 좋다.

  Wasn't it a marvellous play? 정말 굉장한 연주가 아니었나요?

여기서 주로 다루는 언어 단위는 발언(발화)이며 이것은 길이 면에서 문장에 상응하기도 하고 그렇지 않기도 하다.

Chapter 4 관련된 담화의 의미와 신호 (351~434)

12 네번째 Chapter의 내용은 의사소통의 구성을 다룬다. 여기서는 이런 질문을 던지게 된다. 우리는 생각을 어떻게 배열하는가? 즉, 가장 적절하게 혹은 가장 효과적으로 의사소통을 나누기 위해서는 생각을 어떤 순서로 정돈하는가? 또는 생각을 어떤 식으로 함께 묶는가? 문법은 유연하기 때문에 이런 문제에서 상당히 많은 선택권을 제시해준다. 문법의 이러한 측면은 '담화의 선행하는 양상과 후행하는 양상', 즉 맥락을 고려하는 관점에서 비롯되었다. 문장을 별개로 보는 것만으로는 충분한 정보를 주고받을 수 없다. 그러므로 여기서 다룰 단위는 텍스트나 담화이다.

도표로 나타난 4개의 원은 가장 제한적이고 세부적인 의미부터 가장 포괄적인 의미를 향해 합리적으로 진행한 모양을 나타낸다. 이런 의도가 Part 2의 기저를 이루기는 하지만, 그렇다고 해서 지나치게 융통성 없이 이를 고수할 필요는 없다. 이런 의도를 고수했다면 여러 항목에서 내용을 부적절할 정도로 반복할 때가 많았을 것이다. 예를 들어, 감정의 기술이 개념적인 의미(Ch. 1)에 속하는 편이 훨씬 자연스럽다고 주장할 수도 있겠지만 이 책에서는 감정적인 의미(Ch. 3)를 다루면서 감정을 표현하는 단계에서 감정을 기술하는 단계로 곧장 나아갔다. 내용을 배열하면서 무엇보다 우선적으로 고려한 것은 서로 관련된 의사소통의 선택권을 함께 다루는 일이다.

Part 3 영문법의 A부터 Z까지 (435~747)

13 Part 2가 이 책에서 '의사소통'에 필요한 가장 중요한 문법을 다뤘다고 하면, Part 3는 그 내용을 보완해준다. 문법이 제시하는 의사소통의 선택에 대해서만 알아둘 것이 아니라 의사소통에서 활용되는 문법 구조의 선택(Part 3)에 대해서도 알아둘 필요가 있다. 두 가지의 선택권은 서로 상당히 독립적이므로 이 책에서도 개별적으로 다루어진다. Part 3의 항목은 학습자의 편의를 위해 알파벳 순서에 따라 배열하였으므로 학습자가 의미를 명확하게 파악하지 못한 문법 용어(예를 들어, '관계절,' '구동사' 등)에 관해 자세한 설명을 보고 싶을 때 특히 유용하다.

상호 참조와 용어 정리

14 참조 장치는 어떤 문법책에서든 대단히 중요한 부분이다. 혁신적으로 배열된 이 책에서는 수없이 많은 상호 참조와 간략한 용어 정리를 따로 마련해 두는 것이 반드시 필요하다. 두 가지를 모두 제공하기로 마음먹었기 때문이다. 용어 정리는 참고할 사항의 종류에 따라 다음과 같이 구분해두었다.

- 문법 용어 참조 ⑩ 고유 명사
- 영어 변이형 참조 ⑩ 〈구어체〉, 〈미국식〉

이렇게, 이 책의 곳곳에는 본문에서 다룬 정보를 다각도에서 접근할 수 있는 여러 가지 배려장치가 숨어있다.

영어의 변이형(Varieties of English)

15 언어를 제대로 구사하기 위해서는 문법적인 형식과 구조 그리고 의미를 당연히 알아야만 한다. 이것이 바로 Part 2와 Part 3의 주제이다. 하지만 어떤 형식의 언어가 주어진 상황에 적절한지도 알아야만 하며 그러다 보면 Part 2와 Part 3 모두에서 '변이형 표시'를 발견할 것이다. 예를 들어, 미국식 영어는 〈미국식〉, 영국식 영어는 〈영국식〉으로 표시했으며 이 밖에도 〈격식체〉, 〈일상체〉, 〈공손체〉, 〈친근체〉 등이 있다. 이런 표시는 어떤 의미에서 영어가 단일한 언어가 아니라 다양한 언어임을 새삼 일깨워주며, 이들은 각각 특정한 지리적 영역이나 특정한 종류의 상황에 속한다. 격식을 갖춘 문서로 의사소통할 때 사용하는 영어는 격식이 없는 대화에서 사용하는 영어와 여러 가지로 다르다. 뿐만 아니라 미국식 영어는 영국식 영어나 호주식 영어와 다소 다르다. 분명히, 이런 종류의 일반도서에서는 다소 중요하지 않은 여러 가지 차이점을 무시할 수밖에 없다. Part 1 15항의 목적은 변이형 표시의 의미가 무엇인지 간략히 설명하고 표시가 나타내는 변이형을 분명히 보여주는 것이다. 만약 특정한 변이형에 대해 자세히 알아보고 싶다면 색인에서 변이형 표시에 관한 항목을 찾아보면 된다.

공통 사항

16 영어 학습자에게 다행스러운 일은 영어의 특징 대부분이 영어의 거의 모든 변이형에서 발견된다는 점이다. 이러한 일반적인 특징은 영어의 공통 사항에 속한다고 할 수 있다. 예를 들어 children, offspring, kids라는 세 가지 단어를 생각해 보자. children은 '공통 사항'에 해당하는 말이다. 반면에 offspring은 격식을 갖춘 상황에서 사용하기 쉬운 편이며 (게다가 인간뿐만 아니라 동물의 새끼에도 사용한다) kids는 가장 자주 사용하려 드는 단어이다. 하지만 영어를 안다는 것의 일부는 어떤 상황에서 children 대신 offspring이나 kids를 써도 좋은지를 안다는 것이다. 이번에는 문법에서 다른 예를 하나 골라보자.

Feeling tired, she went to bed early. 〈약간 격식체〉　　　　　　　　　　　　　[1]
피곤함을 느끼면서 그녀는 일찍 잠자리에 들었다.

As she felt tired, she went to bed early.　　　　　　　　　　　　　　　　　　　[2]
그녀는 피곤함을 느꼈기 때문에 일찍 잠자리에 들었다.

She felt tired, so she went to bed early. 〈다소 일상체〉　　　　　　　　　　　　　[3]
그녀는 피곤했으므로 일찍 잠자리에 들었다.

[2] 문장은 '공통 사항' 구문이므로 말이나 글에서 모두 사용할 수 있다. [1]은 약간의 격식을 갖춘 문장이며 전형적인 문어체 표현이다. [3]은 약간 일상적 문장이며 편안한 대화에서 나올 법한 표현이다. 이 책에서 변이형이라는 표시가 붙어있지 않은 영어의 특징은

'공통 사항'에 속한다고 생각하면 된다.

구어 영문법과 문어 영문법(Grammar in spoken and written English)

서로 다른 전달 체계

17 다른 언어와 마찬가지로 영어도 말과 글이라는 두 가지 표현 수단을 이용한다. 말과 글은 각기 다른 전달 체계로 운용된다. 말은 음파를 통해 전송되며 말하기를 통해 생산되어 듣기를 통해 수용된다. 글은 문자와 눈에 보이는 다른 기호를 통해 전달되며 글쓰기를 통해 생산되어 읽기를 통해 수용된다. 전반적으로 능숙한 의사소통 능력을 기르기 위해서는 네 가지 기술이 모두 필요하다.

- 말하기와 쓰기 (생성-표현 기능)
- 듣기와 읽기 (수용-이해 기능)

영어는 구어일 때와 문어일 때 다른 문법 체계가 적용되지만 공통적인 영문법이라 해도 두 가지 표현 방식에 따라 다르게 사용된다. 전반적으로 능숙한 의사소통 능력을 기르고 싶어 하는 학습자를 위해 이 책에서는 영문법의 사용에서 나타나는 수많은 차이에 대해 보여줄 것이다.

이 책과 관련된 내용은 두 개의 상이한 체계가 구어 영문법과 문어 영문법에 어떻게 영향을 미치는가이다. 여기서는 두 가지 표현 방식을 똑같이 중요하게 다룰 것이다. 하지만 억양 표시(33 참조)나 대화의 사례를 제시할 때면 구어체 영어를 염두에 두고 있음이 분명할 때가 종종 있다.

말은 일시적이지만 글은 영원하다

18 일상생활에서의 대화는 실시간으로 진행되고 일시적이므로 기억 속에 남을 내용을 제외하면 아무 흔적을 남기지 않는다. 개인의 기억력이 어떻든 간에 기억한 내용은 대화의 요지나 강의에서 특별히 흥미로웠던 일부분에 국한되는 경우가 많다. 반면에 글은 말에 비해 생산하는 데 더 오랜 시간이 걸리지만 단 한 번만 읽는 것이 아니라 여러 번 읽을 수 있다. 글이란 영원히 기록을 남기기 때문이다. 더욱이 발행된 책이나 신문, 잡지처럼 어떤 식으로든 일반에 공표된 글은 기록으로 남아 수백만 명의 동시대 독자에게 읽힐 뿐만 아니라 후대에도 두루 읽힌다.

말과 글의 이런 차이점은 언어 사용에 여러 가지 면에서 영향을 미친다. 그 중 하나는 말로 의사소통을 하려면 말을 생산하는 것과 거의 동시에 빨리 이해할 줄 알아야 한다. 반면에 글을 쓸 때는 대체로 이미 쓴 글을 교정하고 확인하고 고쳐 쓸 시간이 주어진다. 이와 마찬가지로, 글을 수용할 때에는 읽고 다시 읽고 곰곰이 생각하고 토론할 수 있다.

19 일상적인 대화에서는 이야기할 내용을 미리 준비할 시간이 없으므로 말을 계속해 나가면

서 전달하려는 메시지를 구체화할 수밖에 없다. 다음은 대화체의 〈영국식〉 사례이다. (줄표는 무음 휴지를 나타낸다.)

Well I had some people to lunch on Sunday and – they turned up half an hour early – (laughs) – I mean you know what [g] getting up Sunday's like anyway and I'd – I was behind in any case – and I'd said to them one o'clock – and I almost phoned them up and said come a bit later – and then I thought oh they've probably left by now – so I didn't – and – twelve thirty – now that can't be them and it was and they'ed they'd left plenty of time for all their connections and they got all their connections at once – and it was annoying cos they came with this – child – you know who was running all over the place and they kept coming in and chatting to me and I couldn't get on with things and I get really erm – you know when when I'm trying to cook – and people come and chat I I get terribly put off – can't get on with things at all erm – and yet you feel terribly anti – social if you you do just stay in the kitchen anyway.

음, 일요일에 몇 사람을 점심에 초대했어. 그런데 – 손님들이 30분 일찍 나타났지 뭐야 – (웃음) – 내 말은 그러니까 일요일 같은 날은 [이] 일어나는 게 그렇잖아, 어쨌든 그리고 – 난 – 나는 여하간 늦었어 – 그리고 그들에게 한 시라고 말해두었거든 – 그래도 내가 전화를 걸어서 조금 늦게 오라고 말할 뻔했는데 – 그러다 어 내 생각에는 그들이 그때쯤이면 출발했을지도 모르겠더라고 – 그래서 전화 안 했어 – 그랬는데 – 12시 반이었어 – 그 때가 – 그 사람들일 리가 없잖아 – 그런데 맞더라고 – 그리고 그들은 차를 갈아탈 시간을 충분히 남겨두고 나섰는데 기다리지 않고 착착 갈아탄 거야 – 그런데 짜증나게 애를 데려왔더라고 – 애를 – 그러니까 아이가 사방을 뛰어다니고 게다가 어른들이 계속 들락거리면서 나한테 말을 걸어대는 통에 음식 준비를 할 수가 없어서 정말로 어어 – 그러니까 내가 요리를 만들려고 하면 그러면 – 사람들이 와서 수다를 떠는 통에 내가 엄청 위축되더라고 – 전혀 음식준비를 계속 할 수가 없는 거야, 어어 – 만약에 네가 네가 부엌에 그냥 우두커니 있기만 한다면 너도 비사교적인 기분이 들 거야, 정말이지.

이 오디오 테이프에 녹음된 내용은 자연스럽게 들리고 알아듣기도 상당히 쉽다. 하지만 위와 같이 글로 옮겨 적으면 단편적이고 산만하고 체계적이지 못하게 들리며 읽기조차 쉽지 않다. 대화의 일부분을 짧게 발췌한 글을 보면 일상 대화에서 전형적으로 등장하는 몇 가지 특징을 알아볼 수 있다.

● **무음 휴지:** (줄표로 나타낸다)
   they've probably left by now – so I didn't – and – twelve thirty – now that can't

be them – and it was – and

그들이 그때쯤이면 출발했을지도 모르겠더라고 – 그래서 전화 안 했어 – 그랬는데 – 12시 반이었어 – 그 사람들일 리가 없잖아 – 그런데

- **군말 휴지:** (erm이라고 나타낸다)

    and I get really erm – you know when when I'm trying to cook

    정말로 어어 – 그러니까 내가 요리를 만들려고 하면 그러면

- **반복:** I I, when when, they'd they'd, you you

- **잘못된 시작:** 화자는 문장을 완성하지 못하거나 말하던 문장을 놓쳐서 문법 구문을 이리저리 뒤섞기도 한다.

    I mean you know what 〔g〕 getting up Sunday's like anyway and I'd I was behind in any case 말하자면 그러니까 일요일 같은 날은 〔이〕 일어나는 게 그렇잖아 – 난 – 나는 어쨌거나 늦었어

    and I get really erm – you know when when I'm trying to cook – and people come and chat I I get terribly put off 정말로 음 – 그러니까 내가 요리를 만들려고 하면 그러면 – 사람들이 와서 수다를 떠는 통에 내가 엄청 위축되더라고

- **담화 표지어:** 사람들은 이야기를 나눌 때 별 비중 없는 연결어, 통상 쓰는 말(예를 들어 you know, I mean, kind of, sort of, like, well, now)을 넣어서 자신이 담화에 참여하고 있으며 대화를 어떻게 지속시키고 싶은지를 내비치거나 대화를 이어갈 의사가 있다는 신호를 보낸다. 발췌문의 첫머리에 등장한 well은 '새로운 시작이라는 신호'(353 참조)를 알리고 싶을 때 전형적으로 사용되는 말이다. 또 다른 사례로는 발췌문의 두 번째 줄에 있는 I mean이 있다.

- **단축형:** 부정어 not을 didn't로, 동사형을 I'm, I'd, they've로, because를 cos로 축약하는 것을 말한다.

다음 항목들에서는 이런 특징이 구어에서 어째서 그렇게 자주 나타나는지 살펴보자.

영어의 상호적 사용과 비상호적 사용

20 구어는 가장 널리 활용되는 언어 형식이다. 구어에는 수없이 많은 변이형이 있지만 여기서는 구어체 영어의 주된 용도 두 가지를 구분하려 한다. 첫 번째이자 가장 흔한 용도는 두 사람 이상의 참여자가 서로 얼굴을 마주보거나 전화 또는 컴퓨터 같은 장치를 활용하여 번갈아가며 서로 말을 건네는 대화이다. 대화는 가장 흔한 일상 어법으로 구성되므로 영어를 배우는 외국인 학습자에게 특히 중요한 유형이다. 더욱이 미리 준비할 수도 없다. 대화란 즉석에서 자연스럽게 주고받는 말이기 때문이다.

구어의 두 번째 용도는 대답하지는 않고 그저 듣기만 하는 청중을 대상으로, 한 사람이 한꺼번에 말하는 상황에서 쓰인다. 이런 말을 소위 공적 담화 혹은 연설이라고 하며 사적 담

화인 대화와 구분한다. 대화는 일반적으로 상호적이며 연설은 상호적인 면이 적거나 심지어 상호적인 면이 전혀 없기도 하다. 공적 담화는 연설문을 글로 써서 미리 준비할 수 있고 실제로도 종종 그렇게 하며 청중에게 큰 소리로 읽어준다는 점에서 대화와 글의 중간 단계에 해당한다. 공적 담화에는 강의, 라디오 방송, 텔레비전 뉴스 방송과 같은 구어 변이형이 포함된다. 아래 도표는 영어의 다양한 용도를 보여주고 구어체 영어와 문어체 영어 사이의 관계가 단순한 구분이라기보다는 오히려 하나의 척도에 가깝다는 사실을 보여준다. 전체적으로 보아, 도표의 위쪽에 있는 언어 변이형이 아래쪽에 있는 변이형에 비해 상호성이 훨씬 크다.

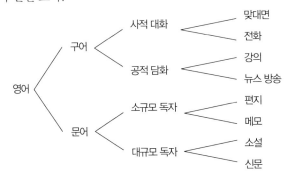

화자와 청자의 협력

21 대화를 나눌 때 화자는 '제 말이 무슨 뜻인지 아시겠어요?'라고 물어봄으로써 청자가 말을 이해했는지 확인해볼 수 있으며 청자는 화자에게 '그게 무슨 뜻이었죠?'라고 물어봄으로써 화자에게 말의 의미를 명확히 설명하라고 요구할 수 있다. 글에서는 작가와 독자 사이에 이런 직접적인 접촉이 불가능하며 신문이나 정기간행물, 책과 같은 공적인 글에서는 그 글을 누가 읽을 것인지 전혀 짐작조차 못할 것이다. 그러므로 말은 참여자에게 즉각적인 반응을 보일 기회를 제공함으로써 메시지가 적절하게 수용되었는지 혹은 적절한지를 알아낼 수 있다는 장점이 있다. 이런 반응은 yes, uhuh, I see 등과 같이 언어적이거나 고개 끄덕임이나 눈썹 올리기 등과 같이 비언어적 표현으로 나타난다.

하지만 일반적으로 대화는 단순히 정보를 주고받는 데 국한된 문제가 아니다. 어쩌면 대화란 원래 사회적 상호작용의 한 형태이기도 하므로 화자와 청자의 협력이 실제로 대화의 기본적인 특징이라 하겠다. 여러 가지 면에서 명시되는 주고받는 과정이 존재한다.

22 대화 참여자의 협력을 보여주는 한 가지 사례는 순서 교대이다. 즉, 대화에서 화자의 역할을 분담한다는 의미로서 한 화자가 자기 순서에서 말을 하면 다음 화자가 말을 이어가는 식이다. 다음의 〈영국식〉 대화 발췌문에서는 젊은 여성 A가 친구인 여성 B에게 최근에 스페인에서 보낸 무척 즐거운 휴가에 대해 이야기하는 중이다. (줄표는 무음 휴지를 나타낸다.)

A : but it's so nice and relaxed down there I mean compared with London–I mean I I I I–I found myself–going into shops and people smiled at you and I–I was quite taken aback genuinely I mean I (그래도 거기서 정말 좋고 편안했어. 내 말은 런던하고 비교하면 말야–내 말은 내 내 내 내–내가 문득 깨달았는데–상점에 들어가니까 사람들이 쳐다보고 웃는 거야. 그래서 내–내가 완전 깜짝 놀랐거든. 내 말은, 난)

B : m m (응)

A : erm you know the feeling you you you you (어, 그런 기분 있잖아 너 너 너 너)

B : yes one asks oneself if you're putting on this deadpan face you know (그래, 자기가 천연덕스럽게 무표정한 얼굴을 짓고 있지나 않은지 자문하게 만드는)

A : yes (그래)

B : yes (그래)

A : and these people smile and you–well you don't know how to react at first because it's so strange (그리고 이 사람들이 웃으면 넌–그게, 상황이 너무 이상하니까 넌 처음에 어떻게 반응해야 할지 잘 모르는 거지)

B : yes I felt that in Scotland–yes (laughs) (그래 나도 스코틀랜드에서 그런 기분을 느꼈어–그래) (웃음)

자연스러운 대화는 전반적으로 협조적이고 조화로운 분위기로 특징지어진다. you know 와 I mean과 같은 작은 표현은 이해와 공감을 호소하는 말이며 yes와 m m은 대화에 흥미가 있음을 표현하고 화자를 격려한다. I I I I와 you you you you같은 다수의 반복은 위 여성이 대화의 '장(상황)'을 유지하고 자기 이야기를 늘어놓으려 하면서 흥분하고 있다는 신호이다.

23 협력을 얻으려면 대화 표지를 이용하면 된다. 대화 표지는 상호작용 표시, 구어체 보조어, 청자반응신호, 삽입어 등 여러 가지 이름으로 불리며 영어의 구어체 담화를 상징하는 수많은 단어이자 표현이다. 아래의 목록은 영어 대화에서 흔히 사용하는 상호작용 표현을 몇 가지 적은 것이다. 표현은 크게 세 가지 표지로 나누어지며 이런 구분은 '상호작용 기능만 수행'하는 항목(셋 중에서 가장 대화체의 특징이 강하다)에서 '상호작용 기능도 수행'하는 항목(문법적인 특징이 강하며 공적 담화와 문어에서도 종종 사용된다)으로 나아가는 단계를 나타낸다. (249 참조)

● 상호작용 기능만 수행 : ah, aha, gosh, hm, mhm, oh, quite, uhuh, yes, yeah, yup
● 주로 상호작용 기능을 수행 : I see, I mean, I think, no, please, OK, That's OK, right, all right, That's right, That's all right, well, sure, you know, you see
● 상호작용 기능도 수행 : absolutely, actually, anyway, certainly, honestly, indeed,

in fact, maybe, obviously, of course, perhaps, probably, really

이런 표현은 대부분 원어민끼리 나누는 대화에서 주로 사용되므로 외국인 학습자가 이런 표현을 잘 알고 각기 다른 상황에서 빠르고 적절하게 활용할 줄 아는 것이 중요하다. 상호 작용 표현은 정보를 부가해주지는 않지만 화자가 청중과 담화 내용에 대해 어떤 태도를 보이는지 알려주는 역할을 한다.

구어의 몇 가지 문법적 특징

24 **부가의문문:** 구어에서 상당히 특징적으로 등장하는 특징은 부가의문이다. (684 참조) 여기에는 두 가지 주된 유형이 있다.

- 〈긍정문 + 부정 부가의문〉: We've met before, haven't we?
  우리 전에 만난 적 있죠, 그렇지 않나요?
- 〈부정문 + 긍정 부가의문〉: We haven't met before, have we?
  우리 전에 만난 적 없어요, 그렇죠?

부가의문문은 화자들 간에 협력의 필요성과 한 화자에서 다음 화자로 순서 교대의 특징과 잘 부합한다. 어느 대화의 첫머리를 예시한 다음 사례처럼, 우선 화자가 It was a couple of years ago.(2년 전이었어요.)와 같은 단정적인 말을 건넨 다음 ~ wasn't it?(그렇지 않나요?)이라고 물어 청자의 반응을 유도한다.

A: We've met before, haven't we? (우리 전에 만난 적 있죠, 그렇지 않나요?)
B: Yes, we certainly have. It was a couple of years ago, wasn't it?
   (네, 분명히 만났어요. 2년 전이었어요, 그렇죠?)
A: Oh yes, now I remember: at the Paris exhibition. How are you these days?
   (아, 네. 이제 생각이 나네요. 파리 전시회에서였죠. 요즘 어떻게 지내세요?)

25 **생략:** 경우에 따라 문장의 일부가 생략되기도 한다. 예를 들면 다음과 같다.

Hope you're well.	~ I hope you're well.	잘 지내기를 바랍니다.
Want a drink?	~ Do you want a drink?	마실 것 좀 드릴까요?
Better be careful.	~ You/We'd better be careful.	조심하는 게 좋겠어요.
Sounds fine to me.	~ That sounds fine to me.	그게 좋겠네요.

이런 유형의 생략은 문두 생략이라고 부르며 일상 담화의 또 다른 특징이다. 문두 생략은 협력적인 사회 상황에서 조성하고자 하는 편안한 분위기를 만드는 데 일조한다.

26 **등위접속과 종속접속:** 절을 등위접속(515 참조)으로 연결하는 것은 구어의 특징이다.

> Hurt yourself? Okay, just rub it a little bit and then it will be okay. 〔1〕
> 다쳤어요? 좋아요. 그냥 조금만 문지르시면 괜찮을 거예요.

여기서 and는 조건을 나타내며 종속절의 if에 해당한다. (709 참조)

> If you just rub it … it will be okay.
> 만약 당신이 조금만 문지른다면 … 괜찮을 거예요.

하지만 구어에서 종속접속을 쓰지 않는다고 생각한다면 이는 잘못된 추정이다. 사실, if절 (207 참조)은 일반적으로 문어에서보다는 회화에서 더욱 흔하다.

> Yeah but if you talk to Katie and Heather you will get a different story. 〔2〕
> 그럴 수도 있겠죠. 하지만 만약 당신이 케이티와 헤더하고 이야기해보면 전혀 다른 이야기를 듣게 될 겁니다.

대화에서 더욱 흔하게 사용하는 또 하나의 종속절은 that절로(712 참조), 특히 여기서는 〔3〕-〔5〕처럼 that 자체가 생략된다.

> I don't think you can do that. 〔3〕
> 당신이 그 일을 할 수 있다고 생각하지 않습니다.
> I suppose I do. 나도 그렇게 생각합니다. 〔4〕
> I said you can have anything on the table, okay? 〔5〕
> 제가 탁자 위의 것은 무엇이든 가져도 좋다고 말했어요. 아시겠어요?

위의 〔2〕번 문장에서는 등위접속사가(이 경우에는 but) 문장이나 대화 순서의 처음에 등장하여 이전 순서에서 말했던 내용을 연결해준다. 이 역시 구어체 대화에서 두드러지는 특징이다.

> A : Horses love carrots yeah …. (말은 당근을 좋아하지, 그렇지 ….)
> B : And horses love apples too. (그리고 말은 사과도 좋아해.) 〔6〕

〔6〕번에서도 등위접속사 and는 문장과 대화 순서의 맨 앞에 온다. 이는 진지한 문어와는 상당히 다른 특징으로, 문어에서는 문장의 첫머리에 등위접속사를 사용하면 종종 '틀린 어법'으로 간주하며 대체로 사용하지 않는다. 〔6〕의 등위접속사는 구어에서 전형적으로 등장하는 것이지만 문어에서는 절이나 문장 사이에 쓰기보다는 단어와 구 사이를 연결하는 데 사용하는 것이 보통이다.

> Horses love apples and carrots. 말은 사과와 당근을 좋아한다.

전반적으로, 단어와 구 단위의 등위접속은 문어에서 더욱 일반적이지만 절 단위의 등위접속은 구어에서 더욱 보편적이다.

27 **정형절:** 구어에서는 다음 예문과 같이 비정형절이나 무동사절(494 참조)을 부사어구와 수식어구로 흔히 사용한다.

When fit, a Labrador is an excellent retriever. 〈약간 격식체, 문어체〉

건강하다면 래브라도는 훌륭한 사냥개이다.

이런 구문은 〈일상체, 구어체〉에서는 사용할 가능성이 없다. 〈일상체, 구어체〉에서는 다음과 같이 정형절이 선호되기 때문이다.

~ A Labrador is an excellent retriever if it's fit.

만약 건강하다면 래브라도는 훌륭한 사냥개이다.

~ If a Labrador is fit, it makes an excellent retriever.

만약 건강하다면 래브라도는 훌륭한 사냥개가 된다.

다음은 〈약간 격식체, 문어체〉와 〈일상체, 구어체〉를 쌍으로 묶은 다른 예문들이다.

Lunch finished, the guests retired to the lounge. 〈약간 격식체, 문어체〉

점심식사가 끝나자 손님들은 휴게실로 물러났다.

~ They all went into the lounge after lunch. 〈약간 일상체, 구어체〉

그들은 점심 식사 후에 모두 휴게실로 갔다.

Ben, knowing that his wife was expecting, started to take a course on baby care. 〈다소 격식체, 문어체〉 벤은 아내가 임신 중이라는 사실을 알고 있었으므로 아기 돌보기에 관한 강좌를 수강하기 시작했다.

~ Ben got to know his wife was expecting, so he started to take a course on baby care. 〈일상체, 구어체〉 벤은 아내가 임신 중이라는 사실을 알게 되었으므로 아기 돌보기에 관한 강좌를 수강하기 시작했다.

Discovered almost by accident, this substance has revolutionized medicine. 〈약간 격식체, 문어체〉 거의 우연히 발견되었지만 이 물질은 의학에 혁명을 일으켰다.

~ This stuff – it was discovered almost by accident – it's made a really big impact on medicine. 〈일상체, 구어체〉 이 물질은–거의 우연히 발견되었는데 – 의학에 정말 막대한 영향력을 미쳤다.

28 **표지어:** 일반적으로, 구어체 문법은 문어체 문법보다 더 단순하고 구조적으로 더 느슨하다. 〈구어체〉에서는 단락의 구조를 나타내기 위해 다음과 같은 이정표나 연결신호어(linking signals)(352 참조)를 종종 사용한다.

firstly, secondly, finally, hence, to conclude, to summarize, e.g., viz. 등

이런 표현은 일상적 대화에서는 다소 형식적으로 들리기도 하고 미리 준비한 표현 같은 인상을 주기 때문에 사용하지 않는다. 〈자연스러운 말〉에서는 새로운 주장을 소개할 때 다음과 같은 표현을 사용하는 경향이 많다.

the first thing is, and so, in other words, all the same 등
예를 들면,

well – you know – the first er – thing that strikes me as odd about this whole business is – for example that …
글쎄, – 그러니까 – 이 일 전체에 대해서 우선 어 – 우선 이상하게 느껴진 건 – 예를 들면 …

29 축약형: 일반조동사 do, have, be와 일부 서법 조동사는 not과 함께 쓰일 때 비축약형과 축약 형이 모두 가능하다. (582 참조)

do not – don't	does not – doesn't	did not – didn't
have not – haven't	has not – hasn't	had not – hadn't
are not – aren't	is not – isn't	could not – couldn't
were not – weren't	was not – wasn't	should not – shouldn't

비축약형(또는 완전형)은 〈문어체, 특히 격식체〉인 영어에서 대표적으로 나타난다. 축약형은 〈구어체〉 대화에서 전형적으로 사용되지만 〈일상체, 문어체〉에서도 등장한다. 경우에 따라 축약형이 한 가지 이상일 때도 있다.

I have not seen the film yet. 〈문어체의 전형〉 나는 아직 그 영화를 보지 못했어.
I haven't seen the film yet. 〈구어체의 전형〉
I've not seen the film yet. 〈구어체에서도 가능〉

이 책의 뒷부분에서는 가정법(706 참조)과 수동태(613 참조)처럼 〈구어체, 일상체〉와 〈문어체, 격식체〉 변이형에서 다르게 사용되는 다른 구문에 대해서 논의할 것이다.

철자 대 발음

30 〈문어체〉에서는 예를 들어 단어에 접미사를 덧붙일 때 수많은 철자 변화를 지켜야만 한다. (700 참조)

● s를 덧붙일 때, 글자 하나를 글자 둘로 대체한다.
  they carry　　　→ she carries
  a lady　　　　→ several ladies
● ing를 덧붙일 때, 글자 두 개를 글자 하나로 대체한다.
  they lie　　　　→ they are lying

● s나 er을 덧붙일 때, 글자를 덧붙인다.

one box   → two boxes

they pass   → she passes

a big spender   → bigger spenders, the biggest spenders

● ing나 ed를 덧붙일 때, 글자를 뺀다.

love   → loving, loved

문어체 영어에 이런 철자법이 존재하는 이유는 접미사가 붙은 굴절형의 정확한 발음을 나타내기 위해서일 때가 많다. 예를 들어, 다음의 차이를 주목하라. (발음기호에 관해서는 43 참조)

hope /hoʊp/   hoping /ˈhoʊpɪŋ/   hoped /hoʊpt/

hop /hɔp/   hopping /ˈhɔpɪŋ/   hopped /hɔpt/

영국식 영어와 미국식 영어는 철자가 조금 다르다. 예를 들어, centre ‖ centre, levelled ‖ leveled 등. (703 참조) 영국식 영어와 미국식 영어는 발음도 다소 다르지만 이는 철자 차이와는 별개의 문제이다. 예를 들어 colour ‖ color의 발음은 /ˈkʌlə ‖ ˈkʌlər/이다. 규칙 복수 명사의 경우, 철자가 서로 다른 속격 복수형(boys')과 속격 단수형(boy's), 통성 단수형(boy's)은 발음 /bɔɪz/에서 차이를 보이지 않는다. (664 참조)

구어체를 글로 표기하기

31 연재만화나 대중소설처럼 구어체 영어를 표현하는 일부 글에서는 〈표준형〉인 have got to에 상응하며 /ˈgɔtə/라고 발음하는 got to나 gotta 형태가 등장한다.

You gotta be careful with what you say. 〈글쓰기 비표준〉

You've got to be careful with what you say. 〈글쓰기 표준〉

네가 하는 말을 조심해서 해야 해.

이와 비슷하게, /ˈgɔnə/라고 발음되는 gonna는 〈표준 문어〉인 (be) going to 대신 종종 사용되는 문어 형태이다.

What (are) you gonna do now? 〈글쓰기 비표준〉

What are you going to do now? 〈글쓰기 표준〉 이제 무엇을 할 거야?

이렇게 구어를 옮겨 적은 비표준적 문어 표현에는 일상 대화에서 전형적으로 등장하는 모음 감소와 자음 생략 현상이 반영되어 있다. 하지만 문어는 이런 단순화 현상을 거의 포착해내지 못한다. 예를 들어, 다음 문장을 보자.

They could have gone early. 그들은 일찍 갈 수도 있었다.

could have는 대개 /ˈkʊdə/라고 발음하지만 가장 일상적인 대화체의 언어를 글로 적을 때조차 비표준적 문어형인 coulda는 거의 나타나지 않는다.

구두점 대 발화 단위

32 정규 교육을 통해서, 문어의 구조에는 훤해져도 구어의 구성 방식을 관찰하고 학습하기란 훨씬 어려운 일이다. 글을 쓸 때에는 문장이 작업 대상이다. 하지만 구어체 대화(특히 19에서 대화의 발췌문)를 개별 문장으로 분리하는 것은 어려울 때가 많다. 그 이유의 일부는 화자가 청자의 문맥 파악에 더 많이 의존하고, 문맥을 파악하지 못할 때에는 말을 중단하는 능력에 더 많이 의존하기 때문이다. 게다가 메시지를 '전달'할 때 화자는 문어의 구두점으로 전달하지 못하는 많은 정보를 말해주는 억양의 특징에 의존할 줄도 안다.

- **문어의 구두점**: 글로 쓴 문장은 식별하기가 쉽다. 대문자로 시작해서 특정한 구두점 부호(. ? !)로 끝맺기 때문이다. 문장 안에서는 쉼표(,)와 대시(-), 콜론(:), 세미콜론(;)을 이용해서 구와 절의 경계를 나타낸다.

- **구어의 발화 단위**: 구어에서는 구두점 기호를 발음하거나 소리로 내지 못하므로 발화에서 함께 다니는 말을 나타내기 위해 문어와는 다른 장치를 사용한다. 하나의 구어 정보는 성조 단위(37 참조)로 한 데 묶인다. 성조 단위는 대체로 문장보다 길이가 짧아서 평균 4~5단어 정도이며 개별적인 억양 곡선을 지닌다. 하나의 성조 단위에서 강세를 가장 강하게 받는 단어는 핵(36 참조)이라고 불리는 초점을 포함하고 있다. 문어의 구두점과 구어의 성조 단위는 서로 정확히 대등하게 작용하지 않는다. 말은 글과 달리 구조와 과정에서 변하기가 더 쉽다. 말을 성조 단위로 발화 단위를 만드는 것은 말하는 속도, 메시지의 특정 부분에 대한 강조, 문법 단위의 길이 같은 요소에 따라 달라진다. (33, 397 참조)

- **문장 부사**(예를 들어 evidently, naturally, obviously 등. 461 참조)**:** 구어의 성조 단위 경계(여기서는 세로줄 '|'로 나타낸다)나 문어의 쉼표 뒤에 오는 부분과 구분되는 경우가 많다.

  | Obviously | they expected us to be on time. | 〈구어체〉

  Obviously, they expected us to be on time. 〈문어체〉

  분명히, 그들은 우리가 제 시간에 올 것이라고 기대했다.

- **비제한적 동격**(471 참조)**:** 대체로 구어의 개별적인 성조 단위와 문어의 쉼표로 구분한다.

  | Dr. Johnson | a neighbour of ours | is moving to Canada. | 〈구어체〉

  Dr. Johnson, a neighbour of ours, is moving to Canada. 〈문어체〉

  우리 이웃인 존슨 박사는 캐나다로 이주할 참이다.

- **삽입절**: 구어의 개별적인 성조 단위와 문어의 쉼표를 통해 다른 절과 구분되는 경우가 많다. (499 참조)

  | What's more | we'd lost all we had. | 〈구어체〉

Moreover, we had lost all we had. 〈문어체〉
더욱이, 우리는 가진 것을 모두 잃어버렸다.

전반적으로 말하면, 이 책에서 〈일상체〉라고 표시한 특징들은 〈구어체〉에서 등장할 가능성이 더 크다. 반면, 〈격식체〉의 특징은 〈문어체〉에서 나타날 가능성이 더욱 크다. (45 참조)

억양(Intonation)

33 영문법을 보다 완벽하게 이해하려 한다면 영어의 억양 패턴에 대해서 알아둘 필요가 있다. 억양의 특징은 평서문과 의문문 사이의 차이와 같은 문법적 차이를 표시하는 데 중요하기 때문이다. 예를 들어, They are leaving 같은 문장은 하강조로 읽으면 평서문이지만 상승조로 읽으면 의문문이 되기도 한다.

| They are lèaving | 〔하강조 평서문〕
| They are léaving | 〔상승조 의문문〕

여기서는 문법에서 중요한 역할을 담당하므로 논의하고 기호로 나타낼 필요가 있는 강세와 억양의 특징을 설명하는 데 중점을 두겠다.
● 강세: 강세 기호(´)로 나타낸다. (34 참조)
　´over　　　　　　첫 번째 음절에 강세
　an´alysis　　　　두 번째 음절에 강세
　transfor´mation　세 번째 음절에 강세
● 성조 단위: 세로줄(|)로 경계를 구분한다. (37 참조)
　| The task seemed difficult | 그 업무는 힘들어 보였다.
● 핵: 즉 성조 단위의 초점은 핵이 들어있는 음절에 밑줄을 쳐서 나타낸다. (36 참조)
　| The task seemed difficult |
● 성조: 하강하거나 상승하거나 하강과 상승이 결합되어 있다. 이 문법책에서는 이런 세 가지 성조가 가장 중요하다. (38 참조)
　–하강조의 기호: òbviously
　–상승조의 기호: óbviously
　–하강상승조의 기호: ŏbviously

강세
34 영어의 리듬은 강세에 기초를 두고 있다. 화자는 연결된 담화에서 강세 음절이 연속될 때 언어의 리듬을 느낀다. 하나의 강세 음절과 다른 강세 음절 사이에는 한 개 이상의 비강세

음절이 있을 수 있다. 다음 예문에서는 강세 음절이 강세 기호(´)를 뒤따르며 비강세 음절은 아무 기호가 없다.

> I'll ´ring you on the ´way to the ´airport. 내가 공항에 가는 길에 너한테 전화할게.
> It went ´off ´smoothly that ´long ´meeting of the ex´ecutive com´mittee.
> 그 기나긴 중역회의가 순조롭게 진행되었다.

즉, 아래에 볼드체로 인쇄된 음절이 강세를 받는다는 뜻이다.

> I'll **ring** you on the **way** to the **air**port.
> It went **off smoothly** that **long meeti**ng of the executive com**mit**tee.

강세를 주는 표준 규칙을 강세음절과 비강세 음절의 경우로 나눌 때, 강세 음절은 다음과 같다.

● 명사(way), 동사(ring), 형용사(long), 부사(off)처럼 주요 품사(744 참조)에 속하는 한 음절 단어(내용어, content words)
● ´smoothly, ´airport, com´mittee처럼 주요 품사에 속하는 한 음절 이상으로 이루어진 단어의 강세 음절

비강세 음절은 다음과 같다. 주로 기능어(function words)를 지칭한다.

● 전치사(to), 대명사(it), 관사(the) 같이 부가적인 품사(745 참조)에 속하는 단어
● ´smoothly, ´airport, com´mittee처럼 한 음절 이상으로 이루어진 단어의 비강세 음절(강세 음절을 제외한 약음 부분)

35 한 음절 이상으로 구성된 단어에서 어느 음절이 강세를 받는지에 관한 간결한 규칙은 없다. 위에서 살펴보았듯이 강세는 단어에 따라 각기 달라서 ´airport는 첫 음절에, com´mittee는 둘째 음절에, transfor´mation은 셋째 음절에 온다. 강세의 위치 역시 문장 문맥, 강조, 대화 속도 등에 따라서 달라지므로 위에서 제시한 규칙에는 예외가 존재한다.
주목해야 할 점은 전치사적 부사(660 참조)가 주요 품사(내용어)에 속하기 때문에 강세를 받는 반면에 한 음절 전치사는 대체로 강세를 받지 않는다. 다음 대조를 보라.

> ´This ´bed has ´not been ´slept in. (in = 전치사)
> 이 침대는 아무도 사용하지 않았다.
> The ´injured ´man was ´carried ´in. (in = 전치사적 부사)
> 이 부상당한 남자가 안으로 실려 왔다.

이와 동일한 대조가 전치사적 동사(632 참조)와 구동사의 불변화사(630 참조) 사이에서도 때때로 나타난다.

She's re′lying on our ′help. (rely on = 전치사적 동사)

그녀는 우리의 도움에 의지하고 있다.

She's ′putting ′on a ′new ′play. (put on = 구동사)

그녀는 새로운 연극을 공연하고 있다.

하지만 불변화사 역시 강세를 받지 않을 때도 있다.

′Make up your ′mìnd! 결단을 내려! / 결정을 해라!

이 책의 예문에서는 중요한 사항을 예증하기 위해 필요할 때에만 강세가 표시될 것이다.

핵

36 강세를 받는 음절이 모두 똑같이 중요하지는 않다. 일부 강세 음절은 다른 강세 음절보다 두드러짐이 더욱 확연해서 억양 패턴의 핵 또는 초점을 이룬다. 핵이란 음높이 방향의 중요한 변화, 즉 음높이가 올라가는지 내려가는지를 표시하는 강한 강세 음절이라고도 설명할 수 있다. 다음은 음높이 방향을 나타내는 예문이다.

She's going to the States. 그녀는 미국에 갈 것이다.

핵에서 음높이가 변화하는 모양은 화살표로 표시한다.

이 예문에서 핵은 문장의 끝으로 가면서 음높이가 하강함을 표시한다. (중심어인 States 앞의 음높이 배열은 여기서 신경 쓸 문제가 아니다.) 핵은 언제나 강세를 받기 때문에 그 앞에 강세 기호를 표시할 필요가 없다. 이 책의 예문에서는 다른 강세 음절을 나타내지 않고 밑줄만으로 핵을 표시할 때가 많다.

She's going to the (United) <u>States</u>.

성조 단위

37 영어에서 억양의 기본 단위는 성조 단위이다. (성조 단위는 억양 단위, 의미/정보 단위, 말묶음이라는 이름으로도 불린다.) 성조 단위란 한 개의 핵을 포함하는 발음의 길이이다. 여기에는 주로 핵의 앞에 다른 강세 음절이 위치하기도 한다. 성조 단위의 경계는 세로줄(|)로 표시한다.

| She's going to the <u>States</u> |

이 예문에서 성조 단위는 전체 문장과 길이가 동일하다. 하지만 문장에는 한 개 이상의 성

조 단위가 들어있는 경우가 많다. 성조 단위의 수는 문장의 길이에 따라 달라지며 문장의 여러 부분에 주어지는 강조의 정도에 따라서도 달라진다. 다음 문장을 보자.

This department needs a new chairperson.

이 학과는 새로운 학과장이 필요하다.

이 문장은 보통 하나의 성조 단위를 지닌다.

| This department needs a new chairperson |

하지만 두 개의 성조 단위로 발음할 수도 있다.

| This department | needs a new chairperson |

this에 추가된 핵은 other departments와 대조하여 'this department를 강조하는 뜻을 나타낸다. 다음 문장은 보다시피 하나 혹은 두세 개의 성조로 발음될 수 있다.

| This is the kind of pressure that it's very difficult to resist. |
| This is the kind of pressure | that it's very difficult to resist. |
| This is the kind | of pressure | that it's very difficult to resist. |

이것은 저항하기 매우 힘든 종류의 압력에 해당된다.

일반적으로 이 책에서는 성조 단위 경계가 문법 사항의 실례로서 작용할 때에만 예문에 포함했으며 대체로 성조 단위 경계를 생략했다.

성조

38 성조란 핵에서 일어나는 음높이 변화의 유형을 뜻한다. 영어에서 가장 중요한 세 가지 성조이자 여기서 구분할 필요가 있는 유일한 성조는 다음과 같다.

● 하강조:　tòwn　Chàucer　| What's the name of this tòwn? |
　　　　　　　　　　　　　　이 도시의 이름은 무엇입니까?

● 상승조:　tówn　Cháucer　| Are you going to tówn today? |
　　　　　　　　　　　　　　오늘 시내에 가십니까?

● 하강상승:　tŏwn　bìg tówn　| I can't allow you to do thăt. |
　　　　　　　　　　　　　　나는 네가 그런 일을 하도록 허락할 수는 없다.

이런 문장은 아래와 같은 방식으로 나타낼 수도 있다.

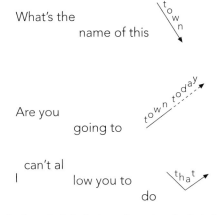

다음은 차례로 이어진 성조 단위에서 서로 다른 성조가 나타나는 두 가지 예문이다.

| It's not like a lecture on Cháucer | or Éliot | or something of thàt kĭnd. |

이것은 초서나 엘리어트나 그런 유형의 주제에 관한 강의 같지가 않다.

| Our chair is very stròngly of the opĭnion | that we àll ought to go on téaching | to the end of tèrm. |

우리 학과장은 우리 모두가 학기 말까지 수업을 계속해야 한다고 아주 굳게 믿는다.

핵의 성조는 다음과 같은 나머지 성조 단위의 음높이를 결정한다.

● 하강조 다음에는 나머지 성조 단위의 음높이가 낮다.

(Ann is getting a new job,) | but she hasn't tòld me about it. |

(앤은 새로운 직장을 얻을 것인데도) 나한테 그 일에 대해 말하지 않았다.

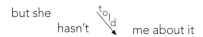

● 상승조 다음에는 나머지 성조 단위의 음높이가 높은 방향으로 올라간다.

(Ann is getting a new job.) | Has she tóld you about it? |

(앤은 새로운 직장을 얻을 것이다.) 그녀가 당신한테 그 일에 대해 말했습니까?

● 하강상승조는 하강조 다음에 상승조가 이어진다. 만약 핵이 성조 단위의 마지막 음절
이라면 하강조와 상승조가 모두 한 음절, 즉 핵음절에서 발생한다. 만약 그렇지 않으면,
상승조가 나머지 성조 단위에서 나타난다. 다음 예문을 비교해 보자.

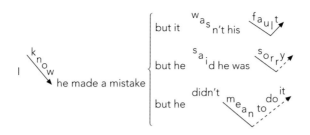

이 책에서는 이런 세 가지 성조를 다음과 같이 기호로 나타낸다.

| but it wasn't his făult. | 하지만 그것은 그의 잘못이 아니었다.

| but he said he was sŏrry. | 하지만 그는 미안하다고 말했다.

| but he didn't mèan to dó it. | 하지만 그는 그렇게 할 의도가 아니었다.

마지막 예문처럼, 하강상승조에서 상승조가 핵 다음에 오는 강세 음절로 이어지는 부분에서는 각각 핵에 하강조를, 뒷부분의 강세 음절에 상승조를 둠으로써 하강상승조 기호를 표시한다. 그렇게 하면 이 책의 학습자가 예문을 읽으면서 억양 곡선을 이해하기 더 쉬울 것이다.

성조의 의미

39 성조의 의미는 일반적인 용어로 명시하기가 어렵다. 개략적으로 말하자면, 하강조는 '확실성,' '완전성,' '독립성'을 표현한다. 그러므로 간단한 평서문은 화자가 확신하는 사실을 단정 짓기 때문에 보통 하강조로 끝난다. 다음 예문과 같이, 이런 문장에는 종료성이 드러난다.

| In this lecture I want to enlarge on the relation between grammar and lexis. |
이번 강의에서 나는 문법과 어휘의 관계에 대해 자세히 설명하고 싶다.

40 이와 반면에 상승조는 '불확실성'이나 '불완전성,' '의존성'을 표현한다.
- 일반 의문문(582 참조)은 대체로 상승조이다. 화자가 자신이 말하는 것의 진실성에 대해 확신하지 못하기 때문이다.

  | Can I hélp you? | 제가 도와드릴까요?

일반 의문문의 전형적인 성조가 상승조이기 때문에 이런 억양은 보통 '의문문 억양'이라고 한다. 하지만 의문사 의문문은 대부분 하강조이다. (683 참조) 아래 예문에서 두 가지 의문문의 성조를 비교해 보자.

  | Don't you líke working here? | [일반 의문문] 여기서 일하는 것을 좋아하지 않습니까?

  | Why are you lèaving? | [의문사 의문문] 왜 떠나려는 겁니까?

- 문법상 평서문의 형태로 제시되는 의문문은 말씨(구어, 구어체)에서 상승조의 의문문 억양을 보인다. (244, 696 참조)

│ You got home sáfely then? │ 그때 집에 무사히 갔나요?

- 일련의 생각을 새로 시작할 때는(353 참조) 상승 억양일 때가 많다.

  │ Wéll, │ what do you suggest we do nòw? │

  글쎄, 지금 무엇을 하자고 제안하는 겁니까?

- 평서문에 삽입된 부수적 정보 역시 상승조로 말할 때가 많다. 그 이유는 이런 정보가 불완전하여 말을 완전히 이해하기 위해서는 주된 주장에 의존해야 하기 때문이다.

  │ If you líke │ we can have dinner at mý place tonight. │

  당신만 좋으면 오늘 우리 집에서 저녁을 먹어도 됩니다.

- 상대를 격려하거나 〈공손체〉의 부정, 명령, 초대, 인사말, 작별 등은 일반적으로 상승조로 말한다.

  A: │ Are you búsy? │ 바빠?

  B: │ Nó. │ (Please interrupt me if you wish) ´Do sit dówn. │

  아니. (그리고 싶다면 내 일을 중단시켜도 돼) 앉아.

여기서 종료성을 나타내는 하강조(Nò)는 〈친근체〉로 들릴 것이다.

41 하강상승조는 하강조에 담긴 '단정, 확실성'과 상승조에 담긴 '의존성, 불완전성'의 의미가 결합한 성조이다. 문장의 끝에서 의구심을 전달할 때가 많다. 무엇인가를 단정하는 동시에 달리 할 말이 있다는 암시를 주기도 한다. 대조적인 의미를 함축할 때도 많다.

  │ That's not mý sĭgnature. │ (it must be somebody else's)

  저건 내 서명이 아닙니다. (다른 사람의 서명이 분명합니다.)

  A: │ Do you like póp-music? │ 팝 음악을 좋아하세요?

  B: │ Sŏmetimes. │ (but not in general) 가끔 들어요. (하지만 일반적으로는 안 좋아해요.)

  A: │ Are you búsy? │ 바쁘세요?

  B: │ Not rĕally. │ (Well, I am, but not so busy that I can't talk to you.)

  별로요. (글쎄요, 바쁘기는 하지만 당신과 말하지 못할 정도로 바쁘지는 않아요.)

문장의 시작이나 중간에서 하강상승조는 상승조에 대한 보다 힘 있는 대안으로, 한 가지 의견을 단언하는 동시에 다른 의견이 뒤따라 올 것이라고 암시한다.

  │ Mòst of the tíme │ we stayed on the bèach. │ 대부분 우리는 해변에 머물렀다.

  │ Most yŏung people │ take plenty of èxercise. │

  대부분의 젊은이들은 많은 운동을 한다.

  │ He's not a relăxed lecturer │ but he's a drĭving lecturer. │

  그는 느긋한 강사는 아니지만 정력적인 강사이기는 하다.

억양으로 표현할 수 있는 의미는 문어체에서 문법적 구조를 달리하여 표현할 수도 있을 것이다. (496 참조) 다음을 비교해 보자.

　│ You don't see a fox every dăy. │〈구어체〉 여우를 매일 보지는 못한다.

　It is not every day that one sees a fox. 〈문어체〉 여우를 보는 일은 매일이 아니다.

두 가지 경우 모두 이런 뜻을 함축한다. '그런 일은 좀처럼 일어나지 않는다.'

글로 표현한 대화

42 구어체 영어의 기본적인 특징 몇 가지와 억양을 글로 표현하는 방법을 간단히 살펴본 다음, 위에서 독립된 예문으로 제시할 수밖에 없었던 내용보다는 좀 더 긴 길이의 텍스트에 문법 체계를 적용해보기로 하자. 그래서 여기서는 (19번 항목에 나왔던) 어느 일요일 점심에 관한 생생한 설명을 다시 제시하지만 이번에는 다음과 같이 억양을 표시했다.

● **성조 단위:** 구어체에서 나타나는 말묶음의 특징을 강조하기 위해 한 줄에 성조 단위 하나만을 적었으며 세로줄 │로 성조 단위의 끝을 표시했다.

● **성조:** 하강조(dò), 상승조(dó), 하강상승조(dǒ)의 세 가지 유형이 있다.

● **휴지:** 줄표(-)로 표시한다.

　│ Well I had some people to lunch on Sùnday │
　음, 일요일에 몇 사람을 점심에 초대했어.

　and – they turned up half an hour èarly│ – (laughs) –
　그런데 – 손님들이 30분 일찍 나타났지 뭐야 – (웃음) –

　I mean you know what 〔g〕 getting up Sùnday's lǐke │
　내 말은 그러니까 일요일 같은 날은 〔이〕 일어나는 게 그렇잖아

　ànyway│ 어쨌든

　and – I'd – was behind in any càse │ – 그리고 – 난 – 나는 여하간 늦었어 –

　and I'd said to them one o'clóck │ – 그리고 그들에게 한 시라고 말해두었거든 –

　and I ălmost phoned them up and said │ 그래도 내가 전화를 걸어서

　come a bit làter │ – 조금 늦게 오라고 말할 뻔했는데 –

　and then I thought oh they've probably lèft by nòw │ –
　그러다 어 내 생각에는 그들이 그때쯤이면 출발했을지도 모르겠더라고 –

　so I dìdn't │ – 그래서 전화 안 했어 –

　and – twelve thìrty │ – 그랬는데 – 12시 반이었어 –

　nòw│ – 그때가 –

　that càn't be thém │ – 그 사람들일 리가 없잖아 –

　and it wàs│ – 그런데 맞더라고 –

　and they'ed they'd lèft │ 그리고 그들은 차를 갈아탈 시간을

　plenty of tìme │ 충분히 남겨두고 나섰는데

for all their connĕctions ｜ 기다리지 않고

and they got all their connĕctions ｜ 착 갈아탄 거야 –

at ónce ｜ – 그런데

and it was annŏying ｜ 짜증나게

cos they came with this – chìld ｜ – 애를 데려왔더라고 – 애를 –

you knów ｜ 그러니까

who was running all òver the place ｜ 아이가 사방을 뛰어다니고

and they kept coming in and chàtting to mé ｜

게다가 어른들이 계속 들락거리면서 나한테 말을 걸어대는 통에

and I couldn't get òn with things ｜ 음식 준비를 할 수가 없어서

and ｜ I get really erm – you know when when I'm trying to còok ｜

– 정말로 어어 – 그러니까 내가 요리를 만들려고 하면

and people come and chàt ｜ 그러면 – 사람들이 와서 수다를 떠는 통에

｜ I get terribly put òff ｜ – 내가 엄청 위축되더라고 –

can't get on with things at àll ｜ 전혀 음식준비를 계속 할 수가 없는 거야

erm – and yet you feel terribly anti – sòcial ｜ 어어 – 만약에 네가 네가 부엌에 그냥 우두

커니 있기만 한다면

if you you dò just stay in the kítchen ｜ 너도 비사교적인 기분이 들 거야

ànyway ｜ 아무튼, 어떻든

만약 이 발췌문을 소리 내어 읽으면서 성조 표시가 있는 음절에서 음높이 움직임을 강조
하고 휴지가 표시된 곳에서 쉰다면, 19번 항목의 첫 번째 형태보다 이런 형태가 더 일관되
고 조리 있게 보일 것이다. 하지만 문자로 표현하면 두 가지 형태가 동일하다.

이것은 억양이 구어의 중요한 부분임을 증명한다. 물론, 실제 구어의 특징을 살려 적절한
문어로 표현하는 것은 당연히 불가능하다. 실제 구어, 즉 말의 내용뿐만 아니라 말하는 방
식까지도 더욱 잘 이해하기 위해서는 여기서 그랬듯 영어에서 무엇보다 널리 쓰이는 형식
인 구어체 대화의 중요한 특징을 나타내는 것이 최소한의 할 일이다.

발음 기호에 관해 일러두기(A note on phonetic symbols)

43 이 책에서 발음 기호는 문법 요점이나 규칙을 예시할 필요가 있는 곳에서만 아주 드물게
사용된다. 이 책에서는 특정한 종류의 말에 편향되지 않은 표기 체계를 사용하려 노력하기
는 했지만 영국식 영어와 미국식 영어(여기서 주로 다루는 두 가지 국가적 변이형)가 다른 어떤
측면보다 발음에서 현격히 다르기 때문에 이 또한 쉽지 않았다. 문제를 단순화하기 위하여

여기서는 국가적 변이형마다 한 가지 발음만 고려하고 있다. 바로 영국식 영어 발음을 학습할 때 표준 발음으로 흔히 통용되는 RP(received pronunciation, 표준 발음)와 미국에서 다소 유사한 지위를 차지하고 있는 GA(general American pronunciation, 일반 미국 영어 발음)이다. 하지만 이 책에서 발음기호를 제한적으로 사용한다는 점을 고려하면 다른 표준화된 변이형(예를 들어 호주 영어) 역시 적절하게 잘 표현되었다. 발음기호를 표시할 때에는 양쪽 끝에 사선을 표시했다. 예를 들면, /θ/, /aʊ/, /mʌst/. RP와 GA 발음을 구분하기 위해서는 겹세로줄(‖)을 사용했다. 예를 들어 clerk의 발음은 /klɑːk ‖ klɜːrk/으로 나타낸다.

모 음		자 음	
iː	bead의 발음처럼	p	pig의 발음처럼
i	bid의 발음처럼	b	big의 발음처럼
e	bed의 발음처럼	t	two의 발음처럼
æ	bad의 발음처럼	d	do의 발음처럼
ɑː	calm의 발음처럼	k	come, king의 발음처럼
ɔ	〈RP〉cot의 발음처럼	g	gum의 발음처럼
ɔː	〈RP〉caught의 발음처럼	ʧ	cheap의 발음처럼
ʊ	pull의 발음처럼	ʤ	jeep, bridge의 발음처럼
uː	pool의 발음처럼	f	few의 발음처럼
ʌ	cut의 발음처럼	v	view의 발음처럼
ɜː	〈RP〉bird의 발음처럼(Note 참조)	θ	thing의 발음처럼
ə	about의 발음처럼	ð	then의 발음처럼
		s	ice, say의 발음처럼
		z	eyes, zoo의 발음처럼
이중모음		ʃ	pressure, show의 발음처럼
ei	fail의 발음처럼	ʒ	pleasure의 발음처럼
oʊ	foal의 발음처럼	h	hot의 발음처럼
ai	file의 발음처럼	m	sum의 발음처럼
aʊ	fowl의 발음처럼	n	sun의 발음처럼
ɔi	foil의 발음처럼	ŋ	sung의 발음처럼
iə	〈RP〉peer의 발음처럼	l	lot의 발음처럼
eə	〈RP〉pair의 발음처럼	r	rot의 발음처럼
ʊə	〈RP〉pure의 발음처럼(Note 참조)	w	wet의 발음처럼
		j	yet의 발음처럼

〈RP〉 이중모음 /iə/, /eə/, /ʊə/에 상응하는 〈GA〉의 r-착색 이중모음은 /ir/, /ɛr/, /ʊr/로 표기할 수 있다. 이와 비슷하게, 〈RP〉 장모음 /ɜ:/에 상응하는 r-착색 장모음은 /ɜ:r/로 표기할 수 있다. 예를 들어 bird는 /bɜ:d ‖ bɜ:rd/로 표기한다.

지리적 · 국가적 변이형: 〈미국식〉과 〈영국식〉
(Geographical and national varieties: 〈AmE〉 and 〈BrE〉)

44 영어는 미국과 영국, 캐나다, 호주, 뉴질랜드, 아일랜드, 카리브 해를 비롯한 여러 곳에서 거의 4억 명의 사람들이 모국어로 사용하고 있다. 즉, 영어의 방언 변이형이 전 세계에 걸쳐 다양하게 분포하고 있다는 뜻이다. 하지만 영어의 표준 변이형 문법 연구에서는 차이가 크지 않다. 영어권 국가에서는 각각 지역 방언의 차이가 많다. 예를 들면 미국의 남부지방과 다른 지방에서 사용하는 영어는 서로 다르다. 이런 차이는 문어체 영어나 표준화된 구어체 영문법의 용법에 거의 영향을 미치지 않으므로 이 책에서는 무시하기로 한다.

미국과 영국에서 사용하는 영어의 변이형이 세계를 통틀어 인구와 소용 면에서 가장 중요하기 때문에 이 책에서 유일하게 구분할 국가적 변이형은 미국식 영어인 〈미국식〉과 영국식 영어인 〈영국식〉이다. 두 가지 변이형의 문법적 차이(발음과 어휘의 차이를 비교하면)는 그리 크지 않으며 〈격식체, 문어체〉 용법에서는 거의 무시할 만하다. 하지만 아래의 몇 가지 짧은 예문들은 〈미국식〉과 〈영국식〉 영어 사이에 존재하는 차이의 종류를 보여줄 것이다. 이런 차이는 Part 2와 Part 3에서도 지적할 예정이다.

● **관사 용법**: 〈영국식〉에서는 아니지만 〈미국식〉에서는 university와 hospital에 정관사를 붙이는 경향이 있다. (475 참조)

〈미국식〉 Our daughter is at the university.

〈영국식〉 Our daughter is at university. 우리 딸은 대학에 다닌다.

〈미국식〉 I've got to go to the hospital for an operation.

〈영국식〉 I've got to go to hospital for an operation.
　　　　　　나는 수술을 받으러 병원에 가야만 한다.

● **got/gotten**: 〈미국식〉에는 get의 과거분사가 gotten과 got 두 가지인 반면 〈영국식〉에는 오직 got 한 가지밖에 없다. (559 참조) 과거시제는 두 가지 변이형에서 모두 got이다. 아래의 예를 살펴보자.

〈미국식〉 Have you gotten/got the theater tickets?

〈영국식〉 Have you got the theater tickets? 영화표를 구했습니까?

● **단순 과거와 현재완료**: 〈영국식〉에서 현재완료를 쓰는 자리에 〈미국식〉에서는 단순 과거를 쓰는 경향도 있다. 예를 들면, yet이나 already와 함께 쓸 때이다.

(125, Note 〔a〕 참조)

〈미국식〉Did you eat breakfast already?

〈영국식이나 미국식〉Have you eaten breakfast already? 아침을 벌써 먹었습니까?

● **가정법**: demand, require, insist, suggest 같은 동사, important, necessary 같은 형용사, demand, requirement 같은 명사 뒤에서 가정법을 사용하는 것은 〈영국식〉보다는 〈미국식〉에서 훨씬 보편적이다. 〈영국식〉에서는 〈should + 부정사〉 형태를 대체로 선호한다. (706 참조)

〈미국식〉The press suggested that Burt be dropped from the team.

〈영국식〉The press suggested that Burt should be dropped from the team.
언론은 버트가 팀에서 빠져야 한다고 제안했다.

● **different from/than/to**: different from은 두 가지 이형에서 모두 사용하지만 different than은 대체로 〈미국식〉에서, different to는 오직 〈영국식〉에서만 사용한다.

〈영국식 & 미국식〉He's just different from everybody else.

〈미국식〉He's just different than everybody else.

〈영국식〉He's just different to everybody else. 그는 다른 사람들과 전혀 다르다.

● **from … through, from … to**: 전치사의 용법에는 이외에도 차이점이 몇 가지 더 있다. 예를 들어, 〈미국식〉에서 from X through Y를 쓰면 특정 기간 안에 X와 Y가 모두 포함된다는 뜻이 분명해진다. (163 참조)

〈미국식〉The tour lasted from July through August.

〈영국식〉The tour lasted from July through August (inclusive).
관광 여행은 7월부터 8월까지도 지속되었다.

〔〈영국식〉에서는 inclusive라는 단어를 이따금 사용해서 전체 기간에 마지막에 언급한 기간이 포함된다는 뜻을 분명히 나타낸다. 위 예문에서는 8월이 포함된다는 뜻이다.〕

다른 차이에 대해 알고 싶으면 색인에서 〈미국식〉과 〈영국식〉 항목 밑에 나열한 목록을 참조하라.

사용역: 격식체 영어와 일상체 영어
(Levels of usage: formal and informal English 〈formal〉, 〈informal〉)

45 이제 지리학적 차이가 아니라 화자(또는 필자)와 청자(또는 독자)의 관계 차이에 따라 영어가 어떤 식으로 달라지는지 살펴보자. 이처럼 언어를 사용자의 관계에 따라 분류하는 것을 사용역이라고 부른다. (15-16 참조)

격식체는 진지한 목적에서 공식적으로 사용하는 유형의 언어이다. 예를 들어, 공식보도,

사용 편지, 학술논문이 여기에 해당된다. 격식체 영어는 거의 항상 〈문어체〉이지만 예외적으로 〈구어체〉에서도 사용된다. 예를 들면, 격식 있는 공식 연설이나 강연이 여기에 해당된다. 다음은 격식체 영어의 예로, 어느 서평에서 발췌한 대목이다.

The approach is remarkably interdisciplinary. Behind its innovations is author's fundamental proposal that the creativity of language derives from multiple parallel generative systems linked by interface components. This shift in basic architecture makes possible a radical reconception of mental grammar and how it is learned. As a consequence, the author is able to reintegrate linguistics with philosophy of mind, cognitive and developmental psychology, evolutionary biology, neuroscience, and computational linguistics.

이 책의 연구방법은 현저하게 학제적이다. 이러한 획기적인 방법 뒤에는 언어의 창의성이란 인터페이스 구성요소로 연결된 복합적 평행 생성 체계에서 비롯된다는 저자의 기본적인 제안이 깔려있다. 이처럼 기본적인 아키텍처를 변화함으로써 머릿속 문법과 학습 방식의 개념을 철저하게 재정립하는 것이 가능해진다. 결과적으로, 저자는 언어학과 심리철학, 인지 발달 심리학, 진화생물학, 신경과학, 컴퓨터 언어학을 다시 통합할 수 있다.

'일상 영어회화'라고도 불리는 일상체 영어는 일상 대화, 안부 편지, 사적인 상호작용에서 일반적으로 사용되는 언어이다. 다음은 〈미국식〉 일상체 대화에서 발췌한 다른 예문이다. (19, 42 참조)

A : So Larry did you manage to get any sleep beside Michelle's crying?
　　　근데, 래리. 미셸이 우는 옆에서 조금이라도 잠을 자긴 한 거야?

B : I didn't hear a thing. 난 아무 소리도 못 들었는데.

A : Really. 설마.

B : Yeah. 그렇다니까.

A : God, I can't believe it. 세상에, 도저히 못 믿겠다.

B : I didn't hear a thing. 아무 소리도 못 들었어.

A : Well, it must have been around three o'clock this morning. Suddenly she couldn't sleep. 글쎄, 오늘 아침 3시쯤이었을 거야. 갑자기 미셸이 잠을 못 자는 거야.

B : Really? 정말?

A : Yeah, I think she's getting a cold.
　　　그렇다니까. 미셸이 감기에 걸리려고 그랬나봐.

B : What did she do? 그 애가 뭘 어쨌는데?

A : Every time I started to fall asleep she'd go Mommy, Mommy.
　　　내가 잠들기 시작할라치면 매번 미셸이 엄마, 엄마, 하잖아.

B: Nope, I didn't hear a thing. 아니, 난 아무 소리도 못 들었는데.

A: Well, that's good. 글쎄, 좋겠다.

B: I can sleep through a hurricane, I guess.

　　난 허리케인이 와도 잠 잘수 있을 것 같아.

이런 식의 구어는 일상체의 전형적인 예이지만 일상체 영어는 신문, 잡지, 광고, 대중소설 같은 대중적인 문자 커뮤니케이션에서도 이제는 점차 널리 사용되고 있다.

격식성 척도의 예

46 〈격식체〉와 〈일상체〉 용법의 차이는 단순한 '예/아니오' 식의 구분보다는 척도를 활용하여 나타낼 때 가장 잘 드러난다. 다음 예문을 생각해 보자.

There are many friends to whom one would hesitate to entrust one's own children. 〈격식체〉 자녀를 위탁하는 것을 주저하는 친구가 많이 있다.　　　　　　　　[1]

이 문장은 다음 몇 가지 이유 때문에 격식성 척도에서 최고치이다.

- there are 구문을 사용함으로써 덜 격식적인 there's와는 달리 주어인 many friends와 복수 일치를 시켰다. (547-9 참조)

- many friends라는 표현을 사용하고 훨씬 일상적인 a lot of friends나 lots of friends 를 사용하지 않았다. (72-3 참조)

- 시작 전치사를 사용하여 관계사절(to whom)을 소개하고 최종 전치사를 사용하는 who(m) … to 구문을 사용하지 않았다. (예를 들어 the firm for which she works라는 격식 체 표현과 the firm she works라는 일상체를 비교하라. 686-94 참조)

- 바로 앞의 특징과 관련하여 whom의 용도를 보면, whom은 who와 비교하면 그 자 체로도 다소 격식체의 대명사(686-94 참조)이다. 예를 들어 Whom did they meet?과 Who did they meet?을 비교해 보라.

- 총칭 인칭대명사 one(98 참조)을 사용하고 보다 일상적인 총칭 인칭대명사 you를 사용 하지 않았다.

47 만약 [1]의 모든 특징을 일상체 문장으로 대체한다면 다음의 [1a]처럼 변할 것이다.

There's lots of friends who you would hesitate to entrust your own children to. 〈일상체〉 자기 자녀를 위탁하는 것을 주저하게 되는 친구가 많다.　　　　　　[1a]

하지만 이 문장이 관용어법에 상당히 어긋나 보인다는 점은 중요하다. 그 이유는 한 언어 를 다른 언어로 번역하는 일과 마찬가지로 한 변이형을 다른 변이형으로 바꾸어 말하는 것은 기계적인 작업으로 간주할 수 없기 때문이다. 실제로 일상체 영어는 자기만의 전형 적 특징을 선호한다. 여기에는 동사의 축약형(there is보다는 there's 등), 관계대명사 who/ whom/that의 생략, entrust 같은 비교적 격식적인 어휘가 아니라 일상적 어휘의 사용 등이 들어간다. 일상체 영어의 예문 〔1b〕는 〔1a〕보다 더 자연스럽게 들리는 문장이다.

There's lots of friends you'd never trust with your own children.   〔1b〕

자기 자녀를 결코 믿고 맡기지 못할 친구가 많다.

하지만, 이 문장의 격식성을 증가하거나 감소하기 위하여 어휘를 좀 더 바꿔볼 수도 있다. 예를 들어, children을 kids로 대체하면 문장이 훨씬 더 일상체가 된다.

There's lots of friends you'd never trust with your own kids.   〔1c〕

반면, there are와 would를 사용한 다음 문장은 보다 격식적인 변이형이다.

There are lots of friends you would never trust with your own children.〔1d〕

그러므로 위의 문장들(〔1a〕는 배제하고)을 격식성 척도에 따라 격식성이 가장 높은 문장에서 가장 낮은 문장 순서로 다음과 같이 배치하는 것이 가능하다.

There are many friends to whom one would hesitate to entrust one's own children.   〔1〕

There's lots of friends you'd never trust with your own children.   〔1b〕

There's lots of friends you'd never trust with your own kids.   〔1c〕

하지만, 격식성과 일상성의 정도를 정확히 판단하기란 쉽지 않으므로 〈다소 격식체〉나 〈다소 일상체〉 같은 비교법 표현에 만족해야 할 때가 많다.

48 이런 모호성이 생기는 한 가지 이유는 척도로서의 격식성이 한편으로는 대화가 벌어지는 상황의 양상에 적용되기도 하고 다른 한편으로는 그러한 양상에 관련되는 언어의 특징에 적용되기도 하기 때문이다. 여기에는 양방향의 관계가 존재한다. 즉, 상황이 언어 선택에만 영향을 미치는 것이 아니라 언어 선택도 상황에, 아니 보다 정확하게 말해 화자와 청자가 감지하는 상황의 특성에 영향을 미친다. 따라서 전화상으로 To whom am I speaking?(실례지만 통화하고 계신 분이 누구시죠?)라는 〈정중한 격식체〉의 질문에 대답하는 사람은 방금 들은 그 발화로 인해 Who am I speaking to?(전화하신 분이 누구시죠?)라는 질문을 받을 때보다 상대 화자와 더욱 격식적인 관계를 수립할 것이다.

어휘와 문법의 격식성

49 영어는 격식체와 일상체에서 사용하는 어휘가 상당히 다르다. 격식체 영어에서 사용하는 어휘는 대부분 프랑스어나 라틴어, 그리스어 어원을 갖고 있다. 이와 대조적으로, 일상체 영어는 앵글로 색슨 어원의 어휘로 특징 지워진다. 다음을 비교해 보자.

〈격식체〉	〈덜 격식체〉	
aid	help	돕다
commence	begin	시작하다
conceal	hide	숨기다

continue	keep on	계속하다
conclude	end	끝나다

구동사와 전치사 수반동사(630-4 참조)는 대부분 일상체 영어에 속한다. 다음을 비교해 보자.

〈격식체〉	〈일상체〉	
delete	cross off	지우다
encounter	come across	우연히 만나다
enter	go in(to)	들어가다
investigate	look into	조사하다
surrender	give in	항복하다
renovate	do up	수리하다

이런 차이점은 격식체 영어와 일상체 영어가 화자에게 실질적으로 다른 의사소통 수단을 어떤 식으로 제공하는지 보여주고 하나의 변이형 문장을 그에 상응하는 다른 변이형 문장으로 바꾸는 것의 어려움을 다시 한 번 예시해준다. 적절한 문법의 선택은 어휘의 선택과 긴밀하게 연결되어 있다.

비인칭 〈비인칭 구문〉

50 공식 석상의 문어체는 비인칭 구문과 잘 어울릴 때가 많다. 비인칭이란 화자가 다른 화자나 청자를 I, you, we 같은 인칭으로 언급하지 않는 것이다. 비인칭 구문의 일반적인 특징 몇 가지 말하자면 수동태(613-18 참조), 도입의 it으로 시작하는 문장(542-6 참조), 추상명사(67-9 참조) 등이 있다. 이런 특징은 다음 발췌문에서 분명히 드러난다.

Announcement from the librarian

It has been noted with concern that the stock of. books in the library has been declining alarmingly. Students are asked to remind themselves of the rules for borrowing and return of books. and to bear in mind the needs of other users. Penalties for overdue books will in the future be strictly enforced.

사서의 발표

도서관에 비치된 도서가 놀랄 만큼 줄어들었다는 우려가 그간 공지되어 왔습니다. 학생들은 도서 대여와 반납에 관한 규칙을 스스로 상기하고 다른 사용자들에게도 책이 필요하다는 사실을 명심해야 합니다. 연체 도서에 대한 벌금은 차후에 엄격히 시행될 것입니다.

윗글의 저자는 아래와 같이 비인칭 구문을 적게 사용하여 일상체에 더 가깝게 글을 쓸 수도 있다.

Bring those books back!

Books in the library have been disappearing. Please make sure you know the rules for borrowing, and don't forget that the library is for everyone's convenience. From now on, we're going to enforce the rules strictly. You have been warned!

책을 반납하십시오!

도서관의 책이 계속 사라지고 있습니다. 제발 책 빌리는 규칙을 확실히 알아두고 도서관이란 여러분의 편의를 위해 존재한다는 사실을 잊지 마십시오. 지금부터는 규칙을 철저히 시행해나갈 것입니다. 경고합니다!

공손하고 친근한 언어: 〈공손체〉, 〈친근체〉

51 사람들은 잘 알지 못하는 사람 혹은 자신보다 나이나 사회적 지위가 높은 사람과 대화를 나눌 때면 〈공손체〉를 쓰는 경향이 있다. 맥락 역시 중요한 역할을 한다. 예를 들어, 많은 액수의 돈을 빌리는 일처럼 큰 부탁을 할 때에는 펜을 한 자루 빌려달라는 작은 부탁을 할 때에 비해서 훨씬 더 공손하게 말할 것이다.

몇몇 언어와는 달리 영어에는 친근체에 쓰이는 대명사와 공손체에 쓰이는 대명사가 별도로 존재하지 않는다. (예를 들어, 영어의 you에 해당하는 프랑스어는 tu/vous, 독일어는 du/Sie이다.) 그럼에도 친근체는 다른 방식으로도 나타낼 수 있다. 따라서 사람들은 누군가를 잘 알거나 친밀하게 알 때에는 공손한 어법을 사용하지 않는다. Mrs, Mr, MS 같은 공손한 호격으로 부르지 않고 이름이나 (Peter) 약식 이름(Pete), 심지어는 별명이나 애칭(Misty, Lilo, Boo-Boo 등)을 사용하는 경향이 있다. 흥미롭게도, 현대 영어에서는 개인적으로 알지 못하는 누군가, 말하자면 유명한 작가나 작곡가, 정치인을 3인칭으로 언급하는 경우(예를 들어, 셰익스피어, 바흐, 부시)를 제외하면 성만을 사용할 때가 거의 없다.

52 공손한 언행은 요구와 충고, 제안(333-5, 347 참조) 같은 언어 행위에서 가장 주목할 만하다. 예를 들어, 다음과 같은 요구를 비교해 보자.

Shut the door, will you? 〈친근체〉 문 좀 닫아줄래?

Would you please shut the door? 〈다소 공손체〉 문 좀 닫아주시겠어요?

I wonder if you would mind shutting the door. 〈보다 공손체〉

문을 닫아 주실 수 있는지 모르겠네요.

please라는 단어는 무엇인가를 요구하는 사람의 공손함을 나타내는 유일한 역할을 한다. 그러나 please 그 자체로는 효과가 거의 없고 정말로 공손한 인상을 심어주려면 대개 please에 의문문, 가정의 could나 would 등과 같은 우회성의 장치가 결합되어야 한다. (248, 333-4 참조)

격식성 표현의 반대편 끝에 있는 속어(slang)는 그 쓰임이 아주 친근체로 표현되는 언어이며 대체로 특정한 사회 집단의 구성원에 한정된다. 예를 들면, '10대 속어,' '군대 속어,' '연극 속어'가 있다. 속어는 특정 집단이나 계층의 구성원이 아니면 이해하기가 쉽지 않다. 속어는 사용이 제한적이며 수명이 짧기 때문에 이 책에서는 다루지 않을 생각이다.

유화적이고 잠정적인 표현: 〈유화체〉, 〈잠정체〉

53 공손함과 간접성은 유화적인 태도와 연관되어 있다. 유화적이라는 말은 다른 사람을 공격하거나 괴롭히지 않으며 때로는 진실을 숨기거나 덮어버린다는 뜻을 나타내기도 한다. 요청이나 제안, 조언은 좀 더 잠정적으로 표현함으로써 더욱 유화적인 표현이 될 수 있다. 다음 문장을 비교해 보자.

> You'd better put off the meeting until tomorrow. 〈일상체, 친근체〉
> 내일까지 회의를 미루는 게 좋겠어.
>
> Look - why don't you postpone the meeting until tomorrow? 〈일상체〉
> 이봐-내일까지 회의를 미루는 게 어때?
>
> May I suggest you postpone the meeting until tomorrow? 〈유화체, 잠정체〉
> 내일까지 회의를 미루자고 제안해도 될까요?
>
> Don't you think it might be a good idea to postpone the meeting until tomorrow? 〈보다 유화체, 보다 잠정체〉
> 내일까지 회의를 미루는 것이 좋을 것 같지 않으세요?

다른 경우에 잠정성은 다만 화자가 주어진 질문에 대해 언급하기가 망설여진다는 뜻이다. 예를 들어, might just는 may보다 좀 더 잠정적으로 가능성을 표현하는 방법이다.

> Someone may have made a mistake. 누군가가 실수했나봐.
> Someone might just have made a mistake. 누군가가 실수를 저질렀을 수도 있다.

문학적이거나, 우아하거나 수사적인 표현: 〈문학체〉, 〈고상체〉, 〈수사체〉

54 제한적으로 사용하는 영어의 몇 가지 특징에는 '문학적'이거나 '고상한' 어조도 포함된다. 이런 어조는 과거의 문학 언어나 종교 언어에 주로 속하지만 사람들에게 감동이나 깊은 인상을 주려는 사람이라면 현재도 여전히 사용할 수 있다. 고상한 언어의 예문은 조지 W. 부시의 연설에서 발췌한 것이다.

> Our nation - this generation - will lift a dark threat of violence from our people and our future. We will rally the world to this cause by our efforts, by our courage. We will not tire, we will not falter, and we will not fail.
> 우리 미국과 현 세대는 우리 국민과 우리의 미래에서 폭력의 어두운 위협을 제거할 것입니다. 우

리는 노력을 기울이고 용기를 내어 세계를 이런 대의명분 앞에 결집시킬 것입니다. 우리는 지치지 않고 주저하지 않으며 실패하지도 않을 것입니다.

We will not tire, we will not falter, we will not fail.은 에이브러햄 링컨[1]과 윈스턴 처칠[2]이 사용한 수사법을 모방하고 있다.

But in a large sense we cannot dedicate – we cannot consecrate – we cannot hallow this ground. 그러나 더 큰 의미에서 볼 우리는 이 땅을 봉헌할 수도 없고 축성할 수도 없으며 신성하게 할 수도 없습니다. [1]

We shall not flag or fail ··· We shall fight on the beaches, we shall fight on the landing grounds, ··· we shall never surrender. 우리는 움츠려들거나 실패하지 않을 것이다. ··· 우리는 해변에서도 싸울 것이며 지상에서도 싸울 것이다. ··· 우리는 결코 항복하지 않을 것이다. [2]

이 책에서는 〈문학체〉, 〈고상체〉라는 변이형 표시 외에도 〈수사체〉라는 표시도 가끔 사용할 것이다. 〈수사체〉라는 표시는 강조 효과나 감정적 효과를 주기 위해 의식적으로 선택한, 양식화된 언어 사용을 의미한다. 수사적 어법의 좋은 예는 소위 '수사적 질문'으로써 (305 참조) 강조형 평서문으로 해석하라는 뜻이다.

Is it any wonder that politicians are mistrusted? (= 'It is no wonder ···')

정치인이 불신 받는 것이 그렇게 놀라운가? (··· 는 놀랄 일이 아니다.)

비록 예전 문헌에서는 수사법을 만나볼 수 있지만 문학적이고 고상하고 수사적 형태의 말은 현대 영어에서는 찾아보기 힘든 편이다.

사용역: 변이형 표시 도표

55 국가적 변이형인 〈미국식〉과 〈영국식〉 외에 이 책에서 논의해 온 영어의 다양한 변이형은 서로 관련이 있으며 일반적으로 사용역(Levels of usage)이라는 이름으로 알려져 있다. 여기서 사용역을 한쪽 끝은 '고상한 어법', 다른 쪽 끝은 '속어'로 분포된 척도에 맞출 수도 있다. 그러나 아래와 같이, 대조적인 값을 세 부분으로 나누어 생각하는 편이 더 좋을 듯하다.

이 도표는 가장 중요한 사용역을 나타낼 뿐이며 〈비인칭 구문〉과 〈고상체〉 같은 보다 한정적인 변이형 표시는 무시하고 있다. 좌측의 특징은 함께 나타나는 경향이 있으며 – 이는

우측의 특징도 마찬가지이다 – 이런 성향은 세로 점선으로 표시해두었다. 하지만 실선이 아니라 점선을 그은 이유는 이런 관계가 항상 유지되는 것은 아니기 때문이다. 예를 들어, 구어체에서 공손하게 자신을 표현하는 것도 가능하며 문어체에서 형식에 구애 받지 않고 자기표현을 할 수도 있다.

가로 화살표는 대조의 척도를 나타낸다. '표시되지 않은' 사용역은 세 가지 척도의 각 범위 중간에 위치한다.

56 Part 2와 Part 3에서는 영어 변이형의 표시를 자유롭게 사용한다. 영어의 문법 형태와 구조를 '적절하게 사용'하는 법을 최대한 충실히 안내하는 것이 중요하기 때문이다. 일부 영어 화자는 이런 표시를 사용하는 것에 대해 이 책과 의견을 어느 정도 달리할지도 모른다. 왜냐하면 '사용역'에 대한 지식은 오늘날 아직도 대단히 주관적인 문제로 언어를 사용하는 사람들의 인식에 따라 차이가 있다. 영어권 화자(English speaker)를 예로 들면, 노년층이 〈친근체〉로 간주하는 영어가 젊은층에게는 그만큼 친근하게 느껴지지 않는 언어형식인 것처럼 보인다. 게다가 영어권 국가들마다 인식의 차이도 존재한다. 따라서 학습자들은 이런 표시가 적절함의 일반적 기준을 설명한다고 생각하지 말고 다만 저마다의 언어 사용에서 길잡이로 활용해주기를 바란다.

구어체와 문어체에 대한 이해와 차이점

우리는 학교에서 지금까지 문법과 독해를 기반으로 문어체 위주로 영어를 공부하곤 했다. 그러나 이러한 시험평가 중심의 영어 학습으로는 사회에 진출을 하거나 해외에 나갔을 때 일상생활이나 실무 영역에서는 다소 어려움을 겪을 수밖에 없다.

영어라는 언어의 4가지 영역인 읽기(독해), 쓰기(영작), 듣기(청취), 말하기(회화)는 기본적으로 서로 밀접하게 관련이 되어 있고 중첩되는 경우도 많지만 실제로는 독해와 영작 영역에서는 문어체를 사용하며, 일상생활의 대화나 연설문, 신문기사 따위에서는 구어체를 사용하고 있다.

따라서 문어체는 쉽게 표현하면 공식문서에 사용하는 영어라고 보면 되는데 영화나 드라마에서 볼 수 있는 표현의 대부분이 구어체라고 보면 이해가 한층 쉬울 것이다. 구어체는 문어체와 달리 생략이 많고, 속어나 특수 표현까지도 폭넓게 활용하고 있다.

본서에 제시된 영문법은 거의 청취나 영어회화와 같은 구어체에서 요구되는 실용적인 어법에 속하므로 이러한 학습 경험이나 환경조건을 통하여 영어 실력을 점진적으로 늘려나가야 할 것이다.

구어체는 문어체에 비하여 다음과 같은 특징을 보인다.

1) 말은 즉흥적이다.

2) 말은 즉각적인 상호작용이 가능하다.

3) 말은 반복성, 불완전한 문장, 교정, 삽입 등에서 자유로운 편이다.

4) 말은 문맥, 공통관심사, 지식(상식)이 매우 중요한 역할을 수행한다.

5) 말은 속도, 크기, 리듬, 감정 등을 좌우할 수 있다.

6) 축약된 표현뿐만 아니라 속어나 사투리도 일정하게 언어적인 작용을 하게 된다.

2

실용 영문법

Grammar in Use

Chapter

1

개념

Concepts

대상과 물질, 재료에 관한 명칭(Referring to objects, substances and materials)

57 명사와 명사구를 통틀어서 문법은 화자가 대상을 가리키는 방식을 체계화한다. 우선, 구상 명사 혹은 물리적인 대상과 물질을 가리키는 명사로 시작하겠다. 여기서는 사물, 동물, 사람 등을 일반적으로 지칭할 때 '대상(명칭)'이라는 말을 사용한다. 첫 번째 주제는 가산 명사와 질량 명사, 그리고 이런 명사를 of로 연결시키는 다양한 방법이다.

단수 명사와 복수 명사: 하나와 여럿

58 가산 명사는 단수형에서 하나의 대상을 가리키며 복수형에서 하나 이상의 대상을 가리킨다. 이름으로 암시하듯 가산 명사는 one star, two stars처럼 셀 수 있는 명사이다.
(597-601 참조)

그룹을 이룬 대상

59 집단이나 무리에 속한 대상은 다음과 같이 가리키기도 한다.

집합 명사: a group (of stars)

60 group, set, class처럼 무리를 이룬 대상을 가리키는 명사를 집합 명사라고 부른다. 다른 가산 명사와 마찬가지로 집합 명사도 단수형이나 복수형으로 사용한다.

one group of stars	three groups of stars
a set of tools	two sets of tools
a class of insects	several classes of insects

특별한 집합 명사는 특정 종류의 대상과 함께 사용될 때도 많다.

56

an army 〔of soldiers〕　　a crew 〔of sailors〕

a crowd of people　　　　a gang of thieves, youths 등

a herd of cattle　　　　　a pack of cards

a flock of sheep　　　　　a constellation of stars

a bunch of flowers　　　　a series of games

집합 명사는 서로 특별한 관계를 맺거나 특정한 이유 때문에 합쳐진 한 무리의 사람을 지칭할 때가 많다. 예를 들면, tribe, family, committee, club, audience, government, administration, team 등이다. 특히 〈영국식〉에서는 단수나 복수형 동사를 모두 사용해도 좋은 경우가 많다. (510 참조)

● 단수: 집단을 하나의 개체로 취급할 때

● 복수: 집단을 개개인이 모인 군집으로 취급할 때

　The audience is/are enjoying the show. 관객이 공연을 즐기고 있다.

아래 예문에서 its stated aims(단수)와 their stated aims(복수)의 차이점도 주목해 보자.

　The government has lost sight of its stated aims.

　The government have lost sight of their stated aims. 〈영국식〉

　정부는 자신들이 명시한 목표를 망각했다.

부분과 전체: part of the cake, a piece of cake

61 대상의 부분은 다음과 같이 나타낼 수 있다.

● 부분 명사: part(whole과 대조적임), half, a quarter, two thirds 등

● 단위 명사: piece, slice

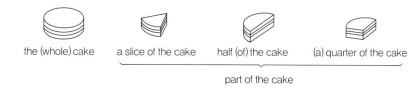

the (whole) cake　　a slice of the cake　　half (of) the cake　　(a) quarter of the cake

part of the cake

질량 명사: milk, sand 등

62 질량 명사(때로 '불가산' 혹은 '비가산' 명사라고도 불린다)는 가산 명사(597 참조)와는 달리 대상을 세지 못하기 때문에 이런 이름이 붙었다. 일반적으로는 다음과 같이 물질을 지칭할 때 쓰인다.

　−고체: butter, wood, rock, iron, glass

　−액체: oil, water, milk, blood, ink

　−기체: smoke, air, butane, steam, oxygen

질량 명사는 항상 단수형이다. 개별적인 대상으로 나눌 수 없는 덩어리 진 물질의 양을 '센다'는 것은 말이 되지 않는다. 그러므로 다음과 같이 사용하면 된다.

There's no milk in the refrigerator. 냉장고에 우유가 없다.

We had two cartons of milk to cook with. 우리는 요리할 때 쓸 우유 두 통이 있다.

*금지 표현: There are no milks in the refrigerator.

We had two milks to cook with. (66 참조)

furniture가 pieces of furniture로, grass가 각각의 blades of grass로, hair가 각각의 strands of hair로, wheat가 각각의 grains of wheat로 이루어진 것처럼, 일부 질량 명사는 '물질' 자체가 개별적인 사물로 구성되어 있기 때문에 '실제로는' 가산 명사라야 한다. 하지만 심리적으로는 물질 명사를 사용할 때 나눌 수 없다고 생각한다.

◆Note
가산 명사로 '전환'할 수 있는 질량 명사(Two coffees, please.)에 대해서는 66항을 참조하라.

대상과 물질의 분할
단위 명사: a piece of bread, a block of ice 등
63 단일한 대상과 마찬가지로 덩어리도 part 같은 명사를 사용하면 세분할 수 있다.

Part of the butter has melted. 버터 일부가 녹았다.

이 외에도 개념상 하나의 덩어리를 개별적인 '조각'으로 세분하는 데 사용하는 셀 수 있는 단위 명사가 많이 있다. 〈일상체〉에서 piece와 bit는 다용도로 쓰는 단위 명사로서 대부분의 질량 명사와 결합할 수 있다.

a piece of bread	a piece of paper	a piece of land
a bit of food	a bit of paint	a bit of air

또한 특정한 질량 명사와 주로 어울리는 단위 명사도 있다.

a blade of grass	a sheet of paper
a block of ice	a speck of dust
a pile of rubbish	a bar of chocolate
two lumps of sugar	a length of new rope
several cups of coffee	a fresh load of hay

부분 명사와 마찬가지로 단위 명사도 of를 이용하여 다른 명사와 연결된다. 때로는 용기를 가리키는 단어(cup, bottle 등)가 a cup of tea, a bottle of wine의 경우와 같이 단위 명사

로 사용된다.

계량 명사: a kilo of flour 등

64 하나의 덩어리를 개별적인 '조각'으로 나누는 또 다른 방법은 길이, 무게 등으로 계량하는 것이다.

　　　　-깊이: a foot of water 　　　　　　-면적: an acre of land
　　　　-길이: a yard of cloth 　　　　　　　　　 a hectare of rough ground
　　　　　　　 20 metres of rope 　　　　　　　　　12 square miles of woodland
　　　　-무게: an ounce of low fat spread 　　-부피: a pint of beer
　　　　　　　 a kilo of flour 　　　　　　　　　　 a litre ‖ liter of milk

종 명사: a type of 등

65 다른 유형으로도 대상을 나눌 수 있다. type, kind, sort, species, class, variety 같은 명사를 이용하면 하나의 덩어리나 한 벌의 대상을 '유형'이나 '종'으로 나눌 수 있다.

　　　Teak is a type of wood. 티크는 나무의 일종이다.
　　　A Ford is a make of car. 포드는 자동차의 제품이다.
　　　A tiger is a species of mammal. 〈다소 격식체〉 호랑이는 포유류의 일종이다.

보통 형용사와 다른 수식어구는 of 뒤에 나오는 명사보다는 종 명사의 앞에 위치한다.
　　　a Japanese make of car (*금지 표현: a make of Japanese car) 일제 자동차 한 대
　　　a delicious kind of bread 맛있는 빵 하나

셀 수 있도록 단위를 붙일 때 두 번째 명사에는 a strange kind of mammal처럼 대개 부정관사를 사용하지 않는다는 것을 주목하라. (*금지 표현: a strange kind of a mammal) 〈일상체〉 영어에는 종 명사가 단수형이라 해도 한정사와 (혹시, 한정사가 있다면) 동사는 복수형인 혼합 구문이 있다.
　　　These kind of dogs are easy to train. 〈일상체〉 이런 종류의 개는 훈련시키기 쉽다.
표준 구문은 다음과 같다.
　　　This kind of dog is easy to train.

가산 명사도 되고 질량 명사도 되는 명사

66 상당수의 명사가 가산 명사와 질량 명사 두 가지로 다 쓰인다. (597 참조) 예를 들어 wood는 나무의 집합(숲)을 지칭할 때에는 가산 명사이며 나무를 구성하는 재료에 대해 언급할 때에는 질량 명사이다.
　　　We went for a walk in the woods. [가산] 우리는 숲으로 산책을 나갔다.

In America a lot of the houses are made of wood. [질량]

미국에는 수많은 집이 나무로 만들어져 있다.

음식 명사는 대체로 '완전한' 상태의 물품을 지칭하는 경우에 가산 명사이지만 식사 중일 때의 음식처럼 특별한 형체가 없는 음식을 지칭하는 경우에는 질량 명사이다.

There was a huge cake in the dining room. 식당에 커다란 케이크가 있었다.

*주의: 'Let them eat cake', said the queen. '그들에게 케이크를 먹게 하세요.' 왕비가 말했다.

She began peeling potatoes. 그녀는 감자 껍질을 벗기기 시작했다.

*주의: She took a mouthful of potato. 그녀는 감자를 입에 가득 넣었다.

Do we have enough food for the weekend?

우리한테 주말 동안 먹을 충분한 음식이 있을까?

*주의: Some of the tastiest foods are pretty indigestible.

　　　가장 맛있는 음식 중 일부는 매우 소화가 안 된다.

I'd like a boiled egg for my breakfast. 나는 아침 식사로 삶은 달걀을 먹겠습니다.

*주의: I'd prefer some scrambled egg on toast, please.

　　　나는 토스트에 스크램블드에그를 주십시오.

다른 경우를 보면 영어에는 동일한 의미를 지칭하는 가산 명사와 물질 명사가 별도로 존재한다.

가산 명사	물질 명사
Do you have a fresh loaf?	Do you have some fresh bread?
신선한 빵이 있습니까?	신선한 빵이 있습니까?
Would you like a meal?	Would you like some more food?
식사를 하시겠어요?	음식을 좀 더 드시겠어요?
She's looking for a new job.	She's looking for some interesting work.
그녀는 새로운 일자리를 찾는다.	그녀는 재미있는 일을 찾는다.
There are too many vehicles on the rad.	There is too much traffic on the road.
도로에 차량이 너무 많다.	도로에 교통량이 너무 많다.

일반적으로 질량 명사로 사용되는 단어가 가산 단위 명사나 가산 종 명사로 '전환'되는 경우가 때때로 있다.

Two more coffees, please. (= cups of coffee) 커피 두 잔만 더 주세요.

Current London auctions deal with teas from 25 countries. (= kinds of tea)

현재 런던의 경매소에서는 25개국의 차가 거래되고 있다.

때때로 반대로도 쓰인다. 즉, 가산 명사가 계량 명사 뒤에서 질량 명사로 '전환'된다. 예를 들면, a few square metres ‖ meters of floor; a mile of river가 있다.

구상 명사와 추상 명사(Concrete and abstract)

67 추상 명사는 특성(difficulty), 사건(arrival), 감정(love) 등을 가리킨다. 구상 명사와 마찬가지로 추상 명사도 부분 명사(part of the time)와 단위 명사(a piece of information), 종 명사(a new kind of music)와 결합한다. 추상 명사는 비록 물리적인 의미에서 이해할 수 없는 개념이기는 하지만 가산 명사나 질량 명사가 될 수 있다.

일반적으로 추상 명사는 구상 명사보다 더 쉽게 '가산 명사'와 '질량 명사'가 될 수 있다. 사건과 특별한 상황을 가리키는 명사(talk, knock, shot, meeting 등)는 대체로 가산 명사이다.

> There was a loud knock at the door. 문을 크게 두드리는 소리가 났다.
> The committee has had three meetings. 위원회는 세 차례의 회의를 열었다.

하지만 talk, sound, thought 같은 명사는 질량 명사가 되기도 한다.

> I had a long talk with her. [가산] 나는 그녀와 대화를 오래 나누었다.
> In the country we now hear talk of famine. [질량]
> 그 나라에서 이제 우리는 굶주림에 관한 소문을 듣는다.
> I couldn't hear a sound. [가산] 나는 아무 소리도 들리지 않았다.
> These modern planes can fly faster than sound. [질량]
> 이런 현대적인 비행기는 음파보다 더 빨리 날 수 있다.
> What are your thoughts on this problem? [가산]
> 이 문제에 관한 너의 생각은 무엇이니?
> He was deep in thought. [질량] 그는 생각에 깊이 잠겼다.

다른 추상 명사는 오로지 질량 명사로만 쓰는 경향이 있다. 예를 들면, honesty, happiness, information, progress, applause, homework, research 등이다. (597 참조)

> Her speech was followed by loud applause.
> 그녀의 연설은 엄청난 박수갈채가 뒤따랐다.
> I have some homework to finish. 나는 끝내야 할 숙제가 있습니다.
> We offer information and advice. 우리는 정보와 충고를 제공해 드립니다.
> Wealth did not bring them happiness.
> 부가 그들에게 행복을 가져다주지는 않았다.

68 그러나 다시 한 번 말해서 experience, difficulty, trouble 같은 추상 명사는 대체로 질량 명사나 가산 명사가 될 수 있다. (의미는 조금 다르지만)

We had little difficulty convincing him. [질량]

우리는 그를 설득하는 데 거의 어려움이 없었다.

*주의: He is having financial difficulties. [가산] 그는 재정적인 어려움을 겪고 있다.

He is a policeman of many years' experience. [질량]

그는 수년간의 경력을 쌓은 경찰관이다.

*주의: Tell me about your experiences abroad. [가산]

너의 해외 경험에 대해서 나한테 말해줘.

I have some work to do this evening. 〔질량 명사 work ＝ labour, activity〕

나는 오늘 저녁에 할 일이 좀 있다.

*주의: They have played two works by an unknown French composer.

〔가산 명사 work ＝ artistic or musical works〕

그들은 무명 프랑스 작곡가의 작품 두 곡을 연주했다.

어떤 명사들은 영어에서는 질량 명사이지만 다른 언어에서는 질량 명사가 아니다. 예를 들면 advice, information, news, shopping 등이다.

Can you give me some good advice on what to buy here?

여기서 무엇을 사야할 지에 대해 나한테 좋은 충고를 해주시겠어요?

Do you have any information about the airport buses?

공항버스에 대한 정보를 갖고 있으세요?

What's the latest news about the election?

선거에 관한 최근 뉴스는 무슨 내용인가요?

The department stores stay open for evening shopping.

백화점은 저녁에도 계속 문을 연다.

추상 명사와 함께 쓰는 분할과 부분에 관한 표현: a useful bit of advice

69 part를 추상 명사와 함께 쓸 때는 다음 예문처럼 한다.

Part of his education was at the University of Cambridge.

그가 받은 교육의 일부는 캠브리지 대학에서 이루어졌다.

분할에 관한 표현은 다음과 같은 예문에 잘 나타난다.

● 단위 명사: We had a (good) game of chess. 우리는 (멋진) 체스 경기를 치렀어.

He suffered from (terrible) fits of anger. 그는 (엄청나게) 치민 분노에 시달렸다.

Let me give you a (useful) bit of advice. 당신에게 (유용한) 충고 한 마디 드리지요.

Here's an (interesting) item of news. (가능: a news item)

(흥미로운) 뉴스가 한 건 있어요.

This translation is one of her best pieces of work.

이 번역은 그녀가 해낸 최고의 작품 중 하나이다.

- 시간(기간) 명사 (가산 명사의 계량 명사에 해당하는 추상 명사): three months of hard work

    (가능: three months' hard work, 107 참조) 석 달 간의 힘든 일

- 종 명사: a(n exciting) type of dance (신나는) 유형의 춤

    a (strange) kind of behaviour ‖ behavior (이상한) 종류의 행동

수량에 관한 표현(Amount or quantity)

양을 나타내는 단어 또는 수량사 (675–80 참조): all, some 등

70 all, some, none처럼 양을 나타내는 단어는 가산 명사와 질량 명사를 모두 사용할 수 있다.

(A) cake, house 같은 가산 단수 명사와 함께 사용하면 수량사는 부분 명사나 마찬가지이다.

all of the cake
(= the whole of
the cake)

some of the cake
(= part of the cake)

none of the cake

(B) stars 같은 복수 명사와 함께 사용하면

all (of) the stars

some of the stars

none of the stars

(C) land 같은 질량 명사와 함께 사용하면

all of the land

some of the land

none of the land

all, some, none 간의 의미 관계에 주목해 보자.

Some of the stars were invisible. = Not all (of) the stars were visible.

별 몇 개조차 보이지 않는다.　　　　　별이 전혀 보이지는 않았다.

None of the stars was visible. = All (of) the stars were invisible.
별이 하나도 보이지 않았다.

예문을 좀 더 살펴보자.

Some of the patients will have pain when they come to hospital.
환자들 중 일부는 병원에 오면 통증을 느낄 것이다.

(= Others will not. 다른 환자는 그렇지 않을 것이다.)

None of their attempts so far has been wholly successful.
지금까지 그들이 시도한 일 중 어느 것도 완전히 성공적이지 않았다.

(= All attempts have been unsuccessful. 모든 시도가 실패했다.)

71 양을 나타내는 단어는 some이라는 의미를 보다 정확하게 명기한다.

대량

They have lost many of their friends. [가산] 그들은 많은 친구를 잃었다.
They have lost much of their support. [질량] 그들은 지지를 크게 잃었다.

A lot of our friends live in San Francisco. [가산]
많은 우리 친구들이 샌프란시스코에 거주한다.

A lot of our support comes from city dwellers. [질량]
우리가 받는 많은 지지가 도시 거주민에게서 온다.

A large number people have recently joined the party. [가산]
많은 사람들이 최근에 그 정당에 가입했다.

They've been making a great deal of noise recently. [질량]
그들은 최근에 소음을 많이 일으켰다.

소량

We managed to speak to a few of the guests. [가산]
우리는 손님 몇 명에게 용케 말을 걸었다.

Could you possibly spare a little of your time? [질량]
가능하면 시간을 잠시만 내주시겠어요?

She invited just a small number of her friends. [가산]
그녀는 단지 친구 몇 명 만을 초대했다.

I'm afraid we've run into a bit of trouble. [질량]
우리가 좀 곤경에 처한 것 같다.

많지 않은 양

Not many of us would have been as brave as she was. [가산]
우리 중에서 그녀만큼 용감했을 사람은 많지 않다.
I promise I'll take very little of your time. [질량]
당신의 시간을 거의 빼앗지 않겠다고 약속할게요.

a를 붙이지 않은 few와 little의 부정적인 성향에 주목하자. 다음을 비교해 보자.

A few (= a small number, some of) of the students pass the examination.
소수의 학생이 시험에 합격한다.

Few (= not many) of the students pass the examination.
학생들 중에 시험에 합격하는 사람은 많지 않다.

이외에 다음과 같은 수량사가 있다.

Two/three (그리고 다른 숫자, 602 참조) of our best players have been injured.
우리의 최고 선수들 두/세 명이 부상을 입었다.

Half (of) the money was stolen. 그 돈의 절반이 도둑을 맞았다.

More of your time should be spent in the office. (가능: less of your time)
너는 더 많은 시간을 이 사무실에서 보내야 한다.

Most of our friends live locally. 대부분의 우리 친구는 지방에 거주한다.

Several of the paintings (= slightly more than a few) are from private collections.
그림들 중 몇 점은 개인 소장품에서 나온 것이다.

◆Note

a/the majority of나 a minority of(둘 다 〈다소 격식체〉에서)는 복수 명사나 집합 명사(이런 경우나 이와 유사한 경우에는 동사와 일치시킨다. 510 참조)와 함께 사용하는 것이 보통이다.

The majority of the farmers are the sons and grandsons of farmers.
(= Most of the farmers …) 그 농부들 대다수가 농부의 아들과 손자이다.

Only a minority of women feel able to report such attacks to the police.
(= fewer than half …) 소수의 여성들만이 이런 공격을 경찰에 신고할 수 있다고 느낀다.

many와 much; a lot of, lots of

72 many와 much는 as, too, so와 결합하여 as many, much as, too many/much, so many/much처럼 사용하거나 how many/much처럼 의문문으로 사용할 때가 많다. 아래의 질문과 대답에서 사용한 가산 명사와 질량 명사를 비교해 보자.

가산 명사	질량 명사
A : How many of the rolls have you eaten?	A : How much of the bread have you eaten?
얼마나 많은 롤빵을 먹은 거야?	얼마나 많은 빵을 먹은 거야?

가산 명사
A : How many of the rolls have you eaten?
얼마나 많은 롤빵을 먹은 거야?
B :
All of them
Most of them
A lot of them
Half of them
Several of them
A few of them
None of them

질량 명사
A : How much of the bread have you eaten?
얼마나 많은 빵을 먹은 거야?
B :
All of it
Most of it
A lot of it
Half of it
~
A little of it
None of it

부정 수량 형용사의 용법

73 위에서 제시한 수량사는 양을 계량하는 데 기준으로 삼는 정해진 '총량'이 있다. (70번 항의 도표에 제시한 원을 보면 알 수 있다.) 이제 총량이 주어지지 않는 부정(일반) 수량사의 용법을 살펴보려 한다. 여기서 쓰이는 수량사는 most people 같이 한정사로 사용하며 of와 the 를 일반적으로 생략한다. (하지만 of는 a lot of, a great deal of, a number of, lots of 등으로 사용하며 a lot of fun, a number of people의 경우와 같이 다음에 정하지 않은 표현이 오기도 한다.)

● 가산 명사

All crimes are avoidable. (= all of the crimes in the world)
모든 범죄는 피할 수 있다.
We didn't buy many things. 우리는 많은 것을 사지는 않았다.

● 질량 명사

All violence is avoidable. 모든 폭력은 피할 수 있다.
We didn't buy much food. 우리는 많은 음식을 사지는 않았다.

● 가산 명사

All pupils should learn to ski. 모든 학생들은 스키를 배워야만 한다.
We saw several snakes down by the river.
우리는 몇 마리의 뱀이 강가로 내려가는 것을 보았다.
Most men don't know how to dance. 대부분의 사람은 춤추는 법을 알지 못한다.
Few new writers have their first story accepted.
신예 작가들은 첫 작품이 받아들여진 경우가 거의 없다.

I want to ask Mr. Danby a few questions.
저는 댄비 씨에게 몇 가지 질문을 하고 싶습니다.

I think people catch fewer colds these days.
제 생각에는 사람들이 요즈음 감기에 걸리는 일이 더 줄어든 듯합니다.

● 질량 명사

You'll do a lot better with less food in your stomach.
당신은 음식을 조금 덜 먹으면 훨씬 더 나을 것입니다.

Plants in plastic pots usually need less water than those in clay pots.
플라스틱 화분에 심은 식물은 찰흙 화분의 식물에 비해 대개 물을 덜 필요로 한다.

The village can provide no food for the refugees.
마을 사람들은 피난민들에게 음식을 제공하면 안 된다.

It will take a little time to clear up the mess.
어질러 놓은 것을 치우려면 시간이 조금 걸릴 것이다.

Put a few pieces of butter on top of the vegetables.
야채 위에 버터 몇 조각을 올려두세요.

〈일상체〉에서는 긍정 평서문에 a lot of(lots of)를 many나 much보다 선호한다.

Many patients arrive on the surgical ward as planned admissions. 〈격식체〉
많은 환자들이 예약된 입원 순서대로 외과 병동에 도착한다.

You find a lot of nurses have given up smoking. 〈일상체〉
수많은 간호사가 담배를 끊었다는 걸 알게 될 거야.

There's lots of spare time if you need it. 당신이 필요하기만 하다면 여가는 많다.

하지만 의문문과 부정문에서는 (very) many와 much가 〈격식체〉에만 한정되지 않는다.

{ Have you seen much of Julie recently? 최근에 줄리를 자주 봤습니까?
I don't eat much in the mornings. 나는 아침에는 많이 먹지 않는다.

{ Do many people attend the meetings? 많은 사람이 회의에 참석합니까?
We don't get many visitors in the winter. 겨울에는 방문객이 많지 않습니다.

일반적 혹은 포괄적 의미의 단어

74 all, both, every, each 그리고 (때때로) any는 일반적 혹은 포괄적 의미의 수량사이다.
가산 명사와 함께 한 all은 둘 이상의 양을 나타낼 때 쓰며 both는 양이 두 개뿐일 때 사용한다.

The western is a popular kind of movie with both sexes and all ages.

서부영화는 남녀노소에게 모두 인기 있는 종류의 영화이다.

every, each

75 every와 each 같은 단어는 한 조나 집단의 구성원을 한꺼번에 보지 않고 개별적으로 골라내기 때문에 배분사라고 부른다. 이런 차이와는 별개로 every는 all과 의미가 동일하다.

All good teachers study their subject(s) carefully. 〔1〕

홀륭한 교사는 모두 자신의 과목을 세심하게 연구한다.

Every good teacher studies his or her subject carefully. 〔2〕

every의 '배분적' 의미가 〔2〕번 문장의 teacher, studies, his or her 같은 단수형을 사용한 데서 드러난다.

(그러나 he or she, his or her, they, their 등의 사용에 관해서는 96 참조)

76 each는 every와 마찬가지이지만 한 조에 구성원이 두 명밖에 없을 때에도 사용할 수 있다는 점은 다르다. 그러므로 each는 (all이나 every와는 달리) 거의 의미 차이 없이 both를 이따금 대신하기도 한다.

She kissed her mother tenderly on each cheek.

both cheeks.

그녀는 어머니의 양 볼에 부드럽게 입을 맞추었다.

다음 문장의 차이에도 주목해 보자.

She complimented each/every member of the winning team. 〔3〕

그녀는 승리 팀의 각 선수를 칭찬했다.

She complimented all (the) members of the winning team. 〔4〕

그녀는 승리 팀의 선수를 모두 칭찬했다.

〔3〕번 문장은 she가 팀의 선수 각자에게 따로 말을 걸었다고 암시하는 반면 〔4〕번 문장은 she가 팀의 선수 전원에게 동시에 단 한 번 말을 걸었다는 뜻이다. 의미상 every와 비슷한 단어는 everyone, everybody, everything, everywhere가 있다.

any, either

77 한정사 any와 either는 부정문과 의문문에서 가장 친숙하게 사용되지만 (697-9 참조) 여기서는 포괄적인 단어로 생각해 보자. any는 긍정문에서 때때로 all과 every를 대신할 수 있다.

There days any young man with brains can do very well.

요즈음 머리 좋은 젊은이라면 잘 해낼 수 있다.

Any new vehicle has to be registered immediately.

새로운 차량은 즉시 등록해야만 한다.

-비교: Every new vehicle has to …

All new vehicles have to …

여기서 any는 [1]과 [2]의 all과 every와 똑같이 포괄적인 의미를 지니고 있다. 하지만 any는 다음 문장에서 보듯이 의미가 조금 다르다.

You can paint the wall any colour you like.

너는 마음에 드는 어떤 색으로도 벽을 칠할 수 있어.

any colour는 'red or green or blue or …'라는 뜻인 반면 every colour는 'red and green and blue and …'라는 뜻이다. any는 '어떤 대상을 고르더라도 상관없다'는 의미이다.

78 오직 두 개의 대상 혹은 두 명의 사람이 제시되었을 때 either가 any를 대신해서 사용된다.

You could ask either of my parents. (= either my father or my mother)

제 부모님 중 아무나 한 분에게 물어보시면 됩니다. (아버지나 어머니 중 한 분)

두 개의 대상에 부정어 neither를 사용했을 때와 비교해 보자. (379, 584 참조)

Neither of my parents is keen on rock music.

내 부모님 중 어느 한 분도 록 음악을 좋아하지 않는다.

79 any는 질량 명사나 복수 가산 명사와도 사용할 수 있다.

Àny land is valuable thése days. 요즘에는 어떤 땅이나 비싸다.

You're lucky to find àny shops open on Sŭnday.

어떤 가게든 일요일에 문을 연 곳을 찾았다니 운이 좋네요.

여기서 나타나듯이 any는 종종 핵 강세를 보유한다. (36 참조) any와 비슷한 것으로 anyone, anybody, anything, anywhere, anyhow, anyway 그리고 〈일상체 미국식〉의 anyplace가 있다.

Anyone will tell you the way. (= Whoever you ask, he or she will …)

어떤 사람이든지 당신에게 길을 알려줄 것이다. (누구에게 물어보든 관계없이 …)

He will eat anything. (= He will eat whatever you give him.)

그는 어떤 것이든 먹을 것이다. (그는 당신이 주는 것이면 무엇이든 먹을 것이다.)

수량 척도표

80 가장 보편적인 수량사들은 맨 위에 포괄적 단어로부터 맨 아래에 부정어의 척도로 대략 배열할 수 있다.

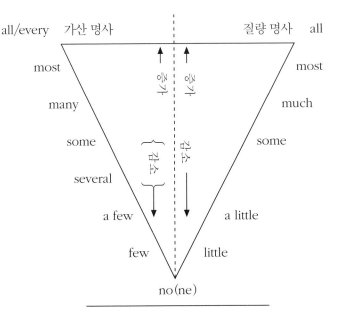

(any는 이 척도표에 포함시키지 않았다. 부정문과 의문문에서 주로 사용하므로 이런 척도에서는 맞지 않기 때문이다.)

81 수량 척도표 상의 순서는 이미 논의한 단어(한정사나 대명사)를 통해서뿐만 아니라 everybody, everything 같은 대명사와 빈도 부사(always), 정도 부사(entirely)로도 표시할 수 있다. 다음 표에서는 다양한 의미 영역을 몇 가지 제시하고 있다.

도표의 행에서 A–D는 명사구를, E–G는 부사구(449-63에서 다룰 내용)를 나타낸다. 도표의 열은 수량사가 포괄적 단어 all에서부터 의미가 막연한 단어 any까지 오름차순으로 정리되어 있다. 다음은 도표의 순서에 따라서 분류한 몇 가지 예문이다.

A1 All stress increases the body's need for nutrients.

　　모든 스트레스는 영양소를 원하는 인체의 욕구를 증가시킨다.

B1 All faculty members were given bonuses. 모든 교직원이 보너스를 받았다.

B2 Are there many other names which come to mind?

　　마음속에 떠오르는 다른 이름이 많이 있습니까?

B3 Some of these patients will be nursed in a surgical ward.

　　이런 환자들 중 일부는 외과 병동에서 치료받을 것이다.

C6 Nobody was reported injured. / No one was hurt.

누구도 다쳤다는 소식이 없었다. / 아무도 다치지 않았다.

C7 Anyone would be astonished to see the amount of public money wasted.
낭비된 공금의 액수를 알고 나면 누구라도 깜짝 놀랄 것이다.

D6 Nothing has yet been decided. 아직은 아무 것도 결정되지 않았다.

D7 He would do anything to please her.
그는 그녀를 기쁘게 하기 위해서라면 무엇이든 할 것이다.

E3 You ought to come over to Cambridge sometimes.
당신은 가끔 캠브리지로 와야 한다.

E4 Cook the vegetables slowly, stirring occasionally.
야채를 이따금 저어주면서 천천히 조리하세요.

E5 Margotte rarely turned on the television set.
마곳은 텔레비전을 거의 켜지 않았다.

G5 He sounded terrified and I could hardly blame him.
그는 겁에 질린 듯했으므로 나는 그를 도저히 비난할 수가 없었다.

A 질량	B 가산	C 인칭	D 비인칭	E 빈도	F 기간	G 정도
(675-8 참조)	(675-8 참조)	(679 참조)	(679 참조)	(166 참조)	(161-5참조)	(217-8참조)
1 all	all, every, each	everyone, everybody	everything	always	always, for ever	absolutely, entirely 기타
2 much, a lot (of)	many, a lot (of)	(many people)	(many things)	often, frequently	(for) a long time	very, (very) much
3 some	some	someone, somebody	something	sometimes	(for) sometime	rather, somewhat, quite
4 a little	a few	(a few people)	(A few things)	occasionally	(for) a while	a little, a bit
5 little	few	(few people)	(few things)	rarely, seldom	not … (for) long	scarcely, hardly
6 no(ne)	no(ne)	no one, nobody	nothing	never	—	not … at all
7 any	any	**anyone, anybody**	**anything**	ever	—	at all

한정적 의미와 비한정적 의미: the, a/an, 무관사

82 the dog, the race처럼 정관사 the를 사용할 때는 청자나 화자가 모두 현재 이야기되고 있는 내용을 알고 있다고 추정하는 것이다. 70-81항에서 자세히 살펴본 단어는 대부분 비한정적이었다. 하지만 수량과 같은 의미를 전혀 더하지 않은 채 비한정적 의미를 표현하고 싶다면 단수 가산 명사에 부정관사 a/an을 사용하거나 질량 명사나 복수 가산 명사에 무관사를 사용한다. (597 참조)

> Would you like a drink? 음료수 좀 드릴까요?
>
> Do you like chocolate? 초콜릿을 드시겠어요?

정관사의 용법

한정적 의미를 표현하기 위해서는 정관사 the를 사용한다. 여기에는 네 가지 주요 용법이 있다.

유일한 존재를 가리키는 the

83 정관사가 한정하는 대상이 유일한 존재일 때. 예를 들어, the stars, the earth, the world, the sea, the North Pole, the equator, the Renaissance, the human race가 있다.

> The North Pole and the South Pole are equally distant form the equator.
> 남극과 북극은 적도에서 똑같은 거리로 떨어져 있다.

유일한 존재를 가리키는 the는 문맥에서 유일하다고 '이해'되는 대상을 가리킬 때에도 사용한다. 예를 들어, the sun, the moon, the kitchen, the town-hall, the Queen, the last President 등이 있다. 원한다면 명사 뒤에 수식어구를 넣음으로써 정관사의 의미를 명확하게 만들어줄 수도 있지만 (the moon belonging to this earth, the kitchen of this house, the Queen of this country 등) 대개는 불필요한 일일 것이다.

the의 전방조응 용법

84 명사의 정체가 앞서 언급(주로 부정관사를 사용)하면서 이미 밝혀졌을 때,

They have a son and two daughters, but

첫 번째
언급

the son is already grown up and has a family of his own.

두 번째
언급

그들은 아들 하나와 딸 둘이 있는데 아들은 이미 장성해서 자기 가정을 꾸렸다.

the의 후방조응 용법

85 명사 뒤에 오는 관계사절이나 of구(641 참조)와 같은 수식어구를 통해 명사의 정체가 밝혀졌을 때,

> The woman who answered the door helped Jack into the room.
> 문을 열어준 여자가 잭이 방으로 들어오도록 도와주었다.

> The wine of France is the best in the world. 프랑스 산 와인이 세계 최고이다.

> The discovery of radium marked the beginning of a new era of medicine.
> 라듐의 발견이 새로운 의학 시대의 시작을 나타냈다.

the의 관습적 용법 (시설이나 기관 등에 적용): the radio, the paper

86 공동체가 공유하는 시설이나 기관을 언급할 때. 예를 들어, the radio, the television, the telephone, the newspaper, the paper, the train이다.

> I read in the paper the next day that he'd been killed by burglars.
> 나는 그가 강도들에게 살해당했다는 소식을 다음 날 신문에서 읽었다.

> We'll maybe go to Glasgow this week on the train.
> 우리는 어쩌면 이번 주에 기차를 타고 글래스고에 갈지도 모른다.

이런 용법의 경우는 대부분 보도기관이나 교통수단과 관련되어 있다. 이런 경우 때로는 정관사가 생략되기도 한다.

> What's on (the) television tonight?
> 오늘밤에는 텔레비전에서 무슨 프로그램이 방송됩니까?

◆**Note**

다음 구문처럼 the는 전치사의 뒤에, 신체의 각 부분 앞에 사용한다.

> She looked him in the eye and said 'No'.
> 그녀는 그의 눈을 바라다보고는 '아니오'라고 말했다.

Lev smiled and shook me by the hand. 레브는 미소를 짓고는 나와 악수를 했다.

*이런 경우에 대부분 직접 목적어는 신체 부분을 '소유한' 사람을 가리킨다. (624 참조)

관사의 포괄적 용법

87 the에는 포괄적(총칭적) 용법도 있어서 대상의 전체 종류를 일반화하거나 대표하는 존재를 가리킨다. 이런 용법은 가산 명사와 함께 사용한다.

> The tiger is one of the big cats; it is rivalled only by the lion in strength and ferocity. The tiger has no mane, but in old males the hair on the cheeks is rather long and spreading. 호랑이는 커다란 고양이의 하나다. 힘과 사나움에 있어서는 오직 사자만이 필적한다. 호랑이는 갈기가 없지만 늙은 수컷의 볼에서 난 털은 다소 길고 넓게 펼쳐진다. 〔1〕

여기서 the tiger는 개별적인 한 마리 호랑이가 아니라 일반적인 호랑이를 가리킨다. 따라서 [1]은 본질적으로 [2]나 [3]과 같은 의미를 나타낸다.

Tigers have no mane. 호랑이는 갈기가 없다. [2]

A tiger has no mane. 호랑이는 갈기가 없다. [3]

[2]는 비한정적 복수 형태의 포괄적 용법이며 [3]은 비한정적 단수의 포괄적 용법이다. 여기서처럼 대상의 종류 전체를 다룰 때는 정관사와 부정관사, 단수와 복수 사이에 차이가 중요하지 않은 편이다. 하지만 the tiger(포괄적)는 종 전체를 가리키는 반면 a tiger(포괄적)는 종의 아무 구성원이든 가리지 않고 가리킨다는 점에서 약간의 차이가 존재한다. 그러므로 다음 예문처럼 표현해도 좋다.

The tiger is in danger of becoming extinct. 호랑이가 멸종될 위험에 처해 있다.

Tigers are in danger of becoming extinct. 호랑이들은 멸종될 위험에 처해 있다.

*금지 표현: A tiger is in danger of becoming extinct.

특정적 의미 대 포괄적 의미

88 the의 포괄적 용법과 대조적으로 다른 모든 용법(83~6 참조)은 특정적이라 말해도 좋다. 질량 명사의 경우에는 무관사를 사용하는 오직 하나의 포괄적 형태가 존재한다.

Water is oxidized by the removal of hydrogen, and oxygen is released.
물은 수소를 제거하면 산화하면서 산소가 발산된다.

가산 명사와 질량 명사로 포괄적 의미를 표현하는 방식은 아래 도표에 나타나 있다.

	가산 명사	질량 명사
(포괄적 의미)	the tiger a tiger tigers	water

도표에서 나타나듯이 the는 질량 명사(the water)나 복수 명사(the tigers)와 함께 쓰일 때 항상 특정적 의미를 지닌다. (국적을 나타내는 일부 단어는 예외이다. 579 참조) 다음은 세 가지 종류의 명사와 함께 쓰여서 특정적 의미를 나타내는 사례들이다.

● butter, gold, Venetian glass, Scandinavian furniture, ⋯ [구상 질량 명사]
● music, health, English literature, contemporary art, ⋯ [추상 질량 명사]
● dogs, friends, wooden buildings, classical languages, ⋯ [복수 명사]
*특정적 용법에서 이런 명사들은 the를 취한다.

특정적 용법	포괄적 용법
Pass the butter, please.	Butter is expensive nowadays.
버터 좀 건네주세요.	요즘 버터가 비싸다.
The acting was poor, but we	Dancing and music were her hobbies.
enjoyed the music.	
연기는 형편없었지만 우리는 음악을 즐겼다.	춤과 음악이 그녀의 취미였다.
Before you visit Spain, you ought	The scientific study of language is
to learn the language.	called linguistics.
스페인에 방문하기 전에 스페인어부터 배워야 한다.	언어의 과학적 연구를 언어학이라 부른다.
Come and look at the horses!	'I just love horses,' said Murphy.
와서 말들을 좀 보세요!	'전 그냥 말이 좋아요.' 머피가 말했다.

89 영어에서 질량 명사와 복수 명사는 한정사를 취할 때(예: Chinese history) 포괄적 의미를 나타내는 경향이 있음을 주의하라. 하지만 이런 명사 뒤에 한정사, 특히 of구가 따라올 때면 보통 the를 붙여야 한다. (예: the history of China) 다음 사례를 비교해 보자.

Chinese history	the history of China
American social life	the social life of America
early mediaeval architecture	the architecture of the early middle ages
animal behaviour	the behaviour of animals

이런 경향이 강하게 나타나는 것은 추상 질량 명사이며 구체 질량 명사와 복수 명사에서는 이런 경향이 덜하다. 다음과 같은 사례에서는 the를 생략할 수 있다.

eighteenth-century furniture	(the) furniture of the eighteenth century
tropical birds	(the) birds of the tropics

다음 문장을 비교해 보자.

She's one of the world's experts on
$$\begin{cases} \text{eighteenthcentury furniture.} \\ \text{(the) furniture of the eighteenth century.} \end{cases}$$
그녀는 세계적인 18세기 가구 전문가들 중 한 명이다.

They are doing some interesting research on $\begin{cases} \text{Iron Age forts.} \\ \text{(the) forts of the Iron Age.} \end{cases}$
그들은 철기 시대 요새에 관해서 몇 가지 흥미로운 연구를 실시하는 중이다.

형용사, 국적 명사, 집합 명사와 함께 쓰는 포괄적 용법의 the

90 형용사는 포괄적 용법의 the와 함께 사용한다.

- 사람의 부류를 표시할 때: the poor, the unemployed, the young, the handicapped (448 참조)

  They should see to it that there's work for the unemployed, food for the hungry, and hospitals for the sick. 그들은 실직한 사람들을 위해서 일자리를, 배고픈 사람들을 위해서 음식을, 아픈 사람들을 위해서 병원을 마련해주어야 한다.

- 추상적 특성을 표시할 때: the absurd, the beautiful, the sublime (448 참조)

  His behaviour on the platform borders on the ridiculous.
  연단에서 취한 그의 행동은 우스꽝스러울 지경이었다.

- 치찰음 ch, ese, sh, ss로 끝나는 국적 형용사와 함께 쓰여서 국민 전체를 말할 때: the Dutch, the English, the French, the Japanese, the Vietnamese (579 참조)

  The French say they must sell more wine to Germany.
  프랑스인들은 독일에 더 많은 와인을 팔아야만 한다고 말한다.

포괄적 용법의 the는 다음과 같은 경우에도 일반적으로 사용된다.

- −women이나 −men으로 끝나는 단어를 제외한 국적 명사나 인종 명사와 함께 사용한다. the Indians, the Poles, the Zulus

  The plan has received warm support from the Germans.
  그 계획은 독일인들에게 따뜻한 성원을 받았다.

- the middle class, the public, the administration, the government 같은 집합 명사와 함께 쓰거나 the clergy, the police 같은 군집 복수 명사와 함께 사용한다.

  He was a socialist and believed in the right of the working class to control their own destiny. 그는 사회주의자였기에 노동자 계급에게 자신의 운명을 좌지우지할 권리가 있다고 믿었다.

  The public can help by reporting anything suspicious to the police.
  시민들이 도울 수 있는 길은 수상쩍은 일은 무엇이든 경찰에 신고하는 것이다.

한정적 의미를 갖는 다른 단어들

91 the와 함께 사용하는 보통 명사(가산 명사와 질량 명사) 외에도 다음 단어들 역시 한정적 의미를 나타낸다.

- 고유 명사 (667 참조): Susan, Chicago, Tuesday, Africa 등
- 인칭대명사 (619 참조): I, we, he, she, it, they, you 등
- 지시사 또는 지시 형용사 (521 참조): this, that, these, those 등

이미 논의한 한정성의 유형(83-6 참조)을 유념하면서 이런 단어에 대해 차례로 논의해 보자.

고유 명사

92 고유 명사는 유일무이한 대상을 가리킨다고 이해한다. Africa는 하나의 특정한 대륙을 가리키며 Susan은 (주어진 대화문에서) 한 명의 특정한 사람을 가리킨다. 여기서는 한정적 의미가 그 명사 자체에 '내재되어' 있기 때문에 고유 명사 앞에 the가 등장하지 않는다. (667 참조) 이런 규칙은 Harvard University, Oxford Street처럼 두 단어로 된 이름의 첫 번째 단어가 고유 명사일 때에도 대체로 적용된다.

93 하지만 고유 명사가 보통 명사로 전환되면 the를 사용해도 좋다. 예를 들면, 똑같은 이름을 지니 두 가지 이상의 사물을 구분해야 할 때 이런 경우가 생긴다.

      the Susan next door (사무실에 같이 근무하는 수잔이 아니라는 뜻)   〔4〕

      the Venice of story books (실재 베니스가 아니라는 뜻)   〔5〕

〔5〕는 똑같은 이름을 지닌 두 개의 장소를 구분하려는 뜻은 아니지만 같은 장소의 두 가지 측면을 구분한다. the는 the young Catherine, the future President Kennedy처럼 〈한정사 + 명사〉의 앞에서도 이따금 사용되지만 Ancient Greece, eighteenth century London, upstate New York처럼 장소 이름과 함께 쓸 때에는 일반적으로 생략한다.

같은 방법으로, 고유 명사가 복수 명사로 전환되는 경우도 이따금 있다.

      I know several Mr. Wilsons. (= people called Mr. Wilson)

      나는 윌슨 씨라는 사람을 몇 명 알고 있다.

      He was a close friend of the Kennedys. (= the family named Kennedy)

      그는 케네디 가문의 가까운 친구였다.

또한 고유 명사는 부정관사 뒤에서도 이따금 사용된다.

      A man called Wilson murdered a Mrs Henrichson because she refused to rent him a room. 윌슨이라는 이름의 남자가 자신에게 방을 세놓지 않았다는 이유로 헨릭슨이라는 부인을 살해했다.

이 말은 '헨릭슨이라고 하는 부인' 즉 한 번도 본 적 없는 어떤 사람을 의미한다.

3인칭대명사

94 3인칭대명사 he, she, it they는 앞에서 언급한 단어를 전방조응하기 때문에 일반적으로 한정적이다. 어떤 면에서 3인칭대명사는 앞에서 나온 명사구를 대체한다.

I phoned the police and asked them (= the police) what to do.

         첫 번째 언급   두 번째 언급

나는 경찰에 전화를 걸어서 그들에게 할 일을 부탁했다.

구상 명사는 다음과 같이 he, she, it, they로 대체된다.

- he(him, his, himself)는 남성이나 수컷을 가리킨다.
- she(her, hers, herself)는 여성이나 암컷을 가리킨다.
- it(its, itself)는 무생물이나 동물을 가리킨다.
- they(them, their, theirs, themselves)는 복수의 생물이나 무생물을 가리킨다.

95 he와 she는 인간과 같은 개성을 지니고 있다고 생각하는 동물을 가리킬 때에도 사용한다. (예를 들어, 애완동물)

> Nemo, the killer whale, who'd grown too big for his pool on Clacton Pier, has arrived safely in his new home in Windsor safari park.
> 클락턴 부두의 웅덩이에서 살기에는 너무 크게 자라버린 범고래 니모는 윈저 사파리 공원에 마련한 새로운 보금자리에 안전하게 도착했다.

그렇지 않으면 동물을 가리킬 때에는 it이 사용된다. it은 아기나 아주 어린 아이들, 특히 성별이 밝혀지지 않은 아이를 가리킬 때 가끔 사용된다.

> In the farmyard a dog in its kennel was barking loudly.
> 농장 구내에서는 개집에 앉은 개가 시끄럽게 짖어대고 있었다.
> In her arms lay the delicate baby, with its deep blue eyes.
> 그녀의 품속에는 짙은 푸른 눈의 연약한 아기가 안겨있다.

질량 명사와 단수 추상 명사는 it이 대체한다.

> I've washed my hair, and it won't keep tidy.
> 나는 머리를 감았지만 머리가 계속 말쑥하지는 않을 것이다.
> Life today is so busy that its true meaning often eludes us.
> 오늘날의 삶은 너무나 바빠서 우리가 그 참다운 의미를 놓칠 때가 많다.

◆**Note**

she는 다음과 같은 경우에 가끔 사용된다.

- 무생물인 대상을 가리킬 때 (특히 배)

> A ship had come in from Greece and was unloading her cargo.
> 배 한 척이 그리스에서 와서 짐을 부리고 있었다.

- 정치적 단위로 간주되는 국가를 가리킬 때

> Last year France increased her exports by 10 per cent.
> 작년에 프랑스는 수출이 10퍼센트 증가했다.

남성과 여성을 지칭할 때

96 사람 명사를 대명사로 대체할 때 성별이 알려지지 않거나 명확하지 않은 경우에는 전통적으로 she보다 he를 사용한다.

A martyr is someone who gives up his life for his beliefs.
순교자는 자신의 신념을 위해 목숨을 버리는 사람이다.

하지만 요즘에는 남성적 용어에 대한 편견을 회피하는 추세이며 he or she(him or her 등)라는 표현이 대신 사용될 때가 많다.

A martyr is someone who gives up his or her life for his or her beliefs.
순교자는 그/그녀 자신의 신념을 위해 목숨을 버리는 사람이다.

It is the duty of every athlete to know what he or she is taking to eat and drink. 자신이 무엇을 먹고 마시는지 알아두는 것은 모든 운동선수의 의무이다.

하지만 첫 번째 예문에서 보았듯이 he or she 같은 표현은 문장을 어색하게 만들 수도 있으며 반복되어 사용하면 특히 그렇다. 성적 편견이 담긴 표현을 자제하는 방법 중에 〈구어체 영어〉에서 확실히 자리 잡은 것은 they의 단수 용법이다.

A martyr is someone who gives up their life for their beliefs.
순교자는 자신들의 신념을 위해 목숨을 버리는 사람이다.

이렇게 단수와 복수를 '비문법적으로' 섞어 쓰는 용법은 엄격한 문법 감각을 지닌 사람들이 아무리 피하려고 해도 〈일상체〉 문어 속에 자리 잡아가는 중이다. 위에서 제시한 대안들 중에서 완벽하게 만족스러운 것은 없기 때문에 단수를 복수로 변환함으로써 중성적인 3인칭을 받아야하는 문제를 종종 피할 수 있다.

Martyrs are people who give up their life/lives for their beliefs.
순교자는 자신들의 신념을 위해 목숨을 버리는 사람들이다.

물론 여기서 they를 사용하면 그 자체로는 아무 문제도 생기지 않지만 위의 예문에서 life나 lives를 선택해야 하는 것처럼 다른 문제를 간접적으로 야기하기도 한다.

◆**Note**
남성 편견을 피하는 방법의 문제에 대한 다른 해결책에는 주격 대명사 s/he 사용, she or he 사용, 중성 대명사로서 she 사용이 포함된다. 혼합형인 s/he는 글을 쓸 때 편리하지만 *s/him 이나 *s/his 같은 격 형태를 쓰지 못한다는 한계가 있다. 단점을 하나 더 들면, 그 발음이 she의 발음과 구별되지 않는다는 점이다.

1인칭대명사와 2인칭대명사: I, we, you

97 1인칭대명사와 2인칭대명사는 다음과 같은 상황을 가리킨다.

● 1인칭:

I(me, my, mine, myself)   '화자'

we(us, our, ours, ourselves)   '화자를 포함한 한 무리의 사람'

● 2인칭:

you(your, yourself, yourselves) a '청자' (단수)

b '청자를 포함하고 화자를 제외한 한 무리의 사람' (복수)

we는 청자를 포함(= you and I)하기도 하고 때로는 청자를 제외하기도 한다.

Let's go back to the bar now, shall we? 이제 술집으로 돌아가실까요?

[청자를 포함하는 we: let's = let us] (498 참조)

We've enjoyed meeting you. 만나서 즐거웠습니다. [청자를 제외하는 we]

청자를 포함하는 we는 책의 저자들이 종종 애용한다.

In this section we shall consider a few examples …

이번 장에서 우리는 몇 가지 예를 고려할 것입니다.

Let's look at this in further detail … 이번 것은 더욱 자세히 살펴봅시다.

대명사의 포괄적 용법: one, you, they

98 세 가지 대명사는 일반적인 사람을 지시할 때 포괄적 용법으로 사용된다.

● one (one's, oneself-단수)은 '너와 나를 포함하는 일반적인 사람'을 뜻하는 〈다소 격식을 차린 비인칭〉인 대명사이다.

One never knows what may happen. 〈다소 격식체〉

사람들은 무슨 일이 일어날지 전혀 모른다.

One has to help one's fellow human beings. 〈다소 격식체〉

사람들은 자기와 같은 인간을 도와야만 한다.

● you는 〈일상체〉에서 one에 상당하는 단어이다.

You never know what may happen. 〈일상체〉

사람들은 무슨 일이 일어날지 전혀 모른다.

All this exercise makes you hungry, doesn't it? 〈일상체〉

이렇게 운동을 하고 나니 배가 고플 거야, 그렇지 않니?

● they 역시 〈일상체〉 영어에서 포괄적 의미로 사용하기도 하지만 one이나 you와는 의미가 다소 달라서 대략 (너와 나를 제외한) '사람들'을 뜻한다.

They say it's going to rain tomorrow. (= People say …)

사람들이 내일 비가 올 거라고 말한다.

지시사: this, that 등

99 문맥상의 특정한 내용을 지시하는 기능이 있는 this와 that 같은 단어를 지시사라고 부른다. 지시사는 세 가지 용법이 있다.

- 지시사는 상황을 가리키기도 한다. 즉, 언어 외적인 문맥 속에서 무엇인가를 가리킬 때도 있다.

  Would you like to sit in this chair (= the one by me) or in that one? (= the one away from me, over there) 이 의자(내 옆에 있는 의자)에 앉으실래요, 아니면 저 의자(나한테서 먼, 저 쪽 의자)에 앉으실래요?

  *this는 화자와 가까운 (공간적이나 시간 같은 물리적으로든 심리적으로든) 무엇인가를 나타내며 that은 화자와 가깝지 않은 무엇인가를 나타낸다.

- 지시사는 전방조응 용법이 있다. 즉 앞에서 언급한 대상을 가리키기도 한다.

  I then tried to force the door open, but this/that was a mistake.

  그제야 나는 강제로 문을 열어두려 했지만 이는 실수였다.

- 지시사는 후방조응 용법이 있다. 즉 나중에 언급할 대상을 가리키기도 한다.

  This is what the graph shows. One line shows what has happened to personal wealth. The second line shows the fall in the savings ratio.

  다음은 그래프가 나타내는 내용이다. 첫 번째 줄은 개인 재산에 무슨 일이 일어났는지를 보여준다. 두 번째 줄은 저축률의 하락을 보여준다.

100 지시어는 this 관련 지시어('가깝다'는 의미가 있음)와 that 관련 지시어('멀다'는 의미가 있음)의 두 가지 종류로 구분할 수도 있다.

this 유형	this (단수) these (복수)	here (= at this place) now (= at this time)
that 유형	that (단수) those (복수) (주로 과거시제에서)	there (= at that place) then (= at that time)

this와 that은 전방조응 용법에서는 의미의 차이 없이 서로 대체해서 사용할 수 있지만 〈격식체〉 영어에서는 this가 더 보편적이다. 후방조응 용법에서는 this와 these, here, thus 같은 this 유형의 단어만 사용할 수 있다. (101 참조)

This is what he wrote:
그는 다음과 같이 적었다.
These are the latest results:
다음은 최근 결론이다.
Halliday and Hasan define cohesion thus:
할리데이와 하산은 결속성을 이렇게 정의한다.

} (후방조응)

This/That was what Charles had said.
이것은/그것은 찰스가 말한 내용이었다.
These/those women knew what they wanted.
이/저 여자들은 자신이 원하는 바를 알고 있었다.

} (전방조응)

무선 전보나 뉴스 방송의 여는 말과 맺는 말을 주목해 보자.

Here is what the message said: Please leave this room as tidy as you found it.
다음은 전보의 내용입니다. '제발 방을 처음 보았을 때처럼 그대로 깨끗이 사용하세요.' [후방조응]
And that's the end of the news. 그리고 이상으로 뉴스를 마칩니다. [전방조응]

101 those는 뒤따르는 한정사로 인해 의미가 정해질 때 후방조응한다.

those who are interested (= people who are interested) (521 참조)

〈일상체〉에서 this는 새로운 토의 주제를 설정한다는 의미에서 '후방조응'하는 반면 that
은 막연하게 공유하는 경험을 가리킴으로써 '전방조응'하기도 한다.

Have you seen this report about smoking? (= a report I know about)
흡연에 관한 이 보고서를 본 적이 있니? (내가 아는 보고서)

It gives you that great feeling of clean air and open spaces. (= the feeling we all
know about) 공기가 깨끗하고 공간이 개방되어있는 그런 느낌이 강하게 들 것이다. (우리 모두가
알고 있는 느낌)

this는 이야기에 새로운 내용을 소개하기 위해 〈친근체〉로 사용되기도 한다.

I was just coming out of the bank when this girl came up to me … (= a girl I'm
going to tell you about)
내가 은행에서 막 나오던 참에 이 소녀가 내게 다가왔다. (내가 설명하려는 소녀)

명사로 표현된 생각 사이의 관계(Relations between ideas expressed by nouns)

of로 표현된 관계

102 다음과 같은 구에서 사용된 of의 용법에 대해서 앞서 논의한 바 있다.

- 부분: a part of the house (61 참조)
- 분할: a kind of tree (63 참조)
- 수량: most of our problems (70-81 참조)

of는 두 가지 단어의 다양한 의미 관계를 가리키기 위해 더 일반적으로 사용되기도 한다.

the roof of the house (the house has a roof; the roof is part of the house)

그 집의 지붕 (그 집은 지붕을 가지고 있다; 지붕은 집의 일부이다)

a friend of my father's (my father has a friend, 535 참조)

내 아버지의 친구 (내 아버지는 친구를 가지고 있다)

the courage of the firefighters (the firefighters have courage; the firefighters are courageous) 소방관들의 용기 (소방관들은 용기가 있다; 소방관들은 용감하다)

the envy of the world (the world envies …) 세상의 질투 (세상이 질투한다 …)

the trial of the conspirators (someone tries the conspirators)

공모자들의 재판 (누군가가 공모자들을 재판한다)

the causes of stress (stress is caused by …)

스트레스의 원인 (스트레스는 …에 의해 유발된다)

the virtue of thrift (thrift is a virtue) 절약의 미덕 (절약은 미덕이다)

a shortage of money (money is short, money is in short supply)

돈의 부족 (돈이 부족하다, 잔고가 불충분하다)

a glass of water (the glass has water in it; the glass contains water)

물 한 잔 (잔에 물이 담겨 있다; 잔이 물을 담고 있다)

people of the Middle Ages (people who lived in the Middle Ages)

중세의 사람들 (중세에 살았던 사람들)

the house of my dreams (the house which I see in my dreams)

내 꿈의 집 (내가 꿈에 그리는 집)

the College of Surgeons (the College to which surgeons belong)

외과 대학 (외과 의사들이 다니는 대학)

have 관계

103 of와 with는 모두 '소유' 관계를 나타낼 수 있다. '명사 1 has 명사 2'라는 문장에서는 명사 2나 명사 1 중 어느 쪽이든 초점을 맞출 수 있다.

- 명사 2 of 명사 1: the roof of the house, the courage of the people

- 명사1 of 명사2: people of (great) courage
- 명사1 with 명사2: a house with a (flat) roof

'명사 1 + 전치사 + 명사 2' 구문에서 of는 명사 2가 추상 명사일 때 (a performance of distinction, a country of enormous wealth) 사용하며 with는 명사 2가 구상 명사일 때 (a woman with a large family, a man with a beard) 사용한다.

속격의 용법

104 속격('s나 아포스트로피로만 끝나는 단어. 530 참조)는 of구와 같은 의미로 사용될 때가 많다. 특히 속격이 사람을 지시할 때면 더욱 그렇다.

- have 관계: (Dr. Brown has a son. 브라운 박사는 아들이 있다.)

  Dr. Brown's son (한정적) ⎧ a son of Dr. Brown
                       ⎨ a son of Dr. Brown's
                       ⎩ (535 참조) (비한정적)

  the earth's gravity : the gravity of the earth (더 보편적으로 쓰임)

- 주어–동사 관계: (His parents consented. 그의 부모님들이 동의했다.)

  his parents' consent   the consent of his parents

  the train's departure   the departure of the train (더 보편적)

- 동사–목적어 관계: (They released the prisoner. 그들이 죄수를 석방했다.)

  the prisoner's release   the release of the prisoner

  a city's destruction   the destruction of a city (더 보편적)

- 주어–보어 관계: (Everyone is happy. 모두가 행복하다.)

  Marian's happiness   the happiness of Marian

  the country's beauty   the beauty of the country

105 다음 경우에서는 of구를 일반적으로 사용하지 않는다.

- 기원, 출처의 관계 (The girl told a story. 그 소녀가 이야기를 들려주었다.)

  the girl's story 그 소녀의 이야기

  (= a story that the girl told 그 소녀가 들려준 이야기)

  John's telegram 존의 전보

  (= a telegram from John or a telegram that John sent 존이 보낸 전보)

- 다양한 분류 관계 (여기서는 속격이 수식 명사나 형용사처럼 작용한다)

  a women's college (= a college for women) 여자대학교

  a doctor's degree (= a doctoral degree) 박사 학위

of구문과 속격 선택 (활용)

106 일반적으로, 속격은 사람 명사(the girl's arrival)에서 선호되며 동물 명사(horses' hooves)와 사람 집합 명사(the government's policy)에서도 이따금 사용된다. of는 대체로 무생물 명사와 추상 명사(the discovery of helium, the progress of science)에서 선호된다. 일반적으로 속격은 주어–동사 관계에서도 선호된다.

> Livingstone's discovery 리빙스턴의 발견
>
> (= Livingstone discovered something. 리빙스턴이 무엇인가를 발견했다.)

하지만 of는 동사–목적어 관계에서 선호된다.

> the discovery of Livingstone 리빙스턴의 발견
>
> (= Somebody discovered Livingstone. 누군가가 리빙스턴을 발견했다.)

주어의 기능은 by구로 나타내기도 한다. 그러므로 The army defeated the rebels. (군대가 반란군을 진압했다.)라는 생각은 명사구를 이용하여 세 가지 방식으로 표현할 수 있다.

> the army's defeat of the rebels 군대의 반란군 진압
>
> the defeat of the rebels by the army 군대에 의한 반란군 진압
>
> the rebels' defeat by the army 군대에 의한 반란군의 격퇴
>
> (하지만 the rebels' defeat of the army는 반란군이 군대를 진압했다는 의미이다.)

수식하는 명사구가 긴 경우에는 of구문이 특히 〈격식체〉 영어에서 속격보다 선호되기도 한다. 우리는 다음과 같이 쉽게 말할 수 있다.

> the departure of the 4:30 train for Edinburgh 4시 30분발 에든버러 행 기차의 출발
>
> *금지 표현: the 4:30 train for Edinburgh's departure (533 참조)

107 속격의 특별한 두 가지 예시를 주목하라.

- 시간 명사: 속격에서 자주 사용된다.

    this year's crop of potatoes 올해의 감자 수확

    two weeks' holiday 2주간의 휴가

    a moment's thought 한 순간의 생각

    today's menu (the menu for today) 오늘의 메뉴

- 장소 명사: 역시 속격에서 자주 사용되며 최상급이 뒤따를 때 특히 선호된다.

    the town's oldest pub (the oldest pub in the town) 마을에서 가장 오래된 술집

    *금지 표현: the oldest pub of the town

    Norway's greatest composer (the greatest composer in Norway)

    노르웨이 최고의 작곡가

    the world's best chocolate (the best chocolate in the world)

    세계 최고의 초콜릿

사람들 사이의 관계: with, for, against

108 with는 together with 또는 in company with를 의미할 때가 많다.

I'm so glad you're coming with us. 네가 나와 함께 간다니 무척 기쁘구나. 〔1〕

Sheila was at the theatre with her friends. 실라는 친구들과 함께 극장에 갔다. 〔2〕

〔2〕번 문장은 다음 예문과 의미가 크게 다르지 않다.

Sheila and her friends were at the theatre. 실라와 친구들은 극장에 갔다.

without은 이런 의미에서 with의 부정어이다.

Sheila was ill, so we went to the theatre without her.

실라가 아팠으므로 우리는 그녀 없이 극장에 갔다.

갈등이나 경쟁의 상황에서 with는 on the same side as라는 뜻이다.

Remember that every one of us is with you. (= on your side)

우리 모두가 당신 편이라는 사실을 기억하시오.

Are you with us or against us? 당신은 우리편입니까 아니면 반대편입니까?

for는 지지한다는 뜻(= in favour of)을 나타내며 with와 마찬가지로 against와는 대조를 이룬다.

Are you for or against the President?

당신은 대통령을 지지합니까 아니면 반대합니까?

◆Note

다음 표현에도 주목하라. the fight against pollution, the campaign against inflation 등 with는 위에서 제시한 의미와는 대조적으로 fight with, argue with 같은 표현에서 두 사람 또는 두 집단의 대립하는 생각을 전달하기도 한다.

Stop arguing with me. 나와 언쟁은 그만하자.

성분, 재료: with, of, out of, from

109 making이라는 동사를 이용하여 성분을 나타낼 때는 with를, 사물 전체의 재료를 나타낼 때는 out of나 of를 사용하라.

A fruit cake is made with fruit, but a glass jug is made (out) of glass.

과일 케이크는 과일로 만들고 유리 주전자는 유리로 만든다.

made from은 어떤 사물이 다른 사물에서 얻어낸 결과물이라는 뜻이다.

They lived in tents made from blankets. 그들은 담요로 만든 텐트에서 살았다.

Most paper is made from woodpulp. 대부분의 종이는 목재펄프로 만든다.

이들 중에서 of만 후치수식구로 사용될 수 있다.

a ring of solid gold(= made out of solid gold)

a table of polished oak(= consisting of polished oak)

한 명사를 다른 명사 앞에 놓음으로써 재료나 성분을 나타낼 수도 있다.

a gold ring, an oak table, metal rods, banana cake

제한적 의미와 비제한적 의미(Restrictive and non-restrictive meaning)

110 명사의 앞이나 뒤에 오는 수식어구는 대체로 명사의 의미를 정확하게 명시하는 데 도움이 된다.

(A)	(B)
the children	the children who live next door
아이들	옆집에 사는 아이들
a king	a king of Denmark
왕	덴마크의 왕
buttered toast	hot buttered toast
버터 바른 토스트	버터 바른 뜨거운 토스트
these books	these latest history books
이 책들	이 최신 역사책들

각각의 경우에서 (B)가 (A)보다 명사가 지시하는 대상에 대해 더욱 정확하게 알려준다. (B)는 화자가 말하고 있는 대상이 어떤 종류의 아이들이나 왕인지 설명함으로써 명사의 의미를 좁히거나 제한한다. 이런 종류의 수식어구를 제한적이라고 부른다.

111 이런 식으로 명사에 제약을 가하지 않는 비제한적 유형의 수식어도 있다. 다음 문장을 비교해 보자.

She loved to talk about her sister who lived in Pàris.| (제한적)   〔1〕
그녀는 파리에 사는 여동생에 관해 이야기하기를 좋아했다.

She loved to talk about her sìster,| who lived in Pàris.| (비제한적)   〔2〕
그녀는 여동생에 관해 이야기하기를 좋아했는데 그 여동생은 파리에 살았다.

〔1〕의 관계사절은 제한적 용법으로서 그녀가 이야기하기를 즐겨했던 대상이 어떤 여동생인지 알려준다. 이 문장을 통해서 그녀에게 둘 이상의 자매가 있다고 추측할 수 있다. 〔2〕의 관계사절은 비제한적 용법으로서 화자가 한 명의 여동생에 대해서 이야기하고 있으며 – 그녀에게는 여동생이 한 명뿐이라고 추측할 수 있다 – 여동생이 파리에 살고 있다는 부가 정보를 전해준다. 일반적으로 비제한적 수식어구는 〈구어〉에서는 성조 단위 경계로(37

참조), 〈문어〉에서는 쉼표로 표시하여 앞에 나오는 명사와 분리된다.

비제한적 형용사

112 관계사절과 마찬가지로 형용사 역시 비제한적 용법으로 사용할 수 있다. 가장 명확한 경우는 고유 명사 앞에 오는 형용사이다. 고유 명사는 이미 유일한 지시대상을 갖고 있기 때문에 형용사로 인해 더 이상 제약을 받지는 않는다. (93 참조) 예를 들면, poor James, 73-year-old Mrs. Cass, the beautiful Highlands of Scotland가 있다.

비제한적 형용사는 구두점이나 억양으로 분명히 표시되지는 않으므로 중의성이 나타나기도 한다.

> The patriotic Americans have great respect for their country's constitution.
> 애국적인 미국인들은 국가의 헌법에 대해 대단한 존경심을 갖고 있다.   〔3〕
> The hungry workers attacked the houses of their rich employers.   〔4〕
> 굶주린 노동자들이 부유한 고용주들의 집을 공격했다.

여기서 이런 질문을 던질 수 있다. 〔3〕번 문장은 '모든 미국인들이 대단한 존경심을 갖고 있다'는 뜻일까? 아니면 '오직 일부 미국인들이(애국적이지 않은 사람과는 반대로 애국적인 사람들) 대단한 존경심을 갖고 있다'는 뜻일까? 〔4〕번 문장은 모든 노동자와 모든 고용주를 말하는 것일까? 아니면 단지 배고픈 노동자들과(먹을 것이 충분한 사람들과 반대로) 부유한 고용주들을(가난한 고용주들과 반대로) 말하는 것일까? 이런 문장들은 두 가지 의미를 다 내포하고 있지만 비제한적 의미일 가능성이 더 크다.

◆Note
수식어구의 순서에 따라 의미가 확연히 달라질 수 있다.

> her last great novel 그녀의 마지막 위대한 소설   〔5〕
> her great last novel 그녀의 위대한 마지막 소설   〔6〕

〔5〕의 great은 제한적인 반면 〔6〕의 great은 비제한적이다. 그러므로 〔5〕는 '그녀의 위대한 소설들 중 마지막 작품'이라는 뜻이며 〔6〕은 '그녀의 마지막 소설, 그 소설은 위대했다'는 뜻이다.

시간, 시제, 상(Time, tense and aspect)

113 이제 동사구로 표현하는 의미에 대해 이야기해보자. 시제와 시상(740-742 참조)은 동사로 묘사한 일을 과거나 현재, 미래의 시간과 관련 짓는다.

상태와 사건

114 우선 동사에 담겨있을지 모를 여러 가지 종류의 의미에 주의를 기울여야만 한다. 대체로 동사는 다음 두 가지를 나타낸다.

- 사건: 시작과 끝이 분명하며 단 한 번 일어났다고 생각되는 일을 뜻하는데 예를 들어, become, get, come, leave, hit, close, take가 있다.
- 상태: 어느 기간 동안 지속되는 사태로서 시작과 끝이 명확할 필요가 없다. 예를 들어, be, remain, contain, know, resemble, seem이 있다.

    She became unconscious. [사건] 그녀는 의식을 잃었다.

    She remained unconscious. [상태] 그녀는 의식불명이었다.

사건 동사와 상태 동사의 차이는 가산 명사와 질량 명사의 차이와 비슷하다. 62항에서 가산 명사와 질량 명사에 대해 살펴보았듯이 이런 범주는 세계 자체에 기반을 두었다기보다는 우리의 생각이 세계를 바라보는 방식에 기반을 두고 있다. 똑같은 동사가 한 범주에서 다른 범주로 변환되기도 하므로 그 구분이 항상 명확하지는 않다. Did you remember his name?라는 문장은 상태를 나타내기도 하고 사건을 나타내기도 한다. 그러므로 더욱 정확하게 말하자면 '동사의 상태 용법'과 '동사의 사건 용법'에 대해 논의해야 한다. 하지만 때로는 '상태 동사'와 '사건 동사'라는 한층 단순한 용어를 고수하는 편이 용이하다.

115 '상태'와 '사건'은 다음과 같이 (과거시제로 제시된) 동사의 의미에 따라 세 가지 기본적인 종류로 구분된다.

——————— (1) 상태		Napoleon was a Corsican. 나폴레옹은 코르시카 사람이었다.
• (2) 단일 사건		Columbus discovered America. 콜럼부스는 아메리카 대륙을 발견했다.
•••••• (3) 반복되는 일련의 사건(습관)		Paganini played the violin brilliantly. 파가니니는 바이올린을 훌륭하게 연주했다.

'습관'의 의미에는 '사건'의 의미와 '상태'의 의미가 결합되어 있다. 습관이란 일련의 사건으로 구성된 상태이기 때문이다. '상태' 동사는 종종 기간 부사구가 첨가되면서 의미가 구체적으로 명시되기도 한다. (161-5 참조)

    Queen Victoria reigned for sixty-four years. 빅토리아 여왕은 64년간 통치했다.

'습관' 동사는 빈도 부사구(166-9) 또는 시간 지속 부사구가 첨가되면서 의미가 보다 정확하게 명시된다.

He played the violin every day from the age of five.

그는 다섯 살 때부터 매일 바이올린을 연주했다.

(세 가지 유형은 모두 시간 부사구를 이용하면 의미가 명확해질 수 있다. 151-160 참조)

동사 의미의 세 가지 종류에 다음 한 가지가 더 추가될 수도 있다.

～～～～ (4) 진행 시상으로 표현한 일시적인 의미 (132, 740-1 참조)

She was cooking the dinner.

그녀가 저녁 식사를 준비하고 있었다.

현재 시간: I adore your drawings! 나는 당신 그림이 정말 좋습니다!

116 다음은 현재 시간에 일어난 일을 나타내는 주된 방법들이다.

(A) 현재 상태 (단순 현재시제)

I'm hungry. 나는 배가 고프다.

Do you like my hat? 내 모자가 마음에 듭니까?

상태는 과거와 미래로 막연히 뻗어나갈 수 있으므로 단순 현재시제 용법은 다음과 같은 일반적인 진리를 나타낼 때도 적용할 수 있다.

A cube has eight corners. 입방체는 여덟 개의 모서리가 있다.

117 (B) 현재 사건 (단순 현재시제)

I declare the meeting closed. 폐회를 선언합니다.

She serves – and it's an ace! 그녀가 서브를 넣습니다. 에이스네요!

이런 용법은 상당히 전문적이어서 공신적인 선언, 스포츠 해설, 설명 등에 한정된다. 대부분의 문맥에서 화자가 발화하는 바로 그 순간에 시작했다가 끝난 사건을 언급하는 경우는 드물다.

118 (C) 현재 습관 (단순 현재시제)

I work in two elementary schools. 나는 초등학교 두 군데에서 근무한다.

Do you drink beer? 맥주를 마시나요?

It rains a lot in this part of the world. 이 지방에서는 비가 많이 내린다.

여기서 말하는 '습관'이란 사건의 반복을 의미한다.

119 (D) 일시적인 현재 (현재 진행)

Look! It's snowing! 이것 봐! 눈이 와!   〔1a〕

The children are sleeping soundly now. 아이들이 지금 달게 자고 있다.   〔2a〕

They are living in a rented house. (temporarily – for a short period)   〔3a〕

그들은 셋집에서 살고 있다. (일시적으로 – 짧은 기간 동안)

진행 시상은 '제한된 지속성'을 의미한다. 다음 예문에서 단순 현재와 비교해 보자.

It snows a lot in northern Japan. (습관) 일본 북부 지방에서는 눈이 많이 내린다. 〔1b〕

The children usually sleep very soundly. (습관) 아이들은 보통 아주 달게 잔다. 〔2b〕

They live in a rented house. (영구적으로) 그들은 셋집에서 산다. 〔3b〕

제한적인 기간의 단일한 사건에서 진행의 효과는 사건의 지속상을 강조하는 것이다.

The champion serves. It's another double fault!

챔피언이 서브를 넣습니다. 다시 한 번 더블 폴트가 나오네요!

The champion is serving well. 챔피언이 서브를 잘 넣고 있습니다.

(여기서 서브는 지속적이고 반복적인 행동이다.)

상태를 나타낼 때 진행의 효과는 사태가 벌어지는 제한된 지속성을 강조하는 것이다.

She lives with her mother. (영구적으로) 그녀는 어머니와 함께 산다.

She's living with her mother. (일시적으로) 그녀는 어머니와 함께 살고 있다.

120 (E) 일시적인 습관 (현재 진행)

I'm playing golf regularly these days. 나는 요즘 규칙적으로 골프를 치고 있다.

She's not working at the moment. 그녀는 지금은 일을 하지 않고 있다.

He's walking to work while his car is being repaired.

그는 자동차가 수리되는 동안 직장에 걸어 다닌다.

이 용법에는 진행의 '일시적인' 의미와 습관적 현재의 반복적인 의미가 결합되어 있다.

현재 시간을 나타내는 다른 방법들

121 현재 시간을 나타내는 방법 중에 중요성이 떨어지는 세 가지는 다음과 같다.

● 진행 시상은 always나 이와 유사한 부사구를 사용해서 행동이 진행된다거나 지속된다
는 사실을 강조할 수 있다.

Those children are always(= continually) getting into trouble.

저 아이들은 항상 (지속적으로) 말썽에 휘말린다.

이 용법에는 약간 불만스러운 감정이 수반된다.

● 일시적인 의미와 습관적인 의미가 결합해서 일시적인 일의 반복을 나타낼 수 있다.

He's chewing gum whenever I see him. 그는 내가 볼 때마다 껌을 씹고 있다.

● 특별한 상황에서는 과거시제가 현재를 나타내기도 한다.

Did you want to speak to me? (= Do you want …) 나한테 말하고 싶었나요?

I (just) wondered whether you would help me. (= I wonder …)

나는 (그냥) 네가 나를 도와줄 수 있는지 궁금하다.

여기서 과거시제는 단순 현재시제를 간접접이고 〈보다 유화체〉로 표현한 대안이다.

(136 참조)

과거 시간: I've read your book – and I love it!

122 위의 116-21항에서 이야기한 현재 시간 의미와 더불어 이와 비슷한 과거 시간의 의미도 있다. 일부 과거 시간의 의미에 대해서는 이미 예시하였다. (115 참조) 하지만 영어에는 과거 시간을 지시하는 데 특별한 문제가 있다. 그 문제란 과거시제 용법과 완료 시상 용법을 선택하는 방법을 말한다. 과거시제는 과거에 일어난 일이 then이라고 불러도 좋을 과거의 특정한 시간과 관련되어 있을 때 사용한다. 그러므로 단순 과거시제는 '과거 시간과 관련되어 과거에 일어난 일'을 의미한다.

He was in prison for ten years. 그는 10년 동안 감옥에 있었다.

(아마 '이제 그는 출소한 상태이다'는 뜻일 것이다.)

이와 반대로 완료 시상은 나중의 사건이나 시간과 관련된 것처럼 보이는 과거의 일을 묘사하는 데 사용한다. 따라서 현재완료는 '현재 시간과 관련하에 과거에 일어난 일'을 의미한다. 다음 예문을 보자.

He has been in prison for ten years. 그는 10년 동안 감옥에 있었다.

(아마 '그는 지금도 감옥에 있다'는 뜻일 것이다.)

과거시제: The parcel arrived last week.

123 과거시제는 과거의 특정한 시간을 가리키며 다음 사항을 통해 이를 확인할 수 있다.

a. 같은 문장에 쓰인 과거 시간 부사구

b. 선행하는 언어 문맥

c. 상황 문맥

(이런 한정적 의미의 시상에 대해서는 the의 용법과 비교해 보라. (83-5 참조))

이런 세 가지 유형의 예문은 다음과 같다.

a. Chandra came to England in 1955. 찬드라가 1955년에 영국에 왔다.

The parcel arrived last week. 소포가 지난주에 도착했다.

b. Joan has become engaged; it took us completely by surprise.

조앤이 약혼했다. 이 소식은 우리를 완전히 깜짝 놀라게 했다.

(여기서는 과거시제 took을 사용해도 좋다. 사건이 첫 번째 절에서 has become …으로 이미 확인되었기 때문이다.)

c. Did you get any letters? 편지를 받았습니까?

(여기서는 언어 문맥이 없더라도 우편이 해당일의 약속된 시간에 도착한다고 생각되기 때문에 과거시제를 사용할 수 있다.)

◆**Note**

[a] 한정적 의미 때문에 고유 명사는 과거시제의 조건을 제공할 수 있다.

Rome wasn't built in a day. (속담) 로마는 하루아침에 이루어진 것이 아니다.

Caruso was a great singer. 카루소는 위대한 성악가였다.

(이 문장은 카루소가 죽었거나 적어도 더 이상 성악가로서 활동하지 않는다고 암시한다.)

〔b〕 정해지지 않은 시간인 then이 쉽게 드러날 때 가끔 과거시제가 사용되기도 한다.

Hello, how are you? They told me you were ill.

안녕하세요? 당신이 아프다는 말은 들었습니다.

어쩌면 이 문장은 화자가 과거의 특정한 시간에 대해 생각하고 있다는 점에서 위의 c와 비슷할 수도 있다.

124 과거시제는 언급된 시간과 현재 순간 사이의 차이를 암시하기도 한다.

His sister suffered from asthma all her life. 그의 여동생은 평생 천식을 앓았다.

(그녀가 지금은 사망한 상태이다.)

His sister has suffered from asthma all her life. 그의 여동생은 평생 천식을 앓았다.

(그녀가 아직도 살아있다.)

과거 시점이나 기간을 가리키는 부사구는 대체로 과거시제에 사용한다.

Kites were invented in China in the fifth century. (129 참조)

연은 5세기에 중국에서 발명되었다.

현재완료: I have written the letter.

125 현재완료의 4가지 관련 용법을 주목해 보자.

(A) 과거 사건이 현재 시간에 결과를 나타낼 때

The taxi has arrived. 택시가 도착했다. (택시가 지금 여기 있다.)

All police leave has been cancelled. 경찰의 모든 휴가가 취소되었다.

(경찰이 여전히 근무 중이다.)

Her doll has been broken. 그녀의 인형이 망가졌다. (인형이 아직 고쳐지지 않았다.)

*비교: Her doll was broken, but now it's mended.

그녀의 인형이 망가졌지만 이제 고쳐졌다.

이것이 현재완료의 가장 일반적인 용법이다.

(B) 어느 기간 동안 일어난 일정치 않은 사건(들)이 현재 시간까지 이어질 때

Have you (ever) been to Florence? (한 번이라도) 플로렌스에 가보셨어요?

All the family have suffered from the same illness (in the last five years).

(지난 5년 동안) 모든 가족이 동일한 질병을 앓아왔다.

(C) 어느 기간 동안의 습관이 현재 시간까지 이어질 때

She has attended lectures regularly (this term).

그녀는 (이번 학기에) 강의에 규칙적으로 출석했다.

He's played regularly at Wimbledon since he was eighteen.

그는 18세 이후로 윔블던에 정기적으로 출전했다.

(D) 어떤 상태가 현재 시간까지 이어질 때

That supermarket-how long has it been open?

그 슈퍼마켓, 개점한지 얼마나 됐지?

She's always had a vivid imagination. 그녀는 항상 생생한 상상력을 지녀왔다.

((B)를 제외하면) 이런 경우에 상태나 습관, 사건이 현재 시간에도 지속된다고 생각할 수 있다. 예를 들면, (D)의 첫 번째 문장은 '…가게가 계속 영업 중이다'는 뜻이다.

◆Note

〔a〕 (B)에서 현재완료는 종종 명확하지 않은 최근의 과거를 나타낸다.

Have you eaten (yet)? (벌써) 밥 먹었습니까?

I've studied your report (already). 나는 (이미) 당신의 보고서를 검토했습니다.

이런 경우에, 〈미국식〉에서는 과거시제를 선호할 때가 많다.

Did you study John Grisham's novels yet? 존 그리샴의 소설을 벌써 검토했습니까?

I didn't make any lunch yet. 아직 점심을 못 먹었습니다.

〔b〕 현재까지 이어지는 상태나 습관을 말하기 위해서 always와 every, never를 동반하는 과거시제의 관용적 용법이 있다.

I always said(= have said) he would end up in jail.

나는 그가 결국은 감옥에 갇히는 신세가 될 것이라고 항상 말했다. (말해 왔다)

Did you ever taste that seaweed? 그 해초를 전에 먹어본 적 있습니까?

완료 진행: I have been writing a letter.

126 have been writing 등의 현재완료 진행은 단순 현재완료와 비슷한 종류의 의미를 지닌다. 다만 현재에까지 이어지는 시간은 일반적으로 제한된 지속성을 갖는다.

I've been studying for the exams. 나는 시험을 보려고 계속 공부하는 중이다.

What have you been doing, sleeping all day?

하루 종일 자면서 대체 계속 뭘 하는 중입니까?

She's been explaining to me what you're doing.

그녀는 네가 하는 일을 나에게 계속 설명해주는 중이다.

완료 진행은 단순 완료와 마찬가지로 행동의 결과가 현재에 유지된다는 뜻을 암시한다. You've been fighting! (= 나는 네 멍든 눈, 찢어진 옷 등을 보았기 때문에 네가 싸웠다는 것을 알 수 있다.) 그런 경우에 행위는 현재까지가 아니라 최근 과거까지 지속된다. 그러나 현재완료와는 달리, 현재완료 진행에서 사건 동사를 사용하면 일반적으로 행위가 현재까지 지속된다는 뜻을 암시한다.

I've read your book. 나는 당신의 책을 읽었습니다.

(= I've finished it. 나는 당신의 책 읽기를 끝냈습니다.)

I've been reading your book. 나는 당신의 책을 읽고 있습니다.

(= I'm still reading it. 나는 아직도 당신의 책을 읽는 중입니다.)

과거완료: I had written the letter.

127 과거완료(단순 혹은 진행)는 '과거 속의 과거'를 의미한다. 말하자면 과거의 특정 시간에서 봤을 때 더 과거의 시간이다.

The house had been empty for several months (when we bought it).

그 집은 몇 달 동안 비어있었다. (우리가 그 집을 샀을 때)

The goalkeeper had injured his leg, and couldn't play.

그 골키퍼는 다리를 다쳐서 뛸 수가 없었다.

It had been raining, and the streets were still wet.

계속 비가 내리는 중이었고 거리는 여전히 축축했다.

Their relationship had been ideal until Claire's announcement 'I'm leaving – there's someone else'. 그들의 관계는 클레어가 '나 떠나요, 다른 사람이 있어요'라고 선언할 때까지는 이상적이었다.

과거완료는 과거시제와 현재완료로 표현된 차이에 대하여 중립적이다. 이 말은 만약 우리가 [2]와 [3]에서 일어난 사건을 더 먼 과거 시간에 놓는다면 둘 다 [2a]와 [3a]처럼 결국 과거완료가 된다.

They tell me that … the parcel arrived on April 15th.   [2]

그들은 나에게 말했다… 소포가 4월 15일에 도착했다고

the parcel has already arrived. 소포가 이미 도착했다고   [3]

They told me that … the parcel had arrived on April 15th.   [2a]

그들은 나에게 말했다… 소포가 4월 15일에 도착했었다고

the parcel had already arrived. 소포가 이미 도착했었다고   [3a]

과거에 한 사건이 다른 사건에 잇따라 일어났다고 묘사할 때 우리는 더 먼저 일어난 사건을 과거완료로 써서 두 사건의 관계를 나타낼 수도 있고, 그렇지 않으면 어떤 사건이 더 먼저 일어났는지 보여주기 위해 after, before, when 등의 접속사에 의존하여 둘 다 과거시제를 써도 된다.

When the guests had departed, Sheila lingered a little while.

~ When the guests departed, Sheila lingered a little while.

손님들이 출발했을 때 실라는 조금 더 머물렀다.

After the French police had successfully used dogs, the German authorities too thought of using them.

~ After the French police successfully used dogs, the German authorities too thought of using them. 프랑스 경찰이 개를 성공적으로 활용하고 나자 독일 당국도 개를 이용하는 것에 대해 생각해 보았다.

*이 두 쌍의 예문에서 각각 두 개의 문장은 비슷한 의미를 지닌다. 각 문장은 첫 번째 사건이 두 번째 사건보다 먼저 일어났음을 나타낸다.

부정사와 분사로 쓰이는 완료 시상: to have eaten, having eaten

128 부정사와 분사(738 참조)는 시제가 없으므로 과거시제와 완료 시상의 차이를 나타낼 수가 없다. 대신, 완료는 일반적으로 과거의 의미를 표현한다.

He seems to have missed the point of your joke. 〔1〕
그는 네 농담의 핵심을 놓친 듯하다.

More than 1,000 people are said to have been arrested. 〔2〕
1,000명 이상의 사람들이 체포되었다고 한다.

She is proud of having achieved stardom while still a child. 〔3〕
그녀는 아직 어린아이였을 때 스타덤에 올랐음을 자랑스러워한다.

Lawes was convicted of having aided the rebels by planting bombs. 〔4〕
로스는 폭탄을 설치하여 반군을 도왔다는 죄로 기소되었다.

문장 〔1〕은 다음과 같이 다른 표현으로 나타내기도 한다.

It seems that he has missed the point.

또는 It seems that he missed the point.

문장 〔3〕은 다른 식으로도 표현된다.

She is proud that she has achieved stardom.

또는 She is proud that she achieved stardom.

〔4〕에서 일어난 사건을 다른 방식으로 묘사하기 위해서 과거완료를 사용할 수도 있다. (127 참조)

Lawes's crime was that he had aided the rebels by planting bombs.
로스의 죄는 그가 폭탄을 설치하여 반군을 도왔다는 것이었다.

비록 암시된 시간(implied time)과 시상은 달라질지도 모르지만 ing형의 형태에 있어서 차이는 없다. 예를 들어, 서법 조동사 다음에 오는 완료 부정사에서도 마찬가지이다.

He may have left yesterday. 그는 어제 떠났을지도 모른다.

(= 어쩌면 그가 어제 떠났다.)

He may have left already. 그는 이미 떠나버렸는지도 모른다.

(= 어쩌면 그가 이미 떠나버렸다.)

과거와 현재완료에 관계된 부사구

129 과거와 현재완료는 다음 예에서 알 수 있듯이 각기 다른 부사구와 어울린다.

● 과거(과거에 끝나버린 시점이나 기간)

I rang her parents yesterday (evening).
나는 어제 (저녁) 그녀의 부모님에게 전화를 걸었다.

My first wife died some years ago. 내 첫 번째 아내는 몇 년 전에 사망했다.

The fire started just after ten 0'clock. 화재가 10시 직후에 시작되었다.

A funny thing happened to me last Friday.
지난 금요일에 나한테 재미있는 일이 일어났다.

I think someone mentioned it to her the other day.
내 생각에는 누군가가 일전에 그녀에게 그 일을 말해준 듯하다.

In the evening he attended an executive meeting of the tennis club.
저녁에 그는 테니스 클럽의 간부회의에 참석했다.

The conference opened on Monday, October 30th.
회의가 10월 30일 월요일에 열렸다.

School began in August, the hottest part of the year.
학교는 연중 가장 더운 때인 8월에 시작했다.

In 2000 a new law was introduced. 2000년에 새로운 법이 도입되었다.

● 현재완료(현재나 최근의 과거 시간까지 이어지는 기간)

Since January, life has been very busy. 1월부터 생활이 몹시 바빠졌다.

I haven't had any luck since I was a baby.
나는 아기였을 때부터 운이라고는 도통 없었다.

Plenty of rain has fallen here lately. 최근 이곳에 엄청나게 많은 비가 내렸다.

Sixty-six courses have been held so far. 지금까지 66개의 강습이 열렸다.

Up to now her life hasn't been altogether rosy.
지금까지 그녀의 삶은 전체적으로 희망적이지 않았다.

● 과거나 현재완료에 모두 쓸 수 있는 표현

다음에 쌍으로 묶은 문장들은 거의 같은 의미를 지니고 있다. 하지만 첫 번째 쌍에서
완료시제를 선택한 의미는 화자가 아침에 말하는 중이라는 뜻이다. 반면, 과거를 선택
한 의미는 아침이 이미 지났다는 뜻이다. 하지만 엄격한 규칙은 아니다.

We have seen a lot of horses this morning. 우리는 오늘 아침에 많은 말을 보았다.

We saw a lot of horses this morning. 우리는 오늘 아침에 많은 말을 보았다.

I have tried to speak to you about this today.

나는 오늘 이것에 관해 너에게 말하려고 해왔다.

I tried to speak to you about this today.

나는 오늘 이것에 관해 너에게 말하려고 했다.

Have you spoken to him recently? 최근에 그에게 말을 건 적이 있습니까?

Did you speak to him recently? 최근에 그에게 말을 걸었습니까?

과거의 상태나 습관: used to와 would

130 used to(485 참조)는 현재시제와 대조적으로 과거의 상태나 습관을 표현한다.

My uncle used to keep horses. (= He once kept horses.)

나의 삼촌은 한때 말을 소유했다.

I used to know her well (when I was a student).

나는 (학창시절에) 그녀를 잘 알았었다.

would(291 참조)도 과거의 습관을 나타내지만 특히 '특징적이고 예측 가능한 행동'이라는 특정한 의미가 가미된다. would는 서술체에서 전형적으로 사용된다.

He would wait for her outside the office (everyday).

그는 (매일) 사무실 밖에서 그녀를 기다리곤 했다.

과거의 의미를 나타내는 단순 현재시제

131 단순 현재시제가 과거의 의미로 사용되는 경우는 두 가지 특수한 상황이다.

● '역사적 현재'는 마치 지금 일어나는 것처럼 사건을 생생하게 묘사하고 싶을 때 과거 서술에서 가끔 사용된다.

This lady yesterday, she **says** 'I can't believe this …'.

어제 이 아가씨, 그녀가 '저는 이것을 믿지 못하겠어요.'라고 말했다.

Then in **comes** the barman and **tries** to stop the fight.

그러자 바텐더가 들어와서 싸움을 말리려고 했다.

● 현재는 hear, inform 등의 의사소통 동사와 함께 사용되며 여기서는 보다 엄격하게 현재완료나 과거가 예상된다.

I hear you've finished the building project.

내가 듣기로 너는 그 건물 프로젝트를 끝냈다던데.

The doctor says he thinks I had a mild concussion.

의사선생님이 내가 가벼운 뇌진탕을 일으킨 것 같다고 한다.

진행상

132 진행상(119, 739-42 참조)은 진행 중인 행동을 나타내므로 다음 같은 뜻을 암시한다.

(A) 일시적인 행동 (= 제한된 기간의)

(B) 완료할 필요가 없는 행동

두 번째 의미 요소인 (B)는 과거시제나 현재완료에서 가장 분명하다.

> He wrote a novel several years ago.
>
> 그는 몇 년 전에 소설을 썼다. (그가 지금은 소설을 끝냈다.)
>
> He was writing a novel several years ago.
>
> 그는 몇 년 전에 소설을 쓰고 있었다. (하지만 그가 소설을 끝냈는지는 모른다.)

> They've mended the car this morning.
>
> 그들은 오늘 아침에 차를 수리했다. (= 수리가 끝났다.)
>
> They've been mending the car this morning.
>
> 그들은 오늘 아침에 차를 계속 수리하고 있었다. (하지만 수리가 끝나지 않았을지도 모른다.)

상태 변화를 나타내는 동사와 함께 사용하면 변화 자체를 완료한다기보다는 변화를 향한 움직임을 나타낸다.

> The young man was drowning.
>
> 그 젊은이가 익사하려던 참이었다. (하지만 마지막 순간에 내가 그를 구했다.)

진행형을 쓸 수 없는 사건 동사나 시점이나 시간과 연결되면 진행 동사는 대체로 동사로 묘사한 행동이나 상황이 여전히 진행 중이라는, 즉 이미 행동이나 상황이 시작되었으나 아직 끝나지 않았다는 뜻이다.

> When I went downstairs they were (already) eating breakfast.
>
> 내가 아래층에 내려갔을 때 그들은 (이미) 아침밥을 먹는 중이었다.
>
> I knew the person who was working here last year.
>
> 나는 작년에 여기서 일하던 사람을 알았다.
>
> High winds and heavy seas have been causing further damage (today).
>
> 폭풍과 격랑이 (오늘날) 더 많은 피해를 불러일으켜왔다.
>
> As I came in, Agnes looked up from the book she was reading.
>
> 내가 안으로 들어갔을 때 아그네스는 읽고 있던 책에서 눈을 들었다.
>
> I'm happy to say my arthritis is getting better.
>
> 나는 관절염이 점차 좋아지는 중이라고 말할 수 있어서 흡족하다.

진행형이 가능한 동사와 진행형이 불가능한 동사

133 가장 일반적으로 진행형으로 쓰이는 동사는 아래 표시된 동사들이다.

● 동작 (walk, read, drink, write, work 등)

A small boy in a blue jacket was walking along the street.
푸른색 재킷을 입은 작은 소년이 길을 따라 걷는 중이었다.

I'm writing a letter to my sister in England.
나는 영국에 있는 내 여동생에게 편지를 쓰는 중이다.

● 변화 과정 (change, grow, widen, improve 등)

Alec was growing more and more impatient. 알렉은 점점 더 참을성이 없어져만 갔다.

I believe the political situation is improving.
나는 정치적 상황이 개선되는 중이라고 생각한다.

● 순식간에 일어나는 사건을 나타내는 동사(knock, jump, nod, kick 등)로 진행시제로 사용하면 반복을 의미한다.

He nodded. 그가 고개를 끄덕였다. (머리를 한 번 움직임)

He was nodding. 그가 고개를 끄덕거렸다. (머리를 반복해서 움직임)

134 상태 동사는 진행형으로 사용하지 못할 때가 많다. '진행 중인 무엇인가'라는 개념이 상태 동사에는 쉽게 적용되지 않기 때문이다. 일반적으로 진행형으로 쓰지 못하는 동사는 다음과 같은 부류의 동사이다.

지각 동사

135 feel, hear, see, smell, taste 등 지속적인 개념을 나타내기 위해서 우리는 이런 동사에 can이나 could를 함께 사용하곤 한다.

I can see someone through the window, but I can't hear what they're saying.
나는 창문을 통해 누군가를 볼 수 있지만 그들이 하는 말은 들리지 않는다.

(*금지 표현: I am seeing … * I'm not hearing …)

sound나 look처럼 지각한 대상을 주어로 삼는 동사도 여기에 포함된다.

You look ridiculous, in that hat. 너는 그 모자를 쓰니까 우스꽝스러워 보인다.

(*금지 표현: You are looking ridiculous …)

It sounds as if the concert's already started. 콘서트가 이미 시작된 것처럼 들린다.

(*금지 표현: It' is sounding …)

정신 상태나 감정을 나타내는 동사

136 believe, adore, desire, detest, dislike, doubt, forget, hate, hope, imagine, know, like, love, mean, prefer, remember, suppose, understand, want, wish 등

I suppose I'd better buy them a Christmas present.
내가 그들에게 크리스마스 선물을 사주는 편이 나을 것 같다. (*금지 표현: I am supposing …)

I hope I haven't kept you all waiting.

내가 당신을 계속 기다리게 한 것이 아니었으면 좋겠다.

I doubt whether the standards of the schools are improving.

나는 학교의 수준이 개선되고 있는지 의심스럽다.

seem과 appear 동사도 이 여기에 들어갈 수 있다.

He seems/appears to be enjoying himself. 그는 즐겁게 보내는 것처럼 보인다.

관계나 특정한 상태를 나타내는 동사

137 be, belong to, concern, consist of, contain, cost, depend on, deserve, equal, fit, have, involve, matter, owe, own, possess, remain, require, resemble 등

She belongs to the Transport and General Workers' Union.

그녀는 운수 일반 노동조합 소속이다.

Most mail these days contains nothing that could be truly called a letter.

요즘 우편물은 대부분 엄밀하게 편지라고 부를 만한 것이 전혀 없다.

이런 동사는 모두 일시적인 상태를 언급할 때조차 진행형으로 표현하지 않는다.

I'm hungry. 나는 배가 고프다.

I forget his name for the moment. 나는 그의 이름이 잠시 생각이 안 난다.

◆Note

have 동사를 상태 동사로 사용할 때면 진행형으로 쓰지 않는다. 예를 들면, He has a good job. (*금지 표현: He is having a good job.) 하지만 have도 과정이나 행동을 표시할 때면 종종 진행형으로 쓰인다. ex) They were having breakfast.

내부 감각을 나타내는 동사

138 hurt, feel, ache, itch처럼 내부 감각을 나타내는 동사는 네 가지 유형으로 나뉜다. 이 동사들은 진행형으로나 비진행형으로 모두 쓸 수 있으며 의미는 거의 다르지 않다.

My back { hurts. / is hurting. } 내 등이 아프다. I { felt / was feeling } ill. 나는 아팠다.

진행형을 사용하는 예외

139 134-7에 나오는 동사의 유형은 '비진행형'이라고 부르지만 진행형으로 사용되는 특별한 경우가 있다. 이런 경우에는 대부분 상태 동사가 '행위 동사'(적극적인 형태의 행동방식을 나타내는)로 변형되었다고 말해도 좋다. 따라서 see와 hear를 대신하여 그에 상당하는 행위 동사인 look (at)과 listen (to)를 사용한다.

Why are you looking at me like that? 왜 저를 그런 식으로 쳐다보세요?

She was listening to the news when I phoned.

내가 전화를 걸었을 때 그녀는 뉴스를 듣는 중이었다.

하지만 smell, feel, taste의 경우에는 특별히 행위동사가 없으므로 이런 동사가 상태의 의미뿐만 아니라 행위의 의미도 표현하는 역할을 한다.

She was feeling in her little pocket for a handkerchief. [행위]

그녀는 손수건을 찾느라 작은 주머니를 더듬는 중이었다.

The water felt wonderful on her skin. [상태] 그 물은 피부에 닿는 감촉이 근사했다.

비슷한 사례: The doctor was listening to her heartbeat. [행위]

He says it sounds normal. [상태]

그 의사는 그녀의 심장박동을 듣는 중이었다. 그는 소리가 정상이라고 말한다.

We've just been tasting the soup. [행위] It really tastes delicious. [상태]

우리는 그 수프를 방금 맛보는 중이었다.   그것은 정말 맛이 좋다.

마찬가지로 think, imagine, hope, expect 등은 때때로 '정신 활동' 동사로 사용된다.

I'm thinking about what you were saying.

나는 네가 하고 있던 말을 생각하는 중이야.

He's hoping to finish his training before the end of the year.

그는 연내에 연수를 마치기를 희망하는 중이다.

be 동사는 뒤따르는 형용사나 명사가 일종의 행동방식이나 사람이 담당하는 역할을 나타낼 때면 진행형으로 쓸 수 있다.

She's being very brave. (= acting very bravely)

그녀는 대단히 용감하게 행동하는 중이다.

'She is being a hero over all this,' thought Tom miserably. (= acting like a hero)

'그녀가 이번에 내내 영웅처럼 구는군.'이라고 톰은 비참하게 생각했다.

◆Note

다른 예외적인 경우는 〈잠정적〉이고 〈유화적〉인 효과를 더욱 강조하기 위해서 hope, want 같은 동사를 진행형으로 사용하는 것이다.

We are hoping you will support us. 여러분이 우리를 지지해주기를 기대합니다.

Were you wanting to see me? 저를 만나고 싶으셨어요?

미래 시간

140 영어의 동사구로 미래 시간을 표현하는 데에는 다섯 가지 주된 방법이 있다. 가장 중요한 미래 구문은 will이나 shall과 be going to(아래의 A와 B)를 사용한 것이다. 이들 중에서도 will은 특히 〈문어체〉에서 가장 일반적으로 사용하는 표현이다.

(A) will 또는 shall (483 참조)

141 중립적 미래 예측은 will(종종 'll 형태로 줄여서 쓴다)이나 shall(will에 비해 〈보다 격식체, 희귀체〉 선택)로 표현하며 대개 1인칭 주어일 때에만 사용한다.

Temperatures tomorrow will be much the same as today.
내일 온도는 오늘하고 거의 마찬가지일 것이다.

We shall hear the results of the election within a week.
우리는 일주일 안에 선거 결과를 들을 것이다.

will은 조건문의 주절에서 특히 자주 사용한다. (207-14 참조)

If the book has real merit, it will sell.
만약 그 책이 정말로 장점이 있다면 팔릴 것이다.

Wherever you go, you will find the local people friendly.
어디를 가든 관계없이 당신은 그 동네 사람들이 친절하다고 생각할 것이다.

In that case, I'll have to change my plan.
그런 경우에 나는 계획을 수정해야 할 것이라 생각한다.

그러나 인칭 주어 다음에 오는 will/shall은 일반적으로 의도적 요소를 담고 있다고 암시한다.

I'll see you again on Tuesday. 화요일에 다시 뵙겠습니다.

They'll make a cup of coffee if you ask them.
당신이 요청한다면 그들이 커피 한 잔을 끓여줄 겁니다.

(B) be going to

142 〈be going to + 부정사〉는 미래를 현재의 성취로 나타내는 경향이 있다. 이는 미래가 현재 의도의 결과임을 나타내기도 한다.

Aren't you going to put a coat on? It's cold out.
코트를 걸치지 않을래요? 밖이 추워요.

She said that she's going to visit Vic at two o'clock.
그녀는 두 시에 빅을 방문할 것이라고 말했다.

She says she's going to be a doctor when she grows up.
그녀는 자라서 의사가 될 것이라고 말한다.

이 구문은 현재의 다른 원인에서 기인한 미래를 나타내기도 한다.

I think I'm going to faint. (= I already feel ill.)

기절할 것만 같아. (= 나는 이미 몸이 안 좋다.)

It's going to rain. (= I can already see black clouds gathering.)

비가 올 것 같아. (= 나는 이미 먹구름이 모여드는 모양을 볼 수 있다.)

I'm afraid we're going to have to stop the meeting now.

유감스럽게도 우리는 이제 회의를 마쳐야만 합니다.

마지막 세 가지 문장과 같은 경우, be going to는 사건이 곧 일어날 것이라는 예상을 나타내기도 한다.

(C) 진행상

143 현재 진행은 현재의 계획이나 프로그램 또는 일정으로 인해 생기는 미래를 나타낸다.

We're inviting several people to a party. 우리는 몇 사람을 파티에 초대할 겁니다.

She's going back to Montreal in a couple of days.

그녀는 이틀 뒤에 몬트리올로 되돌아갈 겁니다.

What are you doing for lunch? 점심시간에 뭘 할 겁니까?

be going to와 마찬가지로 이 구문도 가까운 미래를 나타낼 때가 많다. in a couple of days 같은 시간 부사구가 없을 때 특히 그렇다.

Charlotte's giving up her job (= soon). 샬롯은 일을 그만둘 것이다. (= 곧)

(D) 단순 현재시제

144 단순 현재시제는 특정한 유형의 종속절에서 미래를 나타낸다. when she comes in 같은 시간 부사절과 if she comes in 같은 조건절에서 특히 그렇다. (160, 207 참조)

I'll get her to phone you when/if/affter she comes in.

나는 그녀가 들어올 때/들어오면/들어온 뒤에 너에게 전화하라고 하겠다.

(주절의 동사에 will이 있음을 주목하라.) 이런 식으로 현재시제에 쓰이는 접속사로는 after, as, before, once, until, when, as soon as, if, even if, unless, as long as 등이 있다. hope, assume, suppose 등의 동사 뒤에 나오는 that절에는 미래를 나타내는 현재시제 동사를 사용할 수도 있다.

I hope the train is on time. ~ I hope the train will be on time.

나는 기차가 제 시간에 도착하기를 희망한다.

Just suppose the network fails. It will be a total disaster.

네트워크가 고장 났다고 그냥 가정해 보자. 이는 엄청난 재앙일 것이다.

이런 경우는 별개로, 비록 사용빈도가 높지는 않지만 단순 현재는 달력이나 시간표상으로 미리 결정되었기 때문에 혹은 바꿀 수 없는 계획의 일부이기 때문에 절대로 확실하게 보이는 미래 사건을 나타낼 때 사용할 수 있다.

> Tomorrow is Wednesday. 내일은 수요일이다.
>
> The term finishes at the beginning of July. 학기가 7월 초에 시작한다.
>
> Actually the match begins at three on Thursday.
> 사실 경기는 목요일 3시에 시작한다.
>
> Miss Walpole retires at the end of the year. 월폴 양은 연말에 은퇴한다.

이런 문장에서 화자는 사건을 하나의 사실처럼 다루며 사람들이 자연스럽게 미래에 대해 품는 의심은 접어둔다. 다음 문장을 비교해 보자.

> When do we get there? (예를 들면, according to the flight schedule)
> 언제 그곳에 도착하나요? (비행 일정에 따르면)
>
> When will we get there? (예를 들면, if we travel by car)
> 언제 그곳에 도착하나요? (만약 차로 여행한다면)

(E) will/shall + 진행 시상 (shall은 〈다소 희귀하고 격식적〉인 표현)

145 진행형 동사 앞에 will(또는 'll 또는 shall)을 쓰는 것은 will 구문의 미래 의미에 일시적인 진행의 의미를 더하는 일반적인 방법이다. (141 참조)

> Don't call her at seven o'clock–they'll be eating dinner then.
> 일곱 시에는 그녀에게 전화하지 마. 그 사람들은 그때 저녁을 먹을 거야.

한 가지 덧붙이자면, 〈will + 진행형〉 구문은 미래에, 특히 가까운 미래에 '평소의 패턴으로 볼 때' 일어날 사건을 나타내는 특별한 방법이다.

> What do you think you'll be doing at school today?
> 네가 오늘 학교에서 무엇을 할 거라고 생각하니?
>
> We will be taking part in an international conference on global warming on January 30th.
> 우리는 1월 30일에 열리는 지구 온난화에 관한 국제회의에 참석할 것이다.

이런 구문은 단순 will–구문을 쓸 때 암시되는 의도를 피하고 싶을 때 유용하다. 그러므로 〈보다 잠정체, 공손체〉를 이용한 표현이다.

> When will you come to see us again? 언제 우리를 다시 보러 올래요? [4]
>
> When will you be coming to see us again? 〈보다 잠정체〉 [5]
> 언제 우리를 다시 보러 올 수 있을까요?

[4]번 문장은 청자의 의도를 묻는 질문으로 보이는 반면 [5]번 문장은 단지 청자에게 다음 방문할 시간을 예측해보라고 요청하는 것이다.

be to, be about to, be on the point of
146 다음 예문들은 미래 의미를 나타내는 다소 흔하지 않은 방법이다.

Jaguar is to launch a new saloon model, the XJ 4.0S. 〈다소 격식체〉
재규어는 새로운 승용차 모델인 XJ 4.0S를 출시할 예정이다.

I'm about to write the director a nasty letter.
나는 이사에게 불쾌한 편지를 쓰려는 참이다.

She was just on the point of moving when the message arrived.
그녀는 메시지가 도착했을 때 막 움직일 참이었다.

〈be + to부정사〉는 미래의 계획, 특히 공식적인 일정을 의미하는 반면 be about to와 be on the point of는 모두 미래 사건이 가까이 왔음을 강조한다.

과거에서 바라본 미래
147 앞서 언급한 미래 구문 중 단순 현재를 제외한 나머지는 과거시제에 포함시킬 수도 있다. 그것을 '과거 에서 바라본 미래'라는 의미로 간주한다. 즉, 과거의 어느 시점에서 본 미래라는 말이다. 하지만, was going to와 was about to와 같은 표현은 대체로 예상한 사건이 일어나지 않았다는 의미를 전달한다.

They were just going to arrest him, when he escaped from the building.
그들이 그를 막 체포하려던 참에 그가 건물을 빠져나갔다.

The priceless tapestry was about to catch fire, but was fortunately saved through the prompt action for the fire service. 귀중한 태피스트리가 불이 붙을 뻔했으나 다행히도 소방대의 신속한 조치 덕분에 화재를 모면했다.

was/were to와 would는 과거시점에서 실현된 미래를 나타낼 수 있지만 그런 의미로 쓰는 경우는 다소 드물고 문체 면에서 〈문학체〉이다.

After defeating Pompey's supporters, Caesar returned to Italy and proclaimed himself the permanent 'dictator' of Rome. He was to pay dearly for his ambition in due course: a year later one of his best friends, Marcus Brutus, would lead a successful plot to assassinate him.
폼페이의 지지자들을 물리친 다음 카이사르는 이탈리아로 돌아가서 스스로 로마의 종신 '집정관'이라고 선언했다. 그는 적절한 때가 되면 자신의 야망에 대한 혹독한 벌을 받을 운명이었다. 1년 뒤 그의 가장 친한 친구들 중의 한 명인 마르쿠스 브루투스가 카이사르를 암살할 성공적인 음모를 주도할 참이었으니까.

이처럼 연속된 사건의 경우에는 returned, paid, led 등의 일반적인 과거시제가 두루 사용되기도 한다.

◆Note
과거에서 바라본 미래는 간접화법에서 종종 would, was going to 등으로 표현한다. (246-8 참조)

미래에서 본 과거
148 미래에서 본본 과거는 〈will + 완료 부정사〉의 형태로 표현한다.

I am hoping that by the end of the month you will have finished your report.
이달 말까지 보고서 작성을 끝내주셨으면 좋겠습니다.

In three months' time, the plant will have taken root.
석 달이 지나면 그 식물이 뿌리를 내릴 것이다.

미래 시간을 단순 현재로 나타내도 좋은 종속절에서는(144 참조) 현재완료가 미래를 나타낼 수 있다.

Phone me later, when you have finished your dinner.
저녁을 다 드시고 나서 나중에 전화 주세요.

요약
149 결론적으로, 다음은 시제와 상으로 표현되는 가장 흔한 의미 몇 가지를 정리한 도표이다. 우선 도표에서 사용한 상징부터 살펴보자.

   –단일 사건   ●
   –상태   ———
   –습관이나 일련의 사건들 ••••••••
   –일시적인 상태나 사건   ∼∼∼
   –일시적인 습관   ⌢⌣⌢⌣⌢⌣

시간 차원은 왼쪽에서 오른쪽으로 향하는 화살표 띠 →→→→→→ 로 나타낸다. 분명한 시점(now 또는 then)은 세로 점선 ┊으로 나타낸다. 점선으로 표시한 화살표 ┈┈┈► 는 무슨 일이 나중에 일어난다는 예상을 나타낸다.

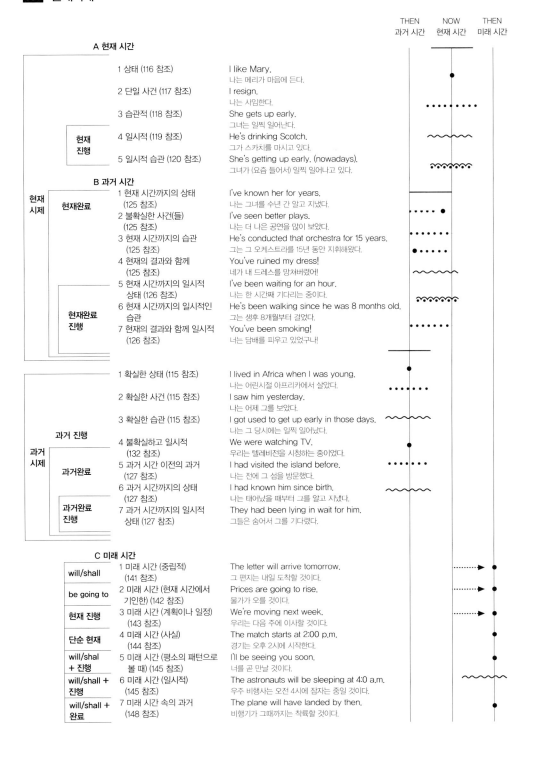

| | THEN 과거 시간 | NOW 현재 시간 | THEN 미래 시간 |

A 현재 시간

1 상태 (116 참조) — I like Mary. 나는 메리가 마음에 든다.

2 단일 사건 (117 참조) — I resign. 나는 사임한다.

3 습관적 (118 참조) — She gets up early. 그녀는 일찍 일어난다.

현재 진행 4 일시적 (119 참조) — He's drinking Scotch. 그가 스카치를 마시고 있다.

5 일시적 습관 (120 참조) — She's getting up early. (nowadays). 그녀가 (요즘 들어서) 일찍 일어나고 있다.

B 과거 시간

현재완료

1 현재 시간까지의 상태 (125 참조) — I've known her for years. 나는 그녀를 수년 간 알고 지냈다.

2 불확실한 사건(들) (125 참조) — I've seen better plays. 나는 더 나은 공연을 많이 보았다.

3 현재 시간까지의 습관 (125 참조) — He's conducted that orchestra for 15 years. 그는 그 오케스트라를 15년 동안 지휘해왔다.

4 현재의 결과와 함께 (125 참조) — You've ruined my dress! 네가 내 드레스를 망쳐버렸어!

현재완료 진행

5 현재 시간까지의 일시적 상태 (126 참조) — I've been waiting for an hour. 나는 한 시간째 기다리는 중이다.

6 현재 시간까지의 일시적인 습관 — He's been walking since he was 8 months old. 그는 생후 8개월부터 걸었다.

7 현재의 결과와 함께 일시적 (126 참조) — You've been smoking! 너는 담배를 피우고 있었구나!

(현재 시제 / 현재완료 / 현재완료 진행)

1 확실한 상태 (115 참조) — I lived in Africa when I was young. 나는 어린시절 아프리카에서 살았다.

2 확실한 사건 (115 참조) — I saw him yesterday. 나는 어제 그를 보았다.

3 확실한 습관 (115 참조) — I got used to get up early in those days. 나는 그 당시에는 일찍 일어났다.

과거 진행 4 불확실하고 일시적 (132 참조) — We were watching TV. 우리는 텔레비전을 시청하는 중이었다.

과거완료 5 과거 시간 이전의 과거 (127 참조) — I had visited the island before. 나는 전에 그 섬을 방문했다.

6 과거 시간까지의 상태 (127 참조) — I had known him since birth. 나는 태어났을 때부터 그를 알고 지냈다.

과거완료 진행 7 과거 시간까지의 일시적 상태 (127 참조) — They had been lying in wait for him. 그들은 숨어서 그를 기다렸다.

(과거 시제)

C 미래 시간

will/shall 1 미래 시간 (중립적) (141 참조) — The letter will arrive tomorrow. 그 편지는 내일 도착할 것이다.

be going to 2 미래 시간 (현재 시간에서 기인한) (142 참조) — Prices are going to rise. 물가가 오를 것이다.

현재 진행 3 미래 시간 (계획이나 일정) (143 참조) — We're moving next week. 우리는 다음 주에 이사할 것이다.

단순 현재 4 미래 시간 (사실) (144 참조) — The match starts at 2:00 p.m. 경기는 오후 2시에 시작한다.

will/shal + 진행 5 미래 시간 (평소의 패턴으로 볼 때) (145 참조) — I'll be seeing you soon. 너를 곧 만날 것이다.

will/shall + 진행 6 미래 시간 (일시적) (145 참조) — The astronauts will be sleeping at 4:0 a.m. 우주 비행사는 오전 4시에 잠자는 중일 것이다.

will/shall + 완료 7 미래 시간 속의 과거 (148 참조) — The plane will have landed by then. 비행기가 그때까지는 착륙할 것이다.

151 시간 개념은 동사구에서 시제와 상, 조동사를 통해 나타내거나 부사구를 통해 표현된다. 이때 부사구의 유형은 상당히 다양하다.

> They fixed the radiator yesterday. (부사) 그들은 어제 라디에이터를 수리했다.
>
> She phoned on Thursday. (전치사구) 그녀는 목요일에 전화를 걸었다.
>
> Jennifer's coming to lunch next week. (명사구)
> 제니퍼는 다음 주에 점심을 먹으러 온다.
>
> Twelve months ago he found himself without a job. (명사구 + ago, back 등)
> 12개월 전에 그는 자신에게 직업이 없다는 걸 알았다.
>
> We met several years ago while I was working in China. (부사절)
> 우리는 몇 년 전 내가 중국에서 일하던 시절에 만났다.

이런 시간 표현은 대개 문장에서 부사적 기능을 하지만(451 참조) 명사구에서는 수식어 역할을 하기도 하며(the meeting yesterday; yesterday's meeting) 때에 따라서는 주어나 보어로도 쓰인다. (The day after tomorrow will be Friday.)

시간 부사구는 When ~?이라는 질문에 대한 대답이다. 따라서 위에 열거한 부사구는 모두 When did they fix it?이나 When did she phone? 등의 질문에 대한 답이 될 수 있다. 이 중에서도 전치사구로 시간을 표현하는 방법을 알아두는 편이 가장 유용할 것 같다.

at, on, in, during

152 at은 시점을 나타내며 on과 in은 기간을 나타낸다. 일반적으로 on은 날 개념에 사용하고, in이나 during은 하루 보다 짧거나 긴 기간을 나타낼 때 사용한다.

> -시각: at 10 o'clock, at 6:30 p.m., at noon
>
> -날: on Sunday, (on) the following day
>
> -다른 기간: in/during the morning/April/the nineteenth century
> during (the) spring/2002/the Stone Age

몇 가지 예문으로 차이점을 살펴보자.

> Her father arrived home at six o'clock. 그녀의 아버지는 6시 정각에 집에 도착했다.
>
> A meeting will be held at 12:45 p.m. in the Committee Room.
> 위원회 회의실에서 회의가 오후 12시 45분에 열릴 것이다.
>
> In the summer, roses climb the walls of the courtyard and in autumn ‖ the fall the country smell of burning leaves hangs in the air. 여름이면 장미가 안마당 담장을 기어오르고 가을이면 나뭇잎 태우는 시골의 냄새가 대기를 떠돈다.

Many varieties of shrubs blossom during April and May.
다양한 품종의 관목이 4월과 5월 동안에 피어난다.

시작하고 끝나는 시점이 명시된 기간은 between을 사용한다.
Between 1918 and 1939 many people in the West lost their faith in democracy.
1918년부터 1939년 사이에 서양의 수많은 사람들이 민주주의를 신뢰하지 않게 되었다.

in과 during
153 in과 during은 다소 비슷하다.
He had been an airman in/during the Second World War.
그는 제2차 세계대전 기간에 항공병으로 복역했다.
You can come back tomorrow in/during visiting hours.
당신은 내일 면회시간에 다시 오셔도 좋습니다.

오직 during만이 stay, visit, meal, conversation 등의 명사 앞에서 '~하는 동안에'라는 뜻으로 사용될 수 있고, 어떤 사건이 한동안 지속됨을 나타낸다.
We went to the zoo during our stay in Washington.
우리는 워싱턴에 체류할 때 동물원에 갔다.
During the peace talks, there was a complete news blackout.
평화회담 기간 동안에 완전한 보도관제가 실시되었다.
The Mayor always fall asleep during the after-dinner speeches.
시장은 식후 연설 시간에는 늘 잠을 잔다.

◆**Note**
전치사 in(또는 〈보다 격식체〉에서는 within)은 특정한 길이의 시간이 '끝나기 전'이라는 뜻을 지닌다.
Phileas Fogg travelled round the world in eighty days.
필리어스 포그는 80일 동안 세계 일주를 했다.
Phone me again within a week. (또는 Phone me again in a week's time.)
일주일 안에 저한테 다시 전화하세요.

예외: at, on, by
154 ● at은 모호한 기간을 나타낼 때 at that time, at breakfast time, at night 등의 표현으로 사용하며 at Christmas나 at Easter처럼 짧은 연휴 기간 앞에서도 쓸 수 있다. 〈영국식〉에서는 at the weekend도 사용하지만 〈미국식〉에서는 on the weekend라고 표현한다.

Cars belonging to visitors at a local beauty spot were broken into at ‖ on the weekend. 지역 명승지의 방문객 차량들이 주말 동안 파손 당했다.

● on은 특정한 날의 수식을 받는 morning, afternoon, evening, night 앞에서 사용한다. 즉 on Monday night, on the following evening 등으로 표현할 수 있지만, 수식이 없는 경우에는 in the evening/night으로 사용한다. (이런 시간 표현에서 정관사를 생략하는 경우에 대해서는 475를 참조)

A Yamaha motorbike was stolen from the Kwik Save car park on Saturday morning. 야마하 모터바이크가 토요일 오전에 퀵세이브 주차장에서 도난당했다.

● by day와 by night은 관용구로서 여행과 같은 몇몇 행위를 하는 경우에 during the day/night으로 대체 가능하다.

We travelled by night and rested by day. 우리는 밤에는 여행하고 낮에는 쉬었다.

전치사 생략

155 last, next, this, that으로 시작하거나 today, yesterday, tomorrow 앞에서는 항상 전치사를 생략한다.

He enjoyed coming out with us last Saturday.
그는 지난 토요일에 우리와 함께 외출하는 것을 즐겼다.
Next time you're in town, phone me at this number.
다음번에 시내에 나오시면 이 번호로 저한테 연락하세요.
We can't afford to go abroad this year. 우리는 올해 외국에 나갈 여유가 안 된다.
That day I had nothing important to do. 그날 나는 중요한 일이 없었다.
See you tomorrow! 내일 만나요!

그러나 at this/that, on this/that occasion은 같은 구는 예외이다.

On that occasion the government was saved by the intervention of the Liberal Democrats. 〈다소 격식체〉 그 경우에는 정부가 자유 민주당의 개입으로 위기를 모면했다.

〈일상체〉 영어에서는 현재 시간과 직접 관련되지 않은 시간, 또는 과거나 미래의 확실한 시간의 앞이나 뒤에 있는 시간을 가리키는 구에서 전치사를 대체로 생략하기도 한다.

I met her (on) the day after her birthday. 나는 그녀의 생일 다음날 그녀를 만났다.
She got married (in) the year after her graduation.
그녀는 졸업한 이듬해에 결혼했다.
(During) the week before last, I was at a conference in Warsaw.
지지난 주에 나는 바르샤바에서 열린 회의에 참석했다.
The festival will be held (in) the following spring. 축제가 오는 봄에 열릴 것이다.

전치사는 요일 앞에 바로 위치할 때 가끔 생략되기도 한다.

> I'll see you (on) Wednesday, then. 그러면 수요일에 봅시다.

> Well, Iris is there (on) Wednesdays and Fridays. (167 Note 참조)
> 글쎄, 아이리스는 수요일과 금요일이면 거기에 가.

이런 생략은 특히 〈일상 미국식〉 영어에서 일반적이다.

시간 관계: before, after, by 등

156 ● 전치사이자 부사, 접속사인 before와 after는 하나의 시간이나 사건이 다른 시간이나 사건과 맺은 관계를 나타낸다. 다음 예문을 보자.

> The service was so much better before the war. (before = 전치사)
> 서비스는 전쟁 전에 훨씬 나았다.

> We'd never met her before. (before = 부사 = before that time)
> 우리는 예전에 그녀를 한번도 만난 적이 없다.

> Before she had gone very far, she heard a noise. (before = 접속사)
> 그녀는 멀리 가기도 전에 어떤 소리를 들었다.

> The secretary had left immediately after the meeting. (after = 전치사)
> 장관은 회의가 끝나자마자 자리를 떴다.

> After they had gone, there was an awkward little silence. (after = 접속사)
> 그들이 떠나자 잠시 어색한 침묵이 흘렀다.

before와 after는 반대의 뜻이므로 다음 두 문장은 뜻이 같다.

> She arrived after the play started. 그녀가 도착하기도 전에 연극은 시작되었다.

> ~ The play started before she arrived. 연극이 시작된 뒤에야 그녀가 도착했다.

● by는 어떤 사건의 결과가 존재하는 시간(그 이후가 아니라)을 나타낸다.

> By Friday I was exhausted. (= I became exhausted in the period that ended on Friday.) 나는 금요일쯤엔 지쳐있었다. (나는 금요일이 끝날 무렵이면 지쳐버렸다.)

> Please send me the tickets by next week. (= I want to have the tickets not later than next week.) 다음 주까지 저한테 표를 보내주세요. (다음 주를 넘기기 전에 표를 받고 싶다.)

● already, still, yet, any more는 by구와 의미상 관련이 있다.

already와 yet은 They have already left; Have you eaten yet?처럼 단일 사건을 언급할 때는 완료상(또는 〈미국식〉에서는 단순 과거)으로 써야 한다. I know that already; He's not yet working.처럼 상태 동사나 진행상을 사용할 때면 현재시제로 사용할 수 있다. already와 still을 부정하면 yet과 any more가 된다는 사실을 유의하라.

He still works at the City Hall. (= He hasn't stopped working there yet.)

그는 여전히 시청에서 근무한다. (그는 아직까지도 시청을 그만두지 않았다.)

He's already stopped working there. (= He isn't working there any more.)

그는 벌써 거기서 일하는 것을 그만두었다. (그는 더 이상 거기서 일하지 않는다.)

● 사건이 이미 일어났는지 확실하지 않을 때에는 by now를 사용한다.

The wound should have healed by now. (⋯but I'm not sure.)

상처가 지금쯤이면 나았을 텐데. (⋯하지만 확신하지는 못한다.)

그렇지 않은 경우에는 already를 더 선호한다.

We've already done everything we can. 우리는 이미 할 수 있는 것은 모두 다 했다.

시간의 전치사 비교

157 비교를 위해서 night라는 명사를 사용하여 시간의 전치사구 몇 가지를 예로 들어보자.

What are you doing, throwing stones into our yard in the middle of the night?

한밤중에 우리 마당으로 돌을 던지면서 뭘 하는 겁니까?

It often rains quite heavily in the night. (153 참조)

밤에 비가 엄청나게 퍼부을 때가 많다.

During the night the rain stopped. (153 참조) 밤사이에 비가 그쳤다.

At night I relax. (154 참조) 나는 밤에 휴식을 취한다.

By night, Dartmouth was a dazzling city. (154 참조)

다트머스는 밤에는 눈부신 도시였다.

I shall have to work nights. (167 Note 참조) 나는 밤에 일을 해야만 할 것이다.

I'll be there by Friday night. (156 참조) 나는 금요일 밤이면 거기에 도착할 것이다.

For several nights he slept badly. (161 참조) 며칠 밤 동안 그는 잠을 설쳤다.

They walked all night. (162 참조) 그들은 밤새도록 걸었다.

We're staying on the island over night. (163 참조)

우리는 섬에서 하룻밤을 묵는 중이다.

시간 측정: ago, from now 등

158 시간의 길이를 나타내는 명사구 다음에 나오는 ago는 ⋯ before now라는 뜻이다. 예를 들어, We met a year ago. 비슷한 방식으로 미래 시간을 측정할 때에는 from now나 'in + 척도 명사구', 'in + 속격 측정 명사구 + 시간'을 사용한다.

$$I'll\ see\ you \begin{cases} in\ three\ months. \\ (in)\ three\ months\ from\ now. \\ in\ three\ months'\ time. \end{cases}$$

나는 당신을 3개월 안에 (다시) 보게 될 거야.

과거 시점을 기준으로 시간을 측정할 때는 오직 첫 번째 표현만이 가능하다.

They finished the job in three months. (= from when they started it)

그들은 석 달 안에 일을 마쳤다. (그들이 시작한 날로부터)

before와 after, beforehand와 afterwards, earlier와 later는 시간의 길이를 측정하는 명사구 뒤에 사용할 수 있다.

I had met them three months before(hand). 나는 석 달 전에 그들을 만났다.

Ten years after his death, he suddenly became famous.

그는 죽은 지 10년 뒤에 갑자기 유명해졌다.

시간 부사

159 시간 부사구는 주로 두 가지 그룹으로 나뉜다. (456 참조)

[A] again, just(= at this very moment), now, nowadays, then(= at that time), today 등

[B] afterwards, before(hand), first, formerly, just(= a very short time ago/before), late(r), lately, next, previously, recently, since, soon, then(= after that) 등이 있고 〈격식체〉에서 subsequently, ultimately 등을 쓰기도 한다.

[A] 그룹은 시점이나 기간을 직접적으로 나타낸다. [B] 그룹은 문맥에서 암시된 다른 시점에 의거하여 시간을 간접적으로 표현한다. 다음 예문을 살펴보자.

[A] Prices in the UK are now the second lowest in Europe.

영국의 물가는 현재 유럽에서 두 번째로 낮다.

She's not in town much nowadays. 그녀는 요즘 시내에 나오는 날이 별로 없다.

Is the show just starting? 공연이 막 시작했나요?

[B] We'll see the movie first, and discuss it afterwards.

우리는 영화를 먼저 보고 그 이후에 영화에 대해 토론할 것이다.

Lucy has/had just made the tea. 루시는 막 차를 끓였다.

Mr. Brooking was previously general sales manager at the company.

브루킹 씨는 그 회사의 전 영업본부장이었다.

Anna was recently offered a job as top fashion designer for Harrods.

애나는 최근에 해로즈 백화점에서 수석 패션 디자이너 직을 제안 받았다.

At the next election he lost his seat, and has not turned to politics since. (= since that time) 다음 선거에서 낙선한 그 이후로 그는 다시는 정치로 돌아가지 않았다.

시간 접속사

160 시간을 나타낼 때 주로 사용하는 접속사는 when, as, before, after(156 참조), while, as soon as, once, now (that) 등이다.

> It was almost totally dark when they arrived.
> 그들이 도착했을 때는 이미 거의 어두워졌다.

> We'll let you know as soon as we've made up our minds.
> 우리가 마음을 결정하는 즉시 당신에게 알려드리겠습니다.

> Once you have taken the examination, you'll be able to relax.
> 일단 네가 시험을 보고 나면 안심할 수 있을 거야.

기간: for, over, from … to 등

161 기간을 나타내는 시간표현 어구는 How long ~?이라는 질문에 대답할 때 사용한다. 다음 문장을 비교해 보자.

> 〔A〕 When did you stay there? 그곳에 언제 머물렀니? (때)
> 〔B〕 In the summer. 여름에.

> 〔A〕 How long did you stay there? 그곳에 얼마 동안 머물렀니? (기간)
> 〔B〕 For the summer. 여름 동안.

여기서 in the summer라는 전치사구는 체류 기간이 여름의 한때였다는 뜻이다. for the summer라는 전치사구는 여름 내내 체류가 지속되었다는 뜻이다. 이런 의미로 for를 사용할 때는 for a month, for several days, for two years처럼 시간의 길이를 나타내는 명사구 앞에 올 수도 있다.

for 생략: I'll be at home all day. 나는 하루 종일 집에 머물 것이다.

162 전치사 for는 생략될 때가 많다.

> I went to Oxford in the autumn of 1989, and was there (for) four years.
> 나는 1989년 가을에 옥스퍼드로 가서 4년 동안 그곳에 머물렀다.

> The snowy weather lasted (for) the whole winter.
> 눈이 내리는 날씨가 겨울 내내 계속되었다.

for는 all 앞에서는 생략해야만 한다.

> Except for about half an hour, I'll be at home all day today.
> 30분 동안을 제외하면 나는 오늘 하루 종일 집에 있을 것이다.

for는 문장의 첫 머리에 올 때는 일반적으로 생략하지 않는다.

> For several years they lived in poverty. 몇 년 동안 그들은 가난하게 살았다.

또는 부정어 다음에 올 때에도 일반적으로 생략하지 않는다.

> I haven't seen him for eight years. 나는 8년 동안 그를 만나지 않았다.

◆Note

spend, take, waste 동사가 나오면 for는 절대로 사용하지 않는다.

> We spent two weeks at the seaside. 우리는 해변에서 두 주를 보냈다.
> It took me a couple of hours to finish the job. 그 일을 내가 끝마치는 데 두 시간이 걸렸다. 〔여기서 기간을 나타내는 시간어구는 부사구가 아니라 직접 목적어이다.〕

기간을 나타내는 전치사의 다른 용법

163 ● over는 휴가나 명절 연휴처럼 짧은 기간을 나타낼 때 for를 대신해서 사용한다.

> We stayed with my parents over the holiday/weekend.
> 우리는 휴일/주말 동안 내 부모님과 지냈다.
> She had such an unhappy time over Christmas.
> 그녀는 크리스마스 휴가를 정말 비참하게 보냈다.
> What have you been doing with yourself over the New Year?
> 신년 휴가를 어떻게 보내셨어요?

● from … to는 시작과 끝이 분명한 기간을 의미한다. 예를 들어, from nine to five; from June to December라고 표현한다.

> Hayes worked for the CIA from 1949 to 1970.
> 헤이스는 CIA에서 1949년부터 1970년까지 근무했다.

● from … through는 〈미국식〉에서 전체 기간에 두 번째로 언급된 기간이 포함된다는 것을 분명히 하기 위해 사용된다. 따라서 from June through December는 … up to and including December라는 뜻이다.

● up to는 더 긴 기간 안에 언급된 기간이 포함되지 않는다는 것을 명시할 때가 많다.

> He worked up to Christmas. (= but not over Christmas)
> 그는 크리스마스 때까지 근무했다. (하지만 크리스마스를 넘기진 않았다.)

● until(또는 till) (164 참조)은 'from Monday until Friday'처럼 from … to 구문을 대신할 수 있다. 하지만 from 이 없는 경우에는 to를 대신 사용할 수 없다.

> We stayed until five. (*금지 표현: We stayed to five.) 우리는 다섯 시까지 머물렀다.

while, since, until

164 ● while은 동사 의미의 유형에 따라서 (a) '기간'이나 (b) '때'를 나타내는 접속사이다.

(114-115 참조)

  a. I stayed while the meeting lasted. (= for the duration of the meeting)
   [stay는 상태 동사] 나는 회의가 계속되는 동안(회의 기간 동안) 머물렀다.

  b. I arrived while the meeting was in progress. (= in the course of the meeting)
   [arrive는 사건 동사] 나는 회의가 진행 중일 때(회의시간 중에) 도착했다.

● since는 접속사나 전치사로서 다음과 같이 두 가지 기능을 지니고 있다.

  a. He's lived here (ever) since he was born. (= for his whole life, from his birth up
   to now) [live는 상태 동사] 그는 태어났을 때부터 (쭉) 이곳에서 살아왔다. (= 평생 동안, 태어났
   을 때부터 지금까지)

  b. They've changed their car twice since 1999. (= between 1999 and now)
   [change는 사건 동사] 그들은 1999년 이래로 차를 두 번 바꿨다. (1999년에서 지금 사이에)

since를 쓸 때면 대체로 주절의 동사를 완료상으로 썼는지 유의하는 것이 중요하다.

  I've been here in the laboratory since four o'clock. (*금지 표현: I am here in the
  laboratory …) 나는 4시부터 여기 실험실에 계속 있었다.

● until(또는 till)은 전치사와 접속사로서 since의 예문 a와 비슷한 의미이다. 하지만 한 기
 간의 시작점이 아니라 끝나는 점을 지정한다.

  I think you'd better stay in bed until next Monday. (= from now to next Monday)
  나는 네가 다음 주 월요일까지 침대에 누워 지내는 편이 좋겠다고 생각한다.

부정문에서는 until이 사건 동사를 동반할 수 있으며 의미는 before와 비슷하다.

  He didn't learn to read until he was ten. 그는 열 살 때까지 글 읽는 법을 배우지 못했다.
  ~ He didn't learn to read before he was ten.

기간을 나타내는 부사와 관용구: always, recently 등

165 다음 부사와 관용구는 기간을 나타낸다.

  –always, for ever (둘 다 for all time이라는 의미) (166 참조)

  –since (since then), recently, lately (둘 다 since a short time ago라는 의미)

  –temporarily, for the moment, for a while (모두 for a short time이라는 의미)

  –for ages 〈일상체〉 (for a long time)

다음 예문을 살펴보자.

  There's something I've always wanted to ask you.
  내가 항상 너에게 물어보고 싶어 했던 것이 있다.

  They thought their city would last for ever.
  그들은 자신들의 도시가 영원히 유지되리라 생각했다.

  I've been suffering from sleepless nights just lately.
  나는 최근에 불면증을 앓아왔다.

For the moment there was no woman in his life.

당분간 그의 인생에 여자가 없었다. (= 여자 친구가 없었다)

I waited for ages but your phone was apparently disconnected.

나는 오랫동안 기다렸지만 네 전화는 분명히 끊어져 있었다.

since, lately, recently는 동사 의미의 유형에 따라 시간이나 기간을 나타낸다.

They got married only recently. (= a short time ago)

그들은 최근에서야 결혼했다.

He's recently been working nights. 〈일상체〉 (= since a short time ago)

그는 최근 들어서 야간근무를 하고 있다.

빈도(Frequency)

166 빈도의 표현은 How many times ~? 또는 How often ~?이라는 질문에 대답할 때 사용한다. 빈도의 상한은 always(on every occasion)이며 하한은 never(on no occasion)로 나타낸다. 상한과 하한의 사이에는 다음과 같이 개략적인 빈도(비확정적 빈도)를 나타내는 표현이 있다.

most frequent ↑ least frequently	nearly, always, almost always
	usually, normally, generally, regularly (= on most occasions)
	often, frequently (= on many occasions)
	sometimes (= on some occasions)
	occasionally, now and then 〈일상체〉 (= on a few occasions)
	rarely, seldom (= on few occasions)
	hardly ever, scarcely ever (= almost never)

(80-1과 비교하라)

더욱 정교한 빈도 표현

167 더욱 정교한 빈도 측정(확정적 빈도)는 다음의 세 가지 방법 중 하나로 표현할 수 있다.

● once a day, three times an hour, several times a week (〈격식체, 공식체〉 영어에서는 이런 표현에서 a 대신 per를 사용한다. 예를 들어 once per day처럼)

They ate only once a day. 그들은 하루에 한 번만 먹는다.

I go to the office five times a week. 나는 일주일에 다섯 번 출근한다.

● every day (= once a day), every morning, every two years

We went for long walks every day. 우리는 매일 멀리 산책을 갔다.

The board meets every week in Chicago. 이사회는 매주 시카고에서 모인다.

● daily(= once a day), hourly, weekly, monthly, yearly, daily, weekly 등은 부사이
기도 하지만 형용사 역할도 할 수 있다.

I read The Times daily.　　　　　A daily newspaper
나는 매일 〈타임스〉를 읽는다.　　　일간신문

She is paid monthly in arrears.　　A monthly magazine
그녀는 봉급을 매달 후불로 지급받는다.　월간지

다음 동의어에 주목해 보자.

$$
\text{He visits me} \left\{ \begin{array}{l} \text{once a week} \\ \text{every week} \\ \text{weekly} \end{array} \right\} = \text{He pays me a weekly visit.}
$$
그는 일주일에 한 번 나를 방문한다.

once every day, twice weekly 등의 표현도 사용 가능하다. every other day/week 등
은 'every two days/weeks'라는 뜻이다.

● 추가적인 빈도 표현은 some, any, most, many 같은 수량사 용법(80, 676 참조)과 관련
이 있다.

Some days I feel like giving up the job altogether.
언젠가 나는 일을 완전히 그만두고 싶다.

Come and see me any time you like. 원하실 때 언제라도 저를 보러 오세요.

We play tennis most weekends. 우리는 주말에는 거의 테니스를 친다.

He's been to Russia many times as a reporter.
그는 기자 자격으로 여러 차례 러시아를 방문했다.

◆Note

한정사 없이 복수 시간 명사를 사용하는 〈일상체〉 용법이 있다. 예를 들어, morning,
nights, weekends, Saturdays …

I always worked Friday nights. 나는 금요일 밤마다 언제나 일을 했다.

이 용법은 빈도나 시간 표시 어구로 분류할 수 있다. (155 참조)

on … occasions

168 빈도 표시어구는 일반적으로 전치사를 사용하지 않는다. 예를 들어 every week은 맞지만
in every week로는 사용하지 않는다. 다만 〈다소 격식체〉에서 occasion(s)이라는 단어를
사용할 때는 예외이다.

On several occasions the President has refused to bow to the will of Congress.

대통령은 몇 차례나 국회의 의사를 받아들이지 않고 거부했다.

It has been my privilege to work with Roy Mason on numerous occasions.
나로서는 영광스럽게도 여러 차례 로이 메이슨과 함께 일을 했다.

추상적인 빈도

169 빈도표시어구는 때로 시간의 의미가 많이 사라지고 보다 추상적인 의미가 생겨나서 횟수가 아니라 경우를 지칭한다. 예를 들어 always와 sometimes는 on every occasion과 on some occasions가 아니라 in every case와 in some cases로 해석된다.

Medical books always seem to cost the earth.
의학서적은 항상 가격이 엄청나게 비싸 보인다.

The young animals are sometimes abandoned by their parents.
어린 동물들이 가끔 부모에게 버림받는다.

Children often (in many cases) dislike tomatoes. (대략 = Many children dislike tomatoes.) 아이들은 종종 (많은 경우에) 토마토를 싫어한다. (많은 어린이들이 토마토를 싫어한다.)

Students rarely (in few cases) used to fail this course. (대략 = Few students used to fail this course.) 한 때는 학생들이 드물게 (많지 않은 경우에) 이 과목에서 낙제했다. (한때는 이 과목을 낙제하는 학생은 거의 없었다.)

장소, 방향, 거리(Place, direction and distance)

170 장소와 방향의 표현은 주로 부사어구와 후치 수식어이다. 이런 표현은 Where … ?라는 질문에 대답할 때 사용하므로 다음 예문은 모두 Where did you leave the bicycle?이라는 질문에 대한 대답이 될 수 있다.

	(over) there.	(부사 454, 469 참조)
I left	in the park.	(전치사구 645-6 참조)
	two miles away.	(명사구 + away, back 등 595-6 참조)
	where I found it.	(부사절 495 참조)

장소 표현은 가끔 문장의 주어나 보어 역할도 한다.

Over here is where I put the books. 〈일상체〉 이쪽이 내가 책을 놓는 장소이다.

장소를 표현하는 문법 구조와 기능의 범위가 시간을 나타내는 것과 비슷하다. (151 참조) 예를 들어 at, from, between 같은 전치사처럼 많은 단어들이 두 가지 영역에 관련된 의미를 지닌다는 사실에도 주목하자.

장소 전치사

171 here, there, everywhere 같은 일반적인 부사를 제외하고 장소를 가리키는 가장 중요한 단어는 전치사이다. 전치사의 선택은 전치사의 목적어를 바라보는 방식, 즉 우리 눈에 보이는가의 여부에 좌우될 때가 많다.

(A) 공간의 한 점으로서	×	(172 참조)
(B) 선으로서	——	(173-4 참조)
(C) 면으로서	⬚	
(D) 면적으로서	▱	(175-6 참조)
(E) 부피로서	▱	

'표면'과 '공간'의 차이는 아래에서 설명하겠다. (174-5, 183 참조) 장소의 전치사는 다음과 같이 세 가지 유형으로 구분한다.

- at형 전치사는 점을 가리킨다. (A)
- on형 전치사는 선이나 면을 가리킨다. (B 또는 C)
- in형 전치사는 면적이나 부피를 가리킨다. (D 또는 E)

across 같은 일부 전치사들은 한 가지 이상의 유형에 해당한다.

at형 전치사

172 (A) 장소를 하나의 점으로 본다. (= 길이나 폭, 높이 같은 측면을 고려하지 않고 상당히 일반적으로 인정된 장소)

to	at	(away) from	away from
→×	●×	×→	×　　●
1	2	3	4

1. We went
   - Stratford. 우리는 스트랫포드로 갔다.
   - to the hotel. 우리는 호텔로 갔다.
   - to the door. 우리는 문으로 갔다.

2. We stayed
   - at home. 우리는 집에 머물렀다.
   - at an inn. 우리는 여관에 머물렀다.
   - at the entrance. 우리는 입구에 머물렀다.

3. We came (away)
   - from the theatre. 우리는 극장에서 멀어졌다.
   - from the house. 우리는 집에서 멀어졌다.
   - from the bus-stop. 우리는 버스 정류장에서 멀어졌다.

4. We went
{
away from home. 우리는 집에서 멀리 떨어져 있다.
away from England. 우리는 영국에서 멀리 떨어져 있다.
away from the village. 우리는 마을에서 멀리 떨어져 있다.
}

on형 전치사: 선

173 (B) 장소는 선처럼 간주한다. 즉 장소를 폭이나 높이(또는 깊이)가 아니라 길이의 개념으로 파악한다.

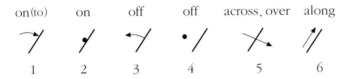

| on(to) | on | off | off | across, over | along |
| 1 | 2 | 3 | 4 | 5 | 6 |

1. The wagon rolled back on to the road. (onto라고도 적는다)
   짐마차는 다시 도로로 굴러갔다.

2. The company headquarters was at a town on the Mississippi River.
   그 회사의 본사는 미시시피 강 주변의 어느 도시에 있었다.

3. We turned off Greenville Avenue onto Cherry Hill Road.
   우리는 그린빌 가를 벗어나서 체리 힐 가로 향했다.

4. They were a hundred miles off the coast of Sril Lanka.
   그들은 스리랑카 해안에서 100마일을 벗어난 곳에 있었다.

5. Another man tried to swim across the river.
   또 다른 사람이 강을 헤엄쳐서 건너려고 했다.

6. The power was off in houses along Smith Street.
   스미스 가를 따라 가옥들이 나란히 정전이었다.

on형 전치사: 면

174 (C) 장소는 면처럼 간주한다. 즉, 장소를 높이(또는 깊이)가 아니라 길이와 너비의 개념으로 파악한다. (면은 평평하거나 수평일 필요는 없다.)

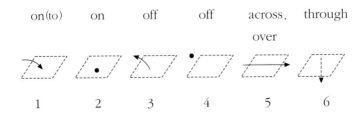

| on(to) | on | off | off | across, over | through |
| 1 | 2 | 3 | 4 | 5 | 6 |

면은 어떤 대상의 위일 때가 많다. (on = on top of) 예를 들면, He was lying on the bed. (그는 침대 위에 누워있었다.) The book fell off the table. (책이 탁자에서 떨어졌다.) 등과 같다.

1. fall on (to) the floor 바닥으로 떨어지다.

2. the label on the bottle 병에 붙은 상표

3. take the picture off the wall 그림을 벽에서 떼어내다

4. a place off the map 지도에서 보이지 않는 장소

5. a walk across the fields 들판을 가로질러 걷기

6. looking through the window 창문으로 들여다보기

◆Note

〔a〕 on 같은 전치사는 대중교통 수단을 나타내는 단어와 함께 사용하기도 한다.

There were only a few passengers on the bus/train/plane.

버스/기차/비행기에는 승객이 몇 명밖에 없었다.

다음과 같이 표현할 수도 있다.

He travelled by bus/train/plane 등 (197, 475 참조)

그는 버스/기차/비행기를 타고 여행했다.

〔b〕 an apple on a tree, the ring on her finger 같은 표현도 주의하자. (여기서 on은 '~에 속한, ~에 붙어있는'이라는 뜻이다.)

in형 전치사: 면적

175 (D) 장소는 면적으로도 간주한다. (대체로 경계선으로 둘러싸인 땅이나 영토)

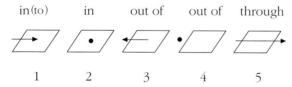

1. Crowds pour into the city from the neighbouring villages.
   사람들이 인근 마을에서 도시로 몰려든다.

2. They had found suitable lodgings for her in the town.
   그들은 시내에서 그녀에게 알맞은 숙소를 찾았다.

3. The manuscript was smuggled out of the country.
   필사본이 나라 밖으로 밀반출되었다.

4. He stayed out of the district. 그는 그 구역 밖에 머물렀다.

5. We went for a walk through the park. 그는 공원을 가로질러 산책을 했다.

in형 전치사: 부피

176 (E) 장소는 부피로 간주한다. 즉 길이, 너비, 높이(또는 깊이)의 개념으로 파악한다.

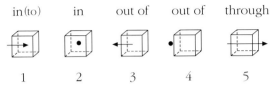

| in(to) | in | out of | out of | through |
| 1 | 2 | 3 | 4 | 5 |

1. The girl stepped into the hall. 그 소녀가 홀로 걸어 들어왔다.
2. The food is in the cupboard. 음식이 찬장 안에 있다.
3. He climbed out of the water. 그는 물 밖으로 기어 나왔다.
4. He was out of the room 그는 방 밖에 있었다.
5. The wind blew through the trees. 바람이 나무 사이로 불었다.

◆**Note**

다음과 같은 표현에서 〈영국식〉은 out of를 사용하지만 〈미국식〉은 그냥 out만 사용할 때
가 많다.

She looked out of ‖ out the window. 그녀는 창밖을 내다보았다.

inside, outside, within

177 inside와 outside는 이따금 in(to)와 out of 를 대신해서 사용된다.

Were you inside the house when the fire started?

화재가 시작되었을 때 너는 집 안에 있었니?

She was sitting just outside the surgery. 그녀는 수술실 바로 밖에 앉아있었다.

within은 in보다 조금 더 〈격식체〉의 단어이며 한계가 그어지거나 정해진 거리(within 3
miles 등)로 제한된 장소를 나타낸다.

Many prisoners died within the walls of the castle. (= inside)

수많은 죄수들이 성벽 안에서 죽었다.

He lives within a stone's throw of the office. (= not beyond)

그는 사무실 바로 근처에 산다.

put in, put on 등

178 put, place, lay, stand처럼 흔하게 사용하는 타동사 중에는 on to와 into보다는 on과 in
이 뒤따르는 경우가 더러 있다.

Jane put each object back in its allotted place.

제인은 물건을 각각 지정된 자리에 되돌려 놓았다.

She placed her hand on Kate's hair. 그녀는 케이트의 머리에 손을 얹었다.

그리고 arrive의 경우는 at이나 on, in과 함께 사용한다.

The train arrives at/in Brussels at 7:15. (171, 180 참조)

기차가 7시 15분에 브뤼셀에 도착한다.

유형이 다른 전치사의 공통적 용법

179 동일한 명사가 다른 전치사와 함께 사용될 때도 많다. 그런 경우, 의미는 조금 달라진다.

My car is at the cottage. (the cottage를 전체적인 장소로 파악) 내 차는 시골집에 있다.

They are putting a new roof on the cottage. (면)

그들은 시골집에 새 지붕을 얹는 중이다.

There are only two beds in the cottage. (부피)

시골집에는 침대가 두 개밖에 없다.

at형과 in형 전치사의 공통적 용법

180 도시나 마을 이름 앞에는 관점에 따라 at이나 in을 사용할 수 있다. at Stratford라는 표현은 우리가 스트랫포드를 단지 지도상의 한 장소로 본다는 의미이며 in Stratford라는 표현은 이 장소를 거리와 집 등이 포함된 한 면적을 차지하는 도시로 '근거리에서' 본다는 뜻이다. 아주 커다란 도시는 대개 하나의 면적으로 취급하여 예를 들면 in New York으로 사용한다. at New York은 세계 여행이라는 맥락에서만 사용할 수 있다.

We stopped to refuel at New York on our way to Tokyo.

우리는 도쿄로 가는 길에 연료를 재급유하기 위해 뉴욕에 기착했다.

도시에 속한 지역을 나타낼 때도 전치사 in을 사용한다.

in Chelsea(런던의 지역인 첼시), in Brooklyn(뉴욕의 지역인 브루클린)

대륙과 국가, 주, 기타 넓은 면적을 나타낼 때에도 in을 사용한다.

in Asia, in China, in Virginia

into 등에 비해서 방향을 표시하는 단어인 to와 from은 심지어 넓은 영역을 나타내는 단어 앞에서도 선호하지만 이런 영역이 서로 인접해 있을 때에는 into를 선호한다.

He sailed from Europe to Canada. 그는 유럽에서 캐나다로 항해했다.

We crossed the Rhine into Germany. 우리는 라인 강을 건너 독일로 갔다.

at/in the post office 등

181 건물이나 건물단지의 경우에는 at과 in을 모두 쓸 수 있지만 건물을 단순한 장소가 아니라 일종의 시설, 즉 특별한 기능을 지닌 장소로 생각할 때는 at을 쓰는 편이 더 낫다. (at과 함께

쓰는 명사는 대체로 정관사를 수반하지 않는다. 예를 들어 at school 등 475 참조)

> You can buy stamps at the post office. 우표는 우체국에서 살 수 있어.
> 비교: I left my purse at/in the post office. 나는 지갑을 우체국에 두고 왔다.

> The princess, aged 24, is now studying history at Cambridge. (= the university)
> 24세의 공주는 이제 캠브리지 대학에서 역사학을 공부하는 중이다.
> 비교: She is staying with a friend at/in Cambridge. (= the city)
> 그녀는 캠브리지에서 친구와 머물고 있다.

shout to, shout at 등

182 뒤따라오는 명사가 표적을 나타낼 때에는 to 대신 at을 사용한다.

> He threw the ball at me. (= He tried to hit me.)
> 그가 나에게 공을 던졌다. (그가 나를 맞히려고 했다.)
> Eddie threw the ball to Phil. (= for him to catch)
> 에디가 필에게 공을 던졌다. (필이 공을 잡을 수 있도록)

다음 두 문장에 나타난 위와 비슷한 차이점에 주목해 보자.

> 'Hey, you', the man shouted at her.
> '이봐, 당신.' 그 남자가 그녀에게 소리 질렀다. (그가 그녀에게 화가 났다는 의미이다)
> Peter shouted to me. 피터가 나에게 소리쳤다.
> (피터가 멀리 떨어져 있는 나에게 말을 걸려고 노력하는 중이다.)

다음 문장에서도 대동소이한 차이점이 나타난다.

> He pointed his pistol at Jess. 'Don't shoot!' cried the old man.
> 그가 제스에게 총을 겨누었다. '쏘지 마시오!' 노인이 외쳤다.
> She passed/handed a note to the next speaker.
> 그녀가 다음 연설자에게 메모를 넘겼다.

비슷한 용법의 사례: aim [a gun] at, hand [a ball] to …

on형과 in형 전치사의 공통적 용법: sit on/in the grass 등

183 '면'과 '부피'에는 차이점이 있다.

> We sat on the grass. (면: 즉, 풀이 짧다.) 우리는 잔디밭(위)에 앉았다.
> We sat in the grass. (부피: 즉, 풀이 길다.) 우리는 잔디밭(속)에 앉았다.

'면'과 '면적'에도 차이점이 나타난다.

> Robinson Crusoe was marooned on a desert island. (면: 즉, 섬이 작다.)
> 로빈슨 크루소가 무인도에 버려졌다.

It's the most influential newspaper in Cuba. (면적: 즉, 쿠바는 큰 섬이며 국경이 있는 정치 단위이다.) 이것은 쿠바에서 가장 영향력이 큰 신문이다.

위치: over, under, in front of, behind 등

184 위치란 두 물체 사이의 관계를 말하며, 아래 그림을 통해 가장 잘 설명할 수 있다. 어느 자동차가 다리 위에 서있는 장면을 상상해 보자.

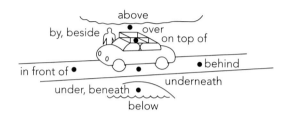

● over와 under는 수직 관계 혹은 수직에 가까운 관계를 나타내는 경향이 있다.

The injured girl had a bad cut over the left eye.
부상당한 소녀는 왼쪽 눈 위를 심하게 베었다.

The doctor was leaning over her. 의사가 그녀 위로 몸을 기울였다.

반면, above와 below는 한 물체가 다른 물체보다 높거나 낮은 위치에 있다는 의미만을 나타내기도 한다. under와 underneath는 한 물체가 실제로 다른 물체에 닿아있다는 뜻이다. 이런 관점에서 보면 on top of의 정반대 표현인 셈이다.

The children evaded capture by hiding under(neath) a pile of rugs.
아이들은 양탄자 더미 밑에 몸을 숨겨서 붙잡히는 것을 모면했다.

● by와 beside는 at the side of의 뜻이지만 일반적으로 한 물체가 다른 물체와 가까이 있음을 나타낼 때 더 자주 쓰인다.

Uncle Harry chose a big chair by (= near) the fireplace.
해리 삼촌은 난롯가의 커다란 의자를 골랐다.

장소를 나타내는 전치사적 부사: overhead, in front 등

185 다음 전치사적 부사(660 참조) 혹은 관용구는 조금 전에 다룬 장소 전치사와 부합한다.

overhead	(over)	above	(above)
underneath	(under)	below	(below)
in front	(in front of)	behind	(behind)
on top	(on top of)	beneath	(beneath)

다음 예문을 살펴보자.

Florentines are delicious, with bumpy nuts and cherries on top, and silky chocolate underneath. 위에는 울퉁불퉁한 견과류와 체리가 장식되어 있고 아래에는 부드러

운 초콜릿이 깔린 플로렌틴은 맛있다.

The sky overhead was a mass of stars. 머리 위의 하늘은 별무더기였다.

Huge waves are crashing on the rocks below.
거대한 파도가 아래의 바위에 부딪힌다.

Mr. Smart drove to church with a guard of mounted police in front and
behind. 스마트 씨는 앞뒤로 기마경관의 호위를 받으며 교회로 차를 타고 갔다.

다른 위치의 표현: between, among, opposite 등

186 ● between, among, amid는 서로 연결되어 있다. between은 보통 한 물체를 다른 두
물체와 연결시키며 among은 두 개 이상의 물체와 연결시킨다.

The house stands between two trees. 그 집은 나무 두 그루 사이에 있다.

The house stands among trees. 그 집은 나무들 사이에 있다.

하지만 경우에 따라서는 between이 한 물체를 두 개 이상의 물체와 연결시킬 수도 있다.

Manila lies on the shore of Manila Bay, between the sea, the mountains, and a
large lake called Langua de Bay. 마닐라는 바다와 산, 라구나데베이라는 이름의 커다란
호수 사이에 자리한 마닐라 만의 해안에 위치하고 있다.

● 〈격식체〉에서 쓰는 amid는 'in the midst of'의 뜻으로 among과 유사하며 일정하지
않은 수의 대상에 적용할 수 있다.

The house stands amid trees. 그 집은 나무 사이에 있다.

among과는 달리 질량 명사가 뒤따르는 경우도 있다.

Amid the wreckage of the plane they found a child's doll.
난파한 비행기 잔해물 속에서 그들은 어린아이의 인형을 발견했다.

● opposite은 'facing'이라는 뜻이다.

His house is opposite mine. (= facing mine, on the other side of the street)   [1]
그의 집은 우리 집과 마주보고 있다. (길의 반대편에서 우리 집을 마주하는)

● around(〈미국식〉에서 선호) 혹은 round(〈영국식〉에서 선호)는 주변의 위치나 움직임을 나
타낸다.

The police were standing on guard around the building.
경찰이 그 건물 주변에서 경비하는 중이었다.

〈일상체〉 영어에서 about과 around는 '~ 지역에서' 또는 '~의 여러 자리에서'라는 의미
를 한층 모호하게 나타낼 때가 많다.

The guests were standing about/around the room, looking bored.   [2]

손님들이 따분한 표정으로 방 주위에 서 있었다.

There's quite a lot of woodland about/around here.   [3]

이곳 주변에는 삼림지가 상당히 많다.

◆Note

이런 전치사들 중 일부는 같은 의미의 전치사적 부사도 있다. 위의 [1], [2], [3]을 다음 문
장과 비교해 보자.

His house is (right) opposite. 그의 집은 (바로) 맞은편에 있다.

The guests were standing around, looking bored.

손님들이 따분한 표정으로 주변에 서 있었다.

There's quite a lot of woodland about. 주변에는 삼림지가 상당히 많다.

한 장소에서 다른 장소로 이동

187 173-6에서 도표 1, 3, 5, 6번에서 나타낸 의미는 움직임과 관계가 있다. 2와 4번 도표의
전치사는 상태를 나타낸다.

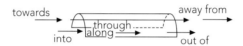

하지만 184~6에서 위치를 나타내기 위해 사용한 전치사는 관련된 위치로의 움직임을 나
타내기도 한다.

1. The bush was a good hiding-place, so I dashed behind it.
   관목은 좋은 은신처였으므로 나는 그 뒤로 급히 숨었다.

2. When it started to rain, we all ran underneath the trees.
   비가 내리기 시작하지 우리는 모두 나무 아래로 뛰어갔다.

통과: We drove past the town hall. 우리는 시회 의사당을 차로 지나쳤다.

188 어떤 장소를 향해 갔다가 거기서 멀어지는 (= 통과하는) 장면을 나타내기 위해서 through
와 across 같은 전치사를 사용할 수도 있다.

1. The photographers ran behind the goal-posts.
   사진기자들이 골대 뒤로 내달렸다.

2. I crawled underneath the fence. 나는 울타리 밑을 기어갔다.

다른 전치사들도 이와 비슷하게 사용할 수 있다.

1. We drove by/past the town hall. 우리는 시회 의사당을 차로 지나쳤다.

2. We passed over/across the bridge. 우리는 다리를 넘어갔다.

3. We turned (a)round the corner. 우리는 모퉁이를 돌아갔다.

around와 round는 순환하는 움직임을 나타낼 때 일반적으로 더 많이 사용한다. (〈영국식〉에서는 round가, 〈미국식〉에서는 around가 더욱 보편적이다.)

The earth moves (a)round the sun. 지구가 태양 주위를 순환한다.

방향: up, down, along, across 등

189 up, down, along, across/over는 방향이나 축과 관련한 움직임을 나타낸다.

수평축   수직축

I crept silently along the passage. 나는 복도를 따라서 조용히 기어갔다.

He ran across the lawn to the gate. 그는 잔디밭을 가로질러서 대문으로 달려갔다.

She flung open the french windows and ran over the sodden grass.
그녀는 프랑스식 창문을 열어젖히고 흠뻑 젖은 잔디를 가로질러 달렸다.

They were rolling down the hill without brakes.
그들은 브레이크도 밟지 않고 언덕 아래로 굴러갔다.

The royal couple went up the steps together. 왕족 부부는 함께 계단을 올라갔다.

She walked very quickly up/down the street.
그녀는 길을 따라 아주 빠르게 걸었다.

위의 마지막 문장은 반드시 길이 언덕에 있다는 의미는 아니다. 〈일상체〉 영어에서는 up과 down을 실제로 along과 같은 의미로 사용한다. (〈미국식〉에서 downtown은 단지 도시의 중심지역이나 상업지역이라는 뜻이다.)

◆**Note**
전치사 두 개와 and를 결합하여 반복적인 움직임을 표현하기도 한다.

He walked up and down the room. (한 방향으로 가고 그 다음에 다른 방향으로 가는 것을 반복적으로 한다) 그는 방을 이리저리 걸어 다녔다.

The oars splashed in and out of the water. 노가 물 안팎으로 첨벙거렸다.

They danced round and round the room. 그들은 방을 이리저리 돌며 춤을 추었다.

이런 경우에는 전치사 다음에 명사구를 생략할 수도 있다.

They danced round and round. 그들은 이리저리 돌며 춤을 추었다.

공간과 움직임의 결합

190 ● 관점: 전치사 beyond는 두 가지 대상뿐만이 아니라 세 번째 요소인 '관점'이나 화자가 취하는 입장도 언급한다. (실제로든 상상으로든)

I could see the town beyond the lake. (= [내 쪽의] 호수 반대편에서)

나는 호수 너머의 도시를 볼 수 있었다.

'통과' 혹은 '방향'의 개념과 비슷한 뜻에서 across, over, through, past 등을 사용해서 '관점'을 표현하기도 한다. (188-9 참조)

the people (who live) over the road   a cafe round the corner

an office along the corridor   the garage past the supermarket

friends across the sea   the hotel down the road

the house through the trees   a man up a ladder

원한다면 from구를 사용해서 관점을 명시할 수도 있다.

He lives up/down/along/across the road from me.

내 쪽에서 볼 때 그는 도로 위에/도로 아래에/도로를 따라/도로 건너에 산다.

● 최종 장소의 의미

'움직임'의 의미가 있는 전치사가 '장소'의 의미를 나타내기도 해서 특정한 목적지에 도달한 상태를 나타낸다.

David Stoddart gathered the ball and was over the line in a flash.

(= 럭비 경기에서 선수가 라인을 통과했다.) 데이비드 스토다트는 공을 집어서 순식간에 라인을 넘어갔다.

They were out of the snow now, but it was still very cold.

그들은 이제 눈을 피했지만 날씨는 여전히 무척 추웠다.

● 만연하다는 의미

over와 through는 특히 all이라는 단어 뒤에 오면 '만연하다'는 의미가 있다.

There was blood (all) over the sheets. (= the sheets were covered with blood)

시트 위에 온통 피가 있었다. (시트가 피로 뒤덮였다.)

Soccer-mad males can be seen (all) over the city. (= the city is full of them)

열성 축구 팬인 남자들은 도시 어디에서나 볼 수 있다. (도시는 그런 사람으로 가득하다.)

through는 면적과 부피에 제한된다. (175-6 참조) throughout은 all through 대신 사용할 수 있다.

His views were widely echoed throughout Germany.

그의 생각은 독일 전역에서 반향을 보였다.

추상적인 장소의 의미

191 장소 전치사는 보다 추상적인 의미로 사용될 때가 많으며 은유를 통해 기본적인 의미와 관련된다.

- in, out of (상황 또는 포함): in danger, out of danger; in practice, out of practice; in a race, in plays, in a group

  People never behave in real life as they do in plays.
  사람들은 실제 생활에서는 결코 연극에서 하듯이 행동하지 않는다.

- above, below, beneath (높이나 수준을 척도로 나타낼 때)

  His grades are above/below the average. 그의 성적은 평균 이상/이하이다.

  He rejects such activity as beneath (= not worthy of) him.
  그는 자기 수준에 맞지 않는 활동을 거절한다.

- over, under (능력, 감독, 척도): over (= more than) ten miles; under orders, under suspicion

  Ezinma wielded a strong influence over her halfsister.
  에진마는 이복누이에게 막강한 영향력을 휘둘렀다.

- up, down (척도상의 움직임): up the scale, down the social ladder

- from, to (주고받기)

  Did you get a letter from Leslie about this?
  이 문제에 관해서 레슬리에게서 편지를 받았니?

  He gave a lot of money to his family. 그는 가족에게 거금을 주었다.

- between, among (두 사람 이상과 관련됨)

  My sister and I share the place between us.
  내 누이와 나는 우리들끼리 그 공간을 공유했다.

  They agree among themselves. 그들은 서로 의견이 일치한다.

- past, beyond (넘어서다)

  Modern times have changed the world beyond recognition.
  현대는 알아보기도 힘들 만큼 세상을 변화시켰다.

  I'm past (= too old for) falling in love. 나는 사랑에 빠질 나이는 지났다.

장소 부사 그리고 전치사와의 관계

192 대부분의 장소 전치사(at형 전치사 제외)는 형태가 같은 전치사적 부사가 있으며(660 참조) 일반적으로는 의미도 서로 같다. 다음은 몇 가지 사례이다.

> We stopped the bus and got off. (= off the bus)
> 우리는 버스를 세우고 내렸다. (버스에서 내렸다)
>
> Have you put the cat out? (= out of the house) 고양이를 내놓았습니까? (집 밖에)
>
> The child ran across in front of the car. (= across the road)
> 그 아이가 차 앞으로 건너 뛰어갔다. (길을 가로질러)
>
> When they reached the bridge, they crossed over, looking down at the water beneath. 그들은 다리에 도착하자 아래로 흐르는 물을 내려다보면서 건너갔다.

하지만 일부 전치사적 부사는 특별한 용법으로 사용한다.

> They travelled on. (= They continued their journey.)
> 그들은 계속 여행했다. (그들은 여행을 계속했다.)
>
> The thieves snatched her handbag and ran off. (= away)
> 도둑들이 그녀의 핸드백을 낚아채서 달아났다.
>
> A man came up (= approached) and introduced himself.
> 한 남자가 다가와서는 자신을 소개했다.
>
> You don't see many parrots about nowadays. (= about the place)
> 〈일상 영국식 영어에서, 미국식은 around를 선호〉 요즘 들어서는 앵무새를 별로 볼 수 없다.

〔마지막 예문에서 about은 의미가 대단히 모호해서 거의 의미가 없다.〕

◆Note

up과 down 이외에, 다음 전치사들도 방향을 나타낸다.

upward(s), downward(s), forward(s), backward(s), inward(s), outward(s), homeward(s)

거리

193 거리는 a foot, a few metres ‖ meters, ten miles, a kilo metre ‖ kilometer, a long way 등의 척도 명사구로 표현한다. 이런 명사구는 동작 동사를 수식한다.

> He ran several miles. 그는 몇 마일을 달려갔다.　　　　　　　　　　　　　　　　　　　〔1〕

척도 명사구는 장소 부사구 앞에 쓰거나 이를 수식할 수 있다.

> They live a long way away. 그들은 훨씬 먼 곳에서 산다.
>
> The valley lay two thousand feet below them.
> 그 골짜기는 그들보다 2000피트 아래에 있었다.　　　　　　　　　　　　　　　　〔2〕

여기서 그 의미는 정적인 위치이다. 〔1〕과 〔2〕에 상응하는 의문형 문장을 살펴보자.

How far did he run? *그가 얼마나 멀리 달렸는가?* 〔1a〕

비교: How far away do they live? *그들은 얼마나 먼 곳에서 사는가?* 〔2a〕

태도, 수단, 도구(Manner, means and instrument)

how 의문문에 답하기

194 만약 어떤 행동이 어떻게 시행되었는지 혹은 어떤 사건이 어떻게 일어났는지를 명시하고 싶다면 방법이나 수단, 도구의 부사구를 사용하면 된다.

〔A〕 How did you write the letter? *너는 편지를 어떻게 썼니?*

〔B〕 I wrote it
나는 편지를 썼다.
{
(very) hurriedly. (태도) (아주) 서둘러서
by hand. (수단) 손으로
with a red ball-point pen. (도구) 빨간 볼펜으로
}

어떤 행위를 시행할 때 사용한 도구에 대해서 다음 예문처럼 보다 구체적으로 물어볼 수도 있다.

What did you write it with? 〈다소 일상체〉 *무엇으로 그것을 썼습니까?*

What tools did the artist use to create this remarkable effect?
화가는 어떤 도구로 이렇게 두드러진 효과를 냈을까?

태도

195 다음은 태도를 표현하는 세 가지 주된 방법이다.

〔A〕 부사 (대체로 ly로 끝난다) 또는 부사구

〔B〕 in a … manner (또는 way)

〔C〕 with + 추상 명사구

대부분의 형용사는 어울리는 -ly형 부사가 있으며 많은 경우에 대응 추상 명사도 있다. 따라서 똑같은 생각을 세 가지 방식으로 표현할 수 있다.

He spoke
{
〔A〕 confidently. (가장 일반적)
〔B〕 in a confident manner. 〈보다 격식체〉
〔C〕 with confidence. 〈격식체〉
}

그가 확신을 갖고 말했다.

다음은 태도 부사와 태도 부사구에 관한 예문들이다.

She stirred her coffee thoughtfully before answering.

그녀는 대답을 하기 전에 생각에 잠겨 커피를 휘저었다.

The task was done in a workmanlike manner/way.

그 일은 장인의 솜씨로 실행되었다.

His father stopped and looked in a startled manner at his mother.

그의 아버지는 하던 일을 멈추고 깜짝 놀라 그의 어머니를 쳐다보았다.

Joanna stubbed out her cigarette with unnecessary fierceness.

조애나는 쓸데없이 사납게 담배를 비벼 껐다.

I answered without hesitation. (= unhesitatingly) 나는 망설임 없이 대답했다.

'Next year', she replied gently, with a smile.

'내년이요.' 그녀는 미소를 띤 채 부드럽게 대답했다.

like this, like that(또는 this way, that way)은 in this/that manner라는 뜻을 가진 부사구이다.

I'm sorry you had to hurt yourself like this. 네가 이렇게 다쳤다니 유감이다.

Please, Ralph, don't talk like that. 랄프, 제발 그렇게 말하지 말렴.

〈일상체〉 구문에서 way 앞에 in을 생략할 때도 있음을 주목하자.

Monica and her sister do their hair (in) the same way.

모니카와 여동생이 같은 스타일로 머리를 손질했다.

She prepared the dish (in) the way he liked, with slices of oil-bean and fish.

그녀는 그가 좋아하는 방식으로 피마자 씨와 생선을 곁들여 음식을 만들었다.

You can cook turkey (in) a number of different ways.

칠면조는 여러 가지 방식으로 요리할 수 있다.

태도와 비교의 결합

196 태도 부사구로 비교의 뜻을 나타내기도 한다.

She sings like a professional. (= in the manner of professional, as well as a professional) 그녀는 프로처럼 노래를 부른다. (프로다운 스타일로, 프로만큼 잘)

Sarah Morgan came into the room like a ghost.

사라 모간은 유령처럼 방으로 들어왔다.

as로 시작하는 태나 절도 비슷한 방식으로 활용할 수 있다. 다음 문장을 비교해 보자.

Pat cooks turkey
{
　as my mother did.
　in the way that my mother did. 〈격식체〉
　the way my mother did. 〈일상체〉
}

팻은 내 어머니와 같은 방식으로 칠면조를 요리한다.

They hunted him as a tiger stalks its prey. 〈격식체〉

그들은 호랑이가 먹이에 접근하듯이 그를 추적했다.

위 예문에서 as 대신 like를 사용해도 좋다. 하지만 like는 〈일상체〉이며 〈영국식〉에서는 사용빈도가 낮다.

비현실적인 상황과 비교할 때에는 as if나 as though로 시작하는 절을 사용한다.

$$\text{She treats me} \left\{ \begin{array}{l} \text{as if} \\ \text{as though} \end{array} \right\} \text{I were one of the family.}$$

그녀는 마치 내가 가족의 일원인 듯이 대한다.

(여기서 사용한 동사형 were에 관해서는 277 참조)

수단과 도구: by와 with

197 ● 수단은 by로 시작하는 어구로 표현한다.

You're going to France by car are you? (아래의 ◆Note 〔b〕 참조)
그녀는 차로 프랑스로 가는 거니?

She slipped into the house by the back gate.
그녀는 뒷문을 통해 집으로 슬며시 들어갔다.

We managed to sell the house by advertising it in the paper.
우리는 신문에 광고를 내서 집을 겨우 팔았다.

● 도구는 with로 시작하는 어구로 표현한다.

She reached down and touched the lace with her fingers.
그녀는 손을 뻗어 손가락으로 레이스를 만졌다.

The young man had been attacked with an iron bar.
그 젊은이는 철봉으로 폭행당했다.

동사 use와 목적어도 도구를 사용한다는 의미를 전달한다.

She always opens her letters with a knife. 그녀는 항상 칼로 편지를 개봉한다.

~ She always uses a knife to open her letters.
그녀는 편지를 뜯기 위해 항상 칼을 사용한다.

도구를 사용하지 않는다는 의미는 without으로 나타낸다.

You can draw the lines without (using) a ruler. 너는 자 없이도 선을 그을 수 있다.

◆Note

〔a〕 수단의 by구를 대신해서 장소의 전치사와 같이 다른 유형의 전치사구를 사용하기도 한다.

A: How did he get in? 그가 어떻게 들어갔지?

B: He came in through the window. (by the window보다 보편적)

그는 창문을 통해서 들어갔어.

A : How did you hear the news? 너는 어떻게 그 소식을 들었어?

B : I heard it on the radio. 나는 라디오로 소식을 들었어.

〔b〕 교통수단을 나타내는 by구는 관사를 생략한다.

by car, by train, by letter, by fax, by post/mail, by email, by radio (475 참조)

원인, 이유, 목적(Cause, reason and purpose)

직접 원인: 행위자와 사역 동사

198 What causes such-and-such an event?라는 질문에는 여러 가지 대답이 가능하다. 직전에 설명한 수단과 방법도 일종의 원인이라고 말할 수 있다. 보다 중요한 것은 사건 발생의 원인이 된 사람, 즉 행위자이다. 행위자는 대체로 절의 주어(아래의 B) 또는 수동태의 행동주(C)로 표시한다. (613-15 참조)

A : How did the fire start? 화재가 어떻게 일어났을까?

B : Some children started it. (= caused it to start)

아이들 몇 명이 일으켰다. (화재가 일어나도록 원인을 제공했다.)

C : It was started by some children. 화재는 몇 명의 아이들에 의해 일어났다.

B의 start는 사역 동사라고도 볼 수 있으며 some children은 행위자를 알려준다.

영어의 형용사와 자동사는 대부분 대응하는 사역 동사를 갖는다.

The dam blew up. 댐이 폭발했다.

The terrorists blew up the dam. 테러리스트들이 댐을 폭파했다.

The road became wider. 도로가 더 넓어졌다.

They widened the road. 그들이 도로를 넓혔다.

The tree has fallen. 나무가 쓰러졌다.

Someone has felled the tree. 누군가 나무를 쓰러뜨렸다.

The supplies came in yesterday. 보급품이 어제 들어왔다.

They brought the supplies in yesterday. 그들이 어제 보급품을 가져왔다.

구분	비사역 동사	사역 동사
형용사	narrow, open, strong, clear	narrow open, strengthen, clarify
동사	narrow, open, begin, rise, learn	narrow, open, begin, raise, teach

Is the front door open? (형용사) 앞문이 열려 있나?

The shop opens at nine o'clock. (비사역 동사) 그 가게는 9시에 연다.

You want me to open your mail? (사역 동사)
너는 내가 네 우편물을 개봉하기를 원하니?

She wanted to learn how to use a computer. (비사역 동사)
그녀는 컴퓨터 사용 방법을 배우고 싶어 했다.

She taught me how to sing. (사역 동사) 그녀는 나에게 노래하는 법을 가르쳤다.

199 이따금 행위자가 언급되지 않으면 도구나 수단이 주어 자리 즉, 행위의 '사동주' 역할을 차지한다.

They killed him with his own gun. 그들은 그의 총으로 그를 죽였다.

His own gun killed him. 그 자신의 총이 그를 죽였다.

They brought the supplies by train. 그들은 기차로 보급품을 가져왔다.

The train brought the supplies. 기차가 보급품을 날랐다.

수동태에서는 행위자를 by구로 표현할 수 있다. (613-15 참조)

The dam was blown up by terrorists. 댐은 테러리스트들에 의해 폭파되었다.
도구의 표현에서도 마찬가지이다.

He was killed by his own gun. 그는 자신의 총에 의해 살해당했다.

원인과 결과: because 등 (365 참조)

200 why 의문문에 대답하면서 원인이나 이유를 설명할 때는 부사적 어구인 because절이나 because of, on account of〈격식체〉, from, out of로 시작하는 전치사구를 사용한다.

● because:

The accident occurred because the machine had been poorly maintained. [1]
그 사고는 기계가 소홀하게 관리되었기 때문에 일어났다.

● because of:

She can't go to work because of the baby. [2]
그녀는 아기 때문에 직장에 나가지 못한다.

● on account of 〈격식체〉:

    Many fatal accidents occurred on account of icy road conditions.　　　　[3]

    수많은 치명적인 사고가 빙판길 때문에 일어났다.

● from, out of (주로 동기, 즉 심리적 원인을 나타낸다.)

    He did accept the award, not from/out of pride, but from/out of a sense of
    duty. 그는 자랑스러워서가 아니라 의무감에서 상을 받았다.

때때로 원인을 표현하는 다른 전치사로는 for(주로 감정 동사와 함께)와 through가 있다.

    He jumped for joy. 그는 기뻐서 펄쩍 뛰었다.

    Hussein has missed five matches through injury.

    후세인은 부상으로 인해 다섯 경기를 놓쳤다.

주어로 나타내는 간접적 원인

201 cause나 make 같은 일반적인 사역 동사를 사용하면 '원인'이 문장의 주어 자리에 놓일 때
가 많다.

    The driver's carelessness caused the crash. [능동]

    운전자의 부주의가 추돌사고를 일으켰다.

    ~ The crash was caused by the driver's carelessness. [수동]

      추돌사고는 운전자의 부주의에 기인했다.

다음은 원인을 표현하는 다른 동사 구문의 예이다.

    Such slipshod security is bound to lead to trouble.

    그런 엉성한 보안은 문제를 야기할 수밖에 없다.

    Many of these prosecutions result in acquittals.

    이런 기소들 중 상당수는 무죄방면으로 끝났다.

    We are trying to bring about equal rights for all people.

    우리는 모든 사람에게 평등권을 주기 위해 노력하는 중이다.

    He argues that higher wages inevitably give rise to higher prices.

    그는 더 높은 임금이 불가피하게 더 높은 물가를 야기한다고 주장한다.

effect 같은 명사로도 원인을 표현할 수 있다.

    The effect of higher wages is to raise prices.

    더 높은 임금의 효과는 물가를 인상하는 것이다.

결과

202 결과는 원인의 반대이다. (200항의 (3)과 비교하라)

> Icy conditions cause many accidents. [원인] 빙판길이 수많은 사고를 야기한다.
>
> ~ Many accidents result from icy conditions. [결과]
>
>   수많은 사고가 빙판길에서 기인한다.

result in과 result from이 반대의 뜻이라는 것도 주의하라.

> The celebrations resulted in a serious riot. 그 기념행사는 심각한 폭동을 야기했다.
>
> ~ A serious riot resulted from the celebrations.
>
>   심각한 폭동이 그 기념행사에서 기인했다.

결과는 so that이나 just so로 시작하는 절로 표현하기도 한다. (so는 so that보다 〈일상체〉)

> The cleaner has gone on holiday ‖ vacation so (that) everything is so dirty.
>
> 청소부가 휴가를 떠나버렸으므로 모든 것이 너무 더럽다.
>
> Everything is so dirty because the cleaner has gone on holiday ‖ vacation.
>
> 청소부가 휴가를 떠났기 때문에 모든 것이 너무 더럽다.

목적

203 의도된 결과(323 참조) 또는 행위의 목적은 대체로 to-부정사절 같은 목적 부사어구로 나타낸다.

> He left early to catch the last train. 그는 마지막 기차를 타기 위해 일찍 떠났다.
>
> Penelope leaned forward to examine the letter more closely.
>
> 페넬로페는 편지를 더욱 면밀하게 살펴보기 위해서 몸을 앞으로 구부렸다.
>
> To improve the railway service, they are electrifying all the main lines.
>
> 철도 서비스를 개선하기 위해서 그들은 모든 주요 노선을 전철화했다.

목적 부사어구는 so that으로 시작하는 정형절로 만들 수도 있다.

> They advertised the concert so that everyone should know about it.
>
> 그들은 모든 사람이 콘서트에 대해서 알 수 있도록 콘서트를 광고했다.
>
> (so that절에서는 would 또는 should를 쓸 때가 많다. 280 참조)

in order that은 〈보다 격식체〉을 갖춘 표현에서 so that을 대신한다.

> They advertised the concert in order that everyone should know about it.
>
> 그들은 모든 사람이 콘서트에 대해 알게 할 목적으로 콘서트를 광고했다.

〈일상 영국식〉에서는 in case로 부정적인 목적을 나타낼 수 있다. (208과 비교)

> He left early in case he should miss the last train. (= … so that he should not miss
> it.) 그는 마지막 기차를 놓칠 경우에 대비해서 일찍 떠났다. (그가 기차를 놓치지 않도록 …하다.)

이유와 결과: because (of), as, since 등

204 because, because of, on account of는 원인뿐만 아니라 이유도 표현할 수 있다. 원인과 이유는 중복되는 개념이지만(둘 다 why 의문문에 답한다) 원인은 사건 자체를 다루는 반면 이유는 사람이 사건을 이해하고 이런 이해에 따라 행동을 취하는 방식을 다룬다는 면에서 서로 차이가 있다.

> We have lunch early on Saturday because the girls are always in a hurry to go out. 딸들이 항상 외출을 하고 싶어 안달하기 때문에 우리는 토요일에 일찍 점심을 먹는다.
>
> We decided to stay and watch the procession–but Amy, because of her height, could see nothing. 우리는 멈춰서 행렬을 지켜보기로 결정했지만 에이미는 키 때문에 아무것도 볼 수 없었다.
>
> The contest was abandoned on account of bad weather conditions. 〈격식체〉 나쁜 기상 조건 때문에 시합이 취소되었다.

이유는 as절과 since절로 표현하기도 한다.

> As Jane was the eldest, she had to look after her brothers and sisters. 제인이 장녀였기 때문에 남동생들과 여동생들을 보살펴야만 했다.
>
> The report is out of date–which is hardly surprising, since it was published in 1989. 그 보고서는 시대에 뒤떨어진다. 그것이 1989년에 발행되었기 때문에 이는 그리 놀라운 일이 아니다.

주절은 이유절의 결과를 나타낸다.

now that과 seeing that 등

205 now that과 seeing that의 의미는 as와 since의 의미와 대단히 밀접하며 다만 now that 에는 시간 의미의 요소도 들어있다는 점이 다르다.

> We hope to see much more of you now that you're living in Vicksburg. 네가 빅스버그에 살고 있으니 우리는 너를 훨씬 더 자주 만나면 좋겠다.
>
> Seeing that he could not persuade the other members of the committee, he gave in to their demands. 그는 위원회의 다른 의원들을 설득할 수 없었기 때문에 그들의 요구에 응했다.

똑같은 생각을 〈보다 격식체〉로 표현하려면 분사절을 이용하면 된다. (493 참조)

> The weather having improved, the game was enjoyed by players and spectators alike. 〈격식체〉 날씨가 좋아져서 선수든 관중이든 다 같이 경기를 즐겼다.
>
> Being a man of fixed views, he refused to listen to our arguments. 〈다소 격식체〉 그는 주관이 뚜렷한 사람이었으므로 우리의 주장에 귀 기울이기를 거부했다.

감정과 태도를 나타내는 특정한 형용사와 동사 뒤에서는 for구로 이유를 표현한다.

She laughed at herself for being so silly and self-pitying.

그녀는 너무 어리석었고 자기연민에 빠졌었다며 자조했다.

They were praised for their outspoken defence of free speech. (because of their
…) 그들은 언론의 자유를 솔직하게 옹호했기 때문에 찬사를 받았다.

다음 전치사들 역시 원인이나 이유를 표현할 수 있다.

due to, owing to …

연결 부사: therefore, hence 등

206 because of that 또는 for that reason이라는 뜻의 원인이나 이유의 연결 부사 역시 중요
하다. (360, 365 참조) 이중에서 therefore, thus, accordingly, hence, consequently는
〈격식체〉에서 쓰는 반면 so는 〈일상체〉에서 사용한다.

Very shortly afterwards, however, he began to suffer from attacks of angina
pectoris. Accordingly, he was excused all serious exertion. 〈격식체, 문어체〉
하지만 얼마 지나지 않아서 그는 협심증을 앓기 시작했다. 따라서 그는 모든 힘든 활동에서 면제
되었다.

After all, Glasgow was where she really belonged. So this year she had
decided to spend her annual holiday in the city. 〈일상체〉 결국, 글래스고야말로 그녀
가 정말 소속감을 느끼는 곳이었다. 그래서 올해에 그녀는 그 도시에서 연례 휴가를 보내기로 결
심했다.

seeing that(205)에 대응하는 연결 부사는 in that case이다.

A: The weather has improved. 날씨가 좋아졌다.

B: In that case, we can go out and enjoy our game.
    그런 경우에 우리는 밖으로 나가서 게임을 즐긴다.

조건과 대조(Condition and contrast)

개방 조건과 가정 조건: if 등

207 조건절은 이유절과 관련이 있지만 실제 사건일 수도 있고 아닐 수도 있는 일의 결과에 대
해 이야기한다. 둘의 차이에 대해 주목해 보자.

I'll lend Peter the money because he needs it.   〔1〕
피터가 돈이 필요하기 때문에 내가 그에게 돈을 빌려줄 것이다.

I'll lend Peter the money if he needs it.   〔2〕

만약 피터가 돈이 필요하다면 내가 그에게 돈을 빌려줄 것이다.

〔1〕의 화자는 피터가 돈이 필요하다는 사실을 아는 반면 〔2〕의 화자는 피터가 돈이 필요한지 아닌지를 알지 못한다. 〔2〕처럼 문장이 묘사하는 내용의 진위가 '열린' 즉 알려져 있지 않은 상태를 개방 조건이라고 부른다. 조건절은 주절보다 앞설 때가 많다.

If you feel seasick, take one of these pills. 뱃멀미가 난다면 이 약 한 알을 먹어렴.

다른 유형의 조건문은 비현실적이거나 가정적 조건을 표현한다. 이런 유형의 문장에서 화자는 묘사하는 내용이 거짓이거나 사실일 리 없다고 추정한다.

I would lend Peter the money if he needed it. 〔3〕

피터가 돈이 필요하다면 내가 그 돈을 빌려줄 텐데.

I would have lent Peter the money if he had needed it. 〔4〕

피터가 돈이 필요했다면 내가 그 돈을 빌려줬을 텐데.

you'd be bored if you had no children. 〔5〕

만약 아이들이 없다면 너는 지루해 할 것이다.

화자는 〔3〕에서 '그는 돈이 필요 없다', 〔4〕에서 '그는 돈이 필요 없었다', 〔5〕에서 '너는 아이들이 있다'라고 각각 가정한다. 이런 예문으로 알 수 있듯이 가정적 의미는 가정의 과거시제(275 참조)를 사용해서 표시하며 〔4〕와 같은 과거의 가정적 의미는 과거완료시제로 표시한다.

in case (of), on condition that, provided that

208 조건은 in case, on condition that, provided that 같은 접속사와 전치사 in case of 〈격식체〉를 사용하여 표현할 수도 있다.

- in case는 일어날 수도 있고 일어나지 않을 수도 있는 미래의 조건을 나타낸다.

  Take these pills, in case you feel ill on the boat.

  혹시 네가 배 위에서 멀미가 나거든 이 약을 먹어라.

  I had to watch where I put my feet in case I fell.

  나는 넘어질 경우를 대비해서 발을 디디는 곳을 살펴보아야만 했다.

- on condition that은 사람이 동의해야만 하는 조건을 명시한다.

  I'll lend you the money on condition that you return it within six months.

  네가 여섯 달 안에 돈을 갚는다는 조건으로 내가 너에게 돈을 빌려줄게.

- provided that과 as/so long as는 if and only if …라는 강한 조건을 표현한다는 점에서 on condition that과 같다.

  Provided that ⎱
  So long as ⎰ they had plenty to eat and drink, the crew seemed to be happy.

  선원들은 먹고 마실 것이 풍족하기만 하다면 만족해하는 것 같았다.

- in case of는 조건을 표현하는 전치사이다.

In case of emergency, the simplest thing is to flick off the switch.
비상시에 가장 간단한 방법은 스위치를 끄는 것이다.

부정 조건: unless

209 unless는 부정 조건을 표현한다. 따라서 부정 조건을 이용하면 다음 문장의 강세를 바꿀 수 있다.

I'll lend Peter the money if he needs it. (207의 문장 [2] 참조)
피터가 돈이 필요하다면 나는 그에게 돈을 빌려줄 것이다.

다음은 부정 조건으로 표현한 문장이다.

I won't lend Peter the money unless he needs it.
피터가 돈이 필요하지 않다면 나는 그에게 돈을 빌려주지 않을 것이다.

다음 예문의 등가성을 주목해 보자.

Unless Paul improves his work, he'll fail the exam.
~ If Paul doesn't improve his work, he'll fail the exam.
폴이 좀 더 노력하지 않는다면 시험에 떨어질 것이다.

You can take a book out of the library and keep it for a whole year unless it's recalled. 반납 요청이 없다면 너는 도서관에서 책을 빌려서 일 년 동안 보유할 수 있다.

부정의 가정적 조건은 'but for + 명사구' 또는 'if it hadn't been for + 명사구'로 표현할 수 있다. (unless는 이런 유형의 맥락에서는 사용할 수 없다.)

But for Jenny, we would have lost the match. (= If Jenny hadn't played well 등)
제니가 없었다면 우리는 시합에서 졌을 것이다. (제니가 경기를 잘 하지 않았다면)

Adam would have faced almost certain death, if it hadn't been for his quick thinking. 재빠른 판단이 없었더라면 아담은 거의 틀림없이 사망했을 것이다.

otherwise는 부정 조건을 표현하는 문장 부사이다. (367 참조)

I'm sorry I had a previous engagement: otherwise, I'd have been here much earlier. 미안하지만 선약이 있었습니다. 그렇지 않았다면 제가 여기에 훨씬 빨리 왔을 텐데요.

any, ever 등의 용법

210 조건절은 불확실성을 암시하기 때문에 any, anyone, ever 같은 any류의 단어를 사용할 때가 많다. (some, someone, sometimes 같은 some류의 단어가 아니다. 697-9 참조)

If you ever have any problems, let me know.
혹시 당신한테 어떤 문제라도 생기면 저한테 알려주세요.

Unless anyone has any questions, the meeting is adjourned.
아무도 질문이 없으시면 회의를 마칩니다.

하지만 특별히 긍정적인 편향을 표현하기 위해서는(243 참조) 조건절에 some류의 단어를 사용하기도 한다.

> Help yourself if you want something to eat.
> 드시고 싶은 것이 있다면 마음껏 드세요.

대조절: although 등 (361 참조)

211 조건절과 의미가 중복되는 부사구의 유형으로 대조절 혹은 양보절을 들 수 있다. 두 가지 상황이 대조적이라는 말은 (a)의 관점에서 볼 때 (b)가 놀랍거나 예상 밖이라는 뜻이다.

> { a. The weather is bad. 날씨가 나쁘다.
> { b. We are enjoying ourselves. 우리는 즐겁게 보내는 중이다.

> { a. He hadn't eaten for days. 그가 며칠 동안 음식을 먹지 않았다.
> { b. He looked strong and healthy. 그는 강하고 건강하게 보였다.

등위접속사 but을 사용하면 대조적인 내용인 a와 b를 연결할 수 있다.

> The weather is bad, but we're enjoying ourselves.
> 날씨는 나쁘지만 우리는 즐겁게 보내는 중이다.

> He hadn't eaten for days, but he looked strong and healthy.
> 그는 며칠 동안 음식을 먹지 않았지만 강하고 건강하게 보였다.

a 또는 b를 although나 though〈일상체〉로 시작하는 종속절로 만든다면 a와 b를 한 문장으로 합칠 수 있다.

> We are enjoying ourselves, although/though the weather is bad.
> 비록 날씨가 나쁘지만 우리는 즐겁게 보내는 중이다.

> (Even) though he hadn't eaten for days, he looked strong and healthy.
> 비록 그는 며칠 동안 음식을 먹지 않았지만 강하고 건강하게 보였다.

> (even though는 although보다 좀 더 어조가 강하다.)

접속사 while과 whereas는 등가인 두 가지 생각의 차이를 표현한다.

> While we welcome his support, we disagree with a lot of his views.
> 우리는 그의 지지를 환영하는 한편 그의 여러 가지 관점에 동의하지 않는다.

> Elizabeth was lively and talkative, whereas her sister was quiet and reserved.
> 엘리자베스는 활기차고 수다스러웠지만 그녀의 여동생은 조용하고 신중했다.

◆Note

even though의 의미를 표현하는 특별한 구문이 몇 가지 있다.

> Much as I would like to help, I have other work I must do. (Even though I would like to help very much …) 제가 돕고 싶긴 하지만 꼭 해야 할 다른 일이 있어서요. (비록 정말 돕고 싶지만)

Absurd as it may seem, she grew tired of being a success. (Even though it may seem absurd …) 불합리하게 보일지도 모르지만 그녀는 성공에 지쳐갔다. (비록 불합리하게 보일지도 모르지만)

이런 문장에서 접속사 as는 강조하는 형용사(absurd)나 부사(much) 뒤에 종속절의 한 가운데에 등장한다. 때때로 as 대신 though를 사용하기도 한다. 즉 Absurd though it may seem …도 가능하다. 이런 구문은 다소 〈고상〉하고 〈수사적〉으로 들릴 수도 있다.

Unarmed as/though he was, he bravely went forward to meet his enemies.
비록 무장하지 않은 상태였지만 그는 용감하게 적들과 맞서기 위해 전진했다.

대조구와 대조 부사: in spite of 등

212 in spite of, despite〈격식체〉, notwithstanding〈매우 격식체〉, for all은 대조를 나타내는 전치사이다.

We are enjoying ourselves in spite of the weather.
우리는 날씨에도 불구하고 즐겁게 보내는 중이다.

Despite her fabulous wealth, Sara's only property is a humble house in the oldest part of Seville. 엄청난 재산에도 불구하고 사라의 유일한 소유물은 세빌의 가장 오래된 지역에 있는 보잘 것 없는 집이었다.

Notwithstanding state aid, the local governments are continuing to seek extra revenue. 〈격식체〉 중앙 정부의 원조에도 불구하고 지방 정부는 추가 세입을 계속 구하고 있다.

For all his skill, he has accomplished very little. (= Despite his great skill …)
그의 기량에도 불구하고 그는 거의 이룬 것이 없다. (그의 뛰어난 기량에도 불구하고)

그리고 in spite of this/that의 의미를 표현하는 문장 부사(361, 462 참조)는 등이 yet, however, nevertheless〈격식체〉, all the same〈일상체〉, still, even so가 있다.

The weather was absolutely dreadful; however, the children enjoyed themselves. 날씨는 완전히 끔찍했다. 하지만 아이들은 즐겁게 보냈다.

Britain was mopping up yesterday after one month's rain fell overnight; yet we're still in the middle of a drought. 하룻밤 사이에 한 달 치의 비가 내린 뒤에 어제 영국은 뒤처리를 하고 있었다. 하지만 우리는 여전히 가뭄이 한창이다.

He has, presumably, the main weight of local opinion behind him, not to mention the considerable resources of the French government. Nevertheless, the omens are not good. 〈다소 격식체, 문어체〉 아마도 그는 프랑스 정부의 엄청난 자원은 물론이고 지역 언론의 많은 지지를 받는 것 같다. 그럼에도 불구하고 조짐이 좋지 않다.

주절과 종속절의 대조를 강화하기 위해서 yet을 주절에 사용할 수 있다.

Although he hadn't eaten for days, yet he looked strong and healthy.
그가 며칠 동안 먹지 않았을지라도 여전히 그는 더 건강하고 강인해 보였다.

◆**Note**

부사 even은 우리가 일반적으로 예상하는 것과 대조적인 내용을 암시하는 데 사용한다.

>Well, you know, even in Alaska the summers get pretty devastating.

>글쎄, 있잖아, 알래스카에서 조차 여름은 꽤 끔찍해져.

위 문장에 함축된 메시지는, (예를 들어) 텍사스라면 여름이 더울 것이라 예상하겠지만 알래스카처럼 북쪽에 위치한 장소에서 여름이 덥다면 놀라운 일이라는 뜻이다.

조건 + 대조

213 조건(if)과 암시적인 대조(even)의 의미를 결합한 접속사가 even if이다.

>I always enjoy sailing, even if the weather is rough. (You wouldn't expect me to enjoy sailing in rough, but I do.) 비록 날씨가 거칠다고 해도 나는 항상 항해를 즐긴다.

>(너는 거친 날씨에는 내가 항해를 즐길 거라 예상하지 않겠지만 나는 즐긴다.)

>We will take appropriate action, even if we have to go it alone.

>우리 힘으로만 해내야 하는 경우라도 우리는 적절한 조치를 취할 것이다.

때때로 even if의 뜻을 나타낼 때 even을 생략하고 if 또는 if …(at least)라고 쓰기도 한다.

>If nothing else, (at least) two good things came out of the project. (Even if nothing else came out of the project …) 다른 것은 몰라도 (적어도) 두 가지 좋은 것이 프로젝트에서 나왔다. (비록 다른 것이 프로젝트에서 나오지는 않았지만)

가정적 조건에서 even if는 똑같이 대조적인 의미를 표현한다.

>She wouldn't give me the money, even if I begged her for it.

>내가 그녀에게 애걸한다 해도 그녀는 나에게 돈을 주지 않을 것이다.

선택 조건: whether … or, whatever 등

214 조건문을 either … or의 의미와 결합하면 두 가지 대조적인 조건을 명시하는 병렬 접속사 whether … or가 된다.

>Whether we win or lose, the match will be enjoyable. (If we win or even if we lose …) 우리가 이기든 지든 시합은 재미있을 것이다.

>(만약 우리가 이기거나 아니면 설사 우리가 지더라도)

>They were guaranteed 40 hours' pay per week whether they worked or not. (If they worked or even if they didn't.) 그들은 일을 하든지 하지 않든지 일주일에 40시간의 보수는 보장 받았다.

예문으로 알 수 있듯이 '기대에 반하다'는 의미는 여기에도 해당한다.

이와 비슷한 의미가 wh-단어인 whatever, whoever, wherever 등에도 담겨 있다.

>These shoes are ideal: I'll buy them, whatever the cost.　　　　　　〔1〕

>이 신발들은 더 없이 좋다. 비용이 얼마든 관계없이 내가 사겠다.

I intend to support the nominee of the party at St Louis, whoever that may be.
나는 세인트루이스의 그 정당 후보라면 그가 누구든 관계없이 지지할 작정이다.   〔2〕

Wherever he goes, he makes friends. 어디를 가든 그는 친구를 사귄다.   〔3〕

위 문장의 의미는 종속절에서 제시한 어떤 조건에도 불구하고 주절의 진술이 사실이라는 뜻이다. 다시 말해서, 〔1〕은 '신발 값이 아무리 엄청나게 비싸더라도 내가 사겠다.'는 뜻을 암시한다는 점에서 대조적인 의미가 존재한다. no matter wh-로 시작하는 부사절을 이용해도 똑같은 의미를 표현할 수 있다.

I'll buy them, no matter what they cost.   〔1〕
값이 얼마가 나가든지 간에 나는 그것을 사겠다.

이런 류의 의미를 담고 있는 일반적인 부사어구 두 가지는 anyway와 in any case(= whatever the circumstances)이다.

I don't know how much they cost, but I'll buy those shoes anyway/in any case. 값이 얼마인지는 모르지만 나는 어쨌거나 그 신발을 사겠다.   〔1b〕

정도(Degree)

215 정도 표현은 보통 절에 있는 특정한 단어의 의미를 수식한다. 정도는 대개 부사로 표현하며, 형용사, 부사 등의 수식어(464-9 참조) 역할을 하거나 그렇지 않으면 절 구조에서 부사어 역할을 한다.

● 수식하는 정도 부사 (465 참조)

A: How hungry are you? 배가 얼마나 고픕니까?
B: (Actually I'm) very hungry. (사실) 많이 고파요.
A: How soon are they leaving? 그들이 얼마나 빨리 떠날까요?
B: (They're leaving) quite soon. 꽤 일찍 (떠납니다).

● 부사어 역할을 하는 정도 부사 (459 참조)

여기서 정도 부사는 보통 동사의 의미를 수식한다. (다음 문장에서는 agree를 수식)

A: How far do they agree? 그들이 어디까지 동의합니까?
B: (They agree) completely. 완전히 (동의해).

만일 명사에 적용하면, 정도는 much 같은 수량사(220, 232 참조)를 통해 표현한다.

A: How much of a dancer is he? 그가 얼마나 대단한 무용수입니까?
B: (He's) not much of one. 〈다소 일상체〉 (그는) 대단한 무용수는 아닙니다.

정도 표현은 how 의문문에 대한 대답으로 형용사와 부사의 정도는 How ~? 동사의 정도는 How much ~? 명사의 정도는 How much of ~?를 사용하여 질문한다. 정도를 묻는 〈격식체〉 의문문은 To what degree ~?와 To what extent ~?로 시작한다. 동사의 경우, 정도 부사어는 때로는 How far ~? 때로는 How much ~?로 시작하는 질문의 대답이 된다.

> A: How far do you disagree with me? 당신은 제 의견에 어느 정도로 반대합니까?
> B: (I disagree with you) absolutely. 완전히 (반대합니다.)
> A: How much did she enjoy the ballet? 그녀는 발레를 얼마나 많이 좋아했나요?
> B: (She enjoyed it) immensely. 엄청나게 (즐거워했습니다.)

단계어와 정도

216 모든 동사나 형용사 등이 단계 표현의 수식을 받는 것은 아니다. 정도는 오로지 단계어에만 적용된다. 즉, 단어의 의미를 등급 개념에서 생각한다. old와 young처럼 정반대의 의미를 지닌 수많은 단어쌍도 단계어이다.

> A: How old is your dog? 당신의 개는 몇 살입니까?
> B: He's very old/quite young. 그 개는 나이가 몹시 많다/꽤 젊다.

만약 정도를 보다 정확하게 표현하고 싶다면 척도 명사구(five years, six foot 등)를 정도 표현으로 사용할 수 있다. 예를 들어, she's five years old. He's six foot tall. 등이다. 단계어에는 두 가지 중요 유형이 있다.

● 등급 단어는 등급 상에서 상대적인 위치를 가리킨다. (예를 들어, large, small)
● 한계 단어는 등급의 종점을 가리킨다. (예를 들어, black, white)

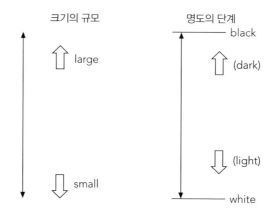

등급 단어를 이용한 정도 표현

217 똑같은 정도 표현이 때로는 수식어구나 부사어구 역할을 하기도 한다.

> She was absolutely craze about him. 〈일상체〉 [수식어구]
> 그녀는 그에게 완전히 미쳤다.

> I must say I agree with you absolutely. [부사어구]
> 단연코 나는 전적으로 네 의견에 동의한다.

다른 경우에는 부사가 다르면 기능도 다르게 사용해야 한다. 예를 들어, very와 too의 역할은 수식 기능에 국한된다. 가장 중요한 차이는 등급 단어에 관한 것으로 다음 표에 제시되어 있다. 그뿐만 아니라 다음 표는 등급 단어를 수식하는 부사들의 차이점도 보여준다.

등급 단어인 형용사와 동사를 활용한 정도 표현법

형용사 등급 단어	동사 등급 단어
(A) 등급 상에서 극단적인 위치 나타내기	
very (220 참조) He's very friendly. 그는 매우 친절하다. It's a very tall building. 그것은 대단히 높은 건물이다.	(very) much (220 참조) a lot 〈일상체〉 a great deal： I like her very much. 나는 그녀를 아주 좋아한다.
(B) 의미를 약간 강화하기	
quite, rather, fairly； pretty 〈일상체〉 She's still quite young. 그녀는 아직도 꽤 젊다. It's rather expensive. 그것은 꽤 비싸다. It's a fairly modern motel. 그것은 꽤 현대적인 모텔이다. She was pretty annoyed. 그녀는 꽤 짜증이 났다.	considerably, rather； quite, a lot 〈일상체〉 I quite enjoy the job. 나는 그 일을 많이 좋아한다. Prices have increased considerably. 물가가 많이 올랐다. We talked a lot about old times. 우리는 옛날에 대해 많이 이야기했다. I rather like her. 나는 그녀를 많이 좋아한다.
(C) 등급 단어의 효과를 누그러뜨리거나 약화하기	
a bit 〈일상체〉, a little, slightly： She's a bit upset. 그녀는 살짝 화가 났다. The journey was slightly uncomfortable. 여행은 살짝 불편했다. It's a little surprising. 이것은 좀 놀랍다.	a bit 〈일상체〉, a little, slightly： I've read a bit about it. 나는 그 일에 관해 조금 읽어보았다. Prices have fallen slightly. 물가가 조금 떨어졌다. I know him a little. 나는 그를 조금 안다.

한계 단어를 이용한 정도 표현

218 한계 단어의 경우(216 참조), 똑같은 부사가 수식어구와 부사어구 기능을 모두 할 수 있다. 이런 부사의 두 가지 주요 종류는 다음과 같다.

● 한계 단어의 의미가 최대한 이용되었음을 나타내는 부사: absolutely, altogether, completely, entirely, quite, totally, utterly …

I'm absolutely positive it's the truth. 나는 그것이 진실이라고 전적으로 확신한다.

I completely disagree with you. 나는 네 의견에 전적으로 반대한다.

I don't entirely agree with what Mr. Turner says.

나는 터너 씨가 한 말에 전적으로 찬성하는 것은 아니다.

We were utterly powerless to defend ourselves.

우리는 자신을 방어할 힘이 전혀 없다.

● 등급의 한계에 가까운 위치를 나타내는 부사: almost, nearly, practically〈일상체〉, virtually …

Mr. Player was almost in tears. 플레이어 씨는 눈물을 흘릴 지경이었다.

I've nearly finished my work. 나는 일을 거의 마무리 지었다.

At the beginning of this term, she virtually had a nervous breakdown.

이번 학기 초에 그녀는 사실상 신경 쇠약에 걸렸다.

Johnny Mercer practically grew up with the sound of jazz and the blues in his ears. 조니 머서는 실제로 재즈와 블루스를 들으며 자랐다.

◆**Note**

quite에 두 가지 용법이 있음을 주의하라. quite는 considerably라는 의미로 등급 단어와 함께 쓰기도 하지만(예를 들어, quite young) absolutely라는 의미일 때는 한계 단어와 함께 사용한다. (예를 들어, quite impossible)

비교급과 최상급을 이용한 정도 표현

219 형용사를 수식하는 정도 표시 단어로 부사를 수식할 수도 있다. 하지만 비교급 형용사와 부사는 다른 경우에 부사어구 기능을 하는 정도 표시 단어의 수식을 받는다. (217 참조)

I am feeling $\begin{Bmatrix} \text{much} \\ \text{a great deal} \\ \text{a lot 〈일상체〉} \end{Bmatrix}$ more healthy than I was.

나는 예전보다 훨씬 더 건강해진 느낌이다.

최상급은 한계 단어에 사용하는 altogether와 absolutely 같은 정도 부사로 강조할 수 있다.

It is altogether/absolutely the best show in town.

이것은 완전히 시내 최고의 공연이다.

그리고 very 역시 최상급 단어 바로 앞에 위치하면 효과를 강조하는 역할을 한다. (하지만 most 앞에는 쓰지 않는다.)

> We want to pick the very best person for the job.
> 우리는 그 일에 맞는 최고의 적임자를 뽑고 싶다.

very와 much

220 앞에서 살펴본 바에 따르면(217 참조) very는 수식어구 역할을 하는 반면 much는 부사어구 역할을 한다. 하지만 부사 much를 단독으로 사용하는 경우는 드물다. 보통은 very나 so 같은 다른 정도 표시 단어의 뒤에 와야 한다. 다음 문장을 비교해 보자.

> The novel has some very enjoyable characters in it. (수식어구)
> 그 소설은 아주 재미있는 등장인물이 몇 명 나온다.
> I very much hope that you will accept. (문중 위치 부사)
> 나는 네가 수락해주기를 간절히 바란다.
> I enjoyed the party very much. (문미 위치 부사) 나는 그 파티를 아주 많이 즐겼다.

많은 동사들이 단독으로 오는 much와 어울리지 못한다. 예를 들어, I much prefer …는 괜찮지만 *I much like …는 허용하지 않는다. 반면에 I very much like …는 허용 가능하다.

> A: I very much like her latest recording. 그녀의 최근 녹음이 아주 마음에 든다.
> B: I (very) much preferred her earlier ones. 나는 그녀의 이전 녹음이 훨씬 더 좋다.

긍정적인 태도와 부정적인 태도

221 몇몇 정도 부사는 '등급'과 '한계'를 나타내는 의미가 동일하면서도 긍정적인 태도와 부정적인 태도 면에서 차이를 보이는 경향이 있다.

긍정적인 태도	부정적인 태도
It's quite warm today.	It's rather cold today.
오늘은 날씨가 꽤 따뜻하다.	오늘은 날씨가 제법 춥다.
She's entirely satisfied.	That is completely wrong.
그녀는 전적으로 만족한다.	그것은 완전히 잘못된 것이다.
The project looks fairly promising.	He felt utterly exhausted.
그 프로젝트는 상당히 유망해 보인다.	그는 완전히 탈진한 기분이었다.

fairly(= considerably), quite(= considerably), entirely는 때때로 긍정적이거나 '좋은' 의미를 나타내는 반면 rather, completely, utterly는 때때로 부정적이거나 '나쁜' 의미를 암시한다. 따라서 fairly warm은 따뜻함이 좋은 일이라는 뜻을 의미한다. 반면에 누군가가 It's rather warm today.라고 말한다면 그 사람은 아마도 날씨가 좀 지나치게 따뜻하다고

생각할 것이다. a bit, a little 같은 표현 역시 부정적인 의미를 나타내는 경향이 있다.

These boxes are a bit/a little heavy. 이 상자들은 조금 무겁다.

정도 부사의 다른 측면

222 ● 어떤 단어들은 등급 단어와 한계 단어로 모두 사용할 수 있다. 예를 들어, 형용사 new, full, empty 등이다.

The furniture looked {
very new.　가구가 아주 새것으로 보였다.
absolutely new.　가구가 완전히 새것으로 보였다.
}

The glass is {
very full.　컵이 가득 차 있다.
absolutely full.　컵이 완전히 가득 차 있다.
}

● 등급 단어와, 다른 한계 단어가 동일한 의미 영역을 다루기도 한다.

	등급		한계
very somewhat	(1) tired (2) rare (3) unlikely	absolutely nearly	(1) exhausted (2) unique (3) impossible

● 한계 단어는 등급 단어의 의미를 강화해주고 감정적인 강조를 더한 단어로서, 하나의 등급 단어에 대응하는 한계 단어는 한 개 이상인 경우가 많다. 예를 들어, terrible은 bad의 의미를 강화한 단어이다.

	보통의 단어		뜻이 강화된 단어
very	(1) good (2) bad (3) large (4) annoyed	absolutely	(1) perfect/marvellous (2) terrible/awful (3) massive/colossal (4) infuriated

◆Note

〔a〕 very를 반복하거나 very … indeed를 덧붙임으로써 의미를 강화할 수도 있다.

He was a very, very special man. 그는 아주, 아주 특별한 남자였다.

That is very strange indeed. 그것은 정말이지 아주 이상하다.

〔b〕 등급 단어와 한계 단어는 이따금 분리하기 힘들 때가 있는데 일상어에서는 한계 단어가 등급 단어로 '변환'하는 경향이 있기 때문이다. 그러므로 too perfect라든가 very unique 같은 표현이 들릴 때가 간혹 있다. 하지만 어떤 화자들은 이런 표현을 불합리하고 '서투른 영어'라고 간주한다.

223 ● 게다가 부정적인 정도 부사(barely, hardly, scarcely 584 참조)와 any류의(697-8 참조) 정도 부사어구 at all(= to any degree)도 있다.

> I scarcely noticed him. (= I almost didn't notice him)
> 나는 그를 거의 알아보지 못했다.
>
> I didn't notice him at all. (= I totally failed to notice him)
> 나는 그를 전혀 알아보지 못했다.
>
> Was it at all enjoyable? 조금이라도 재미가 있었어요?
>
> The text wasn't at all difficult. 그 텍스트는 조금도 어렵지 않았다.

● 지금까지 열거한 정도 부사 외에도 사용이 훨씬 제한적인 정도 부사가 많이 있다. 이런 정도 부사는 특정한 단계어들을 강조하는 경향이 있다. 예를 들어, badly는 동사 need 나 want와 같이 쓰고 thoroughly는 동사 enjoy, disapprove, dislike 등과 함께 쓰며 hard는 동사 work, try 등과 어울린다.

> They were both thoroughly enjoying their first tour of Greece.
> 그들은 둘 다 첫 번째 그리스 여행을 철저하게 즐기는 중이었다.
>
> I welcome this scheme, which is badly needed. (= needed very much)
> 나는 이 계획을 반겼는데 이것은 절실히 필요했다.

역할, 기준, 관점(Role, standard and point of view)

224 단계어에는 역할이나 기준에 부합하는 의미도 담겨 있다. at이나 as를 사용하면 단계어가 암시하는 역할을 명시할 수 있다. for를 사용하면 화자가 단계어를 사용하면서 의거한 기준을 명시할 수 있다. (다음 예문에서 볼드체로 쓴 것이 단계어이다.)

> Anna is clever. 애나는 영리하다. ⎫
> Anna is very clever. 애나는 매우 영리하다. ⎬ (정도)
>
> Anna is clever at swimming. 애나는 수영에 능하다. ⎫
> As a swimmer, she's outstanding. 수영선수로서 그녀는 탁월하다. ⎬ (역할)
>
> Anna is a good swimmer for a youngster. ⎫
> 애나는 청소년치고는 훌륭한 수영선수이다. ⎬
>
> For a learner, she swims well. 초심자치고는 그녀는 수영을 잘 한다. (기준)

더 나아가서, 우리가 단어나 구를 이해하는 관점을 명시할 수도 있다.

> Morally, it was not an easy problem. (= From a moral point of view …)
> 도덕적으로 이것은 쉬운 문제가 아니었다.
>
> In a way, I was very resentful about leaving. (= In one respect/from one point of

view …) 어떤 면에서 나는 떠나는 것에 무척 분개했다.

He is a good swimmer in a technical sense. (= from a technical point of view)
기술적인 관점에서 그는 훌륭한 수영선수이다.

These trials were termed 'political cases' in that the trial itself was a political act. 〈격식체〉 재판 자체가 정치적 행동이라는 점에서 이런 재판은 '정치적 사건'으로 일컬어졌다.

또한 제시된 관점의 주인공이 누구인지 밝힐 수도 있다.

To his parents, his behaviour was astonishing.
그의 부모님이 보기에 그의 행동은 놀라웠다.

비교(Comparison)

225 두 가지 대상이 정도나 수량을 나타낸 척도에서 차지한 위치를 비교하기 위해서는 taller, happier와 같은 비교급 단어나 more careful, less careful과 같은 비교어구를 사용해야 한다. (500 참조) than 이후에 오는 어구나 절은 비교의 근거로 삼은 '기준'을 나타낸다.

Jack is taller than Jill (is).   잭은 질보다 키가 크다.   [1]
Jill is shorter than Jack (is).   질은 잭보다 키가 작다.   [2]
Jill is less tall than Jack (is).   질은 잭보다 키가 덜 크다.   [3]
Jack is less short than Jill (is).   잭은 질보다 키가 덜 작다.   [4]

[1]-[4]번 문장은 의미가 같지만 가능성이 큰 순서부터 차례로 제시되었다. [4]번 같은 문장은 아주 희귀한 편이며 만약 잭과 질을 단신이라는 측면에서 비교할 때에만 쓸 가능성이 있는 문장이다.

동등 비교

226 예를 들어 Jack and Jill are the same height. 같은 동등 비교에서는 more … than 대신에 as … as를 사용한다.

Jack is as tall as Jill (is). 잭은 질만큼 키가 크다.

~ Jill is as tall as Jack (is). 질은 잭만큼 키가 크다.

동등 비교를 부정하려면 not as … as 또는 not so … as를 사용한다.

Jill is not as tall as Jack (is). 질은 잭만큼 키가 크지 않다.   [5]

~ Jack is not so short as Jill (is). 잭은 질만큼 키가 작지 않다.   [6]

다시 말해서, [5]와 [6]번 문장은 225항의 [1]-[4]와 기본적으로 같은 의미이다.

비교급과 최상급

227 두 가지 대상을 비교할 때에는 비교급을 사용한다.

> Jill is the shorter of the two children. 질은 두 아이 중에 더 작은 아이이다.
>
> Jack is the taller of the two children. 잭은 두 아이 중에 더 큰 아이이다.

세 가지 이상의 대상을 비교할 때에는 tallest, most useful, least tall과 같은 최상급을 사용한다.

> Susan is the tallest of the three. 수전은 셋 중에 가장 키가 크다.
>
> Jill is the shortest of the three. 질은 셋 중에 가장 키가 작다.
>
> Tourism is our most important industry. 관광은 우리의 가장 중요한 산업이다.
>
> Things were being done in the least efficient way.
> 일이 가장 비효율적인 방식으로 진행되었다.

비교하는 대상을 정의하기 위해서는 위 예문처럼 〈of + 명사구〉를 사용한다.

> Miller scored the best goal of the game. (= 'best ⋯ of the goals scored in the game)
> 밀러가 그 경기에서 최고의 골을 넣었다. (그 경기에서 들어간 골 중에서 최고)
>
> Luxembourg is the smallest of the countries of the European Union.
> 룩셈부르크는 유럽 연합의 국가 중에서 가장 작다.

때때로 강조를 위해서 of구를 절의 맨 앞에 두기도 한다.

> Of all the capital cities in the world, Bangkok is the one I would most like to
> visit. 세계의 모든 수도 중에서 방콕은 내가 가장 방문하고 싶은 곳이다.

비교의 범위를 명시하기 위해서는 〈in + 단수 명사구〉를 사용한다.

> He was the ablest man in the civil service.
> 그는 공무원 조직에서 가장 능력이 좋은 사람이었다.
>
> It was the worst moment in my life. (또한 of my life)
> 그것은 내 인생에서 최악의 순간이었다.

최상급을 이용하여 비교의 범위를 명시하는 다른 구문으로는 (a) 소유격 한정사, (b) 명사의 속격, (c) 형용사, (d) 관계절이 있다.

> (a) my best friend, her greatest success
>
> (b) the world's highest mountain
>
> (c) the greatest living composer
>
> (d) the most boring speech I ever heard

분명한 기준을 통한 비교

228 때로는 어떤 대상을 문맥상 이해가 되는(주로 전방조응을 통해) 분명한 '기준'과 비교하기도 한다. 이런 경우에는 than that이나 as that을 사용할 수 있다.

A: Jack must be six foot tall. 잭은 틀림없이 키가 6피트일 거야.

B : No, he's taller (than that). 아니, 그는 (그것 보다) 더 커.   〔7〕

Is he really as tall as that? 그가 정말로 그만큼 키가 커?   〔8〕

〔7〕에서는 비교 부분인 than that을 완전히 생략할 수 있다. 〔8〕의 경우에는 Is he THAT tall?〈일상체〉이라고 말해도 좋다. 서로 다른 두 가지 대상을 비교할 때가 아니라 동일한 대상을 이전과 나중으로 나누어 비교할 때에는 than어구를 대체로 생략한다.

All over the world the crime rate is growing worse (= worse than it was), but in many cases the criminal is becoming more difficult to catch(= more difficult than before). 세계 도처의 범죄 발생률은 더 심각해지고 있으며 많은 경우에 범죄자는 체포하기 더욱 어려워지고 있다.

229 지속적인 변화를 표현하고 싶다면 비교급 단어를 반복하고 그 사이에 and를 사용한다.

Germany's position as our principal ally grows stronger and stronger.
우리의 주요 동맹국으로서 독일의 지위는 점점 더 강해져만 간다.

Many painters feel more and more out of tune with modern society.
수많은 화가들은 현대 사회와 점점 더 조화를 이루지 못한다고 느낀다.

Fewer and fewer families are working on the land these days.
요즈음은 농사일을 하는 가구 수가 점점 더 줄어들고 있다.

enough와 too

230 enough와 too는 (대체로 바람직한) 어떤 기준과 비교하여 각각 as much as하고 more than하다는 뜻을 나타낸다. 이런 단어와 관련이 있는 기준은 to부정사절로 나타낼 수 있다. (493 참조)

This new boat is big enough to cross the Atlantic.
이 새 배는 대서양을 횡단할 정도로 크다.

This just sounds too good to be true.
이것은 너무 그럴듯하게 들려서 사실 같지가 않다.

Some of the new laws are too complex for the ordinary citizen to understand.
〈다소 격식체〉 새로운 법률 중 일부는 너무 복잡해서 일반 시민이 이해하기 어렵다.

무엇이 '충분한지' 아니면 '너무 지나친지' 판단하기 위한 기준이나 관점은 for어구로 표현할 수 있다.

Is the room warm enough for you? 방이 지내기에 충분히 따뜻합니까?

The portrait was too big for the room. 그 초상화는 방에 걸기에는 너무 컸다.

의미가 명백할 때에는 기준과 관점을 언급하지 않아도 된다.

Are you warm enough? (= warm enough to be comfortable) 충분히 따뜻합니까?

We have been looking at all kinds of new properties, but they're all too expensive. 우리는 온갖 새 건물을 살펴봐왔지만 그것들은 모두 너무 비싸다.

so ⋯ (that)과 such ⋯ (that)

231 so ⋯ (that)과 such ⋯ (that)(716 참조)을 이용한 정도나 수량 구문은 enough와 too하고 비슷한 의미를 표현하지만 어조가 더욱 강하다는 점이 다르다.

It moved so quickly that we didn't see anything. (대략 뜻을 살펴보면, too quickly for us to see anything) 그것이 너무 빨리 움직여서 우리는 아무 것도 보지 못했다.

The bed was so comfortable that visitors always overslept.
침대가 너무 안락해서 방문객들은 항상 늦잠을 잤다.

He's such a miser that he doesn't even stick stamps on his letters.
그는 얼마나 구두쇠인지 편지에 우표조차 붙이지 않는다.

so ⋯ (that)과 such ⋯ (that) 구문은 that절을 통해 결과의 의미도 더해진다. (202 참조)

Mrs. Lewis was beaten up-kicked so hard that three ribs were broken.
루이스 부인은 구타를 당했는데 너무 심하게 맞은 나머지 늑골 세 대가 부러졌다.

The interview was such a nightmare that I prefer to forget all about it.
인터뷰가 너무 악몽 같아서 나는 그것에 대해 모두 잊어버리고 싶다.

이 문장에서 so와 such는 감정적인 강조를 더해주며 이런 식의 강조는 that절 없이도 표현이 가능하다.

The delay was such a nuisance! 지체는 엄청나게 짜증나는 일이야!
I'm so hungry! (300 참조) 배가 엄청나게 고프다!

명사 비교: more of a success 등

232 지금까지 설명한 다양한 형태의 비교법을 success, fool, coward 같은 가산 단계 명사에 적용하려면 more of a, as much of a, less of a 등의 표현을 사용하면 된다.

I'm more of a socialist now than before. 나는 예전보다 지금 더 사회주의자이다.

It was as much of a success as I hoped (it would be).
이것은 내가 희망했던 만큼의 성공이었다.

You're less of a fool than I thought (you were).
너는 내가 생각했던 것보다는 덜 어리석다.

He's too much of a coward to tell the full story.
그는 너무 겁쟁이라서 전모를 털어놓지 못한다.

비율

233 동등한 성향을 비교하기 위해서는 as로 시작하는 비율 부사절을 사용한다.

Things got worse and worse as time went on.
시간이 흘러갈수록 상황은 점점 더 악화되었다.

As children get older women are more likely to work outside the home.
아이들이 커가면서 여자들이 직장에서 일할 가능성이 더 크다.

보다 〈격식체〉 있는 구문에서는 뒤따라오는 주절에 so를 덧붙인다.

As the slope of the table increased, so everything on it began to slide downwards, nearer to its edge. 탁자의 경사가 심해지면서 그 위의 모든 것이 아래쪽으로 미끄러지기 시작해서 모서리에 더 가까워졌다.

하지만 비율을 나타내는 다른 구문은 〈the + 비교 단어〉로 시작하는 두 개의 절로 구성되어 있다.

Kids! The older they get, the more trouble they become.
아이들이라! 아이들은 나이를 먹으면 먹을수록 점점 더 골칫덩어리들이 된다.

Sandra couldn't deny that, the more she thought about the question the more curious it became. 산드라는 그 문제에 대해 생각하면 할수록 문제가 점점 더 기이해진다는 것을 부인할 수 없었다.

위에서 the는 정관사가 아니라 일종의 정도 부사라는 사실에 주목하자. (It was all the more surprising that she lost the third set.의 경우와 마찬가지이다.) 절의 비교 요소가 the 바로 다음에 나오기 때문에 통상적인 어순과는 다를 때가 많다.

다음을 비교하라. (절의 요소인 S, V, O, A에 관해서는 487을 참조)

> He takes little notice at the best of times. [SVO]
> 그는 절호의 시기에도 거의 관심이 없다.
>
> 비교: The more you argue with him, the less notice he takes. [ASVA], [OSV]
>   네가 그와 싸우면 싸울수록 그는 점점 더 관심을 잃는다.

두 번째 절 또는 두 가지 절 모두의 주어와 동사는 의미만 명확하다면 생략해도 좋다.

The more tickets you can sell, the better. (= … the better it will be)
네가 입장권을 팔면 팔수록 더 좋을 것이다.

The more the merrier. (속담) 사람이 많을수록 더 즐겁다.

We'll have to begin our journey early tomorrow; in fact, the earlier, the better.
우리는 내일 일찍 여정을 시작해야 할 것이다. 사실, 이르면 이를수록 더 좋다.

부가, 제외, 제한(Addition, exception and restriction)

부가

234 부가를 표현하기 위해서는 전치사 in addition to, as well as, beside를 사용할 수 있다.

They stole three valuable paintings, in addition to the money. 〔1〕
그들은 돈 이외에도 값비싼 그림을 세 점 훔쳤다.

As well as ⎫
Besides ⎭ eating a four-course meal, they drank three bottles of wine. 〔2〕

네 가지 코스 요리를 먹는 것 외에도 그들은 와인을 세 병 마셨다.

등위접속문에서 부가의 의미는 and나 (좀 더 강조할 때는) not only … but (also)(520 참조)
로 간단히 전달할 수 있다. 따라서 〔1〕은 다음 두 가지 문장과 동등하다.

~ The money (was stolen) and three valuable paintings were stolen. 〔1a〕
돈(이 사라졌고)과 값비싼 그림 세 점을 도둑맞았다.

~ Not only the money, but (also) three valuable paintings were stolen. 〔1b〕
돈뿐만이 아니라 값비싼 그림 세 점까지도 도둑맞았다.

부사어구 also, too〈일상체〉, as well〈일상체〉, in addition〈다소 격식체〉은 모두 in addition
to(그것 이외에도)라는 의미를 지닌다. (여기서 that이란 앞에서 언급한 대상을 전방조응한다.)

They ate a four-course meal: they also drank three bottles of wine. (= in
addition to eating a four-course meal) 그들은 네 가지 코스 요리를 먹었다. 그들은 와인을 세
병 마시기도 했다.

~ they drank three bottles of wine, too/as well. 그들은 와인도 세 병 마셨다.

~ in addition, they drank three bottles of wine. 게다가 그들은 와인을 세 병 마셨다.

이런 부사어구가 선호하는 위치는 서로 달라서 also는 문중을(451 참조), too와 as well은
문미를, in addition은 문두를 선호한다. (238 참조)

So am I 등

235 so는 문장 첫머리에 위치할 수 있으며, 그런 경우에 뒤에 오는 주어와 기능사가 도치된다.
(415 참조)

I live close to the office. So does my secretary. (= and my secretary does too)
나는 사무실에 가까이 산다. 내 비서도 마찬가지이다.

If the fascists had gained time to prepare for war, so had their enemies.
만약 파시스트들이 전쟁을 준비할 시간을 벌었다면 그들의 적도 마찬가지였다.

so와 too는 긍정적인 의미를 지니는 반면 neither와 nor는 그에 대응하는 부정적인 의미를 지닌다. 부정절에도 그에 대응하는 any류 단어(697 참조)와 부사 either〈일상체〉가 있으며 절의 끝머리에 위치한다. so와 neither, nor 다음에는 어순이 도치된다. (417-18 참조)

A: I'm hungry.　　{ B: I am, too. 　-긍정문
배가 고프다.　　{ B: So am I. 　　나도 그래.

A: I'm not hungry.　　{ B: Neither am I.
배가 안 고프다.　　　{ B: Nor am I. 　　-부정문
　　　　　　　　　　{ B: I'm not, either. 　나도 그래.

제외: except (for), apart from 등

236 제외는 부가의 반대 개념으로 일반적 사실에서 무엇인가를 '빼냈다'는 의미이다. 예외의 의미는 except, except for, apart from, bar, but(but은 오직 수식어구의 일부로만 쓰인다) 등 여러 가지 전치사를 통해서 표현할 수 있다.

None of us had any money except (for) James.
제임스를 제외하면 우리들 중 누구도 돈이 없었다.

Apart from herself and the MacGregors, the house appeared to be empty.
그녀 자신과 맥그리거 가족을 제외하면 그 집은 텅 빈 것처럼 보였다.

In everything but title, he is deputy Premier.
직함을 제외하면 모든 면에서 그는 부총리이다.

All the heavy guns bar one were lost in the river crossing. (다소 흔하지 않은 표현)
하나만 제외하고 모든 중포가 하천 전선횡단 중에 분실되었다.

접속사 except (that)으로 시작하는 부사절을 사용할 수도 있다.

The expedition was working well, except that no one could figure out who was the leader. 아무도 지도자가 누구였는지를 알아내지 못했다는 점만 제외하면 원정대는 잘 되고 있었다.

otherwise와 else도 제외의 의미를 나타내는 부사이다.

You have a good tan, but otherwise (= apart from that) you don't look like a man fresh back from sunny Italy. 피부가 보기 좋게 타긴 했는데 그 점만 제외하면 화창한 이탈리아에서 막 돌아온 사람처럼 보이지 않아.

I noticed that the attic door had been forced open but everything else (= apart from that) seemed to be intact.
나는 다락방 문이 억지로 열렸다는 것을 알아차렸지만 다른 것은 모두 그대로인 듯했다.

이런 관점에서 otherwise는 문장 부사처럼 쓰인 반면 else는 뒤따라오는 대명사의 수식어

처럼 쓰인다. 부사 even은 주로 놀라움과 강조의 효과를 주면서(213 참조) 제외를 부정하는 뜻을 나타낸다. (not excepting)

They stole everything – even the clothes in the cupboard. (not excepting the clothes in the cupboard) 그들은 모든 것을 훔쳤다. 심지어 벽장 안의 옷까지도.

even은 부가의 의미와 밀접한 관련이 있기도 하다.

He knows several languages ; he even claims to speak Chinese. (that in addition to all the others) 그는 몇 가지 언어를 알고 있다. 심지어 중국어도 할 줄 안다고 주장한다.

제한: only 등

237 only는 제한을 의미하는 단어로 부정적인 의미와 제외의 개념을 결합한다.

He was wearing only his shorts. (= He was wearing nothing but his shorts.)
그는 오직 반바지만 입고 있었다.

Only James had any money. (= no one except james …) 제임스만 돈이 있었다.

수량(70-80 참조)과 정도(215-22 참조)의 표현 등과 함께 사용하면 only는 'no more than…'의 의미이다.

Only a few banks have published their balance sheets. (= no more than a few …)
오직 몇몇 은행에서만 대차대조표를 발행했다.

I know her only slightly. (= … no more than slightly)
나는 그녀를 겨우 조금 알고 있을 뿐이다.

only와 비슷한 의미를 지닌 단어로 merely, simply, just 등이다.

She did not reply, but merely smiled, admitting nothing.
그녀는 대답하지는 않고 단지 미소만 지으면서 아무것도 인정하지 않았다.

I don't mind who wins the contest ; for me it's simply a matter of curiosity.
대회에서 누가 이길 지는 상관하지 않는다. 나에게는 단지 호기심이 가는 문제일 뿐이다.

The offer is more to me than just a job. 그 제안은 나에게 단순한 일 이상이다.

only와 just의 제한적인 의미는 다소 다른 방식으로 시간에도 적용할 수 있다.

I saw her only/just last week. (= no earlier than / as recently as)
나는 그녀는 바로 지난주에 만났다.

다음 예문을 통해 only와 even의 차이점을 주목해 보자.

Only my coat was wet. (that and nothing else) 오직 내 코트만 젖었다.

Even my underclothes were soaked. (those as well as everything else)
심지어 내 속옷까지 흠뻑 젖었다.

also, only 등을 통해 중의성 나타내기

238 also, even, only로 대표되는 부가, 제외, 제한의 부사는 문장의 특정한 부분의 의미에 '초점'을 부여할 때가 많다. 예를 들면, 명사구나 동사 또는 주어 이후의 문장 전체에 초점을 부여한다. 문장은 '초점'을 받은 요소에 따라서 의미가 다르게 해석될 수 있다. 예를 들어, I only lent her the books. 하지만 대조적인 억양(400 참조)을 통해서 의미를 명확하게 만들 수 있다.

> (I didn't give her anything-) I only <u>lent</u> her the books. [1]
>
> (나는 그녀에게 아무 것도 주지 않았다) 나는 그녀에게 그 책을 빌려주기만 했다.
>
> (I didn't lend her the <u>computer</u>-) I only lent her the <u>books</u>. [2]
>
> (나는 그녀에게 컴퓨터를 빌려주지 않았다) 나는 그녀에게 그 책만 빌려주었다.

also의 예문도 확인해 보자.

> (He's not only a <u>good</u> actor-) He's also a <u>successful</u> actor.
>
> (그는 좋은 배우일 뿐만 아니라) 그는 성공적이기도 한 배우이다.
>
> (He's not only a successful <u>manager</u>-) He's also a successful <u>actor</u>.
>
> (그는 성공적인 매니저일 뿐만 아니라) 그는 배우로서도 성공적이다.
>
> (He's not only a <u>writer</u>-) He's also a <u>successful</u> actor.
>
> (그는 작가일 뿐만 아니라) 그는 성공적인 배우이기도 하다.

(밑줄 친 부분은 '초점'을 받은 부분이다.) 문어에서는 초점 부사를 초점 요소에 가능한 가깝게 놓는 것이 제일 좋다. only와 even은 it 앞에, too는 it 뒤에 놓아라. 그러므로 I only lent her the books. 대신 I lent her only the books.라고 써서 [2]의 의미를 가려낼 수 있다. 문두에 놓인 only와 even은 문장에서 바로 다음에 오는 요소에 초점을 부여한다. 이때 초점 요소는 주어인 경우가 많다.

> Only one of us had a sleeping bag. 우리들 중에 오직 한 명만 침낭이 있었다.
>
> Even the BBC makes mistakes sometimes. 심지어 BBC조차 이따금 실수를 한다.

다음 문장과 비교해 보자.

> His wife also has a degree in medicine. (His wife, as well as he himself.)
>
> 그의 아내도 의료 학위가 있다. (그와 마찬가지로 그의 아내도)
>
> I too thought he looked ill. (I thought so, as well as you.)
>
> 나도 그가 아파 보인다고 생각했다. (너와 마찬가지로 나도 그렇게 생각했다.)

주제를 나타내는 전치사: about과 on

239 about과 on은 모두 대화나 토론의 주제를 나타낸다.

She told me about her adventure. 그녀는 나에게 자신의 모험에 대해 이야기했다.

She gave us an excellent lecture on/about European social history.
그녀는 나에게 유럽 사회의 역사에 관해서 탁월한 강의를 들려주었다.

Have you any books on/about stamp-collecting? 우표 수집에 관한 책 있어요?

어떤 동사와 명사는 about이나 on을 사용하고 어떤 동사와 명사는 about만 사용한다.

speak about/on	teach (someone) about
lecture about/on	learn about
argue about/on	read about
write about/on	a quarrel about
a book about/on	a story about
a discussion about/on	ignorance about

about과 달리 on은 정중하고 격식을 차린 말이나 글에 제한되는 경향이 있으며 주제나 화제에 더 확실한 초점을 부여한다. about은 정신적인 상태를 나타낼 때 사용한다. 예를 들어 think about, know about, be sorry about 등이다.

◆**Note**

of는 이따금 about을 대신해서 사용된다. 예를 들어 I wouldn't dream of asking him; All you think of is money. 등이다. 하지만 He thought about the problem. (= He considered the problem.)과 He thought of the problem. (= He brought the problem to his mind.)의 차이를 주의해야 한다.

Chapter

2

정보, 사실, 생각

Information, reality and belief

평서문, 의문문, 응답문(Statements, questions and responses)

240 우리는 왜 언어를 사용해야만 할까? 아마도 가장 중요한 이유는 아직 정보를 모르고 있을 법한 누군가에게 정보를 알려주려는 욕망 때문이다. 평서문(696 참조)은 정보를 알려주는 가장 일반적인 문장이다. 의문문(681-4, 696 참조)은 누군가가 청자에게 정보를 줄 때 주로 사용하는 문장이다. 이번 장에서는 정보를 주고받는 방식에 대해 알아보고 사람들이 정보를 다루는 태도와 정보에서 다뤄지는 현실에 대해서도 생각해 보자. 즉, 사실과 생각, 개연성, 간접화법 같은 개념에 대해 생각해 보자.

의문문과 응답문

241 대화에서 반응을 얻기 위해서는 평서문과 의문문이 모두 종종 사용된다. 의문문의 겨우, 가장 자연스러운 반응은 화자에게 필요한 정보를 줌으로써 해당 질문에 대답하는 것이다.

- 일반 의문문 (682 참조)

  A: Is the dinner nearly ready? 저녁 준비가 다 되어가나요?

  B: Yes, it's already cooked. (긍정적 대답) 네, 거의 요리가 다 됐어요. 〔1〕

  B: No, it's not cooked yet. (부정적 대답) 아뇨, 아직 요리가 안 됐어요. 〔2〕

  일반적으로, 진술에 이미 포함된 정보의 일부 혹은 전부를 생략하여 대답을 줄일 수 있다. 따라서 〔1〕을 짧게 변형하면 Yes, it ìs 또는 단순히 Yès이며, 〔2〕를 짧게 변형하면 다음과 같다.

  No, it ìsn't.

  No, not yĕt.

  Not yĕt.

  Nò.

- 의문사(Wh-) 의문문 (683 참조)

  A: Where are you going? 어디 가세요?

  B: (I'm going) to the òffice. 사무실로 (가는 중이야).

  A: What's this thing called? 이건 뭐라고 불러요?

  B: (It's) a wire whìsk. 거품기(라고 해).

  여기서도 대답의 일부분(괄호 안의 부분)을 생략할 수 있다.

선택 의문문

242 일반 의문문은 제한적이다. 오직 부정적이거나 긍정적인 두 가지 대답 중의 하나만 가능

하기 때문이다. 의문사 의문문은 제한이 없다. 의문사(who, what, when, where, how 등, 536-41 참조)가 원하는 정보를 주기만 한다면 여러 가지 대답이 가능하기 때문이다. 다른 종류의 제한적 의문문은 질문에서 언급한 두 개 이상의 대안들 중 한 가지 대답을 기대하는 질문이다.

> A: Shall we go by tráin or by bùs? 기차를 탈까요, 버스를 탈까요?
> B: By bùs. 버스요.
> B: Would you like cóffee, téa, or còcoa? 커피, 차, 코코아 중에 뭘 드시겠어요?
> B: Còffee, pléase. 커피 주세요.

하강조 억양인 마지막 사항만 제외하고 나머지 사항(들)은 상승조 억양이다.

선택 의문문 중에도 긍정적인 대답이나 부정적인 대답을 기대하는 일반 의문문과 비슷한 유형이 있다.

> –일반 의문문: Are you cóming? 갈 겁니까?
> –선택 의문문: Are you cóming or not? 갈 겁니까 말 겁니까?
> Are you cóming or aren't you (coming)?

이런 선택 의문문은 다소 성급한 어조이다. 다른 유형의 선택 의문문은 외형상 의문사 의문문과 더 비슷하다.

> What would you like to drìnk? Cóffee, téa or còcoa?
> 뭘 드시겠어요? 커피, 차, 코코아?

긍정적이거나 부정적인 편향성이 담긴 의문문
some, always, already 등을 포함한 의문문

243 일반 의문문은 긍정적인 대답과 부정적인 대답 사이에서 대체로 중립적이다. 예를 들어, any, ever, yet 같은 any류 단어를 사용하면 중립성을 유지한다. (697-9 참조) 하지만 some, sometimes, already 같은 단어를 사용하면 화자가 질문에 대해 긍정적인 대답을 기대한다는 의미이다.

> Did someone cáll last night? (Is it true that someone called last night? I have reason to believe that they did.) 누군가가 지난밤에 전화를 걸었죠?
> (누군가가 지난밤에 전화를 건 것이 사실인가요? 전화가 왔다고 믿을 만한 이유가 있어서요.)
> (비교: Did anyone call last night? (중립적) 지난밤에 전화가 왔나요?)
> Has she gone to bed alréady? (Am I right in thinking that she's gone to bed already?)
> 그녀가 이미 잠자리에 들었나요? (그녀가 이미 잠자리에 들었다고 생각하는데, 맞습니까?)
> (비교: Has she gone to bed yet? (중립적) 그녀가 잠자리에 들었나요?)
> Do you sometimes regret giving up your jób?
> 직장을 그만둔 것을 가끔 후회하나요?
> (비교: Do you ever regret giving up your job? 직장을 포기한 것을 후회한 적이 있나요?)

〈공손〉하게 제안을 할 때에는 some류의 단어를 사용하라.

Would you like something to éat? (I expect you would!) 뭘 좀 드시겠어요?

(나는 당신이 그러리라고 예상한다.)

Do you need some money for the párking meter?

주차료 징수기에 넣을 돈이 필요하세요?

여기서 대답은 긍정적이라고 추정되며 화자는 사양하지 말라고 공손하게 권한다.

평서문 형태의 의문문

244 의문문을 평서문 형태로 만들어서 질문에 담긴 긍정적 편향성을 강화할 수 있다. (하지만 의문문과 마찬가지로 상승조 억양을 써야 한다.)

You got home sáfely then? 그때 집에 안전하게 도착하셨나요?

I take it the guests have had something to éat? 손님들이 뭔가 잡수신 모양이죠?

이런 의문문은 마치 긍정적인 답변이 나오리라 미리 추정하는 것처럼 다소 일상적인 대화체의 어조이다. 이런 의문문을 부정문으로 만들면 부정적인 대답을 추정하는 것이다.

The shops weren't open? 가게들이 안 열었나요?

부가의문문: 확인을 요청하는 의문문

245 평서문의 말미에 덧붙인 부가의문문(684 참조)은 진술이 사실인지를 확인하는 것이다. 예상 대답은 다음과 같다.

● 만약 평서문이 긍정문이라면 Yes.

● 만약 평서문이 부정문이라면 No.

만약 평서문이 긍정문이라면 부가의문문은 부정문이고 평서문이 부정문이면 부가의문문은 긍정문이다.

He likes his job, doesn't he? (I assume he likes his job. Am I right?)

그는 자기 일을 좋아해요. 그렇지 않나요? (나는 그가 자기 일을 좋아한다고 생각합니다. 내 말이 맞죠?)

Nobody was watching me, were they? (I assume nobody was watching me. Am I right?) 아무도 나를 지켜보지 않아요. 그렇죠? (나는 아무도 나를 지켜보지 않는다고 생각합니다. 내 말이 맞죠?)

만약 부가의문문이 하강조라면 긍정적인 편향성이나 부정적인 편향성이 더 강하며 부가의문문이 청자에게 화자가 이미 확신하는 내용을 확인해달라고 부탁하는 것에 불과하다. 이때 문장은 의문문보다는 평서문에 가깝다.

It's beautiful weather, isn't it? 날씨가 참 좋네요. 그렇지 않나요?

You've met my wife Anne, haven't you? (자신의 아내를 다른 사람에게 소개하는 남자가 한 말) 제 아내 앤을 만난 적이 있으시죠. 그렇지 않나요?

(영어로 부정 의문문에 대답하는 방법을 다룬 246항의 Note 참조)

부가의문문 중에는 평서문과 의문문이 모두 긍정문인 다소 희귀한 유형이 있다. 예를 들어, You've managed to telephone, have you? 여기서 평서문은 화자가 주어진 상황을 근거로 도달한 결론을 나타낸다. 이런 문장을 '단순 확인' 의문문이라고 부른다. 어조는 반어적일 때가 더러 있다.

So you call that hard work, do you? 그래서 그걸 힘든 일이라고 부르는군요, 그렇죠?

부정 의문문

246 부정문 형태의 일반 의문문은 부정적인 대답을 상정하는 것처럼 보이기도 한다. 사실, 이런 의문문은 긍정적인 편향성과 부정적인 편향성이 혼재한다.

Haven't you had breakfast yet? (Is it really true that you haven't had breakfast? I thought you would have had it by now!) 아침을 아직도 안 먹었나요? (아침을 안 먹은 것이 정말 사실입니까? 지금쯤이면 먹었으리라 생각했는데요.) 〔1〕

Can't you drive straight? (I thought you could, but apparently you can't!) 〔2〕 운전 좀 제대로 못하겠어요? (당신이 제대로 할 줄 안다고 생각했는데 그렇지 않군요.)

Won't anyone help us to clear up? 〔3〕 우리가 정리하는 것을 도와주지 않을 건가요?

예문으로 알 수 있듯이 이런 구문은 대개 어느 정도의 놀라움을 (또는 짜증까지) 표현한다. 보통은 화자가 긍정적인 답변을 상정하지만 지금은 부정적인 답변을 예상한다는 의미이다. 따라서 〔1〕번 문장을 말하게 될 상황을 예시하자면 다음과 같다. 화자가 메리를 오전 10시 30분에 방문해보니 메리는 아직도 아침을 차리는 중이다. 화자의 예전 (그리고 일상적인) 가정은 메리가 아침을 먹었다는 것이고 화자의 나중 가정은 (메리가 아침을 준비하는 모습을 볼 때) 메리가 아침을 먹지 않았다는 것이다.

◆Note

어떤 언어에서는 질문에 대답하는 방식이 영어와 다르다. Isn't she here yet?이라는 질문을 듣고 영어로 No라고 대답하면 She is not here.라는 뜻인 반면 Yes라고 대답하면 She is here.라는 의미이다. 대답할 때에는 의문문의 부정적인 문법 형식은 무시하고 기저문장인 She is here.에 대답하면 된다.

의문사가 하나 이상인 의문문

247 비록 드물기는 하지만, 두 개 이상의 의문사가 동일한 의문사의문문 안에 등장할 수도 있다. 이런 경우에 의문사 요소 중 오직 하나만 문두에 위치한다. (단, 두 개의 의문사 요소들이 접속사로 연결된 경우는 예외이다.)

A: Who's bringing what? 누가 뭘 가지고 온다고요?

B: I'm bringing the drinks, and Gary's bringing the sandwiches.
내가 음료수를 가져오고 게리가 샌드위치를 가져올 겁니다.

A: How and when did you arrive? 언제, 어떻게 도착했나요?

B: I arrived by train, on Friday. 금요일에 기차 타고 왔어요.

A: Who did you send those books to, and why? 〈일상체, 무례〉
그 책들은 누구한테 보냈어요? 대체 왜?

B: I sent them to Tanya, becasue she asked me for them.
책은 타냐한테 보냈어요. 타냐가 나한테 책을 부탁했으니까요.

공손한 의문문

248 의문문을 보다 〈공손〉하게 만들려면 (예를 들어, 낯선 사람에게 말할 때) please를 덧붙이거나 Could you tell me …? 같은 도입구문을 사용하면 된다. 다음 네 개의 문장은 가장 공손하시 않은 것부터 가장 공손한 것의 순서로 배열되었다.

What's your nàme, pléase? 성함이 뭐예요?

Would you mind telling me your nàme?
성함을 말씀해주시겠어요?

Please can I have your address and télephone number?
주소와 전화번호를 좀 알 수 있을까요?

Could I àsk you if you are driving to the státion?
역으로 가시는지 여쭤 봐도 괜찮을까요?

(can과 could에 관해서는 325 참조)

평서문에 반응하기: 맞장구

249 의문문과는 달리 평서문에는 반드시 응답이 필요하지는 않다. 하지만 대화중에는 관심, 놀라움, 기쁨, 후회 등의 감정을 표현하거나 화자에게 여전히 주의를 기울이고 있다는 사실을 단지 알리기 위해 평서문에 응답하는 경우가 많다.

A: I've just had a phone call from the travel agent …

B: Yes?

A: … you know those plane tickets to Sydney that you ordered for next Tuesday.

B: Mm?

A: well, he says they are now ready to be collected …

B: Oh, That's nice.

A: ··· but unfortunately, he says there's been a mistake ···

B: Oh, dear.

A: Yes, apparently the plane doesn't arrive in Australia until 9:00 a.m. on Wednesday.

B: I see.

A: 막 여행사 직원한테서 전화를 받았는데요. ···

B: 그래?

A: ··· 그러니까 말씀하셨던 다음 주 화요일 시드니 행 비행기 표 있잖아요.

B: 그런데?

A: 그게, 직원 말로는 지금 수령할 수 있도록 준비가 되었대요.

B: 와, 그거 잘 됐군.

A: ··· 그런데 유감스럽지만, 그 사람 말이 실수가 좀 있었대요. ···

B: 아, 저런.

A: 네, 보아하니 비행기가 수요일 오전 9시는 되어야 호주에 도착할 모양이에요.

B: 그렇군.

Mm /m/, Mhm /mhm/, Uh-huh /əhə/, Yeah /jeə/는 Yes를 대신하여 일상적인 대화에서 사용하는 표현이다. 이런 '맞장구'는 전화 대화에서 특히 중요하다. 맞장구에 해당하는 다른 표현으로는 Oh?와 Really?도 있으며 놀라움과 관심을 나타낸다.

A: I hear Paul's getting married. 폴이 곧 결혼한대.

B: Really? 그래?

그 밖의 맞장구에는 이런 표현도 있다.

ah, sure, quite, right, good heavens, oh God, that's right 등 (23 참조)

짧은 의문문

250 의문문은 청자가 더 많은 정보를 듣고 싶을 때 평서문에 대한 응답으로 활용되기도 한다. 다른 응답과 마찬가지로 이런 의문문도 반복되는 정보를 생략함으로써 축약할 수 있다. 그리고 이전 발화의 의미를 명확하게 하고 싶을 때처럼 특별한 경우에 의문사만 남겨두고 모두 생략되는 경우도 많다.

A: The old lady's buying a house. 그 노부인이 집을 사려고 해.

B: Whèn? / Whère? / Whý? / Whìch house? / Whàt old lady?
　　언제? / 어디서? / 왜? / 어느 집을? / 어떤 노부인이?

문미에 전치사를 사용한 두 단어 의문문도 있다.

A: I'm going to write an adventure story. 나는 모험 소설을 쓸 거야.

B: What fòr? / Who fòr? / What abòut?
　　무엇 때문에? / 누구를 위해서? / 무슨 내용으로?

위와 비슷한 의문문으로 Who with? Where to? 등도 있다. (이렇게 문미에 전치사가 자리한 의문문은 〈일상체〉이며, 〈격식체〉에서는 With whom? 등으로 표현한다. (537 참조)) 이런 짧은 의문문은 모두 〈친근〉하고 비약이 많다. 아주 〈공손〉하게 표현하기 위해서는 더 완전한 의문문을 사용해야 한다. 예를 들어, When is she going to buy it? 등이다. 화자가 하는 말이 어떤 측면에서 명확하지 않을 때에도 이런 의문문을 사용한다. 예를 들어, this나 the 같은 한정어의 의미가 구체적으로 명시되지 않는 경우이다.

> A: Were you there when they erected the new sígns?
>   그들이 그 새 간판을 세울 때 너도 거기 있었니?
>
> B: Whìch new signs? 무슨 새 간판?

◆**Note**

부정 평서문에 대답할 때는 Why?보다 Why not?을 사용하라.

> A: Joan is very upsèt. 조안이 아주 속상해 해.
>
> B: Whý? 왜?
>
> A: She hasn't been invìted. 초대를 못 받았거든.
>
> B: Why nòt? 왜 못 받았어?

반복 의문문: 반복을 요청하는 의문문

251 응답형 의문문의 다른 유형에는 반복 의문문이 있다. 이런 질문을 통해 화자에게 정보를 다시 한번 말해달라고 요청하는 것이다. (대체로는 정보를 듣지 못했기 때문이지만 가끔은 우리의 귀를 믿지 못하기 때문이기도 하다.)

> A: I didn't enjóy that meal. 식사를 즐기지 못했어.
>
> B: Did you say you didn't enjóy it? 즐기지 못했다고 말했어?

여기서 요청하는 내용은 분명하므로 (급격한 상승조의) 의문문 억양을 사용해서 Did you say라는 표현은 생략하고 '되묻기' 부분이나 들은 내용 전부(You didn't enjóy it?)만을 남겨둘 수도 있다. 다음 예문에서 괄호는 반복되는 요소를 어떻게 생략할 수 있는지 보여준다.

> A: The Browns are emigrating. 브라운 씨 가족이 이민을 가.
>
> B: (They're) émigrating? (그 사람들이) 이민을 간다고?
>
> A: Switch the light off, please. 전등 좀 꺼주세요.
>
> B: (Switch) the líght (off)? 전등(을 끄라고)요?

문장의 일부분을 의문사로 표시하는 wh-반복 의문문을 사용할 수도 있다.

> A: It cost five dollars. 5달러가 들었어.
>
> B: Hòw much did (you say) it cost? 얼마가 들었다고(말했어)?　　　　　　　〔1〕
>
> A: He's a dermatologist. 그는 피부과 전문의야.

B : Whát is he? 그 사람이 뭐라고? [2]

이런 의문문에서는 핵심이 의문사에서 나타난다는 사실을 주의하라.

◆**Note**

의문사는 문장의 뒤쪽에 위치할 수도 있다. 따라서 [1]과 [2] 대신에 다음과 같이 말할 수도 있다.

It cost how much? (뭐) 얼마라구요?

He's (a) what? 그가 (도대체) 뭔데?

그러나 이런 의문문은 공손하게 표현하지 않으면 무례하게 들릴 수도 있다.

Sorry, what was his job? 죄송하지만 그의 직업이 뭐였지요?

I'm sorry, I didn't quite hear : what does he do?

죄송합니다만 잘 못 들었어요. 그가 무슨 일을 한다고요?

일반적인 반복 요청

252 일반적인 반복 요청은 아주 흔하게 사용된다.

A : I'll make some coffee. 커피를 좀 드릴게요.

B : ((I) beg your) párdon?

Excúse me? 〈미국식〉

Sórry? 〈영국식〉

Whát? 〈친근, 종종 무례〉 뭐라고요?

일반적인 반복 요청을 좀 더 확실하게 하려면 (예를 들어, 들은 내용 중에서 전부는 아니지만 대부분 듣지 못했을 때) 다음 문장 중에 하나를 선택하면 된다.

I'm sorry, I didn't quite hear/follow what you sàid.

죄송합니다만 말씀하신 내용을 잘 못 알아들었어요.

Sorry, I didn't quite gèt that. 〈일상체〉 죄송합니다만 잘 못 들었어요.

Sorry, would you mind repéating that?

죄송합니다만 다시 한 번만 말씀해주실래요?

I'm very sorry, would you mind saying that agáin?

정말 죄송합니다만 다시 한 번 말씀해주시겠어요?

정보의 생략(Omission of information)

253 앞장에서는 지난 문맥으로 비추어볼 때 이미 명백하게 보이는 정보를 생략하는 일반적인

규칙에 대해서 이미 논의해보았다. 그 규칙은 다음의 평서문과 여섯 가지 가능한 답변들을 통해 좀 더 예시해보겠다.

A : This country must economize if it's going to increase its prosperity.

이 나라는 점점 더 번영하고 싶다면 반드시 절약해야 합니다.

B : I agrèe. 저도 동의합니다.

Absolùtely. 물론이죠.

Certainly nòt. 아니죠.

Nònsense. 말도 안 되죠.

True enŏugh, but the problem is hòw to economize.

분명히 사실이긴 합니다만 문제는 절약하는 방법이지요.

And the only way to do it is by greater taxation.

그리고 그럴 수 있는 유일한 방법은 세금을 더 많이 걷는 거예요.

어떤 면에서 위의 대답들은 전부 '완전한 문장'(695-6 참조)의 구조를 갖추지는 못했지만, 생략된 구조에는 이미 알고 있는 정보가 담겨있으므로 이런 대답도 허용이 가능하다.

'불완전한' 문장과 정형화된 표현

254 다른 경우에, 특정한 정보를 불필요하게 만드는 것은 언어가 아니라 상황이다. 다음 예문들은 여러 가지 상황에서 들을 만한 '불완전'하거나 정형화된 표현이다.

　－명령문: Càrefúl! Òut with it! Fàster! Not so fàst!

　－의문문: More cóffee? How about jòining us? Any gráduate students here?

　－표어: Republicans òut. Republicans for èver.

　－감탄문: Goal! Good! Excellent! You lucky boy! What a pity! Shame! Oh God, what an experience! Poor you! Oh for a drink! Now for some fun!

　－비상 신호: Hèlp! Fìre!

때로는 일상적인 대화에서 〈친근〉하게 말할 때 문장 첫머리의 단어가 생략되는 경우를 보았을 것이다. 생략된 단어는 주로 정보를 거의 전달하지 않는 대명사 주어 그리고 일반조동사 등이다. 다음 예문에서는 그런 단어에 괄호를 쳐두었다.

Beg your párdon. (I …) 죄송합니다.

Want a drínk? (Do you …) 음료수 먹을래?

Serves you rìght. (It …) 거 봐라.

Sorry I mìssed you. (I am …) 전화 못 받아서 미안해요. (만나지 못해서 섭섭해요)

No wònder he's late. (It is …) 그가 늦는 것도 당연하지.

See you làter. (I will …) 나중에 만나.

255 공고문이나 제목 등에서는 명사구, 명사절, 형용사구 등이 단독으로 사용될 때가 많다.

EXIT 출구

WHERE TO EAT IN LONDON 런던의 식사 장소

COLLEGE OFFICERS–PRIVATE 교직원실-출입금지

FRESH TODAY 신선하게 매일 보관(유지)

MEMBER's HANDBOOK 회원용 안내서

SETTING THE NEW AGENDA 새로운 안건 설정

금지 공고문은 주로 명사구 형태를 취한다. 예를 들어, NO SMOKING, NO ENTRY, NO PARKING 등

스포츠 논평 같은 방송에서도 문법 구조가 많이 생략된다. 다음 발췌문은 텔레비전 축구 중계의 해설이다.

Jagtman to Jaeger: a brilliant pass, that. And the score still: Holland 1, Germany O. The ball in-field to-oh, but beautifully cut off, and ⋯

야흐트만이 재거에게. 멋진 패스. 점수는 그대로. 네덜란드 대 독일, 일 대 영. 필드의 공을-아, 하지만 멋지게 걷어내 버리네요. 그리고 ⋯

간접 평서문과 간접의문문(Reported statements and questions)

간접 평서문

256 누군가가 한 말을 전달하려면 따옴표(직접화법) 또는 that절(간접화법)(589 참조)을 사용해야 한다.

Marie said: 'I need more money'. (직접화법)

마리가 말했다. "저는 돈이 더 필요해요."

Marie said that she needed more money. (간접화법)

마리는 돈이 더 필요하다고 말했다.

이 예문에서 Marie said는 전달문이라 할 수 있고 문장의 나머지 부분은 피전달문이라 할 수 있다. 직접화법에서 전달문은 피전달문의 중간이나 사이에 위치할 수도 있다.

'I need more money', { Marie exclaimed. 〔1〕
exclaimed Marie. 〔2〕
she exclaimed. 〔3〕

"저는 돈이 더 필요해요." 마리가 큰 소리로 말했다.

'That child', she said, 'is a monster.' "저 아이는 괴물이에요." 그녀가 말했다.　〔4〕

주어가 대명사가 아니라면 〔2〕처럼 전달 동사 뒤에 위치할 수 있다. 현대영어에서는 *exclaimed she는 사용하면 안 된다.

간접화법

257 이야기체에서 전달 동사는 대체로 과거시제이다. 이런 경우, 직접화법을 간접화법으로 전환할 때 대체로 특정한 변화가 일어난다.

> 1. 현재시제 동사를 (전달 동사와 일치시키기 위해) 과거시제 동사로 바꾸어라.
>
> 2. 1인칭과 2인칭대명사를 3인칭대명사로 바꾸어라.
>
> 3. (때로는) 지시어를 바꾸어라. (99-100 참조) 예를 들어, this는 that으로, now는 then으로, here는 there로, tomorrow는 the next day로, ago는 before로 바꾸어라.

직접화법(화자가 실제로 말한 것) 간접화법(이야기하는 사람의 관점에서 말을 전달하는 것)

> 'I moved here two years ago.' 저는 2년 전에 이리로 이사왔어요.
>
> > ~ He explained that he had moved there two years before.　　　　　　〔1〕
> >
> > > 그는 2년 전에 거기로 이사갔다고 설명했다.
>
> 'Our team has won.' 우리 팀이 이겼다.
>
> > ~ They claimed that their team had won.　　　　　　　　　　　　　　〔2〕
> >
> > > 그들은 자기들 팀이 이겼다고 외쳤다.
>
> 'I will see you tomorrow.' 내일 만나자.
>
> > ~ She promised that she would see him the next day.　　　　　　　　〔3〕
> >
> > > 그녀는 다음날 그를 만나겠다고 약속했다.
>
> 'They can sleep in this room.'
>
> 그들은 이 방에서 자도 돼.
>
> > ~ She suggested that they could sleep in that/this room.　　　　　　　〔4〕
> >
> > > 그녀는 그들에게 그 방에서 자라고 제안했다.

보통의 현재시제 동사만 과거시제로 변화하는 것이 아니라 현재완료(has won/had won)(127 참조)와 조동사(will/would, can/could 등)도 시제가 바뀐다. 동사의 시제가 한 단계 이전 시간으로 이동하는 일은 주로 과거시제 동사에도 적용되어, 간접화법에서 과거시제 동사는 과거완료(대과거)로 이동한다. 따라서 다음 예문과 같이 변화한다.

> 'I saw them yesterday.' 어제 그들을 봤어요.
>
> > ~ He told me that he had seen them the day before.
> >
> > > 그는 그들을 전날 보았다고 나한테 말했다.

하지만 이런 시제 전환이 일어나지 않을 때도 있다. (258 (3) 참조)

특별한 경우

258 간접화법의 시제 이동에는 염두에 두어야 할 네 가지 특별한 경우가 있다.

　(1) 직접화법의 과거완료 동사는 간접화법에서 변하지 않는다. 이런 동사는 '과거 시간으

로 더' 이동할 필요가 없다.

　'I had seen Mac an hour before the meeting.' 회의하기 1시간 전에 맥을 봤어.

　~ She said (that) she had seen Mac an hour before the meeting.

　　그녀는 회의하기 한 시간 전에 맥을 봤다고 말했다.

(2) must, should, ought to 같은 조동사는 과거시제 형태가 없기 때문에 변하지 않는다. 하지만 must는 had to로 바꾸어 전달해도 괜찮다.

　'You must go.' 너희들은 가야만 해.

　~ She said that they must/had to go.

　　그녀는 그들이 가야만 한다고 말했다.

　'You should be more careful.' 더 조심해야지.

　~ He said that they should be more careful.

　　그는 그들이 더 조심해야 한다고 말했다.

(3) 간접 평서문으로 표현한 생각이 전달 시간에도 적용되는 내용이라면 시제나 다른 형태를 변화할 필요가 없다.

　'The world is flat.' 지구는 평평하다.

　~ Ancient philosophers argued that the world is/was flat.

　　고대 철학자들은 지구가 평평하다고 주장했다.

　*지구가 평평한지 둥근지의 문제는 고대만큼이나 현대에도 해당되기 때문이다.

(4) 직접화법에 사용한 전달 동사 중에는 간접화법에서 그대로 사용하지 못하는 경우가 있다. 다음 예문을 보자.

　'The game is up,' growled Trent. "게임은 끝났어." 트렌트가 으르렁거리듯 말했다.

위의 문장은 추리소설이나 범죄소설에서 흔히 등장하지만 다음과 같은 형태로는 사용하지 않는다.

　Trent growled that the game was up.

　트렌트는 게임이 끝났다고 으르렁거리듯 말했다.

이런 동사에는 gasp, grunt, laugh, shout처럼 음성 효과를 강조한 동사가 포함된다.

　'Give the poor girl a chance to get a word in!', Jean laughed.

　"저 불쌍한 여자애한테 대화에 끼어들 기회를 줘." 진이 깔깔거렸다.

　'I'm done', he gasped. "끝냈어." 그가 헐떡거리며 말했다.

　'See for yourself', shouted Derieux. "직접 조사해 봐." 드리유가 소리 질렀다.

answer, declare, reply, say같은 다른 동사는 직접화법과 간접화법 모두에서 쉽게 사용하는 반면 assert, confirm, state 같은 동사는 주로 간접화법에서 사용한다.

　Stacey replied that it would bankrupt Forbes.

　스테이시는 그것이 포브스를 파산시킬 것이라고 대답했다.

The club confirmed that Irons was one of its leading members.
클럽은 아이언스가 핵심 회원들 중의 한 명이라고 확인해주었다.

간접의문문

259 간접화법의 규칙은 간접 평서문에만 적용되는 것이 아니라 간접의문문에도 적용된다. 둘의 유일한 차이점은 간접의문문의 경우에 that절을 대신하여 의문사절(590-1 참조)이 사용된다는 점이다.

〈직접화법 → 간접화법〉

'Do you live here?' '여기에 사세요?'

~ She asked him if (or whether) he lived there.   [5]

    그녀는 그에게 그곳에 사는지 물었다.

'Did our team win?' '우리 팀이 이겼니?'

~ They asked if (or whether) their team had won.   [6]

    그들은 자기들 팀이 이겼는지 물었다.

'Why don't you come with us?' '우리랑 같이 가는 게 어때?'

~ He asked her why she wouldn't come with them.   [7]

    그는 그녀가 그들과 함께 왜 같이 안 가냐고 물었다.

'Which chair shall I sit in?' '어떤 의자에 앉을까요?'

~ He wondered which chair he should sit in.   [8]

    그는 어떤 의자에 앉아야 하는지 알고 싶어했다.

[5], [6]처럼 간접 일반 의문문은 if 또는 whether로 시작하고(591 참조) 간접 의문사 의문문은 직접화법에서 의문문의 문두를 장식한 의문사로 시작한다.

260 선택 의문문(242 참조) 역시 같은 방식으로 작용한다. 일반 의문문 형식의 선택 의문문은 대체로 간접화법에서 whether로 시작한다.

    'Is it yóur turn or Sùsan's?' 네 차례니 아니면 수전 차례니?

    ~ She asked him whether it was his turn or Susan's.

      그녀는 그의 차례인지 수전의 차례인지 그에게 물었다.

전달문이 의문사로 시작하는 부정사인 간접의문문 형식도 있다. (명령문과 비교하라, 336 참조)

    I asked him what to do. (= I asked him what I should do.)

    나는 그에게 무엇을 해야 할지 물었다.

    He wondered whether to leave. (= He wondered whether he ought to leave.)

    그는 떠나야 할지 말아야 할지 알고 싶었다.

부정과 긍정(Denial and affirmation)

부정문

261 화자가 어떤 일을 부인하고 싶을 때 not(또는 n't), no, nothing, nowhere 등의 부정어 하나를 포함한 부정문을 사용한다. (581-4 참조) 부정어가 이끄는 문장이나 절의 일부분, 즉 문장에서 부정되는 부분은 부정 작용역이라고 부른다. 다음 예문에서 부정 작용역은 볼드체로 표시하겠다.

He definitely has**n't taken the job**. 　　　　　　　　　　　　　　　　〔1〕

그는 분명히 그 일을 수락하지 않았다. (그가 수락하지 않은 것이 분명하다.)

He has**n't definitely taken the job**. 　　　　　　　　　　　　　　　　〔2〕

그는 그 일을 분명하게 수락하지 않았다. (그가 수락했는지 분명하지 않다.)

두 가지 예문의 의미는 서로 다르다. 〔1〕에서는 definitely가 부정 작용역 밖에 있는 반면 〔2〕에서는 definitely가 부정 작용역 안에 존재하기 때문이다.

They were**n't at home** | for the whole day.

그들은 하루 종일 집에 없었다. (하루 종일, 그들은 집에 없었다.)

They were**n't at home for the whole day**.

그들은 집에 하루 종일은 없었다. (그들이 집에 하루 종일 있었다는 것은 사실이 아니다.)

(억양에 대해서는 33-41, 397-8 참조) 다음 두 쌍의 문장에서 각각 첫 번째 문장과 두 번째 문장의 의미 차이를 주목해 보자.

Crime necessarily does**n't pay**. (= Crime never pays.)

범죄는 반드시 이익이 되지 않는다. (범죄는 결코 이익이 되지 않는다)

Crime does**n't necessary pay**. (= It doesn't always pay.)

범죄가 반드시 이익이 되는 것은 아니다. (범죄가 항상 이익이 되는 것은 아니다.)

I really do**n't mind waiting**. (= I don't mind at all.)

나는 기다리는 것이 정말 상관없어. (나는 전혀 상관없다)

I do**n't really mind waiting**. (= I do mind, but not too much.)

나는 기다리는 것이 정말 싫은 건 아냐. (싫지만 크게 싫지는 않아.)

262 부정 작용역 안에서는 any, yet, ever 같은 any류 단어를 사용한다.

I didn't attend any of the lectures. 　　　　　　　　　　　　　　　　〔3〕

나는 강의에 전혀 출석하지 않았다. (나는 강의에 하나도 출석하지 않았다.)

We haven't had dinner yet. 　　　　　　　　　　　　　　　　〔4〕

우리는 아직 저녁을 먹지 않았다.

하지만 부정어 다음에 some, already, sometimes 같은 some류 단어를 사용할 수도 있으며 이런 단어는 부정 작용역 밖에 위치한다. 그러므로 〔3〕의 의미는 〔5〕의 의미와 다르다.

I didn't attent some of the lectures. (There were some lectures that I didn't attend.) 나는 일부 강의에 출석하지 않았다. (내가 출석하지 않은 것은 일부 강의 뿐이다.)　　　[5]

263 경우에 따라 절이나 문장 안에 부정 작용역이 전혀 없기도 하다. 그 대신, 부정어의 의미가 문장의 한 구절이나 구절의 일부에 만 적용된다.

No food at all is better than unwholesome food. (= Eating nothing at all is better than …) 몸에 해로운 음식보다 아예 없는 편이 더 낫다. (음식을 전혀 안 먹는 것이 몸에 해로운 음식을 먹는 것보다 낫다.)

We not infrequently go abroad. (= We quite often go abroad.)
우리가 해외에 나가는 경우가 드물지는 않다. (우리는 꽤 자주 해외에 나간다.)

They stayed at a not very attractive hotel. (= … at a rather unattractive hotel)
그들은 아주 근사하지는 않은 호텔에 묵었다. (다소 좋지 못한 호텔에 …)

긍정

264 문장의 긍정적인 의미를 강조하기 위해서 기능사(또는 동사구의 첫 번째 조동사, 609-12 참조)에 핵억양을 위치시킨다. 이것은 누군가가 부정적인 내용을 제안했거나 상정했을 때 특히 대조를 위해 사용한다.

A: So you two haven't met before? 그래서 너희 둘이 전에 만난 적이 없어?

B: Well, we have met—but it was ages ago. 글쎄, 만난 적은 있지만 오래 전이야.

A: What a pity Mary isn't here! 메리가 여기 없다니 애석하네.

B: (But) she is here. (하지만) 여기 있는데.

만약 대답이 직접적인 부정도 아니고 새로운 긍정적 정보를 담고 있다면 새로운 정보는 하강 상승조 억양으로 강세를 받는다. (43 참조)

A: Surely they wouldn't have stolen it? 틀림없이 그들이 그걸 훔치지 않았을까?

B: No, but they could have taken it by mistake.
　　아니, 하지만 그들이 실수로 가져갔을지 모르지.

만약 다른 기능사가 없다면 do를 대역 기능사로 사용하라. (611 참조)

Oh, so you did stay after all. I thought you were leaving early.
아, 그래서 네가 결국은 머물렀구나. 나는 네가 일찍 떠나는 줄 알았어.

I'm afraid I don't know much about cooking. But I do bake my own bread.
요리에 관해서는 많이 알지 못해서 걱정이야. 하지만 내가 먹을 빵은 잘 구워.

부정

265 누군가가 제안했거나 상정한 것을 부정하기 위해서는 다시 한번 기능사에 핵을 위치시키되 이번에는 부정적인 기능사로 정한다. (can't, didn't 등)

So you haven't lost your keys!

그래서 네 열쇠를 잊어버리지 않았구나! (나는 그런 줄만 알았다.)

A: When did he pass his exam? 언제 그가 시험에 합격했어?

B: Well, actually, he didn't pass it. 글쎄, 실제로 그는 합격하지 못했어.

부정어가 축약되지 않으면 핵은 not에 적용된다.

Well, actually, he did not pass it.

짧은 긍정

266 확인의 유형에는 절 안의 모든 요소가 기능사 뒤에서 생략되는 단축형도 있다. 의문문이나 평서문을 간단하게 확인할 때와 이미 들은 내용을 반복할 필요가 없을 때 이런 유형을 주로 사용한다.

A: This book is interesting. 이 책은 재미있네.

B: Yes, it is. (= It is interesting.) 그래. (재밌어.)

A: I assume I will be invited to the meeting. 나는 회의에 초대받을 것 같아.

B: Yes, you will. 그래. 그럴 거야.

A: Can you speak German? 독일어 할 줄 아니?

B: Well, I can, but not very well. 글쎄, 그렇기는 한데 그렇게 잘하지는 못해.

A: Have I missed the bus? 내가 버스를 놓쳤나?

B: Yes, I'm afraid you have. 응, 안됐지만 그랬어.

부정 평서문에 동의하려면 부정 기능사를 사용하라.

A: Your mother doesn't look well. 너희 어머님께서 건강해 보이지 않으셔.

B: No, she doesn't, I'm afraid. 응, 유감스럽게도 그러셔.

짧은 부정

267 (부정) 단축 평서문은 평서문을 부정할 때 사용하기도 한다.

A: You worry too much. 너는 걱정을 너무 많이 해.

B: No, I don't. 아니야, 안 그래.   [6]

A: I'll probably fail my driving test. 아무래도 면허 시험에 떨어질 것 같아.

B: No, you won't. 아니야, 안 그래.   [7]

[6]과 [7]처럼 평서문을 부정하거나 반박할 때에는 상승조나 하강상승조를 사용한다. 이와 비슷하게, 의문문에 답할 때에도 단축형 평서문을 사용한다.

A: Can you speak German? 독일어 할 줄 알아요?

B: No, I'm afraid I can't. 아니오. 아쉽게도 못해요.

A: The line's busy. Will you hold? 통화중이네요. 기다리시겠어요?

B: No, I won't, thanks. 아니오. 안 그럴래요. 감사합니다.

보다 〈격식체〉을 갖추거나 어조가 강한 문장에는 〈기능사 + not〉을 사용한다. 이런 경우에 핵은 not에 위치한다.

A: Did she fail the test? 그녀가 시험에 떨어졌나요?

B: No, she did not. 아니오. 안 그랬어요.

부정문을 부인하려면 상승조나 하강상승조 억양의 긍정적인 기능어를 사용한다.

A: I understand most people didn't agree with me.
   대부분의 사람이 나에게 동의하지 않았다고 알고 있어.

B: Yes, they did. 아냐, 동의했어.

A: I won't pass the exam. 나는 시험에 통과하지 못할 거야.

B: I bet you will. 틀림없이 통과할 거야.

268 어떤 식으로든 어조를 누그러뜨리지 않으면 부정하는 말이 퉁명스럽고 〈무례〉하게 들릴 수 있다. 대조적인 관점을 그저 〈잠정적〉으로 표현함으로써 더욱 〈유화적〉 태도로 부정할 수 있다.

A: He's married, isn't he? 그는 결혼을 했어. 그렇지 않니?

B: Actually, I don't think he is. 실은, 그가 결혼한 것 같지는 않아.

B: Is he? I thought he was divorced. 그래? 나는 그가 이혼한 줄 알았어.

B: Are you sure? I had the impression that he was still single.
   확실해? 나는 그가 여전히 독신이라는 인상을 받았어.

긍정과 부정의 결합

269 not (or n't) … but 구문은 한 가지 생각을 부정하면서 다른 대조적인 생각을 긍정하는 데 사용한다.

He didn't look at Captain Mosira, but stared at the ceiling.
그는 모시라 선장을 쳐다보지 않고 천장을 뚫어지게 바라보았다.

The land doesn't belong to me, but to the government.
그 땅은 내가 아니라 정부에게 속해 있다.

위의 두 번째 문장을 다음과 같이 표현해도 된다.

The land belongs not to me, but to the government.

The land belongs to the government, not to me.

긍정문과 부정문 두 가지 모두에서 핵은 기능어에 위치한다는 것을 주목하자.

> I don't like mathematics, but do enjoy biology.
> 나는 수학은 좋아하지 않지만 생물학은 정말 좋아한다.

동의와 반대(Agreement and disagreement)

동의

270 다른 사람의 판단이나 의견이 의심스러울 때에는 더욱 더 〈공손〉해질 필요가 있다. 비판적인 의견에 찬성할 때는 유감의 뜻을 덧붙여 표현하라.

> A: His speech was so boring. 그의 연설은 너무 지루했어요.
>
> B: Yes. I'm afraid it was. 네, 유감스럽게도 그렇더군요.
>
> Yes, I have to agree with you it was. 네, 그 말씀에 동의할 수밖에 없네요.
>
> I have to admit I found it so. 저도 그렇게 생각했다고 인정할 수밖에요.

그렇지 않고 자신이 동의한다는 사실을 열정적으로 표현하고 싶을 때도 있을 것이다.

> A: It was an interesting exhibition, wasn't it?
> 재미있는 전시회였어요. 그렇죠?
>
> B: (Yes.) it was superb/absolutely splendid. (네.) 최고로/완전히 근사했어요.
>
> A: A referendum will satisfy everybody. 투표가 모든 사람을 만족시킬 거예요.
>
> B: (Yes.) definitely. (네.) 바로 그렇죠.
>
> Exactly. 맞아요.
>
> Absolutely. 물론이죠.
>
> A: A referendum won't satisfy everybody. 투표가 모두 만족시키지는 못할 거예요.
>
> B: Definitely not. 당연하죠.
>
> It certainly won't. 확실히 그렇죠.
>
> You're absolutely right, it won't. 물론 맞아요. 그러지 못할 거예요.
>
> I agree. It won't. 저도 동의해요. 그러지 못할 거예요.

유화적인 반대

271 다른 사람이 한 말을 부인하거나 반대할 때 어떻게 해서든 부인하는 어조를 누그러뜨리지 않으면 〈무례한〉 느낌을 줄 때가 많다. 이때, 양해를 구하는 표현이나 화자의 관점에 맞춘 표현을 한다면 어조를 완화할 수 있다.

> A: English is a difficult language to learn. 영어는 배우기 힘든 언어예요.
>
> B: I'm afraid I disagree with you: some language are even more difficult, I

think.

저는 당신과 생각이 좀 달라요. 어떤 언어는 영어보다 훨씬 더 어려운 것도 있어요.

B : True, but the grammar is quite easy. 맞아요. 하지만 문법은 참 쉬워요.

B : Yes, but it's not so difficult as Russian. 네. 하지만 러시아어만큼 어렵지는 않아요.

B : Do you think so? Actually, I find it quite easy.

그렇게 생각하세요? 실은, 저는 영어가 상당히 쉽다고 생각해요.

A : The book is tremendously well written. 그 책은 엄청나게 잘 쓰여졌어요.

B : Yes, (well written) as a whole – but there are some pretty boring patches, aren't there? 네, 전체적으로 그래요. 하지만 지루한 부분이 몇 군데 있어요, 그렇지 않아요?

부분적인 또는 제한적인 동의

272 토론과 논쟁을 하다 보면 화자의 한 가지 부분에는 동의하면서 다른 부분에는 반대해야 할 때가 많다. 이런 종류의 제한적인 동의를 표현할 때 사용할 만한 몇 가지 방법이 있다.

(다음 예문에서 대문자 X와 Y는 평서문을, 소문자 x와 y는 명사구를 나타낸다.)

Certainly it's true that [X] drugs are a menace, but on the other hand [Y] we have to take a pragmatic stance. 분명히, 약물이 위협이라는 것은 사실이지만 다른 한편으로는 우리가 실용적인 태도를 취할 필요가 있다.

I realize that [X] every form of taxation has its critics, but surely [Y] this is the most unfair and unpopular tax that was ever invented. 어떤 형태의 과세제도든 비판하는 사람은 있겠지만 확실히 이것은 이제껏 만들어진 가장 불공평하고 인기 없는 세금이다.

I'm in total agreement with you/Joan, etc. about [x] the need for international action, but we also have to consider [y] the right of nations to take charge of their own internal affairs. 나는 국제적인 조치의 필요성에 대해 너/조앤에게 완전히 동의하지만 우리는 국내 문제를 주도적으로 해결하려는 국가의 권리에 대해서도 고려해야 해.

Agreed, but if we accept [X] that narcotics have to be illegal, then it must (also) be accepted that [Y] tobacco has to be banned. 동의해. 하지만 만약 우리가 마약을 불법으로 규정하자는 주장을 받아들인다면 담배를 금지해야 한다는 주장도 받아들어야만 해.

동의를 강화하기

273 우리는 동의를 표시한 다음 주장을 보강하기 위해서 부연설명을 덧붙일 수도 있다.

A : The government will have to take steps to limit the number of cars on the road. 정부는 도로 위의 자동차 수를 제한하기 위해서 조치를 취해야만 할 거야.

B : Yes, in fact I believe public opinion is now in favour of banning cars in the central areas of major cities. 그럼, 사실 나는 주요 도시의 중심부에 자동차 진입을 금

지하는 것에 여론이 이제는 찬성한다고 믿어.

위의 A의 주장에 대해 동의를 강화하는 다른 방법도 있다.

> B1: Yes, and what is more, it will have to curb the transportation of heavy goods by road. 그럼, 게다가 무거운 화물을 도로로 수송하는 것도 제한해야 할 거야.
>
> B2: I agree, and in fact one might go so far as to say that this is the greatest challenge facing the government today. 동의해. 그리고 사실 이 문제가 정부가 오늘날 당면한 가장 큰 도전과제라고까지 말할 수도 있지.
>
> B3: Absolutely. Actually, I would go further, and say most people would favour a totally new look at all aspects of transport policy. 물론이지. 사실 나는 더 나아가서 대부분의 사람들이 운송 정책의 모든 면에 대해 완전히 새로운 시각을 지지할 거라고 생각해.

사실, 가정, 중립(Fact, hypothesis and neutrality)

274 지금까지는 긍정, 부인, 부정 등의 측면에서 진술의 진위를 생각해보았지만 진위에 대해 직접적으로 진술하기보다는 추정하는 경우가 많았다.

다음 문장을 비교해 보자.

> I'm glad that the minister has agreed. (사실) 장관이 찬성했다니 다행이다. [1]
>
> I wish that the minister had agreed. (가정) 장관이 찬성했으면 좋을 텐데. [2]

[1]의 화자는 the minister has agreed라는 진술이 진실이라고 상정하는 반면 [2]의 화자는 거짓이라고 상정한다. 어떤 진술을 거짓이라고 상정하는 것을 가정이라고 부른다.

가정적 의미

275 ● 사실(또는 사실적 의미)은 일반적으로 274항의 [1]와 같이 정형절이나 -ing절(493 참조), 추상 명사를 포함한 명사구로 나타낸다.

> I'm surprised that he made that mistake. 그가 그런 실수를 저질렀다니 놀랍다.
>
> ~ I'm surprised at his making that mistake.
>
> ~ I was surprised at his mistake.

● 가정(또는 가정적 의미)은 일반적으로 274항의 [2]와 같이 종속절의 과거시제와 주절의 〈would(또는 'd) + 부정사〉로 나타낸다. 이런 두 개의 구문은 가정적 조건의 주절과 조건 종속절에서 볼 수 있다. (207 참조)

```
                     종속절
          ┌─────────────────────┐
If we saw anything strange, we would let you know.
                            └─────────────────────┘
                                       주절
```

만약 우리가 이상한 것을 보면 당신에게 알려드릴게요.

여기서 과거시제(saw, would)는 과거 시간과는 아무 관계가 없음을 주의하라. 과거시제는 현재 시간이나 미래 시간과 관련되어 있다.

과거 시간이 가정과 결합되면 〈had + 과거분사〉 형태의 완료 구문으로 나타낸다.

　　If we'd seen anything strange, we would have let you know.

　　　만약 우리가 이상한 것을 보았더라면 당신에게 알려드렸을 텐데.

주절 동사부의 would는 다른 과거시제 서법 조동사로 대신할 수 있다.

　　If Monty hadn't been there, you could have told (would have been able to tell) the whole story. 만약 몬티가 거기에 없었더라면 당신이 모든 이야기를 다 할 수 있었을 텐데.

가정절을 포함한 다른 구문

276 조건절을 제외하고도 가정적 의미는 몇 가지 다른 특별한 구문에서도 나타난다. 다음은 몇 가지 주된 사례이다. (괄호 안의 부정문은 절에 암시된 내용이다.)

　　It's time you were in bed. (but you're not in bed)

　　　잠자리에 들 시간이잖아. (그런데 너는 아직 잠자리에 안 들었구나.)

　　He behaves as if he owned the place. (but he doesn't own the place)

　　　그는 마치 그 장소의 주인처럼 행동한다. (하지만 그는 그 장소의 주인이 아니다.)

　　It's not as if you were all that fond of Alice. (You're not fond of Alice)

　　　네가 앨리스를 그렇게 좋아하는 것처럼 보이지는 않는다. (너는 앨리스를 좋아하지 않는다.)

　　Suppose (that) the United Nations had the power to impose a peaceful solution. (It does not have the power …)

　　　유엔이 평화로운 해결책을 시행할 힘이 있다고 가정해 보자. (유엔은 …할 힘이 없다.)

　　If only she had kept her eyes open. (She didn't keep them open)

　　　그녀가 눈을 뜨고 있었다면 좋을 텐데. (그녀는 눈을 뜨고 있지 못했다.)

　　In your place, I'd have taken the taxi. (I didn't take the taxi)

　　　내가 당신의 입장이었다면 택시를 탔을 텐데. (나는 택시를 타지 않았다.)

if절이 없을 때에도 would를 쓰는 경우가 상당히 많지만 그래도 조건의 if라는 의미는 암시되어 있다.

　　I can't let anyone see the letters-it wouldn't be right, would it? (… if I let them see them) 나는 누구한테도 그 편지를 보여줄 수가 없어. 그건 옳은 일이 아닐 테니까, 안 그래?

　　　(만약 내가 누군가에게 편지를 보여준다면)

서법 조동사에는 잠정적인 의미를 표현하는 특별한 가정적 용법이 있다. (286, 322, 325 참조)

가정적 의미를 표현하는 다른 방법들

were, were to, should

277 과거시제 외에도, 일반적이지는 않지만 종속절에서 가정적 의미를 표현하는 세 가지 방법이 있다.

● were 가정법 (708 참조)

I'd play football with you if I were younger. 내가 더 젊다면 너와 축구를 할 텐데.

If I were Home Secretary, I would impose no restriction whatsoever in such matters. 내가 내무장관이라면 이런 문제에서 어떤 경우에도 규제조치를 하지 않을 텐데.

〈일상체〉에서 주어가 단수이면 일상적인 과거시제 was를 were 대신 사용한다.

● were to + 부정사

If it were to rain tomorrow, the match would be postponed. 〈다소 격식체〉

만약 내일 비가 온다면 경기가 연기될 것이다.

이런 구문은 가정적 미래를 표현한다. 다시 한번 말해서, 주어가 단수일 때 〈일상체〉 문체에서는 was to가 대신한다.

● should + 부정사

If a serious crisis should arise, the government would have to take immediate action. 〈다소 격식체〉

만약 심각한 위기가 발생한다면 정부는 즉각적인 조치를 취해야 할 것이다.

〈were to + 부정사〉 구문과 〈should + 부정사〉 구문은 약간 〈격식적 혹은 문학적〉이며 〈잠정적〉 조건을 시사한다. 이런 구문은 일반적으로 조건절(그리고 Suppose he should see us!처럼 조건과 관계가 있는 구문)에 한정된다.

어순이 도치된 조건절

278 다른 유형의 가정적 조건절에는 if가 생략되며 그 대신 주어 앞에 기능사(609)가 자리한다. (어순 도치 416 참조)

이런 구문에서 등장하는 세 가지 기능사는 had, 가정법 were, 추정적 should에서 나타난다. (아래의 280 참조)

Had they known, they would have been more frightened. 〈격식체〉

(If they had known …) 만약 그들이 알았더라면 더 무서워했을 텐데.

Were a serious crisis to arise, the government would have to act swiftly. 〈격식체〉

(If a serious crisis were …)

만약 심각한 위기가 발생한다면 정부가 신속하게 조치를 취해야 할 것이다.

Should you change your mind, no one would blame you. (If you should …)

만약 네가 마음을 바꾼다 해도 누구도 너를 비난하지 않을 것이다.

이렇게 were와 should를 포함한 절은 어조가 다소 〈문학적〉이며 항상 if절로 치환될 수 있다. 예를 들어, If they had known 등.

◆**Note**

had, were, should로 시작하는 부정절에는 축약형을 사용하지 않는다. *Hadn't I known 등을 대신하여 Had I not known 등으로 사용해야 한다.

중립 상태

279 지금까지 살펴본 사실과 가정 외에도 화자가 진위를 상정하지 않는 세 번째 유형의 상황이 있는데, 이런 상황을 중립 상태라 한다. 다음 예문을 살펴보자.

It's best for Sarah to be patient. 사라가 인내심을 갖는 것이 최선이다. 〔1〕

I want all of us to agree. 나는 우리 모두가 동의하기를 바란다. 〔2〕

〔1〕번 문장에서도 사라가 인내심을 갖게 될지 아닐지 알 수 없고 〔2〕번 문장에서도 우리 모두가 동의할지 안 할지 알 수 없다. 이런 점에서 추측은 중립적이다. 부정사 절은 대체로 중립적인 상태를 표현한다.

진위에 대해 중립적인 다른 구문으로는 if나 unless를 포함한 개방 조건이 있다.

It's best if Sarah is patient. 만약 사라가 인내심을 갖는다면 그것이 최선이다. 〔3〕

Unless we all agree, the whole project will collapse. 〔4〕
만약 우리 모두가 동의하지 않는다면 프로젝트 전체가 실패할 것이다.

〔1〕번과 〔3〕번 문장은 같은 효과를 낸다. 의문사절 역시 중립적이므로 이런 점에서 that절과 이따금 대조를 이룬다.

Did you know that the minister has agreed? (I'm telling you-the minister has agreed.) 장관이 동의했다는 것을 알고 있었어? (내 말을 잘 들어봐. 장관이 동의했어.)

Do you know whether the minister has agreed? (Please tell me.)
장관이 동의했는지 알고 있어? (제발 말해줘.)

다음 두 가지 예문도 위와 비슷하게 대조적이다.

Yesterday, he told me that he had passed the exam. (So I know, already)
어제, 그가 시험에 합격했다고 나한테 말했어. (나는 이미 알고 있어.)

Tomorrow, he will tell me whether he has passed the exam. (I don't know yet.)
내일, 그가 시험에 합격했는지 나한테 말해줄 거야. (나는 아직 몰라.)

that절이나 의문사절이 뒤따라올 수 있는 다른 동사로는 doubt이 있다. 반면, 〈not + doubt〉은 확실성을 나타내므로 that절이 뒤따른다.

I doubt whether James will cooperate with us.
나는 제임스가 우리와 협력할 것인지 의심스럽다.

I don't doubt that 나는 제임스가 우리와 협력할 것을 믿어 의심치 않는다.

추정의 should

280 이전에 should가 if절에서 잠정적인 조건을 표현한다고 설명했다. 이런 내용은 가정 조건 뿐만 아니라 개방 조건에서도 사실이다. (207 참조)

$$\text{If you} \left\{ \begin{array}{l} \text{hear} \\ \text{should hear 〈잠정적〉} \end{array} \right\} \text{the news, Jane, please let me know.}$$

그 소식을 듣는다면 저한테도 알려주세요. (나는 제인이 그 소식을 못 들었는지 모른다.)

다른 종속절에서도 should는 어떤 내용을 '사실'이라기보다는 중립적인 '생각'으로 나타내기 위해 중립적으로 사용된다. 이런 should의 용법을 추정적이라 부른다. 다음 두 문장을 비교해 보자.

－사실: The fact is that the referendum will be held next month.

사실은 국민투표가 다음 달에 실시될 것이다.

We know that the referendum will be held next month.

우리는 국민투표가 다음 달에 실시된다는 것을 안다.

－견해: The idea is that the referendum should be held next month.

그 견해에 따르면 국민투표가 다음 달에 실시되어야 한다는 것이다.

Someone is suggesting that the referendum should be held next month.

어떤 사람은 국민투표가 다음 달에 실시되어야 한다고 주장한다.

281 추정의 should는 특히 〈영국식〉 영어의 경우 that절에서 상당히 광범위하게 등장한다. (589 참조)

It's a pity that you should have to leave. 네가 가야만 한다니 안타깝다. 〔4〕

I'm surprised that there should be any objection. 반대가 있다니 놀랍다. 〔5〕

It's unthinkable that he should resign. 그의 사임은 생각조차 할 수 없다. 〔6〕

What gets me is that men should be able to threaten ordinary peaceful citizens with bombs and bullets. 〔7〕

내가 견딜 수 없는 것은 사람들이 폭탄과 총탄으로 평화로운 평범한 시민을 위협할 수 있다는 사실이에요.

이런 문장 중 일부에는 중립성이 결여되어 있다. 예를 들어, 〔5〕번 문장의 화자는 '누군가가 반대한다'고 추측한다. 비록 그렇다 하더라도 〔5〕번과 I'm surprised that there is an objection.이라는 유화적인 문장은 차이점이 있다. 〔5〕번에서 나를 놀라게 만든 것은 반대라는 사실이 아니라 반대라는 '바로 그 생각'이기 때문이다. 〔4〕~〔7〕번 문장의 추정적 should에는 보다 감정적인 어조가 담겨 있다.

◆**Note**

〔a〕 추정의 should는 때로 의문문과 감탄문에 등장하기도 한다.

How should I know? 내가 어떻게 알겠어?

Why should she have to resign? 그녀가 왜 사임해야만 하는데?

〔b〕 어떤 문장에서는 추정의 should를 ought to(292, 328 참조)의 의미를 지닌 should와 구분하기 어렵다.

He has urged that private firearms should be banned.

그는 개인 총기류를 금지해야 한다고 주장했다.

가정법

282 가정법(706-8 참조)에도 중립적인 의미가 담겨 있다. 가정법은 다음과 같이 사용한다.

● 일부 that절은 의도를 표현한다. (《미국식》에서 특히 일반적이다.)

Congress has voted/decided/decreed/insisted that the present law continue to operate. 국회는 현행 법률이 계속 시행되도록 투표했다/결정했다/명령했다/주장했다.

이런 경우에 추정의 〈should + 부정사〉를 사용해도 좋다. 즉, … should continue to operate.

● 일부 조건, 대조, 목적절(207-14 참조)

Whatever be the reasons for it, we cannot tolerate disloyalty. 〈격식체, 고상〉

(= Whatever the reasons for it may be …)

그렇게 한 이유가 무엇이든 간에 우리는 배신을 묵인하지 못한다.

● 특정한 관용구, 주절.

God save the Queen! 여왕폐하 만세!

God Bless America. 미국에게 축복이 있기를.

If you want to throw your life away, so be it. It's your life, not mine.

네가 인생을 허비하고 싶다면 그렇게 하라지. 네 인생이지 내 인생은 아니니까.

Heaven forbid! (앞으로 일어날지 모르는 불행한 일에 관하여) 그런 일은 절대 없다.

Bless you for coming, all of you. 여러분 모두가 여기 오신 것에 축복이 있기를.

이런 관용구는 다소 〈고상하거나 고풍스러운〉 경향이 있다. 일반적으로, 이런 정형화된 가정법은 현대 영어에서는 자주 사용하지 않는 구문이다.

가능성의 정도(Degrees of likelihood)

283 진실과 거짓을 흑백논리가 아닌 가능성의 범위로 생각해볼 수도 있다. 이 범위의 양극단에는 불가능성과 확실성(또는 논리적 필연성)이 있다. 이 외에 생각해야 할 중간 개념으로는 가

능성, 개연성, 비개연성 등이 있다. 이런 관념은 다양한 방법으로 표현한다.

● 가장 중요한 방법은 can, may, must 등의 서법 조동사로 표현하는 것이다. (501 참조)

I may be wrong. 내가 틀릴지도 모른다.

Somebody's car must have been leaking oil.

누군가의 자동차에서 기름이 새고 있었음에 틀림없다.

● 좀 더 〈격식체〉의 문장은 도입의 it과 that절로 구성된다.

It's possible that you're right. (542 참조) 네가 옳을 가능성이 있다.

● probably, perhaps, necessarily 같은 부사어구를 사용한다. (461-3 참조)

Perhaps there was some mistake. 어쩌면 약간의 실수가 있었던 것 같다.

이런 다양한 구문들은 284-92에서 다루고 있고 특별히 주의를 기울일 곳은 부정문, 의문문, 과거 시간 관련 용법, 가정절에 등장하는 조동사의 용법이다.

can, may, must 같은 조동사는 현재뿐만 아니라 미래도 언급할 수 있다.

You may feel better tomorrow. (= It's possible that you will feel better.)

너는 내일이면 기분이 나아질 거야. (내일 네 기분이 나아질 가능성이 있다.)

가능성

can, may, could, might

284 ● 사실의 가능성 (사실에 입각한)

The railways may be improved. 철도가 개선될지도 모른다. 〔1〕

It is possible that the railways will be improved. 철도가 개선될 가능성이 있다. 〔2〕

Perhaps/possibly/maybe the railways will be improved. 〔3〕

어쩌면 철도가 개선될 것이다.

● 생각의 가능성 (이론적인)

The railways can be improved. 철도가 개선될 수도 있다. 〔4〕

It is possible for the railways to be improved. 철도가 개선되는 것이 가능하다. 〔5〕

이론적인 가능성(can)은 사실에 입각한 가능성(may)보다 '약하다'. 예를 들어, 〔4〕번 문장은 단지 이론적으로 철도가 '개선될 수 있다'고, 즉 철도가 결함이 있다고 말한다. 반면에 〔1〕번 문장은 확실한 개선 계획이 있다고 시사한다.

◆Note

가능성을 나타내는 일반적 혹은 습관적 진술에서 can은 sometimes와 대략 비슷한 의미를 나타낸다.

A good leather bag can last(= sometimes lasts) a life time.

좋은 가죽 가방은 수명이 평생을 가기도 한다.

She's very helpful, but she can be short-tempered.

그녀는 무척 도움이 되기도 하지만 성미가 급할 때가 있다.

Lightning can be dangerous. 번개는 종종 위험할 때도 있다.

285 ● 부정문: 불가능을 나타낼 때에는 cannot이나 can't를 사용한다. (하지만 may not은 안 된다.)

He can't be working at this time! (It is impossible that he is working ⋯)

그는 현재 일하고 있을 리 없다. (그가 일하고 있는 것은 불가능하다.)

반면에, He may not be working은 It is possible that he is not working. (그가 일하고 있지 않을 가능성이 있다.)를 의미한다.

● 의문문: can을 사용하되 may는 사용하지 않는다.

Can he be working? (= Is it possible that he is working?)

그가 일하고 있을 수 있나요? (그가 일하고 있을 가능성이 있나요?)

● 과거 시간: 과거 시간에 가능한 일을 언급할 때 could를 사용한다.

In those days, you could be sentenced to death for a small crime.

그 시절에는 사소한 죄를 저질러도 사형을 당할 수 있었다.

과거 일의 (현재) 가능성을 나타낼 때에는 〈may + 완료형〉을 사용한다.

Krasnikov may have made an important discovery. (It is possible that he (has) made a ⋯) 크라스니코프가 중요한 발견을 했을지도 모른다.

(그가 중요한 발견을 했을 가능성이 있다.)

● 가정적: 가정적 가능성을 나타내려면 could나 might를 사용한다.

If someone were to come to the wrong conclusion, the whole plan could/ might be ruined. 만약 누군가가 잘못된 결론에 도달한다면 계획 전체가 무너질 수도 있다/ 무너질지도 모른다.

잠정적인 가능성 (could, might)

286 가정의 의미를 나타내는 could와 might는 〈잠정적인 가능성〉을 표현할 때가 많다. 즉, 가능하기는 하지만 실제로 일어날 것 같지는 않은 일을 가리킨다.

He could/might have been telling lies. (It is just possible that he was/has been telling lies.) 그는 거짓말을 해왔을 수도 있다. (그가 거짓말을 해왔을 가능성이 있다.)

I wonder if there could be a simpler solution to the problem.

그 문제를 풀 더 간단한 해결책이 있는지 궁금하다.

능력 (can, be able to, be capable of 등)

287 can, be able to, be capable of 등으로도 표현하는 '능력'이라는 개념은 '이론적인 가능성'

과 밀접한 관련이 있다.

She can speak English fluently. 그녀는 영어를 유창하게 구사할 줄 안다.

Will you be able to meet us in London tomorrow?

우리를 내일 런던에서 만나줄 수 있나요?

She is capable of keeping a secret when she wants to.

그녀는 필요로 할 땐 비밀을 지킬 줄 안다.

It's nice to know how to swim. 수영할 줄 안다는 것은 멋지다.

● 부정문: cannot, can't(또는 be unable to, be incapable of)를 사용한다.

I can't speak a word of German, and I doubt if Count Zeppelin will be able to speak English. 나는 독일어는 한 마디도 할 줄 모르지만 제펠린 백작이 영어를 할 수 있을지는 의문이군.

I cannot explain what happened. 무슨 일이 일어났는지 나는 설명할 수가 없다.

Maria was unable to speak and incapable of moving.

마리아는 말을 할 수도 움직일 수도 없었다.

● 의문문:

Can you drive a car? 운전할 줄 알아요?

Do you know how to unlock this door? 이 문을 어떻게 여는 줄 아세요?

● 과거 시간: could는 때때로 '~하는 방법을 안다'는 의미를 나타내며 영구적으로 혹은 언제나 발휘하는 능력을 가리킨다.

Marcus knew that I could play the piano a little.

마커스는 내가 피아노를 조금 칠 수 있다는 것을 알았다.

was/were able to는 '능력'과 '성취'의 개념을 결합하여 표현할 때가 많다.

By acting quickly, we were able to save him from drowning. (We could, and did save him.) 재빨리 행동함으로써 우리는 그가 물에 빠진 것을 구해낼 수 있었다. (우리는 그를 구할 능력이 있었고 실제로 그를 구해내기도 했다.)

● 가정:

I'm so hungry, I could eat two dinners!

배가 너무 고파서 저녁을 두 번 먹을 수도 있을 것 같아!

Deane could no more play Falstaff than Britt could play Cleopatra.

브릿이 클레오파트라를 연기할 수 없었던 것처럼 딘도 폴스태프를 연기할 수 없었다.

확실성 또는 논리적 필연성 (must, have to 등)

288 〈must + 부정사〉와 〈have + to부정사(또는 have got to)〉는 확실성이나 논리적 필연성을 나타낸다.

There must have been some misunderstanding. 무슨 오해가 있었던 것이 틀림없다.

You have to be joking!/You've got to be joking! 농담이겠지!

The bombing's got to stop sometime. 폭격이 언젠가는 멈추겠지.

It is (almost) certain that the hostages will be released.
포로가 풀려날 것이 (거의) 확실하다.

Many people will certainly/necessarily/inevitably lose their jobs.
수많은 사람들이 틀림없이/반드시/불가피하게 일자리를 잃을 것이다.

~ Many people are certain/sure/bound to lose their jobs.
수많은 사람들이 일자리를 반드시 잃을 것이다.

Inevitably, some changes will take place. 불가피하게, 몇 가지 변화가 일어날 것이다.

가능성과 확실성의 대조적인 관계에 대해서는 다음 예문으로 확인해 보자.

She's over ninety, so

her father must be dead. 그녀의 아버지는 돌아가신 것이 틀림없다.

~ her father can't still be alive. 그녀의 아버지가 여태 살아계실 리가 없다.

~ it is impossible that her father is still alive.
그녀의 아버지가 여태 살아계실 가능성이 없다.

~ it is certain that her father is dead. 그녀의 아버지가 돌아가신 것이 분명하다.

*이 네 가지 예문은 모두 사실상 같은 의미를 전달한다.

289 ● 의문문:

Does there have to be a motive for the crime? 그 범죄에 동기가 있어야만 하나요?

~ Is there necessarily a motive for the crime? 그 범죄에 반드시 동기가 있나요?

● 부정문:

Strikes don't have to be caused by bad pay. (they can also be caused by bad conditions 등) 파업이 반드시 형편없는 보수 때문에 일어나는 것은 아니다. (열악한 근무조건 등의 이유로 발생할 수도 있다.)

Strikes are not necessarily caused by bad pay.
파업이 필연적으로 형편없는 보수 때문에 일어나지는 않는다.

There's no need to be upset. You don't need to worry about it.
속상해 할 필요가 없어. 넌 그 일에 관해 걱정할 필요가 없어.

◆**Note**

서법 조동사 need(484 참조)는 〈특히 영국식〉 영어에서 의문문과 부정문일 때 must를 대신하여 사용한다.

You needn't wait for me. (It is unnecessary …)

너는 나를 기다릴 필요가 없어. (불필요한 일이야)

하지만 이런 상황에 need를 사용하는 경우는 드물며 그 대신 〈need to + 부정사〉 또는 〈have to + 부정사〉를 사용하여 You don't need/have to wait for me.로 표현한다. 의문문에서는 must를 사용하는 경우가 극히 드물다. 다음 예문은 반어적이다.

Must we have slurping noises? 후루룩 소리를 반드시 내야만 할까?

290 ● 과거의 확실성(had to)과 과거에 관한 확실성(주로 〈must + 완료형〉으로 표현한다.)은 반드시 구분해야만 한다.

Don't worry. Someone had to lose the game. (It was necessary, by the rules of the game, for someone to lose.) 걱정하지 마. 누군가는 경기에서 져야 하잖아.
(경기의 규칙에 따라 누군가가 지는 것이 필연적이었다.)

John must have missed his train. (It appears certain that John missed his train.)
존이 기차를 놓친 것이 틀림없다. (존이 기차를 놓친 것이 확실해 보인다.)

● 가정: have to를 과거시제로 만들거나 would와 함께 사용한다.

If I had to choose, I'd prefer this job to any other.
꼭 선택해야만 한다면 나는 다른 어떤 일보다 이 일을 선호할 것이다.

You would have to be brilliant, to win a prize.
상을 타려면 너는 똑똑한 사람이야 할 거야.

예측과 예측가능성 (will, must)

291 앞에서 살펴보았듯이 (288 참조) must는 증거를 기반으로 결론이 나올 때 확실성을 나타낼 때가 많다. 전화가 울리는 소리를 들으면 누군가가 다음과 같이 말할지도 모른다.

That must be my daughter. (= I know that she is due to phone at about this time, and I therefore conclude that she is phoning now.) 저것은 우리 딸이 틀림없어. (나는 딸이 이맘때쯤 전화를 걸 예정임을 알고 있으므로 지금 딸이 전화를 건다는 결론을 내리는 것이다.)

이와 비슷한 방식으로 will을 사용해서 현재에 관한 '예측'을 표현할 수도 있다. (미래에 관해 예측할 때 will을 사용할 수 있는 것처럼 – 141 참조)

That will be my daughter. 저 사람은 내 딸일 거야.

여기서 must와 will은 거의 차이가 없다.

They will have arrived by now. (They will have arrived by tomorrow.)
그들은 지금쯤 도착했을 것이다. (그들은 내일쯤 도착할 것이다.)

They must have arrived by now. (*금지 표현: They must have arrived by tomorrow.)
그들은 지금쯤 도착했음이 틀림없다. (그들은 내일쯤 도착했음이 틀림없다.)

will을 사용한 이런 종류의 예측은 조건문에서 자주 등장한다.

If you are full, you won't need any pudding.

배가 부르다면 푸딩은 조금도 필요하지 않을 거야.

If you pour boiling water on ordinary glass it will probably crack.

보통 유리잔에 끓는 물을 부으면 유리잔은 아마 금이 갈 것이다.

will은 늘 일어나는 일이라는 의미로도 사용하여 '예측 가능성'이나 '특유의 행동'을 표현할 수도 있다.

Accidents will happen. (속담) 사고는 일어나기 마련이다.

A lion will attack a human being only when it is hungry.

사자는 배고플 때에만 인간을 공격하는 법이다.

이미 언급했듯이 (130 참조) would도 이에 상당한 용법이 있어서 과거의 습관적이거나 특징적인 (예측 가능한) 행동을 표현한다.

She would often go all day without eating.

그녀는 종종 하루 종일 먹지도 않고 지내곤 했다.

개연성 (should, ought to 등)

292 조동사 should와 ought to(483 참조)는 '개연성'을 표현할 수 있다. '확실성'을 표현하는 must와 비슷하지만 더 약한 개념이다. 다음 문장을 비교해 보자.

Our guests must be home by now. (I am certain.)

손님들은 지금쯤 집에 도착했음이 틀림없다. (확신한다.)

Our guests $\left\{ \begin{array}{l} \text{should} \\ \text{ought to} \end{array} \right\}$ be home by now. (They probably are but I'm not certain.)

손님들은 지금쯤 집에 도착했을 것이다. (어쩌면 도착했을지도 모르지만 확신하지는 못한다.)

should는 ought to보다 더 자주 사용한다. 개연성을 나타내는 다른 방식은 다음 예문을 통해 확인해 보자.

It is quite probable/likely that they didn't receive that letter.

그들이 그 편지를 받지 않았을 개연성이 상당하다.

He is probably the best chess player in the country.

그는 아마도 우리나라 최고의 체스 선수일 것이다.

They have very likely lost the way home. (여기서 likely는 부사이다.)

그들이 집으로 가는 길을 잃어버렸을 가능성이 상당히 높다.

The concert is likely to finish late. (여기서 likely는 형용사이다.)

그 공연은 늦게 끝날 것 같다.

● 부정문: 개연성의 부정은 shouldn't, oughtn't to, it is improbable/unlikely that으로 표현한다.

There $\left\{ \begin{array}{l} \text{shouldn't} \\ \text{oughtn't to} \end{array} \right\}$ be any difficulties. 아무 어려움도 없을 것이다.

~ It is unlikely that there will be any difficulties. 어떤 어려움도 있을 것 같지 않다.

● 의문문: (드물다)

Is there likely to be any difficulty in getting tickets?

표를 구하기 어려울 것 같아요?

◆Note

sure 같은 형용사처럼 must와 will(291 참조)도 이따금 의미가 약해질 때가 있어서 '확실성'이 아니라 '개연성'에 가까운 의미를 전달한다. 사람들이 천성적으로 의견을 과장하려는 경향이 있기 때문이다.

You'll be feeling hungry after all that work.

너는 그 일을 다 하고 나면 배가 고플 것이다.

They must have spend years and years building this cathedral.

그들은 이 대성당을 짓는 데 오랜 세월이 걸렸을 것이다.

I'm sure that they can all be trusted. 그들은 모두 신용할 만한 사람인 것 같아.

진실에 대한 태도(Attitudes to truth)

293 여기서는 사람들이 어떤 진실이나 사실을 지지하거나 지지하지 않는 방식에 대해 생각해 보자. 이 문제에 관련된 사람은 화자인 I이거나 다른 사람 또는 사람들 집단일 것이다. 이런 태도를 표현하기 위해 주로 사용하는 방법은 다음과 같다.

● that절: I know that his answer will be 'No'. 나는 그의 대답이 거절임을 알고 있다.

● 의문사절: I know what his answer will be. 나는 그의 대답이 무엇일지 알고 있다.

● 때때로 obviously, without doubt 같은 부사어구

Without doubt, she is one of the best teachers in the school.

의심할 바 없이, 그녀는 학교에서 가장 훌륭한 선생들 중의 한 명이다.

● 삽입절과 같이 다른 구문을 이용할 수도 있다. (499 참조)

They can all be trusted, I hope. 그들 모두가 신뢰받을 수 있길 바래.

◆Note

〈비인칭〉 구문에서는 1인칭대명사를 이용한 문장보다는 288-292항에서 논의한 확실성, 개연성 등을 표현하는 방법을 사용하려는 경향이 많다. 따라서 I am certain…이나 I doubt … 같은 구문을 대체할 만한 비인칭 구문은 It is certain …과 It is unlikely …이다.

확신

294 Polly knew (that) she was being watched. 폴리는 자신이 감시당하는 것을 알았다.

You know what I'm like : I hate a big fuss.

너는 내가 어떤 사람인지 알잖아. 나는 수선떠는 것이 싫어.

I'm certain/sure (that) the party will be a success.

나는 파티가 성공적일 것이라고 확신한다.

~ The party will be a success, I feel sure. 나는 파티가 성공하리라 확신한다.

They were (absolutely) convinced
$\begin{cases} \text{(that) they would succeed.} \\ \text{of there success.} \end{cases}$

그들은 자신들의 성공을 (전적으로) 확신했다.

It is obvious/clear/plain (to us all) that he has suffered a great deal.

그가 엄청나게 고통 받아왔음이 (우리 모두에게) 명백/확실/분명하다.

~ He has clearly/obviously/plainly suffered a great deal.

그는 확실히/분명히/명백히 엄청나게 고통 받아왔다.

We don't doubt that he is honest. 우리는 그가 정직하다고 믿어 의심치 않는다.

~ We have no doubt of his honesty. 우리는 그의 정직함을 믿어 의심치 않는다.

Doubtless it doesn't always rain at Barnard Castle : that's just the way it seems.

의심할 바 없이 버나드 성에 항상 비가 내리는 것은 아니다. 그냥 그렇게 보인다.

의심 또는 불확신

295 의심은 확실성의 반대 개념이다.

I am not certain/sure/convinced that he deserves promotion.

나는 그가 승진할 자격이 있음을 확신하지 못한다.

~ I am not certain/sure whether he deserves promotion.

They were uncertain/unsure (of) who was to blame.

그들은 누가 비난받아야만 하는지 확신하지 못했다.

I doubt if many people will come to the meeting.

나는 많은 사람들이 회의에 올 것인지 의심스럽다.

~ I don't think many people will come to the meeting. (587 참조)

There were some doubts about your pricing policy.

귀사의 가격 정책에 대해서 몇 가지 의문점이 있었습니다.

We have doubts about the risks everyone is taking.

우리는 모든 사람들이 감수하는 위험에 대해서 의구심이 든다.

They were uncertain of/about the best course to take.

그들은 선택할 최고의 방책에 대해서 확신하지 못했다.

생각, 소견, 그리고 유사한 의미들

296 ● 생각, 소견

I believe (that) the lecture was well attended.

나는 강의에 참석자가 많았다고 생각해.

~ The lecture was well attended, I believe.

She thinks (that) she can dictate to everybody.

그녀는 모든 사람에게 명령할 수 있다고 생각해.

It was everybody's opinion that the conference was a success.

회의가 성공적이었다는 것이 모든 사람의 의견이었다.

It's my belief that global warming will lead to widespread shifts of population.

지구 온난화가 광범위한 인구이동을 초래했다는 것이 내 생각이다.

In my opinion, he was driving the car too fast.

내 생각에는 그가 차를 너무 빨리 몰고 있었어.

You may consider yourselves lucky. The hurricane could have wrecked your house. (이 문장에서 나온 목적 보어의 용법에 대해서는 508, 733 참조)

너는 천만다행이라고 여길지도 모르겠어. 허리케인이 너의 집을 파괴했을 수도 있었으니까.

She was thought/believed/considered to be the richest woman in Wurope.

그녀는 유럽에서 가장 부유한 여성으로 간주되었다.

부가의문문(684 참조), 그 중에서도 특히 하강조의 부가의문문은 의견을 표현하는 데 사용할 수 있다.

He was driving too fast, wasn't he? 그는 차를 너무 빨리 몰고 있었어. 안 그래?

◆**Note**

'소견'과 '생각'은 약간 차이가 있다. 소견은 주로 관찰과 판단을 근거로 도달한 내용을 말하기 때문이다.

It's my belief that he drinks too much. (I don't know how much he drinks, but …)

그가 술을 과하게 마신다는 것이 내 생각이야.

(나는 그가 술을 얼마나 많이 마시는지는 모르지만 …)

It's my opinion that he drinks too much. (I know how much he drinks, and in my judgement, it's too much.) 그가 술을 과하게 마신다는 것이 나의 소견이야.

(나는 그가 술을 얼마나 많이 마시는지 아는데, 내 판단으로는 너무 지나쳐.)

● 추정:

We assume/suppose that you have received the package.

우리는 네가 소포를 받았다고 추정해.

All the passengers, I presume, have been warned about the delay.

내가 추측하기로는 모든 승객들이 연착에 대해 통지를 받았다.

~ All the passengers have presumably been warned about the delay.

모든 승객들이 아마 연착에 대해 통보를 받았을 것이다.

I guess I'm a kid at heart. 〈일상체, 미국식〉

나는 마음만은 어린아이인 것 같아.

여기서는 '현재의 예측'을 의미하는 will을 사용할 수도 있다.

I assume you will all have heard the news.

나는 여러분 모두가 그 소식을 들었으리라 생각합니다.

● 외관:

It seems/appears (to me) that no one noticed his escape.

(내가 보기에는) 아무도 그의 탈출을 알아차리지 못한 것 같다.

~ No one seems/appears to have noticed his escape.

아무도 그의 탈출을 알아차리지 못한 것 같다.

~ Apparently, no one noticed his escape.

보아하니, 아무도 그의 탈출을 알아차리지 못했다.

It looks as if he's ill. 〈다소 일상체〉 그는 아픈 것처럼 보인다.

(여기서 looks는 외관적인 모습만을 가리킬지도 모른다.)

◆**Note**

〈일상 미국식〉 영어인 경우에 마지막 예문의 as if는 like로 대체할 수 있다. 〈영국식〉 영어에서는 like를 접속사처럼 사용하는 용법을 거의 허용하지 않는다.

297 위의 296항에서 보여준 유형의 that절에서는 전이부정(587 참조)이 보편적이다. 따라서 I think he hasn't arrived 대신 I don't think he has arrived가 즐겨 쓰인다.

이런 세 가지 범주의 축약형 대답에서 믿음, 의견 등의 대상을 나타내는 절은 주로 so로 대신할 수 있다. (386 참조)

A: Has the race been postponed? 경주가 연기되었나요?

B: {
I think so. 그런 것 같아요.
I suppose so. 그런 것 같아요.
It seems so. 그렇게 보이네요.
Apparently so. 아무래도 그런 것 같네요.
I don't think so. 그런 것 같지 않아요.
}

(여기서 so는 (that) the race has been postponed를 대신한다.)

Chapter

3

서법, 감정, 태도

Mood, emotion and attitude

감정의 강조(Emotive emphasis in speech)

298 Chapter 2에서는 정보를 주고받는 수단으로서의 영어를 살펴보았다. 하지만 언어는 이것 이상이다. 즉 언어는 사람들 사이에서 의사소통이 가능하게 해준다. 화자의 감정과 태도를 표현할 때도 많고 화자가 청자의 태도와 행동에 영향을 미치기 위해 언어를 이용할 때도 많다. 이번 장에서는 영어의 이런 측면을 살펴보기로 한다.

감탄사

299 이번에는 영어의 〈친근체〉 유형에 대해 주로 다루기로 한다. 감탄사의 주된 또는 유일한 기능은 감정을 표현하는 것이다. 일반적인 영어의 감탄사에는 다음과 같은 것이 있다.

-Oh /oʊ/ (놀람)

Oh, what a beautiful present. 와, 정말 예쁜 선물이네요.

-Ah /ɑː/ (만족, 인정 등)

Ah, that's just what I wanted. 아, 그게 바로 제가 원하던 거예요.

-Aha /əhɑː/ (의기양양한 만족, 인정)

Aha, these books are exactly what I was looking for.
아하, 이 책이 바로 제가 찾아다니던 거예요.

-Wow /waʊ/ (크게 놀람)

Wow, what a fantastic goal! 우와, 정말 멋진 골입니다!

-Yippee /jɪpiː/ (흥분, 기쁨)

Yippee, this is fun! 이야, 이거 재밌는데!

-Ouch /aʊʧ/ (고통)

Ouch, my foot! 아야, 내 발!

-Ow /aʊ/ (고통)

Ow, that hurt! 아, 아파!

-Ugh /ʌx/ (혐오)

Ugh, what a mess. 웩, 엉망이네.

-Ooh /uː/ (기쁨, 고통)

Ooh, this cream cake's delicious. 어, 이 크림 케이크가 맛있네.

감정을 강조하는 다른 방법

300 ● 감탄문: (528 참조)

What a wonderful time we've had! 얼마나 멋진 시간을 보냈는지!

How good of you to come! 〈다소 격식체〉 이렇게 와주시다니 정말 친절하시군요!

감탄문은 명사구나 형용사구로 축약하는 경우도 많다.

　　What a girl! (What a girl she is!) 대단한 여자네! (그 여자 정말 대단한데!)

　　How funny! (How funny it is!) 정말 재미있네!

● 강조의 so와 such (528 참조)

　　The whole place was such a mess! 공간 전체가 완전히 엉망이었어!

　　I'm so afraid they'll get lost. 그들이 길을 잃을까봐 정말 걱정이야.

　　I didn't know he was such a nice man. 나는 그가 그렇게 좋은 사람인지 몰랐어.

so와 such는 감탄문이 그러하듯 감정의 강조를 수반하며 다소 '과장'된 어조를 나타낼 수
도 있다. so와 such가 강세를 받을 때 각별히 강조하고 싶다면 핵 강세를 받기도 한다.

● 반복 (정도를 표시하기도 한다 = extremely)

　　This house is far, far too expensive. 이 집은 정말 너무 비싸다.

　　I agree with every word you've said – every single word.
　　나는 네가 한 모든 말에 동의한다. 말 한 마디 한 마디를 다.

　　I think that the lecturers are very very boring.
　　나는 강사들이 정말 너무 지루하다고 생각해.

　　You bad, bad boy! (버릇없는 아이에게 하는 말) 요 나쁜 녀석!

반복을 강조하기 위해서 강세를 사용한 것에 주목하라.

● 기능사에 강세주기 (609-12 참조)

　　That will be nice! 그것 참 좋겠는데!

　　What are you doing? 대체 뭐 하는 거야?

　　We have enjoyed ourselves! 우리는 정말 즐겁게 보냈어!

기능사는 핵 강세를 받을 때가 많다. do는 강조를 나타내기 위해서 유사 조동사로 사용될
수도 있다. (611-12 참조)

　　You do look pretty. 너 정말 예뻐 보인다.

　　You did give me a fright. 네가 정말로 나를 놀라게 했어.

이와 비슷한 용법으로, 명령문을 설득력 있게 강조하기 위해서 do를 사용하기도 한다.

　　Do be quiet! 〈무례〉 조용히 해!

　　Do come early. 일찍 오세요.

● 다른 단어에 핵 강세가 갈 때

　　I wish you'd see to it. 네가 그 일을 맡아주면 좋을 텐데.

　　I'm terribly sorry! 정말로 미안해요!

강조 부사와 수식어구

301 217-218항에서 살펴보았듯이 많은 정도 부사와 다른 정도 표현들은 수식을 받는 단어의
의미를 강화한다.

Well, that's very nice indeed. 음, 그거 정말 좋은데요.

We are utterly powerless. 우리는 전혀 힘이 없다.

It's this sort of thing that makes me look an absolute fool.
나를 완전히 바보처럼 보이게 만드는 것은 이런 종류의 일이다.

〈친근체〉언어에서 terrific, tremendous, awfully, terribly 같은 형용사와 부사는 감정을 자극하는 힘을 제외하면 거의 의미를 담고 있지 않다. 따라서 terrific, great, grand, fantastic은 단지 good이나 nice를 강조한 대응어이다. 예를 들면, The weather was terrific; It was a great show. 등으로 활용할 수 있다. awfully와 terribly는 '나쁜' 의미로도 '좋은' 의미로도 모두 사용될 수 있음을 주의하라.

She's terribly kind to us. 그녀는 우리에게 정말로 친절하다.

정도 부사 외에도 really와 definitely 같은 특정한 부사들은 강조 효과가 있다.

We really have enjoyed ourselves. 우리는 정말 즐겁게 지냈다.

He definitely impressed us. 그는 우리에게 정말 깊은 인상을 심어주었다.

It was truly a memorable occasion. 그것은 정말로 기념할 만한 일이었다.

She literally collapsed with laughter. 〈친근〉그녀는 정말로 웃다가 쓰러졌다.

강조

302 의문사 의문문의 감정적인 힘을 강화하기 위해서는 ever, on earth 등을 의문사에 덧붙이면 된다.

How ever did they escape? (I just can't imagine.)
그들이 도대체 어떻게 탈출했나요? (도저히 상상도 안 된다.)

Why on earth didn't you tell me? (How silly of you!)
도대체 왜 나한테 말하지 않았니? (넌 정말 바보 같기도 하다!)

What the hell does he think he's doing? (The idiot!)
그는 도대체 무슨 일을 한다고 생각한 거야? (바보 같으니!)

이런 형태는 〈일상 또는 친근한 언어〉에서 전형적으로 나타난다. (what the hell, why the hell 등의 표현은 가벼운 금기어이다.) 〈문어체〉에서는 ever가 때때로 의문사와 결합하여 whoever, wherever 등의 의문사를 형성하지만, 그렇게 사용될 경우에 이런 단어는 강조 (214, 592 참조) 이외에 다른 용법이 있다. why ever는 붙여 쓰지 않고 항상 두 개의 단어로 적는다.

강한 부정

303 ● 부정문을 강조하려면 부정어의 바로 뒤나 문미에 at all을 덧붙이면 된다.

The doctors found nothing at all the matter with him.
의사들은 그에게서 아무런 문제도 찾아내지 못했다.

She didn't speak to us at all. 그녀는 우리에게 한 마디도 하지 않았다.

이밖에 다른 부정 강조어로는 a bit〈일상체〉, by any means(둘 다 정도 부사) 그리고 whatever(부정어 명사구 다음에 오는 수식어)가 있다.

They weren't a bit apologetic. 그들은 미안해하는 기색이 조금도 없었다.

You have no excuse whatever. 너는 전혀 변명의 여지가 없다.

부정 강조어의 예를 좀 더 살펴보자.

I didn't sleep a wink.〈일상체〉(주로 sleep 동사하고만 사용한다.) 나는 한 숨도 못 잤다.

He didn't give me a thing.〈일상체〉(= anything at all)

그는 나에게 아무 것도 주지 않았다.

● not a로 시작하는 부정어 명사구는 강조를 위해 사용할 수 있다.

We arrived not a moment too soon. (= We didn't arrive one moment too soon.)

우리는 시기적절하게 도착했다. (우리는 결코 너무 빠르게 도착하지 않았다.)

● 전치 부정:

부정 요소는 절의 맨 앞에 위치할 수 있다. 이처럼 부정어 강조의 다소〈수사적〉형태가 앞서 언급한 형태와 결합할 때가 많다.

Not a penny of the money did he spend. 그는 돈을 단 한 푼도 쓰지 않았다.

Never have I seen such a crowd of people.〈다소 격식체〉

나는 그렇게 많은 사람을 본 적이 없다.

did, have 등의 기능사는 주어 앞에 위치한다. (다만 부정 요소 자체가 주어인 경우는 제외한다. 예를 들어, Not a single word passed her lips.) (417 참조)

감탄 의문문과 수사 의문문

304 감탄 의문문은 일반 의문문을 보통의 상승조 대신에 강조 하강조로 억양을 취한다. 가장 일반적으로 사용하는 유형은 부정형이다.

Hasn't she gròwn! (She's grown very very much!) 그녀는 많이 컸구나! 〔1〕

Wasn't it a marvellous còncert! 정말 멋진 공연이었어! 〔2〕

A: The picture's faded. 그 사진은 색이 바랬어.

B: Yes, isn't it a pìty. 그래, 정말 유감이지 뭐야. 〔3〕

여기서 화자는 청자에게 적극적으로 동의를 구한다. 〔2〕의 효과는 다음과 비슷하다.

It was a marvellous còncert, wàsn't it? (245 참조)

다른 유형의 감탄 의문문은 긍정문 형태이며 기능사와 주어에 강세가 있다.

Am I hùngry! (I'm very very hungry.) 너무 너무 배고파!

Did he look annòyed! (He certainly looked very annoyed.)

그는 정말로 많이 짜증이 난 듯하다!

Has she gròwn! (She's grown such a lot!) 그녀가 정말 많이 컸네!

305 수사 의문문은 감탄문이라기보다는 강력한 평서문이다.

● 긍정문:

긍정의 수사 의문문은 강한 부정문과 같다.

> Is this a reason for saving no one? (Surely that is not a reason …)
>
> 이것이 아무도 구해주지 않은 이유가 되겠습니까? (분명 그것은…한 이유가 아니다.)

● 부정문:

부정의 수사 의문문은 강한 긍정문과 같다.

> Didn't I tèll you he would forget? (You know I told you …)
>
> 그가 잊어버릴 거라고 내가 당신에게 말하지 않았던가요? (당신은 내가 …라고 말한 것을 안다.)

이 외에도 수사 의문문도 있다.

> What dìfference does it make? (It makes no difference.)
>
> 그런다고 무슨 차이가 있겠어? (아무 차이도 없다.)
>
> How many employees would refuse a rise in pày? (Very few or none.)
>
> 임금 인상을 거절할 직원이 얼마나 있겠어? (거의 없거나 아예 없다.)

명칭이 시사하듯이 수사 의문문은 어조가 다소 〈수사적〉일 때가 많으며 청자에게 명백해 보이는 것을 부인해 보라고 요구한다.

감정의 묘사(Describing emotions)

306 이제 감정적인 행동을 묘사하거나 전달하는 부분을 생각해 보자. 어떤 대상에 대한 감정적인 반응은 전치사 at으로 표현할 수 있다.

> I was alarmed at his behaviour. 나는 그의 행동을 보고 깜짝 놀랐다. 〔1〕
>
> An audience will always laugh at a good joke. 〔2〕
>
> 관객들은 멋진 농담에는 항상 웃어줄 것이다.
>
> She was very surprised at your resignation from the club. 〔3〕
>
> 그녀는 내가 클럽을 사퇴했다는 소식을 듣고 몹시 놀랐다.

〈영국식〉 영어에서 어떤 반응을 유발한 원인이 사건이 아니라 사람이나 사물일 때에는 at 대신 with를 사용한다.

> I was furious with him for missing that penalty.
>
> 나는 그가 그 페널티 킥을 놓쳐서 몹시 화가 났다.
>
> Is she pleased with her present? 그녀는 선물을 받고 기뻐하니?

이런 경우에 사용하는 다른 전치사로 about과 of가 있으며 worried about, annoyed about, resentful of 등으로 활용한다. (239 참조)

As a former champion, he was annoyed about his own failures, and resentful of the successes of others.

전 챔피언으로서 그는 자신의 실패에 화가 났으며 다른 사람들이 거둔 성공에 분개했다.

감정을 불러일으키는 원인은 to부정사나 that절(should를 사용해도 좋고 생략해도 좋다. 280 참조)로 표현할 때가 많으며 이런 경우에 전치사는 생략한다. (655 참조)

They were alarmed to find the house empty.

그들은 집이 비어있다는 것을 알게 되자 깜짝 놀랐다.

I'm sorry to have kept you waiting. 당신을 계속 기다리게 만들어서 죄송합니다.

He was delighted to see them so happy. 그는 그들이 무척 행복해 보여서 기뻤다.

We're anxious that everything should go smoothly.

우리는 모든 일이 순조롭게 진행되기를 간절히 바란다.

307 감정의 원인이 주어(또는 수동태에서는 by + 행동주체)로 표현될 때도 있다. 306항의 [3]번 문장을 다음 예문과 비교해 보자.

Your resignation from the club surprised her very much.

네가 클럽에서 탈퇴하자 그녀가 무척 놀랐다.

~ She was very surprised by your resignation from the club.

감정을 묘사하는 다른 구문은 영향을 받은 사람이 누구인지 명시하지 않으므로 더욱 〈비인칭체〉이다.

The accommodation was satisfactory/delightful, etc. [4]

그 숙소는 만족스럽다/마음에 든다. 등.

The news from the front is very disturbing. [5]

최전선에서 날아온 소식은 마음을 몹시 어지럽힌다.

It's amazing that so many passengers were unhurt. (438, 542 참조) [6]

그렇게 많은 승객들이 다치지 않았다니 정말 놀랍다.

It is a pity that the government should ever have been led to abandon its principles. 정부가 원칙을 저버릴 정도로 휘둘리다니 유감스럽다. [7]

It's a pity to leave the party before the fun starts. [8]

흥이 돋기도 전에 파티를 떠나다니 유감이야.

이런 경우에는 대부분, 영향을 받은 사람들이 '나' 즉 화자일 가능성이 크다. 영향을 받은 사람들은 때때로 to나 for로 시작하는 구문을 통해 분명히 표현되기도 한다. 예를 들면, for most people, disturbing to me 등으로 사용한다. 따라서 [6]번 문장은 다음과 같이 덧붙여 표현할 수 있다.

To me, it's amazing that so many passengers were unhurt.

그렇게 많은 승객들이 다치지 않았다니 저로서는 무척 놀랍네요.

감정을 표현하는 문장부사어구

308 어떤 문장부사어구(삽입절을 포함, 499 참조)는 감정적 반응이나 판단을 표현할 수 있다.

> To my regret, he did not accept our offer. (= I regretted that he did not accept the offer.) 유감스럽게도 그는 우리 제안을 받아들이지 않았다.
>
> (나는 그가 제안을 받아들이지 않아서 유감으로 생각한다.)
>
> Surprisingly, no one has objected to the plan. (= It is surprising that …)
> 놀랍게도 아무도 그 계획에 반대하지 않았다. (…하지 않아서 놀랍다.)
>
> She is wisely staying at home today. (= She is wise to stay …)
> 그녀는 현명하게도 오늘은 집에 머무르는 중이다. (… 머물다니 그녀는 현명하다.)
>
> The children were rather noisy, I'm afraid. (= I'm afraid the children were …)
> 아이들이 유감스럽게도 다소 소란스러웠다. (아이들이 …해서 유감이다.)

surprisingly나 wisely와 비슷한 부사는 amazingly, strangely, regrettably, fortunately, luckily, happily, hopefully, preferably, foolishly, sensibly 등이다.

> Amazingly, the dog survived. 놀랍게도 그 개가 살아남았다.
>
> Fortunately we were outside the building when the fire started.
> 화재가 시작되었을 때 다행스럽게도 우리는 건물 밖에 있었다.
>
> Hopefully all my problems are now behind me.
> 바라건대 이제 내 모든 문제를 잊어버렸으면 좋겠다.

좋고 싫음

309 like, love, hate, prefer 같은 동사 다음에는 명사구 목적어 [9], to부정사절 [10], -ing절 [11]이 뒤따른다. (721-723 참조)

She likes/loves/hates	parties.	[9]
	to give parties.	[10]
	giving parties.	[11]

그녀는 파티를 여는 것을 좋아한다/아주 좋아한다/싫어한다.

영어권 사람들 중에는 마지막 두 문장이 미묘하게 다르다고 생각하는 사람이 있다. [10]번의 부정사절은 '생각'(그녀는 그것에 대한 생각을 좋아한다/아주 좋아한다/싫어한다.)을 표현하는 반면 [11]번의 -ing절은 '사실'(그녀는 그것을 할 때 그것을 좋아한다/아주 좋아한다/싫어한다.)을 표현하기 때문이다. (274 참조) 따라서 ([10]번은 아니지만) 어떤 문맥에서 부정사절은 중립적인 의미를 나타내기도 한다. (279 참조)

He likes me to work late.

그는 내가 늦도록 일하기를 원한다.

'…and that's why I do it.'
(… 그리고 그것이 내가 연장근무를 하는 이유이다.)

'…but I never do it.'
(… 하지만 나는 절대 연장근무를 하지 않는다.)

He likes me working late. (…and that's why I do it.)

그는 내가 야근하는 것을 좋아한다. (… 그리고 그것이 내가 연장근무를 하는 이유이다.)

본동사가 가정을 나타날 때는 대체로 부정사절만을 사용할 수 있다.

A: Would you like to have dinner now? 지금 저녁을 드시겠어요?

B: No, I'd prefer to eat later. 아뇨, 저는 나중에 먹는 편이 좋아요.

◆Note

enjoy, dislike, loathe는 오직 -ing구를 취한다.

He enjoys/dislikes/loathes cleaning the car.

그는 세차를 좋아한다/싫어한다/몹시 싫어한다.

선호

310 prefer는 like more 또는 like better 즉 '더 좋아한다'는 뜻이다. 선호도에서 밀리는 보기는 to구문이나 rather than으로 시작하는 절로 나타내며 (to)부정사나 -ing분사가 뒤따른다.

Most people prefer trains to buses.

대부분의 사람들은 버스보다 기차를 더 좋아한다.

They prefer renting a car to having one of their own.

그들은 자기 차를 갖기보다 차를 빌리기를 더 좋아한다.

~ They prefer to rent a car rather than to have one of their own.

~ Rather than buy a car of their own, they prefer to rent one.

자기 차를 갖느니 차라리 그들은 차를 빌리는 것을 더 좋아한다.

She has always preferred making her own clothes,

rather than
instead of
} buying them in the shops.

그녀는 가게에서 옷을 사느니 차라리/그 대신에 만드는 것을 항상 선호한다.

〈would prefer + to부정사〉(가정의 선호)는 〈would rather + 원형부정사 + than〉구문으로 대신할 수 있다. (715 참조)

I'd prefer to stay in a house rather than in a hotel.

나는 호텔보다는 집에 머무는 편이 더 좋다.

~ I'd rather stay in a house than in a hotel.

호불호 이외의 감정들

311 다음은 호불호가 아닌 다른 감정을 표현하는 몇 가지 방법이다. 대부분은 이미 논의하면서 예문을 살펴본 것이다. 다만, 정도 부사(217-26 참조)로 감정의 '강도'를 나타낼 수 있음에 유의하자. 이런 문장은 대체로 〈일상체, 친근체〉이다.

희망

312 I (very much) hope (that) he $\left\{ \begin{matrix} \text{will arrive} \\ \text{arrives} \end{matrix} \right\}$ on time.

나는 그가 정시에 도착하기를 (무척) 바란다.

I am hoping that they get that letter tomorrow. 〈잠정체〉 (139 참조)
나는 내일 그들이 그 편지를 내일 받으리라 기대한다.

I was hoping we would get a bit more time. 〈더욱 잠정체〉 (121, 139 참조)
나는 우리에게 조금 더 시간이 주어지기를 희망한다.

I hope to see you soon. 곧 다시 뵙기를 바랍니다.

Hopefully, next spring will bring an improvement in the economic situation.
바라건대, 내년 봄에는 경제적 상황이 개선되기를 희망한다.

즐거운 일에 대한 기대

313 I am looking forward to receiving your reply.
저는 귀하의 답장을 받게 되기를 고대하고 있습니다.

I know we'll enjoy meeting you again.
우리가 당신을 다시 만나면 분명 반가울 겁니다.

실망이나 후회

314 I'm (rather/very) disappointed that the match has been cancelled.
그 경기가 취소되었다니 (다소/무척) 실망스럽다.

It is (somewhat) disappointing that over half the tickets are unsold.
표의 절반 이상이 팔리지 않았다니 (다소) 실망스럽다.

It's a (great) shame/pity that this is the last party.
이것이 마지막 파티라니 (무척) 아쉽다/유감이다.

I'm (very) sorry to hear that you have to leave.
당신이 떠나야 한다는 소식을 들으니 (무척) 유감입니다.

I had hoped that she would change her mind. (실현되지 않은 희망) (275 참조)

나는 그녀가 마음을 바꿔주기를 기대했다.

I wish (that) someone had let me know. (실현되지 않은 소망) (321-2 참조)
누군가가 나한테 알려주었다면 좋았을 걸.

If only I had known! (322 참조) 내가 알았더라면 좋았을 텐데

Unfortunately we're having trouble with the builder.
불행하게도 우리는 그 건축업자와 문제가 있다.

찬성

315

$$I \text{ (very much) approve of} \begin{cases} \text{the plan.} \\ \text{your asking for his opinion.} \langle\text{격식체}\rangle \end{cases}$$

나는 그 계획에/네가 그의 의견을 물어보는 것에 (무척) 찬성한다.

It wasn't a bad movie, was it? 〈친근체〉 (가벼운) (684 참조)
나쁜 영화는 아니었어, 그렇지?

I (quite) like the new boss. 나는 새 상관이 (꽤) 마음에 들어.

$$I \begin{cases} \text{love} \\ \text{do like} \end{cases} \text{your dress. (열정적)}$$

나는 네 드레스가 무척 마음에 들어. / 정말 좋아.

What a great/terrific/marvellous ··· movie! (열정적) (528)
정말 근사한/멋진/놀라운 ··· 영화야!

반대

316

I don't like the way she dresses (very much). 나는 그녀가 옷 입는 방식이 (무척) 싫어.

I don't (much) care for iced tea, actually. 사실, 나는 아이스티를 (정말) 좋아하지 않아.

$$I \text{ didn't think} \begin{cases} \text{much of the orchestra.} \\ \text{the orchestra was much/very good.} \end{cases}$$

나는 그 오케스트라를 대단하게/그 오케스트라가 대단히 훌륭하다고 생각하지 않아.

I thought the novel was poor/dreadful/appalling, didn't you?
나는 그 소설이 서툴다고/끔찍하다고/형편없다고 생각해. 너는 안 그랬어?

It would have been better, I think, if you hadn't mentioned it.
네가 그 말을 언급하지만 않았다면 훨씬 더 나았을 텐데.

You shouldn't have bought such an expensive present. (328 참조)
너는 그렇게 값비싼 선물을 사지 말았어야 해.

You could have been more careful. 네가 좀 더 조심할 수도 있었을 텐데.

I don't think you should have told the children.
내 생각에는 네가 아이들에게 말을 하지 말았어야 했어.

I had hoped you would have done more than this.
나는 네가 이것보다는 더 많이 했기를 기대했어.

반대 의사는 의문문을 통해서 보다 간접적으로 표현하는 경우가 많다.

Did you have/need to work so late?
그렇게 늦게까지 일해야만 했니/일할 필요가 있었니?

Why did you do a thing like that? 어째서 그런 짓을 했니?

Was it really necessary to be so rude to the waiter?
웨이터에게 굳이 그렇게 무례하게 굴 필요가 있었니?

Don't you think it would have been better if you had told me in advance?
네가 나한테 미리 말했더라면 상황이 더 나았을 거라고 생각하지 않니?

놀람

317 It's (rather) surprising/amazing/astonishing that so many people come to these meetings. 그렇게 많은 사람들이 이 회의에 오다니 (다소) 놀랍다.

I am/was (very) surprised that so many turned up.
그렇게 많은 사람이 나타나다니 (무척) 놀랍다/놀랐다.

What a surprise! How amazing! 정말 뜻밖이야! 정말 놀라운데!

How strange/odd/astonishing/amazing that you both went to the same school!
너희 둘 다 같은 학교에 다녔다니 정말 신기하다/이상하다/놀랍다.

Wasn't it extraordinary that the child was totally unhurt? (304 참조)
그 아이가 전혀 다치지 않았다니 정말 놀랍지 않았어?

Surprisingly/strangely/incredibly, James slept soundly through the whole affair. 놀랍게도/이상하게도/믿기 힘들게도, 제임스는 그 일이 벌어지는 내내 푹 잤다.

걱정, 염려

318 I am (a bit) concerned/worried that our money will be used unnecessarily.
나는 우리 돈이 불필요하게 사용될까봐 (조금) 걱정스럽다/염려스럽다.

I am (rather) worried/concerned about what will happen to the union.
나는 앞으로 노조에 일어날 일 때문에 (다소) 염려스럽다/걱정스럽다.

It's (very) disturbing/worrying that no one noticed the break-in.
아무도 침입 사실을 알아차리지 못했다니 (정말) 불안스럽다/염려스럽다.

I find his behaviour very disturbing/worrying.
나는 그의 행동이 불안스럽다고/염려스럽다고 생각해.

Her health gives (some) cause for anxiety/concern. 〈격식체, 비인칭체〉

그녀의 건강이 걱정스럽다.

의지(Volition)

319 의지는 네 가지로 분류할 수 있다. 자발적 의지, 소원, 의도, 고집, 이 네가지를 '강도'가 증가하는 순서대로 나열하여 살펴보자.

자유의지

320 자유의지는 조동사 will(또는 'll〈일상체〉)로 표현할 수 있다.

A: Will you lend me those scissors for a minute or two?
1~2분 동안만 나한테 그 가위를 빌려줄래?

B: OK, I will, but only if you promise to return them.
좋아. 하지만 돌려주겠다고 약속해야만 빌려줄 거야.

The porter will help if you ask him. 네가 부탁하면 짐꾼이 도와줄 거야.

여기서 will의 의미는 미래와 의지가 혼재된 것이다. (129 참조) 과거나 가정의 자유의지를 표현하고 싶으면 would를 사용하라.

● 과거 시간:

We tried to warn them about the dangers, but no one would listen.
우리는 그들에게 위험에 대해 경고하려 했지만 아무도 들으려하지 않았다.

● 가정:

My boss is so greedy, he would do anything for money.
나의 상관은 너무 욕심이 많아서 돈을 위해서라면 무엇이든 할 것이다.

won't와 wouldn't는 자유의지의 부정, 즉 거절을 표현한다.

My father's rich, but he won't give me any money. (= He refuses/declines to give any money.) 나의 아버지는 부자이지만 나한테 돈을 한 푼도 주지 않는다.
(그는 돈을 주기를 싫어한다.)

The guards just wouldn't take any notice. They wouldn't listen to me. (= They refused …) 경비원들은 전혀 신경을 쓰려하지 않았다. 그들은 내 말을 들으려고도 하지 않았다.
(그들은 …를 거절했다.)

소원

321 중립적인 의지를 표현할 때, want는 wish에 비해 덜 〈격식체〉에서 쓰는 동사이다.

I want (you) to read this newspaper report.

나는 (네가) 이 신문 기사를 읽어보면 좋겠어.

Do you want me to sign this letter? 너는 내가 이 편지에 서명하기를 바라니?

The manager wishes (me) to thank you for your cooperation. 〈다소 격식체〉

지배인은 (제가) 귀하의 협조에 대해 감사를 표시하기를 바랍니다.

가정의 상황에서는 wish만을 사용하라.

I wish you would listen to me! (… but you won't)

네가 내 말을 좀 들었으면 좋으련만! (… 하지만 너는 듣지 않을 거야.)

322 감탄 구문인 if only …는 가정의 의미로도 사용할 수 있다.

If only I could remember his name! 내가 그의 이름을 기억할 수 있으면 좋을 텐데!

~ I do wish I could remember his name!

자신의 소원을 표현하거나 다른 사람의 소원을 물어볼 때 would like, would prefer, would rather 등의 표현을 쓰면 더욱 〈잠정적〉이고 〈유화적〉으로 소원을 빌 수 있다. (309-310 참조)

Would you like me to open these letters? 제가 이 편지들을 열어보기를 원하세요?

I would prefer to stay in a less expensive hotel. 나는 값이 덜 비싼 호텔에 머물고 싶다.

다른 사람의 소원을 물어보는 다른 방법으로 〈주로 영국식〉 영어에서는 shall을, 보다 〈잠정적〉으로 표현하려면 should를 포함한 의문문을 만든다.

Shall I make you a cup of coffee? (Do you want me to …?)

커피 한 잔을 만들어 드릴까요? (내가 …하기를 원하니?)

What shall we do this evening? 오늘 저녁에 뭘 할까요?

Shall we cancel the order if it's not needed?

만약 필요하지 않으면 그 주문을 취소할까요?

Should we tell him that he's not wanted? 그를 원하지 않는다고 그에게 말할까요?

◆**Note**

let으로 시작하는 1인칭과 3인칭 명령문도 일종의 소원을 표현한다.

Let's listen to some music (, shall we?) 음악을 좀 들읍시다. (그럴까요?)

Let everyone do what they can. 모든 사람이 할 수 있는 것을 하게 하자.

의도

323 동사 intend, mean, plan, aim (＋to부정사구)는 의도를 표현한다.

He intends/plans/aims to arrest them as they leave the building.   〔1〕
그는 그들이 건물을 떠날 때 그들을 체포할 의도/계획/작정이다.

That remark was meant/intended to hurt her.   〔2〕
그 말은 그녀에게 상처를 주려는 뜻이었다/의도였다.

의도는 be going to(142 참조)로 나타내거나 1인칭의 경우에 will/shall (141 참조)이나 축약형 'll로 표현한다.

Are you going to catch the last train? 마지막 기차를 탈겁니까?

We won't stay longer than two hours. 우리는 2시간 이상 머무르지는 않을 것이다.

이런 형태는 예측의 요소도 포함하고 있으므로 〔1〕번과 〔2〕번 문장보다 의도의 실현이 더 명확하다. (목적절과 목적어구 또는 '의도된 결과'에 관해서는 203 참조)

고집

324 He insists on doing everything himself. 그는 모든 것을 직접 하겠다고 고집한다.

We are determined to overcome the problem.
우리는 그 문제를 꼭 극복 하겠다고 결심했다.

고집은 때때로 강한 강세를 받는 will/shall 로 표현한다.

He will try to mend it himself. (He insists on trying …)
그는 그것을 직접 수리하려 할 것이다. (그는 …하려고 고집한다.)

I won't give in! (I am determined not to give in.)
나는 항복하지 않아! (나는 항복하지 않을 작정이다.)

허가와 의무(Permission and obligation)

허가: can, may 등

325 ● Can we sit down in here? Yes, you can. 여기 앉아도 될까요? 네, 그러세요.

May I speak to you for a minute? 〈보다 격식체, 공손체〉
잠시 통화할 수 있을까요?

Are we allowed to use the swimming pool? 우리가 수영장을 사용해도 되나요?

Is it all right if we smoke in here? 〈일상체〉 여기서 담배를 피워도 괜찮을까요?

They have allowed/permitted her to take the examination late. (permit은 allow보

다 《더욱 격식적》 그들은 그녀가 늦게 시험을 보아도 좋다고 허락/허가했다.

They let him do what he wants. 그들은 그가 원하는 것을 하도록 내버려두었다.

*요즈음 may는 허가의 뜻으로는 거의 사용하지 않으며 그 대신 can을 사용한다.

● 과거: could

The detainees could leave the camp only by permission of the governor. (… were allowed to ~) 억류된 사람들은 감독관의 허가가 있을 때에만 수용소를 떠날 수 있었다. (…는 ~하도록 허락받았다.)

● 가정:

If you were a student, you could travel at half-price. (… would be allowed to ~) 네가 학생이라면 반값에 여행할 수 있을 텐데. (…는 ~하도록 허락받았을 텐데.)

《유화체》로 허가를 요청할 때에는 가정의 could(또는 드물게 might)를 사용할 수도 있다.

Could we ask you what your opinion is? 귀하의 의견을 물어봐도 될까요?

I wonder if I could borrow your pen? 제가 당신의 펜을 빌릴 수 있을까요?

허가를 해주거나 요청하는 다른 구문으로는 mind 동사를 사용하는 방법이 있다.

A: Would you mind { if I opened a window? 제가 창문을 열어도 괜찮을까요?
opening a window for me? 저를 위해 창문을 열어 주시겠어요?

B: No. { I don't mind at all. 네, 그렇게 하죠.
Not at all. (= Certainly you can.) 네, 그렇게 하세요. (물론입니다.)

다시 한 번 말하면, 가정의 형태를 사용하면 보다 《유화적》 표현이 된다.

의무 또는 강요: must, have to 등

326 You must
You'll have to } be back by 2 o'clock – (I want you to do some cleaning). 〔1〕

너는 2시까지 꼭 돌아와야 해. (나는 네가 청소를 좀 하면 좋겠어.)

You have to sign your name here (otherwise the document isn't valid). 〔2〕

여기에 서명을 해야만 합니다. (그렇지 않으면 서류가 무효이다.)

I've got to finish this essay by tomorrow. 《일상체》 〔3〕

나는 이 과제를 내일까지 끝내야만 해.

The university requires all students to submit their work by a date. 〔4〕

《격식체, 문어체》 대학은 모든 학생들에게 정해진 날까지 작품을 제출하라고 요구한다.

must와 have (got) to부정사(288, 483 참조)는 모두 의무를 나타내지만 영어권 사람들 중에는 두 가지가 다르다고 생각하는 사람도 있다. 그런 화자들이 보기에, must는 화자의 권위를 나타내는 반면 (〔1〕번 참조), have (got) to는 화자가 아니라 공식적인 규칙과 같은 다른 권위를 나타낸다. (〔2〕번 참조) 주어가 1인칭이면 must는 나 자신보다는 나의 의무와 같은 권위를 표현한다.

I must phone my parents tonight. (They'll be worrying about me.)   [5]

나는 오늘밤 부모님에게 전화를 해야만 한다. (그분들이 나에 대해 걱정하실 것이다.)

We must invite the Stewarts to dinner. (It's months since we last saw them.)

우리는 스튜어트 부부를 저녁식사에 초대해야만 한다. (우리가 마지막으로 그들을 만난 지 여러 달이 되었기 때문이다.)

● 과거: had to

Beckham had to withdraw from the match because of injury. (was obliged to …)

베컴은 부상 때문에 경기에 빠져야만 했다. (어쩔 수 없이 … 했다)

● 가정:

If you went abroad, you would have to earn your own living. (… would be obliged to …) 네가 해외로 나간다면 생계문제를 스스로 해결해야 할 거야. (하는 수 없이 … 해야 할 거야)

327 ● 의문문: have got to, have to, need to 등

Why have you got to work so hard? 너는 어째서 그렇게 열심히 일해야만 하니?

Do we have to fill out all these forms? 이 양식을 모두 작성해야만 합니까?

Does anyone need to leave early? 일찍 떠나야 할 사람이 있나요?

● 부정문:

We don't have to pay for the digital equipment – it comes for nothing.

우리는 디지털 장비의 대금을 지불할 필요가 없다. 그것은 무료다.

You don't need to pay that fine. 너는 그 벌금을 물 필요가 없다.

There's no need to buy the tickets yet. 아직 표를 구매할 필요가 없다.

◆Note

〔a〕 must는 이따금 부정적인 대답을 기대하는 의문문에서 사용한다.

Must you leave already? (Surely you don't have to!)

벌써 떠나야만 하니? (설마 그럴 필요는 없겠지!)

〔b〕 특히 〈영국식〉 영어의 경우에 의문문과 부정문에서 must를 대신해서 기능사 need를 사용할 수 있다. 하지만 요즘에는 이런 경우가 〈희귀체〉에 속한다.

Need you work so hard? 그렇게 열심히 일해야만 해?

We needn't hurry. 우리는 서두를 필요가 없다.

의무를 표현하는 다른 방법으로 should, ought to 등

328 ● should와 ought to(292 참조)는 실행되지 않을지도 모를 의무를 표현한다. 326항의 〔4〕

217

번과 [5]번 문장을 다음 예문과 비교해보자.

All students should submit their work by a given date. (… but some of them don't!) 모든 학생들은 주어진 날짜까지 작품을 제출해야 한다.

(… 하지만 학생들 일부는 제출하지 않는다!)

I ought to phone my parents tonight. (but I probably won't have time)

나는 오늘밤 부모님에게 전화를 걸어야 한다. (하지만 어쩌면 전화할 시간이 없을 것이다.)

● need to + 부정사(여기서 need는 조동사가 아니라 본동사이다. 484 참조)는 문장에서 언급한 사람의 상태 때문에 생겨난 '내적인 의무'를 나타낸다.

He needs to practise more if he is to improve his game of golf.

만약에 그가 골프 경기를 향상하려 한다면 더 많이 연습할 필요가 있다.

I really need to clear this place up. 나는 이 장소를 정말 정리해야만 한다.

need 동사 다음에는 직접 목적어를 사용할 수도 있다.

This country needs a strong prime minister. 이 나라는 강력한 수상이 필요하다.

● had better(또는 'd better)〈일상체〉 + 부정사(원형)는 화자가 어떤 행위를 강력히 권고하거나 권장한다는 의미이다.

You'd better be quick ⌐ or you'll miss the train.
서두르는 편이 좋겠어. | 그렇지 않으면 기차를 놓칠 거야.
         | if you want to catch the train.
         ⌐ 만약 기차를 타고 싶다면

He'd better not make another mistake. 그는 다른 실수를 하지 않는 편이 좋다.

I suppose I'd better lock the door. 내가 문을 잠그는 편이 좋을 것 같은데.

● '의무'를 나타내는 shall은 공식적인 규칙이나 공문서에 국한되는 것이 일반적이다.

The Society's nominating committee shall nominate one person for the office of President. 〈매우 격식체〉 그 단체의 공천위원회는 회장직에 한 사람을 추천해야 한다.

금지 (그리고 부정적인 권고)

329 금지는 허가의 정반대이다. can과 may(= 허가) 그리고 must(= 의무)는 부정어를 덧붙이면 모두 '금지'의 뜻을 나타낼 수 있다.

A: Can the children play here? 아이들이 여기서 놀아도 되나요?

B: No, I'm afraid they can't (they're not allowed to) – it's against the rules.

아니오, 유감이지만 안 됩니다. (아이들에겐 금지되어 있다.) 규칙에 어긋납니다.

Children may not use the swimming pool (They're not allowed to …) unless they are accompanied by an adult. 〈격식체, 다소 희귀체〉 성인이 동반하지 않는 한, 아이들은 수영장을 이용할 수 없습니다. (아이들은 수영장 이용이 금지되어 있다.)

You must not tell anyone about this letter: it's confidential. (You're obliged not to

…) 이 편지에 대해서 누구에게도 말하면 안 됩니다. 이것은 기밀입니다. (당신은 편지에 대해 말하는 것이 금지되어 있다.)

약한 금지(부정적인 권고에 가까운)는 shouldn't, oughtn't to〈특히 영국식〉, had better not으로 표현할 수 있다.

> She shouldn't be so impatient. 그녀는 그렇게 조급하게 굴면 안 된다.
>
> You oughtn't to waste all that money on smoking.
> 너는 흡연에 그 돈을 전부 낭비해서는 안 된다.
>
> We'd better not wake the children up. 우리는 아이들을 깨우지 않는 편이 좋다.

◆Note
최근에 '의무'를 의미하는 must는, 아마도 화자가 청자에 대해 권위를 주장하는 듯한 뜻을 내비친다는 이유로 특히 〈미국식〉 영어에서 사용빈도가 줄어들었다. 따라서 must를 대신하여 have to, need to, should를 사용할 수 있다.

사람들의 행동을 이끌어내기(Influencing people)

명령문

330 ● 다른 사람이 무슨 일을 하도록 만들려면 직접 명령문을 사용하면 된다. 예를 들면, Shut the door. (문 닫아.) Follow me. (나를 따라와.) Just look at this mess. (이 난장판을 한번 봐.) 등이다. (497 참조) 부정의 명령문은 행동을 금지하는 효과가 있다. 예를 들면, Don't be a fool. (바보처럼 굴지 마.) Don't worry about me. (내 걱정은 하지 마.) 등으로 사용한다. 하지만 명령문은 형태와는 달리 '금지'의 뜻이 약한 경우도 많다. 예를 들어, Help yourself.처럼 명령을 실행하는 것이 청자를 위한 일일 때는 친근한 효과를 내기도 한다. 또는 Don't overdo it!(무리하지 마.)처럼 장난스럽게 활용할 수도 있다.

● 게다가, 주어가 2인칭인 경우에는 명령과 금지를 나타내는 동사 형태가(326, 329 참조) 명령문과 거의 같은 효과를 낼 수 있다. 예를 들면, You must be careful. (조심해야 해.) / You must not smoke here. (여기서 담배피우면 안 됩니다.) 등이다.

● be to + 부정사 구문은 화자나 (보다 일반적으로는) 공식적인 권위자가 내린 명령을 전달할 수 있다.

> He is to return to Germany tomorrow. (He has been given orders to return to Germany.) 그는 내일 독일로 돌아가야 한다. (그는 독일로 돌아오라는 명령을 받았다.)
>
> You are to stay here until I return. (These are my instructions to you.)
> 너는 내가 돌아올 때까지 남아있어야 한다. (이것이 너에게 내리는 나의 지시사항이다.)

◆Note

[a] 동사가 없는 문장 중에는 퉁명스러운 명령문의 효과를 내는 경우가 있다. 예를 들면, Out with it!(다 말해 버려.) This way!(이쪽으로 와.) Here!(여기에 놔.) (= Bring/put it here.) 등이다. 다른 유형은 어린이와 동물에게 말할 때 특히 잘 사용한다. 예를 들면, Off you go!(가봐.) Down you get!(식탁에서 일어나도 돼.) Up you come!(일어나자.) 〈친근체〉 등이다.

[b] 미래의 의미를 나타내는 will은 때때로 (예를 들어, 군대에서) 엄격한 명령과 같은 영향력을 발휘하기도 한다.

Officers will report for duty at 0600 (six hundred) hours.
장교들은 06시 정각에 출근한다.
You will do exactly as I say. 너희들은 내가 말한 그대로 한다.

문법 주어 등을 갖춘 명령문

331 명령형 동사(497 참조) 앞에 2인칭이나 3인칭 주어를 쓰거나 아니면 호격을 사용하여 어떤 행동을 실행해야 하는 사람을 명시할 수 있다.

You take this tray, and you take that one. (관련 있는 사람을 가리키며 말한다. you가 강세를 받는다는 것에 주의) 너는 이 쟁반을 꺼내고 너는 저 쟁반을 꺼내.

Jack and Susan stand over there. 잭과 수잔은 저쪽에 서 있다.

Somebody open this door, please. 누가 이 문 좀 열어주세요.

Come here, Michael. 마이클, 이리 와.

다른 경우에는 you를 사용한 명령문에는 성마른 어조가 실려 있다.

You mind your own business! 네 일에나 신경 쓰시지. / 참견하지 마.

성마른 어조의 명령문을 다른 형태로 표현하려면 will을 사용해도 된다.

Will you be quiet! 조용히 좀 해줄래!

이 문장이 문법적으로는 의문문의 형태를 취하지만 하강조의 억양 때문에 명령문의 효과가 난다. 많은 경우에 명령문은 〈무례체〉로 들리므로 명령문을 부드럽게 만들기 위해서는 332-335항에서 제시한 다양한 방법을 고려해야 한다.

◆Note

하지만, 청자를 향해서 자신에게 이로운 일을 하라고 말할 때에는 명령문을 사용하더라도 〈무례체〉가 아닌 것으로 들린다.

Have another chocolate. 초콜릿 하나 더 드세요.

Make yourself at home. 편하게 쉬세요.

Just leave everything to me. 그냥 저한테 다 맡기세요.

Do come in. 들어오세요.

*이런 문장들은 사실상 명령문이라기보다는 제안이나 초대인 셈이다.

부드러운 명령문

332 명령문의 명령적인 힘을 약화하거나 누그러뜨리는 한 가지 방법은 일반적인 하강조 대신에 상승조나 하강상승조의 억양을 사용하는 것이다.

>　　　Be cǎreful. 조심해.

>　　　Don't forget your wállet. 지갑을 잊어버리고 안 가져오면 안 돼.

명령문을 부드럽게 만드는 다른 방법은 please나 부가의문문인 won't you를 덧붙이는 것이다.

>　　　Plèase hurry úp. 서둘러 주세요.

>　　　Look after the chìldren, wón't you. 아이들을 돌봐 주세요.

>　　　Thìs way, pléase. 이쪽으로 오세요.

*하지만 상대에게 부탁을 할 때에는 이런 방식 중 어느 것도 〈공손체〉로 들리지 않는다.

◆Note

부가의문문인 why don't you와 will you(부정 명령문 뒤에)를 덧붙이면 명령문을 부드럽게 만들 수 있다.

>　　　Have a drìnk, why don't you. 한 잔 드시지 그래요.

>　　　Don't be lăte, wìll you. 늦지 마세요.

하지만 긍정 명령문 뒤에 덧붙이는 will you는 상승조 억양을 지니고 있으며 대체로 조급함을 표현한다. (331 참조)

>　　　Sit dòwn, wíll you. 앉아주세요.

요청

333 명령문보다는 요청문을 사용하면, 즉 청자가 무엇인가를 할 수 있는지 없는지 또는 해줄 의향이 있는지 없는지를 물어보면 더욱 〈유화체〉로 들릴 때가 많다. 이때 조동사 will/would(= 의욕)와 can/could(= 능력)가 상당히 자주 사용된다.

>　　　A: Will you make sure the water's hot? 꼭 물을 따뜻하게 해줄래?

>　　　B: Yes, okay. 〈친근체〉 응, 그렇게.

>　　　A: Would you please tell me your phone number? 전화번호를 알려주시겠어요?

>　　　B: Yes, certainly, it's … 네, 물론이죠. 번호는 …

>　　　A: Can anyone tell us what the time is? 누구든 지금이 몇 시인지 알려주시겠어요?

>　　　B: Yeah, half past four. 네. 4시 반이네요.

>　　　A: Could you lend me a pen. 펜 좀 빌려주실래요.

>　　　B: Okay. 〈친근체〉 Here it is. 좋아요. 여기 있습니다.

(위의 예문은 몇 가지 전형적인 답변들을 보여준다.) would와 could는 will과 can보다 더 〈유화체〉의 표현이다. 화자는 긍정적인 답변이 예상되며 그 만큼 〈덜 잠정체〉이면서도 보다 설득력 있는 부정적인 질문(246 참조)을 사용할 수도 있다.

> Won't you come in and sit down? 들어와서 앉지 않을래?
>
> Couldn't you possibly come another day? 다른 날 오실 수 없을까요?

그 밖의 〈공손체〉를 사용한 요청

334 〈공손체〉로 요청을 하는 다른 간접적인 방법, 즉 자신의 소원에 대해 진술할 수 있는 방법은 상당히 많다. 다음 예문들은 무난한 요청부터 제일 격식을 차린 요청까지 〈공손체〉를 나열한 것이다.

> I wouldn't mind a drink, if you have one.
>
> 음료수가 있으면 한 잔 마셨으면 좋겠는데요.
>
> Would you mind starting over again? 처음부터 다시 시작하실래요?
>
> I wonder if you could put me on your mailing list, please.
>
> 우편물 수신자 명단에 저를 올려주시겠어요?
>
> Would you be good/kind enough to let me know? 〈보다 격식체〉
>
> 저한테 알려주시겠어요?
>
> I would be (extremely) grateful if you would telephone me this afternoon.
>
> 오늘 오후에 저한테 전화해주시면 (정말) 감사하겠습니다.
>
> I wonder if you'd mind writing a reference for me.
>
> 저한테 추천서를 써주실 수 있을까요?

이런 문장들은 〈공손체, 구어체〉 영어에서 전형적으로 사용한다. 다음과 같이 정형화된 문구는 격식체 편지글에서 유용하다.

> I would be very grateful if you would … ~해주신다면 정말 감사하겠습니다.
>
> I would appreciate it if you could … ~해주신다면 고맙겠습니다.
>
> Would you kindly …? ~해주시겠어요?

조언과 제안

335 사람들에게 행동을 이끌어내는데 조언과 제언은 명령에 비해 온건한 표현이다. 엄밀히 말하자면 이런 문장은 어떻게 할 것인지에 관한 결정을 청자의 손에 맡긴다. 하지만 예문으로 알 수 있듯이, 이런 문장은 〈유화체〉를 이용하여 사실상 명령이나 지시를 내리는 말인 경우가 많다.

● 조언:

> You should stay in bed until you start to recover.
>
> 너는 회복할 때까지는 침대에 누워있어야만 해.

You ought to keep your money in a bank account.

너는 돈을 은행계좌에 보관해야만 해.

There's a new book you ought to read. 네가 읽어야 할 새로운 책이 있어.

You'd better take your medicine. 약을 먹는 것이 좋겠어.

I'd advise you to see a doctor. 의사를 만나보라고 권하고 싶어.

If I were you, I'd wear proper running shoes.

내가 너라면 제대로 된 러닝화를 신을 텐데.

● 제안:

I suggest they take the night train. 그들은 야간열차를 타는 편이 좋겠어.

You can read these two chapters before tomorrow (if you like).

너는 오늘 중에 이 두 장을 읽을 수도 있어.

You could lose six to eight pounds, Missy. 아가씨는 6~8 파운드를 뺄 수도 있겠죠.

You might have a look at this book. 이 책을 좀 보면 어떨까.

Why don't you call on me tomorrow? 내일 방문해 주시겠어요?

Perhaps you could call again tomorrow? 가능하시면 내일 다시 전화주시겠어요?

*could와 might는 보다 〈잠정체〉로 제안을 나타낸다.

● 화자와 관련된 제안:

I suggest we go to bed early, and make an early start tomorrow.

일찍 잠자리에 들고 내일 일찍 출발하면 어떨까.

Shall we listen to some music? 음악을 좀 들을까요?

Let's not waste time. 시간을 낭비하지 맙시다.

Why don't we have a party? 파티를 열면 어때요?

How about a game of cards? 카드 게임이나 할까요?

What about having a drink? 음료수를 좀 마실까요?

간접 명령문, 간접 요청문 등

336 평서문이나 의문문(264-268 참조)과 마찬가지로 명령문을 전달할 때에도 직접화법과 간접화법을 모두 이용할 수 있다.

－직접화법: 'Put on your space-suits,' he said. "우주복을 착용하라." 그가 말했다.

－간접화법: He told/ordered/instructed them to put on their space-suits.

　　　　　　그는 그들에게 우주복을 착용하라고 말했다/명령했다/지시했다.

간접화법에서는 명령문을 to부정사구로 나타낸다. 위 예문의 them처럼, 청자는 간접 목적어로 표시할 수 있다. (608, 730 참조) 다음 예문의 수동태 구문을 주목해 보자.

They were told/ordered/instructed to put on their space-suits.

그들은 우주복을 착용하라고 들었다/명령받았다/지시받았다.

똑같은 구문으로 조언, 요청, 허가, 의무, 설득, 초대 등을 나타낼 수도 있다.

She advised me to telephone for a doctor.   [1]
그녀는 전화로 의사를 부르라고 나에게 조언했다.

Liam asked/begged me to help him with his homework   [2]
리암은 숙제를 도와달라고 나에게 부탁/간청했다.

Jane allowed Patrick to borrow her car.   [3]
제인은 패트릭에게 자신의 차를 빌려가도 좋다고 허락했다.

They compelled him to answer their questions.   [4]
그들은 질문에 대답하라고 그에게 강요했다.

Mary has persuaded me to resign.   [5]
메리는 사임하라고 나를 설득했다.

We were invited to attend the performance.   [6]
우리는 공연을 관람하라고 초대받았다.

The priest recommended him to try for the job.   [7]
신부님은 그 일에 지원하라고 그에게 권고했다.

직접 목적어 구문 역시 주의해야 한다.

The doctor advised a rest. 그 의사는 휴식을 권했다.

He begged our forgiveness. 그는 우리의 용서를 간청했다.

I (can) recommend the local cuisine. 저는 현지 음식을 추천합니다.

337 '사람들에게 영향을 미치기' 위해 사용하는 동사가 모두 부정사를 취하는 것은 아니다. 일례로, suggest는 that절을 취한다.

(추정의 should나 가정법과 함께 사용할 때가 많다. 280-282 참조)

He suggested that they (should) play cards.
그는 그들이 카드놀이를 해야 한다고 제안했다.

이런 구문을 취하는 동사는 이 외에도 많다. 예를 들면, recommend가 있다.

The doctor recommends that you (should) take plenty of rest.
의사는 네가 많은 휴식을 취해야만 한다고 권한다.

요청, 허가 행위 등은 간접 평서문과 간접의문문의 형태로 나타낼 수도 있다. 따라서 336항의 [2]번과 [3]번 문장 대신 다음과 같이 말해도 좋다.

He asked me if I would help him with his homework.　　　　　　〔2a〕

그는 내가 그의 숙제를 도와줄 것인지 나에게 물었다.

(직접화법과 비교: Will you help me with my homework?)

Jane said Patrick could borrow her car.　　　　　　　　　　　〔3a〕

제인과 패트릭은 그녀의 차를 빌릴 수 있었다.

(직접화법과 비교: You can borrow my car.)

직접 평서문과 직접의문문을 간접 평서문과 간접의문문으로 전환할 때 시제를 과거로 변화시키는 규칙 등(256-7 참조)은 간접 명령문, 간접 요청문 등에도 적용된다. 다만 부정사절은 시제 변화가 없다. 과거시제 전달 동사 다음에는 will, shall, can, may, have to가 과거시제 형태인 would, should, could, might, had to〔2a〕, 〔3a〕 참조)로 변화하지만 must, ought to, should, had better는 변화하지 않는다.

'You must be careful.' "조심해야 해."

→I told them they must be careful. 나는 그들에게 조심해야 한다고 말했다.

'You should stay in bed.' "너는 침대에 누워있어야만 해."

→I told him he should stay in bed. 나는 그에게 침대에 누워있으라고 말했다.

간접 금지, 간접 거절 등

338 forbid 〈격식체〉, prohibit 〈격식체〉, dissuade, refuse, decline and deny 동사에는 부정적인 의미가 이미 담겨 있으므로 그 다음에 나오는 절은 대체로 긍정문이다.

They were forbidden to smoke.　　　　　　 (They were ordered not to smoke.)

They were prohibited from smoking.　　　 (그들은 흡연하지 말라고 명령 받았다.)

그들은 흡연을 금지 당했다.

His wife dissuaded him from leaving the country. (She persuaded him not to …)

그의 아내는 나라를 떠나지 말라고 그를 설득했다.

The minister refused/declined to comment on the press report.

그 장관은 신문 보도에 대해 논평하지 않겠다고 거절했다.

He denied that any promises had been broken.

그는 어떤 약속도 위반되지 않았다고 부인했다.

경고, 약속, 위협

339 최종적으로, 미래 시간과 관련하여 세 가지 유형의 대화를 살펴보자.

● 경고:

Mind (your head)! (머리) 조심해!

Look out! 조심해!

Be careful (of your clothes). (옷을) 주의해.

I warn you it's going to be foggy. 경고하겠는데, 안개가 자욱할 거야.

If you're not careful, that pan will catch fire.

만약 네가 조심하지 않으면 냄비에 불이 붙을 거야.

*짧은 경고문은 하강상승조의 역양으로 발음될 때가 많다. Mind! '조심해!'

● 약속:

I'll let you know tomorrow. 내일 알려드릴게요.

I (can) promise (you) it won't hurt. 아프지 않을 거라고 약속해요.

Can I borrow your road atlas? I promise to bring it back.

도로지도를 빌릴 수 있을까요? 돌려드린다고 약속할게요.

You won't lose money, I promise (you). 너는 돈을 잃지 않을 거야. 내 장담하지.

Assuming that the order reaches our office by tomorrow, our firm will undertake to supply the goods by the weekend. 〈공식체, 문어체〉

가령 주문이 내일까지 우리 사무실에 들어온다면 우리 회사는 주말까지 물품을 공급하기로 약속할 것이다.

● 위협:

I'll report you if you do that again.

만약 네가 또다시 그런 짓을 하면 내가 너를 신고할 거야.

Don't you dare talk to me like that. 나한테 감히 그런 식으로 말하지 마.

You dare come near me with that silly spray!

감히 그런 우스꽝스런 분무기를 들고 나한테 가까이 오다니!

Touch me, and I'll tell your mother. (366 참조)

나를 건드리기만 해 봐. 너희 엄마한테 말할 거야.

Stop eating those sweets, or I'll take them away. (367 참조)

단 것 좀 그만 먹어. 아니면 내가 치워버릴 거야.

간접화법으로 표현한 경고, 약속, 위협

340 ● 간접 경고:

Jim Moore warned parents to keep their children away from the area.

짐 무어는 아이들을 그 지역에 가까이 가지 못하게 하라고 부모들에게 경고했다.

They warned us of/about the strike. 그들은 우리에게 파업에 대해 경고했다.

We were warned that the journey might be dangerous.

우리는 여행이 위험할지도 모른다고 경고를 받았다.

● 간접 약속:

He promised/undertook to let me know. 그는 나에게 알려주겠다고 약속했다.

Olly has promised Billy to take him fishing next Sunday.

올리는 다음 일요일에 낚시에 데려가 주겠다고 빌리에게 약속했다.

He promised that he wouldn't bet on horses.

그는 경마에 돈을 걸지 않겠다고 약속했다.

They promised him that he would not lose his job.

그들은 일자리를 잃지 않을 거라고 그에게 약속했다.

Her boss has promised her a rise. 〈친근체〉

그녀의 상사는 그녀에게 봉급 인상을 약속했다.

She has been promised a rise. 그녀는 봉급 인상을 약속받았다.

● 위협:

She threatened to report me to the police. 그녀는 나를 경찰에 신고하겠다고 위협했다.

The manager has threatened that they will lose their jobs.

지배인은 그들이 일자리를 잃어버릴 것이라고 위협했다.

He has threatened them with dismissal. 그는 그들에게 해고하겠다고 위협했다.

친근함을 전달하기(Friendly communications)

341 이제 사람들이 다른 사람과 친근한 관계를 맺고 유지할 때 필요한 간단한 의사소통 행위에 대해 살펴보자. 일반적인 억양은 중요한 부분에 주어진다. (33-42 참조)

대화의 시작과 마무리
342 ● 인사말

Hi. 〈일상체, 특히 미국식에서〉

Hello. 〈일상체, 특히 영국식에서〉

Good morning. Good afternoon. Good evening. 〈격식체〉

위의 인사말에서 good을 생략하고 morning, afternoon 등으로 인사하는 것이 보통이다. 또한 다음 예문처럼 상승조 억양을 사용하는 것이 일반적이다.

(Good) morning. 좋은 아침.

상승조 억양의 hello는 전화를 받을 때에도 사용한다.

● (일시적인) 작별 인사:

Goodbye. 안녕.

(Bye)—bye. 〈친근체〉 안녕.

See you. 〈친근체〉 잘 가./또 봐.

See you at six o'clock. 〈친근체〉 여섯 시에 만나.

See you later. 〈친근체〉 나중에 봐.

See you tomorrow. 〈친근체〉 내일 만나.

Cheerio. 〈친근체, 영국식〉 안녕.

Cheers. 〈매우 친근체, 영국식〉 잘 가.

Good-night. (밤에 헤어질 때나 잠자리에 들기 전에 하는 인사말) 안녕.

● (다소 영구적인) 작별:

Goodbye. 잘 가.

*공손하게 표현하려면 다른 말을 덧붙일 수도 있다.

It's been nice knowing you. 당신을 알게 되어 즐거웠습니다.

(I hope you) have a good journey. 즐거운 여행이 되길 (바랄게).

● 소개 (처음으로 누군가를 만났을 때):

May I introduce (you to) Miss Brown? 〈격식체〉

제가 (당신을) 브라운 씨에게 소개해도 될까요?

This is (a friend of mine,) Gordon McKeag. 이쪽은 (제 친구) 고든 맥키그입니다.

I don't think you've met our neighbour, Mr Quirk.

당신은 제 이웃인 쿼크 씨를 만난 적이 없는 것 같네요.

● 소개할 때 인사말:

How do you do? 〈격식체〉 안녕하십니까?

How are you? 안녕하세요?

Glad to meet you. Hello. 〈일상체〉 만나서 반가워요. 안녕.

Hi. 〈친근체, 특히 미국식〉 안녕.

한담(안부 인사)

343 인사를 한 다음에는 안부 등을 묻는 의례적인 질문으로 대화를 이어갈 수 있다.

How are you? 어떻게 지내세요?

How are you getting on? 〈친근체〉 어떻게 지내?

How's things? 〈매우 친근체〉 잘 지내?

How are you doing? 〈친근체, 특히 미국식〉 어떻게 지내니?

이런 질문을 들으면 일반적으로 다음과 같이 대답한다.

(I'm) fine. How are you? (나는) 좋아. 넌 어때?

Very well, thank you. And you? 아주 좋아, 고마워. 너는?

만약에 건강이 나빠지기 쉬운 사람이 있다면 다음과 같은 말로 인사를 시작할 수도 있다.

How are you feeling today/these days? 오늘은/요즘은 몸이 좀 어때?

I hope you're well. 건강하길 바란다.

특히 영국에서는 날씨에 관한 이야기로 대화를 시작하는 경우가 일반적이다.

A: (It's a) lovely day, isn't it? (245 참조) 날씨 참 좋다. 그렇지 않니?

B: Yes, isn't it beautiful. (304 참조) 응. 정말 멋지네.

A: What miserable weather! (528 참조) 날씨 참 고약하네.

B: Dreadful! 끔찍해!

편지를 시작할 때와 끝낼 때

344 ● 〈격식체〉로 작성한 공식 서한의 사례:

Dear Sir, … / Dear Madam, …

With reference to your letter of

Yours faithfully,

A R Smith

(Manager)

● 〈덜 격식체〉로 쓴 편지의 사례:

Dear Dr Smith, … / Miss Brown, … / George, …

Thank you for your letter of

(With best wishes)

Yours sincerely, 〈영국식〉 / Sincerely (yours), 〈미국식〉

James Robertson

● 지인끼리 주고받는 〈일상체〉 편지의 사례:

Dear George,

(Best wishes)

Yours (ever),

Janet

더 친근한 편지는 애정 어린 표현으로 시작해서 애정 어린 표현으로 끝맺기도 한다.

My dear George, / Dearest George, … Love from Janet, etc.

사랑하는 조지에게, … 사랑하는 재닛이 등.

229

감사, 사과, 후회

345 ● 감사:

Thank you (very much). (정말) 고마워요.

Thanks very much. 정말 고마워.

(Many) thanks. (많이) 감사해.

Ta. 〈영국식 속어〉 고마워.

● 감사인사에 대한 대답:

Not at all. / You're welcome. 별 말씀을요.

That's all right. 뭘, 그런 걸. (괜찮아.)

위의 답변들은 일부 다른 언어에서처럼 영어에서도(특히 〈영국식〉에서) 그렇게 보편적인 표현은 아니라는 사실을 주목하자. '베푼 사람'이 아무 대답을 하지 않을 때가 많다. 가게 같은 곳에서 고객이 구입할 물건을 받으며 Thank you.라고 말하면 가게 주인도 돈을 받으면서 고객과 같은 말로 대답한다.

● 사과:

(I'm) sorry. / (I beg your) pardon. / Excuse me. 죄송합니다.

Excuse me.는 〈미국식〉에서는 적절한 사과가 될 수도 있지만 〈영국식〉에서는 일상적인 '무례한' 행동, 예를 들어 재채기, 다른 사람 앞으로 끼어들기, 낯선 사람에게 말 걸기 등을 할 때 건네는 가벼운 사과에 국한되어 있다. 다른 사람의 발가락을 밟을 때처럼 가벼운 사고가 발생하면 I beg your pardon.이라고 말해도 된다. 더 긴 문장으로 사과하려면 다음과 같이 말한다.

I'm extremely sorry
정말 죄송합니다.
{
about that letter. 그 편지에 대해서
I forgot to phone you. 전화하는 걸 잊어버려서
for being late again. 또 지각해서
}

Will you forgive/excuse me if I have to leave early?
내가 일찍 떠나야 하더라도 나를 용서해줄래?

I hope you will forgive/excuse me if I have to leave early.
제가 일찍 떠나야 하더라도 저를 용서해주시기 바랍니다.

● 사과에 대한 대답:

That's all right. 괜찮아.

Please don't worry. 걱정하지 마세요.

● 후회:

I'm sorry I couldn't come in to congratulate you. 〈일상체〉
축하해주러 오지 못해서 미안해.

I regret that we were unable to provide the assistance you required.
〈격식체, 문어체〉 당신이 필요로 한 도움을 우리가 제공하지 못해서 유감입니다.

축원/안부, 축하, 애도

346 이런 표현은 보통 하강조로 말한다.

- 축원/안부:

    Good luck! 행운을 빌어!

    Best wishes for your holiday/vacation. 휴가 즐겁게 지내세요.

    Have a nice day. 〈특히 미국식〉 즐거운 하루 보내세요.

    Have a good time at the theatre. 영화 재미있게 봐.

    I wish you every success in your new career. 〈보다 격식체〉
    새로 하는 일이 계속 성공하길 기원합니다.

- 제3자에게 안부 보내기:

    Please give my best wishes to Sally. 샐리에게 안부 전해주세요.

    Please remember me to your father. 아버님께 안부 전해주세요.

    Please give my kindest regards to your wife. 〈격식체〉 부인에게 안부 전해주세요.

    Give my love to the children. 〈일상체〉 아이들에게 인사 전해주세요.

    Say hello to Joe. 〈일상체, 특히 미국식〉 조한테 안부 전해.

- 정기적 명절/행사 인사:

    Merry Christmas. 즐거운 크리스마스 보내길.

    Happy New Year. 멋진 새해를 맞이하길.

    Happy birthday (to you). (너의) 생일 축하해.

    Many happy returns (of your birthday). (생신을 맞아) 만수무강하세요.

- 건배의 인사:

    Good health. 〈격식체〉 건강을 기원합니다.

    Your health. 〈격식체〉 당신의 건강을 기원합니다.

    Cheers! 〈격식체〉 건배!

    Here's to your new job. 〈친근체〉 너의 새로운 직장을 위하여.

    Here's to the future. 〈친근체〉 미래를 위하여.

- 축하:

    Well done! 〈친근체〉 (성공이나 성취를 축하하며). 잘 했어!

    Congratulations on your engagement. 약혼을 축하해요.

    I was delighted to hear about your success/that you won the competition.
    당신의 성공을 듣고/당신이 대회에서 우승했다는 소식을 듣고 기뻤어요.

    I congratulate The Times on the high quality of its reporting.
    높은 수준의 보도를 실은 〈타임스〉에 축하를 보냅니다.

    May we congratulate you on your recent appointment. 〈격식체〉
    최근에 임명되신 것을 축하드립니다.

● 애도, 공감:

Please accept my deepest sympathy on the death of your father. 〈격식체〉
아버님의 별세에 삼가 조의를 표합니다.

I was extremely sorry to hear about your father/that your father has been so ill. 〈일상체〉 아버님께서 많이 편찮으시다는 이야기를 듣게 되어 정말 안타까웠어.

제안

347 제안을 할 때에는 청자의 의향을 묻는 의문문 형식을 이용할 수 있다. (319-24 참조)

Would you like another couple of slices of turkey?　　　　　　　[1]
칠면조 고기 두 조각 더 드시겠어요?

Would you like me to mail these letters? 제가 이 편지를 대신 부쳐드릴까요?　[2]

Shall I get you a chair? 〈특히 영국식〉 의자를 가져다 드릴까요?　　　　　[3]

Can I carry your bags upstairs? 가방을 위층으로 들어다드릴까요?　　　　[4]

Do you want us to drive you home? 우리가 집까지 차로 모셔다드릴까요?　　[5]

Want some soup? 〈일상적 대화체〉 수프 좀 먹을래?　　　　　　　　　[6]

의문문 형식의 제안에 답할 때는 다음과 같이 표현한다.

Yes, please. (승낙) 네. 그렇게 해주세요.

No, thank you. (거절) 아니오, 괜찮습니다.

보다 〈공손체〉로 말을 받으려면 다음과 같이 표현한다.

Yes, please. That's very kind of you. 네, 그렇게 해주세요. 정말 친절하시군요.

Yes, thank you. I'd love some more. (위의 [1]번 문장에 대한 대답)
네, 감사합니다. 좀 더 먹고 싶네요.

thank you라는 표현은 승낙할 때뿐만 아니라 거절할 때도 사용한다는 것을 주의하라. 보다 〈공손〉하게 거절하려면 거절하는 이유도 밝혀야 한다.

That's very kind of you, but I couldn't possibly manage any more. (위의 [1]에 대한 대답) 정말 고맙습니다만 도저히 더 먹지 못할 것 같습니다.

No, thank you very much. I'm just leaving. ([3]에 대한 대답)
감사합니다만 아닙니다. 막 떠나려는 참이었어요.

〈친근체〉 영어에서는 제안을 할 때 명령문을 사용하는 경우가 많다.

Have some more coffee. 커피 좀 더 마셔.

Sit down and make yourself at home. 앉아서 편하게 있어.

Let me get a chair for you. (498 참조) 의자를 갖다 줄게.

제안이 받아들여진 뒤에 제안자는 제안을 행동으로 옮기면서 다른 말을 할 필요가 없다.

특히 〈영국식〉에서는 그저 미소만 짓거나 'Here you are.'(예를 들어, 음식을 가져다주면서) 또는 'There you are.'(예를 들어, 창문을 열거나 의자를 가져다 주는 일을 하면서)라고 말하는 경우가 많다.

초대

348 Come in and sit down. 〈친근체〉 들어와서 앉아.

Would you like to come with me? 저하고 같이 가시겠어요?

How would you like to come and spend a week with us next year?
내년에 우리와 함께 가서 일주일을 보내는 게 어떠세요?

May we invite you to dinner next Saturday? 〈격식체, 공손체〉
다음 주 토요일 저녁식사에 초대해도 되겠습니까?

다음은 전형적으로 진행되는 장면이다.

    A: Are you doing anything tomorrow evening? 내일 저녁에 할 일 있어?

    B: No. 아니.

    A: Then perhaps you'd be interested in joining us for a meal at a restaurant in town. 그러면 시내 식당에서 우리하고 같이 밥 먹는 데 혹시 관심이 있나 해서.

    B: Thank you very much. That's very kind of you. I'd love to.
      정말 고마워. 친절하기도 하지. 나도 그러고 싶어.

B가 〈공손체〉로 거절하려면 이렇게 말해도 좋다.

    B: Well, That's very kind of you-but I'm afraid I have already arranged/ promised to ⋯ What a pity, I would have so much enjoyed it.
      음, 정말 친절하시네요. 그런데 유감스럽게도 저는 선약이 있습니다. 정말 아쉽네요. 같이 가면 정말 즐거울 텐데요.

호격(Vocatives)

349 다른 사람의 이목을 끌거나 청자를 선택하기 위해서 John, Mrs Johnson, Dr Smith와 같은 호격을 사용할 수 있다.

John, I want you. 존, 너를 원해.

Please, Jenny, stop. 제발, 제니, 멈춰.

Now just a moment, Mr Williams. 윌리엄스 씨, 잠깐만요.

Thank you, Dr Gomez. 고메즈 박사님, 감사합니다.

화자와 청자의 관계를 표시할 때에 일반적으로 호격을 활용한다. 요즘 가장 흔하게 사용하는 형태의 호칭은 약식 이름이나 애칭(Sue, Pete, Suzy 등)을 포함한 이름(Susan, Peter 등)이다. 이런 호칭은 더 이상 '친근하게' 느껴지지 않지만 친구들은 물론이고 지인들 사이에서도 사용할 수 있다. 다음은 호격을 〈친근하게〉 사용한 사례이다.

dad(dy) 아빠, mum(my) 엄마, (you) guys 〈친근한 미국식〉 얘들아, (my) dear 아가야, (my) darling 당신, honey 〈미국식〉 여보

이와는 대조적으로, sir와 madam은 낯선 사람에게 존중을 나타내는 호격이다. (호텔 직원 같은 서비스 직종에 근무하는 사람이 고객에게 주로 사용하는 표현이다.)

Did you order a taxi, madam? 〈격식체〉 부인, 택시를 부르셨습니까?

특별한 상황에서는 다른 존칭을 호격으로 사용하기도 한다. 예를 들어, Ladies and gentlemen! (《격식체》 연설 첫머리), My Lord! (귀족, 주교, 영국의 판사 등에게), Your honor! (미국의 판사에게), Your Excellency (대사에게), Mr President; Prime Minister … 이런 호칭은 주로 〈희귀하고 격식적〉이다. 이보다 좀 더 자주 사용하는 존칭은 Father(신부님에게), Doctor(의사에게)처럼 존중 받는 직업에 붙이는 호칭이다.

350 영어는 낯선 사람의 호칭에는 제약이 있다. sir와 (특히) madam은 대부분의 상황에서 활용하기에는 지나치게 〈격식체〉에서나 쓰는 말이다. miss를 호격으로 사용하면 〈무례체〉로 말했다고 생각하는 사람이 많다. 많은 사람들이 nurse(= nursing sister, 간호사)나 operator (telephone operator, 전화 교환원) 같은 호칭은 받아들이면서도 waiter나 driver 같은 직업에 관련된 호격을 〈다소 무례체〉라고 느끼기도 한다.

Would you help me, please, operator? I'm trying to get through to a number in Copenhagen. 교환원, 저를 좀 도와주시겠어요? 코펜하겐의 번호로 전화를 걸려고 하는데요.

따라서 낯선 사람의 주의를 끌기 위해서는 Excuse me! 또는 Pardon me! 〈미국식〉 같은 호칭에 의존하는 수밖에 없다.

Excuse me, is this the way to the post office?
실례합니다만 이 길이 우체국으로 가는 길인가요?

Chapter

4

관련된 담화의 의미와 신호

Meanings in connected discourse

연결 신호어(Linking signals)

351 Chapter 1, 2, 3에서는 의미의 양상을 개별적으로 살펴보았지만 마지막 Chapter에서는 이런 의미들이 구어나 문어의 담화에서 어떻게 합쳐지고 표현되는지에 대해 생각해 볼 것이다. 다시 말하면, 생각의 표현과 문체에 대해 논의할 것이다. 우선, 문장 안의 그리고 문장 사이의 연결 구조부터 살펴보자.

352 말을 할 때나 글을 쓸 때에는 하나의 생각이 어떻게 다른 생각으로 이어지는지를 표시해줌으로써 사람들이 화자/필자의 메시지를 이해할 수 있도록 도와야 한다. 이런 연결 기능을 하는 단어나 구는 여행 중에 만나는 '이정표'와 같다. 영어의 이정표, 즉 연결 신호어는 대부분 문장부사로서 일반적으로 문장의 시작부분에 위치한다. 연결 신호어의 가장 중요한 기능은 다음과 같다.

새로운 시작 또는 전환

353 〈대화〉에서 발화의 맨 앞부분에 위치하는 well과 now는 꼬리를 물고 이어지던 생각에서 새로운 시작이 있음을 알린다.

> A : You remember that puppy we found? 우리가 발견했던 강아지 기억나?
> B : Yes. 그럼.
> A : Well, we adopted it, and now it has some puppies of its own.
>   근데, 우리가 그 강아지를 입양했는데 이제는 그 강아지가 새끼를 낳았어.

여기서 well은 대략 '내가 지금 새로운 이야기를 들려줄 거야'라는 의미이다. 하지만 다른 경우에, 예를 들면 화자가 명확하게 yes나 no라는 대답을 하기 힘든 상황에서 well은 중간쯤 되는 대답을 암시할 때가 많다.

> A : He's selling you those for two hundred and fifty bucks?
>   그가 너한테 저것을 250달러에 파는 거야?
> B : Well, seventy-five. 글쎄, 75달러.

well이 특히 자주 사용되는 상황은 화자가 의견을 구할 때이다.

> A : What did you think of that play? 그 연극에 대해 어떻게 생각했어?
> B : Well, I wasn't really happy about the translation into the television
>   medium. 글쎄, 텔레비전 매체로 각색한 것이 정말 마음에 들지 않았어.

now는 이전에 하던 일련의 생각으로 되돌아간다는 암시를 보낼 때가 많다.

> Well, that finishes that. Now what was the other thing I wanted to ask you?
> 글쎄, 그 문제는 끝났어. 자, 내가 물어보고 싶었던 다른 것은 뭐였지?

화제 전환

354 incidentally나 by the way와 같은 〈일상체〉는 화제를 전환할 때 사용할 수 있다.

> I think I've been a bit absent-minded over that letter. Incidentally,/By the way, this fax machine doesn't seem to be working properly. 내가 그 편지에 약간 정신이 팔렸었나 봐. 그건 그렇고/그런데 이 팩스기가 제대로 작동하지 않는 것 같아.

열거와 첨가

355 〈문어체〉와 〈격식 있는 대화체〉에서는 다음과 같이 표현한다.

- firstly (또는 first), second(ly), next, last(ly) (또는 finally)와 같은 부사를 이용하여 일련의 요점을 나열할 수 있다.
- to begin with, in the second place, to conclude 같은 구문도 사용할 수 있다.
- 이런 부사와 비슷한 것으로는 also, moreover, furthermore, what is more 등이 있다. 이런 단어 또는 구문은 다른 요점을 부가적으로 입증하겠다는 뜻을 암시한다.

> Several reasons were given for the change in the attitude of many students in the 1960s. To begin with, they feared the outbreak of nuclear war. Secondly, they were concerned over the continuing pollution of the environment. Not enough progress, moreover, had been made in reducing poverty or racial discrimination ⋯ And to conclude, they felt frustrated in their attempts to influence political decisions. 〈격식체, 문어체〉
> 1960년대의 수많은 학생들에게 나타난 태도의 변화를 설명하기 위해 몇 가지 이유가 제시되었다. 우선, 그들은 핵전쟁의 발발을 두려워했다. 둘째, 그들은 환경의 지속적인 오염에 대해 걱정했다. 더욱이, 빈곤이나 인종차별을 줄이는 데 충분한 진전이 이루어지지 않았다. ⋯ 그리고 결론적으로, 그들은 정치적인 결정에 영향을 주려던 시도에서 좌절감을 느꼈다.

*And another thing ⋯과 I might add ⋯ 같은 표현은 특히 구두 논쟁이나 토론에서 매우 유용하다.

보강

356 besides, in any case 〈일상체〉, in fact, anyway 〈일상체〉는 논쟁에서 부가적인 요점을 제시하겠다고 암시하는 다른 문장부사들이다. 이런 문장부사는 이전의 주장이 불충분하게 보일 수 있는 상황에서 주장을 보강하기 위해 사용한다.

> Ray won't have any proof of my guilt. Besides, he doesn't suspect me of having any connection with the recent robberies.
> 레이는 나의 유죄에 대한 증거가 전혀 없을 것이다. 게다가 그는 내가 최근의 강도사건과 관계가 있을 거라고 의심하지 않는다.

further(more) 〈보다 격식체〉와 what is more 역시 비슷한 방식으로 활용할 수 있다.

요약과 개괄

357 이미 주장한 요점을 간단하게 요약하기 위해서는 in short나 to sum up 같은 표현을 사용하면 된다.

> The Foundation could be custodian of a central fund of charities. It could plan and finance a stock of books, tapes and films. In a word, it could do plenty.
> 그 재단은 중요한 자선기금의 관리자 역할을 할 수 있다. 수많은 책과 음향물, 영상물을 기획하고 재정적으로 후원할 수도 있다. 한 마디로, 재단이 할 수 있는 일은 정말 많다.

또 하나의 사례로, 서평에서 발췌한 다음 대목을 살펴보자.

> The techniques discussed are valuable. Sensible stress is laid on preparatory and follow-up work. Each chapter is supported by a well-selected bibliography. In short, this is a clearly written textbook that should prove extremely valuable to teachers.
> 책에서 논의한 기술은 매우 유익하다. 주안점을 두는 부분은 준비 작업과 후속 작업이다. 각 장의 내용은 엄선된 참고문헌으로 뒷받침되어 있다. 요약하면, 이 책은 명료하게 쓴 교재로 교사들에게 대단히 유익하다고 입증될 것이다.

이 외의 다른 연결구를 통해 이미 제시한 요점을 개괄하겠다는 신호를 보내려면 in all, all in all, altogether, more generally 등을 사용하면 된다. 이런 연결구는 요약 신호어와 비슷한 방식으로 사용한다. 따라서 in all이 위 인용문에 나온 in short를 대신할 수도 있다.

설명

358 이미 제시한 요점은 다음 세 가지 방식으로 설명할 수 있다.

- 그 의미를 확장하고 명백하게 설명한다: that is, that is to say, i.e. (다시 말하면)
- 보다 정확하게 기술한다: namely, viz. (즉)
- 실례를 들어준다: for example, for instance. (예를 들면)

이런 표현은 〈문어체〉 영어에서 전형적으로 등장한다.

> It is important that young children should see things, and not merely read about them. That is, the best education is through direct experience and discovery.
> 어린 아이들은 사물에 대해 단순히 읽기만 하지 말고 직접 보는 것이 중요하다. 즉, 최고의 교육은 직접적인 경험과 발견을 통해 이루어진다.

Role-playing can be done for quite a different purpose: to evaluate procedures, regardless of individuals. For example, a sales presentation can be evaluated through role-playing.

역할연기는 전혀 다른 목적을 위해서 할 수 있는데, 개인과 상관없이 절차를 평가하기 위해서이다. 예를 들면, 제품 소개는 역할연기를 통해서 평가될 수 있다.

문장 가운데에서 이런 표현을 사용함으로써 동격인 두 개의 구문을 연결할 수도 있다. (470-472 참조)

A good example is a plant, proverbial for its bitter taste, namely wormwood.

좋은 사례는 쌉쌀한 맛으로 잘 알려져 있는 식물, 즉 약쑥이다.

◆Note

라틴어 약어인 i.e., viz., e.g.는 〈격식체〉로 쓴 교재에서 주로 등장한다. 일반적으로 이 단어는 각각 that is, videlicet(namely), for example이라고 음독한다.

말 바꾸기

359 때때로 우리의 생각을 더 명확하게 만들기 위해서는 다른 말로 표현함으로써 생각을 설명하거나 수정하면 된다. 이런 말 바꾸기는 in other words, rather, better 같은 부사어구를 내세워 제시할 수 있다.

Be natural. In other words, be yourself.

자연스럽게 해. 다시 말하면, 너답게 행동하라고.

We decided, or rather it was decided, to pull the place down.

우리는 그 장소를 허물기로 결정했다. 더 정확히 말하면, 그렇게 결정되었다.

다음 표현은 구어체 대화에서 사용할 수도 있다.

What I mean is … 제 말의 취지는 …

What I'm saying is … 제 말은 …

절과 문장의 연결(Linking clauses and sentences)

360 진술을 표현하는 단위인 절은 담화의 기본적인 의미 단위라고 간주할 수 있다. 문법에서 절을 연결하는 방법은 주로 세 가지이다.

[A] 등위접속: and, or, but, both … and 등의 접속사를 이용하여 절을 등위적으로 연결할 수 있다. (515-520 참조)

[B] 종속접속: when, if, because 같은 접속사를 이용하여 하나의 절을 다른 절에 종속적으로 연결할 수 있다. (= 종속절을 만든다. 709-717 참조)

[C] 접속부사 연결: yet, moreover, meanwhile 같은 문장연결 부사를 이용하여 두 개의 생각을 연결할 수 있다. (479 참조)

대조

361 다음 예문들은 등위접속, 종속접속, 접속부사 연결의 세 가지 방법을 이용하여 대조의 관계를 보여주고 있다.

[A] The conversation went on but Rebecca stopped listening.
대화가 계속되었지만 레베카는 듣지 않았다.

[B] Although Quebec did not break its ties with the rest of Canada, it did not feel itself part of the Confederation. 비록 퀘벡이 캐나다의 나머지 지방과 유대관계를 깨뜨리지는 않았지만 그 자체가 캐나다 연방의 일부라고 느끼지도 않았다.

The country around Cambridge is flat and not particularly spectacular, though it offers easy going to the foot traveller. 케임브리지의 주변 고장은 도보 여행자에게 편안함을 제공하기는 하지만 평범해서 특별히 경관이 아름답지는 않다.

[C] In theory, most companies would like to double their profits in a year. However, few could really handle it, and most companies wouldn't even try. 이론적으로, 대부분의 회사는 한 해 안에 이익을 두 배로 늘리고 싶어 한다. 하지만 실제로 그것을 해결하는 회사는 극히 드물며 대부분의 회사는 시도조차 하지 않는다.

◆Note

더 강하고 더 강조하여 연결하려면 경우에 따라서 종속접속이나 등위접속에 문장부사를 결합하기도 한다.

[A]+[C] He was extremely tired, but he was nevertheless unable to sleep until after midnight. 그는 극도로 피로했지만 그럼에도 불구하고 자정이 지나서까지 잠을 이룰 수 없었다.

[B]+[C] Although he was suffering from fatigue as a result of the long journey, yet because of the noise, he lay awake in his bed, thinking over

부가 (238-42, 355-6 참조)

369 [Co] She's (both) a professional artist and a firstrate teacher. (520 참조)

그녀는 전문적인 화가이자 일급 교사이다.

~ She's not only a professional artist, but (also) a firstrate teacher.

그녀는 전문적인 화가일 뿐 아니라 일급 교사이기도 하다.

[Sub] As well as (being) a professional artist, she's (also) a first-rate teacher.

[Ad] She's well known all over the country as a professional artist. What's more, she's a first-rate teacher.

그녀는 전문적인 화가로 전국에서 유명하다. 게다가 그녀는 일급 교사이기도 하다.

양자택일 (242 비교)

370 [Co] We can (either) meet this afternoon, or (else) we can discuss the matter at dinner. (520 참조)

[Ad] Would you like us to have a meeting about the matter this afternoon? Otherwise we could discuss it at dinner.

[Ad] I may be able to cross the mountains into Switzerland. Alternatively, I may get a boat at Marseilles. 나는 산을 넘어 스위스로 갈 수 있을지도 모른다. 그렇지 않으면 나는 마르세이유에서 보트를 탈 것이다.

(양자택일은 종속접속사로 표현할 수 없다.)

'다목적' 연결('General purpose' links)

370 364-366, 369에서 알 수 있듯이, and는 '다목적' 연결어로서 문맥에 맞게 의미를 조정할 수 있다. 두 가지 생각을 긍정적으로 연결할 때에는 언제든 and를 써서 나타낼 수 있다. 영어에는 이런 종류의 '다목적' 연결 방법 또는 모호한 연결 방법이 세 가지 더 있다.

[A] 관계사절 (686-694 참조)

[B] 분사절과 무동사절 (493-494 참조)

[C] 문법적으로 연결되지 않은 절

관계사절

372 and를 사용한 등위절과 비한정적 관계사절 사이에 등가 관계가 성립됨을 주목하라.

(110-111, 693 참조)

We have arrived at the hotel, and find it very comfortable.

~ We have arrived at the hotel, which we find very comfortable.

우리는 호텔에 도착했고 그곳이 아주 편안하다는 것을 알게 되었다.

동일한 동가 관계가 문장 관계사절에서 보인다. (694 참조) 여기서 관계대명사는 전체 절이나 문장을 전방조응한다.

He's spending too much time on sport, and that's not good for his school work.

~ He's spending too much time on sport, which is not good for his school work. 그는 운동에 너무 많은 시간을 쓰는데, 이것은 학교 공부에 좋지 않다.

관계사절의 연결 기능은 유연하기도 하다. [1]~[3]번 문장의 연결은 이유, 시간, 조건의 뜻을 암시하고 있다.

● 이유:

I don't like people who drive fast cars.   [1]

나는 차를 빨리 모는 사람들을 좋아하지 않는다.

(= Because they drive fast cars, I don't like them.)

● 시간:

The man I saw was wearing a hat. 내가 본 남자는 모자를 쓰고 있었다.   [2]

(= When I saw him, he was wearing a hat.)

● 조건:

Anyone who bets on horses deserves to lose money.   [3]

경마에 돈을 거는 사람은 누구든 돈을 잃어 마땅하다.

(= If anyone bets on horses, he or she deserves to lose money.)

분사절과 무동사절

373 〈격식 있는 문어체〉영어에서 특히 전형적으로 등장하는 이런 절은(493-494 참조) 여러 가지 '다목적' 연결 기능을 갖추기도 했다. 다음 예문을 통해 확인해 보자.

● 이유:

Being an only child, she had never seen a baby without its outer wrappings.

(As she was an only child …) 외동이었기 때문에 그녀는 기저귀 덮개를 하지 않은 아기를 본 적이 없었다.

● 시간:

Cleared, the site will be very valuable. 〈다소 격식체〉

(When it is cleared …) 깨끗이 치우면 그 장소는 가치가 대단히 클 것이다.

● 조건:

Cleared, the site would be very valuable. 〈다소 격식체〉

(If it were cleared …) 깨끗이 치우기만 한다면 그 장소는 가치가 대단히 클 텐데.

● 방법:

Using a sharp axe, they broke down the door. 〈다소 격식체〉

(By using a sharp axe …) 날카로운 도끼를 사용해서 그들은 문을 부수었다.

● 결과:

She stared silently at the floor, too nervous to reply. 〈다소 격식체〉

(… because she was too nervous …)

그녀는 너무나 긴장한 나머지 대답을 하지도 못한 채 바닥을 묵묵히 내려다보았다.

연결되지 않은 절

374 이웃한 두 개의 절이 문법적으로 연결되지 않을 때도 있다. 예를 들면, 이 절들은 마침표나 세미콜론, 콜론, 줄표로 나뉜다. 그렇다고 해서 두 절의 의미에 연결성이 없다는 뜻은 아니다. 그렇다기보다는 연결이 함축적이므로 청자나 독자가 추론해야 할 필요가 있다는 뜻이다. 〈격식 있는 연설체〉에서 연설가는 이런 함축적인 연결에 의존할 때가 많은 반면 〈문어체〉에서 작가는 문장 부사나 등위접속사를 이용하여 연결을 명확하게 만드는 경우가 대다수이다. 이에 관한 예문은 364-70항의 [Ad] 문장과 비교할 수 있다. ('사라진 연결'은 대괄호 안의 소문자로 표시되어 있다.)

He loaded the pistol carefully; [then] he took aim … a shot rang out. (시간)

그는 조심스럽게 권총을 장전했다. 〔그러더니〕 그는 조준을 했고 … 총성이 울렸다.

She had to look for a job - [because] she had run out of money. (이유)

그녀는 일자리를 찾아야만 했다. 〔왜냐하면〕 그녀가 돈이 떨어졌기 때문이었다.

Take this medicine: [if you do] it'll make you feel better. (조건)

이 약을 먹어. 〔만약 그렇게 하면〕 상태가 호전될 거야.

상호 참조와 생략(Cross-reference and omission)

375 절은 지금까지 살펴보았던 종류의 의미 연결 때문이 아니라 어떤 내용을 공유하기 때문에 연결될 때가 많다. 예를 들면, 동일한 인물에 대해서 이야기하는 경우이다.

My brother was wearing a raincoat. So my brother didn't get wet.

내 남동생은 비옷을 입었다. 그래서 남동생은 젖지 않았다.

원하기만 한다면 so 같은 부사를 이용하여 문장을 변형하지도 않고 하나의 문장으로 연결할 수 있다.

My brother was wearing a raincoat, so my brother didn't get wet.

내 남동생은 비옷을 입고 있었으므로 젖지 않았다.

하지만 일반적으로는 공통의 단어와 내용을 반복하지 않는다.

● 상호 참조를 이용한다. (he와 같은 대명사를 사용)
● 반복적인 요소를 생략한다.

  My brother was wearing a raincoat, and so (he) didn't get wet.

  내 남동생은 비옷을 입었고 그래서 젖지 않았다.

상호 참조와 생략은 다음의 몇 가지 면에서 아주 유용하면서도 중요한 방법이다. (A) 메시지를 줄인다. (B) 의미의 연결을 보다 쉽게 파악할 수 있도록 만든다. 어쩌면 상호 참조와 생략을 통해 문장의 구조를 '더욱 단단하게' 만들지도 모른다. 일반적인 규칙은 다음과 같다. "할 수 있는 곳이면 어디에서도 상호 참조를 하거나 생략할 수 있다. 다만 그로 인해서 의미가 모호해지는 경우는 예외이다." 이제는 영어에서 상호 참조와 생략이 허용되는 몇 가지 방법에 대해 생각해 보자. 상호 참조와 생략을 동시에 생각해 보면 이런 방법을 통해 반복을 어떻게 피할 수 있을지 알게 된다. 때로는 한 가지 방법이 가능하고 때로는 다른 방법이 가능하며 때로는 두 개의 방법이 모두 가능하다. 메시지를 줄이고 '단단하게 만드는' 상호 참조와 비슷한 방법은 대용이다. 대용이란 대명사나 대신 쓸 수 있는 다른 형태를 이용하여 표현하는 것을 말한다.

명사구의 상호 참조
3인칭대명사

376 인칭대명사인 he, she, it, they 등은 (619-622 참조) 명사구의 상호 참조로서 명사구의 성수에 일치한다. (529, 597-601 참조) 다음 예문에서 명사구와 대명사는 이탤릭체로 표기되어 있다.

  Henrietta looked down at ***her left hand***. It was covered with blood.

  헨리에타는 자기의 왼손을 내려다보았다. 왼손은 피투성이였다.

  The new psychology professor kept ***her*** distance. ***She*** did not call ***students***
  by ***their*** first names. 새 심리학 교수는 계속 거리를 두었다. 그녀는 학생들을 (성이 아닌) 이름으로 부르지 않았다.

  Bill gave an inward groan. ***He*** felt that the situation was getting beyond him.
  빌은 내심 신음소리를 냈다. 그는 상황이 자신이 이해할 수 없는 방향으로 흘러간다고 느꼈다.

  Millions of flies were on ***their*** way towards us.
  수백만 마리의 파리가 우리를 향해 오는 도중이었다.

they, them 등에 주목해야 한다. 복수 대명사가 복수 명사구를 대신할 뿐만 아니라 Red and Handley 등위접속 단수 명사구를 대신하기도 한다는 사실을 주의하라.

  I know ***Red and Handley*** well. ***They*** are both painters.

나는 레드와 핸들리를 잘 안다. 그들은 둘 다 화가이다.

In the morning, **Power and Ross** rose at dawn and began *their* day's work.

아침이 되자, 파워와 로스는 새벽에 일어나서 하루 일과를 시작했다.

◆Note

〔a〕 성별이 명시되지 않은 상황에서 he, she, they 중에 하나를 선택하는 문제에 관해서는 96항을 참조하라.

〔b〕 himself, themselves 등의 재귀대명사와 (626-628 참조) 관계대명사는 (686-694참조) 상호 참조를 나타낼 때 인칭대명사와 비슷하게 작용한다.

He hurt himself. – She hurt herself. – They hurt themselves.

그는/그녀는/그들은 다쳤다.

The man who was injured … 부상을 당한 사람 ~

The house which was destroyed … 파괴된 집

1, 2인칭대명사

377 경우에 따라, 1, 2인칭대명사는 등위접속 명사구를 대신한다. 만약 1인칭대명사가 명사구로 제시된다면 수의 일치는 1인칭을 기준으로 한다.

You and I should get together sometime and share our ideas.

너와 나는 언젠가는 모여서 생각을 공유해야만 한다.

My wife and I are going to Argentina. We hope to stay with some friends.

아내와 나는 아르헨티나로 간다. 우리는 친구들과 함께 지내기를 기대한다.

만약 2인칭대명사가 1인칭대명사 없이 등장하면 일치는 2인칭을 기준으로 한다.

You and John can stop work now. You can both eat your lunch in the kitchen.

너와 존은 이제 일을 마쳐도 좋아. 너희들은 부엌에서 점심을 먹어도 돼.

Do you and your husband have a car? I may have to beg a lift from you.

너하고 네 남편은 차가 있니? 내가 너한테 태워달라고 부탁해야 할 것 같아서.

특별한 경우

378 ● **수량사** (675-80 참조): 때때로 복수 대명사는 everybody, somebody, no one, anyone 같은 수량 대명사를 상호 참조한다.

Everybody looked after themselves. 모두가 자신의 몸을 건사했다.

*위 문장을 he나 she 같은 단수 대명사를 보다 〈격식체〉를 이용한 예문을 비교해 보자. (96 참조)

One of the most important things anyone can do in business is consider his or her future connections. 사람들이 사업을 할 때 챙겨야 할 가장 중요한 일 중의 하나는 자신

의 미래 인맥에 대해 생각하는 것이다.

- **집합 명사:** 상호 참조에서, 일단의 사람들을 가리키는 단수 명사는 단수 무생물 명사로 취급할 수 있다. (사람들이 모인 집단을 하나의 단위로 생각할 때)

    It is a family which traces its history from the Norman Conquest. (510 참조)
    노르만 정복 시대부터 역사를 기록해 온 것은 가문이다.

    집합 명사는 복수 인칭 명사로 취급할 수도 있다. (집단의 구성원으로 생각할 때)

    They are a family who quarrel among themselves.
    그들은 저희끼리 서로 싸우는 가족이었다.

명사구를 대신하는 수량 대명사

379 one, some, each, none 같은 대명사는 (676 참조) 명사구를 대신하는 대용어 역할을 할 수 있다.

- **단수 수량 명사구의 대용어**

    A: Would you like a cup of tea? 차 한 잔 마시겠어요?
    B: No, thanks. I've just had one. (one = a cup of tea)
        아뇨, 괜찮습니다. 저는 방금 마셨어요.

- **복수 수량 명사구의 대용어**

    Can you give me a few stamps? I need some for these postcards. (some = some stamps) 우표 몇 장을 주시겠어요? 이 엽서에 붙이려면 몇 장이 필요해서요.

    The museum has twenty rooms, each portraying a period in the country's history. (each = each room) 박물관은 방이 20개이며 각각의 방이 그 나라 역사의 한 시대를 묘사한다.

    We lost most of the games, but not quite all. (all of them)
    우리는 대부분의 게임을 졌지만 전부는 아니었다.

    Proust and James are great novelists, but I like Tolstoy better than either. (either of them) 프루스트와 제임스는 위대한 소설가이지만 나는 그 둘보다 톨스토이를 더 좋아한다.

    Two members of the panel later told the Court about receiving anonymous telephone calls. Neither was seated on the jury. (Neither of the two members) 배심원 중 두 명이 익명의 전화를 받았다고 판사에게 나중에 이야기했다. 두 사람 중 누구도 배심원석에 앉지 못했다.

    These books are heavy. You carry one half, and I'll carry the other.
    (You carry half of them, and I'll carry the other half of them.)
    이 책들이 무겁네. 네가 절반을 들면 내가 나머지 절반을 들게.

    She had learned from her mistakes of the past-only a few but enough.
    (only a few mistakes, but enough mistakes)

그녀는 과거의 실수에서 교훈을 배웠다. 실수는 몇 번밖에 안 되지만 충분히 경험했다.

A: You've only got one CD, haven't you?

너는 CD를 한 장밖에 못 얻었어. 그렇지 않니?

B: I've got several. (several CDs) 여러 장 얻었어요. (몇 장의 CD)

● 질량 명사구의 대용어

Some of the equipment has been damaged, but none has been lost.

장비 일부가 손상되었지만 아무 것도 잃어버리지는 않았다.

I'd like some paper, if you have any. 만약 가지고 계시다면 종이 몇 장 주세요.

380 ● 명사와 명사구 일부분의 대용어

대명사 one(680 참조)은 명사구 전체는 물론이고 명사를 대신하기도 한다.

Have you seen any knives? I need a sharp one. (a sharp knife)

혹시 아무 칼이라도 보았나요? 날카로운 칼이 필요해서요.

She moved down the row of freight cars, checking for the serial number which corresponded to the one (serial number) Teufel had written down for her.

그녀는 토이펠이 자신에게 적어준 것과 일치하는 일련번호인지 살피면서 쭉 늘어선 화물차를 따라 내려갔다.

아래 예문에서와 같은 의미에서 one의 복수는 ones이다.

Plastic pots are usually more expensive than clay ones.

플라스틱 화분은 진흙 화분보다 대체로 더 비싸다.

one이 질량 명사를 대신하지 못한다는 것을 명심하라. 그 대신 명사가 생략된다.

Which wine would you like? The red or the white? (The red wine or the white wine?) 어떤 와인을 좋아하세요? 레드 아니면 화이트?

381 때로는 one으로 대신하는 방법과 생략하는 방법 중에 한 가지 선택권이 있다.

This house is bigger than my last (one). 그 집은 나의 예전 집보다 더 크다.

Navneet had a shop in Hong Kong and another (one) in Bombay.

나브니트는 홍콩과 봄베이에 가게를 하나씩 가지고 있다.

His bus broke down, and he had to wait for over two hours for the next (one).

그가 탄 버스가 고장이 나자 그는 다음 버스를 두 시간 이상 기다려야만 했다.

I know her two older children, but I don't know the youngest (one).

나는 그녀의 첫째와 둘째 아이를 알고 있지만 막내는 모른다.

382 수식어구가 뒤따라오는 대명사 that과 those는 한정적인 의미를 지닌 대용어 역할을 한다.

(= the one, the ones) 대용 대명사 that은 항상 사람이 아닌 것을 받는다.

The hole was about as big as that(the hole) made by a rocket. 〈다소 격식체〉

그 구멍은 로케트가 만든 구멍 정도로 컸다.

The paintings of Gauguin's Tahiti period are more famous than those(= the ones) he painted in France. 〈다소 격식체〉

고갱의 타이티 시절 작품들은 그가 프랑스에서 그렸던 작품들보다 더 유명하다.

that은 질량 명사의 대용어로 사용할 수 있다.

The plumage of the male pheasant is far more colourful than that(= the plumage) of the female. 〈다소 격식체〉 수꿩의 깃털은 암꿩의 깃털보다 훨씬 더 화려하다.

* that과 those의 이런 용법은 다소 〈격식체〉이며 사실상 〈문어체〉 영어에 한정되어 있다.

동사를 포함한 구문의 대용어

조동사 do

383 유사 조동사 do(479 참조)는 주어를 제외한 절 전체의 대용어 역할을 할 수 있다.

She doesn't work any harder than Burt does. (than Burt works)

그녀는 버트가 하는 것보다 더 열심히 일하지는 않는다. (버트가 일하는 것보다)

A: Did you read that book in the end? 그 책을 끝까지 읽었어요?

B: Yes I did. 네 그랬어요.

A: Who wants to play tennis this afternoon?　{ B: I do. 저요.

오늘 오후에 테니스 치고 싶은 사람 있어요?　　　　I don't. 전 아니에요.

주어 뒤에 오는 절 전체를 생략할 수도 있다.

He can cook as well as { Helen.　　　　　　　　　　　　〔1a〕

she. 〈격식체, 다소 희귀체〉　　　　　　　〔1b〕

그는 그녀만큼 요리를 잘 한다. her. 〈일상체, 대화체 표준〉　〔1c〕

A: Who wants to play tennis?　{ B: Me. 〈일상체〉 저요.

테니스 치고 싶은 사람 있어요?　　　Not me. 〈일상체〉 전 아니에요.

〈일상체〉 영어에서 주어를 제외한 문장 나머지 부분이 생략되는 경우에는 화자의 대명사가 주격에서 목적격으로 바뀐다. 하지만 위 예문의 〔1b〕와 〔1c〕을 대신하여 선택 가능한 가장 일반적인 문장은 He can cook better than she can.이다. (384 참조)

do는 주어와 부사어구를 제외한 절의 일부를 대신할 수 있다.

A: Have you written to your father yet? 아버지에게 벌써 편지를 썼니?

B: Yes, I did last week. (I wrote to my father …) 네, 지난주에요.

때때로 do는 동사구만을 대신하는 대용어 역할을 한다.

She likes Ryan's Steak House better than she does Old Country Buffet. (does =

likes) 그녀는 라이언의 스테이크 하우스를 올드 컨트리 뷔페보다 더 좋아한다.

기능사 이후의 생략

384 383의 경우와 마찬가지로 do에 상응하는 자리에 다른 조동사를 사용할 수도 있다. 즉, 조동사 다음에 오는 문장 전체나 문장의 일부를 생략할 수 있다.

> I'll open a bank account if you will. (= … if you will do so)
> 그럴 뜻이 있다면 제가 은행 계좌를 개설해드릴게요.
>
> He can cook as well as she can. (= can cook) 그는 그녀만큼 요리를 잘할 수 있다.
>
> A : He is working late this week. 그는 이번 주에 야근을 하는 중이다.
>
> B : Yes, he was last week, too. (= … was working late last week, too)
>   네, 그는 지난주에도 그랬어요.
>
> You can play in the garden, but you mustn't in the garage. (= … mustn't play in the garage) 정원에서는 놀아도 되지만 차고에서는 안 돼.

do와 다른 조동사는 확인과 부정을 하거나(264-265 참조) 일종의 대비적인 의미를 뜻하는 경우가 아니면 강세를 받지 않는다.

> A : Are you going to clean the car? 세차를 할 거니?
>
> B : I could, and should, but I don't think I will.
>   할 수도 있고 해야 하기도 하지만 할 것 같지는 않아.

두 세개의 조동사 뒤에서도 생략할 수 있다.

> A : Is the kettle boiling? 주전자가 끓고 있니?
>
> B : It may be. (… be boiling) 그럴지도 몰라.
>
> A : Did you lock the door? 문을 잠갔니?
>
> B : No, I should have, but I forgot. 아니, 잠갔어야 했는데 잊어버렸어.

◆Note

〔a〕 본동사로 쓴 be(482 참조)는 조동사 다음에서는 생략할 수 없다.

> If they're not asleep, they should be. (= … be asleep)
> 만약 그들이 잠들지 않았다면 자야만 해.

〔b〕〈영국식〉에서는 do나 done이 다른 조동사 뒤에 추가될 때도 있다.

> He can't promise to come tonight, but he may do. (= … come tonight)
> 그는 오늘밤에 오겠다고 장담은 못하지만, 올지도 모른다.
>
> A : Would you please unlock the door? 문을 좀 열어주시겠어요?
>
> B : I have done. 이미 열었어요.

본동사 do: do it, do that, do so

385 본동사 do는(479 참조) 주로 어떤 행동이나 행위를 표시하는 본동사의 대용어 역할을 한다. do에는 목적어가 필요하며 목적어로는 it, that, so를 사용할 수도 있다.

> If we want to preserve our power, this is the way to do it. (to preserve our power) 만약 우리가 힘을 보존하고 싶다면 이것이 그렇게 하는 방법이다.
>
> (우리의 힘을 보존하는 방법)
>
> They have promised to increase pensions by 10 percent. If they do so, it will make a big difference to old people. (If they do increase pensions …)
>
> 그들은 연금을 10퍼센트 올려주겠다고 약속했다. 만약 그들이 그렇게 해준다면 노인들에게 커다란 영향이 있을 것이다. (만약 그들이 연금을 올려준다면 …)

do that은 일반적으로 내용을 강조하는 표현이며 〈일상체〉이다.

> They say he sleeps in his shoes and socks. Why ever does he do that?
>
> 사람들이 말하길 그는 양말과 신발을 신고 잔다고 한다. 그는 도대체 왜 그렇게 할까?
>
> It's easy for you to talk-you travel around the world. We would love to do that too. 네가 세계 일주를 한다고 말하기는 쉽다. 우리도 그렇게 하고 싶다.

that절의 대용어
동사 다음의 so와 동사 다음의 생략

386 so는 간접 진술, 믿음, 추정, 감정 등을 표현하는 that절의 대용어이다.

> The government won't provide the money-I have heard the minister say so.
>
> (… say that the government won't …) 정부는 자금을 공급하지 않을 것이다. 나는 장관이 그렇게 말하는 것을 들었다. (정부가 자금을 공급하지 않겠다고 말하는)
>
> It's silly, childish, running after them like that. I told Ben so. (… told him that it's silly …) 그런 식으로 그들을 쫓아다니는 것은 어리석고 유치해. 내가 벤에게 그렇게 말했어.
>
> (…가 어리석다고 … 벤에게 말했다.)
>
> A: Has Ivan gone home? 이반은 집에 갔니?
>
> B: I think so. / I guess so. 〈미국식〉 / I suppose so. / I hope so. / I'm afraid so. 그런 것 같아. / 아마 그럴 걸.

부정절에서는 not이 so를 대신하여 I hope not, I'm afraid not 등으로 사용한다. 하지만 전이 부정을 취하는 동사의 경우에는 (587 참조) I don't think so. / I don't suppose so. 등으로 말하는 편이 더욱 자연스럽다.

> A: Are there any questions you want to ask us, Ms Blake?
>
> 블레이크 씨, 저희에게 물어보고 싶은 질문이 있으신가요?
>
> B: No, I don't think so. 아니오, 없어요.

확실성이나 의심을 표현하는 문장에서는 (294-295 참조) so를 사용할 수 없지만 I'm sure

they are, I'm sure of it, I doubt if they are, I doubt it 등으로 말해야 한다.

비교절에서는 (505 참조) than 절 전체를 생략할 수 있다.

He's older than I thought (… than I thought he was).

그는 내가 생각했던 것보다 더 나이가 많다.

The journey took longer than we had hoped.

그 여행은 우리가 기대했던 것보다 더 오래 걸렸다.

또한 대화에서는 know, ask, tell 동사 다음에 that 절 전체를 생략하는 경우가 많다.

A: She's having a baby. 그녀가 임신을 했어요.

B: I know. 저도 알아요.

A: How did you hear (that)? 어떻게 들었어요?

B: She told me (so) herself. Why do you ask?

그녀가 직접 나한테 말해줬어요. 왜 물어보시죠?

*so는 know와 ask 다음에는 사용할 수 없다.

의문사절의 대용어

387 의문사를 뒤따르는 의문사절 전체가 생략 가능하다.

Someone has hidden my notebook, but I don't know who/where/why.

누군가 내 노트북을 숨겼는데 나는 누군지/어딘지/왜인지 모르겠어.

(= I don't know who has hidden my notebook. 나는 누가 내 노트북을 숨겼는지 모르겠어.)

*괄호 안의 경우에는 whether나 if를 사용할 수 없다.

to부정사구의 대용어

389 부정사구에서는 to 다음에 오는 절 전체를 생략할 수 있다.

A: Why don't you come and stay with us? 와서 우리와 함께 지내지 그래?

B: I'd love to (do so). 나도 그러고 싶어.

You can borrow my pen, if you want to (do so). 원하면 내 펜을 빌려가도 좋아.

If this pain gets much worse, I shan't be able to move around much. The doctor has told me not to (do so), anyway. 만약 이 고통이 훨씬 심해지면 나는 많이 돌아다닐 수가 없을 거야. 어쨌든 의사는 나한테 그렇게 하지 말라고 말했어.

Somebody ought to help you. Shall I ask Peter to (do so)?

누군가는 당신을 도와야만 해요. 내가 피터에게 그렇게 하라고 물어볼까요?

위에서 보다시피 do so를 포함하는 경우(보다 격식체)와 생략하는 경우 중에서 선택할 수 있다. want, like, ask 같은 일부 동사는 특히 〈일상체〉 영어에서 to를 포함한 부정절 전체를 생략할 수 있다.

> You can borrow my pen, if you want/like. 〈일상체〉 원하면 내 펜을 빌려가도 돼.
>
> Shall I ask Peter? 〈일상체〉 내가 피터한테 물어볼까?

절의 대용어로 쓰는 it, that, this

389 한정대명사 it, that, this는 명사구는 물론이고 절을 대신하는 대용어로 널리 사용한다. (94, 99, 376 참조)

> If you make a sound, you'll regret it. (regret making a sound)
>
> 소리를 내면 너는 그것을 후회할 거야. (소리 낸 것을 후회하다.)
>
> A : She's having a baby. 그녀가 임신을 했어요.
>
> B : How did you know that? (i.e. … know that she's having a baby)
>
>   그것을 어떻게 알았어요? (= … 그녀가 임신을 했다는 것을 알다.)
>
> After many weeks of rain, the dam burst. This resulted in widespread flooding and much loss of livestock and property. (The bursting of the dam resulted in …)
>
> 몇 주 동안 비가 온 뒤에 댐이 터졌다. 이 일로 인해 결과적으로 대규모의 홍수 그리고 수많은 가축과 재산의 손실이 일어났다. (댐의 붕괴는 …를 야기했다.)

다른 생략 기법

390 생략을 통해 문장을 축소할 수 있는 다른 구문으로는 등위접속 구문, 비정형절, 무동사절을 들 수 있다. 이런 구문은 모두 Part 3(515-520, 493-494 참조)에서 더 깊이 논의할 것이므로 여기서는 이런 구문들이 대체와 반복을 대신할 더 간략한 대안을 어떻게 제공하는지 보여주면서 여러 가지 유형의 생략이 일어난 예문을 몇 가지 살펴보기로 한다.

등위접속을 이용한 생략

391 등위접속에서 생략하거나 생략할 수 있는 요소는 이탤릭체로 표기되어 있다.

> George Best travelled fearing the worst, **but** was pleasantly surprised.
>
> (… but **he** was pleasantly surprised.)
>
> 조지 베스트는 최악의 상황을 두려워하며 여행했지만 예상외로 좋았다.
>
> Particular attention was given to the nuclear tests conference and ***particular attention was given*** to the question of disarmament.
>
> 특별한 관심이 핵 실험 회담과 군축 문제에 주어졌다.
>
> Peter cut himself a slice of bread ; ***(he)*** (also) ***(cut himself)*** some cheese.
>
> 피터는 빵 한조각과 치즈 약간을 직접 잘랐다.
>
> She is not only a trained mathematician, but ***(she is)*** a good singer.
>
> 그녀는 숙련된 수학자일 뿐만 아니라 훌륭한 가수이기도 하다.

Either Germany or Brazil will win the World Cup.

(= Germany will win the World Cup; or (else) Brazil ***will do so***.)

독일이나 브라질이 월드컵에서 우승할 것이다.

Tom washes and irons his own shirts.

(= Tom washes his own shirts; he irons ***them*** (too).) 톰은 자신의 셔츠를 세탁하고 다린다.

일반적으로 하나의 절이 다른 절에 종속되는 경우에는 위와 동일한 생략은 불가능하다. 우리는 다음과 같이 말할 수 있다.

She was exhausted and went to sleep. 그녀는 지칠 대로 지쳐서 자러 갔다.

하지만 다음과 같은 표현은 안 된다.

*She was so exhausted that went to sleep.

종속절에서는 주어를 반복해야만 한다.

She was so exhausted (that) ***she*** went to sleep.

하지만 종속절이 등위절의 양식을 따르는 경우도 몇 가지 있다.

The rain stopped, ***though*** not the wind. 비록 바람은 멈추지 않았지만 비는 멈췄다.

비정형절의 생략

392 비정형절은 (493 참조) 기능사가 없으며 (609-612 참조) 대부분의 경우에 접속사나 주어도 없다. 따라서 정형 종속절과 비교하면, 비정형절은 문체상 더 간결하고 반복을 피한다. 어쩌면 이런 이유로 인해서 부사 상당어구인 -ing절과 -ed절은 〈격식체 또는 문어체〉 영어에서 특히 선호한다. 이제, 이 세 가지 사항을 그에 상당하는 정형절과 함께 예문을 통해 살펴보자.

- to부정사절: I hope to get in touch with you soon.

  (= I hope that I will get in touch with you soon.) 곧 당신과 연락이 닿기를 바랍니다.

- -ing절: Coming home late one evening, I heard something which made my blood freeze in horror. (= When I was coming home …) 어느 저녁에 집에 늦게 돌아오면서 나는 소름끼치도록 무서운 어떤 소리를 들었다.

- -ed절: The man injured by the bullet was taken to hospital.

  (= The man who was injured by the bullet …) 총상을 입은 남자가 병원에 실려 갔다.

393 위와 똑같은 원칙이 종속 접속사가 이끄는 부사적 비정형절에도 적용된다.

- -ing절: It's a trick I learned while recovering from an illness.

  (= … while I was recovering …) 내가 병에서 회복하면서 배운 것은 마술이었다.

- -ed절: Though defeated, she remained a popular leader of the party. 〈다소 격식체〉

  (= Though she had been defeated …)

  패배했지만 그녀는 여전히 당에서 인기 있는 총재였다.

무동사절의 생략

394 무동사절은 (494 참조) 동사가 없으며 대체로 주어가 없다.

>   Whether right or wrong, he usually wins the argument.

>   (= Whether he is right or wrong …) 옳든 그르든 그는 대체로 논쟁에서 이긴다.

>   A man of few words, Uncle George declined to express an opinion. 〈격식체〉

>   (= Being a man of few words / As he was a man of few words …)

>   말수가 적은 사람인 엉클 조지는 의견 표시를 거절했다.

*분사절 같은 무동사절은 더욱 〈격식 있는〉 문체에 사용하는 경우가 많으며 주로 〈문어체〉에 등장한다.

◆Note

종속접속사라고 해서 모두 분사절과 무동사절을 이끌 수 있는 것은 아니다. 예를 들어, although, if, once, when은 가능하지만 because, as, since(이유 접속사)는 불가능하다. 다음을 비교해 보자.

>   Since she left school, she's had several different jobs.   〔1〕

>   그녀는 학교를 떠난 뒤로 여러 가지 다양한 직업을 전전했다.

>   Since you knew the answer, why didn't you speak up?   〔2〕

>   네가 해답을 알고 있으니까 크게 말해보는 게 어때?

>   *〔1〕번 문장의 시간의 부사절은 Since leaving school로 대체할 수 있지만 〔2〕번 문장의 이유절은 *Since knowing the answer로 대체할 수 없다.

정보의 제시와 초점(Presenting and focusing information)

395 이제 효과적인 의사소통을 위해 의미를 제시하고 배열하는 방식에 대해 생각해 보자. 메시지를 정확히 이해시키려면 다음 세 가지 방법이 필요하다.

- 메시지는 개별적인 정보로 분할되어야만 한다. (396-398 참조)
- 생각은 올바른 강세를 받아야만 한다. (399-409 참조)
- 생각은 올바른 순서로 배열되어야만 한다. (410-432 참조)

정보

396 〈문어체〉 영어에서 한 가지의 정보란, 구두점 기호를 중심으로 그 앞에 오는 말이나 그 뒤에 오는 말과 분리되어 있으며 자체로는 구두점을 포함하지 않은 언어 단위라고 정의할 수 있다. 〈구어체〉 영어에서 한 가지의 정보란, 성조 단위(37 참조), 즉 핵(36 참조)을 포함한 억양의 단위라고 정의할 수 있다. 〈문어체〉 영어로 기술한 다음 예문의 차이를 주목하자.

Mr Average has a wife and two children. 〔1〕

애버리지 씨는 아내와 두 명의 자녀를 두고 있다.

Mr Average has a wife; he also has two children. 〔2〕

애버리지 씨는 아내가 있다. 그는 두 명의 자녀도 두고 있다.

어떤 의미에서는 (369, 374 참조) 〔1〕번과 〔2〕번 문장은 '똑같은 내용을 의미한다.' 하지만 〔1〕번은 메시지를 하나의 정보로 제시하는 반면 〔2〕번은 메시지를 구두점 기호(;)로 나누어진 두 개의 정보로 제시한다. 다음의 〈구어체〉 예문에서도 똑같은 대조가 드러난다.

He has a wife and two <u>children</u>. | (한 개의 성조 단위) 〔1a〕

그는 아내와 두 명의 자녀를 두고 있다.

He has a wife | he also has two <u>children</u>. | (두 개의 성조 단위) 〔2a〕

그는 아내가 있다. 그는 두 명의 자녀도 두고 있다.

메시지를 성조 단위로 나누기

397 〈문어체〉의 구두점과 〈구어체〉의 성조 단위는 서로 정확히 들어맞지는 않는다. 말은 정보를 구성하는 방식이 글보다 더 가변적이다. 말을 성조 단위로 나누는 기준은 다음과 같다.

● 화자가 말을 하는 속도에 따라서,

● 화자가 메시지의 일부분에 어떤 강세를 주고 싶은지에 따라서,

● 문법 단위의 길이에 따라서,

〔1a〕처럼 단일한 문장이 단 하나의 성조 단위를 갖기도 하지만 문장의 길이가 단어 몇 개보다 길 때에는 문장을 두 개 이상의 개별적인 정보로 나누기 쉽다.

| The man <u>told</u> us | we could park <u>here</u>. |

그 남자는 우리가 여기에 주차해도 된다고 말했다.

| The man <u>told</u> us | we could <u>park</u> | at the railway station. |

그 남자는 우리가 철도역에 주차해도 된다고 말했다.

| The man <u>told</u> us | we could <u>park</u> | in that street | over there. |

그 남자는 우리가 건너편 그 길에 주차해도 된다고 말했다.

398 참고로, 다음의 일반적인 규칙은 언제 새로운 성조 단위를 시작해야 할지를 판단할 때 유용하다.

● 만약 문장이 절이나 부사구로 시작한다면 절이나 부사적 요소를 개별적인 성조 단위로 구분해야 한다.

| Last <u>year</u> | the IT bubble <u>burst</u>. | 작년에 IT 산업의 거품이 꺼졌다.

● 만약 문장에 비제한적 용법의 관계사절(693 참조) 같은 비제한적 수식어(99-102 참조)가 들어있으면 수식어를 개별적인 성조 단위로 취급해야 한다.

| The emergency services were hampered by thick <u>smoke</u>, | which spread

quickly │ through the station . │ 긴급 구조대가 짙은 연기로 인해 방해를 받았는데, 연기는 역사로 빠르게 퍼져 나갔다.

● 이와 마찬가지로, 중간구나 중간절은 모두 개별적인 성조 단위로 간주한다.

│ The government, │ in Mr Howell's view, │ must ensure │ that we have enough energy . │ 하웰 씨가 생각하기에, 정부는 우리가 충분한 힘을 갖도록 보장해야만 한다.

● 호격이나 연결 부사는 대체로 자기만의 성조 단위를 갖는다. (또는 적어도 하나의 성조 단위를 끝낸다.)

│ Mary │ are you coming? │ 메리, 올 거야?

│ The police │ however │ thought she was guilty . │
하지만 경찰은 그녀가 유죄라고 생각했다.

● 주어 노릇을 하는 긴 명사구나 절에는 개별적인 성조 단위를 부여한다.

│ What we need │ is plenty of time . │ 우리가 필요한 것은 충분한 시간이다.

● 만약 두 개 이상의 절이 등위접속으로 연결되었다면 각각의 절에 개별적인 성조 단위를 부여한다.

│ He opened the door │ and walked straight in . │ 그는 문을 열고 곧장 걸어 들어갔다.
하지만 우선 규칙이 있다. 문장이 위의 조건 중 어느 것도 충족하지 못하더라도 개별적인 정보에는 개별적인 성조 단위를 부여해야 한다. 다음 예문을 살펴보자.

│ The college employs │ a number of staff │ without qualified teacher status . │
대학은 교원 자격도 없는 직원을 많이 고용한다.

문미 초점과 대조 초점

399 핵은 성조 단위에서 가장 중요한 부분으로서, 정보의 초점이나 화자가 청자의 관심을 특별히 끌어들이고 싶은 단위의 부분을 표시한다. 대체로 핵은 성조 단위의 끝부분, 더 정확하게 말하면 성조 단위의 마지막 주요 부류 단어(명사, 본동사, 형용사 또는 부사 744 참조)에 위치한다. 하나 이상의 음절로 구성된 단어의 경우, 어느 음절에 강세가 갈 것인지는 일반적인 규약에 따라 결정된다. 예를 들면, today, working, photograph, conversation 등이다. 398 항의 거의 모든 사례에서 볼 수 있는 이러한 핵의 중립적 위치는 문미 초점이라 한다.

◆Note
강세를 목적으로 두 개 이상의 단어가 모여 (651 참조) 하나의 단어처럼 (= 명사 합성어처럼) 움직이며, 첫 번째 명사에 주된 강세가 적용될 때가 많다. 예를 들어, éxport records, búilding plan, tráffic problem 등이다. (하지만 이것은 불변의 규칙은 아니다. 예를 들어, contrast town háll, country hóuse, lawn ténnis 등에서는 강세가 다르게 적용된다.)

400 하지만 다른 경우에 화자는 핵을 성조 단위의 앞쪽으로 이동시킨다. 성조 단위의 앞부분으

로 주의를 돌리고 싶을 때, 주로 이미 언급했거나 문맥상 이해되는 것과 대조하고 싶을 때 이렇게 한다. 이런 이유에서, 핵을 더 앞쪽으로 이동하는 것을 대조 초점이라 부른다. 다음의 예문 몇 가지를 살펴보자.

A : | It must have been last Mònday. | 지난 월요일이었음이 틀림없어.

B : | Nò. | It's nèxt Monday. | 아냐. 다음 월요일이야. 〔1〕

A : | Have you ever driven a sports car? | 스포츠카를 몰아본 적이 있습니까?

B : | Yès, | I've òften driven one. | 네. 저는 자주 몰아봤습니다. 〔2〕

아래 예문과 같은 경우에 대조적 의미는 하강상승조로(41 참조), 핵은 하강조로, 성조 단위의 마지막 강세 음절은 상승조로 나타낸다.

Those parcels–one of them has arrived. | (But the other one hasn't arrived) 〔3〕
그 소포들 중에 하나가 도착했다. (하지만 나머지 소포는 도착하지 않았다.)

| After you get married, | people stop giving you things. | (In a discussion of wedding presents) 〔4〕
네가 결혼을 하고 나면 사람들은 너에게 선물을 주지 않는다. (결혼 선물에 관한 대화에서)

다른 문장에서는 각각의 대조를 저마다의 핵으로 나타내는 이중 대조가 될 수도 있다.

| Her father | is Austrian, | but her mother | is French. | 〔5〕
그녀의 아버지는 오스트리아인이지만 그녀의 어머니는 프랑스인이다.

401 때때로 대조 초점은 구 전체로 주의를 돌리기도 한다. (예를 들어, 〔5〕번 문장의 her mother) 다른 경우에 초점을 받는 것은 하나의 단어이다. (예를 들어. 〔2〕번 문장의 often) 대개는 강세를 전혀 받지 않는 인칭대명사, 접속사, 전치사, 조동사 같은 단어들조차 특별히 대조하려는 목적이 있다면 핵 강세를 받을 수 있다.

(I've never been to Paris) | but I will go there | some day. | 〔6〕
나는 파리에 한 번도 가보지 못했지만 언제가는 그곳에 갈 것이다.

A : (What did she say to Kath?) 그녀가 캐스에게 뭐라고 했지?

B : | She was speaking to me | (not to Kath). 〔7〕
그녀는 나에게 말하는 중이었어. (캐시가 아니라)

I know he works in an office, | but who does he work for? | 〔8〕
나는 그가 회사에 다니는 것은 알지만 어디서 일하는지는 모른다.

(I don't know if you mean to see Peter.) | But if you see him |, 〔9〕
please give him my good wishes.
나는 네가 피터를 만날 작정인지는 모르겠어. 하지만 만약 네가 그를 만나면 안부를 전해줘.

예를 들어 〔7〕번과 〔8〕번 문장처럼, 경우에 따라서 대조 초점이 일반적인 문미 초점보다 앞이 아니라 뒤로 가기도 한다. 따라서 〔8〕의 who does he work for?를 말하는 일반적인 방식은 전치사가 아니라 동사에 초점이 가는 것이다.

Who does he wòrk for? 그는 어디서 일하지?

◆**Note**

예외적인 경우에, 한 음절 이상으로 구성된 단어의 대조 강세는 단어 강세를 대체로 받지 않는 음절로 이동하기도 한다. 예를 들어, 만약 보통은 buréaucracy와 autócracy로 발음하는 두 개의 단어를 대조하고 싶다면 다음과 같이 읽으면 된다.

│ I'm afraid that bŭreaucracy │ can be worse than àutocracy. │

유감스럽지만 관료주의가 독재주의보다 더 나쁠 수도 있다.

구정보와 신정보

402 메시지에 담긴 정보는 대략 다음의 두 가지로 구분할 수 있다.

● 구정보 (청자가 이미 알고 있다고 화자가 추정하는 내용)

● 신정보 (청자가 아직 모르고 있다고 화자가 추정하는 내용)

위의 〔7〕번 문장에서 She was speaking은 이전 절에서 이미 주어진 정보이기 때문에 구정보이다. 〔9〕번 문장에서 you see him 역시 같은 이유로 구정보라 할 수 있다.

│ She was speaking to me │ │ if you see him …│
　　　　구정보　　　　　　　신정보　신정보　구정보

신정보는 메시지에서 분명히 가장 중요한 내용이기 때문에 정보 초점(= 핵)을 받는 반면 구정보는 그렇지 않다. 자연히, 인칭대명사와 다른 대용어는 이미 언급되었거나 이해하고 있는 내용을 지시하기 때문에 주로 구정보라고 간주한다.

◆**Note**

구정보와 신정보는 화자가 각각 이미 아는 것과 새로운 것으로 제시한 부분임을 주목하자. 사실상 청자가 알거나 추정하는 것은 어쩌면 전혀 다를지도 모른다. 예를 들어, 다음 대화를 생각해 보자.

A: Do you like Picásso? 피카소 좋아하세요?

B: No, I hàte modern painting. 아니오, 저는 현대 미술을 싫어해요.

*여기서 핵의 위치로 볼 때 B는 피카소가 현대 화가라는 점을 '구정보'로 취급한다.

정황에 근거한 구정보

403 '구정보'는 이미 언급했거나 제시한 정보만을 의미하지는 않는다. 개념을 확장하면 구정보에는 언어 밖의 정황 또는 상황에 근거한 정보가 포함될 수도 있다. 이런 관점에서 구정보는 한정적 의미(82-99 참조)와도 같으며 사실 구정보와 한정성은 밀접한 관련성이 있다. 가장 자연스러운 억양으로 다음 〔10〕, 〔11〕, 〔12〕번 문장을 읽을 때, today, here, mine 같은 한정적 항목은 정황에 근거한 의미이기 대문에 핵 강세를 받지 않는다. 이와 대조적으로,

〔10a〕, 〔11a〕, 〔12a〕의 Saturday, factory, sister's 같은 항목은 신정보일 가능성이 높기 때문에 핵 강세를 받는다.

| What are you doìng today? | 오늘은 무엇을 할 거니? 〔10〕
| What are you doing on Sàturday? | 토요일에는 무엇을 할 거니? 〔10a〕
| I wòrk here. | 나는 여기서 일한다. 〔11〕
| I work in a fàctory. | 나는 공장에서 일한다. 〔11a〕
| Carol is a frìend of mine. | 캐롤은 내 친구이다. 〔12〕
| Carol is a friend of my sìster's. | 캐롤은 내 여동생의 친구이다. 〔12a〕

하지만 today, here 등의 한정적 항목은 대조적이라고 암시될 경우에는 핵 강세를 받을 수도 있다.

(I know what you did yesterday,) | but what are you doing todày? | 〔10b〕
(나는 네가 어제 무엇을 했는지 알고 있지만) 오늘은 뭐 할 거니?

(I used to work in a factory,) | but now I work hère. | 〔11b〕
(나는 과거에는 공장에서 일했지만) 지금은 여기서 일한다.

404 다른 예문에서, 언어를 벗어나 정황에 근거한 구정보는 주어진 맥락에서 자연히 예상되는 내용에 관한 문제이다.

| The kèttle's boiling. | 주전자가 끓는다.
| The màil's come. | 우편물이 왔다.
| Is your fáther at home? | 아버지가 집에 계시니?
| Dìnner's réady. | 저녁이 준비되었다.

정상적인 상황에서 이 문장의 마지막 부분은 거의 정보를 전달하지 않으므로 핵을 받지 않는다. 집에서 주전자에 관해 공고해야 할 내용은 '끓는' 것밖에 없으며 우편물과 관련하여 예상할 수 있는 한 가지는 '오는' 것이다. 따라서 문미 초점과는 반대로, 문장의 앞쪽에 있으면서 보다 정보가 많이 담긴 부분에 핵이 부여된다.

주요 정보와 부가 정보

405 정보는 핵 억양(38-41 참조)을 선택하는 문제와도 관련이 있다. 문장의 주요 정보에 강세를 줄 때에는 하강조를, 부가 정보나 상대적으로 중요하지 않은 정보, 즉 문맥(정황)에서 예측 가능한 정보에 강세를 줄 때에는 상승조(또는 더 강조하기 위해서는 하강상승조)를 사용하는 경향이 있다. 종속절과 부사어구는 주절의 나머지 부분에 부가적인 정보를 제공하는 경향이 있다.

A : | I saw your brother | at the game yesterday. | 어제 경기장에서 네 남동생을 봤어.

　　　　　주요　　　　　　　　　　　부가

B : | Yes, watching football | is his favourite pastime. | 응, 축구보는 게 그의 취미야.

　　　　　　부가　　　　　　　　　　　주요

부가 정보는 주요 정보의 앞에 오거나 뒤에 올 수 있다. B는 다음과 같이 말해도 좋다.

| Yes, | his favourite pastime | is watching football. |

　　　　　　주요　　　　　　　　　부가

주요 정보인 부사어구와 부가 정보인 부사어구

406 주절 다음에 오는 부사어구는 추가표현으로 덧붙여진 부가 정보를 나타내기 위해 상승조 억양을 지닐 때가 많다.

| It was snowing | when we arrived. | 우리가 도착했을 때 눈이 내리고 있었다.

| I will get exceedingly drunk | if I drink sherry. |

만약 셰리주를 마신다면 나는 엄청나게 취할 것이다.

하지만 마지막에 오는 부사절은 때때로 주요 신정보를 담기도 한다.

| She had only just finished dressing | when her guests arrived. |

그녀는 손님들이 도착했을 때 겨우 몸단장을 마친 상태였다.

비교적 짧은 부사어구는 절의 나머지 부분과 같은 성조 단위에 포함되는 경우가 많고 주요 초점을 받기도 한다.

| She plays the piano beautifully. | 그녀는 피아노를 멋지게 연주한다.

문어의 주요 정보와 부가 정보

407 〈문어체〉에서는 억양을 이용해서 중요한 정보를 가리킬 수 없으므로 그 대신에 절의 순서와 종속 관계에 의존해야만 한다. 일반적인 규칙은 〈구어체〉의 문미 초점 원칙과 유사하게 가장 중요한 신정보를 문미까지 아껴두는 것이다. 따라서 문장은 일종의 절정으로 마무리된다. (다음 예문에서는 이탤릭체로 표기되어 있다.)

Arguments in favour of a new building plan, said the mayor, included suggestions that if a new shopping centre were not built, the city's traffic problems *would soon become unmanageable.*

시장은 새로운 건설 계획을 옹호하는 주장에는 만약 새로운 쇼핑센터가 지어지지 않으면 도시의 교통 문제가 곧 통제하기 힘든 상황에 빠질 것이라는 암시가 담겨 있다고 말했다.

위의 문장을 크게 읽어보면 하강조 억양을 받는 마지막 부분을 제외한 모든 핵심 정보에 상승조나 하강상승조 억양이 나타나는 것이 자연스럽다.

| ··· b̆uilding plan | ··· máyor | ··· suggéstions | ··· búilt | ··· tràffic próblems |
··· unmanageable. |

문미 초점과 문미 비중

408 문장에서 생각을 배열하는 순서를 결정할 때에는 다음 두 가지 원칙을 명심해야 한다.

● 문미 초점 (399 참조): 한 가지 정보에 담긴 새롭거나 가장 중요한 생각이나 메시지는 말을 할 때 성조 단위의 핵이 일반적으로 하강하는 자리인 문미 쪽으로 위치시켜야만 한다. 407항에서 보았던 것처럼 〈문어체〉와 미리 준비한 〈구어체〉에서, 이 원칙은 단일 정보뿐만이 아니라 여러 가지 정보를 포함한 문장 전체에도 적용할 수 있다. 문장은 요점을 문미 쪽으로 위치시킬 때 일반적으로 훨씬 효과적이다. (특히 〈문어체〉에서)

● 문미 비중: 문장에서 '비중'을 두는 부분은 문미 쪽으로 위치해야 한다. (409, 416, 424-427-429 참조) 그렇지 않으면 문장이 서툴고 불안정하게 들릴 수 있다. 요소의 '비중'은 요소의 길이 측면(= 요소의 음절수나 단어수)에서 정의할 수 있다.

409 문미 초점과 문미 비중은 모두 유용한 지침이지 불변의 규칙은 아니다. 이미 설명했듯이 비록 문미 초점이 일반적이기는 하지만 말을 할 때 대조 초점을 나타내기 위해서는 성조 단위의 앞부분으로 핵을 이동시켜도 된다. 이와 마찬가지로, 문미 비중에도 다음과 같은 예외 상황이 있다.

My home was that wasteland of derelict buildings behind the morgue.　〔1〕
우리 집은 시체 안치소 뒤에 있는 버려진 건물의 폐허였다.

That wasteland of derelict buildings behind the morgue was my home.　〔2〕
시체 안치소 뒤에 있는 버려진 건물의 폐허가 우리 집이었다.

〔1〕번 문장은 긴 보어구(that wasteland of derelict buildings behind the morgue)가 짧은 주어(my home)와 짧은 동사(was)의 뒤에 나온다. 이런 문장은 문미 비중의 원칙을 따르고 있다. 하지만 〔2〕번 문장은 긴 명사구가 먼저 나온다. 이런 문장은 문미 비중의 원칙을 지키지 않은 것이지만 정보의 주요 초점을 my home에 두고 싶은 사람이 쉽게 말할 수 있는 표현이다. 이런 경우에는 문미 비중과 문미 초점이라는 두 가지 원칙이 충돌한다. 하지만 일반적으로는 두 가지 원칙이 함께 적용된다. 문장에서 길이가 짧은 요소가 (예를 들면, 대명사) 길이가 긴 요소에 비해 중요하지 않은 정보를 갖는 것이 일반적이다. 다음 예문을 보자.

I've been reading *a fascinating biography of Catherine the Great*.
나는 예카테리나 대제의 매혹적인 전기를 읽어왔다.

*여기서 주어(I)는 긴 목적 명사구에 비해 훨씬 중요하지 않은 정보를 전달한다.

순서와 강세(Order and emphasis)

화제

410 이번 장의 나머지 부분에서는 올바른 순서와 올바른 강세에 맞게 메시지를 배열하는 방법이 영문법에 얼마나 많은지를 보여주려 한다. 문미 초점과 문미 비중의 원칙 때문에 문장이나 절의 마지막 자리는 의사소통을 하는 데 있어 대체로 가장 중요하다. 하지만 첫 번째 자리는 마치 친숙한 영역에서 '미지로 정신적 여행'을 떠나듯이 화자가 문장을 시작하는 부분이기 때문에 두 번째로 가장 중요하다. 이런 이유에서 절의 첫 번째 요소를 (접속사와 많은 부사어구는 차치한 채. 414항의 Note 참조) 화제라고 부른다. 대부분의 진술에서 화제는 문장의 주어이다. 만약 진술이 하나의 성조 단위로만 이루어졌다면, 대체로 화제는 구정보를 담고 있는 경우가 많고 진술의 의미를 이전에 말한 내용과 연결하기 때문에 초점을 받지 못한다.

(Have you seen Bill?) | He owes me five dollars. |

화제   정보 초점

(빌을 보았니?) 그는 나에게 5달러의 빚이 있어.

하지만 때때로 화제와 정보 초점이 일치하기도 하며, 이런 경우에는 화제가 특히 부각된다.

(Who gave you that magazine?) | Olga gave it to me. |

화제이자 초점

(누가 너에게 그 잡지를 주었니?) 올가가 그것을 나한테 주었어.

전치 화제

411 주어를 대신하여 다른 요소를 화제로 만들려면 그 요소를 절이나 문장의 앞으로 옮기면 된다. 전치라고 불리는 이런 위치 이동은 해당 요소를 심리적으로 부각시키고 다음 용어로 대변되는 세 가지 효과를 얻는다.

- 강조 화제 (412 참조)
- 대조 화제 (413 참조)
- 준고정 화제 (414 참조)

강조 화제

412 〈일상체〉 대화에서는 화자가 한 가지 요소(특히 보어)를 전치시키고 거기에 핵 강세를 부여함으로써 이중으로 강조하는 것이 상당히 흔하다.

| Very strànge | his eyes lóoked. | (~ His eyes looked very strange.) 〔1〕
그의 눈은 정말 이상하게 보였다.

| An utter fòol I felt | tòo. | (화제 = 보어) 나 역시 완전히 바보처럼 느껴졌다.　　　　[2]

| Relaxàtion you call it. | 너는 그런 것을 휴양이라고 부르는구나.　　　　[3]

| Excellent fòod they serve here. | (~ They serve excellent food here.)　　　　[4]

　(화제 = 목적어) 여기서 그들은 훌륭한 음식을 제공받는다.

이런 문장은 마치 화자가 자신의 마음속에서 가장 중요하다고 생각하는 것을 먼저 말하고 문장의 나머지 부분을 추가표현처럼 덧붙인 것 같다. 여기서 문장 요소의 순서는 일반적인 순서인 SVC, SVOC, SVO(487-490 참조)가 아니라 CSV ([1]번과 [2]번), CSVO ([3]번), OSVA ([4]번)이다.

대조 화제

413 여기서 전치는 주로 병치구조로 이루어진 인접한 문장이나 절에서 언급한 두 가지 내용의 대조를 극적으로 지시하는 데 도움이 된다.

| Some things | we'll tell you | (~ We'll tell you some things) (화제 = 목적어)
우리가 너한테 몇 가지를 말해줄 거야.

| but some | you'll have to find out about yourself. | (화제 = 전치사보어)
하지만 너는 너 자신에 관해서 몇 가지를 알아차려야만 할 거야.

| Bloggs | my name is | (화제 = 보어) 내 이름은 블로그즈야.

so Bloggs | you might as well call me. | 그러니까 나를 블로그즈라고 부르면 어떨까.

| Willingly | he'll never do it. | (he'll have to be forced.) (화제 = 부사어)
그는 절대로 그 일을 자진해서 하지는 않을 거야. (그는 강요당해야만 할 거야.)

| Rich | I may be (but that doesn't mean I'm happy.) | (화제 = 보어)
나는 부자일지는 모르지. (하지만 그렇다고 내가 행복하다는 뜻은 아니야.)

*이런 구문은 아주 흔하지는 않으며 〈수사적〉 담화와 어울린다.

준고정 화제

414 다른 유형의 전치는 〈보다 격식체〉, 특히 〈문어체〉 영어에서 나타난다.

Most of these problems a computer could solve easily. (화제 = 목적어)　　　[1]
(~ A computer could easily solve most of these problems.)
컴퓨터는 이런 문제의 대부분을 쉽게 해결할 수 있다.

(A thousand delegates are too many for corporate thinking,) but corporate thinking there must be if all members are to have a voice. (화제 = 주어/보어)　　　[2]
(공동의 생각을 내기에 천 명의 대표는 너무 많다.) 하지만 만약 모든 구성원이 하나의 목소리를 낼 수 있다면 틀림없이 공동의 생각이 나올 것이다.

Everything that can be done the administration has attended to already.　　　[3]
(화제 = 전치사적 목적어) 행정부는 해결할 수 있는 모든 것을 이미 처리했다.

여기서 전치는 더욱 부정적이다. 상대적으로 덜 중요한 생각이 문두로 이동함으로써 다른 보다 중요한 생각([1]번의 easily, [2]번의 voice, [3]번의 already)에 문미 초점을 부여할 수 있다. (이런 문제들 대부분에서 그렇듯이) this나 these 같은 단어는 종종 전치 화제에 등장해서 구정보를 담고 있다는 사실을 알린다. 하지만 화제는 문장의 출발점으로서 이차적인 강세를 받는다.

◆**Note**

일반적으로는 문두에 놓인 부사어를 '전치 화제'로 간주하지 않는다. 많은 부사어구들이 주어 앞에 상당히 자유롭게 등장할 수 있기 때문이다. (451 참조)

　　Yesterday she was trying on her new school uniform. 어제 그녀는 새 교복을 입었다.

하지만 방법이나 방향을 나타내는 부사어구처럼 동사와 밀접하게 연결된 일부 부사어구는 대개 문두에 등장하지 않는다. 다음 예문의 부사어구들은 절에서 특별히 부각되기 위해서 '전치'되었다고 말하기도 한다.

　　Willingly he'll never do it. 그는 절대로 그 일을 자진해서 하지는 않을 거야.

　　The moment had come. ***Upon the ensuing interview*** the future would depend. 〈격식체, 수사체〉 그 순간이 다가왔다. 미래는 다음의 인터뷰에 달려있을 것이다.

도치

415 전치는 화제 요소뿐만이 아니라 동사구나 그 일부가 주어 앞으로 이동하는 도치를 동반하는 경우가 많다. 도치에는 다음과 같이 두 가지 유형이 있다.

〈주어–동사 도치〉

주어	동사	×	…		×	동사	주어	…
The rain	came	down	(in torrents).	→	Down	came	the rain	(in torrents).

비가 억수같이 왔다.

〈주어–기능사 도치〉

주어	기능어	×	…		×	기능어	주어	…
I	have	never	seen him so angry.		Never have	I	seen him so angry.	
I	-	never	saw him so angry.	→	Never did	I	see him so angry.	

나는 결코 그렇게 화난 그를 본 적이 없다.

주어-동사 도치

416 주어-동사 도치는 보통 다음과 같은 상황에 국한된다.

● 과거시제나 현재시제에서 동사구는 한 단어의 동사로 구성되어 있다.

● 이런 동사는 자세를 나타내는 자동사(be, stand, lie 등) 또는 동작 동사(come, go, fall 등) 이다.

● 화제 요소(위의 도표에서 X)는 위치부사나 방향부사이다.

(예를 들어, down, here, to the right, away …)

Here's a pen, Brenda.

Here comes McKenzie. ⎫ 〈일상체, 구어체〉

Look, there are your friends. ⎭

There, at the summit, stood the castle in

  its mediaeval splendour.

저기 정상에는 중세의 장려함에 휩싸인 성이 서 있다.

To the right lay the pillars of the Hall entrance. ⎫ 〈보다 격식체, 문학체〉

오른쪽에는 성전 입구의 기둥이 놓여있다.

Away went the car like a whirlwind.

자동차가 회오리바람처럼 떠나버렸다.

Slowly out of its hangar rolled the gigantic aircraft. ⎭

거대한 항공기가 격납고를 서서히 빠져나갔다.

〈일상 구어체〉에서 발췌한 예문은 주어에 문미 초점이 주어졌다. 〈문학체〉에서는 화제를 전치하면 더 효율적으로 긴 주어에 문미 비중을 둘 수 있다.

주어가 인칭대명사일 때에는 화제가 전치되더라도 주어-동사 도치가 일어나지 않는다.

Here it is. (*금지 표현: Here is it.) 여기 있어요.

Away they go! (*금지 표현: Away go they.) 그들이 떠난다.

◆Note

위 예문 There, at the summit, stood the castle … .에서 부사 there는 강세를 받는다. 부사로 쓰인 there는 강세를 받지 않는 도입의 there(547 참조)와는 구별된다. 다음을 대조해 보자.

There are your friends. [there = 장소 부사] 저기에 네 친구들이 있다.

There are too many people here. [there = 도입의 역할] 여기에는 사람들이 너무 많다.

평서문의 주어-기능사 도치

417 주어와 기능사(did, can 등)의 도치는 대부분의 의문문에서도 의무적이다. 예를 들면, Can you swim? (681-684 참조) 같은 경우이다. 하지만 여기서는 부정 요소가 강조를 위해 전치

될 때 주어-기능사가 의무적으로 도치된다는 사실에 대해 관심을 두자. (특히 〈격식체〉와 다소 〈수사체〉에서) (303 참조)

> NOT A WORD ***did he*** say. (= He didn't say a word.) 그는 한 마디도 하지 않았다.
>
> UNDER NO CIRCUMSTANCES ***should the door*** be left unlocked. 〈격식체〉 어떤 상황에서도 문을 잠그지 않고 내버려두어서는 안 된다.

위에서는 부정 요소를 소형 대문자로 표시하고 있다. never, hardly, scarcely, few, little, seldom, rarely, nor, (not) only (584-5 참조)처럼 부정 의미를 지닌 단어를 전치한 뒤에서도 의무적인 도치가 일어난다.

> HARDLY ***had I*** left before the trouble started. (= I had hardly left before …) 내가 떠나자마자 문제가 시작되었다.
>
> Well, she would go and see what it was all about, for ONLY IF SHE KNEW THE WHOLE STORY ***could she*** decide. 글쎄, 그녀는 가서 도대체 문제가 무엇인지 확인했을 거야. 왜냐하면 그녀가 전모를 알아야만 결정할 수 있을 테니까.
>
> LITTLE ***did he*** realize how much suffering he had caused. (= He little realized …) 그는 자신이 얼마나 많은 고통을 야기했는지 거의 깨닫지 못했다.

대역 기능사 do는 정상적인 어순의 문장에 다른 기능사가 없는 경우에 도치를 위해 이용할 수 있다.

> He little realized …
>
> ~ Little ***did*** he realize … 그는 ~를 거의 깨닫지 못했다.

◆Note

〈구어체, 문학체〉 영어에서 be 동사와 함께 주어-기능사 도치를 하면 때때로 문미 비중의 원칙을 고수하는 데 도움이 된다.

> OPPOSING HIM was the French Admiral, Jean de Vienne–a great sailor and an able strategist. 위대한 해병이자 유능한 전략가인 프랑스 장군 장 드 비엔느가 그를 반대하는 중이었다.
>
> NEATLY RANGED AGAINST THE ROCK WALLS were all manner of chests and trunks. 온갖 종류의 상자와 궤짝이 암벽에 기대 가지런히 쌓여있었다.

*위 문장은 분사 구문(대문자)으로 시작하여 그 뒤에 기능어가 따라오고 마지막으로 주어가 등장한다.

so의 전치

418 so가 제일 먼저 등장한 다음 구문들을 주목하자.

● (문미 초점을 주기 위하여) 주어-기능사 도치를 수반하는 대용형 so는 다음 문장에서 '부가'(234 참조)의 의미를 지닌다.

A : (I've seen the play.) (나는 그 연극을 봤어.)

B : │ So have I. │ (= and I have, too) 〈특히 구어체에서〉 (I enjoyed the play) │ and so

did my friend. │ 나도 봤어. (연극을 재미있게 봤어.) 그리고 내 친구도 봤어.

● 도치를 수반하지 않는 대용형 so는 확인을 강조하기 위하여 전치된다.

A : (You've spilled coffee on your dress.) (당신이 커피를 드레스에 엎질렀군요.)

B : │ Oh dear, │ so I have. │ 〈구어체〉 맙소사, 그러네요.

A : (It' raining hard outside.) 밖에 비가 억수같이 내려요.

B : │ So it is. │ 그러네요.

여기서 so 구문은 화자가 한 말이 사실임을 알게 될 때 청자의 놀라움을 표현한다. 일반적으로 확인을 강조할 때에 (264 참조) 핵은 주어가 아니라 기능사에 온다.

● 정도나 수량을 나타내는 절을 이끄는 so는 (231 참조) 강조를 위해 전치되어 주어-기능어 도치를 수반할 수도 있다.

So well did he play that he was named man of the match. (= He played so well that ⋯ 〈다소 문학체〉 그는 경기를 무척 잘 뛰었기 때문에 최우수 선수로 지명되었다.

화제에 영향을 미치는 다른 구문들

It-분열문 (it유형)

419 도입의 it(496 참조)을 동반한 분열문 구문은 어떤 요소를 화제로 전치하는 데 뿐만 아니라 화제 요소에 초점을 부여하는 데에도(일반적으로 대조를 위하여) 유용하다. 분열문은 문장을 반으로 나눈 다음 화제를 'it + be'의 보어로 만들어서 화제를 강조하는 문장이다.

A : (Would you like to borrow this book on dinosaurs?)

이 공룡에 관한 책을 빌려가고 싶으세요?

B : │ No, │ it's the other book │ that I want to read. │ (화제 = 목적어. 비교: I want

to read the other book.) 아니오. 제가 읽고 싶은 책은 다른 책이에요.　　　　　　〔1〕

(For centuries London had been growing as a commercial port of world importance.) But it was in the north of England that industrial power brought new prosperity to the country. (화제 = 부사어구)　　　　　　〔2〕

(수 세기에 걸쳐 런던은 세계적으로 중요한 상업항으로 성장해왔다.) 하지만 산업력이 그 나라에 새로운 번영을 가져다준 곳은 잉글랜드의 북부지방에서였다.

〔1〕번과 〔2〕번 문장에 담긴 암시적 부정을 분명하게 나타낸다면 화제의 대조적인 의미가 확실하게 드러날 수 있다.

It' the other book, 〔not that book,〕 that I want to read.

제가 읽고 싶은 책은 〔그 책이 아니라〕 다른 책이에요.

But it was in the north of England, [not in London,] that …

하지만 … [런던이 아니라] 영국의 북부지방에서였다.

it을 동반한 분열문은 억양을 통해 대조적 의미를 강조할 수 없는 〈문어체〉 영어에서 특히 유용하다. it-분열문에 사용한 be 동사는 부정형도 가능하다.

It's not low pay (that) we object to, it's the extra responsibilities.

우리가 반대하는 것은 낮은 임금이 아니라 추가 책임이다.

*이 예문이 보여주듯이 부정 분열문과 뒤따르는 긍정절은 서로 대조적인 경우가 많다.

Wh-분열문 (의문사유형)

420 it-분열문과 마찬가지로, 명사로 사용되는 관계사절(592 참조)은 한 가지 요소를 강조하여 대조 효과를 내기 위해 사용할 수 있다. 강조되는 요소는 be 동사의 주어이거나 보어이다. (주어 자리가 훨씬 보편적이다.)

● 일반적인 문형 분열문:

We need more time.
- | It' more time | that we need. | (it-분열문)
- | What we need | is more time. | (wh-분열문)
- | More time | is what we need. | (wh-분열문)

우리는 시간이 더 필요하다.

it-분열문과 마찬가지로, wh-분열문은 대체로 대조를 암시한다. 다음 예문을 살펴보자.

We don't need more money — what we need is more time.

우리는 더 많은 돈이 필요하지 않다. 우리가 필요한 것은 더 많은 시간이다.

it-분열문과 wh-분열문의 비교

421 it-분열문과 wh-분열문은 항상 같은 상황에서 사용하는 것은 아니다. 예를 들어, it-분열문은 어떤 면에서 보면 wh-분열문보다 유연하다.

● wh-분열문의 초점은 보통 명사구나 명사절 형태에 부여되어야 한다. 예를 들어, 부사구나 전치사구는 it-분열문에 비해 이런 구문에서는 자연스럽게 들리지 않는다.

It was only recently that I noticed the leak in the roof.

내가 지붕에서 새는 구멍을 알아차린 것은 불과 얼마 전이었다.

It was in 1896 that he went to Europe on his first mission.

그가 첫 번째 임무로 유럽에 간 때는 1896년이었다.

It was on this very spot that I first met my wife.

(~ Where I first met my wife was on this very spot.)

내가 아내를 처음 만난 곳은 바로 이 자리였다.

만약 의문사가 where와 when처럼 부사라면 wh-분열문은 의문사절이 마지막으로 올 때 좀 더 낫게 들린다.

On this very spot is where I first met my wife.
바로 이 자리는 내가 아내를 처음 만난 장소이다.

- 하지만 만약 부사어구가 명사구 형태로 문장에 놓일 수 있다면 부사어구는 when-절이나 where-절을 마지막에 동반한 wh-분열문의 초점이 될 수 있다.

It is in the autumn that the countryside is most beautiful.
~ Autumn is (the time) when the countryside is most beautiful.
전원 지역이 가장 아름다운 시기는 가을이다.

It was at Culloden that the rebellion was finally defeated.
~ Culloden was (the place) where the rebellion was finally defeated.
반란군이 마지막으로 참패한 곳은 컬로든이었다.

◆Note

who, whom, whose 같은 의문사 중 하나로 만든 wh-분열문은 어색하거나 문장이 되지 않는다.

It was the ambassador that met us. 우리를 만난 것은 대사였다.
*금지 표현: Who met us was the ambassador.
하지만 다음과 같은 문장은 가능하다.
The one/person who met us was the ambassador. 우리를 만나준 사람은 대사였다.

422 wh-분열문은 다음의 몇 가지 측면에서 it-분열문보다 유연하다.

- wh-분열문은 절의 보어에 초점을 두는 반면 it-분열문은 보통 그렇게 할 수 없다.

She is a brilliant reporter. 그녀는 뛰어난 기자이다.
~ What she is is a brilliant reporter. 그녀의 직업은 기자이고 아주 뛰어나다.
*금지 표현: It's a brilliant reporter that she is.

- wh-분열문은 대동사 do를 사용함으로써 동사에 초점을 둔다.

He's spoilt the whole thing. 그는 전부를 망쳐버렸다.
~ What he's done is spoil the whole thing.
*금지 표현: It's spoil the whole thing that he's done.

*wh-분열문이 비정형절의 형태, 그 중중에서도 가장 일반적인 원형부정사(spoil the whole thing)를 취하고 있음을 유의하라.

◆**Note**

비정형 동사는 원형부정사, to부정사, ed분사, ing분사가 될 수 있다. (493 참조)

What he'll do is spoil the whole thing.

$$
\text{What he's done is} \left\{ \begin{array}{l} \text{spoil the whole thing. 〔원형부정사〕} \\ \text{to spoil the whole thing. 〔to부정사〕} \\ \text{spoilt the whole thing. 〔과거분사〕} \end{array} \right.
$$

What he's doing is spoiling the whole thing. 〔현재분사〕

그가 하고 있는 일은 모든 것을 망치는 것이다.

원형부정사는 done 다음(-ed 분사가 허용되는 자리)과 -ing분사를 사용해야만 하는 자리인 doing 다음을 제외하면 가장 일반적인 구문이다.

의문사절 동반 문장과 지시사 동반 문장

423 〈일상체〉 영어에서 일반적인 유형의 문장은 의문사절이 be 동사에 의해 지시대명사(this 또는 that)에 연결되는 것이다. 이런 문장은 구조와 초점 효과 면에서 wh-분열문과 비슷하다.

This is where I first met my wife. 이곳은 내가 아내를 처음 만난 곳이다.

This is how you start the engine. 이것은 자동차 시동을 거는 방법이다.

Are you trying to wreck my career? Because that's what you're doing.
내 경력을 망가뜨릴 작정이야? 지금 네가 하고 있는 짓이 바로 그거니까.

I had difficulty starting the car today. That's what always happens when I leave it out in cold weather. 오늘 자동차를 시동 걸기가 힘들었다. 내가 추운 날씨에 차를 밖에 세워뒀을 때 항상 일어나는 일이니까.

후치

도입의 it 구문

424 도입의 it 구문(542-6 참조)(420항의 it-분열문과 혼동하지 말 것)은 문미 비중이나 문미 초점 원칙을 지키기 위해 주어절을 문장의 뒤쪽으로 후치하는 방법이다.

That income tax will be reduced is unlikely. 소득세가 감소할 가능성은 없다.

~ It is unlikely that income tax will be reduced.

여기서 주어는 'that income tax will be reduced'라는 that절이다. 사실상 it구문은 후치하지 않은 동일 구문보다 훨씬 일반적이다. 만약 문장의 앞쪽에서 that절을 사용한다면 이는 예외적인 경우로서 (a) that절이 다소 구정보이며 (b) 대조를 통해 주절의 나머지 부분을 특히 강조하고 싶다는 뜻을 암시한다. (413 참조)

| That income tax will be reduced | is unlikely; | that it will be abolished | is out of the question. | 소득세가 감소할 가망성은 없다. 소득세가 폐지되는 것은 불가능하다.

수동태(543, 613-8 참조) 같은 일부 경우에는 절을 주어 자리에 두는 것이 불가능하다.

It is said that fear in human beings produces a smell that provokes animals to attack. 인간의 두려움이 분위기를 조성하고, 그 분위기가 동물을 자극해서 인간을 공격한다고 한다.

*금지 표현: That fear in human beings produces a smell that provokes animals to attack is said.

it이 후치절을 대신하여 주어 노릇을 하는 다른 사례를 보고 싶으면 542를 참조하라. 주요 초점은 후치절에 부여될 때가 많다.

It is unlikely that they will hold a referendum.

그들이 국민투표를 실시할 것 같지는 않다.

하지만 ~ing구가 후치된 주어라면, 주요 초점은 보통 주절의 나머지 부분에 부여되고 ~ing 구는 추가 표현처럼 간주한다.

│ It's hard work │ being a fashion model. │ 패션모델 노릇은 고된 일이다.

목적절의 후치

425 때때로 도입의 it은 목적어 자리에 있는 절을 대신한다. 이때, 주절의 경우와 마찬가지로 (424 참조), 목적절(아래 예문에서는 working here)은 후치된다.

You must find it enjoyable working here.

~ You must find working here enjoyable.

너는 여기서 일하는 것이 즐거움인 줄 알아야만 해.

(비교: It is enjoyable working here.) 여기서 일하는 것은 즐겁다.

I owe it to you that the jury acquitted me.

나는 네 덕에 배심원에게 무죄평결을 받았어.

(비교: It is thanks to you that the jury acquitted me.)

배심원이 나에게 무죄평결을 내린 것은 네 덕분이야.

Something put it into his head that she was a spy.

뭔가가 그의 머릿속에 그녀가 스파이라는 생각을 불어넣었다.

(비교: It came into his head that she was a spy.)

그녀가 스파이라는 생각이 그의 머리에 떠올랐다.

목적절이 that절이거나 부정사절일 때 이런 치환이 반드시 일어난다. 따라서 다음과 같은 문장을 만들 수 있다.

I'll leave it to you to lock the door. 문 잠그는 걸 너한테 맡길 게.

(*금지 표현: I'll leave to lock the door to you.)

후치되는 문장 요소의 부분

426 it구문은 주어든 목적어든 관계없이 전체 문장 요소를 후치시킨다. 그러므로 문장 요소 중에서 '무거운' 부분을 후치하고 싶은 생각이 들지도 모른다. 예를 들면, 수식어구(들)에서

형용사를 분리하여 보어의 일부를 후치하고 싶은지도 모른다.

How ready are they to make peace with their enemies?

그들은 적들과 화해할 준비가 얼마나 되었니?

이렇게 후치하면 길거나 강조적인 요소가 마지막 자리에 오지 않는 어색함을 피할 수 있다. 이런 후치의 가장 중요한 사례는 427-429에서 논의할 것이다.

명사의 뒤에 오는 수식어구의 후치

427 The time had arrived to leave our homes for ever. 〔1〕

우리 집을 영원히 떠날 시간이 왔다.

(개선이 필요한 문장: The time to leave our homes for ever had arrived.)

The problem arose of what to do with the money. 〔2〕

그 돈으로 무엇을 할 것인가의 문제가 발생했다.

(개선이 필요한 문장: The problem of what to do with the money arose.)

What business is it of yours? 당신이 하는 사업이 어떤 일입니까? 〔3〕

(관용어를 쓰지 않는 문장: What business of yours is it?)

We heard the story from her own lips of how she was stranded for days
without food. 〔4〕

우리는 그녀가 며칠 동안 음식도 없이 어떻게 발이 묶여 있었는지에 대해 그녀에게 직접 이야기를 들었다.

이렇게 후치를 하면, 문장의 나머지 부분이 주어에 비해 짧을 때 특히 어색함을 피할 수 있다. 그러나 〔2〕번 문장에 비해서 긴 행동주체인 구를 동반한 다음 문장의 어순은 정상이며 얼마든지 용인되는 문장이다. 긴 주어를 지닌 이 문장은 더 균형 잡힌 구조를 갖는다.

The problem of what to do with the money was discussed by all members of
the family. 그 돈으로 무엇을 할 것인가의 문제는 가족 구성원 모두가 논의했다.

강조적 재귀대명사의 후치

428 재귀대명사 myself, himself, themselves 등이 강조를 위해 사용될 때에는 보통 핵 강세를 받는다. 만약 재귀대명사가 주어의 일부와 동격이라면 문미 초점을 위해 재귀대명사를 후치하는 것이 일반적이다.

The president himself gave the order. 대통령이 직접 명령을 내렸다.

~ The president gave the order himself.

(It was the president, and no one else, who gave the order.)

명령을 내린 사람은 다른 누구도 아닌 대통령이었다.

비교절 등의 후치

429 비교절이나 비교구는 후치를 통해 자기가 수식하고 있던 앞 단어와 분리될 수 있다. 경우에 따라, 후치를 하지 않은 동일한 문장은 대단히 어색하게 보일 것이다.

> More people own houses these days than used to years ago.
> 요즘에는 수년 전에 비해서 더 많은 사람들이 집을 소유한다.
>
> (*금지 표현: More people than used to years ago own houses these days.)
>
> He showed less pity to his victims than any other tyrant in history.
> 역사상 다른 어떤 독재자보다 그가 희생자들에게 적은 동정심을 보였다.
>
> (*금지 표현: He showed less pity than any other tyrant in history to his victims.)

비교절 같은 다른 수식어구는 문미 비중을 위해 때때로 후치되는데, 이중에는 예외 구문도 포함된다. (236 참조)

> All of them were arrested except the gang leader himself.
> 그 범죄 조직의 두목 자신을 제외하고 모두가 체포되었다.

too, enough, so의 뒤에 오는 수량이나 정도를 나타내는 절도 이와 마찬가지이다.

> Too many people were there for the thief to escape unseen.
> 사람들이 너무 많아서 도둑이 들키지 않고 도망갈 수가 없었다.
>
> I've had enough trouble from those children to last me a lifetime.
> 나는 그 아이들 때문에 평생 계속될 걱정거리가 넘쳐났다.
>
> I was so excited by the present that I forgot to thank you.
> 나는 선물을 받고 너무 흥분한 나머지 너에게 고맙다고 말하는 것을 잊어버렸다.

다른 위치 선택

수동태

430 수동태 문장은 문장에서 요소의 위치를 변화시키는 문법적 절차의 중요한 사례를 제공한다. (613-8 참조)

> A: (Where did these chairs come from?) 이 의자들이 어디서 왔지?
>
> B: They were bought by my <u>uncle</u>. 그것들은 우리 삼촌이 사셨어.   [5]
>
> The President was mistrusted by most of the radical and left wing
> politicians in the country.   [6]
> 대통령은 그 나라의 급진적인 좌파 정치인들 대부분에게 불신 당했다.

[5]번 문장은 능동태였다면(My uncle bought them) 문미 초점이 없었겠지만 수동태이기 때문에 문미 초점이 있다. [6]번 문장은 능동태였다면(Most of the radical … mistrusted the President) '길고 복잡한' 주어 때문에 어색하겠지만 수동태이기 때문에 문미 비중이 있다. 문장의 주어가 절인 경우에는 문미 비중을 위해서 기꺼이 수동태를 사용해도 좋다.

> I was surprised that so much had changed so quickly.

나는 그렇게 많은 것이 그렇게 빨리 변해버려서 놀랐다.

(개선이 필요한 문장: That so much had changed so quickly surprised me.)

(수동태 문장에서는 that절이 전치사의 보어가 될 수 없기 때문에 전치사by가 생략되었다. 655 참조)

직접 목적어의 위치

431 정상적인 어순에서는 직접 목적어가 목적 보어나 문미에 위치한 부사보다 선행한다. (488 참조) 하지만 만약 목적어가 길다면 문미 비중을 위해서 후치할 수 있다.

- 정상적 어순: We have proved them wrong. 우리는 그것들이 틀렸음을 입증했다.
- 문미의 목적어: We have proved wrong the forecasts made by the country's leading economic experts.

  우리는 국내의 선도적인 경제 전문가들이 내린 예상이 틀렸음을 입증했다.

- 정상적 어순: He condemned them to death. 그는 그들에게 사형 선고를 내렸다.
- 문미의 목적어: He condemned to death most of the peasants who had taken part in the rebellion. 그는 반란에 참여한 대부분의 농부들에게 사형 선고를 내렸다.

명사 목적구가 불변화사(예를 들어, make up, give away, let down 같은 구동사의 두 번째 부분) 앞에 올 때에도 같은 선택을 내릴 수 있다.

{
He gave all his books awày.
He gave away all his bòoks. 그는 그의 책을 모두 기부했다.
}

{
She made the story ùp.
She made up the stòry. 그녀는 그 이야기를 지어냈다.
}

위의 예문 구동사(gave … away, made … up)나 목적어에 문미 초점을 부여하기 위해서 그 랬던 것처럼 문미 비중을 부여하기 위해서도 같은 선택을 내릴 수 있다. 그러나 인칭대명 사 목적어는 이런 식으로 문미로 이동할 수 없음을 주의하라.

He gave them away. (*금지 표현: He gave away them.) (631 참조) 그는 그들한테 기부했다.

간접 목적어의 위치

432 위와 마찬가지로, 간접 목적어도 전치사구로 전환하기만 하면 사실상 후치할 수 있다. (608, 730 참조)

The twins told their mother all their secrets.   [7]
쌍둥이는 엄마에게 모든 비밀을 털어놓았다.

The twins told all their secrets to their mother.   [8]
쌍둥이는 모든 비밀을 엄마에게 털어놓았다.

다른 변화와 마찬가지로 이런 변화 역시 다른 문미 초점을 위해서 사용할 수 있다. 예를 들면, [7]번 문장은 '쌍둥이는 엄마에게 무엇을 털어놓았는가?'라는 암시적 질문에 대답하는 반면 [8]번 문장은 '그들은 비밀을 누구에게 털어놓았는가?'라는 암시적인 질문에 대답한다.

자동사 회피

433 절의 술부가 주어보다 길거나 문법적으로 더 복잡해야 한다는 느낌은 영어의 문미 비중 원칙과 관련이 있다. 그런 이유로 영어권의 화자는 단일한 자동사로 구성된 술부를 피하려는 경향이 있다. 많은 사람들이 Mary sang이라고 말하기보다는 목적어 자리를 명사구로 채워서 비록 정보는 거의 부가되지 않더라도 술부에 더 많은 비중을 실어줄 수 있도록 Mary sang a song.이라는 표현을 선호할 것이다.

434 그런 목적 때문에 영어권 화자는 추상 명사구가 뒤따르는 일반 동사(have, take, give, do 등)를 사용하는 경향이 많다.

> She's having a swim. *비교: She's swimming. 그녀가 수영을 한다.
>
> He's taking a bath. *비교: He's bathing. 그가 목욕을 한다.
>
> They took a rest (after lunch). *비교: They rested (after lunch).
> 그들이 (점심 식사 뒤에) 휴식을 취했다.
>
> The driver gave a (hoarse) shout. *비교: The driver shouted (hoarsely).
> 운전사가 (목이 쉬도록) 소리 질렀다.
>
> She does (very) little work. *비교: She works (very) little.
> 그녀는 (아주) 거의 일을 하지 않는다.

왼쪽의 문장들은 오른쪽의 문장들에 비해 더 관용적이고 자연스럽다. 이와 마찬가지로, 타동사도 간접 목적어 구문을 통해 give 같은 동사로 대체될 수 있다.

> I gave the door a kick. (= I kicked the door.) 나는 문을 걷어찼다.
>
> I paid her a visit. (= I visited her.) 나는 그녀를 방문했다.

3

영문법의 A부터 Z까지

A-Z in English Grammar

435 '영문법의 A부터 Z까지'라는 제목을 단 이 책의 Part 3는 영문법의 형태와 구조에서 중요한 영역을 총망라하였으며 소주제의 제목에 따라 알파벳 순서대로 배열하였다. 알파벳 순서로 배열한 주된 이유는, Part 2에서 언급한 문법 용어와 항목을 차례대로 설명함으로써 이 부분의 문법을 참조하기 쉽도록 만들겠다는 의도 때문이다.

'영문법의 A부터 Z까지'의 각 항목은 ⟨A Comprehensive Grammar of the English Language⟩(이하 CGEL로 표기, 서문 참조)에서 가장 관련성이 높은 부분을 참조하고 있으므로 만약 필요하다면 그 주제에 관한 더욱 자세한 내용은 그 책을 찾아보기 바란다.

형용사 유형(Adjective Patterns)

436 형용사는 다음과 같은 여러 가지 유형의 보어를 가질 수 있다.

- 전치사구: I feel very sorry for Ann. 나는 앤이 무척 안쓰럽게 느껴진다.
- that절: Everybody's pleased that she is making such good progress.
  그녀가 상당한 진전을 보이고 있어 모든 사람이 기뻐한다.
- to부정사: I'm glad to hear she is recovering.
  나는 그녀가 회복하고 있다는 소식을 들어 기쁘다.

전치사구를 동반하는 형용사: Ready for lunch? 점심 먹을 준비 됐니?

437 형용사 다음에는 여러 가지 전치사가 뒤따른다. 사전을 보면 알 수 있듯이, 특정한 형용사는 대체로 특정한 전치사를 필요로 한다. 예를 들면, curious about, good at, ready for, interested in, afraid of, keen on, close to, content with 등이다. 전치사를 동반하는 형용사는 -ed형 형용사, 즉 worried (about), interested (in) 같은 분사 형용사일 때가 많다. 다음 몇 가지 예문을 살펴보자.

Planners are worried about the noise and dirt in our environment.
설계자들은 우리 주변의 소음과 먼지에 대해 걱정한다.

I may have sounded a bit annoyed at her for turning up late.
그녀가 지각했다는 이유로 나는 그녀에게 약간 화를 냈을지도 모른다.

Would you be interested in writing an article for our magazine?
우리 잡지에 기고할 기사를 써 볼 의향이 있으신가요?

The reader must be convinced of what is happening at one time, and not surprised at sudden changes of character and place. 독자는 동시에 벌어지는 상황을 납득해야만 하며 인물과 장소의 갑작스러운 변화에 놀라서는 안 된다.

I was increasingly conscious of being watched.
나는 감시당하고 있음을 점차 의식하고 있었다.

Anna was uncertain of what the words meant.
애나는 그 말이 무슨 뜻이었는지 확신하지 못했다.

Industry is independent of natural conditions, while agriculture is continually dependent on the fluctuations of nature. 산업은 자연 조건에서 독립적이지만 농업은 자연 변화에 지속적으로 의존한다.

This film is based on a bestselling novel. 이 영화는 베스트셀러 소설을 원작으로 한다.

that절을 동반하는 형용사: I'm not sure (that) I understand.

438 that절을 보어로 취하는 형용사는 인칭 주어나 도입의 it을 주어로 삼을 수 있다.

인칭 주어를 동반하는 형용사

that은 부재할 때가 많다. (일명 'zero that, 즉 that 부재'라 부른다.) 다음 예문에서 that절을 보어로 취하는 형용사 두 쌍을 살펴보자.

● 확신 형용사: certain, confident, convinced, positive, sure가 있다.

We are confident (that) Fran will have a brilliant career.
우리는 프랜이 훌륭한 경력을 쌓을 것이라고 확신한다.

Everybody's sure (that) she can do it. 누구든 그녀가 그 일을 할 수 있다고 확신한다.

● 감정 형용사: afraid, alarmed, annoyed, astonished, disappointed, glad, hopeful, pleased, shocked, surprised 등이 속한다.

Bill was disappointed (that) Betty hadn't phoned.
빌은 베티가 전화하지 않아서 실망했다.

I'm glad (that) you were able to cheer them up a bit.
나는 네가 그들을 조금이나마 격려해줄 수 있어서 기쁘다.

이런 형용사는 전치사구도 보어로 삼을 수 있다. (437 참조) confident about, sure of, disappointed with, glad of 등이 여기에 속한다. 하지만 영어에서는 전치사가 that절을 이끌 수 없음을 주의해야 한다. 다음 문장을 비교해 보자.

They were pleased at the good news. 그들은 좋은 소식을 듣고 기뻤다.

비교: They were pleased that the news was good. (*금지 표현: pleased at that the news …) 그들은 그 소식이 좋은 내용이어서 기뻤다.

that절은 '사실'이라기보다는 '생각'을 표현할 때(기쁨, 놀라운 등을 표현할 때), 반드시 should를 동반한다. (추정의 should 280-1 참조)

We were amazed that the cost should be so high.
우리는 가격이 너무 높아서 깜짝 놀랐다.

도입의 it을 동반하는 형용사

that절을 동반하는 형용사는 도입의 it을 주어나 목적어로 삼을 때가 많다. (542 참조)

It's possible that we'll all be a bit late. 우리 모두가 조금 늦을 수도 있다.

Is it true that Liz never turned up? 리즈가 한 번도 나타나지 않은 것이 사실이야?

We find it odd that this city has no university.

우리는 이 도시에 대학이 없다는 것이 이상하다고 생각한다.

it구문과 that절을 동반하는 다른 형용사는 예를 들어 certain, curious, evident, extraordinary, fortunate, important, likely, obvious, probable, sad가 있다. 이들 중 상당수가 -ing 형용사, 즉 -ing 분사의 형태를 취한다. 예를 들면, disconcerting, embarrassing, fitting, frightening, irritating, shocking, surprising이 있다.

that절이 '사실'이라기보다는 '생각'을 표현할 때(기쁨, 놀라움 등을 표현할 때) that절은 '추정의 should'(280-281 참조)를 동반할 때가 많다.

The school board considered it essential that the opinions of teachers should be ascertained. 교육 위원회는 교사들의 의견을 확인하는 것이 중요하다고 생각했다.

〈should + 동사〉를 사용하는 대신에 that절은 가정법 동사, 즉 그냥 기본형 동사를 동반한 대안적인 구문을 취할 수 있다. 이런 구문은 〈영국식〉보다는 〈미국식〉에서 더욱 일반적이다. (706 참조)

The school board considered it essential that the opinions of teachers be ascertained. 교육 위원회는 교사들의 의견을 확인하는 것이 중요하다고 생각했다.

to부정사를 동반하는 형용사: It's good to have you back.

439 to부정사 구문을 동반하는 형용사는 여러 가지 유형이 있다. 다음 예문을 보자.

Sue is wrong to say a thing like that. 그런 말을 하다니 수가 잘못했네.　　　〔1〕

Such people are hard to find nowadays. 그런 사람들은 요즘에 찾기 힘들다.　　〔2〕

'I'm delighted to be here,' the speaker said.　　　　　　　　　　　　　　　〔3〕

"이 자리에 참석하게 되어 기쁩니다." 연설가가 말했다.

Many dealers were quick to purchase the new shares.　　　　　　　　　　〔4〕

수많은 딜러가 새로운 주식을 구매하는 일에 빨랐다.

아래의 다시 풀어 쓴 문장으로 알 수 있듯이, 위 네 가지 구문의 의미는 서로 다르다.

It's wrong of Sue to say a thing like that. 수가 그런 말을 하는 것은 잘못이다.　〔1a〕

It's hard to find such people nowadays.　　　　　　　　　　　　　　　　〔2a〕

요즘 그런 사람들을 찾기 힘들다.

'It makes me delighted to be here' the speaker said.　　　　　　　　　　〔3a〕

"이 자리에 참석한 것이 즐겁습니다." 연설가가 말했다.

Many dealers quickly purchased the new shares.　　　　　　　　　　　　〔4a〕

수많은 딜러가 새로운 주식을 신속하게 구매했다.

〔1〕번 유형: 〔1〕번 문장의 wrong과 같은 형용사로는 clever, cruel, good, kind, naughty, nice, rude, silly, splendid, stupid가 있다.

He was silly to go ahead with the plan. 그 계획을 밀고 나가다니 그는 어리석었다.

not과 never가 to부정사 앞에 위치한다는 사실에 주의하라.

He was silly not to follow your advice.

너의 조언을 따르지 않다니 그는 어리석었다.

They were stupid never to take the opportunity offered.

주어진 기회를 한 번도 잡지 못하다니 그들은 어리석었다.

〔2〕번 유형: 〔2〕번 문장의 hard와 같은 형용사를 예문으로 확인해보자.

The extent of this tendency is difficult to assess.

이런 경향의 정도는 평가하기 힘들다.

All this is very easy to arrange. 이 모두가 준비하기 아주 쉽다.

Your question is of course impossible to answer.

너의 질문은 물론 대답하기 불가능하다.

위와 비슷한 형용사로는 convenient, enjoyable, fun〈일상체〉, good, pleasant가 있다. 도입의 it 구문인 〔2a〕는 더욱 일반적이며 때때로 유일하게 가능한 대안이기도 하다.

It's difficult to assess the extent of this tendency.

이런 경향의 정도를 평가하는 것은 힘들다.

It was really good to see you before Christmas.

크리스마스가 오기 전에 너를 만나게 되어 정말 기뻤다.

It is important to create a new image of the Church.

교회에 대한 새로운 이미지를 만들어 내는 것은 중요하다.

It's almost impossible to say this in English.

이런 말을 영어로 표현하는 것은 거의 불가능하다.

It would be nice to have a portable TV at the end of one's bed.

자신의 침대 발치에 휴대용 텔레비전을 놓는다면 좋을 것이다.

It is now possible to make considerable progress in the negotiations.

협상에서 상당한 진전을 이루는 것이 이제는 가능하다.

It is necessary to distinguish between English and Scots law.

영국 법과 스코틀랜드 법을 구분하는 것은 필요하다.

부정사에서는 주어 앞에 for를 놓을 수 있다.

It is necessary for you to distinguish between English and Scots law.

네가 영국 법과 스코틀랜드 법을 구분하는 것은 필요하다.

〔3〕번 유형: 다음은 〔3〕번 문장의 delighted와 같은 형용사를 예문으로 나타낸 것이다.

She'll be furious to see him behave that way.

그녀는 그가 그런 식으로 행동하는 모습을 보면 엄청나게 화를 낼 것이다.

I'm glad to see you looking so well. 네가 그렇게 건강한 모습을 보니 정말 기쁘다.

If interviewed I should be pleased to provide further references.

만약 인터뷰를 하게 되면 저는 추가 서류를 제출하고 싶습니다.

I'm very sorry to learn that Hattie has been ill.

해티가 아팠다는 소식을 알게 되어 무척 유감입니다.

I'm rather surprised to learn that you have sold your stocks.

당신이 주식을 팔았다는 것을 알게 되어 다소 놀랍습니다.

*이런 구문을 동반하는 다른 형용사들도 모두 일종의 감정을 표현하는 것이며 amazed, angry, annoyed, disappointed, worried가 여기에 속한다.

[4]번 유형: [4]번 문장의 quick과 같은 형용사로 만든 다음 예문을 살펴보자.

Nick is willing to do the hard work. (Nick does it willingly)

닉은 그런 힘든 일을 자진해서 한다. (닉은 그것을 기꺼이 한다.)

The management was careful to avoid all mention of the problem. (carefully avoided) 경영진은 그 문제에 관한 모든 언급을 회피하려고 조심했다. (조심스럽게 회피했다.)

The police were prompt to act. (acted promptly)

경찰은 행동하기를 지체하지 않았다. (즉각적으로 행동했다.)

The entertainment industry has been slow to catch on. (has caught on slowly)

연예 산업은 인기를 얻는 데 더뎠다. (더디게 인기를 얻었다.)

부정사 구문을 취하면서도 위에서 언급한 네 가지 유형에 속하지 않는 형용사들도 존재한다. 다음 예문을 살펴보자.

We might be able to afford a new car. 우리는 새 차를 살 형편이 될지도 모른다.

I've been unable to contact him during the past week or so.

지난주 동안 나는 그에게 연락하지 못했다.

Ann is now very anxious to return to her university.

앤은 지금 대학에 돌아가고 싶은 마음이 간절하다.

There are bound to be economic differences between distant parts of the country. 한 나라에서도 거리가 멀리 떨어진 지역 사이에는 경제적인 차이가 있을 가능성이 크다.

Our boss is always ready to listen to the views of others.

우리 사장님은 항상 다른 사람의 의견에 귀를 기울일 준비가 되어 있다.

형용사(Adjectives)

440 형용사는 다음과 같은 네 가지 특징이 있다.

● 대부분의 형용사는 두 가지 용법이 있는데, 바로 한정적인 용법과 서술적인 용법이다. 한정적인 형용사는 수식하는 명사의 앞에 자리한다.

> This is a difficult problem. 이것은 어려운 문제이다.

서술적인 형용사는 연결 동사의 보어 역할을 한다. 연결 동사('계사'라고도 부른다. 719 참조)는 be, seem 등의 동사를 말한다.

> This problem is difficult. 이 문제는 어렵다.

● 대부분의 형용사는 very, quite, rather 등과 같은 정도 부사(217 참조)의 수식을 받는다.

> I'm on quite good terms with him. 나는 그와 꽤 친한 사이이다.

● 대부분의 형용사는 비교급과 최상급이 있다. (500 참조)

> We have a bigger problem than inflation—our biggest problem now is high unemployment.
> 우리는 인플레이션보다 더 큰 문제를 가지고 있다. 지금 우리의 더 큰 문제란 높은 실업률이다.
> This must be one of the most beautiful buildings in Europe.
> 이것은 유럽에서 가장 아름다운 건물들 중의 하나임이 틀림없다.

● 수많은 형용사들은 명사에서 파생되었으며 어미를 통해 형용사임을 알아볼 수 있다. 예를 들면, -ous(fame ~ famous), -ic(base ~ basic), -y(sleep ~ sleepy), -ful(beauty ~ beautiful) 등이다.

한정적 용법으로만 쓰는 형용사: She's our chief financial adviser.

441 대부분의 형용사는 한정적 용법과 서술적 용법으로 모두 사용할 수 있지만 일부 형용사들은 한정적인 위치에서만 사용할 수 있다. 다음 예문을 살펴보자.

> She was the former prime minister. 그녀는 전임 수상이었다.

former라는 형용사는 formerly라는 부사와 연결될 수 있다.

> She was formerly the prime minister. 그녀는 전에 수상이었다.

다음은 한정적인 의미만을 지니는 형용사와 그에 상응하는 부사를 각각 활용하여 만든 예문들이다.

> Many changes occurred in Asia in the late 1990s.
> 1990년대 후반에 아시아에서 많은 변화가 일어났다.
> ~ I've not heard much from her lately.
> 나는 최근에 그녀에게서 그다지 연락을 받지 못했다.
> They went to an occasional play. 그들은 이따금씩 연극을 구경 갔다.
> ~ Occasionally they went to see a play. 가끔 그들은 연극을 보러 갔다.

He was a popular colleague and a hard worker.

그는 인기 있는 동료이자 성실한 직원이었다.

~ He worked hard. [주의: hard는 형용사와 부사의 형태가 동일] 그는 성실하게 일했다.

한정적 용법만 있는 형용사들 중의 일부는 명사에서 파생했다. 다음 예문을 보자.

A new criminal justice bill will soon come before Parliament. (crime ~ criminal: 'a bill concerned with the punishment of crimes')

새로운 형사 법안이 곧 의회에 상정될 것이다. (범죄의 처벌에 관한 법안)

He thought atomic weapons had deadened the finest feeling that had sustained mankind for ages. (atom ~ atomic)

그는 핵무기가 오랫동안 인류를 지속시켜온 최상의 감정을 무감각하게 만들었다고 생각했다.

There will be no need for a medical examination. (medicine ~ medical)

건강 진단을 받을 필요가 없을 것이다.

형용사의 서술적 용법: I feel sick.

442 ● 형용사는 주격 보어로서 be, seem, look, feel 같은 연결 동사 뒤에서 서술적으로 사용될 수 있다. (491, 719 참조)

A: I feel sick. 몸이 안 좋아.

B: Yes, you do look awful. 그래, 너 정말 아파 보인다.

● 형용사는 목적격 보어로서 consider, believe, find 같은 동사 뒤에서 서술적으로 사용될 수 있다. (733 참조)

It makes me sick to see how people spoil the environment.

사람들이 어떻게 환경을 해치는지를 지켜보면 속이 메스껍다.

● 형용사는 주어가 정형절일 경우에 보어 역할을 하기도 한다. (492 참조)

Whether the minister will resign is still uncertain.

장관이 사임할 것인지는 여전히 불확실하다.

하지만 도입의 it 구문이 문미 비중으로 되어 있고(408 참조) 위 문형보다 더 일반적이다.

It is still uncertain whether the minister will resign.

장관이 사임할 것인지는 여전히 불확실하다.

● 형용사는 비정형절의 보어 역할을 하기도 한다. (493 참조)

Driving a bus isn't so easy as you may think.

버스 운전을 하는 것은 네가 생각하는 것처럼 그렇게 쉽지는 않다.

● 비록 대부분의 형용사가 한정적 용법과 서술적 용법으로 모두 사용되기는 하지만 (440 참조) 어떤 형용사는 서술적 용법으로만 사용된다. 그런 형용사 중에는 faint, ill, well 같은 '건강 상태 표시 형용사'가 있다.

Oh doctor, I feel faint. 의사 선생님, 어지러워요.

Several people are critically ill after the accident.

몇몇 사람들은 사고 이후에 중태이다.

He doesn't look well, does he Anna? 그는 몸이 안 좋아 보여. 그렇지, 애나?

faint가 건강 상태를 뜻하지 않고 '약간의'란 의미를 나타낼 때에는 한정적 용법으로 사용할 수 있다.

Katie bears a faint resemblance to my sister. 케이티는 내 여동생과 약간 닮았다.

● afraid, fond, present, ready를 포함하여 서술적 용법으로만 쓰는 일부 형용사들은 절이 뒤따르는 경우가 많다.

I'm afraid I don't really agree with that, Bill.

빌, 유감이지만 그 말에 정말 동의하지 않아.

때로는 절이 아니라 구가 뒤따르기도 한다. (437 참조)

I'm very fond of Hemingway. 나는 헤밍웨이를 정말 좋아해.

I hope you are ready for some hard work. (I hope you are prepared for some hard work.) 네가 열심히 일할 준비가 되어 있으면 좋겠어.

All the persons who were present at the meeting were in favour of the proposal. (All the persons who attended the meeting …)

그 회의에 참석한 사람은 모두 그 안건에 찬성했다.

이런 형용사들 중 일부는 명사보다 앞에 오기도 하며, 이런 경우에는 명사의 뒤에 올 때와 뜻이 다르다. 예를 들면, fond memories는 달콤한 추억, a ready answer는 즉시 주어진 대답, the present situation은 현재의 상황이라는 뜻이다.

구의 핵어 뒤에 위치하는 형용사: all the problems involved

443 ● 명사를 수식하는 형용사는 대체로 구의 핵어 앞에 위치한다. (596 참조) 즉, 'the difficult problems'의 경우에서처럼 이런 것을 한정적인 위치라 한다. 하지만 일부 형용사, 특히 서술적인 용법으로만 쓰는 형용사(442 참조)는 'the problems involved'의 경우와 마찬가지로 수식을 받는 핵어의 바로 다음에 위치한다.

This is one of the problems involved in the scheme.

~ This is one of the problems that are involved in the scheme.

이것은 그 계획에 관련된 문제들 중의 하나이다.

이런 형용사는 관계사절을 축약한 것으로 간주될 때가 많다. (686 참조)

All the persons present at the meeting were in favour of the proposal.

~ All the persons who were present at the meeting were in favour of the proposal. 그 회의에 참석한 사람들은 모두 그 안건에 찬성했다.

involved와 present라는 두 개의 형용사는 한정적인 용법일 때에는 의미가 달라진다. 따라서 위 문장에서는 the present persons나 the involved problems라고 쓸 수 없다.

● -body, -one, -thing, -where라는 어미를 갖는 수량사는 형용사의 꾸밈을 받을 때 항상 형용사의 앞에 위치한다.

How long does it take to train somebody new on the job?

(How long does it take to train somebody who is new on the job?)

근무에 새로 투입된 사람을 훈련시키는 데 시간이 얼마나 걸릴까?

The chairman's remark astonished everyone present.

의장의 발언은 참석한 사람을 모두 깜짝 놀라게 했다.

Is there anything interesting in the papers today?

오늘 신문에 재미있는 내용이라도 있어?

Think of somewhere nice to go for the next weekend!

다음 주말에 갈 근사한 장소를 좀 생각해 봐!

● 다음 예문과 마찬가지로 형용사와 부정사로 구성된 형용사구도 있다.

These dogs are easy to teach. 이런 개들은 가르치기 쉽다.

이런 구는 핵어 명사 앞에 올 수 없다. 따라서 다음과 같이 표현할 수는 없다.

*금지 표현: The easiest to teach dogs are Labrador retrievers.

가장 가르치기 쉬운 개는 래브라도 레트리버이다.

하지만 '형용사 + 부정사'구는 핵어 명사 뒤에 놓일 수는 있다.

The dogs easiest to teach are Labrador retrievers. 〈일상체〉

영어의 경우에는 관계사절을 동반한 상당 구문이 더 일반적이다.

~ The dogs that are easiest to teach are Labrador retrievers.

핵어 뒤에 형용사가 위치한 구문도 than절처럼 다른 유형의 보어를 취할 수 있다.

Our neighbours have a house much larger than ours.

우리 이웃들은 우리 집보다 훨씬 더 큰 집을 가지고 있다.

하지만 형용사와 그 보어를 분리하는 편이 더 일반적이다.

The easiest dogs to teach are Labrador retrievers.

Our neighbours have a much larger house than ours.

분사형 형용사: Emma's attitude is rather surprising.

444 -ing 분사나 -ed 분사와 같은 형태를 취하는 형용사가 많다. (574 참조)

Emma's attitude is rather surprising. 엠마의 태도는 상당히 놀랍다.

The professor had been retired for several years.

교수는 은퇴한지 여러 해가 지났다.

이런 형용사는 한정적 용법으로도 사용할 수 있다.

We were struck by Emma's rather surprising attitude.

우리는 엠마의 다소 놀라운 태도에 끌렸다.

The retired professor seemed to spend most of his time on his yacht.

그 은퇴한 교수는 요트에서 대부분의 시간을 보내는 것처럼 보였다.

그 형용사에 상당하는 동사는 의미가 다를 수도 있다. 다음 두 가지 용법을 비교해 보자. 우선, relieved를 형용사로 사용한 문장이다.

We are very relieved to know that you are all right. (glad, pleased)

네가 괜찮다는 것을 알고 우리는 정말 마음이 놓였다.

이번에는 relieved를 동사 relieve의 과거분사로 사용한 문장이다.

Our anxiety was relieved by the good news. (eased, lessened)

좋은 소식을 듣고 우리의 걱정이 누그러졌다.

*형용사로 사용된 형과 분사로 사용된 형의 다른 기능들이 항상 분명한 것은 아니다.

● 직접 목적어가 있는 경우 -ing형은 (형용사가 아니라) 현재분사인 것이 명백하다.

The teacher was entertaining students at her home together with other friends.

그 선생님은 다른 친구들과 함께 집에서 학생들을 접대하고 있었다.

하지만 다음 문장에서는 entertaining이 형용사이다.

The teacher was brilliantly entertaining in her lecture.

그 선생님은 수업 시간에 굉장히 재미있었다.

● -ed형과 -ing형은 모두 very라는 부사의 수식을 받으면 형용사로 사용되었다는 뜻이다.

The poor attendance at the meeting is not very encouraging.

그 회의의 저조한 출석은 별로 고무적이지 못하다.

His remarks made me very annoyed. 그의 말은 나를 무척 짜증나게 만들었다.

동사로 사용된 annoyed는 very much의 수식을 받는다.

His remarks annoyed me very much. 그의 말은 나를 아주 많이 짜증나게 했다.

형용사일까 부사일까?(Adjective or adverb?)

445 영어에서 부사는 대부분 형용사에서 파생되어 -ly가 추가된다. 예를 들면, quick - quickly, careful - carefully 등으로 변한다. (464 참조) 하지만 direct, fast, hard, high, late, long, straight, wrong처럼 -ly로 끝나지 않는 부사도 있다. 이런 단어는 형용사와 부사로 모두 사용할 수 있다. 다음의 두 개씩 짝지은 문장에서 첫 번째는 단어를 형용사로 사용한 예문이고 두 번째는 같은 단어를 부사로 사용한 예문이다.

I think she has a direct line. 나는 그녀가 직통전화를 가지고 있다고 생각해.

~ Why don't you call her direct? 그녀에게 직접 전화를 걸어보는 게 어때?

Bill is a fast driver. 빌은 빠른 운전기사이다.

~ Don't drive too fast. 너무 빨리 운전하지 마.

Alice is a hard worker. 앨리스는 성실한 직원이다.

~ Alice works hard at preparing new teaching materials.
앨리스는 새로운 교육자료를 준비하는 데 전력을 다한다.

That wall is too high to climb. 그 벽은 오르기에 너무 높다.

~ Don't aim too high. 목표를 너무 높게 잡지 마.

We met in late August. 우리는 지난 8월 말에 만났다.

~ The modern industrial city developed relatively late.
그 현대 산업 도시는 비교적 최근에 발전했다.

What I really need now is a long rest. 내가 지금 필요한 것은 긴 휴식이다.

~ You mustn't stay too long. 너무 오래 머물지 마.

It was a long straight road. 이것은 길고 곧은 길이었다.

~ The best thing would be to go straight back to Stockholm.
최선은 스톡홀름으로 곧장 돌아가는 것이다.

I may have said the wrong thing once too often.
나는 또 다시 잘못된 말을 했는지도 모른다.

~ There's always the chance of something going wrong.
무엇인가가 잘못될 가능성은 언제나 있다.

이런 동사는 대체로 시간, 위치, 방향과 관련되어 있다. 경우에 따라서는 directly, hardly, lately, shortly처럼 -ly가 추가되면 의미가 달라지는 부사도 있다.

Don't hesitate to get in touch with us directly. (immediately)
주저하지 말고 우리에게 곧장 연락하세요.

We've had hardly any replies to our advertisement. (hardly any = almost no)
우리는 광고에 대해 거의 어떤 응답도 받지 못했다.

I haven't seen him lately. (recently) 나는 요즈음 그를 만나지 못했다.

We'll be in touch with you again shortly. (soon) 곧 다시 연락드리겠습니다.

형용사인 strong과 부사인 strongly는 의미가 다르다.

Ben felt strong enough to win the contest. (strong = fit, powerful)
벤은 대회에서 우승하리라는 강렬한 느낌이 들었다.

Ben felt strongly enough about the suggestion to object. (strongly = firmly)
벤은 반대하자는 제안에 대해서 확고하게 느꼈다.

early는 형용사와 부사로 모두 사용할 수 있다.

The early bird catches the worm. 일찍 일어나는 새가 벌레를 잡는다.

~ I hate having to get up too early. 나는 너무 일찍 일어나야 하는 것이 싫다.

The population explosion occurred in the early part of the nineteenth century.

19세기 초반에 인구 팽창이 일어났다.

~ I'll see you after you return early in February. 2월 초에 네가 돌아오면 만나자.

어미가 -ly인 단어 중에는 형용사로만 사용하는 것도 있다.

That's a lovely present! 그건 좋은 선물이야!

That was an ugly incident. 그것은 추악한 사건이었다.

보어로 쓰인 형용사: It tastes good.

446 형용사는 taste와 smell 같은 동사 뒤에 사용한다. 여기서는 형용사를 부사어가 아니라 보어로 생각해 보자. (508 참조)

The food tasted good. (The food was good to taste.) 음식 맛이 좋았다.

I thought the dish smelled absolutely revolting.

나는 그 음식의 냄새가 완전히 메스껍다고 생각했다.

well은 형용사 good에 상당하는 부사이다.

Grace is a good writer. 그레이스는 훌륭한 작가이다.

~ Grace writes well. ~그레이스는 글을 잘 쓴다.

하지만 well은 형용사로도 사용할 수 있다. 다음 예문에서 good과 well은 모두 형용사이다. (하지만 의미는 다르다.)

Those cakes look good. (Those cakes look as if they taste good.)

그 케이크는 좋아 보인다. (그 케이크는 맛이 좋은 것처럼 보인다.)

Your mother looks well. (Your mother seems to be in good health.)

너의 어머님은 건강해 보인다. (너의 어머님은 좋은 건강 상태인 것 같다.)

Do you drive slow or slowly?

447 다음 표현을 비교해 보자.

a rapid car — drive rapidly [*금지 표현: drive rapid] 빠른 차 — 빨리 운전하다 〔1〕

a slow car — drive slowly / drive slow 느린 차 — 느리게 운전하다 〔2〕

〔1〕번은 단어가 형용사(rapid)와 부사(rapidly)라는 형태와 기능에 따라 규칙적으로 변한다는 것을 보여주는 일반적인 사례이다. 〔2〕번에서 slow는 형용사와 부사의 기능을 모두 한다. 다른 예문을 하나 더 살펴보자.

You can buy these things very cheap/cheaply now when the sale is on.

할인 판매를 하고 있으므로 이 물건들을 아주 싸게 구입할 수 있습니다.

drive slow와 drive slowly, 또는 buy cheap과 buy cheaply는 의미 차이는 없지만 형용사형을 사용하는 것이 더 〈일상체〉의 경향에 속한다.

Why do you have to drive so slow when there's no speed limit here?

여기에 속도 제한이 없는데 왜 그렇게 천천히 운전을 해야만 하니?

The days passed and slowly the spring came. 〈다소 고상체〉

그 시절은 지나갔고 천천히 봄이 왔다.

-ly가 없는 형태는 비교급과 최상급 구문에서 특히 일반적이다. 다시 말하면, 부사형이 더 〈격식체〉이다.

We have to look closer/more closely at these problems.

우리는 이 문제들을 더욱 면밀하게 살펴보아야 한다.

Let's see who can run quickest/most quickly.

누가 가장 빨리 달릴 수 있는지 지켜보자.

기본형일 때(= 비교급이나 최상급이 아닐 때) 이 단어들의 철자는 대개 -ly로 끝난다. 예를 들면 look closely와 run quickly라고 표현한다.

〈미국식 대화체〉에서는 real과 good을 보통 부사로 사용한다. 예를 들어 〈영국식〉에서 Ann's playing really well today.라는 문장에 상당하는 〈미국식 대화체〉 문장은 Ann's playing real good today.이다.

핵어로 쓰인 형용사(Adjectives as heads)

448 형용사의 전형적인 기능은 the rich people, a supernatural phenomenon 같은 명사구의 핵어를 수식하는 것이다. 하지만 일부 형용사들은 the rich, the supernatural처럼 명사구의 핵어가 되기도 한다. 이런 형용사에는 두 가지 종류가 있으며 모두 포괄적 용법으로 사용한다. (90 참조)

● 어떤 계층이나 부류의 사람들을 나타내는 형용사(복수)이다. 예를 들면, the rich = those who are rich이다.

We must care for the elderly, the unemployed, the homeless, the sick and the poor, the weak and the vulnerable. 우리는 나이든 사람들과 실직한 사람들, 집 없는 사람들, 아픈 사람들, 가난한 사람들, 약자들과 취약계층을 보살펴야만 한다.

Many people prefer the term the physically challenged to the disabled or the handicapped. 많은 사람들이 장애인보다 신체불편자라는 용어를 더 좋아한다.

The young and the old don't always understand each other.

젊은 층과 노년층이 언제나 서로를 이해하는 것은 아니다.

● 추상적인 특성을 나타내는 형용사(단수)이다. 예를 들면 the supernatural = that which is supernatural이다.

Do you believe in the supernatural? 당신은 초자연적인 것을 믿습니까?

부사어구(Adverbials)

449 부사어구는 문장의 나머지 부분이 설명하는 행동, 사건, 상태에 대해서 추가적인 설명을 전달할 때가 많다. 예를 들면 다음과 같다.

- 일이 일어난 시간(시간 부사어구)

  We got together late in the evening. 우리는 저녁 늦게 모였다.

- 일이 일어난 장소(장소 부사어구)

  Will you be staying in a hotel? 호텔에서 묵으실 겁니까?

- 일을 처리한 태도(태도 부사어구)

  We have to study this plan very carefully.

  우리는 이 계획을 아주 면밀하게 살펴보아야만 한다.

물론 다른 의미를 나타내는 부사어구도 많다. 부사어구의 의미는 Part 2(151-206 참조)에서 이미 살펴보았다. 여기서는 부사어구가 문장에서 차지하는 다양한 형태와 위치에 대해 논의할 것이다.

부사어구의 형태

450 부사어구가 차지할 수 있는 위치는 형태에 따라 매우 달라지며 여러 가지 다양한 형태를 가지고 있다. 부사어구는 다음과 같이 나눌 수 있다.

- 부사 또는 부사구 (464 참조)

  A friend of mine has very kindly offered to baby-sit.
  내 친구는 친절하게도 아이를 봐주겠다고 제안했다.

- 전치사구 (654 참조)

  I found several people waiting outside the doctor's door.
  나는 몇 사람이 진찰실 밖에서 기다리는 모습을 발견했다.

- 명사구 (595 참조)

  What are you doing this afternoon? 오늘 오후에 뭘하고 있습니까?

- 정형동사를 동반한 절 (492 참조)

  We have to preserve these buildings before it's too late.
  우리는 너무 늦기 전에 이 건물들을 보존해야 한다.

- 비정형절 (493 참조)

  As usual, Sarah was playing to win.
  늘 그렇듯이 사라는 이기기 위해 경기를 하고 있었다.

- -ing분사절 (493 참조)

  Mrs Cole filled her teacup, adding a touch of skimmed milk.
  콜 부인은 무지방 우유를 약간 첨가하여 찻잔을 채웠다.

- -ed분사절 (493 참조)

   Two people were found dead, presumably killed by cars.

   두 사람은 숨진 채 발견되었으며 차에 치여 사망한 듯했다.
- 무동사절 (494 참조)

   The actor admitted to driving while under the influence of drink.

   그 배우는 술에 취한 상태에서 운전한 사실을 시인했다.

부사어구의 위치: 문두, 문중 또는 문미?

451 부사어구는 대부분 위치 이동이 가능하므로 문장의 여러 위치에 자리할 수 있으며, 주로 다음과 같은 세 가지 위치로 구분한다.

- 문두는 주어의 앞자리, 문장의 맨 앞을 말한다.

   Fortunately I had plenty of food with me.

   다행히 나는 수중에 많은 음식을 지니고 있었다.
- 문중에 조동사가 없는 경우에 본동사의 바로 앞자리를 말한다. (다음 예문에서 동사구는 볼드체로 표시되어 있다.)

   His wife **never protests** and she **always agrees** with him.

   그의 아내는 결코 반대하는 법이 없으며 항상 그의 의견에 동의한다.

만약 조동사가 있는 경우라면 부사어구는 조동사의 뒤에 자리한다.

   You'll **never be** lonely because we **will often come** along and pay visits.

   우리가 자주 어울리고 찾아갈 것이기 때문에 당신은 결코 외롭지 않을 것이다.

만약 한 개 이상의 조동사가 있다면 부사어구는 첫 번째 조동사(기능어라고도 한다. 609 참조) 다음에 자리한다.

   This is an idea which **has never been tried**.

   이것은 한 번도 시도된 적이 없는 생각이다.

   This is an idea which **may never have been tried**.

   이것은 한 번도 시도된 적이 없었을 법한 생각이다.

때때로 문중에 자리하는 부사어구는 기능사 앞에 온다. (261, 610 참조) 예를 들어, (연결 동사인 be 동사를 포함한) 기능사가 대조의 목적을 위해 강세를 받을 때에 이런 상황이 일어나기도 한다.

   It **never was** my intention to make things difficult for you.

   너에게 상황을 어렵게 만드는 것은 결코 나의 의도가 아니었다.

- 문미는 목적어나 보어가 없을 때 동사의 뒤를 말한다.

   I'd like to leave as soon as possible. 나는 가능한 빨리 떠나고 싶다.

문미에 자리하는 부사어구는 목적어나 보어 다음에 온다.

   Please don't call me before nine o'clock. 아홉시 전에는 저한테 전화하지 말아 주세요.

부사의 위치는 부분적으로는 형태(부사, 전치사구, 절 등), 부분적으로는 의미(시간, 장소, 태도, 정도 등)에 따라 달라진다. 문미 초점과 문미 비중도 여기에 영향을 미친다. (408 참조)

긴 부사어구와 짧은 부사어구

452 긴 부사어구는 보통 문미에 자리한다.

Clair's going to Chicago on Monday next week.
클레어는 다음 주 월요일에 시카고로 간다.

There will be delegations from several countries at the opening meeting of the conference in Rio de Janeiro later this year. 올해 말에 리우 데 자네이로에서 열리는 회의의 개회식에는 여러 국가에서 대표자들이 참가할 것이다.

He was a complete failure as far as mathematics is concerned.
그는 수학에 관해서는 그야말로 거의 수포자였다.

긴 부사어구가 문중에 자리하는 경우는 거의 드물다. 문중에 자리하는 부사는 almost, hardly, just, never처럼 짧은 부사어로 제한되는 경우가 많다.

Our chairman just resigned. 우리의 의장이 방금 사임했다.

문두에 위치한 부사어구는 대조의 의미를 전하거나, 다음에 뒤따르는 절의 배경 또는 환경을 조성해준다.

As far as mathematics is concerned, he was a complete failure.
수학에 관한 한 그는 그야말로 실패자였다.

Outside the window a low and cold bank of cloud hung over the streets of our little town. 창문 밖에는 낮고 차가운 구름층이 작은 마을의 거리 위로 드리워져 있었다.

Last year there were riots. Now we have strikes and demonstrations.
작년에는 폭동이 있었다. 지금은 파업과 시위가 열린다.

태도, 방법, 도구를 표현하는 부사어구: Did you come by bus?

453 태도, 방법, 도구를 표현하는 부사어구(194-7 참조)는 대체로 문미에 자리한다.

Will you be coming by car? 차를 타고 오실 건가요?

He threatened the shop owner with a big knife.
그는 커다란 칼로 가게 주인을 위협했다.

The conference opened formally today. 회의는 오늘 정식으로 개최되었다.

하지만 수동태에서는 문중에 위치하는 것이 일반적이다.

The conference was formally opened by the Secretary-General.
회의는 사무총장이 정식으로 개최했다.

다음 예문처럼 능동태 문장에서 well은 문미에만 자리한다.

The Secretary-General put the point well. 사무총장은 요점을 잘 표현했다.

하지만 위 문장을 수동태로 옮기면 well은 문미와 문중 모두에 자리할 수 있다.

~ The point was put well.

~ The point was well put. 요점이 잘 표현되었다.

장소 부사어구: See you at the gym.

454 장소 부사어구(170-92 참조)는 대체로 문미에 자리한다.

Today's meeting will be in room 205. 오늘의 회의는 205호실에서 열릴 것이다.

He showered, shaved, dressed and went down to the breakfast room.
그는 샤워하고 면도하고 옷을 입은 다음에 거실로 내려갔다.

Hans Christian Andersen, the master of the fairy tale, was born in Denmark in the town of Odense. 동화의 대가인 한스 크리스찬 안데르센은 덴마크의 오덴세라는 마을에서 태어났다.

두 개의 장소 부사어구가 문미에 올 때에는 대체로 더 큰 장소를 나타내는 표현이 작은 장소를 나타내는 표현보다 뒤에 온다.

Many people eat [in Japanese restaurants] [in the United States].
많은 사람들이 [미국에서는] [일식집에서] 식사를 한다.

더 큰 장소를 나타내는 단위만이 문두로 이동할 수 있다.

In the United States many people eat in Japanese restaurants.
[미국에서는] 많은 사람들이 [일식집에서] 식사를 한다.

시간 부사어구: I haven't seen Anna for a long time.

455 시간 부사어구에는 세 가지 유형이 있다. (더 자세한 설명은 151-169 참조)

● 시간을 표현하는 부사어구 (456, 151-159 참조)

I'll send you an e-mail when I get the results.
내가 결과를 받으면 너에게 이메일을 보낼게.

● 기간을 표현하는 부사어구 (457, 161-165 참조)

I haven't seen Anna for a long time. 나는 애나를 오랫동안 만나지 못했다.

● 빈도를 표현하는 부사어구 (458, 166-169 참조)

This week I'll be in the office every day. 이번 주에 나는 매일 사무실에 나갈 거야.

시간 부사어구: See you tomorrow.

456 시점이나 기간을 표현하는 부사어구는 대체로 문미에 자리한다.

I hope to see you tomorrow. 내일 만나기를 바랍니다.

My father retired last year. 우리 아버지가 작년에 은퇴하셨다.

The rail strike lasted for a whole week. 철도 파업이 한 주 내내 지속되었다.

시점을 표현하는 동시에 어느 지점부터 그 시간을 측정했는가를 나타내기도 하는 once와 recently 같은 부사어구는 문두, 문중, 문미 중 어디에나 위치할 수 있다.

> Once you said you'd like to be a vet. 한때 너는 수의사가 되고 싶다고 말했다.
>
> You once said you'd like to be a vet. 너는 수의사가 되고 싶다고 한때 말했다.
>
> You said once you'd like to be a vet. 너는 한때 수의사가 되고 싶다고 말했다.

문미에 위치한 이런 부사어구에는 상승조의 핵이 올 때가 많다. (406 참조)

> | We owned an Alsatian dog | once. | 우리는 한때 독일 셰퍼드를 데리고 있었다.

기간 부사어구: Don't stay too long!

457 기간 부사어구는 보통 문미에 자리한다.

> I'll be in California for the summer. 나는 여름 동안 캘리포니아에 머물 것이다.
>
> The security guards were on duty all night long. 경비원들은 밤새 근무를 섰다.
>
> I've been staying here since last Saturday. 나는 지난 토요일부터 여기에 머물렀다.

하지만 한 단어 부사는 대체로 문중에 자리한다.

> Jessica Smith has temporarily taken over the art column of the newspaper.
> 제시카 스미스는 신문의 미술 칼럼을 일시적으로 맡았다.

빈도 부사어구: I jog every morning.

458 정확한 횟수를 나타내는 빈도 부사어구는 대체로 문미에 자리한다.

> Your salary will be paid monthly. 급여는 매달 지불될 것이다.
>
> Our office gets about a hundred requests every day.
> 우리 사무실은 매일 약 백 건의 요청을 받는다.
>
> About this question we have to think twice.
> 이 문제에 관해서 우리는 두 번 생각해야 한다.

정확하지 않은 횟수를 표현하는 빈도 부사어구는 일반적으로 문중에 자리한다. (대조적인 기능을 살펴보려면 610 참조) 예를 들어, 이런 부사에는 example, always, nearly always, ever, frequently, generally, never, normally, occasionally, often, rarely, regularly, seldom, sometimes, usually가 있다.

> You are always assured of a warm and friendly welcome here.
> 약속드리건대 여기서는 항상 따뜻하고 친절한 환영을 받게 될 겁니다.
>
> Daniel generally leaves home at seven in the morning.
> 다니엘은 대체로 아침 일곱 시에 집을 나선다.
>
> We don't normally go to bed before midnight.
> 우리는 보통 자정이 되기 전에는 잠자리에 들지 않는다.
>
> Mr. Lake was occasionally carried away by his own enthusiasm.

레이크 씨는 때때로 자기만의 열정에 빠지곤 한다.

Important decisions can rarely be based on complete unanimity.
중요한 결정은 완전한 만장일치를 기반으로 하는 경우가 거의 없다.

At night the temperature regularly drops to minus five degrees Celsius.
밤에는 어김없이 온도가 섭씨 영하 5도까지 떨어진다.

Women usually live longer than men. 여자들은 대체로 남자들보다 장수한다.

하지만 정확하지 않은 횟수를 표현하는 전치사구는 문두나 문미에 자리한다.

As a rule it's very quiet here during the day. 대체로 이곳은 낮에 아주 조용하다.

~ It's very quiet here during the day, as a rule.

On several occasions we've had reason to complain.
수차례 우리는 불평할 이유가 있었다.

~ We've had reason to complain on several occasions.

정도 부사어구: I fully agree with you.

459 definitely, entirely, really, thoroughly, very much 같은 정도 부사어구는 문장의 일부분을 고조시키는 효과를 준다. (215-23 참조)

Abigail and I are definitely going to join the salsa club next year.
애비게일과 나는 내년에 분명히 살사 동호회에 가입할 것이다.

I entirely agree with your diagnosis. 나는 너의 진단에 전적으로 동의한다.

I don't think this really affects the situation at all.
나는 이것이 상황에 정말 영향을 준다고는 전혀 생각하지 않는다.

Your frustration is thoroughly justified. 네가 좌절감을 느끼는 건 지극히 당연하다.

We'd very much appreciate some further information.
좀 자세한 정보를 주시면 정말 고맙겠습니다.

hardly, nearly, rather and scarcely처럼 단어의 효과를 줄이는 정도 부사도 있다. 이런 부사도 문중에 자리한다.

We can hardly expect people to take this election seriously.
우리는 사람들이 이 선거를 진지하게 생각할 것이라고는 거의 기대할 수 없다.

Your friends nearly missed you at the airport.
네 친구들은 공항에서 너를 거의 놓칠 뻔했다.

I rather doubt I'll be back before nine tonight.
내가 오늘밤 9시 전에 돌아올 수 있을지 다소 의심스럽다.

Jim felt Zoe was scarcely listening to what he was saying.
짐은 자신이 하는 말에 조이가 거의 귀를 기울이지 않는다고 느꼈다.

강조하기 위해서는 정도부사가 기능사 앞에 자리할 수도 있다.

I really don't know where we would be without you.
네가 없다면 우리가 어디에 있을지 나는 정말 모르겠다.

I simply can't speak too highly of our English teacher.
나는 우리 영어 선생님을 어떠한 격찬으로도 다 표현할 수가 없다.

정도 부사어구 중에는 문미에 자리하는 단어들도 있다.

Fortunately, our relationship did not cease entirely.
다행히 우리의 관계가 완전히 끝나지는 않았다.

두 개 이상의 부사어구: See you in class tomorrow.

460 문미에 자리한 시간 부사어구는 〈기간 + 빈도 + 시간〉의 순서로 위치하는 경향이 있다.
다음 예문에는 서로 다른 부사어구가 대괄호에 묶여있다.

Our electricity was cut off [briefly] [today]. 전기 공급이 [오늘] [잠시] 중단되었다.
I'm paying my rent [monthly] [this year].
나는 [올해에] [매달] 임대료를 내고 있다.
I used to swim [for an hour or so] [every day] [when I was younger].
나는 [더 어렸을 때] [매일] [한 시간 정도] 수영을 하곤 했다.

중요한 부류의 부사어구가 한 개 이상 문미에 자리할 때 표준 어순은 〈태도/방법/도구 +
장소 + 시간〉이다.

We go [to bed] [very early]. 우리는 [아주 일찍] [잠자리에] 든다.
I have to rush to get [into the supermarket] [before they close].
나는 [영업이 끝나기 전에] [슈퍼마켓에] 도착하려면 서둘러야만 한다.

장소 부사어구는 움직임을 나타내는 동사의 바로 뒤에 자리하는 경향이 있으므로 태도 부
사어구의 앞에 위치할 수 있다.

Anna put the crystal vase [on the table] [with the utmost care].
애나는 크리스털 꽃병을 [최대한 조심해서] [탁자 위에] 올려두었다.

부사절은 보통 다른 부사 구문(부사, 전치사구 등)의 뒤에 온다.

We plan to stop [for a few days] [wherever we can find reasonable
accommodation].
우리는 [너무 비싸지 않은 숙소를 찾으면 그곳이 어디든] [며칠 동안] 머물 계획이다.

다음 문장처럼 문미에 일련의 전치사구가 자리한 문장은 무겁다.

The mayor was working [on her speech] [in the office] [the whole morning].
시장은 [오전 내내] [집무실에서] [연설문에] 공을 들이고 있었다.

보통 문미에 자리하는 부사어구 중 일부는 부사어구가 문장의 끝에 지나치게 많이 몰리는
것을 피하기 위해 문두에 위치하기도 한다.

[The whole morning], the mayor was working [on her speech] [in the office].

일반적으로 한 개 이상의 부사어구는 문두나 문중에 위치하지 않지만 예외가 있다. 예를 들면, 대화에 새로운 주제를 도입하기 위해서 다음과 같은 문장을 마련할지도 모른다.

│ Anyway │ the next morning │ somehow or other │ I hadn't got any business to do. │ 어쨌든 다음날 아침에 어쩐 일인지 나는 아무 용건이 없었다.

문장 부사어구: Frankly, this isn't good enough.

461 지금까지 논의해온 부사어구는 문장 구조 안에 어느 정도 융화된다. 예를 들면, 부사어구는 동사를 수식할 수 있다.

Alex always drives carefully. 알렉스는 항상 조심스럽게 운전한다.

그리고 부사어구는 부정의 영향을 받는다.

Alex doesn't always drive carefully. 알렉스가 항상 조심스럽게 운전하는 것은 아니다.

위 예문에서 always와 carefully는 모두 부정어의 영역 안에 있다. (261 참조)

462 부사어구의 새로운 유형으로 문장 부사어구를 들 수 있는데, 이것은 문장 구조의 일부분이 아니라 지엽적이다. 문장구조의 일부분과 지엽적인 것의 차이는 두 가지 기능을 모두 수행하는 부사의 경우에 명백하게 드러난다.

│ It all happened quite naturally. │ 모든 일이 상당히 자연스럽게 일어났다.

〔naturally는 태도 부사어구 = in a natural manner〕

│ Naturally │ the population is rising. │ 당연히 인구가 증가하고 있다.

〔naturally는 문장 부사어구 = of course〕

Haven't you eaten your breakfast yet? 아직까지 아침을 먹지 않았어?

〔yet은 시간 부사어구 = so far〕

Yet the police have failed to produce any evidence.

그럼에도 불구하고 경찰은 증거를 제시하는 데 실패했다.

〔yet은 문장 부사어구 = nevertheless〕

463 문장 부사어구는 구조의 변화 폭이 크다. (308, 352-359 참조) 예를 들어 다음 문장에 대해 생각해보자.

Frankly, this isn't good enough. 솔직히, 이것으로는 만족스럽지 않다.

부사 frankly를 대신하여 to be frank, to put it frankly와 같은 부정사절, frankly speaking 같은 -ing분사절, if I may be frank 같은 정형동사절을 사용할 수 있다.

문장 부사어구를 통해 화자는 자신이 하는 말의 내용에 대해 견해를 전달할 때가 많다.

Certainly Nicole's German is very fluent. 확실히 니콜의 독일어는 아주 유창하다.

The document should be signed, hopefully by December.

그 문서는 바라건대 12월까지 서명이 되어야 한다.

Of course, nobody imagines that Mr Brown will ever repay the loan.
물론, 아무도 브라운 씨가 대부금을 갚을 것이라고는 생각하지 않는다.

Strangely enough, Harry's face reminds me vividly of Eleanor Peters.
정말 이상하게도, 해리의 얼굴은 나에게 엘리노어 피터스를 생생하게 상기시킨다.

To be sure, we've heard many such promises before.
확실히, 우리는 전에 그런 약속들을 많이 들었다.

Surely no other novelist can give such a vivid description.
확실히 다른 어떤 소설가도 그렇게 생생한 묘사를 하지는 못한다.

Unfortunately that is an oversimplification of the problem.
불행하게도 그것은 문제를 지나치게 단순화한 것이다.

이런 기능을 가진 다른 문장 부사어구로는 actually, admittedly, definitely, fortunately, in fact, indeed, luckily, obviously, officially, possibly, preferably, really, superficially, surprisingly, technically, theoretically 등이 있다.

however, therefore, moreover 같은 문장 부사어구는 접속사의 역할을 한다.

The hockey team didn't like the food. However, they have not complained.
하키 팀은 그 음식이 마음에 들지 않았다. 하지만 그들은 불평을 하지 않았다.

문장 부사어구는 대부분 문두에 위치하는 것이 일반적이다. 대화체에서는 성조 단위, 문어체에서는 쉼표를 중심으로 뒤따라오는 문장의 나머지 부분과 구분된다.

〈대화체〉| Obviously | they expect us to be on time. |

〈문어체〉Obviously, they expect us to be on time.
명백히, 그들은 우리가 제 시간에 올 것이라고 예상한다.

부사(Adverbs)

464 부사는 대부분 형용사에 –ly라는 어미를 덧붙여서 만들어진다. 예를 들면, frank/frankly, happy/happily 등이다. (형용사에서 부사로 변형되면서 happy/happily처럼 철자가 y에서 i로 바뀌는 경우에 관해서는 701 참조)

부사는 문장의 부사어 역할 그리고 형용사와 부사, 다른 어구의 수식어 역할이라는 두 가지 전형적인 기능을 수행한다.

● 부사어로 쓰인 부사 (449 참조)

The conference was carefully planned. 회의는 신중하게 계획되었다.

● 형용사의 수식어로 쓰인 부사 (465 참조)

Louise is an extremely talented young woman.
루이스는 대단히 재능이 뛰어난 젊은 여성이다.

● 다른 부사의 수식어로 쓰인 부사 (465 참조)

One has to read this document very closely between the lines.

이 문서는 행간의 의미를 아주 면밀하게 파악해야 한다.

● 전치사 등의 수식어로 쓰인 부사 (466 참조)

We live just outside of Chicago. 우리는 시카고의 외곽에 살고 있다.

형용사와 다른 부사의 수식어로 쓰인 부사: That's a very good idea!

465 수식어 역할을 하는 부사는 대부분 absolutely, extremely, rather와 같은 정도 부사이다. (215, 459 참조)

● 부사는 형용사를 수식할 때 항상 그 형용사보다 앞선다.

I thought it was an absolutely awful show myself. 〈친근체〉

나 스스로 그것이 완전히 끔찍한 공연이었다고 생각했다.

George said everybody was deeply affected.

조지는 모든 사람이 깊이 감명을 받았다고 말했다.

It's extremely good of you to do this for me.

나를 위해 이런 일을 하다니 정말 친절하시군요.

Rachel's rather tall for her age, isn't she?

레이첼은 나이에 비해서 다소 큰 편이야. 그렇지 않니?

하지만 enough는 형용사의 뒤에 위치한다.

No, this just isn't good enough! 아니오, 이것만으로는 만족스럽지 않습니다!

We were naive enough to be taken in. 우리는 속임수에 넘어갈 정도로 순진했다.

too와 how가 명사구에서 형용사를 수식할 때 부정관사는 형용사의 뒤에 자리한다. 다음 두 문장을 비교해보자.

Charlotte's a good accountant and never makes any mistakes.

샬롯은 훌륭한 회계사로 결코 실수를 저지르지 않는다.

*금지 표현: Charlotte's too good an accountant to make any mistakes.

How strange a feeling it was, seeing my old school again! 〈고상체〉

내 모교를 다시 보니 기분이 얼마나 이상하던지!

● 부사는 다른 부사를 수식할 때 그 부사 앞에 자리한다.

Melissa did rather well in her exams. 멜리사는 시험을 그런대로 잘 보았다.

하지만 enough는 예외로서 부사의 뒤에 자리한다.

Oddly enough, nothing valuable was stolen.

정말 이상하게도, 값비싼 것은 아무것도 도둑맞지 않았다.

전치사 등의 수식어로 쓰인 부사: I'm dead against it.

466 부사는 다음 요소들도 수식할 수 있다.

- 전치사: Emily's parents are dead against her hitchhiking. 〈친근체〉
  에밀리의 부모님은 히치하이킹에 단호하게 반대하는 입장이다.
- 한정사 (522 참조): The Johnsons seem to have hardly any books at home.
  존슨즈 가족은 집에 책이 거의 없는 듯하다.
- 수사 (602 참조): Over two hundred deaths were reported after the disaster.
  그 참사가 일어난 뒤에 이백 명이 넘는 사망자가 나왔다고 보도되었다.
- 대명사 (661 참조): Nearly everybody seemed to be at the party.
  거의 모든 사람이 파티에 참석한 듯했다.

다른 부사어: What else can we do?

467 else는 다음 요소를 수식할 수 있다.

- much와 little 같은 수량사:
  The Nelsons seem to do little else but watch TV in the evening.
  넬슨 부부는 저녁에 텔레비전 시청 외에는 거의 하는 일이 없는 듯하다.
- -where로 끝나는 부사:
  Hey Bill, let's go somewhere else! 이봐, 빌. 어디 다른 곳으로 갑시다!
- who, what, how, where 같은 의문사:
  What else can we do? 우리가 그 밖에 무엇을 할 수 있을까?
- -body, -one, -thing으로 끝나는 대명사:
  Why don't you ask somebody else? 누구 다른 사람에게 물어보지 그래요?

하지만 some 같은 한정사가 동반될 때에는 else 대신에 other를 사용한다. 다음 두 개의 문장은 의미가 같다.

Someone else will have to take my place.
~ Some other person will have to take my place.
누군가 다른 사람이 내 자리를 대신하게 될 것이다.

명사나 명사구의 수식어로 쓰인 부사: What a fool he is!

468 quite, rather, such, what(감탄문에서) 같은 정도 표시 단어는 명사구를 수식할 수 있다.

My grandmother used to tell me such funny stories.
할머니는 나에게 정말 재미있는 이야기를 들려주시곤 했다.

명사구는 보통 일정하지 않고 정도 표시 단어는 부정관사보다 앞선다. (524 참조)

She told me such a funny story. 그녀는 나에게 정말 재미있는 이야기를 해주었다.
The place was in rather a mess. 〈일상체〉 그 장소는 상당히 지저분하다.

What a fool he is! 그는 얼마나 바보스러운가!

일부 장소부사(예를 들어, home) 또는 시간 부사(예를 들어, before, ahead)는 명사를 수식할 수 있다. 이런 경우에 부사는 명시 뒤에 자리한다. (648 참조)

Our journey home was pretty awful. 우리가 집으로 가는 여행은 정말 끔찍했다.

The weather was fine the day before. 그 전날은 날씨가 좋았다.

We always try to plan several years ahead.

우리는 항상 몇 년 미리 계획하려고 노력한다.

일부 어구에서는 부사가 명사의 앞과 뒤에 모두 자리할 수 있다.

an upstairs window – a window upstairs 2층의 창

the above table – the table above 위에 있는 탁자

(예외적으로 가능: the table below, *금지 표현: the below table)

전치사의 보어로 쓰인 부사: I don't know anybody around here.

469 (here, home, downstairs와 같은) 일부 장소 부사와 (today, later, yesterday와 같은) 시간 부사는 전치사의 보어 역할을 한다. (볼드체로 쓰여 있다.)

I don't know anybody **around here**. 〈일상체〉 나는 이 근처에서 아무도 알지 못한다.

Are we far from home? 우리가 집에서 멀리 떨어져 있나?

Ben shouted at me **from downstairs**. 벤은 아래층에서 나에게 소리를 질렀다.

After today, there will be no more concerts until October.

오늘 이후로 10월까지는 콘서트가 더 이상 없을 것이다.

I'm saving the chocolates you gave me for **later**.

나는 네가 준 초콜릿을 나중에 먹으려고 아끼고 있어.

I haven't eaten **since yesterday**. 나는 어제부터 음식을 먹지 않았다.

전치사 from과 부사가 결합된 예를 더 들자면, from above, from abroad, from below, from inside, from outside가 있다. 몇 가지 전치사는 장소 부사인 here나 there를 이용하여 결합형을 만들 수 있다. 다음 예문을 보자.

from here, from there	in here, in there
near here, near there	over here, over there
through here, through	there up here, up there

470 나란히 자리해서 동일한 사람이나 동일한 사물을 지칭하는 두 개 이상의 명사구를 동격이라고 부른다.

> A famous author, Ted Johnson, is coming here next week.
>
> 유명한 작가 테드 존슨이 다음 주에 여기에 온다.

동격 관계인 명사구들은 다양한 어순으로 배치할 수 있다.

> Ted Johnson, a famous author, is coming here next week.

마지막 문장에서 두 번째 명사구는 비제한적인 관계사절의 축약형으로 간주할 수 있다. (693 참조)

> Ted Johnson, (who is) a famous author, is coming here next week.

동격으로 표현한 의미 관계는 주어와 주격 보어로 표현한 의미 관계와 동일하다.

> Ted Johnson is a famous author. 테드 존슨은 유명한 작가이다.

제한적 동격과 비제한적 동격: spokeswoman Ann Guthrie

471 관계사절(692 참조)과 마찬가지로 동격절 역시 제한적 용법과 비제한적 용법이 있다.

● 비제한적 동격:

> I want to speak to Mr Smith, the electrician.
>
> | I want to speak to Mr Smith | the electrician |
>
> 전기 기사 스미스 씨와 통화하고 싶습니다.

여기서 the electrician은 Mr Smith의 의미를 제한하지도 한정하지도 않는다. 비제한적 관계사절(398 참조)의 경우와 같이 비제한적 동격 관계인 명사구는 〈문어체〉에서 쉼표, 〈구어체〉에서 성조 단위를 통해 구분되어 있다.

● 제한적 동격:

> Which Mr Smith do you mean? | Mr Smith the architect | or Mr Smith the electrician? | 건축가 스미스 씨와 전기 기사 스미스 씨 중, 어떤 스미스 씨를 말씀하시는 겁니까?

여기서 the architect와 the electrician은 Mr Smith의 의미를 제한하고 축소한다.

제한적 동격은 첫 번째 요소가 두 번째 요소의 의미를 정의할 때 특히 흔하게 사용된다.

> the famous writer Ted Johnson 유명한 작가 테드 존슨
>
> the novel Moby Dick 소설 〈백경〉
>
> my good friend Barbara 내 좋은 친구 바바라

때때로 한정사가 부재한다. 〈특히 미국식 문어체〉

> writer Ted Johnson 작가 테드 존슨
>
> hospital spokeswoman Ann Guthrie 병원의 여성 대변인 앤 거스리

여기서 첫 번째 명사구는 거의 직함과 마찬가지이다. (President Lincoln, Professor Crystal의

경우와 마찬가지, 668 참조)

명백한 동격: 어떤 시인들, 주로 셸리와 워즈워드

472 때때로 명사구의 동격 관계는 especially와 chiefly 같은 부사어를 통해 명백해진다.

Alice and Oliver had travelled in many countries, especially those in SouthEast Asia. 앨리스와 올리버는 수많은 나라, 특히 동남아시아의 여러 국가를 여행했다.

Natalie Evans has written about the English romantics, chiefly Shelley and Wordsworth. 나탈리 에반스는 영국의 낭만파 시인, 주로 셸리와 워즈워드에 관해서 글을 써왔다.

명백한 동격을 나타내는 다른 표현에는 for instance, particularly, in particular, notably, mainly가 있다. (동격절에 관해서는 646 참조)

관사(Articles)

473 영어에는 두 가지 관사, 즉 정관사 the(the book)와 부정관사 a(a book) 또는 an(an eye)이 있다. 때때로 명사는 관사가 전혀 필요 없을 때가 있다. 이것을 '무관사'(books, eyes)라고 부른다. 관사는 한정사의 하위분류이다. (522 참조)

부정관사의 철자가 어떻게 변하는가, 그리고 정관사와 부정관사가 어떻게 발음되는가를 결정하는 것은 관사 다음에 오는 단어의 초성이다.

● 강세를 받지 않은 정관사의 경우, 철자는 항상 the라고 쓰지만 발음은 자음 앞에서는 /ðə/로, 모음 앞에서는 /ði/로 발음한다. 예를 들면, the car, the pilot에서는 /ðə/로, the egg, the idea에서는 /ði/이다.

● 부정관사는 자음 앞에서는 a /ə/로, 모음 앞에서는 an /ən/으로 발음한다. 예를 들면, a car, a pilot에서는 a /ə/로, an egg, an idea에서는 /ən/이다.

부정관사 a와 an 중에서 어느 것을 사용할 것인지 결정하는 것은 뒤따라오는 단어의 철자가 아니라 발음이다.

a UN /ə júː én/ spokesperson 유엔의 대변인 (비교: an EU /ən íː júː/ spokesperson)

an X-ray /ən éksrei/ 엑스선

an hour, an heir (두 단어 모두 묵음 h로 시작한다)

관사는 보통 강세를 받지 않지만 특별히 강조할 때에는 강세를 받기도 한다. 부정관사가 강세를 받은 형태는 a /ei/와 an /æn/으로 발음하기도 한다. 정관사가 강세를 받은 형태는 the /ðiː/로 발음한다. 강세를 받은 정관사는 우수함이나 우월함을 나타내기 위해서 사용할 때가 많다.

The president's press conference will be the /ðiː/ event this week. 대통령의 기자 회견은 이번 주의 행사일 것이다.

관사의 용법: a book, the books, milk

474 관사의 용법에 관한 일반적인 규칙은 다음과 같다.

● 정관사는 모든 종류의 명사에 담긴 한정성을 표현하기 위하여 사용한다. (Susan, Asia, San Francisco처럼 관사를 취하지 않는 고유 명사는 예외, 92 참조)

〈단수 가산 명사〉

the book   the child   the exam

〈복수 가산 명사〉

the books   the children   the exams

〈질량 명사〉

the gold   the knowledge   the milk

● 부정관사는 단수 가산 명사의 비한정적 의미를 표현하기 위해 사용한다. 예를 들면, a book, a child, an exam이다.

● 무관사나 강세를 받지 않은 some /səm/은 복수 가산 명사와 질량 명사의 비한정적 의미를 표현하기 위하여 사용한다.

    –복수 가산 명사: (some) books, (some) children, (some) exams

    –질량 명사: (some) gold, (some) knowledge, (some) milk

보통 명사 앞에 사용한 관사의 의미에 관한 총칙은 Part 2에서 논의하였다. (83 참조) 이번에는 관사 없이 보통 명사를 사용하는 경우와 가산 명사를 보어로 사용하는 경우의 관사 용법에 관해서 몇 가지 정보를 제시하고자 한다. (고유 명사에 관해서는 667 참조)

무관사 보통 명사: I felt sleepy after dinner.

475 다음에는 관사 없이 사용하는 몇 가지 예외적인 보통 명사군이 나열되어 있다. 이런 용법은 관용 표현과 고정된 단어 결합(at night 등)에서 주로 등장한다. 이런 용법과 대조하기 위하여, 관사를 규칙적으로 사용하는 사례(during the night 등)도 제시하고 있다.

● 교통수단 (by로 표현할 때)

Did you get here by train or by car?

여기 기차로 왔어요, 아니면 차로 왔어요?

〔비교: We slept in the car.〕 우리는 차 안에서 잤다.

추가 사례: by bus, by boat, by bike 등

● 낮 시간과 밤 시간

These birds are mostly active at dawn and at dusk.

이런 새들은 새벽과 해질 무렵에 주로 활동한다.

We arrived rather late at night. 우리는 다소 늦은 밤에 도착했다.

추가 사례: after daybreak, by sunrise, before sunset, at midnight, at twilight, at noon

〔in과 during 다음에 관사가 등장하는 경우: in the afternoon, in the night, during the night 등〕

● 식사

We were given scrambled eggs for breakfast.
우리는 아침 식사로 스크램블드에그를 대접받았다.

Natasha is having lunch with her publisher. 나타샤는 출판업자와 점심을 먹는 중이다.

I felt sleepy after dinner. 나는 저녁을 먹고 나니 졸음이 왔다.

● 〈미국식〉에서는 그렇지 않지만 〈영국식〉에서는 university와 hospital 앞에 정관사가 없는 경우가 많다.

Mrs Anderson has to go to hospital || the hospital for an operation.
앤더슨 부인은 수술을 받으러 병원에 가야 한다.

〔항상 정관사가 붙는 경우: Where is the hospital?〕 병원이 어디에 있습니까?

We were at university || the university together. 우리는 대학을 같이 다녔다.

● 다른 표현들

Do you go to church regularly? 정기적으로 교회를 다니세요?

〔비교: We walked towards the church.〕 우리는 교회를 향해 걸어갔다.

Young people should not be sent to prison. 청소년은 감옥에 보내면 안 된다.

〔비교: We drove past the prison.〕 우리는 차를 타고 감옥을 지나쳐갔다.

Let's have lunch in town tomorrow. 내일은 시내에서 점심을 먹읍시다.

〔비교: She knows the town well.〕 그녀는 그 도시를 잘 알고 있다.

We met at school and began courting in college.
우리는 학창시절에 만났고 대학에서 연애를 시작했다.

I like going to bed late. 나는 늦게 잠자리에 들기를 좋아한다.

추가 사례: stay in bed, get out of bed, put the children to bed, be ill in bed
  〔비교: sit on the bed, lie down on the bed〕

● 병치 구문

They walked arm in arm. 그들은 팔짱을 낀 채 걸었다.

비교: He took her by the arm. 그는 그녀의 팔을 잡았다.

We walked hand in hand. 우리는 손을 잡고 걸었다.

비교: What have you got in your hand? 손에 무엇을 들고 있습니까?

They are husband and wife. 그들은 부부이다.

비교: She's the wife of a famous artist. 그녀는 유명한 화가의 아내이다.

We met face to face. 우리는 얼굴을 맞대고 만났다.

비교: He punched me right in the face. 그는 내 얼굴을 정면으로 쳤다.

보어로 쓰인 가산 명사: She wants to be a doctor.

476 다른 수많은 언어와는 달리, 영어는 단수 가산 명사를 보어로 사용할 때 관사가 필요하다.
(예를 들면 be 동사와 다른 연결 동사 다음에 오는 경우이다. 508, 719 참조) 비한정적인 대상을 언급할 때에는 부정관사를 사용한다.

> Mary always wanted to be a scientist. 메리는 항상 과학자가 되고 싶었다.

consider와 같이 특정한 동사의 경우에는 보어가 목적어나 수동태 다음에 온다.

> Everybody considered Mr Heyman (to be) an excellent music teacher.
> 모든 사람이 헤이맨 씨를 뛰어난 음악 교사라고 생각했다.

> Mr Heyman was considered (to be) an excellent music teacher.
> 헤이맨 씨는 뛰어난 음악 교사로 간주되었다.

regard와 같은 동사의 경우에는 보어가 as 다음에 온다.

> Many people regarded her as a goddess. 많은 사람들이 그녀를 여신처럼 간주했다.

명확한 한정 표현이 동반되면 보통 정관사가 사용된다.

> Phil Moore was regarded as the best disc jockey in town.
> 필 무어는 시내 최고의 디스크자키로 간주되었다.

하지만 명사가 유일한 역할, 직위, 직무를 가리킬 때에는 정관사가 부재한다.

> Who's (the) captain of the team? 누가 그 팀의 주장인가?

> We've elected Mr Cook (the) chairman of the committee.
> 우리는 쿡 씨를 위원회의 의장으로 선출했다.

위 예문에서 한 팀의 주장과 위원회의 의장은 한 명뿐이기 때문에 정관사가 없어도 된다.
동격의 명사구에서도 정관사는 부재한다. (470 참조)

> Mrs Peterson, (the) wife of a leading local businessman, was fined for reckless
> driving. 일류 지역 사업가의 아내인 피터슨 부인이 부주의한 운전으로 벌금을 받았다.

조동사(Auxiliary verbs)

477 이름이 시사하듯이 조동사란 '도와주는 동사'로서, be 같은 1차 조동사와 can이나 will 같은 서법 조동사를 포함하는 소규모의 단어를 말한다. 조동사는 독자적으로 동사구를 형성하지는 못하지만 본동사(work과 같은)와 결합하면 동사구를 만드는 데 도움을 줄 수 있다.
(735 참조)

> I'm working all day today. 나는 오늘 하루 종일 일하고 있다.

> I can even work at weekends if you need me.
> 필요하시다면 저는 주말에도 일할 수 있습니다.

조동사도 본동사 없이 사용할 수 있으며, 앞선 문맥으로 내용이 보충되기 때문에 본동사

가 생략되었을 때에만 이런 용법이 가능하다. (384 참조)

I can speak French as well as she can. 나는 그녀만큼 불어를 잘 한다.

영어에서는 특정한 구문, 특히 의문절과 부정절에서 조동사가 반드시 필요하다.
(611항의 do구문 참조)

A: Do you want a cup of coffee? 커피 한 잔 드시겠어요?

B: No, I don't think so, thank you. 아니요, 안 그래도 됩니다. 고맙습니다.

● 조동사는 not 앞에 자리할 수 있지만 본동사는 do구문이 필요하다.

I'm not working today. 나는 오늘 일하지 않는다.

[비교: I don't work every day.] 나는 매일 일하지 않는다.

● 조동사는 의문문에서 주어 앞에 자리할 수 있지만 본동사는 do구문이 필요하다.

Can I help you? 도와드릴까요?

[비교: Do you want me to help you?] 제가 도와주기를 바라세요?

478 일부 조동사는 짧은 (축약)형을 가진다. 예를 들면, I am(비축약형) 대신에 I'm(축약형)이 가능하다. 축약형은 〈구어체〉와 〈일상체〉 영어에서 일반적으로 사용하고 있으며 다음과 같은 경우에도 사용한다.

● 인칭대명사 뒤에서:

I'll see you tomorrow. 내일 만나요.

● 짧은 명사 뒤에서:

The dog's getting ready for his walk. 그 개는 산책할 준비를 하고 있다.

The soup'll get cold. 수프가 식을 것이다.

● here, there, how, now와 같은 짧은 부사 뒤에서:

Here's your key. 여기 열쇠가 있습니다.

How's everything with you? 어떻게 지내세요?

Now's the time to act. 지금이 행동에 옮길 때이다.

● 도입의 there 뒤에서: (547 참조)

I think there's going to be trouble. 내 생각에는 문제가 생길 것 같아.

위에서 설명한 것처럼 동사 축약 이외에도 영어에는 not-축약이 있다. 예를 들면, isn't, can't 등이다. (582 참조)

The dog's not here. ~ The dog isn't here. 그 개는 여기 없다.

조동사 do: What do you say to that?

479 조동사 do는 다음과 같은 형으로 나타낼 수 있다.

구 분	긍정	비축약 부정	축약 부정
현재: 3인칭 단수	does	does	not doesn't
현재: 3인칭 단수가 아닐 때	do	do	not don't
과거	did	did	not didn't

do는 본동사(perform 등)로도 사용한다.

  What have you been doing today? 오늘 내내 뭘 하고 계십니까?

게다가, do는 다음 경우와 같이 대동사(383 참조)이기도 하다.

  A: You said you would finish the job today. 오늘 그 일을 끝내겠다고 했잖아.

  B: I have done. / I have done so. 끝냈어요.

위 예문으로 알 수 있듯이, 본동사나 대동사로 사용할 경우에 do는 현재분사 doing, 과거분사 done을 포함하여 형태가 상당히 다양하다. (doing과 done은 오직 조동사 do의 변화형만을 보여주는 위의 도표에는 포함되지 않는다.)

조동사 have: Have you seen today's paper?

480 do와 마찬가지로, have 역시 본동사와 조동사로 사용하며 다음과 같은 변화형이 있다.

구 분	긍 정		부 정	
	비축약형	축약형	비축약형	축약형
기본형	have	've	have not, 've not	haven't
-s형	has	's	has not, 's not	hasn't
과거형	had	'd	had not, 'd not	hadn't
-ing형	having		not having	
-ed형(분사)	had			

본동사로서 have(소유하다)는 때때로, 〈특히 영국식〉에서 조동사와 같은 구조를 띤다.

  I haven't any money. 〈특히 영국식〉 나는 돈이 전혀 없다.

하지만 이런 표현보다는, 요즘은 〈미국식〉, 〈영국식〉에서 모두 do구문을 선호한다.

I don't have any money. 나는 돈이 전혀 없다.

'잡다, 겪다, 받다'의 의미를 지닌 사건 동사(114 참조)로 사용될 때에 본동사 have는 〈미국식〉과 〈영국식〉에서 모두 일반적으로 do구문을 사용한다.

Does your wife have coffee with her breakfast?

부인이 아침식사를 할 때 커피를 마십니까?

Did you have any difficulty getting here? 여기 오는 데 무슨 어려움이 있었나요?

Did everybody have a good time? 모두가 좋은 시간을 보냈을까?

481 상태 동사인 have와 비슷한 기능을 하는 have got〈일상체〉도 있으며, 이 경우에는 have가 조동사의 구조를 나타낸다. 이 표현은 부정문과 의문문에서 특히 자주 사용한다.

They haven't got a single idea between them!

그들 사이에서 단 하나의 생각도 떠오르지 않았다니!

How many students have you got in your class? 너의 반에는 학생이 몇 명이나 있니?

'획득하다, 초래하다, 가다'와 같은 의미일 경우에 〈영국식〉의 과거분사 got에 상당하는 〈미국식〉은 gotten이다.

He had gotten stuck with a job too big for his imagination. 〈미국식〉

그는 자신의 상상에 비해 너무 버거운 일에 얽매였다.

〈미국식〉에서는 '얻었다'라는 뜻을 가진 We've gotten tickets.와 '가지고 있다'라는 뜻을 가진 We've got tickets.를 구분한다.

조동사 be: What on earth are you doing?

482 be는 여덟 가지의 형을 지니고 있다. (이는 영어에서 다른 어떤 동사보다 많은 수이다.) be는 본 동사의 역할을 할 때에도 조동사와 같은 구조를 취한다. 예를 들면, be 동사가 있으면 do구문을 사용하지 않는다. (명령문에서만 예외, 아래의 ◆**Note** [b] 참조)

긍정	비축약형	부정	축약형 부정
기본형	be		
현재 1인칭 단수 　　　3인칭 단수 　　　2인칭 단수와 모든 복수 인칭	am, 'm is, 's are, 're	am not, 'm not is not, 's not are not, 're not	(aren't, ain't) [a] isn't aren't
과거 1인칭과 3인칭 단수 　　　2인칭 단/복수와 1/3인칭 복수	was were	was not were not	wasn't weren't
–ing형	being	not being	
–ed 분사	been		

312

◆**Note**

〔a〕 부정 의문문의 경우, I'm right, aren't I?와 같은 문장의 aren't I?는 〈영국식〉에서는 두루 사용하지만 〈미국식〉에서는 다소 부자연스럽게 느껴진다. 부정 평서문에서는 am not의 축약형을 일반적으로 용인하지 않는다. ain't는 〈비표준체〉 표현이지만 자연스러운 〈미국식〉 대화체에서는 특히 자주 사용하고 있다. 예를 들면, Things ain't what they used to be. 같은 표현이 있다. 게다가 ain't는 are not뿐만 아니라 am not, is not(Ain't it the truth?), has not, have not(You ain't seen nothing yet)의 축약형으로도 사용한다. 이런 예문은 모두 〈매우 일상체〉로 쓴 미국식 영어에서 발췌했다.

〔b〕 본동사 be는 설득력이 강한 명령문에서 do구문을 사용하기도 한다. Do be quiet!는 Be quiet!보다 더 설득력이 있고 강하다. 이외에도 do구문은 Don't be awkward! 같은 부정 명령문을 만들 때에도 꼭 필요하다. (497 참조)

서법 조동사: Can I use your phone?

483 서법 조동사에는 -s형, -ing형, -ed 분사를 사용하지 않는다. can, may, shall, will은 could, might, should, would와 같은 특별한 과거형을 갖는다. 다른 서법 조동사(must, dare, need, ought to, used to)는 이런 특별한 과거형이 없다.

긍정	비축약형 부정	축약형 부정
can	cannot, can not	can't
could	could not	couldn't
may	may not	(mayn't) 〈희귀체〉
might	might not	mightn't
shall	shall not	shan't 〈특히 미국식에서 희귀체〉
should	should not	shouldn't
will, 'll	will not, 'll not	won't
would, 'd	would not, 'd not	wouldn't
must	must not	mustn't
ought to	ought not to	oughtn't to
used to	used not to	didn't use(d) to, usedn't to need
need not	needn't 〔Note 참조〕	
dare	dare not	daren't 〔Note 참조〕

◆**Note** 조동사 used to, need, dare의 변화형은 모두 사용하는 경우가 드물다.
(484-485 참조)

다음은 서법 조동사를 대화체에서 사용한 몇 가지 예문이다.

| As far as I can see | I'm sure she's a very clever woman. |
내가 보기로는 그녀는 아주 영리한 여성이 분명해.

| What Mr Johnson doesn't realize is | that not everybody else | can work as hard as he can. |
존슨 씨가 깨닫지 못하는 것은 다른 사람들이 모두 그만큼 열심히 일할 수는 없다는 사실이다.

| I'm sure that Sophie would be awfully grateful | if you could see her in your office sometime. |
만약 네가 언젠가 사무실에서 소피를 만나준다면 그녀는 엄청나게 고마워할 것이 분명해.

| What shall we do about this request then | –just write saying I'm very sorry I cannot | teach at the institute. |
이 요청에 대해 어떻게 하냐면, 그냥 그 기관에서 가르칠 수 없어서 정말 죄송하다고 쓰럼.

| Ann should have had her dissertation in | at the beginning of May. |
앤은 5월 초에 논문을 제출했어야만 했다.

| I did get a postcard from her | saying that the thing is now ready | and that she will send it by the end of June. | 나는 이제 그것이 준비되었으니 6월 말까지 물건을 보내겠다는 내용이 적힌 우편엽서를 그녀에게 받았다.

| Our principal is very strongly of the opinion | that we all ought to go on teaching | to the end of the term. |
총장은 우리가 모두 학기말까지 수업을 계속해야만 한다고 확고하게 믿었다.

| I think this may be why | he's so cross about the whole thing. |
내 생각에는 이것이 바로 그가 모든 것에 대해 그렇게 화를 낸 이유인 듯하다.

| I don't mind getting pin money | for proof-reading someone's thesis | but they might tell me so | beforehand. |
논문을 교정해주고 푼돈을 받는 것은 상관없지만 그들이 나한테 미리 그렇게 말해주면 좋을 텐데.

dare와 need: You needn't worry about it.

484 dare와 need는 두 가지 방식으로 문장을 구성할 수 있다.

● 본동사가 되어 to부정사를 동반하며 s-굴절(dares, needs)을 겪거나 과거형(dared, needed)을 취한다.

It needs to be said that your sister is not to be blamed for what happened.
발생한 사건에 대해 네 여동생은 책임이 없다고 말할 필요가 있다.

- 서법 조동사

  (원형부정사는 동반하지만 굴절형인 dares – dared, needs – needed는 동반하지 않는다.)

  Our country's prestige need not suffer. 우리나라의 위신이 손상될 필요가 없다.

  There need be no doubt about that. 그것에 대해서 의심할 필요가 없다.

서법 조동사 구문은 주로 부정문과 의문문에 한정되어 있으며 매우 드물지만, 본동사 구문은 항상 사용이 가능하며 사실상 모든 변이형이 훨씬 자주 사용된다.

  Our country's prestige does not need to suffer.

  우리나라의 위신이 손상될 필요가 없다.

  There does not need to be any doubt about that. 그것에 대해서 의심할 필요가 없다.

used to: They used not to come here.

485 조동사 used는 항상 to부정사를 취하며 /júːstə/라고 발음한다. used to는 오직 과거시제에만 사용한다.

  Brandon used to be a racing driver. 브랜든은 경주자동차 운전자였다.

  My aunt used to come every day and play with to me.

  우리 이모는 매일 와서 나하고 놀아주곤 했었다.

이 조동사가 do구문을 취하는 경우에는 use와 used 모두 사용할 수 있다.

  Herb didn't use to smoke. / Herb didn't used to smoke.

  허브는 담배를 피우지 않았었다.

보다 〈격식체〉에서는 다음과 같은 구문을 선호한다.

  Herb used not to smoke. 허브는 담배를 피우지 않았었다.

〈특히 영국식〉에서는 의문문을 Used he to smoke?로 표현한다. 〈미국식〉과 〈영국식〉 모두 보다 〈일상체〉에서는 Did he use(d) to smoke?를 선호한다. 하지만 다음과 같이 다른 구문을 선택하는 것이 보다 자연스러운 경우가 많다.

  Did he smoke when you first knew him?

  네가 그를 처음 알았을 때 그가 담배를 피웠니?

절(Clauses)

486 문장은 절로 구성되어 있다. 하나의 문장은 한 개 혹은 한 개 이상의 절(695 참조)로 구성되기도 한다. 절은 다음 세 가지 방법으로 설명하기도 한다.

- 절을 구성하는 (주어, 동사 등의) 절 성분과 이런 성분을 기반으로 만드는 문형의 측면에서 (487, 718 참조)
- 정형절, 비정형절, 무동사절의 측면에서 (492 참조)

● 절의 기능, 즉 절이 문장에서 담당하는 기능의 측면에서 이미 앞에서 명사절(명사구와 같은 역할을 하는 절), 부사절(부사어구) 등을 살펴보았다. (495 참조)

We shall deal with each of these in turn. 우리는 이 문제를 각각 차례로 다룰 거야.

절 성분: S, V, O, C, A

487 절은 다섯 가지 종류의 서로 다른 절 성분으로 나눌 수 있다.

S = 주어 (705 참조)

V = 동사 (동사구에 관해서는 718 참조)

O = 목적어 (608 참조)

C = 보어 (508 참조)

A = 부사어구 (449 참조)

이런 절 성분은 다음과 같은 도표로 나타낼 수 있다.

Suddenly I felt tired.
갑자기 나는 피곤하게 느꼈다.

I quickly shut the door.
나는 재빨리 문을 닫았다.

488 이런 유형 중에서, 절을 구성하는 네 가지 주요 성분(주어, 동사, 보어, 목적어)과 한 가지 수식어 성분(부사어)에 대해서 살펴보기로 하자. 부사어가 나머지 절 성분과 다른 점은 다음의 세 가지 중요한 측면 때문이다.

● 부사어는 대체로 선택적이다. 즉 생략이 가능하다. (선택적인 부사어는 괄호로 표시)

(Suddenly) I felt tired. (갑자기) 나는 피곤하게 느꼈다.

I (quickly) shut the door. 나는 (재빨리) 문을 닫았다.

● 부사어는 수에 제한이 없다. 하나의 절은 오로지 하나의 주어, 하나의 정형동사, 하나의

보어, 한 개 이상의 목적어를 가질 수 있다. 하지만 부사어의 수에는 제한이 없다. (물론 이론상의 표현이므로 실제로는 하나의 절에 세 개 이상의 부사어가 등장하는 경우는 드물 것이다.)

SV   Fran woke up. 프랜이 깨어났다.

SV[A]   Fran woke up [in the middle of the night]. 프랜이 [한밤중에] 깨어났다.

[A]SV[A]   [Sometimes] Fran woke up [in the middle of the night].
프랜이 [종종] [한밤중에] 깨어났다.

- 부사어는 위치 이동이 가능한 경우가 많다. 즉, 절에서 여러 가지 자리에 등장할 수 있다. (절의 위치에 대해서는 451 참조)

 [A]SV[A][A][A]

 [Sometimes] I stay [a couple of extra hours] [in the office] [to finish up a job].
 [때때로] 나는 [일을 마무리 짓기 위해] [사무실에] [두 시간을 더] 머물곤 한다.

 [A]S[A]V[A][A]

 [To finish up a job] I [sometimes] stay [a couple of extra hours] [in the office].
 [일을 마무리 짓기 위해] 나는 [때때로] [사무실에] [두 시간을 더] 머물곤 한다.

기본 문형

489 절의 주요 성분(S, V, O, C)을 면밀히 살펴본다면 기본적인 문형을 여섯 가지로 구분할 수 있다. (절 구조의 유형을 결정짓는 것이 바로 동사이기 때문에 '절형'보다는 '문형'이라는 용어를 사용한다. 보다 자세한 내용은 718 참조)

- **SVC** (때로는 **SVA**): 첫 번째 문형은 연결 동사 be, appear, look, seem 등을 사용한다. 연결 동사는 주어와 보어[다음 예문에서는 대괄호로 묶인]를 서로 연결한다.

 Luke's father is [a lawyer]. 루크의 아버지는 [변호사]이다.

 Both boxers became [famous]. 두 권투 선수는 모두 [유명해]졌다.

 The victory seems [a foregone conclusion]. 승리는 [필연적인 결론으로] 보였다.

 The guard posts are [along the frontier]. 경비 초소들이 [국경을 따라] 있다.

- **SVO**: 두 번째 문형은 목적어 하나를 취하는 동사, 즉 타동사를 사용한다.

 I like [Hemingway's style]. 나는 [헤밍웨이의 문체를] 좋아한다.

- **SVOV**: 세 번째 문형은 목적어 + 동사를 취하는 동사를 사용한다.

 The manager asked [me] [to work overtime].
 지배인이 [나에게] [초과근무를 하라고] 요구했다.

- **SVOO**: 네 번째 문형은 목적어를 두 개 취하는 동사를 사용한다. (이런 동사는 '이중 목적어를 취하는 동사' 혹은 '수여동사'라고 부른다.)

 I'll give [you] [the report] on Monday.
 제가 월요일에 [당신에게] [보고서를] 갖다 드리겠습니다.

- **SVOC**: 다섯 번째 문형은 목적어와 목적 보어를 취하는 동사를 사용한다.

We found [the house] [too expensive]. 우리는 [그 집이] [너무 비싸다고] 생각한다.

- **SV**: 여섯 번째 문형은 목적어나 보어가 없는 동사, 즉 자동사를 사용한다.

  The children laughed. 아이들이 웃었다.

능동태–수동태의 관계

490 절의 성분들 사이에는 특별한 관계가 존재한다. 그중 하나는 능동태를 수동태로 만들어주는 관계이다. (613 참조) 다음의 동사형은 수동태에서 사용할 수 있다.

(선택이 가능한 행동주체는 괄호로 묶여 있다.)

문 형	능동태	수동태
SVO	Everybody rejected the idea. 모든 사람이 그 생각을 거부했다.	The idea was rejected (by everybody). 그 생각은 (모든 사람에게) 거부되었다.
SVOV …	The manager asked me to overtime. 지배인은 나에게 초과근무를 하라고 요구했다.	I was asked (by the manager) to work work overtime. 나는 (지배인에게) 초과근무를 하라고 요구받았다.
SVOO	The ambulance crew gave the casualties first aid. 구급대원들이 부상자들에게 응급처치를 했다.	The casualties were given first aid (by the ambulance crew). 부상자들은 [구급대원들에게] 응급처치를 받았다.
SVOC	Boat owners considered the bridge a menace to navigation. 선주들은 그 교량은 항해에 위협적인 존재라고 간주했다.	The bridge was considered a menace to navigation (by boat owners). 그 교량은 (선주들에 의해) 항해에 위협적인 존재로 간주되었다.

능동절이 수동절로 변환할 때 능동절의 목적어는 수동절의 주어고 전환된다. 따라서 목적어를 포함하는 문형만이 수동태로 전환이 가능하다. I'll give you the report on Monday.처럼 두 개의 목적어를 취하는 문형은 다음과 같이 두 가지 형태의 수동절로 바뀐다.

You'll be given the report on Monday. 당신은 월요일에 보고서를 받을 것입니다.

The report will be given (to) you on Monday.
보고서는 월요일에 당신에게 보내질 것입니다.

주격 보어와 목적격 보어: Ann is a teacher.

490 연결 동사를 취하는 문형 중(SVC)에서 가장 흔한 동사는 be이다. be 동사는 주어와 보어를 연결하기 때문에 연결 동사라고 불린다. 이외에도 '외관'을 나타내는 look, '감각'을 나타내는 feel, '생성'이나 '발전'을 나타내는 become과 get과 같은 연결 동사들도 있다. (719 참조)

> My mother looks [so tired and worn], and I felt [very worried] when she rang up and said she couldn't come. 우리 엄마는 너무 피곤하고 지친 듯이] 보여서, 나는 엄마가 전화를 걸어 올 수 없다고 말했을 때 [몹시 걱정스럽게] 느꼈다.
>
> Right from the beginning we became [very attached to each other].
> 아주 처음부터 우리는 [서로에게 대단히 애착을 느끼게] 되었다.
>
> Let's hope the world will gradually become [a better place in which to live].
> 세상이 점차 [더욱 살기 좋은 곳이] 되기를 희망합시다.

SVOC의 문형은 부정사를 통해 늘리거나 that절을 통해 다시 풀어 쓸 때도 많다. (724, 727 참조)

> We found him most helpful. 우리는 그가 가장 도움이 된다고 생각한다.
> ~ We found him to be most helpful.
> ~ We found that he was most helpful.

SVOC 문형의 목적어와 보어는 연결 동사를 사용한 SVC 문형의 주어와 보어와 똑같은 의미 관계를 지닌다.

> He was most helpful. 그는 가장 도움이 되었다.

정형절, 비정형절, 무동사절

492 절을 파악하는 또 하나의 방법은 어떤 종류의 동사구가 절에서 동사 성분 역할을 하는지 살펴보는 것이다. 여기서는 우선 정형절과 비정형절을 구분해보기로 하자.

정형절은 동사 성분이 정형동사구인 절을 말한다. (737 참조)

> Ann works terribly hard. (단순 현재) 앤은 정말 열심히 일한다.
> Ann worked terribly hard. (단순 과거) 앤은 정말 열심히 일했다.

동사구가 하나 이상의 동사로 구성된 경우라면 첫 번째 동사가 정형동사이다.

> She has worked in the office for six months. (현재완료)
> 그녀는 여섯 달 동안 그 사무실에서 일해왔다.
>
> She is working in the office for six months. (현재 진행)
> 그녀는 여섯 달 동안 그 사무실에서 일하고 있다.

대체로 〈문어체〉에서는 완전한 문장은 적어도 하나의 독립적인 정형절을 지니고 있다.

493 비정형절은 동사 성분이 비정형동사구인 절을 말한다. 비정형동사구는 -ing 분사(578 참

조), -ed 분사(577 참조), 부정사(575 참조)와 같은 비정형 성분으로 구성되어 있다. 대부분의 비정형절에는 주어가 없다.

- 주어가 없는 -ing절

  I used to lie awake at night, worrying about the next exam.

  나는 다음 시험에 대해 걱정하면서 밤마다 잠 못 이루곤 했다.

- 주어가 있는 -ing절

  His remark having been represented as an insult, Mr Anderson was later forced to resign from the committee.

  그의 말은 모욕처럼 표현되었기에 앤더슨 씨는 나중에 위원회에서 사임하라고 강요받았다.

- 주어가 없는 -ed절

  Covered with confusion, Hannah hurriedly left the room.

  당황한 나머지 한나는 서둘러서 방을 떠났다.

- 주어가 있는 -ed절

  The job finished, we went home straight away.

  그 일을 끝내고 우리는 곧장 집으로 돌아갔다.

- 주어가 없는 to부정사절

  The best thing would be to leave straight away. 최선은 당장 떠나는 일일 것이다.

- 주어가 있는 to부정사절: 부정사절의 주어는 전치사 for를 앞에 동반할 때가 많다.

  The best thing would be for us to leave straight away.

  최선은 우리가 당장 떠나는 일일 것이다.

- 주어가 없는 원형부정사절(= to 없이 부정사만 포함하는 절): 이런 경우는 to부정사절보다 훨씬 드물게 사용된다.

  All I did was ask him to leave. 내가 한 일이라고는 그에게 떠나달라고 부탁하는 것이었다.

- 주어가 있는 원형부정사절

  Rather than Joan do it, I'd prefer to do the job myself.

  조앤이 하는 것보다는 차라리 내가 직접 그 일을 하고 싶다.

494 무동사절은 동사 성분을 포함하지 않으며 주어가 없을 때도 많다.

Dozens of tourists were stranded, many of them children.

수십 명의 여행객들이 오도 가도 못하고 있었으며 그들 중 상당수는 아이들이었다.

A sleeping bag under each arm, they tramped off on their vacation.

휴가를 떠난 그들은 각자의 겨드랑이에 침낭을 끼고 저벅저벅 걸어 다녔다.

무동사절은 정형절이나 비정형절과 같은 기능을 하며 하나 이상의 절 성분으로 분석할 수 있기 때문에 절로 간주한다. 대체로 be 동사나 다른 동사가 생략되었다고 추정할 수 있다.

예를 들면, be 동사가 포함된 문장은 'any of the tourists were children' 'they had a sleeping bag under each arm'의 형태를 띤다. 주어가 생략된 경우에는 생략된 주어와 주절의 주어가 같다고 생각하는 것이 보편적이다.

The oranges, when ripe, are picked and sorted. (when they are ripe)

오렌지는 익으면 따서 분류한다. (오렌지가 익을 때)

Whether right or wrong, Michael always comes off worst in an argument. (whether he is right or wrong)

맞든 틀리든, 마이클은 항상 토론에서 크게 진다. (그가 맞든 틀리든)

형용사 또는 형용사구의 핵어가 무동사절 기능을 하기도 한다.

Anxious for a quick decision, the chairman called for a vote.

빠른 결단을 열망하면서 의장은 표결을 요구했다.

An escort of ten horsemen waited behind the coach, half asleep in their saddles. 열 명의 호위 기마병들이 마차 뒤에서 대기했는데, 그 중 절반은 안장 위에서 잠이 들었다.

무동사절은 대부분 주절의 주어를 앞서거나 뒤따르지만 다른 자리로도 이동이 가능하다.

Even if true, this statement would be misleading.

~ This statement, even if true, would be misleading.

아무리 사실이라고 해도 이런 진술은 오해의 소지가 있을 것이다.

부사는 때때로 무동사절의 기능을 하는 형용사를 대신하기도 한다. 그러므로 아래 두 예문은 의미상 거의 차이가 없다.

Nervously, the gunman opened the letter. 초초하게, 총잡이는 편지를 개봉했다.

~ Nervous, the gunman opened the letter.

절의 기능

495 기능, 즉 문장에서 담당한 역할이라는 측면에서 절은 주절과 종속절로 나누어진다. (709 참조) 종속절은 다른 절의 일부이다. 절은 명사절, 부사절 등으로 나누어지기도 한다. 절의 여러 가지 기능에 대해서는 따로 지면을 할애하여 생각해 보기로 하자.

● 명사절은 주어, 목적어, 보어, 전치사의 보어 등, 여러 가지 기능을 한다. (588 참조) 명사절은 that절, 의문사절, -ing절, 부정사절이 되기도 한다. 다음 예문에서 첫 번째 that 절은 주어, 두 번째 that절은 목적어 기능을 한다.

〔That the customer gave a false name〕 shows 〔that he was doing something dishonest.〕〔그 고객이 가짜 이름을 제시했다는 것〕은 〔그가 무엇인가 부정직한 행위를 하고 있었음을〕 나타낸다.

● 관계사절(686 참조), 즉 의문대명사나 that으로 시작하는 수식절은 주로 명사구의 수식어구이다. 다음 예문에서 who live opposite our house라는 관계사절은 명사구의 핵어인 family를 수식한다.

The family [who live opposite our house] are French.
[우리 집의 맞은편에 사는] 가족은 프랑스인이다.

● 삽입절(499 참조)은 문장 부사(461 참조)의 기능을 하므로 다음 예문에서 to be honest
   는 부사인 honestly와 동등하다.

   [To be honest,] I'm not sure what to do. [솔직하게] 나는 뭘 해야 할지 모르겠다.

   ～ Honestly, I'm not sure what to do.

● 비교절(505 참조)은 more 또는 less와 같은 비교요소가 뒤따른다.

   This year bookshops have sold a lot more paperbacks [than they usually do].
   올해 서점은 [평상시에 비해서] 상당히 많은 문고본을 팔았다.

● 부사절은 시간 등을 비롯하여 상당히 다양한 의미를 지닌다.

   I used to go to the theatre [whenever I had the opportunity].
   나는 [기회가 생길 때마다] 극장에 가곤 했다.

부사절은 Part 2의 시간(151 참조), 장소(170 참조), 대조(211 참조), 원인 또는 이유(198, 204
참조), 목적(203 참조), 결과(202 참조)를 나타내는 절과 조건절(207 참조)이라는 항목들을 통
해 이미 살펴보았다.

분열문(Cleft sentences)

496 다음 문장을 살펴보자.

   Our neighbours bought a new car last year. 우리 이웃이 작년에 새 차를 샀다.　　[1]
위와 같은 단문도 각각 동사를 지닌 두 개의 부분으로 나누어질 수 있다.

   [It was our neighbours] [who bought a new car last year.]　　　　　　　　　[1a]
   [작년에 새로운 차를 산 사람은] [우리의 이웃이었다.]

[1a]와 같은 구문은 분열문이라 부른다. (419 참조) [1]과 같은 문장은 문장에서 가장 중요
하게 간주되는 요소가 무엇인지에 따라서 서로 다른 분열문으로 변화할 수 있다. 어떤 분
열문을 만들 것인지는 초점과 관계가 있다. (399 참조) [1a]에서는 주어인 our neighbours
가 초점을 받는다. [1b]에서는 목적어인 car가 초점을 받는다.

   | It was a new car that our neighbours bought last year. |　　　　　　　　　[1b]
   우리 이웃이 작년에 산 것은 새 차였다.

[1c]에서는 부사어구인 last year가 초점을 받는다.

   | It was last year that our neighbours bought a new car. |　　　　　　　　　[1c]
   우리 이웃이 새 차를 산 것은 작년이었다.

두 번째 분열문은 한정적인 용법의 관계사절(687 참조)과 상당히 비슷하다. 관계대명사는
분열문에서도 사용된다. 예를 들면, [1a]의 who와 [1b]나 [1c]의 that이다.

it-분열문 외에도 wh-분열문(420 참조)도 있다. 만약 [1]번 문장의 목적어인 car에 초점을 주고 싶다면 [1b]의 it-분열문 또는 [2b]의 wh-분열문을 사용할 수 있다.

| It was a new car that our neighbours bought last year. |　　　　　　　　[1b]

| What our neighbours bought last year | was a new car. |　　　　　　　[2b]

분열문은 there로 시작하는 문장들(547 참조)과는 다르다.

There's a lovely house for sale in our village.

우리 마을에는 매물로 나온 예쁜 집이 있다.

그리고 도입의 it(542 참조)과도 다르다.

It's too early to go and visit Sue at the hospital.

병원에 있는 수를 방문하는 것은 너무 이르다.

명령문(Commands)

497 명령문은 2인칭 명령문과 1, 3인칭 명령문, 이 두 가지 유형으로 나뉜다.

2인칭 명령문: Behave yourself.

명령문이란 일반적으로 명령형 동사, 즉 수 일치나 시제 일치를 하지 않은 동사의 기본형을 취하는 문장을 말한다.

Shut the door. 문을 닫아.

명령문은 please와 같은 정중한 신호어를 통해 어조를 완화하지 않으면 무례하게 들리기 쉽다. (332 참조)

Shut the door, please. 문 좀 닫아주세요.

Please get ready as soon as you can. 가능한 빨리 준비해 주세요.

명령문에서 사용하는 유일한 조동사는 do이다.

Don't stay too late, Pam. 팸, 너무 늦게까지 있지 마.

Don't be a fool. 바보처럼 굴지 마.

do구문은 not부정 명령문에서 사용한다. 하지만 do는 긍정 명령문에서도 사용할 수 있다. 만약 명령문을 강조하거나 설득력 있게 만들고 싶다면 다음과 같이 말할 수 있다.

Do sit down. [비교: Sit down.] 앉아!

Do tell us how you got on at your interview. [비교: Tell us …]

네가 인터뷰에서 어떻게 했는지 우리에게 말해!

긍정문에서 be 동사 앞에 do동사를 사용할 수 있는 것은 명령문밖에 없다.

Do be careful. 정말 조심해!

이런 예문이 나타내듯이 명령문은 대체로 주어를 드러내지 않는다. 주어가 보이지 않는 경우에는 의미상 주어 you가 있다고 생각해도 좋다. 그런 이유로 이런 유형의 명령문을 '2 인칭 명령문'이라고 부른다. 다음 예문처럼 재귀대명사인 yourself/yourselves(619 참조)가 있을 때에도 의미상 주어 you가 생략되었다고 생각하면 된다.

> Behave yourself. 얌전하게 굴어라.

부가의문문(684 참조)이 있는 경우에도 마찬가지이다.

> Be quiet, will you! 조용히 해! 알았지?

하지만 때때로 명령문의 주어가 드러나기도 한다.

> You just listen to me now. 너는 이제 그냥 내 말을 들어.

> You go right ahead with your plan. 너는 곧장 계획을 밀어붙여.

이렇게 주어로 표시된 you는 명령문에서 강세를 받는다.

> You put that down. [명령문] 〈무례〉 너는 그것을 내려 놔.

주어 you를 동반한 명령문은 특히 〈무례하게〉 들릴 수 있지만 다음 문장에서는 you가 강세를 받지 않는다.

> You swim well. [평서문] 너는 수영을 잘 한다.

1–3인칭 명령문: Let's go and eat.

498 명령문에는 1인칭과 3인칭 명령문도 있지만 2인칭 명령문처럼 자주 사용하지는 않는다. 1 인칭 명령문은 단수의 경우에 let me, 복수의 경우에 let's로 시작한다.

(let us라는 완전한 형태는 거의 사용하지 않는다.).

> Let me have a look at your essay. 네 에세이 좀 볼게.

> Let's go and eat. / Let's go eat. 〈일상 미국식〉 가서 먹자.

부정 명령문에서는 not이 let's의 뒤에 등장하지만 이를 대신하는 do삽입 구문도 있다.

> Let's not be late for the game. 경기에 늦지 말자.

> ~ Don't let's be late for the game. 〈특히 영국식〉

3인칭 명령문에는 다음 예문처럼 3인칭 주어가 등장한다.

> Somebody get a doctor! 〈일상체〉 누구든 의사를 불러줘요!

〈let + 3인칭 주어〉를 동반하는 명령문은 〈격식체〉이며 〈고상체〉인 경우가 많다.

> Let each nation decide its own fate. 〈격식체〉 국가가 각자의 운명을 결정하게 하자.

삽입절(Comment clauses)

499 삽입절은 문장의 진실, 문장을 말하는 방식, 화자의 태도(감정적 반응이나 판단)에 대해 언급한다.

> The minister's proposal could, I believe, be a vital contribution towards world peace. 장관의 제안은, 내 생각에, 세계 평화에 중대한 기여를 할 것이다.

I believe 같은 삽입절은 주절의 나머지 부분과 단지 막연하게 연결되어 있으며 문장 부사어구의 기능을 한다. (462 참조) 일반적으로 〈문어체〉에서는 쉼표를 중심으로 다른 절과 구분한다.

> What's more, we lost all we had. 더욱이, 우리는 우리가 가졌던 모든 것을 잃었다.
> Stated bluntly, they have no chance of recovery.
> 직설적으로 말하면, 그들은 회복할 가망성이 없다.

〈구어체〉에서는 개별적인 성조 단위를 통해 구분하는 경우가 많다.

> | Rachel's an industrial designer | you see. | 있잖아, 레이첼은 산업 디자이너야.
> | I'm not sure what to do | to be honest. |
> 솔직히 말해서, 나는 무엇을 해야 할지 잘 모르겠어.

삽입절은 문두나 문중, 문미에 등장할 수 있다. 다음은 구어체 영어에서 삽입절을 사용한 몇 가지 예문이다. 〔줄표-는 휴지를 의미한다〕

> | It's the same at the board meetings too you see | - I mean he takes over the whole thing. | 그러니까 이사회에서도 마찬가지라니깐. 내 말은 그가 모든 것을 물려받는다고.
> | In a sense it is | a new idea | but well - you know | we've not prepared to do this. | 어떤 면에서는 새로운 생각이지만, 글쎄 그러니까, 우리는 이것을 할 준비가 안 되었어.

삽입절에는 여러 가지 유형이 있다. 예를 들면 I see, I think, I suppose, I'm afraid, as you see, as I said, to be frank, so to say, so to speak, what's more likely, you see, you know, you bet〈격식체〉 등이 있다. 이런 표현들 중의 일부, 특히 you see, you know, I mean, I think 등은 〈일상 구어체〉에서 '담화 표지어'로 상당히 자주 사용된다. (23 참조)

비교(Comparison)

500 단계어인 형용사와 부사(216 참조)는 비교의 정도에 따라 비교급과 최상급을 갖는다. 비교는 -er과 -est 같은 어미를 활용하거나 more와 most 같은 단어를 형용사나 부사 앞에 놓아서 나타낸다.

구 분	원급	비교급	최상급
형용사	tall	taller	tallest
	beautiful	more beautiful	most beautiful
부 사	soon	sooner	soonest
	easily	more easily	most easily

형용사의 비교

501 짧은 형용사는 일반적으로 어미 -er과 -est를 활용하여 비교형을 만든다.

● 주로 1음절 형용사

great – greater – greatest

때때로 1음절 형용사도 more나 most를 동반할 때가 있다.

more true – most true, more wrong – most wrong

● 2음절 형용사, 그 중에서도 특히 어미가 -y, -ow, -le, -er인 형용사의 대부분

easy – easier – easiest *early, happy, healthy, pretty 등

narrow – narrower – narrowest *mellow, shallow 등

able – abler – ablest *feeble, gentle, humble, noble, simple 등

clever – cleverer – cleverest *bitter, slender 등

common, polite, quiet 같은 2음절 형용사는 비교형을 두 가지 유형으로 만들 수 있다.

common – commoner – commonest

common – more common – most common

어미는 때때로 철자의 변화(700, 703 참조) 또는 발음(666 참조)과 관계가 있다. 다음 사례를 살펴보자.

pretty – prettier – prettiest, big – bigger – biggest

● 긴 형용사(awkward, possible, hopeful, useful 등)를 비롯하여 -ed형용사(interested 등)와 -ing형용사(interesting 등)은 more와 most를 이용하여 비교형을 만든다.

I find my new work more challenging and more interesting.

나는 새로운 일이 더 도전적이고 더 흥미롭다고 생각한다.

This is one of the most beautiful places in the area.

이곳은 그 지역에서 가장 아름다운 장소들 중의 하나이다.

502 사용 빈도가 상당히 높은 형용사 몇 가지는 비교형이 불규칙적이다.

● bad – worse – worst

Yesterday was a bad day for the stock market, but today seems to be the worst day of the week. 어제는 주식 시장의 일진이 나쁜 날이었지만 오늘은 일주일 중 최악의 날인 듯하다.

- good – better – best

There's be a better chance for our team to win the series with a new coach. 새 코치를 영입하면 우리 팀이 시리즈에서 우승을 거둘 더 나은 가능성이 생긴다.

To keep the children happy for the afternoon, the best thing to do was to run a film. 아이들을 오후에 계속 행복하게 만들기 위해서 해야 할 최선은 영화를 상영하는 것이다.

- far – further – furthest 또는 farther – farthest (거리를 언급할 때를 제외하면 자주 쓰지 않는 표현)

The police never got any further with their investigation.
경찰은 결코 수사를 더 진척시키지 않았다.

다음 예문에서 further는 비교형이 아니라 '추가의'라는 뜻이다.

Any further questions? 추가 질문이 더 있습니까?

We stayed for a further three weeks. 우리는 3주를 더 머물렀다.

(하지만 〈일상체〉 용법에서는 'for another three weeks'라는 표현을 주로 쓴다.)

old는 규칙 비교형인 older – oldest를 갖지만 가족 관계(an elder/older sister)를 나타내기 위해서는 elder – eldest를 사용하기도 한다. than구문 앞에서는 항상 older를 사용한다.

John is nine years older than me. 존은 나보다 아홉 살이 많다.

부사의 비교

503 부사는 비교형을 만들 때 형용사와 똑같은 일반적인 규칙을 따른다. 형용사에 어미 -ly를 붙여서 형성된 2음절 이상의 부사(quick - quickly)는 비교형을 만들 때 more와 most를 사용한다.

- quickly – more quickly – most quickly

The memos have to be circulated more quickly. 그 메모는 더 빨리 퍼져야 한다.

형용사와 마찬가지로, 부사 역시 변화형이 불규칙적인 소규모의 단어가 있다.

- well – better – best

To qualify, you have to do better than this.
자격을 얻기 위해서 너는 이보다는 더 잘 해야만 한다.

The picture in the middle, that's the one I like best.
가운데에 있는 그림, 그것이 내가 가장 좋아하는 작품이야.

- badly – worse – worst

Financially, we may be worse hit than some of the other universities.

재정적으로, 우리는 다른 몇몇 대학들보다 더 많은 피해를 입을지도 모른다.

The northern regions were worst affected by the snow.

북부 지역은 눈으로 인해 최악의 영향을 입었다.

- (much) – more – most

    You deserve a prize more than anyone. 너는 다른 누구보다도 상을 받을 자격이 있다.

    Chelsea is my most helpful colleague. 첼시는 나에게 가장 도움이 되는 동료이다.

- (little) – less – least

    The test turned out to be less difficult than we thought.

    그 시험은 우리 생각보다 덜 어려운 것으로 판명되었다.

    The money arrived when Sophie least expected it.

    소피가 가장 기대하지 않았을 때 그 자금이 들어왔다.

- far – further – furthest / far – farther – farthest

    The sun's further away from the earth than the moon.

    태양은 달보다 지구에서 더 멀리 떨어져 있다.

    They seem to be farther apart than ever before.

    그들은 예전 어느 때보다 더 멀리 떨어진 것처럼 보인다.

수량사의 비교: Waste less money!

504 much, many, little, few 같은 수량사(676 참조)는 한정사와 대명사 기능을 할 때 특별한 비교급과 최상급을 취한다.

- much – more – most

    We need more money to buy new computers for the students.

    우리는 학생들을 위해 새로운 컴퓨터를 구매하려면 더 많은 돈이 필요하다.

    Jack got more than he deserved. 잭은 분수에 비해 더 많이 받았다.

    Most of our computer equipment is ten years old.

    우리의 컴퓨터 장비 대부분은 십 년이 되었다.

- many – more – most

    We also need more books in the department. 우리 부서에도 더 많은 책이 필요하다.

    I find most people working in the library very helpful.

    나는 도서관에서 근무하는 대부분의 사람들이 아주 도움이 된다고 생각한다.

- little – less – least

    We now spend less money on periodicals than last year.

    우리는 지금 작년보다 정기 간행물에 더 적은 돈을 지출했다.

    I haven't the least idea what to do now. 나는 지금 무엇을 해야 할지 전혀 모르겠다.

- few – fewer – fewest / few – less – least (73 참조)

We want fewer/less, not more restrictions.

우리는 더 많은 제약이 아니라 더 적은 제약을 원한다.

비교절: Ann speaks French better than I do.

505 형용사와 부사의 비교형은 어떤 차이를 지적하기 위해서 하나의 대상을 다른 대상과 비교할 때 사용한다. (225 참조) 이렇게 하기 위해서는 than으로 시작하는 종속절 앞에 비교형 단어를 추가할 수 있다.

The author's most recent book is more interesting than his previous ones were. 그 작가의 가장 최신 작품은 지난번 작품들보다 더 재미있다.

위 예문에서 more interesting은 비교문의 연결 요소라고 부를 수도 있다. 연결 요소는 비교형 단어를 포함한 어구를 말한다. 다음 than절은 연결 요소를 수식한다. 연결 요소라고 부르는 이유는 이 어구가 의미 면에서 주절과 비교 종속절 모두에 속하기 때문이다. 연결 요소인 more interesting의 의미는 주절의 is와 종속절의 were를 보완한다. 하지만 문장의 구조면에서 종속절은 보어를 포함하지 않는다. 다음 예문을 통해 비교절에 관해 좀 더 살펴보자.

Nicole looks much younger than her sister does.

니콜은 언니보다 훨씬 더 어려 보인다.

Charles speaks French less well than he writes it.

찰스는 불어 작문에 비해 회화를 더 못한다.

We're in a hurry because prices are going up faster than we can buy.

우리가 살 수 있는 속도보다 가격이 더 빨리 올라가기 때문에 우리는 서두른다.

비교 어구: Ann speaks French better than I/me.

506 문장에서 than 뒤에 나오는 부분은 다른 구조를 지니기도 한다.

Ann can speak French better than I can. 앤은 나보다 불어를 더 잘 말한다.	(1)
Ann can speak French better than I. 〈격식체〉	(2)
Ann can speak French better than me. 〈일상체〉	(3)

(1)번 문장에는 than I can(speak it이 생략)이라는 종속절이 있다. 종속절의 다른 요소가 주절의 정보를 반복하여 전달한다면 그 역시 생략할 수 있다. 만약 동사가 생략되었다면, 비교절이 아니라 (2)번과 (3)번 문장처럼 비교 어구가 남는다. 〈일상체〉 영어에서는 than구((3)번처럼 than me)가 전치사구(to me, for me 등)처럼 작용하여, 그 뒤에 목적격 대명사(me, them 등, 620 참조)가 뒤따른다. 〈격식체〉 영어에서는 than 다음에 생략된 동사의 의미상 주어 역할을 하는 대명사를 사용하는 경우에 주격(than I, they 등)을 취한다. 예를 들면, than I (2) = than I can speak it이다. 〈일상체〉 영어에서는 이런 절의 의미가 두 가지 이상으로 해석되기도 한다.

He seems to like his dog more than his children.

그는 자녀들보다 개를 더 좋아하는 것처럼 보인다.

위 예문의 가장 그럴 듯한 의미는 다음과 같다.

He seems to like his dog more than he likes his children.

그는 자녀들을 좋아하는 것보다 개를 더 좋아하는 것처럼 보인다.

하지만 다음과 같은 의미로 해석하는 것도 가능하다.

He seems to like his dog more than his children do.

그는 아이들이 좋아하는 것보다 개를 더 좋아하는 것처럼 보인다.

비교어구에서는 than 다음에 부사어구나 형용사가 뒤따르기도 한다.

Emma struck him as more beautiful than ever.

엠마는 그에게 여느 때보다 더 아름답게 느껴졌다.

James said no more than usual. 제임스는 평소만큼 말을 했다.

There is higher unemployment in the north than in the south.

남부보다 북부에서 실업률이 더 높다.

507 어떤 유형의 비교 어구는 비교절과 관련이 없을 수도 있다. 그중 하나는 정도와 수량의 비교에 관한 것이다.

There were fewer than twenty people at the meeting.

회의에는 스무 명도 안 되는 사람이 참석했다.

I have better things to do than watching television.

나는 텔레비전을 시청하는 것보다 더 나은 할 일이 있다.

다른 유형은 서술 부분의 비교에 관한 것으로, 이 경우에는 more나 less를 동반한 비교형만을 사용할 수 있다.

The performance was more good than bad. (The performance was good rather than bad.) 그 공연은 나쁘다기보다는 좋았다.

505-506항에서 방금 논의한 구조의 유형은 '비동등' 비교(more quickly, less well)와 '동등' 비교(as quickly as you can, as much as anybody else 등 230 참조)에서 모두 나타난다.

The voters seem to like the one candidate as much as the other.

유권자들은 한 후보를 다른 후보 못지않게 좋아하는 것처럼 보인다.

보어(Complements)

508 일반적인 의미에서 '보어'라는 용어는 문법 구문을 완성하는 데 필요한 성분을 의미한다. 보어는 다음과 같은 세 가지 유형으로 구분한다. 절 보어, 형용사 보어, 전치사 보어 등

절 보어 (491 참조): She is a very good lecturer.

절의 보어가 될 수 있는 것은 다음 세 가지이다.

- 명사구 (595 참조)

  Dr Fonda's a very good lecturer. 폰다 박사는 아주 좋은 강사이다.

- 형용사 또는 형용사구 (440 참조)

  Dr Fonda's lectures are interesting and easy to follow.

  폰다 박사의 강의는 재미있고 이해하기 쉽다.

- 명사절 (588 참조)

  The only trouble is (that) I can't read what she writes on the blackboard.

  유일한 문제는 그녀가 칠판에 쓴 내용을 내가 읽지 못한다는 것이다.

위의 예문들은 보어가 주로 동사 뒤에 등장한다는 사실을 보여준다. 만약 문장에 목적어와 보어가 모두 있으면 보어는 보통 목적어 뒤에 온다.

All students consider her a very good lecturer.

모든 학생들이 그녀를 아주 좋은 강사라고 생각한다.

보어는 대개 생략하지 않는다. 만약 보어를 생략해버리면 나머지 부분은 정확한 영어 문장이 되지 못한다.

The poor service made the hotel guests absolutely furious.

(*금지 표현: The poor service made the hotel guests.)

형편없는 서비스 때문에 호텔 손님들이 극도로 화가 났다.

능동태 문장을 수동태 문장으로 전환할 때 목적어는 주어가 되지만 보어는 주어가 될 수 없다. (613 참조)

She is considered a very good lecturer. 그녀는 아주 좋은 강사라고 간주된다.

보어는 주어나 목적어의 특성이나 속성을 표현할 때가 많다.

The hotel guests were absolutely furious. 호텔 손님들은 극도로 화가 났다.

보어는 주어나 목적어의 정체를 알려주기도 한다.

My native language is Chinese. (Chinese is my native language)

나의 모국어는 중국어이다. (중국어는 나의 모국어이다.)

- 형용사적 보어가 될 수 있는 것은 that절, to부정사, 전치사구이다. (436 참조)

  I'm glad (that) you think so. [that절 / that 부재절]

  네가 그렇게 생각한다니 기쁘구나.

  I'm glad to hear that. [to부정사] 그 소식을 들으니 기쁘다.

  I'm glad of your success. [전치사구] 네가 성공하여 기쁘다.

전치사적 보어

위의 마지막 예문에서 전치사구인 of your success는 형용사 glad의 보어이다. 전치사구 자체는 전치사(of)와 그 보어(your success)로 구성되어 있다. 이럴 때 보어는 보통 명사구이다. (595 참조)

> The committee argued about the change in the document.
> 위원회는 서류의 변경 사항에 대해서 언쟁을 벌였다.

하지만 의문사절 역시 보어가 될 수 있다. (590 참조)

> The committee argued about what ought to be changed in the document.
> 위원회는 서류에서 변경되어야만 할 사항에 대해서 언쟁을 벌였다.

또는 ing절도 보어가 될 수 있다. (594 참조)

> The committee argued about changing the wording of the document.
> 위원회는 문서의 표현을 바꾸는 일에 대해 언쟁을 벌였다.

일치(Concord)

509 문법적 일치란 특정한 문법 성분이 다른 문법 성분과 호응하는 것을 의미한다. 따라서 일치는 호응이라고도 부른다. 일치에는 두 가지 유형이 있다. 첫째, 수 일치란 예를 들어 단수의 경우에는 the film is …로, 복수의 경우에는 the films are …로 표현하는 것이다. 둘째, 인칭 일치란 예를 들어 1인칭의 경우에는 I am, 2인칭의 경우에는 you are로 표현하는 것이다.

수 일치: she knows − they know
주어–동사 일치

be 동사를 제외한 모든 동사는 시제가 현재인 경우에만 she knows − they know와 같은 수 일치의 문제가 생긴다. 과거시제에서는 she knew − they knew로 알 수 있듯이 수 일치의 문제가 생기지 않는다.

be 동사는 [현재시제]에는 am, is, are, [과거시제]에는 was, were와 같이 시제에 따라 여러 가지 형태를 지니고 있으므로 다른 동사들과는 다르다. (482, 514 참조) 주어 역할을 하는 절은 단수로 취급한다.

> To treat soldiers as hostages is criminal. 병사를 인질로 취급하는 것은 범죄이다.

서법 조동사는 오로지 한 가지 형태(must, can, will 등: she must know − they must know)만 지니고 있으므로 다른 동사들과는 다르다.

대명사 일치

단수 명사구를 받는 대명사는 단수형이며 복수 명사구를 받는 대명사는 복수형이다.

(they의 단수 용법에 관해서는 96 참조)

> She lost her life. 그녀가 목숨을 잃었다.
>
> ~ They lost their lives. 그들이 목숨을 잃었다.

개념적 일치: The government is/are agreed.

510 때때로 family와 같은 특정한 명사의 단수형은 복수로 취급하기도 한다.

> A new family have moved in across the street. 새로운 가족들이 길 건너로 이사 왔다.

위의 예문과 같은 경우를 개념적 일치라고 부른다. 왜냐하면 이런 문장의 동사(are)는 명사(family)가 단수라는 실질적 외형에 호응하지 않고 집합 명사(family)가 복수라는 개념에 호응하기 때문이다. 하지만 family 같은 집합 명사를 단수로 취급하는 것도 가능하다.

> A new family has moved in across the street. 새로운 가족이 길 건너로 이사 왔다.

이런 경우는 기본적인 문법 규칙인 다음 사항을 충실히 따르기 때문에 문법적 일치라고 부른다. (단수 주어 + 단수 동사 / 복수 주어 + 복수 동사)

한 집합이 나누어지지 않는 하나의 단체로 간주될 때 단수형으로 사용되는 경향이 있지만 그런 의미 구분을 하기 어려울 때가 많다. 집합 명사 다음에 복수 일치를 하는 경우는 격식체의 문어보다는 일상체의 구어에서 더 자주 일어난다. 게다가 복수 일치는 〈미국식〉보다는 〈영국식〉에서 더 특징적으로 나타난다. 단수 일치나 복수 일치를 하는 다른 집합 명사로는 다음과 같은 단어가 있으며 이들 상당수가 의사 결정 기구이다.

> association, audience, board, commission, committee, company, council, crew, department, government, jury, party, public, staff 등

다음은 이런 단어를 실제로 사용한 몇 가지 예문이다.

> The audience was generous with its cheers and applause and flowers.
> 관객은 환호와 갈채와 꽃을 아끼지 않았다.

> The audience were clearly delighted with the performance.
> 관객들은 분명히 그 공연을 즐겼다.

> A committee has been set up so that in the future it will discuss such topics in advance. 앞으로 그런 주제를 미리 토의할 수 있도록 위원회가 구성되었다.

> The committee believe it is essential that their proposal should be adopted as soon as possible. 위원회는 그들의 제안이 가능한 빨리 받아들여지는 것이 필수적이라고 믿는다.

> We have a market where the majority consistently wins what the minority loses. 우리는 소수가 잃은 것을 다수가 지속적으로 차지하는 시장이 있다.

> The majority of the population are of Scandinavian descent.

인구의 대다수는 스칸디나비아 혈통이다.

The government has recognized its dilemma and is beginning to devise better school education. 정부는 딜레마를 깨닫고 더 나은 학교 교육을 계획하기 시작했다.

The government want to keep the plan to themselves.
정부는 그 계획을 외부에 알리지 않고 싶어 한다.

Not even the New York public has enough money to meet its needs.
심지어 뉴욕 사람조차 필요한 물품을 충당할 만한 돈을 가지고 있지 않다.

The public are thinking of planning their forthcoming annual holiday.
대중들은 다가오는 연례 휴가를 계획하려고 생각하는 중이다.

스포츠 팀을 나타내는 단수 고유 명사에 복수 일치를 적용하는 특별한 경우도 있다.

Arsenal win 3-1, England have been practising for two days.
아스널이 3:1로 이깁니다. 영국은 이틀 동안 연습했습니다.

이런 용법은 〈영국식〉에서는 통상적이지만 〈미국식〉에서는 팀의 철자가 복수가 아닌 이상 사용하지 않는다.

The New York Giants win again. 뉴욕 자이언츠가 다시 승리합니다.

수의 견인: A large number of people disagree.

511 기본적인 일치 규칙인 〈단수 주어 + 단수 동사〉 그리고 〈복수 주어 + 복수 동사〉가 때때로 견인의 영향을 받기도 한다. 즉, 동사가 주어의 핵어에 일치하는 대신, 가까이에 선행한 명사나 대명사와 일치하려는 경향을 보인다는 뜻이다.

A large number of people have asked her to stand for reelection.
수많은 사람들이 그녀에게 재선에 출마하라고 말했다.

A variety of analytic methods have been used. 다양한 분석 방법이 사용되었다.

명사구의 문법적인 핵어(number와 variety)가 모두 단수이므로 동사형이 has라고 예측하기가 쉽다. 하지만 핵어를 수식하는 of구의 복수 명사(people과 methods)가 근처에 있는 동사형에 영향을 미친다. 바로 이런 특징을 견인 또는 근접이라 부르는데, 그 이유는 마지막 명사가 동사의 특정 형태를 끌어당겨서 문법적 일치 규칙을 전복하기 때문이다. 핵어 명사(number, variety, majority 등)가 '복수' 개념을 전달한다는 점에서, 대부분의 경우에 견인은 개념적 일치와 함께 작용하는 것이 분명하다.

대등하게 접속된 주어의 일치: Law and order is an election issue.

512 주어가 and를 통해 대등하게 접속된 두 개 이상의 명사구로 이루어질 때 동사는 대체로 복수형을 취한다.

Monday and Tuesday are very busy for me. 월요일과 화요일은 내가 무척 바쁘다.

등위접속은 두 개의 절을 축소하기 위해 사용한다. (Monday is busy and Tuesday is busy,

515 참조) 하지만 때때로 동사는 복수형 대신에 단수형을 선택한다.

> Law and order is considered important in this election.
>
> 법질서가 이 선거에서 중요하게 간주된다.

여기서 단수 동사를 선택할지 복수 동사를 선택할지는 주어의 특성을 어떻게 볼 것인지, 즉 주어로 쓰인 두 개의 단어를 개별적인 쟁점(Law and order are …)으로 볼 것인지 아니면 한 개의 복합적인 쟁점(Law and order is …)으로 볼 것인지에 달려 있다. 만약 등위접속으로 연결된 명사구가 동일한 사람이나 대상을 가리킨다면 단수 동사를 사용할 수도 있다.

> At the party my colleague and long-time friend, Charles Bedford, was the guest of honour. 내 동료이자 오랜 친구인 찰스 베드포드가 파티의 주빈이었다.

두 개의 명사구가 or 또는 either … or로 연결된 경우에 일반적인 규칙은 마지막 명사구의 수로 동사의 수를 결정한다는 것이다. (이것이 견인 또는 근접이 일어나는 요인이다. 511 참조)

> Either the workers or the director is to blame for the disruption.
>
> 책임자나 근로자들이 그 붕괴에 대해 책임을 져야 한다.
>
> Either the director or the workers are to blame for the disruption.

하지만 이런 문장은 어색하게 느껴지는 경우가 많다. 일치 문제를 회피하기 위해서 대체로 서법 조동사를 사용하는 것이 가능하다. (서법 조동사는 단수와 복수의 형태가 같다.) 다음 예문을 살펴보자.

> Either the workers or the director must be blamed for the disruption.

정해지지 않은 수량 표현의 일치: None of them is/are here.

513 ● 정해지지 않은 수량의 표현, 특히 any, no, none은 일치 문제를 야기할 때가 많다. 다음 사례는 기본적인 일치 규칙을 따르고 있다.

> No person of that name lives here. [단수 가산 + 단수 동사]
>
> 그런 이름을 가진 사람은 아무도 여기 살지 않는다.
>
> No people of that name live here. [복수 가산 + 복수 동사]
>
> So far no money has been spent on repairs. [질량 명사 + 단수 동사]
>
> 지금까지는 한 푼의 돈도 수리 작업에 지출되지 않았다.
>
> I've ordered the cement, but none (of it) has yet arrived. [질량 명사 + 단수 동사]
>
> 나는 시멘트를 주문했는데 아직 아무 것도 도착하지 않았다.

'none of + 복수 명사구'에는 단수 동사와 복수 동사가 모두 가능하다.

> None of us wants/want to be killed young.
>
> 우리 중 누구도 젊어서 죽음을 당하고 싶어 하지 않는다.

none of의 경우에, 문법적 일치를 하려면 none을 단수로 취급해야 하지만 개념적 일치를 하려면 복수 동사를 사용해야 한다. 〈문어체, 격식체〉에서는 단수 동사를 쓰는 것이 일반적인 반면 〈구어체 일상체〉에서는 복수 동사를 선택하는 편이 더 자연스럽다. 대화체에서도 복수 동사가 더욱 자연스러운 선택이다.

None of her boys have been successful in the world.
그녀의 아들 중 누구도 세상에서 성공을 거두지 못했다.

None of the people there were any more competent than we are.
그 사람들 중 누구도 우리보다 더 능숙하지 않다.

None of my colleagues have said anything about it.
내 동료들 중 누구도 그것에 관해 뭐라고 말하지 않았다.

● neither와 either에도 동일한 규칙이 적용된다.

I sent cards to Avis and Margery but neither of them has/have replied.
나는 에이비스와 마저리에게 카드를 보냈지만 둘 중 누구도 답장을 하지 않았다.

In fact, I doubt if either of them is/are coming.
사실, 나는 그들 중 누구라도 올 것인지 의심스럽다.

● 복수 대명사 they는 〈일상체〉에서 -body와 -one이라는 어미를 지닌 대명사를 대신하여 사용하는 경우가 많다.

Everyone thinks they have the answer to the current problems.
사람들은 모두 그들이 현재의 문제에 대한 답을 가지고 있다고 생각한다.

Has anybody brought their camera? 카메라를 가져온 사람이 있나요?

Anybody with any sense would have read the play in translation, wouldn't they? 양식이 있는 사람이라면 번역된 희곡을 읽었을 거야, 그렇지 않아?

전통적인 〈격식체〉 영어에서는 성별이 언급되지 않은 상황이면 'he'를 사용하는 경향이 있다.

Everyone thinks he has the answer. 모든 사람이 해답을 가지고 있다고 생각한다.

남성 중심적인 언어를 사용하지 않으려는 필자들이 he를 대신하여 'he or she' 또는 's/he'를 사용하는 경향이 점차 증가하고 있다. (96 참조) 요즈음 〈문어체〉 영어에서는 '남녀 공통' they가 더욱 통용되는 추세이다.

Everyone thinks they have the answer.

인칭 일치: I am – she is – they are

514 수 일치와 마찬가지로, 영어에는 인칭 일치도 존재한다.

● be는 현재 시재에 세 가지 형태가 있다. (482 참조)

I am – he/she/it is – we/you/they are

● 본동사는 현재시제에서 오직 두 가지 형을 갖는다. (573 참조)

He/she/our friend likes cooking. [3인칭 단수]
그/그녀/우리 친구는 요리하기를 좋아한다.

336

I /you /we/they/our friends like cooking. [3인칭 단수는 아니다]

나/너/우리/그들/우리 친구들은 요리하기를 좋아한다.

● 서법 조동사는 오직 한 가지 형밖에 없다. (483 참조)

I/we/you/he/she/our friend/our friends will cook dinner today.

나/우리/너/그/그녀/우리 친구/우리 친구들은 오늘 저녁 식사를 만들 것이다.

대명사 you가 수 일치를 위해 복수 대명사처럼 쓰이는 것을 주의하라. 그 이유는 you가 역사상 2인칭 복수형이었기 때문이다. 그에 비해, 과거에 2인칭 단수형으로 쓰던 thou는 현재 거의 사용하지 않는다.

등위접속(Coordination)

515 등위접속은 절, 절 성분, 단어 등 다양한 문법 단위 사이에서 성립한다. 등위접속을 할 때에는 서로 동등한 단위들이 and, or, but을 중심으로 연결된다.

절의 등위접속: I'm selling my car and buying a new one.

절이나 구, 단어는 접속사 and, or, but을 이용하여 (등위적으로) 연결되기도 한다. 다음 예문의 접속사는 절을 연결하기 위해 사용했다.

It's November and there isn't a single tourist in sight.

11월이라서 관광객이 단 한 명도 보이지 않는다.

Do you want me to send the report to you or do you want me to keep it?

제가 보고서를 당신에게 보내기를 원하세요, 아니면 제가 가지고 있기를 원하세요?

Oscar is away for a couple of days, but (he) will be back on Monday.

오스카는 이틀 동안 집을 비웠지만 월요일에는 돌아올 것이다.

두 절의 주어들이 동일한 사람이나 대상을 지시할 때에는 마지막 예문처럼 두 번째 주어가 대체로 생략된다. 만약 두 개의 절에 어울리는 조동사가 있다면 일반적으로 두 번째 조동사도 생략된다.

Laura may have received the letter but (she may have) forgotten to reply.

로라는 그 편지를 받았지만 답장하기를 잊어버렸는지도 모른다.

절 일부분의 등위접속

516 등위접속은 절의 전체가 아니라 절의 일부분(주어, 동사, 목적어와 같은)을 연결하는 데 사용할 수도 있다. 이런 등위접속은 반복되는 부분이 생략된 절의 등위접속과 비슷하게 보이는 경우도 많다. 예를 들어, 다음 문장을 살펴보자.

Her mother needed a chat and some moral support.

그녀의 어머니는 담소와 약간의 정신적 지지가 필요했다.

위 문장은 다음과 같이 확장되기도 한다.

Her mother needed a chat and her mother needed some moral support.

그녀의 어머니는 담소가 필요했고 그녀의 어머니는 약간의 정신적 지지가 필요했다.

하지만 다른 경우에는 두 개의 완전한 절을 재구성할 수가 없다.

My closest friends are Peter and his wife.

나의 가장 친한 친구는 피터와 그의 아내이다.

위 문장은 다음과 같은 의미가 아니다.

My closest friend is Peter and my closest friend is his wife.

나의 가장 친한 친구는 피터이고 나의 가장 친한 친구는 그의 아내이다.

게다가, 등위접속사로 쓰인 and가 '상호' 관계를 암시하는 경우도 있다.

By the time the first crackling of spring came around, Joan and I were hopelessly in love. (Joan was in love with me and I was in love with Joan.)

봄이 처음 깨어나는 소리가 다시 찾아올 무렵, 나와 조앤은 헤어날 수 없는 사랑에 빠졌다. (조앤은 내게 사랑에 빠졌고 나도 조앤에게 빠졌다.)

Last night our dog and the neighbour's were having a fight. (Our dog and the neighbour's were having a fight with each other.)

지난 밤, 우리 개와 이웃집 개가 싸우고 있었다. (우리 개와 이웃집 개는 서로 싸우고 있었다.)

구에서 사용한 등위접속사는 다른 기능을 가지고 있으므로, 구의 등위접속사와 더 작은 부분의 등위접속사는 어떤 성분이 생략되었는가보다 어떤 성분이 연결되었느냐의 측면에서 다루어져야 한다. 반복되는 성분의 생략에 대해서는 391항에서 이미 살펴보았다.

등위접속사 but은 and와 or에 비해서 더욱 제한적이다. 예를 들면, but은 대체로 구를 연결하지 못하지만 예외적으로 부정어와 결합된 경우에는 연결이 가능하다.

I have been to Switzerland, but not to the Alps.

나는 스위스에 다녀왔지만 알프스에는 가보지 못했다.

또는 두 개의 형용사나 형용사구가 등위접속사로 연결된 경우에도 구를 연결한다.

The weather was warm but rather cloudy. 날씨는 따뜻했지만 흐렸다.

절 성분의 등위접속: Wash by hand or in the washing machine.

517 다양한 절 성분에 등위접속사를 사용한 예문 몇 가지를 살펴보자.

－주어: Social security and retirement plans will be important election issues.

사회 보장제도와 퇴직자 연금 제도는 중요한 선거 쟁점이 될 것이다.

－동사구: Many of the laws need to be studied and will have to be revised.

수많은 법률이 검토되어 개선되어질 필요가 있다.

－보어: The laws are rather outmoded or totally inadequate and often
　　　　　　ambiguous. 법률은 다소 구식이거나 완전히 부적절하며 종종 애매모호하다.
　　　－부사어구: You can wash this sweater by hand or in the washing machine.
　　　　　　당신은 이 스웨터를 손이나 세탁기로 빨면 됩니다.
　　　－전치사 보어 사이를 잇는 등위접속사:
　　　　　　Our team plays in red shirts and white shorts.
　　　　　　우리 팀은 빨간 셔츠와 하얀 반바지를 입고 경기했다.
　　　　　　The armrest must be down during take-off and landing.
　　　　　　팔걸이는 이륙 시와 착륙 시에 반드시 내려야만 한다.

단어의 등위접속: Tomorrow will be nice and sunny.

518 등위접속사는 품사가 같은 두 개의 단어를 연결할 수 있다.
　　　－명사: Older people think many boys and girls look the same nowadays.
　　　　　　노인들은 오늘날 많은 소년들과 소녀들이 똑같아 보인다고 생각한다.
　　　－형용사: Tomorrow's weather will be nice and sunny.
　　　　　　내일의 날씨는 쾌적하고 화창할 것이다.
　　　－접속사: If and when she decided to tell her parents about her plans, she
　　　　　　would do so unasked. 혹시라도 부모님에게 자기의 계획에 대해 말하겠다고 결심한
　　　　　　다면 그녀는 묻지 않아도 그렇게 할 것이다.
　　때때로 품사는 다르지만 기능은 비슷한 단어를 연결하기도 한다.
　　　You and Sandra must visit us sometime. [명사와 대명사]
　　　너와 샌드라는 언젠가 우리를 방문해야만 한다.
　　　The game can be played by three or more contestants. [숫자와 수량사]
　　　그 경기는 세 명 이상의 참가자가 경기할 수 있다.

생략된 등위접속사: a sandwich, a salad and a cup of tea

519 두 개 이상의 항목이 대등하게 연결될 때 등위접속사는 마지막 항목을 제외한 각 항목의 앞
　　에서 보통 생략된다. 〈구어체〉에서는 마지막 항목을 제외하고 나열된 모든 항목에 보통 상
　　승조가 부여된다.
　　　| I'd like a ham sándwich, | a sálad | and a cup of tèa. |
　　　나는 햄 샌드위치와 샐러드, 차 한 잔을 먹겠습니다.
　　〈문어체〉에서는 마지막 두 개의 항목을 제외하고 모든 항목을 구분하기 위하여 쉼표를 사
　　용하지만 작가들은 대부분 그런 목록에서 and 앞에도 쉼표를 찍는다. 연결 부사인 then,
　　so, yet 앞에서는 and를 생략하는 경우가 많다.
　　　The car spun around again, (and) then violated two stop lights.

그 차가 다시 방향을 휙 돌리더니 두 번의 정지 신호를 어겼다.

It's a small college, (and) yet most students love it.
이것은 작은 대학이지만 대부분의 학생들이 이곳을 사랑한다.

등위상관 접속사: reactions of both approval and disapproval

520 때때로 두 개의 구조를 대등하게 연결할 때 첫 번째 구조의 첫머리에 특정한 단어를 추가하면 등위접속 관계를 더욱 강조할 수 있다. 예를 들면 both X and Y, either X or Y, neither X nor Y 등이다. 바로 이것을 등위상관 접속사라고 부른다.

The proposal produced strong reactions of both approval and disapproval.
그 제안은 찬성과 반대라는 강력한 두 가지 반응을 모두 이끌어냈다.

The audience last night did not respond with either applause or boos.
지난 밤 관객은 갈채도 야유도 보내지 않았다.

The anti trust laws are neither effective nor rational.
트러스트 금지법은 효과적이지도 합리적이지도 않다.

등위상관 접속사의 또 하나의 예로 not (only) ⋯ but ⋯ 을 들 수 있다. (234, 269 참조)

지시사(Demonstratives)

521 this, that, these, those 같은 단어는 지시사라고 부른다. 이런 단어는 '가깝다'와 '멀다'는 의미에 따라서 두 개의 쌍으로 분류할 수 있다.

(100번 항에서 here/there와 now/then을 비교해 보라.)

구분	단수	복수
'가깝다'	this	these
'멀다'	that	those

● 지시사는 단수와 복수에 따라 수의 구분을 한다.
   this book ∼ these books
   that book ∼ those books
● 지시사는 명사구에서 한정사의 기능을 할 수 있다. (523 참조)
   This time Elizabeth felt nervous. 이번에 엘리자베스는 초조하게 느껴졌다.
● 지시사는 대명사, 즉 명사구 전체의 기능을 하기도 한다. (595 참조)
   This is a public park. 이것은 공공 공원이다.

That's another story. 그것은 다른 이야기이다.

〈보다 격식체〉 용법에서는 that과 those(this와 these는 아니다)는 관계절의 선행사, 즉 관계대명사가 지시하는 단어의 기능을 할 수 있다. (382, 686 참조)

Richard took up a life similar to that (which) he had lived in San Francisco. 리처드는 그가 샌프란시스코에서 살았던 것과 비슷한 삶을 다시 시작했다.

The elements which capture his imagination are those which make the story worth telling and worth remembering. 그의 상상력을 사로잡은 요소들은 그 이야기를 말할 가치가 있고 기억할 가치가 있게 만드는 것들이었다.

that은 이런 구문에서 오로지 사물만을 가리키기 때문에 who의 선행사가 될 수 없다. 사람들을 언급할 때에는 those who라는 표현을 사용한다.

75 percent of those who returned the questionnaire were in favour of the proposal. 그 설문에 응답한 사람들 중의 75퍼센트는 그 제안을 찬성했다.

한정사(Determiners)

522 한정사는 명사를 분명히 한정하거나(the book) 분명하지 않게 만들기도 하고(a book), 아니면 수량을 표시하는(many books) 방식으로 명사의 지시 범위를 구체적으로 만드는 단어이다. 한정사의 문법적인 역할을 이해하기 위해서는 어떤 한정사와 명사가 함께 등장할 수 있는지 알아야만 한다. 고유 명사는 보통 한정사를 취하지 않는다. (667 참조) 한정사의 선택과 관련이 있는 보통 명사의 종류는 다음 세 가지가 있다.

● 단수 가산 명사: book, teacher, idea 등
● 복수 가산 명사: books, teachers, ideas 등
● 질량 명사: meat, information, money 등

한정사는 항상 자신이 한정하는 명사보다 앞에 오지만 서로의 관계에 따라 위치가 다르다. 한정사 중에서 가장 중요한 그룹에는 관사(a, an, the), 지시사(this, that 등), 소유격 대명사(my, your 등)가 포함된다.

a book, the books; this idea, these ideas, my idea, my ideas 등

이런 집단은 중심 한정사 또는 all과 half 같은 1그룹 한정사보다 뒤에 오기도 하므로 2그룹 한정사라고 부른다.

all the books, all these people, all my ideas 등
half the time, half a kilo 등

2그룹 한정사는 second와 many 같은 3그룹 한정사보다 앞에 오기도 한다.

a second time, the many problems 등

이런 세 가지 유형의 한정사는 아래 도표에 정리되어 있다.

1그룹 한정사	2그룹 한정사	3그룹 한정사
all, both, half	관사: (523 참조)	기수: (525 참조)
(524 참조)	the, a, an	one, two, three, four, …
double, twice, …	지시사: (523 참조)	서수: (525 참조)
one-third, …	this, these, that, those	first, second, third, …
(524 참조)	소유격 대명사: (523 참조)	일반 서수:
what, such, …	my, your, his, her 등	next, last, other 등
(524 참조)	수량사: (677 참조)	수량사: (677 참조)
	some, any, no, every, each,	many, few, little, several
	either, neither, enough, much	more, less 등
	의문 한정사: (523 참조)	
	what(ever), which(ever),	
	whose	

2그룹 한정사: the book, those people, her money

(A) 가산 명사와 질량 명사를 동반하는 한정사

523 다음 한정사는 세 가지 종류의 명사(단수 또는 복수 가산 명사와 질량 명사) 모두와 함께 사용할 수 있다.

- 정관사: the (473 참조)

  Have you got the book/the books/the money?

  당신은 그 책/그 책들/그 돈을 가지고 있습니까?

- 한정사 역할을 하는 소유격 대명사: my, our, your, his, her, its, their (624 참조)

  Have you seen my book/my books/my money?

  당신은 내 책/내 책들/내 돈을 보았습니까?

속격(530 참조)은 소유격 한정사와 같은 기능을 한다. 다음 문장을 비교해 보자.

The teacher liked the student's essay. 그 교사는 그 학생의 작문을 좋아했다.

The teacher liked her essay. 그 교사는 그녀의 작문을 좋아했다.

- 강세를 받는 경우의 some과 any

  'There must be some misconception in your minds', she said.

  "네 마음속에 어떤 오해가 있는 것이 틀림없어." 그녀가 말했다.

  The defendant refused to make any further statement.

  피고는 더 이상의 진술을 거부했다.

● 부정 수량사: no (583 참조)

There was no debate as the Senate passed the bill.

상원에서 그 법안을 통과시킬 때 아무 토론도 없었다.

There were no audience questions after the lecture.

강의가 끝난 뒤, 청중의 질문이 전혀 없었다.

● 의문 한정사: whose, which, whichever, what, whatever (536, 592 참조)

The house whose roof was damaged has now been repaired.

지붕이 망가진 그 집은 이제 수리가 되었다.

Whichever way one looked at it, it was her good fortune to have a good job.

상황을 어떤 식으로 바라보더라도 좋은 직업을 가진 것은 그녀의 행운이었다.

Have you decided what adjustments should be made?

어떤 조정을 해야 할지 결정했습니까?

We have to carry out whatever preparations are needed.

우리는 필요한 준비는 어떤 것이라도 이행해야만 한다.

(B) 복수 가산 명사와 질량 명사를 동반하는 한정사(단수 가산 명사는 제외)

● 무관사 (473 참조)

These people need tractors and help with farming.

이 사람들은 농사일에 트랙터와 도움이 필요하다.

● 강세를 받지 않는 some /səm/ (474, 677, 698 참조)

I may settle for some makeshift arrangements for the summer.

나는 여름 임시 배치를 받아들여야 할지도 모른다.

● 강세를 받지 않는 any (677, 698 참조)

| Have you any clothes | or any furniture to sell? |

당신은 판매할 옷이나 가구가 있습니까?

● enough (677 참조)

I don't think there's enough money in the library to spend on books.

나는 책에 쏟아 부을 충분한 자금이 도서관에 있다고 생각하지 않는다.

There has not been time enough to institute reforms.

개혁을 할 만한 충분한 시간이 없었다.

*위의 마지막 예문에서 드러난 것처럼, enough는 핵어 다음에 위치할 수도 있지만 이런 경우는 별로 없다.

(C) 단수 가산 명사와 질량 명사를 동반하는 한정사

지시사 this와 that은 단수 가산 명사나 질량 명사 앞에 올 수 있다. (복수 가산 명사는 제외,

521 참조)

This research requires expensive equipment. 이 연구는 값비싼 장비가 필요하다.

I find that poetry difficult to understand. 나는 그 시가 이해하기 어렵다는 걸 알았다.

(D) 단수 가산 명사만을 동반하는 한정사

- 부정관사: a, an (473 참조)

Wait a minute! What an opportunity! 잠깐만! 얼마나 좋은 기회인가!

- 수량사: every, each, either, neither (75, 676 참조)

Every Saturday he gets a big kick out of football.

매주 토요일에 그는 축구에서 엄청난 기쁨을 얻는다.

They took the 8:30 train to the city each morning.

그들은 매일 아침 시내로 가는 8시 30분발 기차를 탔다.

Either way it sounds like a bad solution.

어느 쪽이든 그것은 나쁜 해결책처럼 들린다.

It is to the advantage of neither side to destroy the opponent's cities.

적의 도시를 파괴하는 것은 어느 쪽에도 이점이 아니다.

(E) 복수 가산 명사만을 동반하는 한정사

복수 지시 한정사인 these와 those는 복수 가산 명사만을 동반할 수 있다. (521 참조)

'I've been waiting to get these things done for months', she said.

"나는 몇 달 동안 이 일이 끝나기를 기다려왔어." 그녀가 말했다.

Rebecca felt it was just going to be one of those days when life was unbearable. 레베카는 삶이 감당하기 힘든 그런 날이 되어간다고 느꼈다.

(F) 질량 명사만을 동반하는 한정사

수량사 much는 질량 명사만을 동반할 수 있다. (676 참조)

Some of the young players have so much ability.

젊은 선수들 중의 일부는 너무나 많은 재능이 있다.

1그룹 한정사: all the time, twice the number

524 1그룹 한정사는 다른 한정사와 결합할 때 2그룹 한정사의 앞에 위치한다. 예를 들면, all the time, both the children, twice the number 등이 있다. 1그룹 한정사는 네 가지 유형으로 나뉜다.

- all, both, half(677 참조)는 관사나 소유격 대명사, 지시사 앞에 등장한다.

all은 복수 가산 명사와 질량 명사와 어울린다.

Through all these years she had avoided the limelight.

오랜 시간 동안 그녀는 세상의 이목을 피해왔다.

During all this time Roy Thornton continued to paint.

그 동안 내내 로이 손튼은 그림을 계속 그렸다.

단수 가산 명사의 경우에, 'all the + 명사'는 때때로 사용하지만 'all of the + 명사' 또는 'the whole + 명사'는 보다 일반적으로 사용한다.

All (of) the town was destroyed by fire. 온 마을이 화재로 인해 파괴되었다.

~ The whole town was destroyed by fire.

both는 복수 가산 명사만을 동반한다.

Both (the) books were out of the library. 책이 두 권 다 대출 중이었다.

half는 단수 또는 복수 가산 명사와 질량 명사를 동반한다.

The bridge was half a mile downstream. 그 다리는 1/2마일 하류 지점에 있다.

More than half the audience departed. 청중의 반 이상이 떠났다.

In this village, nearly half the children receive no education.

이 마을에서 거의 절반가량의 아이들이 교육을 받지 않는다.

He stays on the island for half the summer. 그는 여름의 절반 동안 섬에 머무른다.

● double, twice, three times, four times 등은 총액, 정도 등을 표시하는 질량 명사나 단수 또는 복수 명사를 동반한다.

The party needs double that number of votes to win the election.

그 정당은 선거에서 이기기 위해서는 득표수의 두 배가 필요하다.

The area is approximately three times the size of the old location.

그 지역은 예전 장소의 크기에 비해 대략 세 배 정도이다.

● one-third(1/3), two-fifths(2/5), three-quarters(3/4) 등의 분수는 대체로 of를 포함한 구문을 동반한다.

Grains and other seed food products furnish less than one-third of the food consumed. 곡물과 씨앗 식품들은 소비되는 음식의 1/3보다 적은 양을 공급한다.

● what과 such는 단수 가산 명사를 동반하는 부정관사의 앞에 위치한다.

Victoria kept telling herself again and again what a fool she's been.

빅토리아는 자신이 너무나 바보였다고 몇 번이나 스스로 되뇌었다.

They had no knowledge of such a letter. 그들은 이런 편지에 대해서 전혀 몰랐다.

At first glance the idea looked such a good one.

얼핏 보기에, 그 생각은 대단히 좋은 것처럼 보였다.

복수 가산 명사와 질량 명사의 경우에 what과 such는 관사 없이 사용한다.

It's amazing what beautiful designs she has come up with.

그녀가 그렇게 아름다운 디자인을 생각해 내다니 놀랍다.

Our present enemies may well use such terrible and inhumane weapons.

우리의 현재 적은 이런 끔찍하고 비인도적인 무기를 당연히 사용할 것이다.

I could hardly believe such good luck was mine.

나는 그런 행운이 내 것임을 거의 믿을 수가 없었다.

- rather와 quite 같은 정도 표시 단어는 1그룹 한정사처럼 작용한다.

Sometimes life can be rather a disappointing business.

때때로 인생은 꽤 실망스러운 일이 되기도 한다.

I've known him for quite a while. 나는 그를 꽤 오랫동안 알고 지냈다.

3그룹 한정사: the next few days, a great many students

525 숫자와 수량사를 포함하는 3그룹 한정사는 2그룹 한정사의 뒤에 위치하지만, 형용사나 명사구의 핵어 앞에 위치한다.

- 기수(one, two, three 등) 중에서 one은 당연히 단수 가산 명사만을 동반하며 다른 기수들(two, three, …)은 모두 복수 가산 명사만을 동반한다. (602 참조)

There's only (the) one farm north of here.

여기서 북쪽으로는 단 한 개의 농장이 있다.

(Some) ten passengers were stranded at the station.

(어떤) 열 명의 승객들은 기차역에서 발이 묶였다.

- 서수(first, second, third 등)는 가산 명사만을 동반하며 명사구에서 대체로 다른 기수보다 선행한다.

Philip had spent the first three years in Edinburgh.

필립은 처음 3년을 에든버러에서 보냈다.

- 일반 서수는 next, last, other, further 등을 말하며, 대체로 기수보다 앞에 자리한다.

This was Johnson's best match in the last two years.

이것은 지난 2년 동안에 존슨이 치른 최고의 경기였다.

Pamela spent her next five days at home. 파멜라는 그 뒤로 5일을 집에서 보냈다.

하지만 other가 정관사를 동반할 때와 그렇지 않을 때 어순이 어떻게 달라지는지 비교해보자.

The other two projects have been scheduled for completion next year.

다른 두 개의 프로젝트는 내년에 완성하기로 계획되었다.

Two other children were seriously wounded in the highway accident.

다른 두 아이들이 고속도로 교통사고로 심하게 부상을 입었다.

another는 두 가지 한정사(an + other)를 결합한 것이다.

At the meeting, another speaker also came under criticism.

회의에서 다른 연설자도 비난을 받았다.

In another four weeks we are going on vacation. (four weeks from now)
앞으로 4주일 뒤에 우리는 휴가를 갈 것이다.

수량사: I said a few, not few friends.

526 수량사는 양이나 액수를 표시한다. (676 참조)

- many, several, a few, few, fewer는 복수 가산 명사만을 동반한다.

  I have corrected the many spelling errors in your report.
  나는 네 보고서에서 많은 철자 오류를 정정했다.

  I haven't seen my sisters for several years.
  나는 몇 년 동안 누이들을 만나지 못했다.

  Here are a few facts and figures. (a small number)
  여기 정확한 정보가 약간 있다.

  Probably only very few people are aware of this tradition. (not many)
  아마도 이런 전통을 아는 사람은 거의 없을 것이다.

  There are fewer people going to church nowadays.
  요즘에는 교회에 다니는 사람들의 수가 줄었다.

- little(much와 마찬가지로)은 질량 명사만을 동반한다.

  I advise you to use the little money you have to some purpose.
  나는 네가 가지고 있는 얼마 안 되는 돈을 어떤 목적에 사용하기를 바란다.

  Ruth had to work very hard with little help from her relatives. (not much help)
  루스는 친척들에게 도움을 별로 받지 못한 채 아주 열심히 일해야만 했다.

(big과 대조를 이루는 형용사 little은 여기서는 그렇게 간주되지 않는다.) little과 few가 a little과 a few에 비해 의미가 어떻게 다른지 주의하자.

  Can you give me a little help? (some help) 나에게 약간의 도움을 줄 수 있니?

  비교: They gave little help. (not much help) 그들은 별로 도움을 주지 않았다.

  She has invited a few friends to the party. (some friends)
  그녀는 약간의 친구를 파티에 초대했다.

  비교: She's got few friends left. (not many friends)
  그녀는 친구가 거의 남아있지 않았다.

- 비교 한정사 more는 복수 명사와 질량 명사를 동반한다.

  We are taking more students this year in our department.
  올해 우리는 학과에 더 많은 학생들을 받고 있다.

  There has been more activity than usual this year.
  올해에는 평소보다 더 많은 활동이 있었다.

less는 늘 질량 명사를 동반한다.

With no drunken drivers there would be less anxiety and fewer accidents. 만취한 운전자가 없다면 걱정도 사고도 줄어들 것이다.

*많은 사람들이 less와 복수 가산 명사(less accidents)를 같이 사용하지만 〈보다 격식체〉 문맥에서는 fewer를 선호한다.

527 수와 양을 표시하는 어구 중에 상당히 자주 사용하는 몇 가지 표현 역시 한정사와 비슷하다. 아래 도표에 나타나듯이, 어떤 어구는 복수 가산 명사만을 동반하지만(예: a large number of students) 다른 어구는 질량 명사만을 동반한다. (예: a large amount of money)

● 복수 가산 명사를 동반하는 수량사구

The university had
- a (great) number of
- a (good) number of
- a (large) number of
- a lot of 〈일상체〉
- lots of 〈일상체〉
- plenty of

foreign students.
그 대학은 많은 외국 학생들이 다닌다.

● 질량 명사를 동반하는 수량사구

The safe contained
- a great deal of
- a good deal of
- a large amount of
- a lot of 〈일상체〉
- lots of 〈일상체〉
- plenty of

counterfeit money.
그 금고는 엄청난 양의 위조 화폐를 보유했다.

동사는 plenty, lot, number가 아니라 of 다음의 명사와 일치한다. (511 참조)

Plenty of students
A lot of people
A great number of guests

were at the party.
수많은 손님들이 파티에 왔다.

이런 일치 규칙은 도입의 there 구문에도 적용된다.

There were
- plenty of students
- a lot of people
- a great number of guests

at the party.
파티에는 수많은 학생들이 왔다.

There was lots of food on the table. 탁자 위에는 많은 음식이 있었다.

수와 양이 복수형으로 표현될 때에는 일치를 복수에 맞춘다.

There were large numbers of cars on the road this morning.
오늘 아침에 도로에는 수많은 차들이 있었다.

Only small amounts of money are still needed for the expedition.
단지 소액의 돈이 여전히 그 탐험에 필요하다.

감탄문(Exclamations)

528 감탄문은 화자의 감정이나 태도를 표현하는 데 사용하는 문장 유형인데 일반적으로 〈구어체〉에서 자주 등장한다.

What a lovely dinner we had last night!
지난밤에 우리는 얼마나 근사한 저녁을 먹었는가!

How well Helen Booth is playing tonight!
오늘밤 헬렌 부스는 경기를 얼마나 잘하던지!

감탄문은 명사구를 동반한 한정사 what(524 참조)이나 형용사나 부사를 동반한 정도 표시 단어 how(465 참조)로 시작한다. 감탄문을 만들기 위해서는 what이나 how를 포함한 문장 성분을 문장의 맨 앞에 놓으면 되지만(의문사 의문문에 관해서는 683 참조) 주어와 동사의 어순은 바꾸지 말라.

You have such a good library. 당신은 정말 훌륭한 장서들을 갖고 있다.

~ What a good library you have! 당신이 소유한 장서들이 얼마나 훌륭한가!

She writes such marvellous books. 그녀는 정말 놀라운 책을 쓴다.

~ What marvellous books she writes! 그녀가 쓴 책이 얼마나 놀라운가!

You are so lucky to have such a good library.
정말 훌륭한 장서들을 가지고 있으니 당신은 무척 운이 좋다.

~ How lucky you are to have such a good library!
그렇게 훌륭한 장서들을 가지고 있으니 당신은 운이 얼마나 좋은가!

She sings so beautifully. 그녀는 아주 아름답게 노래한다.

~ How beautifully she sings! 그녀의 노래가 얼마나 아름다운가!

다른 유형의 감탄 구문을 보려면 254, 298를 참조하라.

성(Gender)

529 문법적인 의미에서 영어의 성은 남성/여성과 인칭/비인칭에 따라 개별적인 형태를 가지는 특정한 대명사(619 참조)에 국한되어 있다. 아래 도표에서 제시한 예를 살펴보자.

남성	he	who	somebody
여성	she	who	somebody
비인칭	it	which	something

명사, 형용사, 관사는 성의 구별이 없다. 영어의 명사는 문법적인 성이 없기 때문에 he, she, it 중에 무엇을 선택할 것인지는 본연의 의미 차이를 근거로 결정한다. he와 she의 선택은 그 사람이 남성인지 여성인지에 달려있다. (지침에 관한 설명은 96 참조)

속격(Genitive)

단수 명사의 속격

530 〈문어체〉 영어에서는 단수 명사의 속격을 ˙s(아포스트로피 + s)로 표시한다. 〈구어체〉 영어에서는 단수 명사의 속격을 /iz/, /z/, /s/로 발음한다. 구어체의 발음은 명사의 마지막 소리에 따라 달라진다. (일반 발음 규칙은 664 참조)

a nurse's /nəː(r)siz/ skills 간호사의 기술

a teacher's /tíːtʃə(r)z/ salary 교사의 급여

the chef's /ʃefs/ favourite dish 주방장이 좋아하는 요리

복수 명사의 속격

〈문어체〉 영어에서는 복수 규칙 변화 어미인 -s로 끝나는 명사의 속격은 복수의 -s 다음에 오직 아포스트로피만을 찍어서 나타낸다. 〈구어체〉 영어에서는 속격을 발음하지 않는다. 즉 단수의 속격과 복수의 속격을 똑같이 발음하되 다만 철자만 다르게 표기한다.

both nurse's /nəː(r)siz/ skills 두 간호사의 기능

all teacher's /tíːtʃə(r)z/ salaries 모든 교사의 급여

the two chef's /ʃefs/ favourite dishes 두 명의 주방장이 좋아하는 요리

복수 불규칙 변화를 하는 명사의 속격

복수형을 만들 때 s 어미를 취하지 않는 명사는 속격을 만들 때 아포스트로피(') + s를 사용한다. (637 참조)

the child's /tʃaldz/ bike 그 아이의 자전거

~ the children's /tʃíldrənz/ bikes 그 아이들의 자전거들

the woman's /wʊmənz/ family 그 여자의 가족

~ the women' /wíminz/ families 그 여자들의 가족들

단수 이름

아포스트로피로만 표시된 속격은 Jones처럼 s로 끝나는 단수 이름에도 사용한다. 이때 속격은 Jones' 또는 Jones's로 표기하고 대체로 /dʒóʊnziz/라 발음한다. 속격의 철자 표기를 아포스트로피만으로 하는 것은 비교적 긴 이름에서 특히 흔하게 나타나는 현상으로 고전에서 유래한다. 예를 들면, Euripides' plays, Socrates' wife 등이다.

속격과 of구문

531 영어에서는 명사들 간의 속격의 관계를 표현하려 할 때 선택 사항이 제공되는 경우가 많다. 대부분은 속격이나 of구문을 다 사용할 수 있다.

> What's the ship's name? [속격] 그 배의 이름이 무엇인가?
>
> What's the name of the ship? [of구문]

여기서 속격 형태를 띤 명사(ship's)의 기능은 of를 뒤따르는 명사구의 핵어로 쓰인 명사(of the ship)의 기능과 비슷하다. 이것을 of구문이라고 부른다.

- of구문은 사물을 나타내는 명사에 주로 사용한다. 따라서 the leg of a table이라고는 말하지만 *a table's leg이라고는 하지 않는다.
- s-속격은 사람을 나타내는 명사에 일반적으로 사용한다. 따라서 John's car라고는 말하지만 *the car of John이라고는 말하지 않는다. 또한 속격은 a day's work, today's paper, a moment's thought, the world's economy와 같은 어구에서도 흔히 사용한다. (구문의 선택에 관해서는 106 참조)

명사구의 속격

532 위에서 비록 속격을 명사의 격처럼 설명하기는 했지만 사실 속격의 어미는 명사에 속한다기보다는 명사구(595 참조)에 속한다고 간주하는 편이 더 좋다. 다음 사례는 첫 번째 명사구 전체, 즉 속격 명사구가 주요 명사구의 핵어를 수식하는 것을 보여준다.

속격 명사구	+	주요 명사구의 나머지 부분
some people's		opinion 몇몇 사람들의 의견
every teacher's		ambition 모든 교사의 포부
the Australian government's		recent decision 호주 정부의 최근 결정

위의 사례에 상당하는 of구와 비교하면 수식 구조를 더 명확하게 알 수 있다.

the opinion	of some people	몇몇 사람들의 의견
the ambition	of every teacher	모든 교사들의 포부
the recent decision	of the Australian government	호주 정부의 최근 결정

속격 명사구는 주요 명사구에 한정사의 자리를 할애한다. (522 참조) 따라서 속격 명사구는

주요 명사구의 형용사보다 앞선다. 다음 사례를 비교해 보자.

the longest novel 가장 긴 소설

his longest novel 그의 가장 긴 소설

Charles Dickens's longest novel 찰스 디킨스의 가장 긴 소설

하지만 a women's university의 사례에서 보여주듯이 속격 명사는 마치 형용사처럼 명사를 특성에 맞게 분류하는 역할을 하기도 한다. 이런 경우에 속격 명사는 주요 명사구의 핵어를 수식하는 형용사 뒤에 등장할 수 있다.

[a famous [women's university] in Tokyo] 도쿄에서 유명한 여자 대학교

집단 속격: an hour and a half's discussion

533 영어에서는 다음과 같은 복합 명사구를 사용하는 경우가 많다.

the Chairman of the Finance Committee 재정 위원회의 의장

위 사례에서 핵어 명사(Chairman)는 뒤따라오는 전치사구(of the Finance Committee, 642 참조)의 수식을 받는다. 상당히 긴 명사구를 속격으로 만들고 싶을 때에는 전체 명사구의 (핵어 명사 자체가 아니라) 끝에 –s 속격을 덧붙인다.

[[the Chairman of the Finance Committee's] pointed remarks]

재정 위원회 의장의 예리한 발언

속격 어미가 전체 명사구 또는 명사 집단의 끝부분에 덧붙여지기 때문에 이런 구문은 집단 속격이라고 부른다. 다른 예문을 몇 가지 살펴보자.

The rioters must have been acting on someone else's instructions.

폭도들이 다른 사람의 지시에 따라 행동했음이 틀림없다.

We'll see what happens in a month or two's time.

우리는 한두 달 뒤에 일이 어떻게 진행되는지 보겠다.

The lecture was followed by an hour and a half's discussion.

그 강의는 한 시간 반에 걸친 토론으로 이어졌다.

핵어 명사를 동반하지 않는 속격: at the Johnsons'

534 s 속격의 수식을 받는 명사는, 문맥상 그 정체가 분명할 때 생략하기도 한다.

My car is faster than John's. (= than John's car) 내 차는 존의 차보다 더 빠르다.

But John's is a good car, too. 하지만 존의 차 역시 좋은 차이다.

of구문을 대신 사용한 경우에는 대체로 대명사가 필요하다. (단수일 때에는 that, 복수일 때에는 those, 382 참조)

A blind person's sense of touch is more sensitive to shape and size than that of a person with normal vision.

맹인의 촉각은 정상 시력을 가진 사람의 촉각보다 모양과 크기에 대해 더 민감하다.

The new CD-players are much better than those of the first generation.

새 CD 플레이어는 1세대 CD 플레이어보다 훨씬 좋다.

집이나 가게 등에 관련된 표현을 할 때에는 전형적으로 핵어 명사를 생략한다.

We met at the Johnsons'. (at the place where the Johnsons live)

우리는 존슨 씨 댁에서 만났다. (존슨 씨 가족이 사는 장소에서)

이중 속격: a friend of my wife's

535 of구문이 s속격이나 소유격 대명사와 결합하면 '이중' 속격이 만들어진다.

Shannon is a friend of my wife's. 섀넌은 내 아내의 친구이다.

This writer's style is no favourite of mine.

이 작가의 문체는 내 취향이 아니다.

속격으로 쓰는 명사는 분명히 한정된 인칭이라야만 한다. 단순 속격과는 달리, '이중' 속격은 대체로 그 의미가 유일하지 않다는 것, 즉 'my wife has several friends'라고 암시한다. 다음 예를 비교해 보자.

He is Leda's brother. 그는 레다의 오빠이다.

〔레다에게 한 명이나 그 이상의 형제가 있다는 의미이다.〕

He is a brother of Leda's. 그는 레다의 형제 중 한 명이다.

〔레다에게 두 명 이상의 형제가 있다는 의미이다.〕

의문사(Interrogatives)

536 의문사란 의문사 의문문의 시작을 알리는 단어이다. (683 참조)

What's Mrs Brown's first name? 브라운 부인의 이름이 무엇입니까?

그리고 의문종속절의 시작을 알리기도 한다. (590 참조)

I'm not sure what Mrs Brown's first name is.

나는 브라운 부인의 이름이 무엇인지 잘 모른다.

영어에서 의문사는 who, whom, whose, which, what, where, when, how, why, whether, if (whether)를 말한다. 이런 단어를 'wh-단어'(대부분의 철자가 wh-로 시작하기 때문)라고도 부른다. 그리고 whether와 if는 의문종속절에서만 사용한다.

명사구에 쓰인 의문사: What time is it? / What's the time?

537 명사구에서 의문사 which와 what은 한정사와 대명사 역할을 하기도 한다.

−한정사 what: What time is it? 지금 몇 시입니까?

−대명사 what: What's the time? 지금 몇 시입니까?

다른 의문 한정사와 의문 대명사는 다음 도표에 정리되어 있다.

구 분	한정사	대명사	
	인칭과 비인칭	인칭	비인칭
주격	what, which	who, what, which	what, which
목적격	what, which	who, whom 〈격식체〉, which	what, which
속격	whose	whose	
의문사 + 전치사	what, which … + 전치사	who, whom 〈격식체〉 … + 전치사	what, which … + 전치사
전치사 + 의문사	전치사 + what, which 〈격식체〉	전치사 + whom 〈격식체〉	전치사 + what, which 〈격식체〉

who, whom, whose, which, what은 의문사와 관계대명사로 모두 사용한다. (690 참조) 관계사 which는 오로지 비인칭만 가리킬 수 있지만[1b] 의문사 which는 인칭과 비인칭을 모두 가리킬 수 있다. [2a, 2b] 다음 문장을 비교해 보자.

The author who wrote my favourite novel is Graham Greene. [1a]

내가 좋아하는 소설을 쓴 작가는 그레이엄 그린이다. [인칭 관계사 who]

The novel which I like best is *The End of the Affair*. [1b]

내가 가장 좋아하는 소설은 〈사랑의 종말〉이다. [비인칭 관계사 which]

Which is your favourite author? [인칭 의문사 which] [2a]

네가 좋아하는 작가는 어느 작가니?

Who is your favourite author? [인칭 의문사 who] [2b]

네가 좋아하는 작가는 누구니?

의문사의 선택: who 또는 which, what 또는 which

538 [2b]에 등장한 의문사 who의 의미는 [2a]에 등장한 의문사 which와 의미가 다르다. 이런 차이는 비한정적 대상을 지시하느냐 한정적 대상을 지시하느냐와 관계가 있다. [2a]의 한 정적 의문사 which는 화자가 한정적인 집단이라는 선택 범위에 대해 생각한다는 뜻을 나타낸다. who[2b]와 what은 비한정적 지시대상을 가리킨다는, 즉 화자가 한정적 집단을 염두에 두지 않았다는 뜻을 나타낸다. 다음의 몇 가지 예를 살펴보자.

인칭 명사를 동반하는 의문 한정사

-비한정 지시대상:

What composers do you like best? 당신은 어떤 작곡가를 가장 좋아합니까?

-한정 지시대상:

Which composer do you prefer: Mozart or Beethoven?

당신은 모차르트와 베토벤 중에서 어느 작곡가를 더 좋아합니까?

비인칭 명사를 동반하는 의문 한정사
　　-비한정 지시대상:

　　What tax changes are likely in the new budget?
　　새예산안에 어떤 과세 변동이 있을 것 같습니까?

　　-한정 지시대상:

　　Which way are you going-right or left?
　　당신은 오른쪽과 왼쪽 중 어느 방향으로 갈 겁니까?

　　Which Scottish university did you go to : Edinburgh or St Andrews?
　　당신은 에든버러와 세인트앤드루스 중에서 어느 스코틀랜드 대학에 들어갔습니까?

사람을 지시하는 의문 대명사
　　-비한정 지시대상:

　　Who sent you here? 누가 당신을 여기에 보냈습니까?

　　-한정 지시대상:

　　Which is your favourite composer : Mozart or Beethoven?
　　모차르트와 베토벤 중에서 당신이 좋아하는 작곡가는 어느 사람입니까?

비인칭을 지시하는 의문 대명사
　　-비한정 지시대상:

　　What's the name of this song? 이 노래의 제목은 무엇입니까?

　　-한정 지시대상:

　　Which do you prefer : classical or popular music?
　　당신은 클래식 음악과 팝 음악 중에서 어느 것을 더 좋아합니까?

　　Which do you want : the domestic or the international airport terminal?
　　당신은 국내공항 터미널과 국제공항 터미널 중에서 어느 쪽을 원하십니까?

which는 of구를 이끌 수 있다. 다음 세 개의 문장을 비교해 보자.
　　Which of the films do you like best?　　　　　　　　　　　　　　〔1〕
　　당신은 이 영화들 중에 어느 것을 가장 좋아합니까?

　　Which film do you like best? 당신은 어느 영화를 가장 좋아합니까?　　〔2〕
　　Which films do you like best? 당신은 어느 영화들을 가장 좋아합니까?　〔3〕
〔1〕번은 〔2〕번이나 〔3〕번과 의미가 같다. 이 문장은 하나의 집단에서 한 개(단수) 또는 한 개 이상(복수)을 선택하라고 요구한다.

의문사의 선택: who, whom 또는 whose

539 의문 대명사 who는 사람만을 지시한다.

Who sent you here? 누가 당신을 여기로 보냈습니까?

who와 whom은 모두 목적격으로 사용하지만 whom은 〈격식체〉이다.

Who did Abigail marry? 애비게일이 누구와 결혼했습니까?

Whom did Abigail marry? 〈격식체〉 애비게일이 누구와 결혼했습니까?

전치사가 필요한 경우, 〈일상체〉 구문에서는 전치사를 문장의 끝으로 보낸다.

Who did the generals stay loyal to? 〈일상체〉

그 장군들은 누구에게 계속 충성했습니까?

위 문장에 상응하는 〈격식체〉 구문에서는 의문사 다음에 전치사가 등장하며 이런 경우에는 목적격으로 반드시 whom을 사용해야 한다.

To whom did the generals stay loyal? 〈격식체〉

소유격 의문사 whose는 한정사나 대명사의 기능을 할 수 있다.

Whose jacket is this? [한정사] 이것은 누구의 재킷입니까?

Whose is this jacket? [대명사] 이 재킷은 누구의 것입니까?

한정사 whose 다음에는 인칭 명사나 비인칭 명사가 모두 올 수 있다.

Whose children are they? 그들은 누구의 자녀입니까?

Whose side are you on? 당신은 어느 편입니까?

의문사의 선택: what 대 who와 which

540 다음 예문이 보여주듯이 what의 용법은 광범위하다.

what은 인칭 지시와 비인칭 지시가 모두 가능하며 한정사(What nationality is he?)와 대명사(What's his nationality?) 기능을 모두 수행할 수 있다.

A: What's your address? 당신의 주소가 어떻게 됩니까?

B: (It's) 18 South Avenue. 사우스 애버뉴 18번지(입니다).

A: What date is it? 오늘은 몇 일입니까?

B: (It's) the 15th of March. 3월 15일(입니다).

A: What's the time? 지금이 몇 시입니까?

B: (It's) five o'lock. 다섯 시 정각(입니다).

A: What's Burt doing? 버트는 무엇을 하고 있습니까?

B: (He's) painting the house. (그는) 집을 페인트칠하고 있습니다.

A: What was the concert like? 음악회는 어땠습니까?

B: (It was) excellent. 근사했습니다.

what이 대명사로서 사람을 지시할 때에는 질문이 직업과 역할에 관한 것으로 한정되어 있다. 다음의 세 가지 대명사를 대조해 보자.

A : What's Molly's husband? 몰리의 남편은 뭐하는 사람입니까?

B : (He's) a writer. 〔직업〕 (그는) 작가입니다.

A : Which is Molly's husband? 몰리의 남편이 어느 분입니까?

B : (He's) the man on the right with a beard.
   〔한 집단에서 선택〕 (그는) 오른쪽의 수염 난 남자입니다.

A : Who is Molly's husband? 몰리의 남편은 어떤 사람입니까?

B : (He's) John Miller, the author of children's books. 〔정체〕
   (그는) 존 밀러라는 아동 도서 작가입니다.

의문 부사와 의문 접속사: Where are you going?

541 의문 한정사와 의문 대명사 외에, 의문 부사(where, when, why, how)와 의문 접속사
(whether, if)도 있다.

- where는 장소의 at이나 장소의 to를 가리킨다. (170 참조)

   Where are you staying? (At what place?)

   당신은 어디에서 머물고 있습니까? (어떤 장소에서?)

   Where are you going for your vacation? (To what place?)

   당신은 휴가에 어디로 가실 겁니까? (어떤 장소로?)

- when은 시간을 가리킨다. (151 참조)

   When are you leaving? (At what time?) 당신은 언제 떠나십니까? (어떤 시간에?)

- why는 원인, 이유, 목적을 가리킨다. (198 참조)

   Why are you going there? (For what reason?)

   당신은 왜 그곳으로 가십니까? (어떤 이유 때문에?)

- how는 방법, 수단, 도구를 가리킨다. (194 참조)

   How are you travelling? (By what means?)

   당신은 어떻게 여행하십니까? (어떤 수단으로?)

how는 정도를 나타내는 의문 부사이기도 하다. (215 참조) 이런 기능을 할 때 how는 부사
와 형용사, 한정사를 수식할 수 있다.

   How often do you see your friends? 당신은 친구를 얼마나 자주 만나십니까?

   How long are you staying? 당신은 얼마나 오래 머물 겁니까?

   How big is your boat? 당신의 배가 얼마나 큽니까?

   How many people can it take? 얼마나 많은 사람을 수용할 수 있을까?

whether와 if는 의문 접속사이다. 다른 의문사와 마찬가지로 의문 접속사도 간접(일반) 의
문문(259, 682 참조)을 이끌 수 있다.

도입의 it

542 영어의 표준 어순은 〈주어 + 동사〉이다.

      The colour of the car doesn't matter. 그 자동차의 색깔은 중요하지 않다.   〔1〕

the colour of the car 같은 명사구를 대신해서 다음 예문처럼 절을 주어로 취해도 좋다.
(588 참조)

      What colour the car is doesn't matter.   〔1a〕

하지만 〔1a〕는 도입의 it을 동반한 〔1b〕에 비해 자주 사용하지 않는다.

      It doesn't matter what colour the car is.   〔1b〕

〔1b〕에서 주어절(what colour the car is)은 문장의 마지막에 자리한다. 주어의 표준 위치인 문장의 맨 앞부분에는 it이 자리하여 뒤따르는 긴 주어절을 '유도'하고 있다. 따라서 〔1b〕에는 다음과 같이 두 개의 주어가 있다. 바로, 도입의 it과 뒤로 지연된 주어 what colour the car is이다. 이제 도입의 it을 사용한 예문을 몇 가지 더 살펴보자.

      It's too early to go and visit Sue at the hospital now.
      지금 병원에 있는 수를 병문안 가기는 너무 이르다.

      It makes me happy to see others enjoying themselves.
      다른 사람들이 즐겁게 지내는 모습을 보는 것이 나를 기쁘게 만든다.

      It's easy to understand why Bill wanted a new job.
      빌이 새로운 직업을 원했던 이유를 이해하기는 쉽다.

      It made no difference that most evidence pointed to an opposite
      conclusion. 대부분의 증거가 정반대의 결론을 가리켰다는 것은 아무 문제가 아니다.

      It's simply untrue that there has been another big row in the department.
      부서에서 또 한 번 커다란 소동이 있었다는 것은 그야말로 사실이 아니다.

      It's no use pretending everything is all right.
      모든 일이 잘 되는 척하는 것은 소용이 없다.

      It would be no good trying to catch the bus now.
      지금 버스를 타려고 노력하는 것은 아무 소용도 없을 것이다.

543 사이판 도입의 it–구문은 수동태로도 사용한다.

- that절 유도

      It's not actually been announced yet that the job will be advertised.
      그 일이 광고된다는 것은 아직 실제로 알려지지 않았다.

      It's actually been suggested that income tax should be abolished.
      소득세가 폐지되어야 한다는 것은 실제로 제안되지 않았다.

- 직접화법이나 간접화법 유도

It might be asked at this point: 'Why not alter the law?'

현 시점에서는 이런 의문이 들지도 모른다. "법을 변경하면 어떨까?"

● to부정사 유도

In the end, it may be decided not to apply for membership.

결국은 입회를 신청하지 않겠다고 결정될지도 모른다.

도입의 it이 아닌 경우

544 It seems that …, It appears that …, It happens that … may 같은 구문은 도입의 it-구문과 비슷하게 보이지만 it을 제외하면 그에 상당하는 다른 구문이 성립하지 않는다. 예를 들면, 다음 예문들에 상당하는 다른 문장은 존재하지 않는다.

It seems that everything is fine. (*금지 표현: That everything is fine seems.)

모든 것이 잘되는 듯하다.

It appeared that the theory was not widely supported by other scientists.

그 이론이 다른 과학자들에게 널리 지지받지 못하는 것처럼 보였다.

 It quite often happens that things go wrong.

일이 잘못되는 경우가 상당히 자주 발생한다.

또한 도입의 it-구문은 다음 예문처럼 it을 인칭대명사로 사용하는 문장과 구별되어야 한다.

This may not be much of a meal, but it's what I eat.

대단한 식사는 아닐지 모르지만 이것이 내가 먹는 음식이다.

여기서 it은 선행사인 단수 명사구 a meal을 가리킨다. (621 참조)

도입의 it과 관련된 경우: Her story is fascinating to read.

545 영문법을 통해서 화자는 문장의 여러 부분을 강조할 수 있다. 다음 문장을 보자.

To read her story is fascinating. 그녀가 쓴 기사를 읽는 것은 매우 흥미롭다.　　　〔1〕

to read her story는 주어 기능을 하는 명사절이다. 하지만 영어에서는 절을 주어로 취하는 것을 선호하지 않는다. 한 가지 대안은 〔1a〕처럼 도입의 it구문을 사용하는 것이다.

It's fascinating to read her story. 그녀가 쓴 기사를 읽는 것은 매우 흥미롭다.　　　〔1a〕

하지만 만약 'her story'를 문장의 화제로 삼고 싶다면 다음과 같이 말하면 된다.

Her story is fascinating to read. 그녀가 쓴 기사는 아주 흥미로운 읽을거리다.　　　〔1b〕

〔1b〕에서 명사절의 목적어인 'her story'는 절에서 '추출'되어 주절의 주어로 '승격'되었다. 동일한 구문을 사용하면 다음 문장의 her와 같은 목적어를 '승격'시킬 수 있다.

To talk to her was interesting. 그녀와의 대화는 흥미로웠다.

~ It was interesting to talk to her. 그녀와의 대화는 흥미로웠다.

~ She was interesting to talk to. 그녀는 흥미로운 대화 상대자였다.

이런 과정에서 목적격 대명사 her가 주격 대명사 she로 바뀌었다.

546 〔appear, seem, be certain, be sure, be known, be said 등〕 + to부정사로 비슷한 구문을 만들 수 있다.

You seem to have read so much. 당신은 독서를 상당히 많이 한 것처럼 보인다.

Our enemies are certain to exploit their advantage.

우리의 적들은 그들의 이점을 이용할 것이 분명하다.

My parents are sure to find out. 나의 부모님은 반드시 알아낸다.

George was never known to run or even walk fast.

조지는 뛰거나 심지어 빠르게 걷는 법도 결코 없다고 알려졌다.

Brenda Young is said to be the richest woman in the world.

브렌다 영은 세상에서 가장 부유한 여성이라고들 한다.

The government appears to be facing a difficult year.

정부는 힘겨운 해를 직면한 것처럼 보인다.

하지만 위의 구문에 상당하는 it—구문을 만들기 위해서는 that절이 반드시 필요하다. 이때 주절의 주어로 '승격'되는 것은 that절의 주어이다.

It appears that the government is facing a difficult year.

정부가 힘겨운 해를 직면한 것처럼 보인다.

도입의 there

547 영어로 다음과 같은 문장을 만드는 것은 가능하지만 매우 드물다.

A storm is coming. 폭풍이 오고 있다.

이런 내용을 자연스럽게 표현하는 방법은 강세를 받지 않는 there로 문장을 시작하고 비한정적 주어(a storm)를 지연시키는 것이다.

There's a storm coming. 폭풍이 오고 있다.

이런 구문은 도입의 there를 동반한 문장으로 상당히 자주 사용하는 유형이다. 다음은 여러 가지 동사의 문형(718 참조)을 이용한 예문으로, 주어가 비한정적이고 동사구가 be 동사를 포함한 문장이라면 도입의 there를 동반하는 문장으로 어떻게 변형할 수 있는지 보여준다.

There's no water 〔in the house〕. (SVA) 〔그 집에는〕 물이 없다.

There are lots of people getting 〔jobs〕. (SVO) 〔일자리〕를 얻는 사람들이 많다.

There's something causing 〔her〕 〔distress〕. (SVOO)

〔그녀에게〕 〔고민을〕 안겨주는 무엇인가가 있다.

There have been two bulldozers knocking 〔the place〕 〔flat〕. (SVOC)

〔그 장소를〕 〔평평하게〕 밀어버리는 두 대의 불도저가 있었다.

There's somebody coming. (SV) 누군가가 다가오고 있다.

이런 구문은 수동태로도 가능하다.

There's a new novel displayed in the window.

창문에는 새로운 소설이 진열되어 있다.

There's been a handbag stolen in the department store.

백화점에서 핸드백을 도둑맞았다.

만약 지연된 주어[볼드체로 표기]가 복수라면 동사 역시 복수형이라야 한다. (아래 548 참조)

There **are many people** trying to buy houses in this neighbourhood.

이 지역에는 집을 사려는 사람들이 많다.

There **seem** to be **no poisonous snakes** around here.

이 부근에는 독사가 없는 것처럼 보인다.

Were there **any other drivers** around to see the accident?

주변에 사고를 목격한 다른 운전자가 없었니?

There **are some friends** I have to see. 내가 만나야만 할 친구들이 몇 명 있다.

주어 역할을 하는 도입의 there: I don't want there to be any trouble.

548 도입의 there는 문두에서 장소 부사의 기능을 하며 강세를 받는 there와는 다르다. (There is my car ＝ My car is there. 416 참조) 도입의 there는 강세를 받지 않으며 어떤 면에서는 문장의 주어처럼 움직인다. 〈일상 대화〉에서 자주 나타나는 특징은, 뒤따라오는 지연된 주어가 복수일 때에도 there의 바로 뒤에 단수 동사의 축약형인 's를 덧붙이는 것이다. 다음 두 개의 예문은 모두 표준 〈문어체〉이자 형식상 '올바른' 구문으로 고칠 경우에 there are로 바꾸어야 한다. (547에서 설명한 바와 같다.)

There's only four bottles left. 〈일상 구어체〉 겨우 네 병밖에 남지 않았다.

There's better things to do than listen to gossip. 〈일상 구어체〉

남의 뒷말에 귀를 기울이는 것보다 더 훌륭한 할 일이 있다.

위 예문에서는 동사의 축약형 때문에 there's가 음성 처리를 위해서 단일한 불변의 단위처럼 움직인다. 이와 유사하게, 〈일상 대화체〉에서는 형식상 '올바른' 복수 비축약형 'here are, where are, how are ＋ 복수 주어'를 대신하여 'here's, where's, how's ＋ 복수 주어'를 사용하려는 경향도 있다.

Here's your keys. 〈일상 구어체〉 여기 당신 열쇠가 있습니다.

～ Here are your keys. 〈표준 문어체〉

How's your kids? 〈일상 구어체〉 아이들은 어떻게 지냅니까?

～ How are your kids? 〈표준 문어체〉

there는 일반 의문문(682 참조)과 부가의문문(684 참조)의 주어 역할을 하며, 이때 be와 there가 도치된다.

361

Is there any more wine? 와인이 더 있습니까?

There's no one else coming, is there? 달리 더 올 사람이 없어요. 그렇죠?

there는 부정사절과 -ing절에서 주어 역할을 하기도 한다. (493 참조)

I don't want there to be any trouble. 나는 어떤 문제도 생기지 않기를 바란다.

Bill was disappointed at there being so little to do.

빌은 할 일이 너무 없어서 실망했다.

There being no further business, the meeting adjourned at 11:15. 〈격식체〉

더 이상 안건이 없었으므로 회의는 11시 15분에 산회했다.

관계사절과 부정사절을 동반하는 도입의there: There's something I ought to tell you.

549 ● 위에서 살펴본 것 이외에도 도입의 there 문장에는 한 가지 유형이 더 있다. 이런 문장의
대안으로서 다음 예문을 살펴보자.

Something keeps upsetting him. 무엇인가가 계속 그를 화나게 만든다.

~ There's something (that) keeps upsetting him.

위 예문의 구조는 'there + be 동사 + 명사구 + 절'이며 여기서 절은 관계사절과 같다.
(686 참조) 이런 문장에는 비한정적 명사구가 반드시 있어야 하지만 이 명사구가 반드시 주
어가 될 필요는 없다.

Is there anyone in particular (that) you want to speak to?

당신이 대화를 나누고 싶은 사람이 특별히 있습니까?

(비교: Do you want to speak to anyone in particular?)

당신은 특별히 누군가와 대화를 나누고 싶습니까?

● 보편적으로 사용하는 또 하나의 문형은 '도입의 there + be + 명사구 + to부정사절'
이다. 여기서 부정사는 for-주어를 갖기도 한다.

Tonight there's nothing else (for us) to do but watch TV.

오늘밤에는 텔레비전 시청 외에는 (우리가) 할일이 달리 없다.

There was no one (for her) to talk to. (그녀가) 말을 걸 사람이 한명도 없었다.

이런 문형은 수동태로도 표현하기도 한다.

There are several practical problems to be considered.

고려되어야 할 실질적인 문제가 몇 가지 있다.

● 〈문학적〉 문맥에서 전형적으로 등장하는 유형의 there-구문도 있다.

There may come a time when Europe will be less fortunate. (A time may come …)

유럽이 덜 행복해질 때가 올지도 모른다.

이런 구문에서는 there 다음에 be 동사 대신 다른 동사(예를 들어, come, lie, stand, exist,
rise)가 뒤따를 수도 있다. 문두에 장소 부사어구를 두면, 〈문학적〉 문체에서는 there가 생
략되기도 한다. (416 참조)

On the other side of the valley (there) rose a gigantic rock surmounted by a ruined fortress. 〈격식체, 문학체〉

골짜기의 반대편에는 파괴된 요새를 받치고 있는 거대한 바위가 솟았다.

불규칙동사(Irregular Verbs)

550 영어 동사는 대부분 규칙 변화를 하지만 200개 이상의 주요 동사가 불규칙 변화를 한다. 불규칙동사도 규칙동사와 마찬가지로 s형과 ing형이 있다. (573 참조) 예를 들면, 규칙동사 walk가 walks와 walking으로 변화하듯이 불규칙동사 break는 breaks와 breaking으로 변화한다. 규칙동사의 경우에는 과거시제형과 과거분사형이 동일하므로 동사의 기본형에 ed 어미를 덧붙인다고 예상할 수 있다.

기본형	과거형	과거분사
walk	walked	walked

하지만 불규칙동사의 경우에는 기본형을 보고 과거형이나 과거분사형을 예상하지 못한다.

기본형	과거형	과거분사
break	broke	broken

영어는 불규칙동사를 세 가지 주요 유형으로 분류한다.

- 세 가지 주요 변화형(기본형, 과거형, 과거분사)이 모두 동일한 경우

  cut – cut – cut   let – let – let
- 세 가지 주요 변화형 중에서 두 가지가 동일한 경우

  spend – spent – spent   come – came – come
- 세 가지 주요 변화형이 모두 다른 경우

  blow – blew – blown   speak – spoke – spoken

각각의 유형 안에서도 동사들은 유사성을 중심으로 다시 분류할 수 있다. 예를 들면, spend-그룹, speak-그룹 등이다. 다음 목록은 철저하게 작성된 것은 아니다. 조동사에 관해서는 477-485를 참조하라.

이 책에서는 대다수의 불규칙 영어 동사를 포함하는 두 개의 목록을 제시한다. 그룹별로 정리한 목록과 알파벳 순서에 따른 목록, 이 두 가지이다.

그룹별 목록 (551–571 참조)

첫 번째 목록에서는 동사의 기본형이 과거형과 과거분사형으로 어떻게 달라지는가에 따라 그룹별로 나뉜다. 예를들면 put과 cut은 put – put – put과 cut – cut – cut으로 모두 동일하다. dig과 win은 과거시제와 과거분사형이 동일하며 똑같은 모음 변화를 겪는다는 점에서 서로 비슷하다. 즉, dig – dug – dug과 win – won – won으로 변화한다. 이렇게 동사들을 그룹별로 분류한 이유는 알파벳 순서에 따른 배열만으로는 명확하지 않은 불규칙 동사의 다양한 유형에 대한 이해를 돕기 위해서이다.

알파벳순 목록 (572 참조)

학습자의 편의를 위하여 이 책은 동사들을 알파벳순에 따라 배열하고 그룹 목록도 참조할 수 있도록 배려한 두 번째 목록도 제시하고 있다. 두 가지 목록은 모두 동사별로 세 가지 형태, 즉 기본형, 과거시제형, 과거분사를 포함한다. 이중에는 대체형이 있는 동사도 있다. 예를 들면, sweat의 과거형은 sweat(불규칙)과 sweated(규칙) 모두 가능하다. 말하자면, 두 가지 형태가 모두 사용 가능하지만 때때로 문맥, 문체, 종류에 따라 다르게 활용된다. 예를 들어, dreamt와 dreamed라는 두 가지 형태의 경우에 〈미국식〉에서는 대체로 후자를 더 선호한다. shone(shined)과 같이 괄호 안에 표기한 대체형은 자주 사용하지 않거나 특별한 용도로 사용한다.

The sun **shone** all day. 태양이 하루 종일 빛났다.

(비교: He **shined** his shoes every morning. 그는 매일 아침 자신의 구두를 닦았다.)

***볼드체**로 표기한 동사는 become, begin, bring처럼 일반적이거나 대단히 일반적이다.

그룹별 목록

동사의 세 가지 변화형이 모두 동일한 경우 (일부 동일하지 않은 형태의 대체형이 있다.)

put 그룹

551 bet	bet, betted	bet, betted
bid	bid, bade	bid, bidden
broadcast	broadcast	broadcast
burst	burst	burst
bust 〈일상적 대화체〉	bust, busted	bust, busted
cast	cast	cast
cost	cost, (costed)	cost, (costed)
cut	cut	cut
fit	fit 〈특히 미국식〉, fitted	fit 〈특히 미국식〉, fitted

forecast	forecast	forecast
hit	hit	hit
hurt	hurt	hurt
input	input, inputted	input, inputted
knit	knit, knitted	knit, knitted
let	let	let
miscast	miscast	miscast
offset	offset	offset
outbid	outbid	outbid
put	put	put
quit	quit, quitted	quit, quitted
recast	recast	recast
reset	reset	reset
rid	rid, ridded	rid, ridded
set	set	set
shed	shed	shed
shit	shit, shat	shit
shut	shut	shut
slit	slit	slit
split	split	split
spread	spread	spread
sweat	sweat, sweated	sweat, sweated
thrust	thrust	thrust
typeset	typeset	typeset
upset	upset	upset
wed	wed, wedded	wed, wedded
wet	wet, wetted	wet, wetted

동사의 주요 변화형 중 두 가지가 동일한 경우

learn 그룹

552 이런 동사는 규칙형(learned)이나 –t접미사가 붙은 불규칙형(learnt)으로 변화할 수 있다. 규칙형인 /d/–형은 특히 〈미국식〉에서, /t/–형은 특히 〈영국식〉에서 사용한다.

burn	burned, burnt	burned, burnt
dwell	dwelled, dwelt	dwelled, dwelt
learn	learned, learnt	learned, learnt

misspell	misspelled, misspelt	misspelled, misspelt
smell	smelled, smelt	smelled, smelt
spell	spelled, spelt	spelled, spelt
spill	spilled, spilt	spilled, spilt
spoil	spoiled, spoilt	spoiled, spoilt

spend 그룹

553
bend	bent	bent
build	built	built
lend	lent	lent
rebuild	rebuilt	rebuilt
rend	rent	rent
send	sent	sent
spend	spent	spent
unbend	unbent	unbent

read 그룹

554
behold 〈문학체〉	beheld	beheld
bleed	bled	bled
breed	bred	bred
feed	fed	fed
flee	fled	fled
hold	held	held
lead /iː/	led	led
mislead /iː/	misled	misled
overfeed	overfed	overfed
read /iː/	read /e/	read /e/
reread /riːríd/	reread /riːréd/	reread /riːréd/
speed	sped, speeded	sped, speeded
uphold	upheld	upheld
withhold	withheld	withheld

keep 그룹

555 대체가 가능한 규칙형(dreamt를 대신하는 dreamed 등)이 있는 경우에 규칙형은 대체로 〈미국식〉에서 선호한다.

creep	crept	crept
deal /iː/	dealt /e/	dealt /e/
dream /iː/	dreamt /e/, dreamed	dreamt /e/, dreamed
feel	felt	felt
keep	kept	kept
kneel	knelt, kneeled	knelt, kneeled
lean /iː/	leant /e/, leaned	leant /e/, leaned
leap /iː/	leapt /e/, leaped	leapt /e/, leaped
leave	left	left
mean /iː/	meant /e/	meant /e/
meet	met	met
oversleep	overslept	overslept
sleep	slept	slept
sweep	swept	swept
weep	wept	wept

win 그룹

556

cling	clung	clung
dig	dug	dug
fling	flung	flung
hamstring	hamstrung	hamstrung
hang	hung, (hanged)	hung, (hanged)
restring	restrung	restrung
sling	slung	slung
slink	slunk	slunk
spin	spun, span	spun
stick	stuck	stuck
sting	stung	stung
strike	struck	struck
string	strung	strung
swing	swung	swung
win	won	won
wring	wrung	wrung

bring 그룹

557		
bring	brought /ɔ:/	brought /ɔ:/
buy	bought	bought
catch	caught	caught
fight	fought	fought
seek	sought	sought
teach	taught	taught
think	thought	thought

find 그룹

558		
bind /ai/	bound /aʊ/	bound /aʊ/
find	found	found
grind	ground	ground
rewind	rewound	rewound
unbind	unbound	unbound
unwind	unwound	unwound
wind /ai/	wound /aʊ/	wound /aʊ/

get 그룹

559		
get	got	got, gotten
lose /lu:z/	lost	lost
shine	shone, (shined)	shone, (shined)
shoot	shot	shot

tell 그룹

560		
foretell	foretold	foretold
resell	resold	resold
retell	retold	retold
sell	sold	sold
tell	told	told

come 그룹

561		
become	became	become
come	came	come
outrun	outran	outrun

overcome	overcame	overcome
overrun	overran	overrun
rerun	reran	rerun
run	ran	run

동사의 주요 변화형 중 두 가지가 동일한 다른 동사

562 beat	beat	beaten, (beat)
browbeat	browbeat	browbeaten
have	had	had
hear	heard	heard
lay	laid [철자 불규칙]	laid [철자 불규칙]
light	lit, lighted	lit, lighted
make	made	made
mishear	misheard	misheard
misunderstand	misunderstood	misunderstood
overhear	overheard	overheard
pay	paid [철자 불규칙]	paid [철자 불규칙]
remake	remade	remade
say	said /e/	said /e/
sit	sat	sat
slide	slid	slid
spit	spat, spit	spat, spit
stand	stood	stood
understand	understood	understood
unmake	unmade	unmade
withstand	withstood	withstood

동사의 세 가지 주요 변화형이 모두 다른 경우

mow 그룹: 과거분사가 규칙형(mowed)이나 불규칙형(mown)으로 변할 수 있다.

563 hew	hewed	hewn, hewed
mow	mowed	mown, mowed
saw	sawed	sawn, sawed
sew	sewed	sewn, sewed
show	showed	shown, (showed)
sow	sowed	sown, sowed

| swell | swelled | swollen, swelled |

speak 그룹

564

awake	awoke, awaked	awoken, awaked
break	broke	broken
choose /tʃuːz/	chose /tʃoʊz/	chosen /tʃóʊz/
deepfreeze	deepfroze	deepfrozen
freeze	froze	frozen
speak	spoke	spoken
steal s	tole	stolen
wake	woke, waked	woken, waked
weave	wove	woven

bear 그룹

565

bear /beə(r)/	bore	borne*
swear	swore	sworn
tear	tore	torn
wear	wore	worn

*born은 be 동사를 동반한 구문에서만 사용한다. 철자의 차이에 주의하라.
She has borne six children and the youngest was born only a month ago.
그녀는 여섯 명의 자녀를 낳았으며 막내가 겨우 한 달 전에 태어났다.

know 그룹

566

blow	blew	blown
grow	grew	grown
know	knew	known
outgrow	outgrew	outgrown
overthrow	overthrew	overthrown
throw	threw	thrown

bite 그룹

567

bite	bit	bitten, (bit)
hide	hid	hidden, (hid)

take 그룹

568 mistake	mistook	mistaken
overtake	overtook	overtaken
shake	shook	shaken
take	took	taken
undertake	undertook	undertaken

write 그룹

569 arise /ai/	arose /oʊ/	arisen /i/
drive	drove	driven
rewrite	rewrote	rewritten
ride	rode	ridden
rise	rose	risen
stride	strode	stridden, strode
strive	strove, strived	striven, strived
underwrite	underwrote	underwritten
write	wrote	written

begin 그룹

570 begin	began, (begun)	begun
drink	drank	drunk
ring	rang, rung	rung
shrink	shrank, shrunk	shrunk
sing	sang, sung	sung
sink	sank, sunk	sunk
spring	sprang 〈미국식에서도〉	sprung
sprung		
stink	stank, stunk	stunk
swim	swam, swum	swum

동사의 세 가지 주요 변화형이 모두 다른 경우

571 cleave	cleaved, clove, cleft	cleaved, cloven, cleft
dive	dived, dove 〈미국식〉	dived
do	did	done
draw	drew	drawn

eat	ate /eit/, 〈미국식〉 /eit/	eaten
fall	fell	fallen
fly	flew	flown
forbid	forbad(e)	forbidden, (forbid)
foresee	foresaw	foreseen
forget	forgot	forgotten, (forgot)
forgive	forgave	forgiven
give	gave	given
go	went	gone
lie	lay	lain
outdo	outdid	outdone
overdo	overdid	overdone
overeat	overate	overeaten
oversee	oversaw	overseen
redo	redid	redone
see	saw	seen
shear /iə(r)/	sheared	shorn, sheared
slay	slew	slain
tread	trod	trodden, trod
undergo	underwent	undergone
undo	undid	undone
withdraw	withdrew	withdrawn

알파벳순으로 정리한 불규칙동사

572 가장 오른쪽 열의 숫자는 동사를 그룹별로 분류하여 나열한 항(551~571)을 가리킨다. 볼드체로 표기한 동사는 become, begin, bring처럼 일반적이거나 대단히 일반적이다.

arise	arose	arisen	569
awake	awoke, awaked	awoken, awaked	564
be	was, were	been	482
bear	bore	borne	565
beat	beat	beaten, (beat)	562
become	became	become	561
begin	began, (begun)	begun	570
behold 〈문학적〉	beheld	beheld	554
bend	bent	bent	553

bet	bet, betted	bet, betted	551
bid	bid, bade	bid, bidden	551
bind	bound	bound	558
bite	bit	bitten, (bit)	567
bleed	bled	bled	554
blow	blew	blown	566
break	broke	broken	564
breed	bred	bred	554
bring	brought	brought	557
broadcast	broadcast	broadcast	551
browbeat	browbeat	browbeaten	562
build	built	built	553
burn	burned, burnt	burned, burnt	552
burst	burst	burst	551
bust 〈일상적 대화체〉	bust, busted	bust, busted	551
buy	bought	bought	557
cast	cast	cast	551
catch	caught	caught	557
choose	chose	chosen	564
cleave	cleaved, clove, cleft	cleaved, cloven, cleft	571
cling	clung	clung	556
come	came	come	561
cost	cost	cost	551
creep	crept	crept	555
cut	cut	cut	551
deal	dealt	dealt	555
deepfreeze	deepfroze	deepfrozen	564
dig	dug	dug	556
dive	dived, dove 〈미국식〉	dived	571
do	did	done	571
draw	drew	drawn	571
dream	dreamt, dreamed	dreamt, dreamed	555
drink	drank	drunk	570
drive	drove	driven	569
dwell	dwelled, dwelt	dwelled, dwelt	552

eat	ate	eaten	571
fall	fell	fallen	571
feed	fed	fed	554
feel	felt	felt	555
fight	fought	fought	557
find	found	found	558
fit	fitted, 〈미국식〉 fit	fitted, 〈미국식〉도 fit	551
flee	fled	fled	554
fling	flung	flung	556
fly	flew	flown	571
forbid	forbad(e)	forbidden, (forbid)	571
forecast	forecast	forecast	551
foresee	foresaw	foreseen	571
foretell	foretold	foretold	560
forget	forgot	forgotten, (forgot)	571
forgive	forgave	forgiven	571
freeze	froze	frozen	564
get	got	got, gotten 〈미국식〉	559
give	gave	given	571
go	went	gone	571
grind	ground	ground	558
grow	grew	grown	566
hamstring	hamstrung	hamstrung	556
hang	hung, (hanged)	hung, (hanged)	556
have	had	had	562
hear	heard	heard	562
hew	hewed	hewn, hewed	563
hide	hid	hidden, (hid)	567
hit	hit	hit	551
hold	held	held	554
hurt	hurt	hurt	551
input	input, inputted	input, inputted	551
keep	kept	kept	555
kneel	knelt, kneeled	knelt, kneeled	555
knit	knit, knitted	knit, knitted	551

know	knew	known	566
lay	laid	laid	562
lead	led	led	554
lean	leant, leaned	leant, leaned	555
leap	leapt, leaped	leapt, leaped	555
learn	learned, learnt	learned, learnt	552
leave	left	left	555
lend	lent	lent	553
let	let	let	551
lie	lay	lain	571
light	lit, lighted	lit, lighted	562
lose	lost	lost	559
make	made	made	562
mean	meant	meant	555
meet	met	met	555
miscast	miscast	miscast	551
mishear	misheard	misheard	562
mislead	misled	misled	554
misspell	misspelled, misspelt	misspelled, misspelt	552
mistake	mistook	mistaken	568
misunderstand	misunderstood	misunderstood	562
mow	mowed	mown, mowed	563
offset	offset	offset	551
outbid	outbid	outbid	551
outdo	outdid	outdone	571
outgrow	outgrew	outgrown	566
outrun	outran	outrun	561
overcome	overcame	overcome	561
overdo	overdid	overdone	571
overeat	overate	overeaten	571
overfeed	overfed	overfed	554
overhear	overheard	overheard	562
overrun	overran	overrun	561
oversee	oversaw	overseen	571
oversleep	overslept	overslept	555

overtake	overtook	overtaken	568
overthrow	overthrew	overthrown	566
pay	paid	paid	562
put	put	put	551
quit	quit, quitted	quit, quitted	551
read	read	read	554
rebuild	rebuilt	rebuilt	553
recast	recast	recast	551
redo	redid	redone	571
remake	remade	remade	562
rend	rent	rent	553
reread	reread	reread	554
rerun	reran	rerun	561
resell	resold	resold	560
reset	reset	reset	551
restring	restrung	restrung	556
retell	retold	retold	560
rewind	rewound	rewound	558
rewrite	rewrote	rewritten	569
rid	rid, ridded	rid, ridded	551
ride	rode	ridden	569
ring	rang, rung	rung	570
rise	rose	risen	569
run	ran	run	561
saw	sawed	sawn, sawed	563
say	said	said	562
see	saw	seen	571
seek	sought	sought	557
sell	sold	sold	560
send	sent	sent	553
set	set	set	551
sew	sewed	sewn, sewed	563
shake	shook	shaken	568
shear	sheared	shorn, sheared	571
shed	shed	shed	551

376

shine	shone, (shined)	shone, (shined)	559
shit 〈금기〉	shit, shat	shit	551
shoot	shot	shot	559
show	showed	shown, (showed)	563
shrink	shrank, shrunk	shrunk	570
shut	shut	shut	551
sing	sang, sung	sung	570
sink	sank, sunk	sunk	570
sit	sat	sat	562
slay	slew	slain	571
sleep	slept	slept	555
slide	slid	slid	562
sling	slung	slung	556
slink	slunk	slunk	556
slit	slit	slit	551
smell	smelled, smelt	smelled, smelt	552
sow	sowed	sown, sowed	563
speak	spoke	spoken	64
speed	sped, speeded	sped, speeded	554
spell	spelled, spelt	spelled, spelt	552
spend	spent	spent	553
spill	spilled, spilt	spilled, spilt	552
spin	spun, span	spun	556
spit	spat, spit	spat, spit	562
split	split	split	551
spoil	spoiled, spoilt	spoiled, spoilt	552
spread	spread	spread	551
spring	sprang, sprung	sprung	570
stand	stood	stood	562
steal	stole	stolen	564
stick	stuck	stuck	556
sting	stung	stung	556
stink	stank, stunk	stunk	570
stride	strode	stridden, strode	569
strike	struck	struck	556

string	strung	strung	556
strive	strove, strived	striven, strived	569
swear	swore	sworn	565
sweat	sweat, sweated	sweat, sweated	551
sweep	swept	swept	555
swell	swelled	swollen, swelled	563
swim	swam, swum	swum	570
swing	swung	swung	556
take	took	taken	568
teach	taught	taught	557
tear	tore	torn	565
tell	told	told	560
think	thought	thought	557
throw	threw	thrown	566
thrust	thrust	thrust	551
tread	trod	trodden, (trod)	571
typeset	typeset	typeset	551
unbend	unbent	unbent	553
unbind	unbound	unbound	558
undergo	underwent	undergone	571
understand	understood	understood	562
undertake	undertook	undertaken	568
underwrite	underwrote	underwritten	569
undo	undid	undone	571
unmake	unmade	unmade	562
unwind	unwound	unwound	558
uphold	upheld	upheld	554
upset	upset	upset	551
wake	woke, waked	woken, waked	564
wear	wore	worn	565
weave	wove	woven	564
wed	wed, wedded	wed, wedded	551
weep	wept	wept	555
wet	wet, wetted	wet, wetted	551
win	won	won	556

wind	wound	wound	558
withdraw	withdrew	withdrawn	571
withhold	withheld	withheld	554
withstand	withstood	withstood	562
wring	wrung	wrung	556
write	wrote	written	569

본동사(Main Verbs)

본동사의 형태

573 동사에는 두 가지 유형이 있다. 바로 본동사와 조동사(477-485 참조)이다. 본동사는 규칙형 (예를 들어 call, like, try)이나 불규칙형(예를 들어 buy, drink, set)으로 변화한다. '규칙형'이란 동사의 기본형만 알면 동사의 모든 형태를 알 수 있는 경우를 의미한다. 기본형은 사전에 기재된 항목처럼 어형 변화를 하지 않은 형태이다. 불규칙동사는 550-572에 나열되어 있 다. call과 같은 규칙동사는 다음과 같은 네 가지 형태로 변화한다.

- 기본형: call
- s형: calls
- ing형: calling
- ed형: called

영어는 대다수의 동사가 규칙형이다. 더욱이 새로 만들어지거나 다른 언어에서 차용한 새로운 동사들은 모두 이런 양식을 따른다. 예를 들면, 최근에 만들어진 동사인 futurize ('미래의 발전에 대한 장기적인 예상을 기반으로 계획을 시행하다'는 의미의 동사)는 futurizes, futurizing, futurized의 형태로 변화한다.

574 • 3인칭 단수 현재라고도 불리는 s형은 〈문어체〉에서 기본형에 s나 es를 덧붙여서 만든다. (702 참조) 〈구어체〉 영어에서는 s형을 /iz/, /z/, 또는 /s/로 발음한다.

기본형	-s형
press /pres/	presses /présiz/
play /plei/	plays /pleiz/
help /help/	helps /helps/

이런 대체형을 선택하는 규칙은 664항에서 설명하고 있다. try/tries처럼 철자가 변경 되는 경우에 관해서는 701항을 참조하라.

예외: do /duː/ - does /dʌz/, say /sei/ - says /sez/

● ing형이나 현재분사는 규칙동사나 불규칙동사의 기본형에 ing를 덧붙여서 만든다.
(beg – begging과 같은 철자 변화에 대해서는 703항 참조)

기본형	ing형
press	pressing
play	playing
help	helping

● 규칙동사의 ed형은 기본형에 ed를 덧붙여서 만든다. 이 형태는 수많은 불규칙동사의 두 가지 변화형(과거와 과거분사)과 일치한다. 다음을 비교해 보자.

기본형	-ed형	
	과거형	과거분사
press	pressed	pressed
play	played	played
help	helped	helped

규칙동사

기본형	과거형	과거분사
drink	drank	drunk
know	knew	known
hit	hit	hit

불규칙동사

*ed형은 /id/, /d/ 또는 /t/로 발음한다.

기본형	-ed형
pat	patted /pǽtid/
praise	praised /preizd/
press	pressed /prest/

이렇게 발음을 선택해야 하는 경우에 관해서는 665항을 참조하라. pat – patted와 같은 철자 변화에 관해서는 703항을 참조하라.

동사 변화형의 용도
575 기본형을 사용하는 경우
● 현재시제일 때 3인칭 단수를 제외한 모든 인칭
I/you/we/they/the students like fast food.
나/너/우리/그들/학생들은 패스트푸드를 좋아한다.

● 명령문의 경우 (497 참조)

Look what you've done! 네가 무슨 일을 저질렀는지 좀 봐!

● 원형부정사(do)나 to부정사(to do)로 사용할 수 있는 부정사의 경우

We'll tell them what to do and then let them do it.

우리는 그들에게 할 일을 말해주고는 그들이 일을 하도록 내버려둘 것이다.

● 강제적 가정법의 경우 (706 참조)

The committee recommends that these new techniques be implemented at once. 위원회는 이 새로운 기술을 즉시 시행하라고 권고한다.

576 s형은 기본형을 사용하지 않는 유일한 인칭인 현재시제의 3인칭 단수에서 사용한다. (741 참조)

He/She/The student/Everybody wants to have a good time, that's all.

그/그녀/그 학생/모든 사람이 좋은 시간을 보내고 싶어 할 뿐이다.

577 ed형은 과거시제와 과거분사에 모두 사용할 수 있는 반면 수많은 불규칙동사의 경우에는 과거시제와 과거분사가 뚜렷이 구별된다. (예를 들어, gave - given) (550 참조)

● 현재시제와는 달리 과거시제는 단 한 가지 형태를 모든 인칭에 두루 사용한다.

I/You/She/We/They/The students/Everybody wanted to have a good time.

나/너/그녀/우리/그들/학생들/모든 사람이 좋은 시간을 보내고 싶어했다.

● 과거분사는 have의 변화형을 동반하여 과거 시상을 만들 때 사용한다. (739 참조)

Ms Johnson has asked me to contact you.

존슨 양이 당신에게 연락하라고 나에게 부탁했다.

● 과거분사는 be의 변화형을 동반하여 과거시제를 만들 때 사용한다. (613 참조)

The security guard was given special instructions. 경비원은 특별 지시를 받았다.

The plans have been changed. 그 계획은 변경되었다.

● 과거분사는 ed분사절을 만들 때 사용한다. (493 참조)

The codes were found hidden in the arrested spy's computer.

그 암호는 체포된 스파이의 컴퓨터에 숨겨진 채 발견되었다.

I also heard it mentioned by somebody else.

나도 누군가 다른 사람에 의해 그것이 언급되는 것을 들었다.

● 과거분사도 형용사가 될 수 있고 명사를 수식할 수 있다.

His injured back puts a stop to his career as an athlete.

허리 부상은 그의 운동선수 경력에 종지부를 찍었다.

ing형을 사용하는 경우

578 ● 진행형을 만들 때 (739 참조)

Laura is working on a PhD thesis in information science.
로라는 정보 과학에 관한 박사 논문을 쓰고 있다.

● ing분사절을 만들 때 (493 참조)

It's a trick I learned while recovering from the mumps.
이것은 내가 유행성 이하선염에서 회복하면서 배운 요령이다.

● ing형은 형용사도 될 수 있으며 명사를 수식할 수 있다. (444 참조)

It was a fascinating performance. 그것은 매력적인 공연이었다.

● ing형은 행동이나 상태를 설명하는 명사가 될 수도 있다.

The telling of stories is an important tradition in many societies.
이야기 구연은 많은 사회에서 중요한 전통이다.

국적 단어(Nationality words)

579 영국 사람들에 대해 일반적으로 말할 때에는 English people이라고 하거나 핵어 형용사 앞에 정관사를 덧붙여서 the English라고 한다. (448 참조)

English people/The English have managed to hold on to their madrigal
tradition better than anyone else.   [1]

영국 사람들/영국인은 마드리갈 전통을 어느 누구보다도 더 훌륭하게 지켜왔다.

특정한 영국 사람들 일부를 가리킬 때에는 첫 번째 형태만을 사용한다.

The English people I met at the conference were all doctors.   [2]
내가 학회에서 만난 영국 사람들은 모두 의사였다.

[1]번 문장과 같이 첫 번째의 일반적인 유형의 지칭을 총칭 지시라 부르고 [2]번 문장과 같이 두 번째의 특별한 유형을 특정 지시라 부른다. 극적을 나타내는 단어 중에서 일부는 총칭 지시와 특정 지시로 모두 사용할 수 있다. (90 참조)

The Australians are said to like the outdoors. [일반적인 호주 사람]
호주인은 야외활동을 좋아한다고들 한다.

The Australians I know don't particularly like the outdoors. [일부 특정한 호주 사람]
내가 아는 호주인들은 야외활동은 특별히 좋아하지는 않는다.

국적을 나타내는 단어

580 다음 도표에는 국가, 대륙 등의 이름과 그게 상응하는 형용사와 명사가 등장한다. (특정 지시와 총칭 지시를 하는 어휘)

국가, 대륙 이름	형용사	단수 지시 명사	복수 지시 명사	포괄적 지시 명사(복수)
China	Chinese	a Chinese	Chinese	the Chinese
Japan	Japanese	a Japanese	Japanese	the Japanese
Portugal	Portuguese	a Portuguese	Portuguese	the Portuguese
Switzerland	Swiss	a Swiss	Swiss	the Swiss
Vietnam	Vietnamese	a Vietnamese	Vietnamese	the Vietnamese
Iraq	Iraqi	an Iraqi	Iraqis	the Iraqis
Israel	Israeli	an Israeli	Israelis	the Israelis
Kuwait	Kuwaiti	a Kuwaiti	Kuwaitis	the Kuwaitis
Pakistan	Pakistani	a Pakistani	Pakistanis	the Pakistanis
Africa	African	an African	Africans	the Africans
America	American	an American	Americans	the Americans
Afghanistan	Afghan	an Afghan	Afghans	the Afghans
Asia	Asian	an Asian	Asians	the Asians
Australia	Australian	an Australian	Australians	the Australians
Belgium	Belgian	a Belgian	Belgians	the Belgians
Brazil	Brazilian	a Brazilian	Brazilians	the Brazilians
Europe	European	a European	Europeans	the Europeans
Germany	German	a German	Germans	the Germans
Greece	Greek	a Greek	Greeks	the Greeks
Hungary	Hungarian	a Hungarian	Hungarians	the Hungarians
India	Indian	an Indian	Indians	the Indians
Norway	Norwegian	a Norwegian	Norwegians	the Norwegians
Russia	Russian	a Russian	Russians	the Russians
Argentina	Argentinian	an Argentinian	Argentinians	the Argentinians
(the) Argentine	Argentine	an Argentine	Argentines	the Argentines
Denmark	Danish	a Dane	Danes	the Danes
Finland	Finnish	a Finn	Finns	the Finns
the Philippines	Philippine	a Filipino	Filipinos	the Filipinos
Poland	Polish	a Pole	Poles	the Poles
Saudi Arabia	Saudi (Arabian)[a]	a Saudi (Arabian)	Saudis, Saudi Arabians	the Saudis, Saudi Arabians

Spain	Spanish	a Spaniard	Spaniards	the Spanish
Sweden	Swedish	a Swede	Swedes	the Swedes
Turkey	Turkish	a Turk	Turks	the Turks
England	English	an Englishman [b]	Englishmen [b]	the English
France	French	a Frenchman [b]	Frenchmen [b]	the French
Holland, the Netherlands	Dutch	a Dutchman [b]	Dutchmen [b]	the Dutch
Ireland	Irish	an Irishman [b]	Irishmen [b]	the Irish
Wales	Welsh	a Welshman [b]	Welshmen [b]	the Welsh
Britain	British	a Briton [c]	Britons	the British
Scotland	Scots, Scottish [d]	a Scotsman, a Scot	Scotsmen, Scots	the Scots

◆Note

[a] Arab은 인종이나 정치적인 의미를 나타내는 용어이다. (the Arab nations 등) Arabic은 아라비아 수(로마 수와 반대되는)를 비롯하여 언어와 문학을 언급할 때 사용한다. Arabia 와 Arabian은 아라비아 반도의 지리 영역과 결합한다. (예를 들어 in Saudi Arabia)

[b] man, men으로 끝나는 명사는 남성을 지시한다. 비록 그에 상당하는 여성 명사(예를 들어, a Frenchwoman, two Dutchwomen)가 존재하기는 하지만 이런 단어는 상당히 드물다. 지금은, 다소 〈무례〉하게 보이기도 하는 성차별적 용어를 피하는 경향이 있다. 그 대신, 많은 사람들이 Frenchmen 대신 French people, a Dutchwoman 대신 a Dutch woman이나 a Dutch lady를 선호한다. 국적 명사를 회피하는 현상은 다른 명사로까지 확장되고 있다. Spaniard와 Pole 같은 단어는 성별을 표시하지는 않지만 사실상 여성보다는 남성을 지시하기 위해 사용된다. 따라서 그런 단어 대신에 Spanish people과 Polish people을 사용할 수 있다.

[c] Brit은 그다지 자주 사용되지 않는 Briton의 〈일상 회화체〉 변이형이다.

[d] 스코틀랜드의 주민들 자신은 국적과 지리 영역을 나타내는 Scots(Scots law 같은 표현에서)와 Scottish(Scottish universities, the Scottish Highlands)를 Scotch terrier와 Scotch whisky 같은 표현에서 흔히 사용되는 Scotch보다 선호한다.

부정(Negation)

not부정: What he says doesn't make sense.

581 정형절을 부정문으로 만들기 위해서는 기능사의 바로 뒤에 not을 놓아라. (609 참조) 〈일상체〉 영어에서는 not이 n't로 축약되어 앞 단어에 부가된다.

> The conditions are satisfied by the applicant. 그 조건은 지원자에 의해 충족되었다.
>
> ~ The conditions are not (aren't) satisfied by the applicant.
>
> I have told the students. 나는 그 학생들에게 말했다.
>
> ~ I have not (haven't) told the students.

위의 예문의 긍정문에는 기능사(= 동사구의 첫 번째 조동사) 역할을 하는 조동사(be, have)가 들어있다. 만약 문장에 이런 기능사가 없으면 조동사 do가 기능사로 등장해야만 한다. 이런 표현을 do-구문 또는 do-보조(611 참조)라고 부른다. 서법 조동사와 마찬가지로 do 역시 원형부정사를 취한다.

> Sam and Eva like computer games. 샘과 에바는 컴퓨터 게임을 좋아한다.
>
> ~ Sam and Eva do not (don't) like computer games.
>
> What Robert says makes sense. 로버트가 한 말은 이치에 맞는다.
>
> ~ What Robert says does not (doesn't) make sense.
>
> (부정문에서 be와 have를 본동사로 취하는 구문과 서법 조동사 양식에 대해서는 480-485 참조)

부정의 축약형: She won't mind.

582 〈일상체〉 부정의 축약형 n't 이외에도 is, are, will 등 동사의 〈일상체〉 축약형인 's, 're, 'll 등이 있다. (478 참조) 동사의 축약형은 대명사나 짧은 명사가 아닌 주어에 부가되기도 한다. 예를 들면, he'll, you're, Herb's가 있다. 결과적으로, 〈일상체〉 부정은 두 가지 형식으로 만들 수 있다. 한 가지는 동사의 축약형을 동반하는 경우이고 다른 한 가지는 부정어의 축약형을 동반하는 경우이다.

동사의 축약형 + not의 완전한 형태	동사의 완전한 형태 + 부정어의 축약형
It's not their fault.	~ It isn't their fault.
You've not read the book, have you?	~ You haven't read the book.
She'll not mind if you stay.	~ She won't mind if you stay.
They're not in school today.	~ They aren't in school today.

두 가지 형태의 축약형 모두가 〈일상체〉 영어에서 사용되지만 일반적으로, 긴 명사를 주어로 삼은 경우에는 특히 n't 형이 더 자주 쓰인다.

> The children aren't in school today. 아이들은 오늘 학교에 가지 않았다.

〈격식체〉 영어에서는 동사와 부정어가 모두 완전한 형태로 사용된다. 예를 들면, It is not their fault. 등이다. 어순 도치가 일어나는 의문문에서는 not의 축약형 n't가 조동사 다음에 놓이거나 완전한 형태인 not이 주어 다음에 놓인다.

> Haven't you written to the publishers? 〈일상체〉
>
> ~ Have you not written to the publishers? 〈격식체〉
>
> 출판업자에게 편지를 쓰지 않았습니까?

부정의 대명사와 부정의 한정사: There's no time left.

583 any-단어(697 참조)는 부정어 다음에 자주 사용된다. 다음을 비교해 보자.

> We have some milk left.
>
> ~ We haven't any milk left. 우리는 약간의 우유가 남아있다.

not-부정어와 any를 동반한 구문 대신에 no를 같은 용법으로 사용해도 좋다.

> We haven't any milk left.
>
> ~ We have no milk left. 우리는 우유가 남지 않았다.

no는 부정의 한정사(522 참조)이다. 다음 도표에서 보여주듯이, 영어에는 다양한 기능을 하는 부정적 표현이 많이 있다. 도표에 따르면 none은 단수 일치도 가능하고 복수 일치도 가능하다. (513 참조)

> None of them has arrived. 또는 None of them have arrived.
>
> 그들 중 아무도 도착하지 않았다.

구분	기능	가산 명사		질량명사
		인칭	비인칭	
단수	대명사	no one nobody	nothing	none (of)
			none (of)	
	대명사와 한정사	neither (of)	neither (of)	
복수	대명사	none (of)	none (of)	
단수와 복수	한정사	no	no	

다른 부정어: Neither of them is correct.

584 no와 none을 제외하고도 neither, never, nowhere처럼 n으로 시작하는 부정어가 있다.

- **neither** (determiner, pronoun, 부가의 부사에 관해서는 234 참조):

  You're given two answers. Neither is correct. 당신은 두 가지 대답을 제시했다. 두 가지 중 어느 것도 맞지 않았다.

- **neither ... nor** (등위접속사는 520 참조):

  Neither the government nor the market can be blamed for the present economic situation.

  정부도 시장도 현재의 경제 상황에 대해서 비난 받을 수 없다.

- **never** (시간 부사 또는 빈도 부사):

  I never believed those rumours. 나는 그런 소문을 결코 믿지 않았다.

- **nowhere** (장소 부사):

  This tradition exists nowhere else in Africa.

  이런 전통은 아프리카 어디에도 존재하지 않는다.

*이밖에도, 형태는 부정어처럼 보이지 않으면서도 의미와 행동이 부정적인 단어도 있다.

- **barely** (almost ⋯ not):

  The dormitories could barely house one hundred students.

  그 기숙사는 거의 백 명의 학생도 수용하지 못했다.

- **few** (not many):

  Some people work very hard but there seem to be few of them left.

  어떤 사람들은 대단히 열심히 일하지만 그런 사람은 거의 남아있지 않은 듯하다.

- **hardly** (almost not):

  There is hardly any butter left. (almost no butter) 버터가 거의 남아있지 않다.

- **little** (not much):

  Nowadays, Ian seems to be doing very little research.

  요즈음, 이안은 연구를 그다지 많이 하는 것처럼 보이지 않는다.

- **rarely** (almost never):

  We now know that things rarely ever work out in such a cut and-dried fashion.

  우리는 이렇게 무미건조한 방식으로는 사정이 좀처럼 나아지지 않는다는 것을 이제 알게 되었다.

- **scarcely** (almost not, almost nothing):

  There was scarcely anything Rachel did that did not fascinate me.

  레이첼이 한 일치고 내 마음을 사로잡지 않은 것은 거의 없었다.

- **seldom** (not often) 〈다소 격식체〉:

  Nature seldom offers such a brilliant spectacle as a solar eclipse.

  자연은 일식처럼 화려한 광경을 제공하는 경우가 좀처럼 없다.

부정어의 효과: Lucy never seems to care, does she?

585 부정어의 일반적인 효과는 부정어가 등장한 절 전체를 부정절로 만드는 것이다. (261 비교 참조) 부정절에는 다음과 같은 몇 가지 특징이 있다.

- 부정어 다음에는 대체로 some류 단어 대신 any류 단어가 온다. (697 참조)

  I had some doubts about his ability. [긍정절] 나는 그의 능력을 약간 의심했다.

  ~ I didn't have any doubts about his ability. [부정절 = I had no doubts about his ability.] 나는 그의 능력을 조금도 의심하지 않았다.

  I seldom get any sleep after the baby wakes up.
  나는 아기가 깨고 나면 거의 잠을 자지 못한다.

  I've spoken to hardly anyone who disagrees with me on this point.
  나는 이 지점에서 나와 의견을 달리하는 사람과는 거의 대화를 하지 않았다.

- 부정어 다음에는 부정 부가의문문이 아니라 긍정 부가의문문이 뒤따른다. (684 참조)

  | She never seems to care | does she? | 그녀는 전혀 개의치 않는 듯해. 그렇지?

  | That won't happen again | will it? | 그런 일은 다시 일어나지 않을 거야. 그렇지?

  | You won't forget the shopping | will you? |

  당신은 쇼핑하는 것을 잊지 않을 거야. 그렇지?

  (비교: | You'll remember the shopping | won't you? |)

  　　　　　당신은 쇼핑하는 것을 기억할 거야. 그렇지 않아?

- 절의 맨 앞에 부정어가 자리하면 주어와 기능사가 도치된다. 즉, 어순이 〈기능사 + 주어〉가 된다.

  Rarely in American history has there been a political campaign that clarified issues less. 미국 역사상 사안을 더 모호하게 만든 정치 운동은 거의 없었다.

  Never was a greater fuss made about any man than about Lord Byron.
  바이런 경을 둘러싼 소동보다 더 요란한 소동은 없었다.

  Only after a long argument did the committee agree to our plan.　　　　　〔1〕
  기나긴 토론을 거친 뒤에야 위원회는 우리의 계획에 동의했다.

부정어가 주어의 일부인 경우에는 도치가 일어나지 않는다.

　　No one appears to have noticed the escape.
　　누구도 탈출을 알아차리지 못한 것처럼 보인다.

〔1〕번 문장처럼 도치된 구문은 다소 〈고상〉하고 〈수사적〉으로 들린다. (417 참조) 만약 부정어가 절의 처음에 자리하지 않으면 어순은 일반적이며(주어 + 동사) do-구문도 등장하지 않는다. (611 참조) 〔1a〕번과 〔1b〕번 문장은 〔1〕번 문장보다 더 자주 쓰인다.

　　~ The committee agreed to our plan only after a long argument.　　　　〔1a〕
　　　위원회는 기나긴 토론이 끝난 뒤에야 우리의 계획에 동의했다.

　　~ It was only after a long argument that the committee agreed to our plan. 〔1b〕

위원회가 우리 계획에 동의한 것은 기나긴 토론이 끝난 뒤였다.

명사구와 비정형절에 자리한 not

586 때때로 부정어는 동사구 대신 명사구에 덧붙여지곤 한다. 부정된 명사구가 주어일 때에는 도치가 일어나지 않는다.

> This artist likes big cities. Not all her paintings, however, are of cities.
> 이 화가는 대도시를 좋아한다. 하지만 그녀의 그림이 모두 도시에 관한 것은 아니다.

그러나 부정되어 문두에 위치한 명사구가 목적어로 쓰인 경우에는 반드시 도치하여 do-구문을 사용한다.

> Not a single painting did she manage to sell. 그녀는 단 한 점의 그림도 팔지 못했다.

비정형절을 부정절로 만들기 위해서는(493 참조), to부정사를 포함한 동사구 앞에 부정어 not을 두어야 한다.

> We had no opinions about Kafka, not having read him.
> 우리는 카프카의 책을 읽지 않았으므로 카프카에 관해 아무 의견도 없었다.

> The motorist was on probation and under court order not to drive.
> 그 자동차 운전자는 보호 관찰에 처해졌고 법원의 명령에 따라 운전이 금지되었다.

> The important thing now is not to mourn the past but to look ahead.
> 지금 중요한 것은 과거를 애석해하는 것이 아니라 미래를 내다보는 것이다.

전이 부정: I don't believe we've met.

587 화자는 대체로 부정어가 속한 절에서 부정적인 의미를 찾아낼 수 있으리라 예상하지만 실제로는 다음과 같이 말하지 않는다.

> I believe we haven't met. 나는 우리가 만난 적이 없는 것 같아요.   〔1〕

대신, 이렇게 말한다.

> I don't believe we've met. 나는 우리가 만난 적이 있다고 생각하지 않아요.   〔2〕

〔2〕번에서 not은 종속절에서 주절로 전이되었다. 소위 전이 부정이라고 부르는 이런 구문은 believe, suppose, think 같은 동사 다음에 일어난다.

> I don't suppose anybody will notice the improvement.
> 나는 누군가가 개선사항을 알아차리리라고 생각하지 않는다.

> ~ I suppose nobody will notice the improvement.
>> 나는 아무도 개선사항을 알아차리지 못하리라 생각한다.

> Charlotte doesn't think it's very likely to happen again.
> 샬롯은 그런 일이 다시 일어날 가능성이 크다고 생각하지 않는다.

> ~ Charlotte thinks it's not very likely to happen again.
>> 샬롯은 그런 일이 다시 일어날 가능성이 별로 없다고 생각한다.

명사절(Nominal clauses)

588 명사절은 명사구와 같은 기능을 한다. (595 참조) 즉, 명사절은 주어, 목적어, 보어, 전치사의 보어가 될 수 있다는 뜻이다.

- 주어로 쓰인 명사절

  Whether I pass the test or not does not matter very much.

  내가 시험에 합격할지는 그리 큰 문제가 아니다.

  ~ It doesn't matter very much whether I pass the test or not.

  [it-구문에 관해서는 542 참조]

- 목적어로 쓰인 명사절

  I don't know whether we really need a new car.

  나는 우리한테 새 차가 정말 필요한지 모르겠다.

- 보어로 쓰인 명사절

  What our friends worry about is whether to stay here or move elsewhere.

  우리 친구들이 걱정하는 바는 여기에 머물 것인가 아니면 다른 곳으로 옮겨갈 것인가이다.

- 전치사 보어로 쓰인 명사구

  This raises the question as to whether we should abandon the plan.

  이것은 우리가 그 계획을 단념해야 하는지에 관한 의문을 야기했다.

명사절은 때때로 동격의 명사구와 마찬가지로 동격 기능이 있다. (470 참조)

  Our latest prediction, that Norway would win the match, surprised everybody.

  노르웨이가 경기에서 우승할 것이라는 우리의 최근 예상은 모든 사람을 놀라게 했다.

  Let us know your college address, i.e. where you live during the term.

  대학 주소, 그러니까 당신이 학기 중에 주거하는 장소를 알려주세요.

명사절에는 다섯 가지 주요 유형이 있으며, 이에 관해서는 곧이어 논의하겠다.

- that절 (589 참조)
- 의문 종속절 (590 참조)
- 명사적 관계사절 (592 참조)
- 명사적 to-부정사절 (593 참조)
- 명사적 -ing절 (594 참조)

that절: I'm sure that she'll manage somehow.

589 that절은 주어, 직접 목적어, 주격 보어, 형용사의 보어 등으로 등장한다.

- 주어로 쓰인 that절:

  That we've still alive is sheer luck.

  우리가 아직도 살아있다는 것은 순전한 운이다.

● 직접 목적어로 쓰인 that절:

No one can deny that films and TV influence the pattern of public behaviour.

영화와 텔레비전이 대중 행동의 양식에 영향을 미친다는 사실은 누구도 부인하지 못한다.

● 주격 보어로 쓰인 that절:

The assumption is that things will improve.

가정은 상황이 개선될 것이라는 점이다.

● 형용사의 보어로 쓰인 that절:

One can't be sure that this finding is important.

이런 발견이 중요하다는 것을 누구도 확신하지 못한다.

〈일상체〉에서는 that절이 목적어, 보어, 지연된 주어일 때 that이 부재하는 경우가 많다.

I knew I was wrong. [목적어]

나는 내가 틀렸다는 것을 알았다.

I'm sure we'll manage somehow. [보어]

나는 우리가 어떻게든 해낼 것이라고 확신한다.

It's a pity you have to leave so soon. [지연된 주어]

네가 그렇게 빨리 떠나야만 하다니 유감이다.

의문 종속절: Nobody seems to know what to do.

590 의문 종속절은 how를 포함한 wh-의문사로 시작한다. (536 참조) 의문 종속절은 주어, 직접 목적어, 주격 보어, 형용사의 보어 역할을 할 수 있다.

● 주어로 쓰인 의문 종속절:

How the book will sell largely depends on its author.

그 책이 어떻게 팔릴 것인가는 주로 작가에 달려있다.

● 직접 목적어로 쓰인 의문 종속절:

I don't know how Eve managed to do it.

나는 이브가 어떻게 그 일을 해냈는지 모른다.

● 주격 보어로 쓰인 의문 종속절:

This is how John described the accident.

이런 식으로 존은 그 사고를 묘사했다.

● 형용사의 보어로 쓰인 의문 종속절:

I wasn't certain whose house we were in.

나는 우리가 누구의 집에 있었는지 확신하지 못했다.

의문사절은 that절의 기능을 모두 수행할 수 있다. 게다가 의문사절은 전치사의 보어가 될 수도 있다. (반면에 that절은 전치사의 보어가 될 수 없다.)

None of us were consulted about who should have the job.

우리 중 아무도 누가 그 일을 맡아야 하는지에 대해 조언받지 않았다.

의문사 요소가 전치사의 보어인 경우에, 전치사는 문두〈격식체〉 또는 문미〈일상체〉에 올 수 있다.

Thomas couldn't remember on which shelf he kept the book. 〈격식체〉

~ Thomas couldn't remember which shelf he kept the book on. 〈일상체〉

토마스는 자기가 어느 선반에 책을 올려두었는지 기억할 수 없었다.

비정형 의문사절은 why를 제외한 모든 의문사를 이용하여 만들 수 있다.

Nobody knew what to do. (what they were supposed to do)

아무도 무엇을 해야 할지 몰랐다. (그들이 해야 하는 일)

They discussed where to go. (where they should go)

그들은 어디로 가야할지 논의했다. (그들이 가야 할 곳)

Charlie explained to me how to start the motor. (how one should start the motor)

찰리는 시동 거는 방법을 나에게 설명했다. (어떻게 시동을 걸어야만 하는지)

일반의문 종속절: She wondered whether Stan would call.

591 일반의문 종속절은 if나 whether를 이용하여 만들 수 있다.

Olivia wondered if/whether Stan would call.

올리비아는 스탠이 전화를 걸지 궁금했다.

Do you know if/whether the shops are open today?

당신은 그 가게가 오늘 여는지 아십니까?

선택 의문문(242 참조)은 if/whether … or를 이용해서 만든다.

Do you know if/whether the shops are open or not?

당신은 그 가게가 오늘 여는지 열지 않는지 아십니까?

오직 whether 뒤에만 or not이 곧바로 등장할 수 있다.

Whether or not Wally lost his job was no concern of mine.

월리가 직장을 잃었는지 아닌지는 내 관심사가 아니었다.

명사적 관계사절 또는 복합 관계사절: What we need is something to get warm.

592 명사적 관계사절 역시 여러 가지 의문사로 시작한다. 명사적 관계사절은 명사구와 동일한 기능을 한다.

● 주어로 쓰인 명사적 관계사절

What we need is something to get warm. (the thing that we need …)

우리가 필요한 것은 몸을 데울 어떤 것이다. (우리가 필요한 바로 그것은 …)

Whoever owns this boat must be rich. (the person who owns …)

이 배를 소유한 사람이 누구든 부자임이 분명하다. (…를 소유한 바로 그 사람)

● 직접 목적어로 쓰인 명사적 관계사절

I want to see whoever deals with complaints. (the person that …)

나는 불만사항을 처리하는 사람이 누구든 그 사람을 만나고 싶다. (…하는 바로 그 사람)

You'll find what you need in this cupboard. (the things that …)

당신은 이 찬장에서 필요한 것을 찾을 것이다. (… 바로 그것)

I can go into a shop and buy whatever is there.

나는 가게에 들어가서 그곳에 있는 것은 무엇이든 살 수 있다.

● 주격 보어로 쓰인 명사적 관계사절

Home is where you were born, reared, went to school and, most particularly, where grandma is. 고향은 당신이 태어나 자라고 학교를 다닌 곳이며 특히 할머니가 계신 곳이다.

● 목적격 보어로 쓰인 명사적 관계사절

You can call me what(ever) names you like.

어떤 이름이든 당신이 좋아하는 이름으로 나를 불러도 된다.

● 전치사의 보어로 쓰인 명사적 관계사절

You should vote for which(ever) candidate you like the best.

어느 후보든 당신이 가장 좋아하는 후보에게 투표해야 한다.

다음 속담처럼, 명사적 관계사절은 의문 한정사나 의문 대명사(523 참조)로 시작한다.

Whoever laughs last, laughs longest.

마지막에 웃는 사람이 가장 오래 웃는다.

이 문장은 다음과 같은 형식으로도 만들 수 있다.

~ Those who laugh last, laugh longest.

여기서 whoever는 지시대명사 those와 관계대명사 who로 대치되었다. 이렇게 명사적 관계사의 기능을 대신할 때에는 who가 단독으로 쓰이는 경우가 거의 없다.

위에서 살펴보았듯이, 명사적 관계사절은 whatever와 같이 -ever로 끝나는 의문사로 시작할 수 있다. 이런 단어들은 일반적이거나 포괄적인 의미를 지닌다. 따라서 대명사 whatever는 대략 anything which라는 뜻이다. whoever를 대신하여 anyone who나 the person who처럼 관계사절을 포함하는 다른 표현을 사용해도 좋다.

Whoever told you that was lying. 너에게 말한 사람이 누구든 거짓말을 했다.

~ Anyone who told you that was lying.

~ The person who told you that was lying.

명사적 to부정사절: I was glad to be able to help.

593 명사적 to부정사절은 여러 가지 기능을 수행한다.

● 주어로 쓰인 명사적 to부정사절

To say there is no afterlife would mean a rejection of religion.

내세가 없다고 말하는 것은 종교를 거부한다는 의미일 것이다.

● 직접 목적어로 쓰인 명사적 to부정사절

We want everyone to be happy. 우리는 모든 사람이 행복하기를 바란다.

● 주격 보어로 쓰인 명사적 to부정사절

The minister's first duty will be to stop inflation.

장관의 첫 번째 임무는 인플레이션을 멈추는 일일 것이다.

● 형용사의 보어로 쓰인 명사적 to부정사절

I was very glad to help in this way. 나는 이런 식으로 도움이 되어 대단히 기뻤다.

to부정사의 주어는 대개 for가 이끈다. 여기서 대명사 주어는 목적형을 취한다.

What I wanted was for them to advance me the money.

내가 원했던 것은 그들이 나에게 돈을 선불로 주는 것이다.

명사적 ing절: I don't like people telling me how to do things.

594 명사적 ing분사절은 명사적 to부정사절과 같은 기능을 한다. 게다가, 전치사의 보어 역할도 한다.

● 주어로 쓰인 명사적 ing분사절

Telling stories was one thing my friend was well-known for.

이야기 구연은 내 친구가 명성을 떨친 한 가지였다.

● 직접 목적어로 쓰인 명사적 ing분사절

I don't mind people telling me how to do things better.

나는 사람들이 나에게 어떻게 일을 더 잘 처리해야 할지 알려주는 걸 언짢아하지 않는다.

● 주격 보어로 쓰인 명사적 ing분사절

What William likes best is playing practical jokes.

윌리엄이 가장 좋아하는 것은 짓궂은 장난을 치는 것이다.

● 전치사의 보어로 쓰인 명사적 ing분사절

Jessica sparked off the opposition by telling a television audience it was gossip. 제시카는 텔레비전 시청자에게 그것이 뜬 소문이었다고 말함으로써 항의를 유발했다.

Anna is quite capable of telling her employers where they are wrong.

안나는 직원들에게 어디서 잘못 생각하는지를 능히 알려줄 수 있다.

ing절이 주어를 취할 때에는 때때로 두 가지 구문 중에서 선택할 수 있다. 〈격식체〉에서는 명사의 속격과 소유격 대명사를 늘 사용한다.

Winston was surprised at his family's reacting so sharply. 〈격식체〉

윈스턴은 자기 가족의 너무도 신랄한 반응에 놀랐다.

Winston was surprised at their reacting so sharply. 〈격식체〉

윈스턴은 그들의 너무도 신랄한 반응에 놀랐다.

〈일상체〉에서는 명사의 비굴절형과 인칭대명사의 목적격이 더 자주 사용된다.

> Winston was surprised at his family reacting so sharply. 〈일상체〉
>
> Winston was surprised at them reacting so sharply. 〈일상체〉

명사구(Noun phrases)

595 명사구는 핵어(= 주요 부분)로 사용된 단어가 주로 명사이기 때문에 명사구라고 부른다. 다음 두 개의 예문에는 몇 가지 명사구[이탤릭체로 표기]가 등장한다.

[On ***Tuesday***] [***a German passenger liner***] rescued [***the crew of a trawler***]. [***It***] found [***them***] drifting [on ***a life raft***] after [***they***] had abandoned [***a sinking ship***]. [화요일에] [독일의 정기 여객선이] [저인망 어선의 승무원들을] 구조했다. [승무원들이] [가라앉고 있는 배를] 포기하고 떠난 뒤에 [여객선은] 그들이 [구명 뗏목을 타고] 표류하는 것을 발견했다.

이제 위 예문에서 명사구가 각기 어떤 문법적 기능을 수행하는지 설명해보자.

1. Tuesday는 시간 부사어구의 기능을 하는 전치사구 on Tuesday에서 전치사의 보어 (654 참조) 역할을 한다.
2. a German passenger liner는 첫 번째 문장의 주어이다.
3. the crew of a trawler는 목적어이다. 이 명사구에는 다른 명사구 a trawler가 포함되어 있으며, 이것은 전치사구 of a trawler에서 전치사의 보어 역할을 한다. .
4. it은 a German passenger liner를 지시하고 두 번째 문장의 주어 기능을 하는 인칭대명사이다.
5. them은 the crew of a trawler를 지시하는 복수 인칭대명사이다. 복수인 them이 단수인 crew를 지시하는 이유는 crew가 집합 명사(510 참조)이기 때문이다.
6. a life raft는 장소 부사어구 기능을 하는 전치사구 on a life raft에서 전치사의 보어 역할을 한다.
7. they는 the crew of a trawler를 지시하며, after로 시작하는 종속절의 주어 기능을 하는 복수 인칭대명사이다.
8. a sinking ship은 had abandoned의 목적어 기능을 한다.

596 핵어 명사는 한정사(a, the, his 등)와 한 개 이상의 수식어구를 동반할 수 있다. 예를 들어, passenger는 liner를 수식하고 German은 passenger liner를 수식한다. 이런 유형의 수식은 수식어구가 핵어 명사 앞에 위치하기 때문에 전치 수식이라고 부른다. 만약 수식어구가 핵어의 뒤에 오면 후치 수식이라고 부른다. 이런 사례는 the crew of a trawler에서 나타

난다. 여기서 핵어인 crew는 전치사구 of a trawler의 후치 수식을 받는다. 영어에서는 두 가지 유형의 수식어구 중에서 한 가지를 선택해야 할 때가 종종 있으며, 후치 수식(641 참조)을 이용한 the crew of a trawler 대신에 전치 수식(650 참조)을 이용하여 the trawler's crew라고 할 수도 있다.

it과 them 같은 대명사는 대체로 명사구 전체와 동일한 기능을 수행한다. 사실 이 책에서는 대명사를 명사구의 핵어(그리고 종종 유일한 단어)로 취급한다. 영어 명사구의 구조는 이렇게 설명할 수 있다.

여기서 괄호는 한정사와 수식어구가 생략 가능하다는 의미를 나타낸다. 하지만 수식어구보다는 한정사가 명사구의 구조에 더 필수적이다. 명사구에서 한정사를 표시하지 않는 유일한 상황은 '무관사'(473 참조)일 때 뿐이다. 다음 표를 통해 명사구의 예를 몇 가지 살펴보자.

한정사	전치 수식어구	핵어	후치 수식어구
the		BOOKS	
a	good	BOOK	
some		BOOKS	to read
all those	good	BOOKS	I want to read
a	sinking	SHIP	
a	German	PASSENGER LINER	
the		CREW	of a trawler

명사구의 구조를 이루는 여러 가지 부분은 이 책의 문법파트에서 개별적으로 다룬다. 한정사는 522항, 전치 수식어구는 650항, 후치 수식어구는 641항에서 살펴보면 된다. 명사를 제외하고 대명사(661 참조)와 형용사(448 참조)는 명사구의 핵어 역할을 하기도 한다.

수(Number)

단수와 복수: this problem – those problems

597 영어에는 단수와 복수 개념이 있다. 수는 명사(book/books), 지시대명사(this/these, 521 참조), 인칭대명사(she/they, 619 참조)에 나타나는 특징이다. 그리고 동사형(575 참조)의 단수 일치나 복수 일치를 통해 드러나는 개념이기도 하다.

규칙 복수 명사는 단수 명사에 s 또는 es를 덧붙여서 만든다. (635 참조)

- 가산 명사는 다음과 같이 단수나 복수(58 참조)로 사용할 수 있다.

  one daughter – two daughters

  a fast train – fast trains

  this problem – these problems

  *하지만 명사 중에는 복수가 없는 경우도 많다. 여기에는 질량 명사(불가산 명사 또는 셀
  수 없는 명사라고도 부른다)와 고유 명사(이름이라고도 부른다)가 속한다.

- 질량 명사는 단수만 존재한다. (더 많은 예는 62와 68 참조) 예를 들어, advertising,
  advice, applause, cash, evidence, food, furniture, garbage, homework,
  hospitality, information, knowledge, luggage, machinery, money, music,
  pollution, refuse, rubbish, traffic, trash, waste, weather 등이다.

  Our advertising is mainly concentrated on the large national newspapers.
  우리의 광고는 주로 대규모 전국 신문들에 집중되어 있다.

  People who distrust credit cards say 'Cash is King.'
  신용카드를 불신하는 사람들은 '현금이 최고'라고 말한다.

  There is hardly any evidence against her. 그녀에게 불리한 증거는 거의 없다.

  Our city is known for its fine food, good music and colourful hospitality.
  우리 도시는 맛있는 음식과 좋은 음악, 다채로운 환대로 유명하다.

  This information is of course confidential. 이 정보는 당연히 기밀이다.

  Is this your money? – No, it's my sister's.
  이것이 당신의 돈입니까?–아니오, 제 여동생의 돈입니다.

- 고유 명사 역시 단수만 존재한다. 예를 들어, Margaret, Stratford, Mars, the
  Mississippi, Broadway 등

  The Mississippi River is 2,350 miles from mouth to source.
  미시시피 강은 강어귀에서 강의 수원까지가 2,350마일에 달한다.

  *the Wilsons (= the Wilson family), the West Indies 같은 몇 가지 예외적인 사례에
  관해서는 671항을 참조하라.

철자가 s로 끝나는 단수 명사: What's the big news?

598 철자가 s로 끝나는 단수 명사처럼 특별히 언급해야 할 명사가 더러 있다.

- news는 항상 단수이다.

  That's good news! 그거 좋은 소식입니다!

  Instead of being depressed by this news, she was actually relieved by it.
  이 소식에 의기소침해지는 대신에 그녀는 실제로 그 소식에 안심했다.

- 철자가 –ics로 끝나는 과목명은 단수이다. 예를 들면, classics (classical languages), linguistics, mathematics, phonetics, statistics 등이다.

Statistics is not as difficult as some people think.

통계학은 일부 사람들이 생각하는 것만큼 어렵지는 않다.

여기서 statistics는 '숫자 연구를 통해서 발견한 정보를 활용하는 것에 대한 학문'이다. 하지만 statistics가 '수치, 통계'라는 의미를 담고 있을 때에는 복수로 취급한다.

The official statistics show that 6 percent of the population are unemployed.

공식 통계에 따르면 인구의 6퍼센트가 실직한 상태이다.

- 철자가 s로 끝나는 게임 이름은 단수이다. 예를 들면, billiards, darts, dominoes, fives, ninepins 등

Billiards is my favourite game. 당구는 내가 좋아하는 게임이다.

- 철자가 -s로 끝나는 고유 명사는 단수이다. 예를 들면, Algiers, Athens, Brussels, Flanders, Marseilles, Naples, Wales 등. The United Nations(the UN)와 the United States of America(the USA)는 하나의 단위로 취급할 때는 단수 동사를 취한다.

The United States has appointed a new ambassador to Japan.

미국은 새로운 주일 대사를 임명했다.

- 철자가 -s로 끝나는 별명은 대부분 단수로 취급한다. 예를 들면, measles, German measles, mumps, rickets, shingles 등이다. 이와 비슷한 예로 AIDS('후천성 면역 결핍 증후군'의 두문자어)가 있다.

AIDS is an illness which destroys the natural system of protection that the body has acquired against disease. 에이즈는 신체가 질병에 대항하기 위해 획득한 자연적인 면역 체계를 파괴하는 질병이다.

복수형만 존재하는 명사: How much are those sunglasses?

599 영어에는 복수형으로만 쓰이는 명사가 있다. (때로는 특정한 의미에서만) 예를 들면, people, police, trousers 등이다.

- person의 복수형인 people

There are too many people in here. 여기에는 사람들이 너무 많다.

하지만 people은 '특정한 국가, 인종 등의 남녀'라는 의미를 가진 집합 명사로 사용될 때에는 peoples라는 복수형을 취한다.

The peoples of Central Asia speak many different languages.

중앙아시아의 민족들은 여러 가지 언어로 말한다.

This country has been settled by peoples of many heritages.

이 나라는 풍부한 유산을 가진 민족들이 정착했다.

- police :

The police have dropped the case. 경찰이 수사를 중지했다.

Several police were injured. 몇 명의 경찰이 부상을 당했다.

하지만 '경찰의 일원'은 policeman이나 police officer로 표현한다.

Why don't you ask a policeman? 경찰에게 물어보는 게 어때요?

- cattle :

Holstein cattle aren't a beef breed and they are rarely seen on a ranch.

홀스타인 젖소는 육우 품종이 아니며 대규모 목장에서는 거의 찾아보기 힘들다.

600 ● 두 개의 동등한 부분이 합쳐서 구성된 도구나 기구를 의미하는 일부 명사는 복수로 취급한다.

A : Have you seen my scissors? 내 가위를 보았니?

B : Here they are. 여기 있어.

이런 명사의 갯수를 셀 때는 a pair of, two pairs of 같은 단위를 사용해야 한다.

I'd like a pair of scissors, please. 가위 한 개가 필요합니다.

scissors와 비슷하게 다루어야 하는 명사로는 binoculars, glasses, pincers, pliers, tongs, scales[무게 측정용], shears, tweezers 등이 있다.

● 두 부분으로 이루어진 의류 품목에 관한 명사는 복수로 취급한다.

A : Where are my trousers? 내 바지가 어디 있지?

B : They are in the bedroom where you put them. 네가 놓아둔 침실에 있어.

하지만 이런 복수 명사는 a pair of 또는 pairs of 같은 단위를 이용하여 보통 가산 명사로 '변환'될 수도 있다.

I need to buy a new pair of trousers. 나는 새 바지 한 장을 사야 한다.

How many pairs of blue jeans do you have? 당신은 청바지가 몇 장 있습니까?

trousers와 비슷하게 다루어야 하는 명사로는 briefs, jeans, pants, pajamas〈미국식〉, pyjamas〈영국식〉, shorts, slacks, tights, trunks 등이 있다.

My pants were soaking wet. 내 바지가 흠뻑 젖었다.

Amy was dressed in a tight-fitting pair of slacks.

에이미는 몸에 딱 맞는 바지를 입고 있었다.

601 특정한 의미에서 오직 복수로 사용되는 명사들이 많이 있다. 예를 들면 contents(책의 목차, 찬장의 내용물, 기사 목록 등의 의미에서)가 여기에 해당한다.

The contents of this 195-page document are not known to many.

이 195쪽짜리 문서의 내용은 많은 사람에게 알려지지 않았다.

The minister has to work through the contents of a bulging briefcase in the evenings. 장관은 저녁마다 불룩한 서류가방의 내용물을 검토해야만 한다.

단수형인 content는 글에 담긴 내용(의미)이나 특정한 물질에 담긴 함유량을 표시한다.

The content of a text frequently influences its style.

글의 내용은 종종 글의 문체에 영향을 미친다.

The average nickel content of the alloy is about 2.5 percent.

합금의 평균 니켈 함유량은 대략 2.5퍼센트이다.

다음은 복수형으로만 사용하거나 아니면 복수형을 주로 사용하는 명사의 다른 예이다.

-arms (무기): Arms were distributed widely among the civilian population.

무기가 민간인들 사이에 널리 배급되었다.

-ashes (재):After the fire many a ranch-house lay as a square of blackened ashes.

화재가 난 뒤에, 수많은 목장이 네모난 모양의 검게 그을린 재처럼 놓여있었다. (비교: cigarette ash)

-funds (돈): Our funds are too scarce to permit this plan.

우리가 가진 돈은 이 계획을 승인하기에는 너무 부족하다.

(비교: a fund '기금': The family set up a fund for medical research. 그 가족은 의학 연구를 위한 기금을 건립했다.)

-oats (귀리): The oats were sown early this year.

금년은 귀리가 일찍 파종되었다. (비교: corn과 barley는 단수이다.)

-odds (확률): The odds are not very strongly in favour of a tax cut.

감세의 가능성이 그리 크지 않다.

-outskirts (외곽): They met in a place on the outskirts of the city.

그들은 도시 외곽에 있는 어느 장소에서 만났다.

-premises (건물): The butler discovered the residential premises were on fire.

집사는 주거용 건물이 불타고 있는 것을 발견했다.

-quarters, headquarters (지구, 집단): The proposal aroused violent opposition in some quarters. 그 제안은 일부 지구에서 격렬한 반대를 불러일으켰다.

(비교: the third quarter of the year 2002 = 석 달의 기간)

-spirits (기분): She got home in high spirits, relaxed and smiling.

그녀는 기분이 매우 좋아 느긋하게 웃으면서 집에 왔다.

(비교: These people have retained their pioneering spirit. 이 사람들은 개척 정신을 유지해왔다.)

-stairs (계단): She was about to mount a wide flight of marble stairs.

그녀는 넓은 대리석 계단을 막 올라가려던 참이었다.

-steps (층계): They stood on the steps of the ambassador's home.

그들은 대사관저의 층계에 서있었다.

-surroundings (환경): The surroundings of their house are rather unattractive.

그들의 집을 둘러싼 환경은 상당히 흉했다.

-thanks (감사): My warmest thanks are due to your organization.

저는 귀사에 가장 깊이 감사드립니다.

다음과 같은 표현에서는 thanks가 단수 명사로 사용되었다.

A vote of thanks was proposed to the retiring manager. 〈격식체〉

감사의 말이 퇴직하는 지배인에게 전해졌다.

And now, let's give a big thank-you to our hostess! 〈일상체〉

그러면 이제 안주인에게 크나큰 감사의 인사를 드립시다!

수사(Numerals)

기수와 서수

602 다음 목록에는 기수(one, two, three 등)와 서수(first, second, third 등)가 나열되어 있다. 서수는 대체로 다른 한정사, 특히 정관사보다 뒤에 등장한다. (525 참조)

　A: How many people are taking part in the competition?

　　얼마나 많은 사람들이 경기에 참여하고 있습니까?

　B: There are ten on the list, so you are the eleventh. 　　　　　　　　　〔1〕

　　목록에는 열 명이 있으니, 당신이 열한 번째입니다.

　They have five children already, so this will be their sixth child. 　　　〔2〕

　　그들은 이미 다섯 명의 자녀가 있으므로 이번이 그들의 여섯 번째 아이일 것이다.

수사는 〔1〕번처럼 대명사 역할이나 〔2〕번처럼 한정사 역할을 할 수 있다. 기수 역시 특정한 숫자를 말할 때에는(예를 들면, 주사위 놀이를 할 때) 명사의 기능을 수행한다.

　You need a six or two threes to win the game.

　　당신은 게임에 이기기 위해서 6이나 두 개의 3이 필요하다.

기 수		서 수	
0	zero		
1	one	1st	first
2	two	2nd	second
3	three	3rd	third
4	four	4th	fourth
5	five	5th	fifth
6	six	6th	sixth
7	seven	7th	seventh
8	eight	8th	eighth
9	nine	9th	ninth
10	ten	10th	tenth

11	eleven	11th	eleventh
12	twelve	12th	twelfth
13	thirteen	13th	thirteenth
14	fourteen	14th	fourteenth
15	fifteen	15th	fifteenth
16	sixteen	16th	sixteenth
17	seventeen	17th	seventeenth
18	eighteen	18th	eighteenth
19	nineteen	19th	nineteenth
20	twenty	20th	twentieth
21	twenty-one	21st	twenty-first
24	twenty-four	24th	twenty-fourth
30	thirty	30th	thirtieth
40	forty	40th	fortieth
50	fifty	50th	fiftieth
60	sixty	60th	sixtieth
70	seventy	70th	seventieth
80	eighty	80th	eightieth
90	ninety	90th	ninetieth
100	a/one hundred	100th	hundredth
101	a/one hundred and one	101st	hundred and first
120	a/one hundred and twenty	120th	hundred and twentieth
200	two hundred	200th	two hundredth
1,000	a/one thousand	1,000th	thousandth
2,000	two thousand	2,000th	two thousandth
100,000	a/one hundred thousand	100,000th	hundred thousandth

영어로 쓴 책에서는 10 이하의 수사일 경우에 알파벳 형태가 숫자 형태(one, two, three … ten)보다 상당히 자주 사용된다. 숫자 형태는 10 이상의 경우(11, 12, 13 등)에 더 자주 사용된다.

0 = zero, nought, naught, oh, nil, nothing, love
603 숫자 0은 여러 가지 방식으로 말하고 적는다. 예를 들면 zero, nought, naught, oh, nil, nothing, love 등이다.

- zero /zíərou ‖ zírou/. 알파벳으로 숫자 0을 지시하는 가장 흔한 형태로서 특히 수학과 온도에서 사용한다. (606 참조)

  This correlation is not significantly different from zero.

  이 상관관계는 영과 크게 다르지 않다.

  Her blood pressure was down to zero. 그녀의 혈압이 영까지 내려갔다.

  The temperature dropped and stood at zero in the daytime.

  기온이 내려가서 대낮에 영도에 머물렀다.

- nought /nɔːt/ ‖ naught /nɔːt/는 숫자 0의 이름으로 주로 사용된다.

  To write 'a million' in figures, you need a one followed by six noughts ‖ naughts. 숫자로 '백만'을 적으려면 일 다음에 여섯 개의 영이 필요하다.

- /ou/라고 읽고 때때로 oh라고 적으며 전화번호와 팩스번호 등에 사용한다. 〈미국식〉 전화번호는 'oh'보다 'zero'라고 읽을 때가 더 많다.

  Dial 7050 [seven oh five oh] and ask for extension 90. [nine oh] 〈특히 영국식〉

  전화 7050을 누르고 내선번호 90을 요청하세요.

  Who used to play Agent 007? [double oh seven]

  누가 007 요원 역할을 맡았었지?

  Flight 105 [one oh five] 항공기 105편

- Nil 또는 nothing은 다음과 같은 문맥에서 사용한다. (특히 풋볼 경기 점수).

  The visitors won 4-0. [four nil, four nothing, four to nothing, 606 참조]

  원정팀이 4-0으로 이겼다.

  Now the party's influence was reduced to nil.

  이제 그 정당의 영향력은 0으로 줄어들었다.

  The training promises to be arduous and the pay will be nil.

  연수는 힘들 조짐을 보이고 보수는 없을 것이다.

- love는 테니스, 탁구, 배드민턴, 스쿼시에서 사용하는 용어이다.

  The champion leads by 30-0. (thirty love) 선수권 보유자가 30 대 0으로 이기고 있다.

일반적으로 사용할 때는 zero가 부정의 한정사 no 또는 부정의 대명사 none을 대신한다.

  There were no survivors from the air disaster. 그 항공참사에서 생존자는 없었다.

  None of the passengers or crew survived. 승객이나 승무원 중 누구도 살아남지 못했다.

백, 천, 백만, 10억

604 말이나 글에서 hundred, thousand, million, billion은 반드시 one이나 a를 동반한다.

100	one hundred	또는	a hundred
1,000	one thousand	또는	a thousand
1,000,000	one million	또는	a million

1,000,000,000 one billion　　또는　a billion/one thousand million

이런 수사는 단수와 복수의 숫자 또는 수량사 뒤에서 단수형을 취한다. 하지만 정해지지 않은 수를 표시할 때에는 모두 s 복수형을 취한다.

four hundred soccer fans　　*비교: hundreds of soccer fans

ten thousand books　　*비교: thousands of books

several million yen　　*비교: millions of yen

The actor got ten million dollars for appearing in that film.
그 배우는 그 영화 출연료로 천만 달러를 받았다.

A: How many children are born each year?
　　해마다 몇 명의 아이들이 태어나지?

B: I don't know - millions and millions. 모르겠어. 엄청 많겠지.

Hundreds of thousands of people had to be evacuated during the monsoon.
우기에는 수많은 사람들이 대피해야 했다.

분수, 소수, 어깨 글자 등

605 분수, 소수, 어깨 글자 등은 다음과 같이 적고 읽는다.

분수

$\frac{1}{2}$ (a) half: They stayed (for) half an hour. / They stayed for a half hour.
그들은 30분 동안 머물렀다.

$\frac{1}{4}$ a quarter: They stayed (for) a quarter of an hour. 그들은 15분 동안 머물렀다.

$\frac{1}{10}$ a/one tenth: a tenth of the population 인구 10분의 1

$\frac{3}{4}$ three quarters 또는 three fourths: three quarters of an hour 45분

$1\frac{1}{2}$ one and a half: one and a half hours, an hour and a half 1시간 30분

$3\frac{2}{5}$ three and two fifths: three and two fifths inches 3과 5분의 2인치

$\frac{3}{568}$ three over five six eight [수학에서] 568분의 3

소수

0.9 nought point nine 〈특히 영국식〉 / zero point nine 〈특히 미국식〉

2.5 two point five

3.14 three point one four

어깨 글자

10^2 ten squared

10^3 ten cubed

10^4 ten to the power of four

산수

$4 + 4 = 8$ four plus four equals eight / four and four makes/is eight

$5 \times 2 = 10$ five multiplied by two equals ten / five times two makes/is ten

$6 \div 2 = 3$ six divided by two equals/makes/is three

온도

606 $-15°$C fifteen (degrees) below (zero) / minus fifteen (degrees Celsius)

$85°$F eighty-five (degrees Fahrenheit)

통화

25c twenty-five cents / a quarter

$4.75 four dollars seventy-five / four seventy-five

20p twenty pence / twenty p /piː/ *Pence는 Penny의 복수형

£9.95 nine pounds ninety-five (pence) / nine ninetyfive

€52.70 fifty-two euros (and) seventy cents

스포츠 점수

5-1 five to one / five one 5 대 1

3-0 three to nil / three nil / three (to) nothing 〈영국식〉

three (to) zero / three blank 〈미국식〉 3 대 0

2-2 two all / two two / 〈미국식〉 two up (= it's a tie 또는 a draw)

2 대 2 (동점 또는 무승부)

어림짐작한 수량

어림짐작한 수량은 다음과 같은 여러 가지 방법으로 명시한다.

approximately (about, around, roughly) $1,500 약 1,500달러

some forty books 약 40권의 책

fifty or so people 50여 명의 사람들

about elevenish = about eleven o'clock 11시경

a fiftyish woman = a woman about fifty years of age 50세 정도의 여성

300-odd demonstrators = slightly over 300 demonstrators 300여 명의 시위자들

날짜와 시각

년도

607 1996 (the year) nineteen ninety-six / (the year) nineteen hundred and ninety-six

〈보다 격식체〉 천구백구십육 년

2000 the year two thousand 이천 년
2010 (the year) two thousand (and) ten / (the year) twenty ten 이천십 년

~십 년대, ~십대

~십 년대, ~십대라는 표현은 the 1990s 또는 the 90s(the '90s)라 표기하기도 하고 the nineteen nineties 또는 the nineties라 쓰고 읽기도 한다.

복수형인 twenties는 20에서 29 사이의 나이나 기간을 나타낸다. thirties (30~39), forties (40~49) 등도 이와 마찬가지이다.

He looked like a man in his early/mid/late forties.

그는 40대 초반/중반/후반의 남자처럼 보였다.

날짜 〈문어체〉

Our daughter was born
- on 18 August 2001. 〈특히 영국식〉
- on August 18, 2001. 〈특히 미국식〉
- on August 18th, 2001. 〈특히 미국식〉

우리 딸은 2001년 8월 18일에 태어났다.

위를 대신하는 문어체식 표기는 〈영국식〉으로는 18/8/01(일 + 월 + 년)이며, 〈미국식〉으로는 8/18/01(월 + 일 + 년)이다.

날짜 〈구어체〉

Our daughter was born
- on the eighteenth of August, two thousand (and) one.
- on August the eighteenth, two thousand (and) one.
- on August eighteenth, two thousand (and) one.

우리 딸은 2001년 8월 18일에 태어났다.

시각

시각은 다음과 같이 전부 읽는다.

at 5 at 5 (o'clock) 다섯 시 정각

at 5.15 || 5:15 at five fifteen / at a quarter past five / at a quarter after five
〈미국식〉 다섯 시 15분

at 5.30 || 5:30 at five thirty / at half past five 다섯 시 30분

at 5.45 || 5:45 at five forty-five / at a quarter to six / at a quarter of six
〈미국식〉 다섯 시 45분 / 여섯 시 15분 전

at 5.50 || 5:50 at five fifty / at ten (minutes) to six 다섯 시 50분 / 여섯 시 10분 전

at 6.10 || 6:10 at ten (minutes) past six / at ten minutes after six 〈미국식〉 / at six ten
[예를 들어, 시간표를 언급할 때] 여섯 시 10분

목적어(Objects)

608 절의 목적어 자리에는 명사구가 올 수 있다. (595 참조)

Can you see that white boat over there? 저쪽에 있는 하얀 배가 보이십니까?

하지만 목적어 자리에는 명사절이 오기도 한다. (588 참조)

Now we can see that too little has been spent on the environment.

이제 우리는 너무 적은 돈이 환경에 투자되었음을 알 수 있다.

목적어는 대체로 동사의 행위에 영향을 받는 사람, 사물 등을 지시한다.

Anna kissed him gently on the cheek. 안나는 그의 볼에 부드럽게 키스했다.

George parked his car outside an espresso bar.

조지는 커피 전문점 밖에 차를 주차했다.

목적어는 대체로 동사구를 뒤따른다. 영어는 주절과 종속절에서 모두 일반적으로 SVO의 어순(주어 + 동사 + 목적어)을 취한다.

After the chairman announced the takeover bid, the stock exchange council banned dealings in the company's shares.

의장이 공개매입을 발표하자 증권 거래 위원회가 그 회사의 주식 거래를 금지했다.

어순의 변형에 관해서는 전치 화제(411), 감탄문(528), 의문사 의문문(683), 관계사절(687)을 참조하라.

능동태 문장의 목적어는 대체로 수동태 문장의 주어로 변환될 수 있다. (613 참조)

-능동: A dog owner found little Nancy yesterday morning.

　　　개 주인이 어제 아침에 어린 낸시를 발견했다.

-수동: Little Nancy was found yesterday morning (by a dog owner).

　　　어린 낸시는 (개 주인에 의해) 어제 아침에 발견되었다.

한 절에 목적어가 두 개이면 첫 번째 목적어는 직접 목적어이고 두 번째 목적어는 간접 목적어이다. 간접 목적어는 me, the patient처럼 대체로 사람이다.

'Nobody gives [me] [flowers] anymore', Georgina said.

"아무도 [나에게] 더 이상 [꽃을] 주지 않아." 조지나가 말했다.

Lucy bought [the patient] [fruit, meat and cheese].

루시는 [그 환자에게] [과일과 고기, 치즈를] 사주었다.

간접 목적어는 to를 동반하는 전치사구와 동일할 때가 많다.

Nobody gives [flowers] [to me] anymore. 아무도 [나에게] 더 이상 [꽃을] 주지 않아.

또는 for를 동반한 전치사구와 동일하기도 하다. (730 참조)

She bought [fruit, meat and cheese] [for the patient].

그녀는 [그 환자에게] [과일과 고기, 치즈를] 사주었다.

하지만, 다음 예문에서 보여주듯이 대체 전치사구문이 항상 가능한 것은 아니다.

We all wish [you] [better health].

우리 모두는 [당신이] [더 건강하기를] 기원합니다.

Isabelle leaned down and gave [John] [a real kiss].

이사벨은 몸을 굽히고 [존에게] [진정한 키스를] 해주었다.

기능어(Operators)

기능어란 무엇인가?

609 조동사는 동사구에서 여러 가지 의미를 나타내고 다양한 기능을 수행한다. (735 참조) 하지만 조동사들은 한 가지 중요한 공통점이 있다. 바로, 모든 조동사가 본동사의 앞에 자리한다는 점이다. 정형 동사구에서(737 참조), 조동사는 동사구의 맨 앞에 위치한다. 동사구의 첫 머리에 오는 조동사를 기능어라 부른다. 다음의 의문문과, 짝을 이룬 평서문을 비교해 보자. (기능어는 볼드체로 표기)

Will she be back after the weekend? 그녀가 주말이 지나면 돌아올까요?

~ She **will** be back after the weekend.

Were they showing any comedy films? 그들이 코미디 영화를 상영하고 있었나요?

~ They **were** showing some comedy films.

Was he lecturing on English grammar? 그가 영문법을 강의하고 있었습니까?

~ He **was** lecturing on English grammar.

Have I been asking too many questions? 제가 너무 많은 질문을 던져왔습니까?

~ I **have** been asking too many questions.

Would a more radical decision have been possible? 더 급진적인 결정이 가능했을까?

~ A more radical decision **would** have been possible.

각각의 의문문에서 정형동사구의 첫 번째 조동사(기능어)는 문장 첫머리에 위치했으며, 동사구가 아무리 복잡하더라도 동사구의 나머지 부분과 분리되어 있다.

be 동사는 본동사로 쓰일 때 기능어처럼 움직이므로 '기능어'라는 용어를 다음과 같은 경우에도 사용할 수 있다.

Is she a good student? 그녀는 성실한 학생입니까?

〈영국식〉에서는 have가 본동사일 때조차 기능어와 같은 역할을 수행할 때가 더러 있다.

Have you any money? 당신은 조금이라도 돈이 있습니까?

하지만 〈미국식〉과 〈영국식〉에서 모두 do구문을 대체구문으로 사용한다. (611 참조)

Do you **have** any money? 당신은 조금이라도 돈이 있습니까?

의문문과 부정문의 기능어

610 기능어는 의문문과 부정문 구문에서 일반적으로 사용되기 때문에 영어에서 중요한 위치를 차지한다. 일반 의문문에서 기능어는 주어 앞에 자리하며 이것을 주어와 기능어의 도치라고 부른다.

> You have met the new students. [평서문] 당신은 새로운 학생들을 만났다.
>
> Have you met the new students? [일반 의문문]
>
> 새로운 학생들을 만났습니까?

부정문에서 기능어는 not의 앞에 자리한다. 〈일상체〉영어에서는 조동사가 부정어의 축약형인 n't와 결합한다. (582 참조)

> I will not be going to the seminar tomorrow. 나는 내일 세미나에 가지 않을 거야.
>
> ~ I won't be going to the seminar tomorrow.
>
> Chris is not playing so well this season.
>
> 크리스는 이번 시즌 경기를 별로 잘 뛰지 못하고 있다.
>
> ~ Chris isn't playing so well this season.
>
> Chloe has not got the whole-hearted consent of her parents.
>
> 클로이는 부모님에게서 전폭적인 동의를 얻어내지 못했다.
>
> ~ Chloe hasn't got the whole-hearted consent of her parents.

always, never(458 참조)처럼 문중에 위치하는 부사는 not과 동일한 위치인 기능어의 바로 뒤에 보통 자리한다.

> Things will never be the same again. 상황이 다시는 전과 같아지지 않을 것이다.
>
> That sort of attitude has always appealed to me.
>
> 그런 태도가 항상 나의 관심을 끌었다.

이런 부사는 기능어, 특히 대조를 표현하는 기능어의 앞에 자리하기도 한다.

> I submit that this is the key problem of international relations, that it always has been, that it always will be. 나는 이것이 국제 관계의 주요 문제이며, 지금까지도 항상 그랬으며 앞으로도 계속 그럴 것이라고 생각한다.

do구문: Do you know the way?

611 조동사가 없는 동사구에는 기능어 역할을 하는 단어가 없다. 다음 예문을 살펴보자.

> Connor knows the way. 코너는 방법을 알고 있다.
>
> You need some advice. 당신은 충고가 필요하다.
>
> The delegates arrived yesterday. 대표들이 어제 도착했다.

이런 경우에는 일반 의문문(682 참조)과 not부정문(581 참조)에 특별 '대역' 기능어 do를 도입해야 하며, 이것을 do구문 또는 do보조라고 부른다. 기능어 do는 본동사의 부정사를 뒤에 동반한다.

일반 의문문	not부정문
Does Connor know the way? 코너가 방법을 알고 있습니까?	Connor doesn't know the way. 코너는 방법을 모른다.
Do you need any advice? 당신은 조금이라도 충고가 필요합니까?	You don't need any advice. 충고가 전혀 필요 없습니다.
Did the delegates arrive yesterday? 대표들이 어제 도착했습니까?	The delegates didn't arrive yesterday. 대표들이 어제 도착하지 않았다.

기능사를 동반한 다른 구문

612 일반 의문문과 not부정문을 제외하고, '허사' 기능사 do를 비롯하여 기능사를 필요로 하는 구문이 더 존재한다. 그런 구문은 다음과 같다.

● 강조문 (300 참조)

Do be quiet! (Be quiet!보다 더 강조적이다.) 조용히 해!

I did enjoy that meal last night! (I really enjoyed that meal.)
나는 어젯밤에 그 음식을 정말 잘 먹었다.

● 부가의문문 (684 참조)

| Charles Perry won the men's doubles last year | didn't he? |
찰스 페리가 작년에 남자부 복식에서 우승했어, 그렇지 않니?

| Paige has got a very accent as well | hasn't she? |
페이지 역시 아주 독특한 억양이 있어, 그렇지 않니?

● 의문사 요소가 주어가 아닌 의문사 의문문

When did you come back from Spain? [when = 부사어구]
당신은 스페인에서 언제 돌아왔습니까?

How long did Grace stay in Egypt? [how long = 부사어구]
그레이스는 이집트에서 얼마나 오래 머물렀습니까?

What did she do so long in Athens? [what = 목적어]
그녀는 아테네에서 그렇게 오랫동안 무엇을 했습니까?

Who did you want to speak to? [who = 전치사의 보어]
네가 말을 걸고 싶은 사람이 누구였어?

하지만 의문사 요소가 주어인 경우에는 어떤 기능사나 do구문도 필요하지 않다.

Who is this in the picture? 사진에 있는 이 사람이 누구니?

Which guests are coming by train? 어느 손님이 기차를 타고 오고 있습니까?

What took you so long? 왜 이렇게 늦으셨습니까?

Who met you at the airport? 공항에서 누가 당신을 만났습니까?

(비교: Who did you meet at the airport? 〔who = 목적어〕

당신은 공항에서 누구를 만났습니까?)

● 부정어가 문장의 맨 앞에 위치할 때에도 주어-기능사 도치가 일어난다. (417 참조)

Only after a long delay did news of Livingstone's fate reach the coast.

〈다소 격식체〉 오랜 시간이 지체된 뒤에야 리빙스턴의 사망 소식이 해안에 도착했다.

대부분의 문맥에서는 it-분열문(496 참조)이 더 자연스러울 것이다.

It was only after a long delay that news of Livingstone's fate reached the coast.

리빙스턴의 사망 소식이 해안에 도착한 것은 오랜 시간이 지체된 뒤였다.

수동태(Passives)

613 수동태라는 용어는 〈be + 과거분사〉(739 참조)의 구문을 포함하는 동사구의 이름이다. 예를 들면, is accepted, has been shown, will be covered, might have been considered 등이다. 수동태는 〈일상적 구어체〉에서는 그다지 흔하지 않지만 〈격식체, 특히 학술체〉 글에서는 규칙적으로 나타나는 특징이다. 그 예로서, 치과학에 관한 논문에서 발췌한 내용을 살펴보자. (수동태 동사는 이탤릭체로 표기)

It *is* generally *accepted* that, when it *is exposed* in the oral cavity, any natural or artificial solid surface *will quickly be covered* by thin organic films. It *has been shown* in several studies that these films contain material of salivary origin. 어떤 천연 또는 인공의 단단한 표면이 구강 안에 노출되면 얇은 유기막으로 재빨리 덮인다는 것은 일반적으로 받아들여지고 있다. 이런 막이 타액에서 나온 물질을 포함하고 있다는 사실은 여러 연구에서 밝혀졌다.

수동태의 반대는 능동태이다. 능동태절과 그에 상당하는 수동태 절의 차이를 보여주기 위해서 다양한 동사형으로 만든 짝을 이룬 예문들을 살펴보기로 하자.

Everyone rejected the bold idea. 모든 사람이 그 대담한 생각을 거부했다.

~ The bold idea **was rejected** (by everyone).

The ambulance crew **gave** the casualties first aid.

구급대원들이 부상자들에게 응급처치를 시행했다.

~ The casualties **were given** first aid (by the ambulance crew).

Boat owners **considered** the bridge a menace to navigation.

~ The bridge **was considered** a menace to navigation (by boat owners).

선주들은 그 다리가 항해에 위협적인 존재라고 간주했다.

The committee **asked** Mr Pearson to become director of the institute.

위원회는 피어슨 씨에게 협회의 책임자가 되어 달라고 부탁했다.

~ Mr Pearson **was asked** (by the committee) to become director of the institute.

피어슨 씨는 협회의 책임자가 되어 달라고 (위원회에게) 부탁을 받았다.

능동태를 수동태로 변환하기

614 능동태절을 수동태절로 바꾸기 위해서는 다음과 같은 순서를 따라야 한다.

1. 능동태 동사구 대신에 그것과 짝을 이루는 수동태 동사구를 놓아라.
2. 능동태절의 목적어를 수동태절의 주어로 만들어라.
3. 능동태절의 주어를 수동태절의 행동주로 만들어라.

행동주체는 수동태절에서 전치사 by 다음에 등장하는 명사구를 말한다. 행동주는 수동태 구문에서 선택적인 부분이다. 〈by + 행동주체〉는 대체로 생략이 가능하므로 613항의 예문에서 괄호 안에 묶어두었다. 이런 변화는 다음과 같이 그림으로 표현할 수 있다.

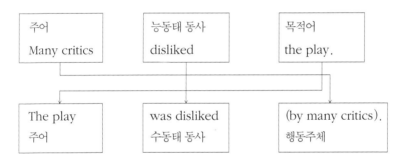

615 수동태로 바꾸면서 일어나는 결과는 능동태 문장에서 주어와 목적어 역할을 하던 명사구들의 위치가 서로 뒤바뀌는 것이다. 목적어를 두 개 취하는 give 같은 동사는 대체로 첫 번째 목적어(간접 목적어)가 수동태절의 주어가 된다.

The department gave [Mrs Barry] [no authority to take such a decision].

그 부서는 [배리 씨에게] [그런 결정을 내릴 아무런 권한도] 주지 않았다.

~ [Mrs Barry] was given [no authority to take such a decision].

Our school did not give [science subjects] [enough time].

우리 학교는 [과학 과목에] [충분한 시간을] 배정하지 않았다.

~ [Science subjects] were not given [enough time].

하지만 직접 목적어가 주어가 되고 목적어 앞에 전치사 to가 덧붙여지는 다른 종류의 수동태 구문도 있다.

~ [Enough time] was not given [to science subjects].

명사구나 대명사를 목적어로 취하는 대부분의 능동태 문장들은 수동태가 될 수 있다. 하지만 목적어를 취하는 동사 중에도 수동태를 만들지 못하는 소수의 동사가 존재한다.

have(I have a small car의 경우와 같이 '가지고 있다'의 의미일 때)와 hold(This jug holds one pint의 경우와 같이 '담는다'의 의미일 때)가 여기에 해당한다. 또한 목적어가 절이면 때때로 수동태를 만들지 못하기도 한다.

행위의 주체가 없는 수동태: Nobody was injured in the crash.

616 수동태절의 행동주체(그리고 능동태절의 주어에 상당하는)를 포함하는 by구는 특별한 경우에만 필요하다. 사실, 대략 수동태절 다섯 개 중에서 한 개만이 행동주체를 드러낸다. 수동태는 〈엄정하고 공식적인 글쓰기〉에서 흔히 등장하는 〈비인칭 구문〉과 특히 관계가 깊다. 여기서는 누가 행동주체(= 동사가 묘사하는 행동을 실행하는 사람)인가의 문제가 중요하지 않아서 언급할 필요가 없을 때가 많다.

The question will be discussed at a meeting tomorrow.
그 질문은 내일 회의에서 논의될 것이다.

수동태는 행위의 실행자가 누구인지 모를 때에도 선택하기 편리한 구문이라 하겠다.

A police officer was killed last night in a road accident.
어젯밤에 노상 사고로 경찰관이 사망했다.

get 수동태: I hope you didn't get hurt.

617 지금까지 제시한 예문에서 살펴보았듯이, 수동태의 조동사는 대체로 be이다. 하지만 be를 대신하여 get으로 수동태를 만들기도 한다.

The boy got hurt on his way home from school.
그 소년은 학교에서 집으로 돌아가는 길에 다쳤다.

It's upsetting when a person gets punished for a crime they didn't commit.
사람은 자신이 저지르지도 않은 범죄에 대해 처벌을 받으면 화가 난다.

*get-수동태는 〈일상체〉에서 주로 사용하며 대체로 행동주체가 생략된다.

전치사 수반 동사와 비정형 동사구의 수동태: This matter will have to be dealt with.

618 수동태는 전치사 수반 동사(예를 들어 deal with, ask for, believe in, cater for, look at, stare at, talk about, wonder at 등 632 참조)로도 만들 수 있다. 이때에는 전치사의 목적어, 즉 능동태 문장의 전치사를 뒤따르는 명사구가 수동태 문장의 주어가 된다.

The members also talked about other possibilities at the meeting. 〔1〕
의원들도 회의에서 다른 가능성에 대해서 논의했다.

~ Other possibilities were also talked about at the meeting.

Someone will have to deal with this matter right away.
누군가가 이 문제를 당장 해결해야 할 것이다.

~ This matter will have to be dealt with right away. 〔2〕

413

I just don't like people staring at me.

나는 그저 사람들이 나를 주시하는 것이 싫다.

~ I just don't like being stared at. [3]

An improvement in relations between our countries is to be hoped for as a result of the conference. [4]

회의의 결과로서 우리 국가 간의 관계가 진척되리라 기대된다.

[3]번과 [4]번 문장이 보여주듯이, 수동태는 비정형 동사구에서도 가능하다. 다음 예문을 비교해 보자.

I want everybody to understand this. [능동태 to부정사]

나는 모든 사람이 이것을 이해해주기를 바란다.

~ I want this to be understood by everybody. [수동태 to부정사]

Without anybody asking her, Joan did the job herself. [능동태 ing절]

아무도 그녀에게 요구하지 않았지만 조앤은 그 일을 직접 했다.

~ Without being asked, Joan did the job herself. [수동태 ing절]

인칭대명사와 재귀대명사(Personal and reflexive pronouns)

형태의 범위

619 인칭대명사(예를 들어 she, they)와 재귀대명사(예를 들어 herself, themselves)는 서로 관련이 있다. 둘 다 인칭의 성과 비인칭의 성을 구별하며, 인칭의 성은 다시 남성과 여성을 구별한다. (529 참조)

구 분	단 수	복 수
1인칭	I – myself	we – ourselves
2인칭	you – yourself	you – yourselves
3인칭	he – himself she – herself it – itself	they – themselves

2인칭의 경우에는 인칭대명사와 소유격 대명사의 단수 및 복수 형태가 같지만(you, your, yours) 재귀대명사의 경우는 단수(yourself)와 복수(yourselves)의 형태가 다르다. 1인칭 복수대명사인 we는 '나와 한 명 이상의 타인'을 뜻한다. (97 참조)

620 다섯 개의 인칭대명사는 모두 주격과 목적격이 있다.

I – me, we – us, he – him, she – her, they – them

(하지만 you와 it은 주격과 목적격의 형태가 같다.)

일부 인칭대명사도 속격 대명사의 형태가 두 가지이다.

>my - mine, our - ours, you - yours, her - hers, their - theirs

>(하지만 his는 한 가지 형태밖에 없다.)

인칭대명사의 속격은 대체로 소유격 대명사라고 부른다. (623 참조) 다음 도표에는 모든 형태의 인칭대명사와 재귀대명사가 들어 있다.

구 분		인칭대명사				재귀대명사
		주격	목적격	소유격		
				한정사	대명사	
1인칭	단수	I	me	my	mine	myself
	복수	we	us	our	ours	ourselves
2인칭	단수	you		your	yours	yourself
	복수					yourselves
3인칭	단수 남성	he	him	his		himself
	단수 여성	she	her	her	hers	herself
	단수 비인칭	it		its		itself
	복수	they	them	their	theirs	themselves

인칭대명사

621 위의 도표에서 보여주듯이 인칭대명사는 다음 기준에 따라서 분류한다.

- 인칭: 1인칭, 2인칭, 3인칭
- 수: 단수, 복수
- 성: 남성, 여성, 비인칭
- 격: 주격, 목적격, 속격 (또는 소유격)

인칭과 수, 성의 선택은 언어 밖의 문맥이나 대명사가 '지시하는' (또는 '전방조응하는' 375 참조) 명사구의 종류가 전달하는 의미로 결정한다. 다음 예문과 아래의 [1], [2]번 예문이 보여주듯이 대명사는 일반적으로 명사구를 전방조응한다.

>My brother is out, but he will be returning soon.

>오빠(남동생)는 나갔지만 금방 돌아올 것이다.

하지만 아래 [3]번 예문의 it이 the plane을 후방조응하듯이, 종속절의 인칭대명사는 뒤따라오는 주절의 명사구를 '후방조응'하기도 한다. 서로 대체할 수 있는 다음 세 문장의 어순 차이를 비교해 보자.

The plane took off as soon as it had refuelled.   〔1〕

As soon as the plane had refuelled, it took off.   〔2〕

As soon as it had refuelled, the plane took off.   〔3〕
그 비행기는 연료를 재보급하자마자 이륙했다.

〔3〕번과 같이 인칭대명사가 명사구보다 먼저 나오는 것은 특히 〈격식체, 문어체〉 영어의
경우이다.

주격과 목적격의 형태

622 주격과 목적격의 선택은 문법적 위치를 기반으로 결정한다. 가장 단순한 사용 규칙에 따르
면 주격은 정형 동사를 수반하는 주어 자리에서 사용한 형태이며 목적격은 다른 모든 자리
에서 사용한 형태이다.

　　-주격: She was very helpful. 그녀는 대단히 도움이 되었다.
　　-목적격:
　　　　I found her very helpful. 〔her = 직접 목적어〕
　　　　나는 그녀가 대단히 도움이 된다는 걸 알았다.
　　　　She gave him her home number. 〔him = 간접 목적어〕
　　　　그녀는 그에게 집 전화번호를 알려주었다.
　　　　I have to speak to them about it. 〔them = 전치사의 보어〕
　　　　나는 그 일에 관해 그들에게 말해야만 한다.
　　　　She is five years older than him. 〔him = 전치사의 보어〕 그녀는 그보다 다섯 살이 더 많다.
　　〔전화상의 대화에서〕
　　　　A: Who's thàt? 누구세요?
　　　　B: It's mè - Àgnes. 〔me = 주격 보어〕 저예요. 아그네스.

마지막 두 개의 예문에서, older than him과 it's me는 〈일상체〉 영어이다. 여기서는 주격
형을 쓰는 것이 옳다는 주장도 때때로 제기되곤 한다. 하지만 older than I와 it's I는 상당
히 부자연스럽게 들리므로 〈일상체〉 용법(506 참조)에서는 피한다.

소유격

623 소유격에는 두 가지 종류가 있으며 각각 별개의 기능을 한다. my, your, her 등은 명사 핵
어 앞에서 한정사 역할을 한다. mine, yours, hers 등은 대명사 즉, 독립 명사구 역할을 한
다. 대명사 기능을 하는 소유격은 강세를 받는다. 오른쪽 열에 있는 두 개의 상응하는 속격
명사 구문(530 참조)을 비교해 보자.

　　-한정사 기능: This is her book. 이것은 그녀의 책이다.

~ This is Joan's book. 이것은 조앤의 책이다.

– 대명사 기능: This book is hers. 이 책은 그녀의 것이다.

　　　　　　This book is Joan's. 이 책은 조앤의 것이다.

한정사로 쓰인 소유격: Have you changed your mind again?

624 수많은 다른 언어와는 달리, 영어에서는 신체 부위와 개인 소지품과 관련하여 한정사 소유격을 사용한다.

Hannah broke her leg when she was skiing in Austria.
한나는 오스트리아에서 스키를 타면서 다리가 부러졌다.

Don't tell me they've changed their minds again!
그들이 마음을 다시 바꿨다고 나한테 말하지 마!

Don't lose your balance and fall into the water!
균형을 잃고 물속으로 떨어지면 안 돼!

I can't find my glasses. 나는 내 안경을 찾을 수가 없다.

목적어와 관련된 전치사구에는 정관사가 일반적으로 쓰인다.

She took the little girl by the hand. 〔The hand belongs to the little girl.〕
그녀는 어린 소녀의 손을 잡았다. 〔그 손은 어린 소녀의 것이다.〕

Something must have hit me on the head. 〔The head is mine.〕
무엇인가가 내 머리를 때린 것이 틀림없다. 〔맞은 곳은 내 머리이다.〕

수동태 구문에서는 전치사구가 주어와 관련이 있다.

He was shot in the leg during the war. 그는 전쟁 중에 다리에 총을 맞았다.

대명사로 쓰인 소유격: Is that paper yours?

625 mine, hers, theirs 같은 형태는 명사구를 사용할 수 있는 주요 자리의 역할을 모두 수행할 수 있다.

- 주어로 쓰인 소유격

  Yours is an international company, mine is just a small local firm.
  당신의 회사는 국제적인 기업이지만 나의 회사는 그저 소규모 지역기업에 불과하다.

- 주격 보어로 쓰인 소유격

  Is that my copy or yours? 그것이 내 사본입니까, 아니면 당신 것입니까?

- 목적어로 쓰인 소유격

  Philip wanted a bike, so I let him borrow yours.
  필립은 자전거를 원했으므로 그가 너의 것을 빌려가도록 허락했다.

- 전치사의 보어로 쓰인 소유격

  This is a special policy of theirs, is it? 이것은 그들의 특별 정책입니다. 그렇죠?

What business is it of hers? (535 비교) 그것은 그녀의 사업 중 어떤 사업입니까?

● 소유격은 than과 as 다음에 비교형으로 사용되기도 한다.

Your car looks faster than ours. (our car) 당신 차는 우리 차보다 더 빠를 것 같다.

재귀대명사: Have you locked yourself out?

626 재귀대명사는 절이나 문장의 주어와 동일한 대상을 지시하는 목적어와 보어, (종종) 전치사의 보어로 사용된다. 어떤 경우에는 재귀대명사가 핵 강세를 받고 어떤 경우에는 그렇지 않다는 것을 주의하라.

We have to find ourselves a new home. 우리는 새 집을 찾아야만 한다.

Have you locked yourself out? 당신은 문이 잠겨서 못 들어갔습니까?

Bradley works too hard. He'll burn himself out.

브래들리는 너무 열심히 일한다. 그는 탈진할 것이다.

I hope Ella enjoyed herself at the party.

나는 엘라가 파티에서 즐거웠기를 바란다.

Most authors start by writing novels about themselves.

대부분의 작가는 자신에 관한 소설을 쓰는 것으로 시작한다.

This is a word the aborigines use among themselves.

이것은 호주 원주민들이 자기들끼리 쓰는 단어이다.

Jack certainly has a high opinion of himself. 잭은 확실히 자신을 높이 평가한다.

Carolyn got a seat all by herself. 캐롤린은 혼자서 자리를 잡았다.

독립 대명사 one(680 참조)은 다음과 같이 자기만의 재귀대명사가 있다.

One mustn't fool oneself. 사람은 자신을 기만해서는 안 된다.

It's just a journey one does by oneself. 이것은 그저 혼자서 하는 여행이다.

재귀대명사는 명령 구문과 비정형 구문에도 사용한다. 여기서는 동사의 주어로 생각되는 요소를 전방조응한다. 〔일치에 관해서는 96 참조〕

Make yourself at home. 편하게 계세요.

I've asked everyone to help themselves.

나는 모두 스스로를 도우라고 요구했다.

하지만 보통 인칭대명사는 장소를 나타내는 수많은 전치사구에서 사용한다.

He turned around and looked about him. 그는 돌아서서 주변을 둘러보았다.

Have you any money on you? 당신은 수중에 조금이라도 돈이 있습니까?

We examined all the documents in front of us.

우리는 우리 앞에 있는 모든 서류를 검토했다.

인칭대명사 또는 재귀대명사: someone like you / someone like yourself

627 재귀대명사(myself, ourselves 등)는 때때로 인칭대명사의 목적격(me, us 등)을 대신하여 사용되곤 한다. 이런 경우에는 as for, but for, except for, like의 뒤에 나타나며 등위접속으로 연결한 명사구의 형식을 취하기도 한다.

> As for me/myself, I don't mind what you decide to do.
> 나라면 네가 하기로 결정한 일을 개의치 않는다.

> For someone like me/myself, one good meal a day is quite enough.
> 나 같은 사람에게는 하루에 맛있는 한 끼만 먹으면 충분하다.

> The picture Molly showed us was of her/herself and Brian on the terrace.
> 몰리가 우리에게 보여준 사진은 테라스에 있는 그녀와 브라이언을 담고 있었다.

강조 용법: I'll do it myself.

628 재귀대명사는 명사구나 다른 대명사 뒤에 붙어서 그 의미를 강화하는 강조 용법도 있다.

> I spoke to the manager himself. 나는 지배인 본인에게 말했다.

> The question was how Louise herself was to achieve this goal.
> 문제는 루이즈 본인이 이 목표를 어떻게 성취했냐는 것이었다.

> If the premises themselves were improved, the college would be much more attractive. 만약 건물 자체가 개선되었다면 그 대학이 훨씬 더 눈에 뜨였을 것이다.

> Ellie's getting a divorce: she herself told me.
> 엘리는 곧 이혼을 한다. 그녀가 직접 나에게 말해주었다.

재귀대명사는 문장의 끝으로 지연되기도 한다. (428 참조)

> She told me so herself. 그녀가 나에게 직접 그렇게 말했다.

> He'll be here himself. 그가 여기에 직접 올 것이다.

> Without being asked, Joe fixed the lock himself.
> 부탁을 받지는 않았지만 조는 자물쇠를 직접 고쳤다.

대체 구문: my own room − a room of my own

629 소유격 한정사 다음에 등장한 own은 재귀적 의미나 강조의 의미를 위해서 사용될 수 있다. 예를 들면, my own, your own, his own 등이다.

> John cooks his own dinner. (John cooks dinner for himself.)
> 존이 자신의 저녁을 만든다. (존이 자신을 위해서 저녁을 만든다.)

> We'll have to make our own decisions. 우리는 자신만의 결정을 내려야 할 것이다.

> The government is encouraging people to buy their own homes.
> 정부는 사람들에게 자기 집을 장만하라고 권장한다.

강조 부사는 강조를 더하기 위하여 own 앞에 부가할 수 있다.

Do you like the soup? The recipe is my very own.

수프가 마음에 드세요? 그 조리법은 저만의 것이랍니다.

〈소유격 + own〉의 결합은 of구(535 비교)에서도 가능하다.

I'd love to have a house of my own. 나는 나만의 집을 갖고 싶다.

It's so much easier for students to work in a room of their own.

학생들이 자기들만의 방에서 공부하는 것이 훨씬 더 쉽다.

구동사와 전치사 수반 동사(Phrasal and prepositional verbs)

구동사: Go on!

630 동사는 down, in, off, on, out, up과 같은 부사적 불변화사와 결합형을 만들기도 한다.

Aren't you going to sit down? 앉지 않으실 겁니까?

When will they give in? 그들이 언제쯤 항복할 것인가?

My interview went off very smoothly. 내 인터뷰가 아주 원활하게 진행되었다.

The plane has just taken off. 비행기가 방금 이륙했다.

Did Ryan catch on to what you were saying?

라이언이 당신이 말한 것을 이해했습니까?

We expect this project to go on another three years.

우리는 이 프로젝트가 3년을 더 이어가리라 예상한다.

The doctor thinks by the end of next week you could get out in the air a little.

그 의사는 다음 주말이면 당신이 조금쯤 바깥바람을 쐴 수 있으리라 생각한다.

Drink up quickly. 빨리 마셔버려.

It's a pity their marriage did break up, and whose fault was it?

그들의 결혼이 깨졌다니 유감입니다. 그런데 그것이 누구의 잘못이었습니까?

I usually get up quite early and get on with my own work.

나는 대체로 상당히 일찍 일어나서 나만의 일에 열중한다.

I stood there for another ten minutes but Alexandra didn't turn up.

나는 거기서 10분을 더 서있었지만 알렉산드라는 나타나지 않았다.

이런 동사-부사 결합형은 구동사라고 부르며 주로 〈일상체〉에서 사용한다. 구동사에 쓰이는 대부분의 부사는 전치사와 모양이 동일한 장소 부사(down, in, up 등. 192 참조)이다. 동사는 전치사구와 같은 기능을 하는 전치사적 부사(654 참조)와도 결합할 수 있다.

They walked past (the place). 그들은 (그 장소를) 지나갔다.　　　　　　　　　　　　〔1〕

She ran across (the street). 그녀는 (그 길을) 뛰어 건넜다.　　　　　　　　　　　　〔2〕

〔1〕번과 〔2〕번 문장에서, 명사구는 생략부호를 사용하여 생략했다. 이 예문들처럼 어떤 구

동사는 동사와 부사의 개별적 의미를 유지한다. (예를 들어, sit down) 반면에 어떤 부사들은 관용적인 표현처럼 쓰인다. 즉 결합어의 의미는 동사와 부사의 개별적 의미에서 형성되지 않는다. 예를 들면 catch on은 '이해하다'의 뜻이고 give in은 '굴복하다'의 뜻이며 turn up은 '나타나다, 높이다'의 뜻이다.

대체 부사의 위치: Turn on the light! – Turn the light on!

631 구동사는 대부분 목적어를 취할 수 있다.

The new government was unable to bring about immediate expansion.
새 정부는 즉각적인 신장을 이루어낼 수 없었다.

The president decided to break off diplomatic relations immediately.
대통령은 외교 관계를 즉시 단절하기로 결정했다.

The union called off the strike. 노조가 파업을 취소했다.

I'll get out my old pair of skis. 나는 오래된 스키를 꺼낼 것이다.

We've got to find out what's going on here.
우리는 여기서 무슨 일이 벌어지고 있는지 알아내야만 한다.

Daniel couldn't get over the fact that Natasha died.
다니엘은 나타샤가 죽었다는 사실을 이겨내지 못했다.

Robert's parents were forced to make up the deficit.
로버트의 부모는 불가피하게 적자를 메울 수밖에 없었다.

Georgia is bringing up her brother's children. 조지아는 오빠의 자녀들을 기르고 있다.

The enemy blew up the bridge. 적군이 다리를 폭파했다.

대부분의 구동사에서 부사는 명사 목적어의 앞이나 뒤로 갈 수 있다.

They turned on the light. ~ They turned the light on. 그들은 전등을 켰다.

하지만 목적어가 인칭대명사일 때에 부사는 언제나 목적어의 뒤로 가야 한다.

They turned it on. (*금지 표현: They turned on it.) 그들은 전원을 켰다.

때때로 목적어를 수반하는 구동사와 전치사구가 뒤따르는 동사는 동일하게 보인다. 다음 예문을 비교해 보자.

They ran over the cat. (knocked down and passed over) [구동사]
그들은 고양이를 치었다. (치고 그 위로 지나갔다.)

They ran over the bridge. (crossed the bridge by running) [동사 + 전치사]
그들은 다리를 뛰어 건넜다. (뛰어서 다리를 건넜다.)

전치사 수반 동사: Will you attend to that?

632 동사는 전치사와 함께 어순이 고정된 결합어를 만들기도 한다. (744 참조)

The article also hinted at other possibilities.

그 기사 역시 다른 가능성들을 넌지시 비쳤다.

Brandon has applied for a new job. 브랜든이 새 직장에 지원서를 냈다.

The mayor announced that he would not run for re-election.
시장은 재선에 출마하지 않겠다고 선언했다.

Would you like to comment on the situation?
이 상황에 대해서 논평하시겠습니까?

I don't object to this proposal in principle.
나는 원칙적으로 이 제안에 반대하지 않는다.

전치사를 뒤따르는 명사구는 전치사의 목적어라고 부른다. 다음은 전치사를 수반하는 동사의 다른 예이다.

The plan must be flexible enough to allow for technological breakthroughs.
그 계획은 획기적인 기술발전을 계산에 넣을 정도로 유연한 것이 틀림없다.

The new hospital is equipped to care for all patients.
새로운 병원은 모든 환자를 보살필 만한 장비를 갖추고 있다.

Zoe said she was not adequately trained to describe or enlarge on these difficult questions. 조이는 이런 어려운 문제를 묘사하거나 부연 설명하도록 적절한 훈련을 받지 않았다고 말했다.

What is called a plan for action amounts to doing nothing.
소위 실행 계획이란 아무 일도 하지 않는 것과 다를 바 없다.

At the meeting Katie told Bill not to bother about the contract – she would attend to that. 회의에서 케이티는 빌에게 계약에 대해 걱정하지 말라고 말했다. 즉, 그녀가 처리하겠다는 것이다.

These statements can be interpreted to conform to our own point of view.
이런 진술은 우리만의 관점에 맞추어서 해석될 수도 있다.

We must give small shops a chance to compete with large supermarkets.
우리는 작은 가게에게 대형 슈퍼마켓과 경쟁할 기회를 주어야만 한다.

The personal pronouns are normally unstressed because they refer to what is prominent in the immediate context. 인칭대명사는 근접 문맥에서 눈에 잘 띄는 대상을 언급하기 때문에 대체로 강세를 받지 않는다.

The minister stated categorically that we should under no circumstances resort to the use of such weapons unless they are first used by our enemies.
장관은 그러한 무기가 적에 의해 먼저 사용되지 않는 이상 어떤 일이 있더라도 우리가 그것의 사용에 의지해서는 안 된다고 명확히 말했다.

전치사 수반 동사의 일부인 전치사가 일반적으로 문장의 끝에 '좌초되는' 점을 주의하라. (659 참조)

That's exactly what I'm hoping for. 그것이 정확하게 내가 바라는 것이다.

Jordan had a poor salary but he didn't need much to live on.
조단은 박봉을 받았지만 생계비가 그다지 필요하지는 않았다.

구동사와 전치사 수반 동사 비교: call her up 그러나 call on her

633 구동사와 전치사 수반 동사는 대단히 비슷하게 보이는 듯하다. 다음 예문을 살펴보자.

Matthew called up his wife to tell her he's met some old friends and could be home late. 〔1〕
매튜는 아내에게 전화를 걸어서 옛 친구들을 몇 명 만나서 귀가가 늦어질 수도 있다고 말했다.

Megan went to the hospital to call on a friend after a serious operation. 〔2〕
메건은 대수술을 받은 친구를 문안하려고 병원으로 갔다.

하지만 〔1〕번의 call up 같은 구동사와 〔2〕번의 call on 같은 전치사 수반 동사는 여러 가지 면에서 다르다.

- 〔1〕번의 구동사에 쓰인 부사는 대체로 강세를 받고 문미에 핵강세가 온다. 반면에 〔2〕번의 전치사 수반 동사에 쓰인 전치사는 보통 강세를 받지 않는다. 다음 문장을 비교해 보자.

All young men were called up | for military service. 〔1〕
모든 청년들이 병역 소집을 받았다.

We'll call on you | as soon as we arrive. 〔2〕
우리가 도착하자마자 당신에게 전화를 걸겠다.

- 전치사 수반 동사에 쓰인 전치사는 반드시 전치사의 목적어 앞에 자리한다. 〔3〕번의 구동사와 〔4〕번의 전치사 수반 동사를 비교해 보자.

We'll call up our friends. 〔3〕
~ We'll call our friends up. 우리가 친구들에게 전화를 걸겠다.
~ We'll call them up. 우리가 그들에게 전화를 걸겠다.
We'll call on our friends. 우리가 친구를 방문하겠다. 〔4〕
~ We'll call on them. (*금지 표현: We'll call our friends on.)

- 부사가 동사와 전치사 사이에 자리할 수 있는 경우는 전치사 수반 동사뿐이다.
They called early on their friends. 그들이 친구들을 일찍 방문했다.
(*금지 표현: They called early up their friends.)

일부 언어들과는 달리, 영어에서는 전치사의 목적어가 수동태 문장의 주어가 될 수 있다. (613 참조) 다음을 비교해 보자.

Some employees looked upon the manager almost as a saint.
일부 종업원들은 지배인을 거의 성자처럼 간주했다.

~ The manager was looked upon almost as a saint (by some employees).
지배인은 (일부 종업원들에게) 거의 성자처럼 간주되었다.

구전치사 수반 동사: This noise is hard to put up with!

634 〈일상체〉 영어에서 일부 동사는 부사와 전치사 둘 다하고 결합할 수 있다.

What a preposterous idea! She'll never get away with it. (succeed)

정말 터무니없는 생각이로군! 그녀는 결코 성공하지 못할 거야.

We shouldn't give in to their arguments so easily. (yield)

우리는 그들의 주장에 그렇게 쉽게 굴복해서는 안 된다.

You shouldn't break in on a conversation like that. (interrupt)

당신은 그렇게 대화에 끼어들면 안 된다.

Alex walked out on the project. (abandoned) 알렉스는 그 프로젝트를 포기했다.

I'm trying to catch up on my own work. (bring … up to date)

나는 밀린 일을 만회하려 애쓰고 있다.

Samantha seems to put up with almost anything. (tolerate)

사만다는 웬만한 일은 다 참고 견디는 것 같다.

지금까지 살펴보았듯이 이런 결합어를 구-전치사 수반 동사라고 부른다. 전치사 수반 동사와 마찬가지로 일부 구-전치사 수반 동사는 전치사의 목적어를 절의 주어로 변환함으로써 수동태로 전환된다. (618 참조)

They thought such tendencies would increase rather than be done away with.

(be abolished) 그들은 이런 경향이 없어지기보다는 증가하리라고 생각했다.

부사는 전치사와 목적어 사이로 삽입될 수 없지만 부사와 전치사 사이로는 삽입된다.

Oddly enough Andrew **puts up** willingly **with** that manager of his.

정말 기묘하게도 앤드류는 그 지배인을 기꺼이 참아낸다.

전치사의 목적어가 전치되는 관계사절과 다른 전치 구문에서 부사와 전치사는 동사 뒤에 머문다. (전치사 수반 동사의 '좌초된' 전치사와 비교해 보라. 659 참조. 전치된 목적어와 좌초된 전치사는 볼드체로 표기되어 있다.)

Is this **something** the police are **checking up on**? (investigating)

이것이 경찰이 조사하고 있는 문제입니까?

You don't realize **what** I've had to **put up with**. (tolerate)

당신은 내가 무엇을 참아야만 했는지 이해하지 못한다.

〈일상체〉 영어에서 쓰는 구-전치사 수반 동사의 사례를 좀 더 살펴보자.

The robbers managed to make away with most of the bank's money.

(escape with) 강도들은 그 은행의 돈 대부분을 가지고 용케 달아났다.

You should never look down on people in trouble. (have a low opinion of)

당신은 어려움에 빠진 사람은 얕보아서는 안 된다.

Now let's get down to some serious talk. (give some serious attention to)

이제 진지한 대화를 시작해 봅시다.

Why don't you just drop in on the new neighbours? (call on 〈일상적 회화체〉)
새로 이사온 이웃집에 한번 들러보는 게 어떻습니까?

You can't just back out of an agreement like that!
당신은 그런 식으로 합의 사항을 저버려서는 안 됩니다.

The first thing you've got to do, to be happy, is to face up to your problems.
(confront) 행복해지기 위해서 먼저 해야 할 일은 자신의 문제를 직시하는 것이다.

What does it all add up to? (amount to) 모두 합하면 얼마입니까?

Somebody's got to stand up for those principles! (defend)
누군가는 저런 원칙들을 수호해야만 한다.

복수(Plurals)

규칙 복수: one dog – many dogs

635 대부분의 명사는 가산 명사로서, '하나'를 의미하는 단수와 '하나 이상'을 의미하는 복수 형태가 모두 가능하다. (58 참조) 대부분의 가산 명사는 규칙적인 s 복수형을 갖는다. one dog – two dogs의 사례와 같이 단수에 s를 덧붙이면 복수가 만들어진다. 경우에 따라서 s가 부가될 때 철자가 달라지기도 한다. (702 참조) 어미 s의 발음에 관해서는 664항을 참조하라.

대부분의 합성어에서 어미는 마지막 부분에 덧붙인다. 예를 들면 district attorney – district attorneys이며, breakdowns, check-ups, grown-ups, stand-bys, takeoffs 등도 마찬가지이다. 하지만 핵어 명사가 선행하는 소수의 합성어에서는 어미가 첫 번째 부분에 덧붙기도 한다. 예를 들면, editors-in-chief, lookers-on(비교: onlookers), mothers-in-law, notaries public, runners-up, passers-by 등이다. 소수의 합성어는 첫 번째와 두 번째가 모두 복수형으로 변한다. 예를 들면 woman writer – women writers 같은 경우이다.

불규칙 복수

유성음화 + s 복수: knife – knives

636 무성음 /f/ 또는 /θ/ 소리(철자상 -f와 -th)로 끝나는 일부 단수 명사는 그에 상당하는 복수형에서 규칙 어미 /z/ 앞의 자음이 유성음 /v/ 또는 /ð/ 소리로 바뀐다.

- -f로 끝나는 대부분의 명사는 규칙 복수 /fs/를 취한다. 예를 들면, beliefs, chefs, chiefs, cliffs, proofs, roofs, safes 등이다. 하지만 -f(e)로 끝나는 명사 중의 일부는 복수형일 때 유성음 / -vz/로 발음하고 철자는 -ves로 쓴다.

  calf – calves   half – halves

  knife – knives   leaf – leaves

life – lives   loaf – loaves

shelf – shelves   thief – thieves

wife – wives   wolf – wolves

*복수 재귀대명사에도 유성음화 현상이 일어난다. 예: herself – themselves (619 참조)

- 자음 + th로 끝나는 명사는 규칙 복수를 취한다. 예를 들면, month /θ/ – months /θs/이다. 모음 + th로 끝나는 명사의 복수도 cloths, deaths, faiths의 경우처럼 규칙적일 때가 많다. 하지만 mouth/mauθ/ – mouths /mauðz/, path – paths는 유성음화 현상이 일어난다. 때로는 규칙 복수와 유성음 복수를 모두 취하는 경우도 있다. 예를 들어, oath /ouθ/ – oaths /ouθs/ 또는 /ouðz/이다. 이와 비슷한 사례로 truths와 wreaths도 들 수 있다.

- house /ʊ/는 복수형일 때 유성음화 현상이 일어나지만(/hauziz/) 철자는 규칙적으로 변화한다. (houses)

복수형에서 모음의 변화: foot – feet

637 어떤 명사는 복수형을 만들 때 어미가 변화하지 않고 모음이 변화한다. 예를 들면, foot /fʊt/ – feet /fi:θ/ (six foot/feet two inches 같은 표현에 관해서는 638 참조), tooth /θ/ – teeth /θ/, goose /gu:s/ – geese /gi:s/, man /mæn/ – men /men/, mouse /maus/ – mice /mais/ (컴퓨터용 소형 장치의 경우에 mice와 규칙 복수인 mouses를 모두 사용한다), woman /wʊmən/ – women /wímin/ 등이다. 이에 비해 child /tʃaild/는 복수형이 children /tʃaíldrən/이다.

복수 어미가 없는 명사: one sheep – many sheep

638 동물을 가리키는 명사는 대부분 규칙 복수를 만든다. 예를 들면 bird – birds, hen – hens, rabbit – rabbits 등이다. 하지만 이중에서 일부 명사는 형태의 변화 없이 단수 의미와 복수 의미로 모두 사용될 수 있다. (이를 '단복수 동형'이라고 부른다).

- 일부 동물 명사는 항상 변화가 없다. 예를 들면, one sheep – many sheep, one deer – two deer 등이다. 이와 비슷한 사례로 grouse, moose, plaice, salmon이 있다. 이런 명사는 대체로 변화하지 않는다. 예를 들면 trout(a lot of fine trout처럼), carp, pike 등이다.

- 이런 명사 중에는 규칙 복수형과 단복수 동형으로 모두 사용이 가능한 것도 있다. 예를 들어 herring(several herring/herrings), antelope, fish, flounder 등이다.

- dozen과 foot은 양에 관련한 수많은 표현에서 복수형을 취하지 않는다.

    He scored a dozen goals (비교: He scored dozens of goals.) 그는 12골을 넣었다.

    A : How tall is Travis? 트래비스는 키가 얼마나 됩니까?

    B : He's six foot eight (six feet eight 또는 six feet eight inches, 6 ft. 8 in.)

    그는 키가 6피트 8인치입니다.

- five days 같은 복수 표현은 명사를 수식할 때 복수형 어미 s를 취하지 않는다. (651 참조)

  a five-day week 주 5일 근무제

  a six-cylinder engine 6기통 엔진

  an eight-month-old baby 생후 8개월 된 아기
- series와 species는 단수나 복수로 사용된다.

  one series/two series of lectures 한 차례/두 차례의 강연

외래어 복수: one analysis − several analyses

639 외국어(라틴어와 그리스어를 비롯한)에서 빌려온 일부 명사는 영어의 규칙적 복수형을 받아들이지 않고 외래어 복수형을 고수한다. 다른 외래어 명사는 규칙 복수와 외래어 복수를 모두 취할 수 있다.

- **−us로 끝나는 명사**(라틴어): 언제나 bonus − bonuses, campus − campuses, circus − circuses 같이 규칙 복수만 취한다. /ai/라고 발음하는 외래어 복수형 -i는 stimulus − stimuli /stimjʊlai/, alumnus − alumni, bacillus − bacilli에서 사용된다. 두 가지 복수형을 모두 사용하는 경우는 cactus − cactuses/cacti, focus − focuses/foci, radius − radiuses/radii, terminus − terminuses/termini, syllabus − syllabuses/syllabi이다. 언어학적 분석에 활용되는 텍스트의 모음을 나타내는 코퍼스는 규칙 복수형인 corpuses가 아니라 라틴 복수형인 corpora를 취한다.

- **−a로 끝나는 명사**(라틴어): 규칙 복수는 area − areas, arena − arenas 등의 명사에서 나타난다. -ae(/i:/으로 발음)로 끝나는 외래어 복수의 사례는 alumna − alumnae, alga − algae, larva − larvae이다. 두 가지 복수형을 모두 취하는 사례는 formula − formulas/formulae, antenna − antennas/antennae이다. 외래어 복수는 전문적으로 사용하는 경우가 더 보편적이고, -s 복수는 일상 언어에서 더 자연스럽다. formulas는 the formulas of politicians, milk formulas의 경우와 같이 일반적으로 사용된다. 하지만 formulae는 algebraic formulae처럼 수학에서 자주 사용된다. 이와 마찬가지로, antennas는 일반적으로나 전기공학(directional antennas)에서 사용하지만 생물학에서는 antennas를 사용한다. schema는 규칙 복수 schemas가 아니라 그리스어 복수 schemata를 사용한다.

- **−um으로 끝나는 명사**(라틴어): 규칙 복수만을 취하는 단어로는 album − albums, gymnasium - gymnasiums, museum − museums 등이고, 대체로 규칙 복수를 취하는 단어는 forum - forums, stadium - stadiums, ultimatum - ultimatums, -a /ə/로 끝나는 외래어 복수는 curriculum - curricula, stratum - strata, 규칙 복수와 외

래어 복수를 모두 취하는 단어는 memorandum – memorandums/memoranda, symposium – symposiums/symposia가 있다.

medium은 신문, 잡지, 라디오, 텔레비전을 집단으로 간주하는 대중 매체라는 의미로 사용될 때 언제나 media를 복수형으로 취하여 the national media, a media event 같이 활용된다. media와 data('정보 또는 사실의 총체'라는 의미)는 단수 질량 명사처럼 사용될 때가 많다.

> The media are/is giving a biased account of this story.
> 언론은 이 이야기에 대해 편향된 설명을 들려주고 있다.
> These data show/This data shows that the hypothesis was right.
> 이런 데이터는 가설이 맞았음을 입증한다.

● **–ex와 –ix로 끝나는 명사**(라틴어): 철자가 –ices로 끝나고 발음이 /-isiːz/인 외래어 복수로는 index – indices, codex – codices가 있다. 규칙 복수와 외래어 복수를 모두 취하는 단어로는 apex – apexes/apices, appendix – appendixes/appendices, matrix – matrixes/matrices가 있다.

640 **–is로 끝나는 명사**(그리스어): 규칙 복수를 취하는 명사로는 metropolis – metropolises가 있으며 외래어 복수 접미사 es /-iːz/를 취하는 명사로는 analysis – analyses, axis – axes, basis – bases, crisis – crises, diagnosis – diagnoses, ellipsis – ellipses, hypothesis – hypotheses, oasis – oases, parenthesis – parentheses, synopsis – synopses, thesis – theses가 있다.

● **–on으로 끝나는 명사**(그리스어): 규칙 복수만을 취하는 명사로는 demon – demons, neutron – neutrons, proton – protons가 있다. 외래어 복수 접미사 a /ə/를 취하는 명사로는 criterion – criteria, phenomenon – phenomena가 있다. 규칙 복수와 외래어 복수 접미사를 모두 취하는 명사로는 automaton – automatons/automata가 있다.

후치 수식어구(Postmodifiers)

여러 가지 유형의 후치 수식어구

641 명사는 자기 앞에 놓인 다른 단어(대부분 형용사)에게 수식을 받아 the red house처럼 표현할 수 있다. 이런 단어는 전치 수식어(구)라고 부른다. 또한 명사는 뒤따라오는 구나 절, 그 중에서도 주로 관계사절의 수식을 받아 the house which is red라고 표현할 수도 있다. 이

처럼 명사 핵어의 뒤에 오는 수식어구는 후치 수식어구라고 부른다. (596 참조)

영어에는 다음과 같이 여러 가지 유형의 후치 수식어가 존재한다. 〔명사구의 핵어는 대문자로, 수식어는 볼드체로 표시되어 있다.〕

- 관계사절 (686 참조)

  The parents wanted to meet **the** BOY **who was going out with their daughter**. 부모들은 딸과 사귀는 남자아이를 만나고 싶어 했다.

- 관계사절에 상당하는 비정형절 (643 참조)

  They wanted to meet **the** BOY **going out with their daughter**.

  그들은 딸과 사귀는 남자아이를 만나고 싶어 했다.

- 전치사구 (642, 654 참조)

  A **nice young** WOMAN **in jeans** was watching me.

  청바지를 입은 근사한 젊은 여성이 나를 쳐다보고 있었다.

- 동격절 (646 참조)

  There is no getting away from the FACT **that inflation is causing hardship**.

  인플레이션이 어려움을 야기하고 있다는 사실에서 벗어날 길은 없다.

- 부사 (648 참조)

  Where is **the** WAY **out?** 출구가 어디입니까?

- 형용사 (649 참조)

  There's NOTHING **new** about these techniques.

  이 기술에는 새로운 점이라고는 하나도 없다.

- 시간, 장소, 방법, 이유 표시절 (647 참조)

  In Stratford-on-avon we visited **the** HOUSE **where Shakespeare lived**.

  우리는 스트랫퍼드 온 에이븐에서 셰익스피어가 살았던 집을 방문했다.

두 개 이상의 후치 수식어구가 동일한 명사를 꾸밀 수도 있다.

  Have you seen the HOUSE 〔**in Stratford-on-avon**〕 〔**where Shakespeare lived**〕?

  당신은 〔스트랫퍼드 온 에이븐에서〕 〔셰익스피어가 살았던〕 집을 보았습니까?

후치 수식어구로 쓰인 전치사구: a week of hard work

642 전치사구(654 참조)는 영어에서 가장 흔히 사용하는 유형의 후치 수식어구이다. 전치사구는 관계사절로 확장될 때도 많다. (of구에 관해서는 106, 531 참조)

  Is this the ROAD **to Paris?** (Is this the road **that leads to Paris?**)

  이것이 파리로 가는 길입니까? (이것이 파리로 이어진 길입니까?)

  These are economic ACTIONS **beyond the normal citizen's control**. (⋯ actions which are beyond ⋯)

이것은 정상적인 주민 통제를 넘어선 경제 행위이다. (… 뛰어넘는 행위 …)

This message is scarcely a CAUSE **for regret**.

이 메시지는 결코 후회의 원인이 아니다.

The government seems to have no CONTROL **over capital movement**.

정부가 자본의 이동을 전혀 통제하지 못하는 것처럼 보인다.

There must be a better WAY **of doing it**.

그 일을 행할 더 좋은 방법이 틀림없이 있을 것이다.

후치 수식어구 역할을 하는 비정형 절

643 비정형절의 세 가지 유형 (-ing분사절, -ed분사절, to부정사절) 모두가 관계사절과 비슷한 후치 수식어구 기능을 할 수 있다. 다음 몇 가지 예문을 살펴보자.

- **-ing분사절**: the GIRL **sitting opposite me** 나의 맞은편에 앉은 소녀

  PEOPLE **working in the IT business** are often young. (who are working in the IT business) IT 산업에서 일하는 사람들은 대개 젊다. (IT 산업에서 일하고 있는)

  Do you know any of those PEOPLE **sitting behind us?**

  우리 뒤에 앉아있는 사람들 중의 어느 한 사람이라도 아십니까?

  A MAN **wearing a grey suit** left the office.

  회색 양복을 입은 남자가 사무실에서 나갔다.

  Last Friday I got a LETTER **saying that there was trouble afoot**.

  지난 금요일에 나는 곤란한 문제가 벌어지고 있다는 내용의 편지를 받았다.

분사절은 시제가 없으므로(128, 392 참조) 문맥에 따라 과거나 현재로 해석된다. 하지만 -ing분사절은 진행 시상의 의미를 전달할 필요가 없다. (132, 740 참조)

  All ARTICLES **belonging to the college** must be returned. (all articles that belong …. 진행형인 *that are belonging은 여기서 사용할 수 없다.)

  대학이 소유한 모든 논문은 반드시 되돌려주어야만 한다. (…의 소유물인 모든 논문)

644 - **-ed 분사절**: the SUBJECT **discussed in the book** 그 책에서 논의한 주제

  The QUESTION **debated in Parliament yesterday** was about the new tax. (that was debated in Parliament) 어제 의회에서 토론한 문제는 새 세법에 관한 것이었다.

  We have seen the DAMAGE to the pine **done by the deer**. (that has been done/ had been done/was done by the deer) 우리는 사슴이 소나무에 입힌 피해를 보았다.

분사절(done by the deer)은 의미 면에서는 수동태 관계사절과 일치하지만, 시제와 시상으로 만들어낼 수 있는 차이는 전혀 담아내지 못한다.

645 ● **to부정사절**: the best THING **to do** 최선책

If you can't think of a THING **to do**, try something/anything.

만약 당신이 할 일을 한 가지도 생각해낼 수 없다면 무엇이라도, 아무 것이라도 해보십시오.

I've got SOMETHING **to say to you**. 나는 당신에게 할 말이 있습니다.

to부정사절은 next나 last, 서수, 최상급 뒤에 등장하는 경우가 많다.

The next TRAIN **to arrive** was from Chicago. (the train which arrived next)

다음에 도착한 기차는 시카고 발이었다. (다음에 도착한 기차)

Mr Knowles is the last PERSON **to cause trouble**. (the person who would be the last to cause trouble) 놀스 씨는 문제를 불러일으킬 사람이 절대 아니다. (절대 문제를 불러일으킬 것 같지 않은 사람)

Amundsen was the first MAN **to reach the South Pole**. (the man who reached the South Pole first) 아문센은 남극에 도착한 첫 번째 사람이었다. (남극에 처음으로 도착한 사람)

많은 부정사절에서 명사구의 핵어는 부정사의 의미상 목적어나 전치사의 목적어이다.

The best PERSON **to consult** is Wilson. (the person that you should consult)

상의할 최선의 인물은 윌슨이다. (당신이 상의해야 할 사람)

There are plenty of TOYS **to play with**. (toys which they can play with)

가지고 놀 장난감이 많다. (그들이 가지고 놀 수 있는 장난감)

이런 경우에는 〈for + 주어〉가 덧붙여지기도 한다.

The best PERSON **for you to consult** is Wilson.

당신이 상의할 최선의 인물은 윌슨이다.

There are plenty of TOYS **for the children to play with**.

아이들이 가지고 놀 장난감이 많다.

(the time to arrive'와 같은 다른 부정사절에 관해서는 728 참조)

후치 수식어구 역할을 하는 동격절: Have you heard the NEWS that our team won?

646 동격절이란 동격인 두 개의 명사구와 비슷한 관계를 가진 명사절을 말한다. (470 참조) 동격절은 that절(589 참조)이나 to부정사절(593 참조)로도 나타낼 수 있다.

We will stick to my IDEA that the project can be finished on time.　　　[1]

우리는 그 프로젝트가 제 시간에 마무리될 수 있다는 내 생각을 고수할 것이다.

It is reported that there has been a PLOT to overthrow the government.　　[2]

정부를 전복할 음모가 있다고 보도되고 있다.

명사구는 '주어 + be + 보어' 구문과 연결 지을 수 있다.

My idea is that the project can be finished on time.　　　　　　　　　　[1a]

내 생각은 그 프로젝트가 제 시간에 마무리될 수 있다는 것이다.

The plot was to overthrow the government.　　　　　　　　　　　　　　[2a]

그 음모는 정부를 전복하려는 것이었다.

동격절의 명사 어구는 fact, idea, reply, answer, appeal, promise 같은 추상 명사이다.

We were delighted at the NEWS that our team had won.

우리는 우리 팀이 이겼다는 소식을 듣고 기뻐했다.

We gratefully accepted John's PROMISE to help us.

우리는 우리를 돕겠다는 존의 약속을 기쁘게 받아들였다.

The mayor launched an APPEAL to the public to give blood to the victims of the disaster. 시장은 재해 피해자를 위해 헌혈해 달라는 호소를 시작했다.

지금까지 제시한 동격절의 예는 모두 제한적(687 참조)이었지만 비제한적인 동격절도 존재한다. (제한적인 의미와 비제한적인 의미의 차이에 관해서는 110 참조)

His main ARGUMENT, that scientific laws have no exceptions, was considered absurd. 과학 법칙에 예외가 없다는 그의 주된 논거는 불합리하다고 간주되었다.

His last APPEAL, for his son to visit him, was never delivered.

아들에게 자신을 만나러 와달라는 그의 마지막 호소는 결코 전달되지 않았다.

시간, 장소, 방법, 이유를 표시하는 절

647 부사적 관계를 맺고 있는 후치 수식절은 대단히 다양해서 시간(151 참조), 장소 (170 참조), 방법(194 참조), 이유(198 참조)가 있다.

when, where, why 등의 의문사로 시작하는 정형절

-시간: Can you give me a TIME when you will be free?

당신이 한가하실 때 저에게 시간을 내주시겠어요?

-장소: The Smiths wanted to take a vacation in a PLACE where people could speak English. 스미스 씨 가족은 사람들이 영어를 말하는 지역(= 영어권)에서 휴가를 보내고 싶었다.

-이유: There's no REASON why you should have to do a thing like that.

당신이 그와 같은 일을 해야 할 이유가 없다.

that이나 that 부재로 시작하는 정형절

-시간: I'll never forget the TIME (that) we've had together here.

나는 우리가 여기서 함께 보내온 시간을 결코 잊지 않을 것이다.

-장소: That's hardly a PLACE (that) one wants to go for a holiday.

그곳은 사람들이 휴가를 보내고 싶은 장소가 전혀 아닌 것 같다.

-방법: The WAY (that) you suggested to solve the problem didn't work.

당신이 문제를 해결하려고 제안한 방법은 효과가 없었다.

－이유: The REASON (that) I'm asking is that I need your advice.
　　　내가 물어보는 이유는 당신의 충고가 필요하기 때문이다.

to부정사절

－시간: I'll have plenty of TIME to deal with this problem.
　　　나는 이 문제를 해결할 시간이 많을 것이다.

－장소: That's probably the best PLACE to go (to) for trout-fishing.
　　　그곳이 아마 송어낚시를 할 최고의 장소일 것이다.

－방법: There's really no other WAY to do it. 그 일을 행할 다른 방법이 정말 없다.

－이유: I have no REASON to believe Alex can finish his thesis this year.
　　　나는 알렉스가 올 해에 논문을 끝낼 수 있다고 믿을 이유가 없다.

후치 수식어로 쓰인 부사: Can you find the road back?

648 일부 부사는 명사의 후치 수식어로 사용된다. (468 참조)

Can you find the ROAD back? 그 길로 되돌아갈 수 있습니까?

The PEOPLE outside started to shout. 바깥에 있는 사람들이 소리치기 시작했다.

Have you written your paper for the SEMINAR tomorrow (tomorrow's seminar)?
내일 세미나에서 발표할 논문을 썼습니까?

후치 수식어로 쓰인 형용사: There's something odd about him.

649 명사를 수식하는 형용사는 'an odd person'처럼 대체로 명사 앞에 자리한다. 하지만 어떤 구문, 예를 들어 something, anyone, everyone 같은 대명사를 동반한 구문에서는 형용사가 명사 뒤에 자리한다. (443 참조)

There was SOMETHING odd about his behaviour.
그의 행동에는 어딘지 기묘한 구석이 있다.

ANYONE keen on modern jazz should not miss this opportunity.
현대 재즈에 심취한 사람은 누구나 이 기회를 놓쳐서는 안 된다.

전치 수식어구(Premodifiers)

여러 가지 유형의 전치 수식어구

650 한정사의 뒤에 자리하면서(522 참조) 명사구의 핵어 앞에 자리한 수식어는 전치 수식어구라 불린다. 전치 수식어구에는 여러 가지 유형이 있다. 〔핵어는 대문자로, 전치 수식어구는 볼드체로 표시되어 있다.〕

● 전치 수식어로 쓰인 형용사 (440 참조)

We had a pleasant HOLIDAY this year. 우리는 올해 즐거운 휴가를 보냈다.

There are plenty of bright PEOPLE here. 여기는 똑똑한 사람들이 많다.

형용사는 정도 부사의 수식을 직접 받을 수 있다. (459 참조)

We had a very pleasant HOLIDAY this year.

우리는 올해 대단히 즐거운 휴가를 보냈다.

There are a number of really quite bright young PEOPLE here.

여기는 정말 상당히 똑똑한 젊은 사람들이 많다.

● 전치 수식어로 쓰인 ing분사

a beginning STUDENT 일년생, 초급 학생

the developing COUNTRIES 개방도상 국가

a continuing COMMITMENT 지속적인 참여

● 전치 수식어로 쓰인 -ed분사

a retired TEACHER 은퇴한 교사

reduced PRICES 할인 가격

wanted PERSONS 지명수배자

the defeated ARMY 패배한 군대

● 전치 수식어로 쓰인 명사

Are the removal EXPENSES paid by your company?

이전 비용은 귀하의 회사에 의해 지불됩니까?

The passenger LINER dropped anchor in the harbour.

정기여객선이 항구에 닻을 내렸다.

전치 수식어로 쓰인 합성어: cameraready copy

651 합성어는 명사의 전치 수식어 기능을 할 때가 많다. 여기서 합성어란 여러 개의 단어가 결합하여 하나의 형용사나 명사 역할을 하는 것을 말한다.

We've just bought a brand-new CAR. 우리는 신형 자동차를 방금 구입했다.

Do you have to submit camera-ready COPY?

사진 촬영이 가능한 인쇄 원고를 제출해야만 합니까?

That's an absolutely first-class IDEA! 완전히 최고로 멋진 생각이에요!

These are all hard-working STUDENTS. 이들은 모두 근면한 학생들이다.

Is that a new-style CARDIGAN? 그것은 새로운 스타일의 카디건입니까?

Emma has some pretty old-fashioned NOTIONS. 엠마는 낡은 관념을 가지고 있다.

두 단어 이상으로 구성된 수식어구도 있다. (예를 들면, out of date) 이런 단어들은 보어(절에서 동사 뒤에 오는) 역할을 할 때에는 하이픈으로 연결되지 않는다.

This dictionary is out of date. 이 사전은 시대에 뒤떨어진다.

하지만 수식어로서 명사 앞에 자리할 때에는 하이픈으로 연결되는 경우가 많다.

> an out-of-date DICTIONARY 시대에 뒤떨어진 사전
>
> a ready-to-wear SUIT 기성복
>
> thick red-and-white-striped WALLPAPER 굵은 빨강색과 흰색 줄무늬 벽지

서너 개 이상의 명사가 나란히 합쳐져서 명사구를 이루기도 한다. 다음 예를 살펴보자.

> a Copenhagen airline ticket office 코펜하겐 항공권 매표소

이런 단어는 명사 전치수식이나 명사 합성 또는 두 가지 방법을 결합하여 만들어진다. 다음 설명을 통해서 위에 예시한 단어가 합성되는 과정을 살펴보자.

> airline ticket (a ticket issued by an airline) 항공권 (항공사가 승인한 탑승권)
>
> airline ticket office (an office which sells airline tickets)
>
> 항공권 매표소 (항공권을 판매하는 영업소)
>
> Copenhagen airline ticket office (an airline ticket office in Copenhagen)
>
> 코펜하겐 항공권 매표소 (코펜하겐에 있는 항공권 매표소)

이 명사구의 구조를 대괄호로 표시해 보자.

> a [Copenhagen [[airline ticket] office]] [코펜하겐 [[항공권] 매표소]]

한 개 이상의 전치 수식어: the American spring medical conference

652 하나의 명사 핵어를 꾸미는 두 개 이상의 전치 수식어는 특정한 순서로 자리하는 경향이 있다. 여기서는 오른쪽에서 왼쪽의 순서로, 즉 핵어부터 먼저 살펴보기로 한다. (핵어는 대문자로, 수식어는 볼드체로 인쇄되어 있다.) 핵어의 바로 앞에 오는 단어는 '~를 구성하는,' '~를 수반하는,' '~에 관련된'을 뜻하는 분류형용사이다.

> A medical CONFERENCE will be held here next year.
>
> 의학 학술대회는 내년에 여기서 개최될 것이다.

그 다음으로 핵어와 가까운 단어는 명사 수식어이다.

> We always attend the spring medical CONFERENCE.
>
> 우리는 춘계 의학 학술대회에 항상 참석한다.

명사 수식어 앞에는 고유 명사에서 파생한 형용사가 온다.

> I mean the American spring medical CONFERENCE.
>
> 미국 춘계 의학 학술대회 말입니다.

하지만 대부분의 명사구는 두 개 이상의 수식어를 수반하는 명사구보다 구조가 더 단순하다. 다음 예문을 살펴보자.

> oriental CARPETS 동양 양탄자
>
> Scandinavian furniture DESIGNS 스칸디나비아 가구 디자인

653 이런 수식어 앞에는 여러 가지 다른 수식어가 올 수 있다. 예를 들면, 색깔 형용사(deepred),

435

나이나 크기를 표시하는 형용사(young, large), 분사(printed)가 있다.

> deep-red oriental CARPETS 심홍색 동양 양탄자
>
> a young physics STUDENT 젊은 물리학도
>
> a large lecture HALL 커다란 강당
>
> printed Scandinavian furniture DESIGNS 인쇄된 스칸디나비아 가구 디자인
>
> the European Wind Energy ASSOCIATION 유럽 풍력 협회

이런 전치 수식어는 다른 수식어의 바로 뒤에 자리할 수 있다.

> expensive deep-red oriental CARPETS 비싼 심홍색 동양 양탄자
>
> a very, very young physics STUDENT 아주 젊은 물리학도
>
> a large enough lecture HALL 충분히 커다란 강당
>
> attractive printed Scandinavian furniture DESIGNS
>
> 멋있게 인쇄된 스칸디나비아 가구 디자인
>
> the Brussels-based European Wind Energy ASSOCIATION
>
> 브뤼셀에 본사를 둔 유럽 풍력 협회

전치 수식어가 강세를 받지 않으면 다음 예문의 little, old, young처럼 명사구의 중간에 위치하는 것을 주의하라.

> My grandmother lives in a nice little VILLAGE.
>
> 우리 할머니는 아름답고 작은 마을에 산다.
>
> This is indeed a fine red WINE. 이것은 정말 좋은 붉은 와인이다.
>
> Alexander looks like a serious young MAN. 알렉산더는 진지한 청년처럼 보인다.

전치사구(Prepositional phrases)

전치사의 보어

654 전치사구는 전치사(657 참조)와 이를 뒤따르는 전치사의 보어로 구성되어 있다. 보어는 대체로 명사구이지만 다른 요소를 사용하는 것도 가능하다.

● 전치사 + 명사구 (595 참조)

> As usual, Ann's bright smile greeted me at the breakfast table.
>
> 여느 때처럼 앤의 밝은 미소가 아침 식탁에서 나를 반겼다.

● 전치사 + 의문사절 (590 참조)

> She came from what she called 'a small farm' of two hundred acres.
>
> 그녀는 200에이커 넓이의, 스스로 '작은 농장'이라 부르는 곳에서 왔다.

● 전치사 + ing절 (594 참조)

> Warren tried to shake off his fears by looking at the sky.

위렌은 하늘을 쳐다보고 자신의 두려움을 떨쳐버리려 노력했다.

● 전치사 + 부사

You can see the lake from here. 여기서 호수를 볼 수 있습니다.

655 전치사의 보어가 되지 못하는 명사절은 that절(589 참조)과 to부정사절(593 참조)의 두 가지 유형이 있다. 이런 절에서는 전치사가 생략된다.

I was surprised at the news. 나는 그 소식을 듣고 놀랐다.

I was surprised that things changed so quickly. (at 생략)

나는 상황이 그렇게 빨리 바뀌어서 놀랐다.

I was surprised to hear you say that. (at 생략)

나는 당신이 그렇게 말하는 것을 듣고 놀랐다

이와 대조적으로, 의문사절은 전치사의 뒤에 자리할 수 있다.

I was surprised at what happened next. 나는 그 다음에 일어난 일을 보고 놀랐다.

I agree with what you say, Amy. 에이미, 당신 말에 동의해요.

때때로 the fact를 덧붙이면(646 참조) that절 구문을 전치사의 보어에 적합한 형식으로 전환할 수 있다. 다음을 비교해 보자.

I think everybody's aware of these problems.

나는 모든 사람들이 이런 문제에 대해 알고 있다고 생각한다.

~ I think everybody's aware that there are problems.

나는 모든 사람들이 문제가 있음을 알고 있다고 생각한다.

~ I think everybody's aware of the fact that there are problems.

나는 모든 사람들이 문제가 있다는 사실에 대해 알고 있다고 생각한다.

전치사구의 기능

656 전치사구는 여러 가지 문법적인 기능을 수행한다. 주된 기능은 다음과 같다.

● 부사어구로 쓰인 전치사구 (449 참조)

We may need you to do some work in the evening.

당신이 저녁에 몇 가지 일을 해주셔야 할 것 같습니다.

To my surprise, the doctor phoned the next morning.

놀랍게도 그 의사가 다음날 아침에 전화했다.

Finally I went back to my old job. 결국 나는 옛날에 하던 직업을 다시 시작했다.

● 명사구에서 수식어로 쓰인 전치사구 (596 참조)

Chelsea felt she had no CHANCE of promotion.

첼시는 승진의 기회가 전혀 없다고 느꼈다.

CONGRATULATIONS on your article. 논문 쓰신 것을 축하드립니다.

We've rented this COTTAGE in the country for peace and quiet.

우리는 평온하게 지내려고 시골에 있는 이 오두막을 빌렸다.

The NOISE from the sitting-room was deafening.

거실에서 들려오는 소음은 귀청이 터질 듯했다.

The world has to reduce its OUTPUT of greenhouse gases.

세계는 온실가스 산출량을 줄여야 한다.

● 동사의 보어로 쓰인 전치사구

We are passionately COMMITTED to the development of Africa.

우리는 아프리카의 발전에 열성적으로 전념한다.

You don't seem particularly WORRIED about the situation.

당신은 그 상황에 대해 특별히 걱정하는 것처럼 보이지 않는다.

● 형용사의 보어로 쓰인 전치사구 (437 참조)

How can you remember when that novel came out? I'm terribly BAD at dates.

그 소설이 언제 출간되었는지를 어떻게 기억하세요? 저는 날짜에 무척 약하거든요.

전치사구는 때때로 주어, 보어 등의 기능을 수행하기도 한다.

Before lunch is when I do my best work.

내가 일을 제일 잘 할 때는 점심시간 전이다.

전치사와 전치사구(Prepositions and prepositional adverbs)

단일 전치사

657 at, for, by와 같은 전치사는 상당히 자주 사용되는 단어로 명사구(by his work), ing절(by working hard) 등의 앞에 위치해서 전치사구를 만든다. (654 참조) 가장 흔하게 사용되는 영어 전치사는 단일하다. 즉 한 단어로 구성되어 있다. 가장 흔한 단일 전치사는 다음과 같다.

about	above	after
along	around	at
before	below	beside
between	by	down
for	from	in
into	of	off
on	over	past
since	till	through
to	under	until
up	with	without

다음 예문에서 전치사구는 대괄호가 둘러싸고 있다.

Do you know anything more definite [about her]?
당신은 [그녀에 관해서] 더 확실한 것을 조금이라도 알고 있습니까?

Temperatures hardly rose [above freezing] [for three months].
기온이 [석 달 동안] 거의 [영상으로] 올라가지 않았다.

When Miranda went to see Bill [after the accident] he was [in bed] [with a drip feed]. [사고 뒤에] 미란다가 빌을 만나러 갔을 때 빌은 [수액 주사를 꽂은 채] [침대에] 누워있었다.

As Joan Bradley was walking [up the street] the van stopped [beside her] and one [of the men] lifted her [into it] and shut the door.
조앤 브래들리가 [길을 따라] 걷고 있을 때 승합차가 [그녀 옆에] 멈춰서더니 [남자들 중의] 한 명이 그녀를 [차 안으로] 집어넣고는 문을 닫아버렸다.

하나의 전치사구가 다른 전치사구에 포함되기도 한다.

The fire was discovered [at about five [past seven]].
[[7시] 5분 경에] 화재가 목격되었다.

A new scheme may be announced [before the end [of this month]].
[[이번 달] 말 전에] 새로운 계획이 발표될지도 모른다.

[After walking [up the lane]] they made a sharp turn [to the right] [past some buildings]. [[오솔길을] 걷고 나서] 그들은 [건물 몇 개를 지나] [오른 쪽으로] 급커브를 틀었다.

It must be a nasty surprise [for motorists] going [along a moorland road] [at the end [of the night]] to suddenly find a kangaroo jumping out [at them].
[[밤] 늦게] [황무지 도로를 따라] 가던 [운전자가] 갑자기 캥거루가 [자신에게] 뛰어드는 모습을 발견한 것은 끔찍하게 놀라운 일이 틀림없다.

This is one [of the cheapest ways [of reducing our output [of greenhouse gases]]]. 이것은 [온실가스] 산출량을 줄이는] 가장 값싼 방법들 중의] 하나이다.

복합 전치사

658 전치사 중에는 하나 이상의 단어로 구성된 전치사, 소위 복합 전치사가 존재한다. 다음은 두 단어로 구성된 전치사의 예이다.

along with	as for	away from
because of	due to	except for
instead of	out of	outside of
preliminary to	together with	up to

그뿐만 아니라, 다음과 같이 세 단어로 구성된 전치사도 있다.

as distinct from	by means of	in case of
in comparison with	in front of	in relation to
in terms of	on account of	on behalf of
on top of	with reference to	with regard to

다음 예문은 단일 전치사와 복합 전치사를 모두 사용한 예문이다.

[Because of family circumstances] Michael was kept [in the hospital] [for a time]. [가정 사정 때문에] 마이클은 [한 동안] [병원에] 누워있었다.

Certain trades are [in many communities] closed areas [of employment], [except for a lucky few]. 어떤 사업은 [많은 지역사회에서] [소수의 행운아를 제외하면] [고용이] 제한적인 분야이다.

The boy said the blast knocked him [out of bed] and [against the wall]. 그 소년은 돌풍에 밀려 침대에서 떨어져 벽에 부딪혔다고 말했다.

It's [up to the government] to take action [against this ecological disaster]. 이런 생태학적인 재난에 대해 조치를 취하는 것은 정부가 결정할 일이다.

Decide what the place is worth [to you] [as a home] [in comparison with what it would cost] to live [in town]. [도시에서] 살 때 [드는 비용과 비교하여] 이 장소가 [당신에게] [집으로] 어떤 가치가 있는지 결정하시오.

The training has not been enough [in relation to the need]. [필요성에 비하여] 훈련이 충분하지 않았다.

I grinned, feeling supremely [on top of things]. 나는 대단히 [상황을 잘 파악했다고] 느끼며 빙긋 웃었다.

좌초된 전치사: What's she looking at?

659 대체로 전치사는 보어 앞에 위치한다.

I came in my brother's car. 나는 형의 차에 탔다. 　　　　　　　　　　　　　[1]

하지만 의문사 의문문처럼, 전치사가 보어 앞에 자리하지 않는 경우도 있다. 의문사 의문문과 관계사절, 감탄문에서 전치사는 [1a]의 경우와 같이 문미에 자리하거나 [1b]의 경우와 같이 문두에 자리한다.

Which car did you come in? 당신은 어떤 차에 탔습니까? 　　　　　　　[1a]

~ In which car did you come? 　　　　　　　　　　　　　　　　　　　[1b]

문장의 끝으로 후치된 전치사는 좌초된 전치사라고 부른다. [1a]의 경우와 같은 '좌초' 현상은 〈구어나 문어의 일상체〉와 관계가 있는 반면, [1b]의 경우와 같은 '선도' 현상은 학술 산문과 같은 〈신중한 공식체〉와 관계가 있다. 다음 몇 가지 사례를 살펴보자.

● 관계사절 (688 참조)

That's a job you need special training for. 〈일상체〉

〔전치사 좌초와 that 부재를 동반〕 그것은 당신이 특별한 훈련을 받을 필요가 있는 직업이다.

~ This is a post for which one needs special training. 〈격식체〉

The means through which the plan may be achieved are very limited. 〈격식체〉

그 계획이 달성될 만한 방법은 상당히 제한적이다.

● 의문사 의문문 (683 참조, 259의 간접의문문도 참조)

Who do you work for? 당신은 누구를 위해서 일합니까?

~ For whom do you work? 〈격식체〉

What were you referring to? 무엇을 언급하는 겁니까?

I asked her which company she worked for.

나는 그녀에게 어느 회사에서 일하냐고 물었다.

● 감탄문 (528 참조)

What a difficult situation he's in! 그는 얼마나 곤란한 상황에 처해 있는지!

With what amazing skill this artist handles the brush! 〈격식체〉

이 화가가 붓을 다루는 솜씨가 얼마나 놀라운지!

전치사가 좌초되어 다른 자리로 이동할 수 없는 종류의 절이 몇 가지 있다. 명사적 의문사절과 수동태절, 대부분의 부정사절에서는 전치사가 반드시 문미에 자리한다.

● 의문사절 (590, 592 참조)

What I'm convinced of is that the world's population will grow too fast.

내가 확신하는 것은 세계 인구가 너무 빠르게 증가하리라는 점이다.

● 수동태절 (618 참조)

The old woman was cared for by a nurse from the hospital.

그 할머니는 병원에서 파견된 간호사에게 보살핌을 받았다.

● 부정사절 (593 참조)

Our new manager is an easy man to work with.

우리 새 지배인은 함께 일하기 편한 사람이다.

전치사적 부사: A police car just went past.

660 전치사적 부사는 보어가 생략된 전치사처럼 작용하는 부사를 말한다. (185, 192 참조)

I walked past the entrance. [past = 전치사] 나는 출구를 지나서 걸어갔다.

I got a quick look at their faces as we went past. [past = 전치사적 부사]

우리가 지나갈 때 나는 그들의 얼굴을 언뜻 보았다.

한 음절로 구성된 전치사는 대체로 강세를 받지 않지만 전치사적 부사는 강세를 받는다.

다음 예문을 비교해 보자.

She stayed in the house all dày. 그녀는 하루 종일 집안에 있었다.

~ She stayed ìn. 그녀는 집안에 있었다.

대명사(Pronouns)

661 대명사란 I, you, me, this, those, everybody, nobody, each other, who, which 같은 단어를 말한다. 하나의 대명사는 하나의 완전한 명사구처럼 작용하여, 예를 들면 'I love you'의 경우처럼 절의 주어나 목적어 노릇을 한다. 대부분의 대명사는 문맥에서 명사구를 대용(375 참조)하거나 '대체'한다. 단수 명사구는 단수 대명사로, 복수 명사구는 복수 대명사로 대체한다.

> A: What sort of car is this? 이것은 어떤 종류의 차입니까?
> B: It's called a hatchback. 이것은 해치백이라고 부릅니다.
> A: What cars are those? 저것들은 어떤 차입니까?
> B: They're called hatchbacks. 저것들은 해치백이라고 부릅니다.

대명사는 하나의 완전한 명사구 기능을 하기 때문에 보통은 어떤 한정사나 수식어도 갖지 않는다. 하지만 한정사(핵어가 필요하다)와 대명사(핵어가 필요하지 않다) 기능을 모두 수행하는 단어도 많다.

> Which bike is yours? [which는 한정사] 어느 자전거가 당신 것입니까?
> Which is yours? [which는 대명사] 어느 것이 당신 것입니까?
> This bike is mine. [this는 한정사] 이 자전거가 내 것입니다.
> This is my bike. [this는 대명사] 이것이 내 자전거입니다.

일부 단어, 예를 들어 she, herself, they, one another, each other 같은 단어는 한정사가 아닌 대명사 기능만 수행한다.

> She had to support herself while attending college.
> 그녀는 대학 시절에 자립생활을 해야만 했다.
> At first they didn't recognize one another.
> 처음에 그들은 서로를 알아보지 못했다.
> The members of the family were separated from each other for several months. 가족 구성원들이 몇 달 동안 서로 떨어져 있었다.

662 이 책의 Part 3에서는 대명사를 다음과 같은 여러 가지 표제로 세분화하여 설명해왔다.

- 지시사: this, that, these, those (521)
- 의문사: who, which, what, where 등 (536-541)
- 부정: none, nobody, no one, nothing 등 (581-7의 부정어) 그리고 (675-680의 수량사)
- 인칭대명사와 재귀대명사: I, my, mine, myself 등 (619-629)
- 상호 대명사: each other, one another (685)
- 관계사절: who, whom, whose, which, that (686-694)
- 수량사: some, any, someone, everything, anybody, each, all, both, either, much,

many, more, most, enough, several, little, a little, few, a few, less, least 등
(675-680)

끝음의 발음(Pronunciation of endings)

영어의 다섯 가지 어미

663 영어의 문법적 끝음의 굴절어는 그 수가 극히 적다. 오직 다섯 개의 끝음은 규칙적으로 -s, -ed, -ing, -er, -est를 사용한다. 하지만 그들 중의 일부는 하나 이상의 품사에 활용된다. 여기서 문법적 끝음의 굴절어는 명사나 동사, 형용사 등 어느 품사에 부가되는가에 관계없이 적용되는 발음 규칙을 다루고자 한다.

-s 끝음: She works hard.

664 -s 끝음은 세 가지 문법 기능을 수행한다.

● 명사의 복수: Amy stayed for two weeks. (635 참조) 에이미는 두 주 동안 머물렀다.
● 명사의 속격: It was a week's work. (530 참조) 그것은 한 주일간의 일이었다.
● 3인칭 단수 현재시제 동사 : She works hard. (574 참조)
    그녀는 열심히 일한다.

하지만, 끝음을 발음하는 규칙은 모든 기능에서 동일하다.

기 능	발 음		
명사의 복수 명사의 속격 동사의 3인칭 단수	iz/-끝음 horse – horses George – George's catch – catches	/z/-끝음 dog – dogs Jane – Jane's call – calls	/s/-끝음 cat – cats Ruth– Ruth's hit – hits

● 단어의 기본형이 유성음이나 무성 치찰음 /z/, /s/, /ʤ/, /ʧ/, /ʒ/, /ʃ/로 끝날 때, s의 발음은 /iz/이다. 이런 명사의 복수형과 속격, 3인칭 단수 현재시제를 표시하는 예문은 다음과 같다.

  /ʧ/: church – churches   /s/: prince – prince's
  /ʤ/: Reg – Reg's   /ʒ/: barrage – barrages
  /z/: praise – praises   /ʃ/: wash – washes

● 단어의 기본형이 모음 + /z/, /ʤ/, /ʒ/ 이외의 유성 자음으로 끝날 때, s의 발음은 /z/이다.

boy – boys /bɔi/ – /bɔiz/   pig – pig's   read – reads

- 단어의 기본형이 /s/, /ʧ/, /ʃ/ 이외의 무성음으로 끝날 때 s의 발음은 /s/이다.

month – months /mʌnθ/ – /mʌnθs/ week – week's tick – ticks

동사 do와 say는 3인칭 단수 현재시제일 때 발음이 불규칙적이다.

do – does /duː/ – /dʌz/ (강세를 받음) /dəz/ (강세를 받지 않음)

say – says /sei/ – /sez/

–ed 끝음 (574 참조): She worked hard.

665 규칙동사의 –ed는 세 가지 형태로 발음한다.

- 기본형이 /d/와 /t/로 끝나는 단어 다음에서는 /id/로 발음한다.

pad – padded	/pæd/ – /pǽdid/
pat – patted	/pæt/ – /pǽtid/

- 기본형이 〈모음 + /d/〉 이외의 유성 자음으로 끝나는 단어 다음에서는 /d/로 발음한다.

mow – mowed	/moʊ/ – /moʊd/
praise – praised	/preiz/ – /preizd/

- 기본형이 /t/ 이외의 무성음으로 끝나는 단어 다음에서는 /t/로 발음한다.

press – pressed	/pres/ – /prest/
pack – packed	/pæk/ – /pækt/

–er, –est, –ing 끝음

666 대체로 /ə(r)/, /ist/ 또는 /iŋ/로 발음되는 끝음 –er, –est, –ing는 기본형에 그냥 덧붙여진다. (501 참조) 하지만 발음의 특별한 변화는 주목해야 한다.

- 음절 l이 er과 est 앞에 오면 음절로 취급하지 않는다.

simple – simpler – simplest   →   /simpl/ – /simə(r)/ – /simplist/

- 발음이 /ŋ/로 끝나는 세 가지 형용사는 –er과 –est 앞에서 발음이 /ŋ/에서 /ŋg/로 변화한다.

long – longer – longest   →   /lɔŋ/ – /lɔ́ŋgə(r)/ – /lɔ́ŋgist/

다음 두 가지 형용사도 마찬가지이다.

strong – stronger – strongest

young – younger – youngest.

하지만 sing /siŋ/ – singing /síŋiŋ/에서는 변화가 일어나지 않는다.

- pour나 poor 같은 단어는 화자에 따라 끝말 r을 발음하기도 하고 발음하지 않기도 하지만 –ing과 –er, –est 앞에서는 r을 항상 발음한다.

The rain is pouring /pɔ́ːriŋ/ down. 비가 쏟아지고 있다.

It would be fairer /féərə(r)/ to take a vote. 투표를 실시하는 것이 더 공정할 것이다.

고유 명사와 이름(Proper nouns and names)

고유한 대상을 지시하는 고유 명사

667 고유 명사는 고유한 대상을 지시하며 영어에서는 대체로 관사를 덧붙이지 않는다. (92 참조) 다음 목록은 몇 가지 부류의 고유 명사에 관사를 덧붙이는 용법을 보여주는 예문이다.

관사를 수반하는 고유 명사: Professor Dale

669 사람의 이름은 직책의 유무에 관계없이 언제나 관사를 덧붙이지 않는다.

> Miranda, Paul, Helen Lee, Shakespeare, Mr and Mrs Johnson, Lady Macbeth, Dr Clark, Judge Powell 〈주로 미국식에서〉, Professor Dale

'고유한' 특성을 묘사하는 표현이 덧붙어 정관사 the가 필요한 이름들을 비교해 보자.

> President Roosevelt 루즈벨트 대통령
>
> (비교: the President of the United States 미국의 대통령)
>
> Lord Nelson 넬슨 제독 (비교: the Lord = God 83 참조)

고유한 대상을 가리키는 가족 관련 호칭은 고유 명사처럼 작용할 때가 많다.

> Hello Mother/Mummy/Mum/Ma! 〈뒤쪽 세 가지 호칭은 〈친근체〉〉
>
> Father/Daddy/Dad will soon be home. 〈뒤쪽 두 가지 호칭은 〈친근체〉〉

669 달력에 표시되는 주요 공휴일은 관사를 사용하지 않는다. (첫음은 대문자로 표기)

- 명절과 경축일의 이름

  New Year's Day 설날

  Independence Day 독립기념일

  Anzak Day 안작 데이

  Canada Day 캐나다 연방 성립 기념일

- 월별 명칭과 요일: January, February, Monday

- 계절 이름도 관사를 생략할 수 있다. 〈특히 영국식에서〉

  I last saw her in (the) spring. 나는 봄에 그녀를 마지막으로 보았다.

  비교: in the spring of 1999 (83 참조) 1999년 봄

670 지명은 대체로 관사를 붙이지 않는다.

- 대륙의 이름: (North) America (북)아메리카

  (mediaeval) Europe (중세) 유럽

  (Central) Australia (중부) 호주

  (East) Africa (동부) 아프리카

- 국가, 카운티(군), 주의 이름: (modern) Brazil (현대) 브라질

(Elizabethan) England (엘리자베스 시대) 영국

(eastern) Kent 켄트 (동부)

(northern) Florida 플로리다 (북부)

● 도시: (downtown) Washington 워싱턴 (번화가)

(suburban) Long Island 롱아일랜드 (근교)

(ancient) Rome (고대) 로마

(central) Tokyo 도쿄 (중심부)

비교: the Hague 헤이그

the Bronx 브롱스

the City 런던 시

the West End (of London) 웨스트엔드

the East End (of London) 이스트엔드

● 호수: Lake Michigan 미시간 호

Lake Ladoga 라도가 호

(Lake) Windermere 윈더미어 호

Loch Ness 네스 호

● 산: Mount Everest 에베레스트 산

(Mount) Vesuvius 베수비오 산

(Mount) Kilimanjaro 킬리만자로 산

비교: The Matterhorn 마터호른

● 건물과 거리 이름으로 끝나는 명사는 첫 번째 명사에 주요 강세가 간다. 다리 등을 표시하는 고유 명사와 이름이 결합한 경우에는 두 번째 명사에 주요 강세가 간다.

Hampstead Heath 햄스테드 히스

하지만 이름이 Street으로 끝나는 경우에는 첫 번째 명사에 주요 강세가 간다.

Oxford Street 옥스포드 거리

Madison Avenue 매디슨 애비뉴

Westminster Bridge 웨스트민스터 다리

Park Lane 파크 레인

Leicester Square 리스터 광장

Russell Drive 러셀 차도

Greenwich Village 그리니치빌리지

Reynolds Close 레이놀즈 구내

Kennedy Airport 케네디 공항

Portland Place 포틀랜드 가

Harvard University 하버드 대학교

비교: the Albert Hall 앨버트 홀

the Haymarket 헤이마켓 (런던의 거리 이름)

the George Washington Memorial Parkway 조지 워싱턴 기념관 도로

the Massachusetts Turnpike 매사추세츠 고속도로(유료도로)

the University of London 런던대학교

정관사를 수반하는 고유 명사: the Wilsons

671 복수 이름은 정관사를 수반한다.

the Netherlands (비교: Holland)

the West Indies 서인도제도

the Bahamas 바하마제도

the Alps 알프스 산맥

the Canaries 카나리아제도

the Channel Islands (영국) 해협제도

the Hebrides 헤브리디스 제도

the British Isles 영국 제도

the Himalayas 히말라야 산맥

the Midlands 영국의 중부지방

the Pyrenees 피레네 산맥

the Rockies 로키 산맥

the Wilsons (the Wilson family) 윌슨 씨 가족

672 일부 지명은 정관사를 취하기도 한다.

-강: the Amazon 아마존 강

the (River) Avon 에이번 강

the Danube 다뉴브 강

the Ganges 갠지스 강

the Mississippi 미시시피 강

the Nile 나일 강

the Rhone 론 강

the Thames 템스 강

-바다: the Atlantic (Ocean) 대서양

the Baltic (Sea) 발트 해

the Mediterranean 지중해

the Pacific 태평양

-운하: the Panama Canal 파나마 운하

the Erie Canal 이리 운하

the Suez Canal 수에즈 운하

673 일부 기관(의 건물)이나 시설은 정관사를 수반한다.

-호텔, 술집, 식당: the Grand (Hotel), the Hilton, the Old Bull and Bush 등

-극장, 영화관 등: the Apollo Theatre, the Globe, the Odeon, the Hollywood Bowl.

-비교: Drury Lane(극장), Covent Garden(오페라극장)

-박물관, 도서관: the Huntington (Library), the British Museum, the National Gallery, the Smithsonian Institution, the Uffizi(미술관)

674 신문의 이름은 대체로 정관사를 수반한다.

The Daily Express 데일리 익스프레스

The Independent 인디펜던트

The New York Times 뉴욕 타임스

The Observer 옵서버

속격 다음에는 관사가 탈락한다.

today's Times 오늘자 타임스지

잡지와 정기간행물은 일반적으로 관사를 사용하지 않는다.

English Today 잉글리시 투데이

Language 랭귀지

Nature 네이처

Newsweek 뉴스위크

New Scientist 뉴 사이언티스트

Scientific American 사이언티픽 아메리칸

Time 타임

수량사(Quantifiers)

수량사의 문법적 기능

675 수량사란 양 또는 총액을 표시하는 all, any, some, nobody 같은 단어를 말하며(70 참조) 한정사(some people)와 대명사(some of the people)의 기능을 모두 수행한다.

● some, no, any 같은 단어는 한정사(= 2그룹 한정사 523 참조)의 기능을 수행한다.

some friends

- all 같은 단어는 한정사의 기능을 수행할 수 있으며 명사구에서 the, this 등보다 앞에 자리한다. (= 1 그룹 한정사 524 참조): all the time
- few 같은 단어는 한정사의 기능을 수행할 수 있으며 the, these 등보다 뒤에 자리한다. (= 3 그룹 한정사 525 참조): the few facts

한정사: fewer jobs, less income

676 다음 도표는 다섯 가지 그룹의 수량사(A-E)를 보여주고 문법적으로 한정사나 대명사(of구를 동반하거나 동반하지 않고)의 기능을 수행함을 보여준다.

(N = 명사)	가산 명사 단수 한정사 기능	가산 명사 단수 대명사 기능	가산 명사 복수 한정사 기능	가산 명사 복수 대명사 기능	질량 명사 단수 한정사 기능	질량 명사 단수 대명사 기능
A그룹: 포괄적 의미의 단어 (80 참조)	all N	all (of N)	all N	all (of N)	all N	all (of N)
	every N	every one (of N)				
	each N	each (of N)				
			both N	both (of N)		
	half N	half (of N)	half N	half (of N)	half N	half (of N)
B그룹: some/ any류 (697 참조)	some N	some (of N)	some N	some (of N)	some N	some (of N)
	and					
	any N	any (of N)	any N	any (of N)	any N	any (of N)
	either N	either (of N)				
C그룹: 양과 총액의 정도를 나타내는 단어 (70 참조)			many N	many (of N)	much N	much (of N)
			more N	more (of N)	more N	more (of N)
			most N	most (of N)	most N	most (of N)
			enough	enough (of N)	enough N	enough (of N)
			few N	few (of N)	little N	little (of N)
			a few N	a few (of N)	a little N	a little (of N)
			fewer N	fewer (of N)	less N	less (of N)
			less N	less (of N)	less N	less (of N)
			fewest N	fewest (of N)	least N	least (of N)
			several N	several (of N)		
D그룹: 단일 단어	one N	one (of N)				
E그룹: 부정적인 단어	no N	none (of N)	no N	none (of N)	no N	none (of N)
	neither N	neither (of N)				

677 ● A그룹 한정사 (75 참조) (A그룹 한정사는 볼드체, 명사구의 핵어는 대문자)

All the WORLD will watch the World Cup on TV.

전 세계가 텔레비전으로 월드컵을 시청할 것이다.

(주의: the whole world라는 표현이 all the world보다는 더 자주 사용된다.)

Every STUDENT must attend ten of the meetings each YEAR.

학생들은 누구나 매년 열 번의 회의에 참석해야만 한다.

Both ANSWERS are acceptable. 대답이 둘 다 받아들일 만하다.

all, both, each는 핵어 다음에 등장하기도 한다. 핵어가 주어인 경우에는 부사처럼 문중에 위치한다. (451 참조)

All his FRIENDS were on vacation. 그의 친구들은 모두 휴가 중이었다.

~ His friends were all on vacation.

Both of THEM love dancing. 그들은 둘 다 춤추기를 좋아한다.

~ They both love dancing.

Each of the ROOMS have a telephone. 방에는 각각 전화기가 있다.

~ The rooms each have a telephone.

● B그룹 한정사 (697 참조)

some과 any는 단수 가산 명사 앞에서 한정사로 사용될 때 강세를 받는다.

(강세를 받지 않는 some에 관해서는 523 참조)

There was sóme BÓOK or other on this topic published last year.

작년에 출간된 이 주제를 다룬 어느 책이 있었다.

I didn't have ány IDÉA they wanted me to make a speech.

그들이 내가 연설하기를 원했으리라고는 생각도 못했다.

〈친근체〉에서, 강세를 받은 some은 '멋지다' 정도의 의미를 지닌다.

That's sóme CÁR you've got there! 타고 온 차가 멋진데요.

하지만 some과 any는 대체로 복수 명사나 질량 명사와 함께 사용된다.

It's unfair to mention some PEOPLE without mentioning all.

모두를 언급하지 않고 일부 사람들을 언급하는 것은 부당하다.

His resignation has been expected for some TIME.

오래전부터 그의 사임이 예견되었다.

● C그룹 한정사 (80 참조)

The company lost many MILLIONS of dollars. 그 회사는 수백 만 달러를 잃었다.

It's been spending too much MONEY on speculation.

투기에 너무 많은 돈을 쏟아부어왔다.

The chairman asked for more INFORMATION. 의장은 더 많은 정보를 요구했다.

The student was a few MINUTES late for the interview.

그 학생은 면접에 몇 분 지각했다.

There are far fewer FACTORIES going to come to our part of the country.
우리 지역으로 이주하는 공장은 훨씬 더 적다.

It has been said that good writing is the art of conveying meaning with the greatest possible force in the fewest possible WORDS. 좋은 글이란 가능한 가장 적은 단어로 가능한 가장 강력한 힘을 실어 의미를 전달하는 기술이라고들 말해왔다.

Why is it that some people pay less INCOME TAX than any of us?
일부 사람들이 우리 중 어느 누구보다 적은 소득세를 내는 것은 어째서입니까?

enough는 핵어의 앞과 뒤에 모두 자리할 수 있다.

There hasn't been enough TIME to institute reforms.

There hasn't been TIME enough to institute reforms. 개혁을 할 충분한 시간이 없었다.

● D그룹 한정사 one

one은 one day, one morning, one night과 같은 표현에서 부정 한정사로 사용된다.

One DAY Katie will change her mind. (at an indefinite time)
언젠가 케이티는 마음을 바꿀 것이다. (확실하지 않은 시간에)

one은 수사로 사용되기도 한다. (602 참조)

One ticket, please. 표 한 장 주세요.

대명사로 사용되기도 한다. (680 참조)

How does one deal with such problems? 이런 문제를 어떻게 해결합니까?

● E그룹 한정사

They had no KNOWLEDGE of secret negotiations.
그들은 비밀 협상에 관해서는 전혀 몰랐다.

There were no CONDITIONS laid down in the contract.
계약서에 규정된 조건은 없었다.

of구문을 수반하는 대명사: all of the time

678 ● 676의 도표에서 나타나듯이, 수량사는 대부분 of구를 뒤에 동반하기도 한다. 예를 들면, all the people – all of the people처럼 표현할 수 있다.

You can fool all the PEOPLE some of the TIME, and some of the PEOPLE all the TIME, but you cannot fool all the PEOPLE all of the TIME.
모든 사람을 얼마 동안 속일 수도 있고 일부 사람을 언제나 속일 수도 있겠지만 모든 사람을 항상 속일 수는 없다. (에이브라햄 링컨의 1858년 연설)

You see so much of this STUFF in the newspapers nowadays.
요즘 신문에서는 이런 내용을 상당히 많이 본다.

both of는 보통 대명사나 한정 명사구를 뒤에 수반한다.

Do sit down, both of YOU. 둘 다, 앉아.

People seem to have money to spend on entertainment and food, both of WHICH are expensive.

사람들은 여흥과 음식에 쓸 돈이 있는 것처럼 보이는데, 그 둘은 모두 돈이 많이 든다.

Both of those STORIES originated in newspaper reports.

저 이야기들은 둘 다 신문 기사에서 유래했다.

● 수량사가 앞서 나온 명사구의 대용어 역할을 할 때면 of구가 생략되기도 한다. (379 참조)

A: I don't know which book to buy. 어떤 책을 사야할지 모르겠어요.

B: Why don't you buy both? 둘 다 사지 그러세요?

A: Would any of you like some more soup? 수프를 좀 더 드실 분이 있으세요?

B: Yes, I'd love some. 네, 좀 더 먹을게요.

Many of them are competent people, but a few are not.

그들 중 상당수가 유능한 사람이지만 소수는 그렇지 못하다.

I've got most of the data now for my conference paper, but some is still missing. 나는 학회 논문을 위한 자료를 이제 대부분 갖고 있지만 일부는 여전히 분실한 상태이다.

● every와 no는 대명사 역할을 못하지만 every one과 none을 대명사로 사용한다.

A: Did you say you pay no INTEREST on this loan?

　이 대출금은 이자를 내지 않는다고 말씀하셨나요?

B: Yes, none at all. 네, 전혀 내지 않아요.

None of the new LAPTOPS have been sold.

새 노트북 컴퓨터는 한 대도 팔리지 않았다.

(none of 다음의 동사 일치에 관해서는 513 참조. 위 예문에 대응하는 한정사 구문은

　No laptop has/No laptops have been sold.)

body, one, thing로 끝나는 대명사
679 다음 수량 대명사는 단수이며 인칭 대상이나 비인칭 대상을 받는다.

구 분	인칭 대상	비인칭 대상
A그룹	everybody, everyone	everything
	somebody, someone	something
B그룹	anybody, anyone	anything
E그룹	nobody, no one	nothing

인칭 대상을 받는 대명사는 두 가지 부류가 있다. 그 중 하나는 -body로 끝나는 단어 부류인 everybody, somebody, anybody, nobody 등이며, 다른 하나는 -one으로 끝나는 단어 부류인 everyone, someone, anyone, no one 등이다. 인칭 대상을 받는 두 가지

부류 모두 everybody's, everyone's 등의 속격을 만들 수 있다. 두 부류가 비록 철자는 다르지만 의미는 서로 차이가 없다. 다음 예문을 살펴보자.

Everybody says Dr Barry is an unusual woman.
모두들 배리 박사가 특이한 여성이라고 말한다.

Everybody made their contribution to the good cause.
모든 사람이 대의명분에 기여했다. (이 문장의 일치에 관해서는 513 참조)

We chatted about the news, and so did everyone else in the department.
우리는 그 뉴스에 대해 수다를 떨었으며 부서의 다른 사람들도 모두 마찬가지였다.

I first heard this thing mentioned by somebody else.
나는 이 일을 누군가 다른 사람이 언급하는 것을 처음 들었다.

Someone must have seen what happened.
누군가가 무슨 일이 일어났는지 본 것이 틀림없다.

Are you writing this paper in collaboration with someone? 누군가와 협력해서 이 논문을 작성하는 중입니까? (의문문에 등장하는 some류에 관해서는 243 참조)

If anybody rings I'll say you're too busy to come to the phone.
만약 전화가 오면 당신은 전화를 받을 틈도 없이 바쁘다고 말할게요.

We wouldn't be on speaking terms with anyone if we made this proposal.
우리가 이런 제안을 한다면 누구하고도 사이가 좋지 않을 텐데.

Is there anyone we can give a lift? 저희가 태워드릴 분이 계신가요?

Money isn't everything. 돈이 전부는 아니다.

Give me something to do That's in line with what I like doing.
내가 하기 좋아하는 일과 연관성이 있는 할 일을 좀 줘.

one: Are there any good ones?

680 one은 수사(602 참조)이자 대명사이다. 대명사 one은 세 가지 용법이 있다.

- 대명사 one은 특정한 다른 수량사의 뒤에 자리하고 of를 수반할 수 있다. (678 참조)
    What is happening in this country now concerns every one of us. (every와 one 이 개별적인 단어로 쓰였다.) 지금 이 나라에서 일어나는 일은 우리 모두의 걱정이다.

    There are many ways of making an omelette, only one of WHICH is right.
    오믈렛을 만드는 방법은 많지만 그 중 한 가시 방법만이 옳다.

each나 any 뒤에서 one은 임의대로 생략할 수 있다.

    The doctors came to each (one) in turn and asked how the patients felt.
    의사들이 번갈아 환자 각자에게 다가와서 상태가 어떤지 물었다.

- 대명사 one/ones는 정해지지 않은 명사를 대신하기도 한다. (380 참조)
    I want A MAP of Tokyo – but a really good one.

나는 도쿄 지도가 정말 좋은 것으로 필요하다.

We haven't got A TEXTBOOK of our own. We use English and American ones.

우리는 우리가 만든 교과서가 없다. 우리는 영미의 교과서를 사용한다.

● 부정 인칭대명사 one은 '일반 대중'(98 참조)을 의미한다. 이런 용법일 때 one은 속격인 one's와 재귀형인 oneself를 갖는다.

I've always believed in having the evenings free for doing one's hobbies.

나는 사람들이 취미 생활을 할 수 있도록 저녁 시간을 비워두어야 한다고 항상 믿어왔다.

This is just a journey one does by oneself.

이것은 사람들이 혼자서 떠나는 여행일 뿐이다.

의문문(Questions)

의문문의 다양한 유형

681 의문문은 직접의문문과 간접의문문이 있다.

"How did you get on at your interview?" Sarah asked. [직접의문문]

"인터뷰는 어떻게 되었나요?" 사라가 물었다.

Sarah asked me how I got on at my interview. [간접의문문]

사라는 내가 인터뷰를 어떻게 했는지 물었다.

간접의문문은 언제나 how나 what 같은 의문사를 신호어로 시작한다. 하지만 직접의문문은 의문사를 포함할 필요가 없다. (의문사 536 참조, 간접의문문 259 참조)

또한 의문문은 일반 의문문과 의문사 의문문, 부가의문문도 있다. (241 참조)

일반 의문문: Did you find the file?

682 일반 의문문은 yes-no 의문문이라고도 불리므로 그에 맞게 yes 또는 no로 대답한다. 평서문을 일반 의문문으로 만들기 위해서는 기능어(will, is 등)를 주어 앞에 놓는다.

(아래 예문에서 기능어는 대문자로 표기되어 있다.)

Jane WILL be in the office later today. 제인은 오늘 늦게 사무실에 있을 것이다.

~ WILL Jane be in the office later today? 제인이 오늘 늦게 사무실에 있을까요?

일반 의문문은 대체로 상승조 억양을 취한다. (40 참조)

WILL you be around at lunch time? 점심시간에 근방에 계실 겁니까?

IS Bill married? 빌은 결혼을 했습니까?

HAVE you replied to the letter? 그 편지에 답장을 보냈습니까?

DOES Joan still live in Australia? 조앤은 여전히 호주에 살고 있습니까?

마지막 예문은 '대역 기능사'(조동사) does를 포함한다. (611 참조) 의문문에서 do 형태를 사용해야 하는 이유는 대응하는 평서문에 기능사가 없기 때문이다.

~ Joan still lives in Australia. 조앤은 여전히 호주에 살고 있다.

의문사 의문문: How are you feeling today?

683 의문사 의문문은 who, what, when 등의 의문사로 시작하며(536 참조) 대체로 하강조 억양을 취한다. 평서문을 기준으로 의문사 의문문을 만드는 방법을 설명하면 다음과 같다. 우선 의문사를 포함하는 문장 성분을 문두에 놓는다. 만약 의문사를 포함한 문장 성분이 목적어, 보어, 부사어라면 기능사(= 동사구의 첫 번째 조동사나 정형동사 be)를 주어 앞에 위치시킨다.

● 의문사가 목적어일 때

They bought a Volvo. 그들은 볼보를 샀다.

~ Which car DID they buy? 그들은 어떤 차를 샀습니까?

John asked a question. 존은 질문을 던졌다.

~ What question DID John ask? 존은 어떤 질문을 던졌습니까?

기능사는 대체로 의문사 다음에 등장한다.

● 의문사가 보어일 때

The subject of the lecture is lexicology. 강의의 주제는 어의학이다.

~ What's the subject of the lecture? 강의의 주제가 무엇입니까?

● 의문사가 부사어일 때

They'll leave tomorrow. 그들은 내일 떠날 것이다.

~ When WILL they leave? 그들은 언제 떠납니까?

● 의문사가 주어일 때에는 의문문의 동사구가 대응하는 평서문에서도 그대로 유지되므로 어순 도치나 do-구문은 필요하지 않다. (611 참조)

Jane said she might be late. 제인은 늦을 것 같다고 말했다.

~ Who said that? 누가 그렇게 말했습니까?

Who's calling? 전화하신 분이 누구시죠?

What made you decide to take an MBA?

무엇 때문에 MBA 과정을 듣기로 결정했습니까?

의문사가 전치사의 보어가 되는 경우에 관해서는 659를 참조하라.

What's she like? 그녀는 어떤 사람입니까?

부가의문문: Anna's a doctor, isn't she?

684 부가의문문은 평서문의 끝에 덧붙인 의문문이다. (더 자세한 정보는 245 참조)

Anna's a doctor, isn't she? 애나는 의사입니다. 그렇지 않나요?　　　　　〔1〕

Anna isn't a doctor, is she? 애나는 의사가 아닙니다. 그렇지요?　　　　　〔2〕

부가의문문은 축약된 일반 의문문으로써 기능사와 대명사로 이루어지며 부정어의 유무에 따라 부정 부가의문문([1]번의 isn't she)과 긍정 부가의문문([2]번의 is she)으로 나뉜다. 기능사는 바로 앞의 동사구에 따라 달라진다. 대명사는 평서문의 대명사를 반복하거나 평서문의 주어를 받는다. 일반적으로 부가의문문은 독립적인 성조 단위이다.

│ Tom is younger than you │ isn't he? │ 톰은 당신보다 어립니다. 그렇지 않나요?

│ She had a rest │ didn't she? │ 그녀는 휴식을 취했습니다. 그렇지 않나요?

│ That would be difficult │ wouldn't it? │ 그것은 어려울 것 같아요. 안 그래요?

│ You are staying here │ Are you? │ 당신은 여기에 머물고 있군요. 그렇지요?

상호 대명사(Reciprocal pronouns)

685 Ann likes Bob.과 Bob likes Ann.이라는 두 개의 문장을 합치면 하나의 상호 구문이 만들어진다.

　　　－선택안 1 : Ann and Bob like each other.

　　　－선택안 2 : Ann and Bob like one another.

　　　　　　　　앤과 밥은 서로 좋아한다.

each other와 one another는 모두 상호 대명사이다.

　　We looked at each other. 우리는 서로를 쳐다보았다.

　　～ We looked at one another.

둘 중에서 each other가 더 자주 사용되는 대명사이지만 둘 이상의 사람 혹은 사물이 등장하는 경우에는 one another가 선호된다.

　　Their children are all quite different from each other.

　　그들의 자녀들은 서로 완전히 딴판이다.

　　People have to learn to trust one another.

　　사람들은 서로 믿는 법을 배워야 한다.

상호 대명사는 속격으로도 사용할 수 있다.

　　They exchange favours - they literally scratch each other's backs.

　　그들은 도움을 주고받는다. 그들은 정말이지 상부상조한다.

　　They are two people who have chosen to share one another's lives in an intimate and committed relation.

　　그들은 친근하고 헌신적인 관계에서 서로 평생을 함께 하기로 선택한 두 사람이다.

관계사절(Relative clauses)

관계사절의 문법적 기능

686 관계사절의 주된 문법적 기능은 명사구를 수식하는 것이다. (595 참조)

> They read every BOOK that they could borrow in the village.
>
> 그들은 마을에서 빌릴 수 있는 모든 책을 읽었다.

여기서 관계사절은 that they could borrow in the village이다. 관계대명사 that은 명사구의 핵어(book), 즉 선행사(소형 대문자로 표기)를 전방조응한다.

관계사절이라는 용어는 주절에 연결된 여러 가지 유형의 종속절에 두루 쓰이며, 절의 연결은 전방조응 요소(84 참조), 대체로 관계대명사를 매개로 이루어진다. (명사적 관계사절에 관해서는 592 참조) 관계대명사는 who, whom, whose, which, that이며 경우에 따라 부재하기도 한다. (관계대명사 부재는 문장에 별 다른 표시가 없다.) 비록 부재하는 관계대명사가 발음으로 표현되지는 않지만 절에서 문법적 위치를 차지한다는 점에서 여전히 '존재한다'고 간주된다. 다음 두 가지 문장은 owns의 목적어 기능을 하는 관계대명사 which를 쓸지 말지 양자택일이 가능하다.

> The RECORDS which he owns are mostly classical.
>
> ~ The RECORDS he owns are mostly classical.
>
> 그가 가지고 있는 음반은 거의 클래식 음반이다.

관계대명사의 선택

687 관계대명사의 종류는 여러 가지이므로 다양한 요인에 맞게 선택해야 한다.

● 어떤 관계대명사를 선택할 것인지는 절이 제한적인지 비제한적인지에 따라 달라진다. (110 참조)

제한적 관계사절은 다음과 같다.

> | My sister who lives in Nagoya | will be thirty next year. |
>
> 나고야에 사는 여동생은 내년에 서른 살이 된다. [두 명 이상의 여동생이 있다]
>
> 비제한적인 관계사절은 다음과 같다.
>
> | My sister | who lives in Nagoya | will be thirty next year. |
>
> 여동생이 나고야에 사는데, 내년에 서른 살이 된다. [한 명의 여동생이 있다]

● 관계대명사를 선택하는 다른 기준은 명사구의 핵어(= 선행사)가 인칭인가 비인칭인가 하는 문제이다.

인칭 선행사를 취하는 관계사절은 다음과 같다.

> This is the message we want to communicate to the MEN AND WOMEN who will soon be going to help the hunger-stricken areas.
>
> 이것은 기근이 심한 지역을 곧 도우려는 사람들에게 우리가 전달하고 싶은 메시지이다.

비인칭 선행사를 취하는 관계사절은 다음과 같다.

> We need to find a HOUSE which is big enough for our family.
> 우리는 가족이 살기에 충분히 큰 집을 찾아야만 한다.

● 관계대명사를 선택하는 또 다른 기준은 대명사가 관계사절에서 어떤 역할(주어, 목적어
등)을 담당하는가이다. 그 역할에 따라서 who와 whom 중에 선택해야 한다.

주어 역할을 하는 관계대명사는 다음과 같다.

> Have you met the MAN who is going to marry Diana? 〔1〕
> 다이애나와 결혼할 남자를 만나보셨어요?

목적어 역할을 하는 관계대명사는 다음과 같다. (목적어가 관계대명사인 경우에는 전치, 즉 동
사 뒤가 아니라 주어 앞에 자리함을 조심하라.)

> Have you met the MAN whom Diana is going to marry? 〈격식체〉 〔2〕

〔2〕번처럼 〈다소 격식체〉 whom 대신에 〔2a〕처럼 who를 사용해도 좋고, 더욱 일반적으
로는 〔2b〕처럼 who 부재형을 사용하기도 한다.

> Have you met the MAN who Diana is going to marry? 〈덜 격식체, 희귀체〉 〔2a〕
> Have you met the MAN Diana is going to marry? 〈일상체〉 〔2b〕

전치사의 보어인 관계대명사

688 관계대명사가 전치사의 보어 역할을 할 때에는 선택의 폭이 더욱 넓어진다. (659 참조)

> Do you know the MAN Diana is engaged to? 〈일상체〉
> ~ Do you know the MAN who Diana is engaged to? 〈덜 격식체, 희귀체〉
> ~ Do you know the MAN whom Diana is engaged to? 〈격식체, 희귀체〉
> ~ Do you know the MAN to whom Diana is engaged? 〈매우 격식체〉
> 다이애나가 약혼한 남자를 아십니까?

다시 한 번 말하면, 관계대명사는 전치되며 전치사는 관계대명사의 앞이나 뒤로 갈 수 있
다. 하지만 다음 예문과 같은 경우에 선택할 수 있는 방법은 〈전치사 + 관계대명사〉 구문
뿐이다.

> Maurice wrote me a LETTER in which he said: 'I'm not interested in how long
> a bee can live.' 모리스는 다음과 같은 내용의 편지를 나에게 썼다. "나는 벌이 얼마나 오래 살
> 수 있는지에 대해서는 관심이 없어."

다른 경우, '좌초되어' 문미에 위치한 전치사(659 참조)를 수반한 구문은 다음과 같은 예문
밖에 선택하지 못한다.

> The PLAN they've come up with is an absolute winner.
> 그들이 제안한 계획은 완전히 성공적이다.

관계대명사의 용법

689 다음 도표를 통해 관계대명사의 용법을 알아보자.

구 분	제한 용법과 비제한적 용법		제한적 용법
	인칭	비인칭	인칭과 비인칭
주어	who	which	that
목적어	who(m)		that, Zere
속격	whose	of which, whose	

이제 세 가지 형태의 관계대명사 용법, 즉 의문 관계대명사, that, 관계대명사 부재에 대해 논의해보자.

의문 관계대명사

690 의문 관계대명사란 who, whom, whose, which를 말하며, 인칭 선행사의 성과 비인칭 선행사의 성을 반영한다. (소형 대문자로 표기)

● 인칭을 받는 who와 whom

There's a MAN outside who wants to see you.

당신을 만나고 싶어 하는 사람이 밖에 있습니다.

● 비인칭을 받는 which

I want a WATCH which is absolutely waterproof.

나는 완전히 방수가 되는 시계를 원한다.

하지만 이런 구분은 whose에는 적용되지 않는다. 핵어 명사와 속격 관계인 대명사는 인칭 선행사와 비인칭 선행사 모두를 whose로 받을 수 있다.

My FRIEND whose car we borrowed is Danish.

우리가 차를 빌린 친구는 덴마크 사람이다.

They came to an old BUILDING whose walls were made of rocks.

그들은 벽이 돌로 지어진 낡은 건물에 갔다.

선행사가 비인칭(예를 들어 cars, building)인 예문에서는 whose를 피하고 of구를 사용하는 경향이 더러 있지만 이런 구문은 어색하게 보이며 〈격식체〉에서 사용한다.

～ They came to an old BUILDING the walls of which were made of rocks.

관계대명사 that과 부재형

691 that은 대상이 인칭이든 비인칭이든 사용이 가능하다. 하지만 전치사 다음에는 올 수 없으며 비제한적 관계사절에서도 대체로 사용하지 않는다. 관계대명사 부재(= 대명사가 겉으로 드러나지 않은 경우)도 that과 용법이 비슷하지만 절의 주어로는 사용할 수 없다.

- 주어로 쓰인 that은 부재형으로 쓰지 않는다.

  The POLICE OFFICER that caught the thief received a commendation for bravery. 도둑을 체포한 경찰관이 용기상을 받았다.

- 하지만 목적어나 전치사의 보어로 쓰인 that은 부재형, 즉 생략이 가능하다.

  The MAN (that) he caught received a jail sentence.
  그가 체포한 남자는 징역형을 선고받았다.

  This is the kind of PROBLEM (that) I can live with.
  이것은 내가 감수할 수 있는 종류의 문제이다.

제한적 관계사절

692 모든 관계대명사는 제한적 관계사절에서 사용할 수 있다. who(whom, whose)와 which는 물론이고 특히 that이나 다른 관계대명사의 생략도 가능하다.

이제 사례를 여섯 가지 경우로 나누어 어떤 관계사절에서 어떤 관계대명사를 선택할 수 있는지 자세히 알아보자.

- 인칭 선행사를 수반하고 주어 역할을 하는 관계대명사

  He is the sort of PERSON who always answers letters.

  ~ He is the sort of PERSON that always answers letters.
  그는 언제나 편지에 답장을 보내는 사람이다.

- 비인칭 선행사를 수반하고 주어 역할을 하는 관계대명사

  This author uses lots of WORDS which are new to me.

  ~ This author uses lots of WORDS that are new to me.
  이 저자는 나에게 생소한 단어를 많이 사용한다.

- 인칭 선행사를 수반하고 목적어 역할을 하는 관계대명사

  Our professor keeps lecturing on AUTHORS who nobody's ever read.

  ~ Our professor keeps lecturing on AUTHORS that nobody's ever read.

  ~ Our professor keeps lecturing on AUTHORS nobody's ever read.

  ~ Our professor keeps lecturing on AUTHORS whom nobody's ever read.
  〈격식체〉 우리 교수님은 누구도 결코 읽지 않는 작가들에 관한 강의를 계속한다.

- 비인칭 선행사를 수반하고 목적어 역할을 하는 관계대명사

  I need to talk to you about the email which you sent me.

  ~ I need to talk to you about the email that you sent me.

~ I need to talk to you about the email you sent me.
네가 나에게 보낸 이메일에 관해서 너와 이야기를 해야겠다.

● 인칭 선행사를 수반하고 전치사의 보어 역할을 하는 관계대명사

I know most of the BUSINESSMEN that I'm dealing with.

~ I know most of the BUSINESSMEN I'm dealing with.

~ I know most of the BUSINESSMEN with whom I am dealing. 〈격식체〉

~ I know most of the BUSINESSMEN whom I am dealing with. 〈격식체, 희귀체〉

~ I know most of the BUSINESSMEN who I am dealing with. 〈희귀체〉
내가 지금 상대하는 사업가를 나는 대부분 알고 있다.

● 비인칭 선행사를 수반하고 전치사의 보어 역할을 하는 관계대명사

Is that the ORGANIZATION which she referred to?

~ Is that the ORGANIZATION that she referred to?

~ Is that the ORGANIZATION she referred to?

~ Is that the ORGANIZATION to which she referred? 〈격식체〉
그것이 그녀가 언급한 단체입니까?

비제한적 관계대명사

693 의문대명사만이 비제한적 관계대명사절에서 주로 사용된다. 다음 예문을 다시 풀어 쓴 문장에서 나타난 것처럼(억양과 구두법에 대해서는 111 참조), 비제한적 관계대명사의 의미는 (접속사가 있든 없든) 등위절의 의미와 상당히 비슷할 때가 많다.

Then I met a GIRL, who invited me to a party.

~ Then I met a girl, and she invited me to a party.
그때 나는 소녀를 만났고 그녀가 나를 파티에 초대했다.

Here is JOHN SMITH, who I mentioned to you the other day.

~ Here is John Smith: I mentioned him to you the other day.
이분이 존 스미스인데, 제가 일전에 언급했던 분이죠.

비제한적인 절에서는 which 다음에 명사가 뒤따를 때가 가끔 있으며, 그럴 때에 which는 관계대명사가 아니라 관계한정사 기능을 한다.

The fire brigade is all too often delayed by traffic congestion, and arrives on the scene more than an hour late, by which TIME there is little chance of saving the building. 소방대는 교통 혼잡으로 출동이 지연되는 경우가 너무 많아서 한 시간도 더 지나서 현장에 도착하며 그때쯤이면 건물의 손실을 막을 가능성은 거의 없다.

문장 관계사절

694 문장 관계사절은 특별한 유형의 비제한적 절로서, 명사가 아니라 절이나 문장 전체를 가리킨다. 문장 관계사절의 관계대명사는 문장부사(461 참조)의 기능을 수행하며 그 예문은 다음과 같다.

THE COUNTRY IS ALMOST BANKRUPT, which is not surprising. (and this is not surprising) 그 나라는 거의 파산할 지경인데 이는 놀랍지 않다.

WE've GOT FRIDAY AFTERNOONS OFF, which is very good. (and that is very good) 우리는 금요일 오후면 쉬는데 이것은 정말 좋다.

문장(Sentences)

절과 문장

695 문장은 한 개 이상의 절로 만들어진 단위이다. (486 참조) 단 하나의 절을 포함한 문장은 단문이라고 하며 한 개 이상의 절을 포함한 문장은 복문이라 부른다. 다음은 두 개의 단문이다.

Sue heard an explosion. 수는 폭발음을 들었다.

She phoned the police. 수는 경찰에 전화를 했다.

- 단문은 두 개의 절을 등위접속(515 참조) and로 결합함으로써 복문이 되기도 한다.

Sue heard an explosion and (she) phoned the police.

수는 폭발음을 듣고 경찰에 전화를 했다.

- 두 개의 단문은 종속접속(709 참조), 즉 두 개의 절을 각각 주절과 종속절로 만듦으로써 복문이 되기도 한다.

When Sue heard an explosion, she phoned the police.

수는 폭발음을 들었을 때 경찰에 전화를 했다.

문장의 네 가지 종류

696 영어의 단문, 즉 오직 한 개의 절로 구성된 문장은 평서문이나 의문문, 명령문, 감탄문이 될 수 있다. 평서문이란 주어가 대체로 동사 앞에 등장하는 문장을 말한다. (하지만 전치 화제에 관해서는 411 참조)

I'll speak to the manager today. 내가 오늘 지배인과 이야기하겠다.

의문문(681 참조)은 다음과 같은 몇 가지 면에서 평서문과 다르다.

- 기능사가 주어의 바로 앞에 위치한다.

Will you see him now? 지금 그를 만나실 겁니까?

- 문장이 의문사로 시작한다. (536 참조)

Who do you want to speak to? 누구와 통화하고 싶으십니까?

● 문장의 어순은 주어 + 동사이지만 〈구어체〉 영어에서는 상승조 억양(40, 244 참조)을 띠
  며 〈문어체〉 영어에서는 의문부호로 끝맺는다.

  You'll speak to the manager today? 오늘 지배인과 이야기하실 겁니까?

명령문(497 참조)이란 명령형 동사, 즉 동사의 기본형(573 참조)을 취하는 문장을 말한다. 〈문
어체〉 영어에서 명령문은 대개 느낌표가 아니라 마침표로 끝맺는다.

  Call him now. 지금 그에게 전화해.

명령문은 대체로 주어가 드러나지 않지만 때에 따라서는 you를 주어로 취하기도 한다.
(497 참조)

  (You) speak to the manager today. (네가) 오늘 지배인과 이야기해라.

감탄문(528 참조)이란 주어와 기능사의 도치 없이 what이나 how로 시작하는 문장을 말한
다. 〈문어체〉 영어에서 감탄문은 대체로 느낌표(!)로 끝맺는다.

  What a noise they are making in that band!
  그 밴드의 사람들이 어찌나 시끄럽게 구는지!

완전한 문장으로 의사소통을 하는 경우는 〈격식체〉이거나 〈문어체〉의 표현에서 주로 나타
난다. 〈구어체〉와 〈일상체의 글〉에서는 동사와 다른 부분이 생략된 다소 불완전한 구조의
단위를 사용하는 경우가 많다. (254, 299 참조)

  What a noise! 시끄러워라!

  Careful! 조심해!

  More coffee anyone? 커피 더 드실 분?

some류와 any류의 어휘(Somewords and anywords)

697 some과 any는 한정사(522 참조)와 대명사(661 참조)의 기능을 모두 수행한다. 두 가지 기능
에서 some과 any를 선택하는 것은 문법적인 맥락에 따라 달라진다. 보편적으로 some은
긍정문에서 사용하며 any는 부정어 다음이나 일반 의문문에서 등장한다.

  Ann has bought some new records. 앤은 새 음반을 몇 장 샀다.

  Ann hasn't bought any new records. 앤은 새 음반을 전혀 사지 않았다.

  Has Ann bought any new records? 앤이 새 음반을 샀나요?

이런 면에서 some이나 any와 비슷한 기능을 하는 단어들이 많으므로 단어를 some류와
any류의 두 가지 부류로 구분할 필요가 있다.

● some류 단어: some, someone, somebody, something, somewhere, sometime,
  sometimes, already, somewhat, somehow, too(첨가 부사)

● any류 단어: any, anyone, anybody, anything, anywhere, ever, yet, at all, either

698 다음 도표는 서로 짝을 이루는 some류와 any류 단어의 차이를 보여준다.

some류	any류	
긍정 평서문	부정어 다음	의문문
한정사 They've had some lunch. 그들은 점심을 먹었다.	They haven't had any lunch. 그들은 점심을 전혀 먹지 않았다.	Have they had any lunch? 그들은 점심을 먹었습니까?
대명사 He was rude to somebody. 그는 어떤 사람에게 무례했다.	He wasn't rude to anybody. 그는 아무에게도 무례하지 않았다.	Was he rude to anybody? 그가 누군가에게 무례했습니까?
장소 부사 They've seen her somewhere. 그들은 어딘가에서 그녀를 보았다.	They haven't seen her anywhere. 그들은 어디에서도 그녀를 보지 못했다.	Have they seen her anywhere? 그들이 어딘가에서 그녀를 보았습니까?
시간 부사 I'll see you again sometime. 언제 다시 만납시다.	I won't ever see you again. 당신을 결코 다시는 만나지 않겠다.	Will I ever see you again? 언제든 다시 만나게 될까요?
빈도 부사 He sometimes visits her. 그는 때때로 그녀를 방문하곤 한다.	He doesn't ever visit her. 그녀를 그는 그녀를 전혀 방문하지 않는다.	Does he ever visit her? 그가 그녀를 방문하긴 합니까?
정도 부사 She was somewhat annoyed. 그녀는 다소 짜증이 났다.	She wasn't at all annoyed. 그녀는 조금도 짜증이 나지 않았다.	Was she at all annoyed? 그녀가 조금이라도 짜증이 났습니까?

already와 yet, still과 any more 또는 any longer, somehow와 in any way 사이에는 각기 유사한 차이점이 존재한다.

The guests have arrived already. 손님들은 이미 도착했다.

~ The guests haven't arrived yet. 손님들이 아직 도착하지 않았다.

~ haven't the guests arrived yet? 손님들이 아직 도착하지 않았습니까?

She's still at school. 그녀는 아직 학교에 다닌다.

~ She isn't at school any longer. 그녀는 더 이상 학교에 다니지 않는다.

~ She is no longer at school.

부정절에서 any류 단어는 not이나 축약형인 n't 뒤에 자리하며 nobody, no, scarcely 등의 단어도 이와 마찬가지이다. (585 참조)

Nobody has ever given her any encouragement.

여태껏 누구도 그녀에게 격려를 해주지 않았다.

any류 단어가 강세를 받고 포괄적인 의미를 나타낼 때에는(77 참조) 긍정문에서도 등장할 수 있다.

　　Anyone can do that! 누구라도 그 일을 할 수 있다!

　　Phone me any time you like. 아무 때나 좋은 시간에 나한테 전화해.

　　Any customer can have a car painted any colour that he wants so long as it is black. 어떤 고객이든 자신이 원하는 색이 칠해진 차를 가질 수 있다. 다만, 검정색이기만 하다면 말이다. 〔헨리 포드가 모델 T 포드를 두고 한 말, 1909〕

다른 문맥에 등장하는 any류 단어

699 위의 경우를 제외하고도 any류 단어가 등장하는 문맥이 몇 가지 있다.

- 일반 의문 종속절

　　I sometimes wonder whether examinations are any use to anyone.
　　나는 때때로 시험이 누구에게든 조금이라도 소용이 있는지 궁금하다.

- 조건절 (210 참조)

　　If there is anything we can do to speed up the process, do let us know.
　　절차를 빠르게 진행하기 위해 우리가 할 수 있는 일이 조금이라도 있다면 알려주십시오.

- deny, fail, forget, prevent처럼 부정적인 뜻을 암시하는 동사 뒤

　　Some historians DENY that there were any Anglo-saxon invasions at all.
　　몇몇 역사가들은 앵글로 색슨 족의 침략이 있었음을 부인한다.

　　I'm sorry that my work PREVENTS me from doing anything else today.
　　내가 일을 하느라 오늘 다른 것을 하지 못해서 유감이다.

- difficult, hard, reluctant처럼 부정적인 뜻을 암시하는 형용사 뒤

　　I think it's DIFFICULT for anyone to understand what the senator means.
　　나는 누구도 그 상원의원이 한 말을 이해하기 힘들다고 생각한다.

　　I really feel RELUCTANT to take on any more duties at this time.
　　나는 이 시점에서 조금이라도 임무를 더 맡는 것은 정말 달갑지 않다.

- against, without처럼 부정적인 뜻을 암시하는 전치사 뒤

　　Mrs Thomas can hold her own AGAINST any opposition.
　　토마스 부인은 어떤 반대에도 자기 입장을 고수할 수 있다.

　　The bill is expected to pass WITHOUT any major opposition.
　　그 법안은 강한 반발 없이 통과되리라 예상된다.

- 비교 구문(500 참조)과 as와 too를 수반한 구문

　　Naomi sings this very difficult part BETTER THAN anyone else.
　　나오미는 어느 누구보다도 정말 어려운 이 부분을 잘 부른다. (누구도 이 부분을 더 잘 부르지 못한다.)

It's TOO late to blame anyone for the accident.
그 사고에 대해서 누군가를 비난하기에는 너무 늦었다.

철자 변화(Spelling changes)

700 명사, 동사, 형용사, 부사의 철자는 다소 변화를 겪는다. 이런 철자 변화를 여기서 한꺼번에 설명한다면 이해하는 데 도움이 될 것이다. 이런 단어의 철자는 글자 치환, 글자 첨가, 글자 탈락의 세 가지 유형으로 나뉜다.

글자 치환: carry – carries

701 y가 ie 또는 i로 변화: play – played, journey – journeys의 경우에서는 y가 모음 다음에서도 그대로 존재하지만 단어의 기본형이 〈모음 + y〉로 끝나는 경우에는 다음과 같이 변화한다.

- 동사의 3인칭 단수 현재형을 나타내는 -s 앞에서 y는 ie가 된다. (574 참조)
  they carry – she carries
- 명사의 복수형을 나타내는 -s 앞에서 y는 ie가 된다. (635 참조)
  one copy – several copies
- 형용사의 비교형을 나타내는 -er 또는 -est 앞에서 y는 i가 된다. (500 참조)
  early – earlier – earliest
- 부사를 형용사로 만들 때 덧붙이는 -ly 앞에서 -y는 i가 된다. (464 참조)
  easy – easily
- 동사의 ed 앞에서 y는 i가 된다. (574 참조)
  they carry – they carried

다음 세 가지 동사에서도 모음 뒤의 y가 i로 바뀐다.

　　lay – laid, pay – paid, say – said

said의 경우에는 모음의 발음도 변한다.

　　/sei/ – /sed/

ie가 y로 변화: ing 어미 앞에서(574 참조) -ie는 -y로 변한다.

　　they die – they are dying

글자 첨가: box – boxes
치찰음으로 끝나는 명사와 동사에 e 첨가

702 마지막 철자가 묵음 e가 아닌 경우, 치찰음으로 끝나는 단어의 기본형에 e를 첨가한 다음에 s 어미를 덧붙인다. 여기서 치찰음이란 /z/, /s/, /dʒ/, /tʃ/, /ʒ/, /ʃ/을 말하며, 철자에 e를

덧붙이는 경우는 다음과 같다.

- 명사의 복수형: one box - two boxes, one dish - two dishes
- 동사의 3인칭 단수 현재형: they pass - she passes, they polish - he polishes

-o로 끝나는 명사에 e 첨가

마지막 철자가 -o인 명사 중의 일부는 복수형에서 철자가 -oes가 된다. 예를 들면, echoes, embargoes, goes, heroes, noes, potatoes, tomatoes, torpedoes, vetoes 등이 있다. 마지막 철자가 -o인 명사는 대부분 복수형에서 -oes와 -os의 두 가지 철자를 모두 사용한다. 예를 들면 archipelagoes 또는 archipelagos, cargoes 또는 cargos이다. -o 앞에 모음이 있거나(radios, rodeos, studios 등) 약어인 경우에는(hippos(hippopotamuses), kilos(kilograms), memos(memorandums), photos(photographs), pianos(pianofortes)) 복수형의 철자로 -os가 항상 사용된다.

명사에 첨가되는 -e는 마지막 철자가 -o인 두 가지 불규칙동사에도 첨가된다.

they do /duː/ - she does /dʌz/, they go/gou/ - she goes /gouz/

자음 중복: hot - hotter - hottest

703 끝에서 두 번째 철자가 단자음이면서 강세를 받으면 마지막 자음이 중복된다.

- 형용사와 부사에 er이나 est를 덧붙일 때

  big - bigger - biggest   (주의: quiet - quieter - quietest)

  hot - hotter - hottest   (주의: great -greater - greatest)

- 동사에 ing나 ed를 덧붙일 때

  drop - dropping - dropped   (주의: dread - dreading - dreaded)

  stop - stopping - stopped   (주의: stoop - stooping - stooped)

  permít - permittíng - permítted   (주의: vísit - vísiting - vísited)

  préfer - préferring - préferred   (주의: énter - éntering - éntered)

보통은 모음이 강세를 받지 못하면(오른쪽 열의 예문으로 나타나듯이) 중복 현상이 일어나지 않지만 〈영국식〉에서는 강세를 받지 못한 음절에서도 -l은 중복된다.

  cruel - crueller - cruellest 〈영국식〉   (주의: crueler - cruelest) 〈미국식〉

  travel - travelling - travelled 〈〈영국식〉   (주의: traveling - traveled) 〈미국식〉

글자 탈락: hope - hoping - hoped

704 단어의 기본형이 묵음 -e로 끝나면 e가 탈락

- 형용사와 부사에 er이나 est를 덧붙일 때

  brave - braver - bravest

  free - freer /friːə(r)/ - freest /friːist/

● 동사에 ing나 ed를 덧붙일 때

create - creating - created

hope - hoping - hoped

shave - shaving - shaved

다음 철자를 비교해 보자.

hope - hoping - hoped　　　　(비교: hop - hopping - hopped)

stare - staring - stared　　　　(비교: star - starring - starred)

-ee, -ye, -oe로 끝나는 동사 전부와 -ge로 끝나는 동사 대부분은 ing를 덧붙일 때 e가 탈락하지 않는다. (반면에, ed를 덧붙일 때에는 e가 탈락한다.)

agree - agreeing　　　　　　(주의: agreed)

dye - dyeing　　　　　　　(주의: dyed) 비교: die - dying

singe - singeing /sindʒiŋ/　　(주의: singed) 비교: sing - singing /síŋiŋ/

주어(Subjects)

705 ● 절의 주어는 일반적으로 완전 명사구, 이름, 대명사 등의 명사구이다. (595 참조)

The secretary will be late for the meeting. 비서는 회의에 지각할 것이다.

Jane will be late for the meeting. 제인은 회의에 지각할 것이다.

She will be late for the meeting. 그녀는 회의에 지각할 것이다.

비정형절도 주어가 될 수 있다. (593 참조)

Playing football paid him a lot more than working in a factory.

축구를 하는 것이 공장에서 일하는 것보다 그에게 더 많은 수익을 안겨주었다.

또는 정형 명사절도 주어가 될 수 있다. (589 참조)

That there are dangers to be dealt with is inevitable.

처리해야 할 위험요소가 있다는 사실은 불가피하다.

이렇게 긴 절로 문장을 시작하면 '주어가 너무 길고 복잡'하므로 도입의 it 구문을 사용하는 편이 더 보편적이다. (542 참조)

～ It is inevitable that there are dangers to be dealt with.

● 한 문장에서 주어는 대체로 동사 앞에 등장한다.

They have had some lunch. 그들은 점심을 먹었다.

의문문에서 주어는 기능사 바로 다음에 등장한다. (609 참조)

Have they had any lunch? 그들은 점심을 먹었습니까?

● 주어는 정형 동사에 수와 인칭을 일치시킨다. (509 참조)

I'm leaving. 저 갑니다.

～ The teacher is leaving. 교사가 떠난다.

조동사가 있는 경우에는 동사의 형태가 달라지지 않는다.

> I must leave. 나는 떠나야만 한다.
>
> ~ The teacher must leave. 교사는 떠나야만 한다.

● 주어의 가장 대표적인 기능은 동사로 묘사된 일을 야기한 사람, 사건 등의 행위자를 나타내는 것이다.

> Joan drove Ed to the airport. 조앤은 에드를 공항까지 태워다주었다.

● 능동태 문장을 수동태 문장으로 변환할 때(613 참조) 능동태 문장의 주어가 수동태의 행동주가 되며 행동주는 by구로 시작한다. 하지만 행동주는 반드시 표시할 필요는 없다. (616 참조)

> Everybody rejected the proposal. 모든 사람이 제안을 거부했다.
>
> ~ The proposal was rejected (by everybody).

가정법(Subjunctives)

강제적인 가정법

706 demand나 insist 같은 동사 다음에 보어인 that절이 뒤따를 때면 다음과 같이 전혀 다른 두 개의 동사 구문이 등장한다.

> Mary insists that John left before she did. 〔1〕
> 메리는 존이 자기보다 먼저 떠났다고 주장한다.
>
> Mary insists that John leave immediately. 〔2〕
> 메리는 존이 즉시 떠나야 한다고 주장한다.

이렇게 두 가지 구문이 생겨난 것은 insist에 서로 다른 두 가지 의미가 들어있기 때문이다. 〔1〕에서는 insist가 '단호하게 선언하다'는 의미이며 that절의 동사가 평범한 과거형(left)인 반면, 〔2〕에서는 insist가 '끈질기게 요구하다'는 의미이며 that절의 동사가 가정법 형태를 취해 굴절되지 않은 원형(leave)이다. 이 두 번째 구문은 '명령적' 가정법 혹은 강제적 가정법이라 한다. (특별한 명칭을 사용하는 이유는 Come what may …처럼 공식화된 표현을 만드는 가정법과 구분하기 위해서이다. 이에 관해서는 708을 참조하라.) 이런 가정법은 insist 같은 동사, insistent 같은 형용사, insistence 같은 명사처럼 의지나 의사를 나타내는 지배적인 표현 다음에 사용한다.

● 다음은 뒤따르는 that절의 가정법을 지배하는 동사들이다.

> advise, ask, beg, decide, decree, demand, desire, dictate, insist, intend, move, order, petition, propose, recommend, request, require, resolve, suggest, urge, vote 등

다음 예문을 살펴보자.

Some committee members asked that the proposal be read a second time.

일부 심사위원들은 논문제안서를 다시 읽으라고 요구했다.

Public opinion demanded that an inquiry be held.

여론은 조사가 실시되어야 한다고 요구했다.

Ann suggested that her parents stay for supper.

앤은 부모님이 저녁을 드시고 가야 한다고 말했다.

Employers have urged that the university do something about grade inflation.

고용주들은 대학이 학점 인플레이션 현상에 대해 조치를 취해야 한다고 주장했다.

Then I called her up and proposed that she telephone her lawyer.

그러고는 나는 그녀에게 전화를 걸어서 변호사에게 전화를 걸라고 제안했다.

- 가정법 동사가 뒤따르는 경우가 많은 형용사는 인칭 주어를 가질 수 있다. 예를 들면, anxious, determined, eager 등이다.

She was eager that the family stay together during the storm.

그녀는 폭풍이 부는 동안에 가족이 함께 지내기를 간절히 바랐다.

가정법 동사가 뒤따르는 형용사는 비인칭 it 구문을 동반하기도 한다. 예를 들면, advisable, appropriate, desirable, essential, fitting, imperative, important, necessary, preferable, urgent, vital 등이다.

It is important that every member be informed about these rules.

모든 구성원이 이런 규칙에 관해서 알아두는 것이 중요하다.

- 가정법 동사가 뒤따르는 명사로는 condition, demand, directive, intention, order, proposal, recommendation, request, suggestion 등이 있다.

The Law Society granted aid on the condition that he accept any reasonable out-of-court settlement. 영국법률협회는 그가 합당한 당사자 간의 합의를 받아들인다는 조건 하에 구제를 승인했다.

Further offences will lead to a request that the official be transferred or withdrawn. 추가적인 위반이 있으면 해당 공무원이 전보되거나 퇴출되어야 한다는 요청이 이어질 것이다.

굴절되지 않은 기본형을 사용했다는 것은 통상적인 용법과 달리 주어와 3인칭 단수 현재 동사가 일치하지 않았다는 뜻이다. 또한, 현재시제와 과거시제의 구분이 없다는 뜻이기도 하다. (740 참조) 가정법을 사용하는 것은 〈영국식〉보다는 〈미국식〉에서, 〈구어체〉보다는 〈문어체, 격식체〉 영어에서 더욱 보편적이다

가정법의 대안

707 ● 가정법 대신 선택할 수 있는 구문인 추정의 should(280 참조)는 〈영국식〉 영어에서 가정

법보다 더욱 보편적으로 사용되고 있다. 다음 〔1, 2〕번의 가정법과, 대안적 표현인 〔1, 2〕번의 should—구문을 비교해 보자.

Public opinion demanded that an inquiry be held. 〔1〕

~ Public opinion demanded that an inquiry should be held. 〔1a〕
여론은 조사가 실시되어야 한다고 요구했다.

Ann suggested that her parents stay for supper. 〔2〕

~ Ann suggested that her parents should stay for supper. 〔2a〕
앤은 부모님이 저녁을 드시고 가야 한다고 말했다.

● 사실 〈영국식〉 영어에는 세 번째 선택권이 있는데, 〈미국식〉에서는 더욱 희귀한 직설법이다.
The inspector has demanded that the vehicle undergoes rigorous trials to test its efficiency at sustained speeds. 검열관은 일정한 속도에서 효율성을 시험하기 위해서는 그 차량이 엄격한 실험을 거쳐야 한다고 주장했다.

It is essential that more decisions are taken by majority vote.
더 많은 결정이 다수결로 정해지는 것이 가장 중요하다.

● 〔3a〕처럼 다소 〈격식체〉 가정법을 쓰지 않으려면 〔3b〕처럼 〈for + 부정사〉 구문을 사용해도 된다.

It is important that every member be informed of these rules. 〔3a〕

It is important for every member to be informed of these rules. 〔3b〕
모든 구성원이 이런 규칙에 관해서 알아두는 것이 중요하다.

공식적 가정법과 were 가정법

708 ● 지금까지 살펴본 가정법 구문은 강제적인 가정법으로써 특히 〈문어체 미국식〉에서 상당히 보편적이다. 이외에도 공식적 가정법이 존재하지만 이 용법에서는 오직 일정하게 정해진 표현만 사용되며 동사의 기본형이 등장한다.

Come what may, I'll be there. (whatever happens)
어떤 어려움이 있어도 내가 그곳에 가겠다. (무슨 일이 있어도)

Heaven help us! (절망어린 절규) 하늘이시여 우리를 도우소서!

● 이외에 다른 유형의 구문으로 were 가정법(277 참조)이 있는데, 이 경우에는 당연히 was가 오리라 예상하는 자리에 were를 사용한다.

If I were you, I wouldn't do it. 만약 제가 당신이라면 그렇게 하지 않을 겁니다.

were 가정법은 가상 조건을 표현하는 절(특히 if절)이나 wish 같은 동사 뒤에 등장한다. 일반적으로 기대하는 형태인 was도 등장할 수 있으며 〈일상체〉에서는 was가 더 자주 사용된다.

If the road were/was wider, there would be no danger of an accident.
만약 이 길이 더 넓다면 사고의 위험이 없을 것이다.

Sometimes I wish I were/was someone else!
때때로 내가 다른 사람이면 좋을 텐데!

종속 관계(Subordination)

종속 관계란 무엇인가?

709 한 문장에 포함된 두 개의 절은 등위 관계나 종속 관계로 연결되기도 한다. 다음 두 개의 문장을 비교해 보자.

> Joan arrived at the office by ten but no one else was there. [등위]
> 조앤은 열 시에 사무실에 도착했지만 아무도 없었다.

> Joan arrived at the office by ten before anyone else was there. [종속]
> 다른 누구도 오기 전에 조앤이 열 시에 사무실에 도착했다.

등위접속으로 연결된 두 개의 절은 한 개의 문장 구조 안에서 '대등한 지위의 동반자'이다.

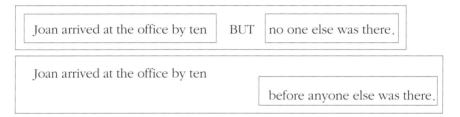

710 종속절은 다른 종속절을 포함할 수도 있다. 즉, 첫 번째 종속절이 두 번째 종속절에 대해 마치 '주절'과 같은 역할을 한다. 예를 들면, I know that you can do it if you try. 같은 문장은 각기 다른 절에 속해있는 세 개의 절로 구성되어 있다.

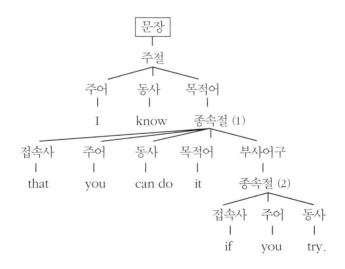

472

종속절은 주절에서 주어, 목적어, 부사어구, 전치사의 보어, 후치 수식어구 등 여러 가지
기능을 수행할 수 있다.

정형 종속절, 비정형 종속절, 무동사 종속절

711 주절은 거의 언제나 정형절인 반면, 종속절은 정형절, 비정형절, 무동사절이 될 수 있다.

- 정형 종속절 (492 참조)

  This news came after the stockmarket had closed.

  이 뉴스는 주식시장이 폐장한 뒤에 전해졌다.

- 비정형 종속절 (493 참조)

  No further discussion arising, the meeting was brought to a close.

  더 이상의 논의가 제기되지 않았으므로 회의가 마감되었다.

- 무동사 종속절 (494 참조)

  Summer vacation then only weeks away, the family was full of excitement.

  몇 주만 있으면 여름 휴가를 보내게 될 터라 당시 가족들은 흥분에 휩싸여 있었다.

정형절, 비정형절, 무동사절, 이 세 가지 유형의 절은 모두 당연히 종속절을 포함할 수 있
으며, 이때 비정형절이 정형절을 포함하기도 한다.

[Driving home [after I had left work]], I accidentally went through a red light.

[[퇴근한 뒤에] 집으로 차를 타고가면서] 나는 뜻하지 않게 빨간 신호를 지나쳤다.

다음은 비정형 종속절을 포함한 무동사절이다.

[Never slow [to take advantage of an opponent's weakness]], the Australian
moved ahead confidently to win the fourth set. [[상대팀의 허점을 이용하는 데] 지체
하는 법이 없는] 호주선수가 네 번째 세트를 이기면서 자신 있게 앞서나갔다.

종속 관계의 신호어

712 대체로 종속절은 문장의 주절이 되어 독립하지 못하며 종속 관계 신호어를 통해 종속 관계
임을 표시한다. 주로 사용되는 신호어는 다음과 같다.

- that은 생략될 때가 많다.

  I hope (that) the department will cooperate on this project.

  나는 그 부서가 이 프로젝트에 협력하기를 바란다.

- before, if, when 등의 다른 종속접속사 (207 참조)

  I wouldn't have been at all surprised if the entire roof had collapsed.

  지붕 전체가 무너졌더라도 나는 결코 놀라지 않았을 것이다.

- 의문사 (536 참조)

  I asked Jessica why she wanted to move to another university.

  나는 제시카가 다른 대학교로 옮겨가기를 원하는 이유를 물었다.

● 어순 도치는 〈다소 격식체〉의 표현이며 언제나 if절로 대신할 수 있다. (278 참조)

Had I been a royal princess, they couldn't have treated me better.

~ If I had been a royal princess, they couldn't have treated me better.

내가 공주였다면 그들이 나를 최고로 대우했을 것이다.

● 정동사가 부족한 대신에 다음 예문처럼 to부정사가 등장한다.

I hope to phone you back at the very beginning of next week.

나는 다음 주 초에 당신에게 다시 전화를 걸고 싶다.

that이 생략된 that절(관계사절 포함, 691 참조) 외에, 종속 관계 신호어를 표시하지 않은 종속절은 오직 한 가지 유형밖에 없다. 바로 다음과 같은 삽입절이다. (499 참조)

He must be at least sixty years old, I suppose.

내 생각에, 그는 적어도 예순 살은 되었음이 틀림없다.

삽입절은 that절의 주절과 연결되기도 한다.

~ I suppose (that) he must be at least sixty years old.

종속접속사의 다양한 용법에 대해서는 Part 2에서 이미 살펴보았다. (360 참조) after, as, before, but, like, since, till, until 같은 일부 종속접속사는 전치사의 기능도 수행한다. (654 참조) 다음 문장을 비교해보자.

I haven't seen Bill since the end of the war. [since = 전치사]

종전 이래 나는 빌을 보지 못했다.

I haven't seen Bill since the war ended. [since = 접속사]

전쟁이 끝난 이후로 나는 빌을 보지 못했다.

단순 종속접속사

713 접속사는 단순 접속사, 복합 접속사, 상관 접속사로 나눌 수 있다. 다음은 단순 종속접속사의 예이다.

after, although, as, because, before, however, if, like 〈친근체〉, once, since, that, though, till, unless, when, whenever, where, wherever, whereas, whereby, whereupon, while, whilst 〈특히 영국식〉

After we had arrived at the airport we had to wait for over two hours.

우리는 공항에 도착한 뒤에 두 시간이 넘도록 기다려야 했다.

Although extensive inquiries were made at the time, no trace was found of any relatives. 그 당시에 대대적인 조사가 펼쳐졌지만 친척들에 대한 어떤 흔적도 발견되지 않았다.

A stranger came into the hall as the butler opened the front door.

집사가 현관을 열자 낯선 사람이 안으로 들어섰다.

The party opposed the aircraft because they were out of date.
항공기가 구식이었기 때문에 일행은 그 항공기를 반대했다.

The election result was clear before polling closed.
투표를 마감하기도 전에 선거 결과는 명백했다.

Paul seemed a bit moody, like he used to be years ago. 〈친근체〉〔대다수의 사람들이 이런 문장에서는 like보다 as를 선호한다.〕 폴은 예전에 그랬던 것처럼 다소 변덕스럽게 보였다.

Once you begin to look at the problem there is almost nothing you can do about it. 일단 문제를 살펴보기 시작하면 네가 할 수 있는 일은 거의 아무 것도 없다.

I'm ashamed that I can't remember my new colleague's first name.
나는 새로운 동료의 이름이 생각나지 않아 창피했다.

Hadn't we better wait till Samantha arrives?
사만다가 도착할 때까지 우리가 기다리는 편이 낫지 않을까?

You can't be put on probation unless you are guilty.
유죄가 아닌 한 너는 보호관찰을 언도받을 리가 없다.

You will not be transferred until they get someone to take your place.
누군가가 네 자리를 대신할 때까지 너는 전임되지 않을 것이다.

You have to crack the head of an egg when you take it out of the pan - otherwise it goes on cooking. 계란을 냄비에서 꺼낼 때에는 계란 윗부분을 깨뜨려야만 한다. 그렇지 않으면 계란이 계속 익어버린다.

She said I could use her notebook computer whenever I wanted.
그녀는 내가 원할 때면 언제나 그녀의 노트북 컴퓨터를 사용해도 괜찮다고 말했다.

I don't know where to start. 나는 어디서 시작해야 할지 잘 모르겠다.

Wherever I go I hear you've been very successful.
내가 어디를 가든지 네가 크게 성공했다는 이야기를 듣는다.

They need some facts and figures whereby they can assess alternative strategies. 그들은 대체 전략을 평가할 근거가 되는 정확하고 자세한 정보가 필요하다.

After the adjournment, the lawyer requested Parker to visit him, whereupon Parker burst into tears. 〈격식체, 희귀체〉 휴정된 뒤에 변호사는 파커에게 자기를 만나러 오라고 요구했고, 그러자 파커가 울음을 터뜨렸다.

I've got a colleague taking my classes while I'm away, you see.
아시다시피, 제가 자리를 비우는 동안 내 수업을 맡아줄 동료가 있습니다.

We must realize that whilst God could erect a cocoon around us to protect us, our faith would be worthless if he did. 신이 우리를 보호하기 위하여 주변에 보호막을 세워줄 수는 있겠지만 만일 신이 그렇게 한다면 우리의 믿음이 무가치해질 것임을 우리는 깨달아야 한다. 〈whilst는 특히 영국식 영어에서 등장하며 희귀한 표현이다.〉

복합 종속접속사

714 복합 종속접속사는 하나 이상의 단어로 구성되지만 만약 that이 포함된다면 that은 생략이 가능하다. 복합 종속접속사는 다음과 같은 유형으로 구분할 수 있다.

● 생략되지 않는 that으로 끝나는 복합 접속사

except that, in order that (in order to + 부정사), in that, so that, such that 등

The horse reared and threw the officer from the saddle, except that one booted foot caught in the stirrup. 말이 뒷발로 서서 장교를 안장에서 내동댕이쳤지만 단지 부츠를 신은 발 하나가 등자에 끼였을 뿐이다.

Did you consider the fact that your brother possibly died in order that you can live? 〈격식체, 희귀체〉
당신이 살 수 있도록 당신 형이 죽었는지도 모른다는 사실은 생각해 보셨습니까?

Dr Bird's research is important in that it confirms the existence of a relationship between smoking and cancer. 버드 박사의 연구는 흡연과 암의 상관관계가 존재함을 확증한다는 점에서 중요하다.

I try to have a look at the student files so that I know what everybody's doing.
나는 학생들이 모두 무엇을 하는지 알기 위해서 학생 기록부를 살펴보려고 한다.

We're all trying to pull our wits together to submit papers such that the university will pay our fares to the congress next year. 〈다소 격식체〉
우리가 내년 학회에 참석할 때 필요한 비용을 대학이 지불한다는 내용의 서류를 제출하기 위하여 우리 모두는 지혜를 모으려는 중이다.

● that으로 끝나는 복합 접속사 중에는 that을 생략해도 괜찮은 것도 있다. 이런 복합 접속사는 대부분 〈다소 격식체〉의 표현이다.

assuming (that), considering (that), granting (that), granted (that), now (that), provided (that), providing (that), supposing (that) 등

By the end of next year, assuming (that) a general business recovery gets under way, interest rates should begin to edge upwards again.
전반적인 경기 회복이 시작된다고 가정하면, 내년 말까지 금리가 다시 상승하기 시작해야 한다.

Granting (that) there are only a few problems to be solved, these problems make great demands.
해결해야 할 문제가 비록 소수에 불과하더라도 이런 문제는 많은 부담을 지운다.

The grass in the meadows was growing fast, now (that) the warm weather was here. 이곳의 날씨가 따뜻했기 때문에 초원의 풀이 빨리 자라고 있었다.

The government will endorse increased support for public education, provided (that) such funds can be received and expended. 그런 기금이 수령되고 소비될 수 있다면 정부는 공교육에 더 많은 지원을 보증할 것이다.

715 ● as로 끝나는 복합 접속사는 as far as, as long as, as soon as, insofar as, inasmuch as 〈매우 격식체〉, so as + to부정사, so far as, so long as가 있다.

As far as we were aware, the party had not officially opposed the bill's passage. 우리가 아는 한 그 정당은 법안의 통과를 공식적으로 반대하지 않았다.

Like Caesar he has only one joke, so far as I can find out.
내가 알아낸 바로는 그도 카이사르처럼 한 가지 농담밖에 하지 않는다.

This is a solution most people try to avoid, as long as they can see an alternative approach to the problem. 사람들이 문제에 다가갈 대체적 접근방식을 알고 있는 한, 이것은 대부분 회피하려는 해결책이다.

Librarians perform a teaching and research role inasmuch as they instruct students formally and informally and advise and assist faculty in their scholarly pursuits. 〈격식체〉
사서는, 공식적으로나 비공식적으로 학생들을 지도하며 학문을 연구하는 교수들에게 자문과 원조를 제공하는 한, 가르치는 역할과 연구하는 역할을 모두 수행한다.

Insofar as science generates any fear, the fear stems chiefly from the fact that new unanswered questions arise. 〈격식체〉
과학이 조금이라도 두려움을 양산하는 한, 그 두려움은 답이 없는 새로운 질문이 떠오른다는 사실에서 주로 기인한다.

Our politicians generally vote so as to serve their own constituency.
우리의 정치인들은 대체로 자신의 선거구에 도움이 되도록 투표한다.

● than으로 끝나는 복합 종속접속사는 〈rather than + 비정형절〉이 있다.

It was an audience of at least a couple of thousand who came to hear music rather than go to the beach. (go의 기본형 사용에 관해서는 310을 참조하라.)
해변에 가는 대신에 음악을 들으러 온 사람은 적어도 이천 명의 관객이었다.

● 이외의 복합 종속접속사는 as if, as though, in case 등이 있다.

It began to look as if something was going to happen.
마치 무슨 일인가가 벌어질 것처럼 보이기 시작했다.

Shannon hesitated, as though hunting for words and ways of putting them.
섀넌은 마치 단어와 표현 방법을 생각해내려는 듯 망설였다.

A man like Jess would want to have a ready means of escape in case it was needed. 제스 같은 사람은 만약에 필요한 경우를 대비하여 손쉬운 탈출 수단을 마련해두고 싶어 할 것이다.

상관 종속접속사

716 상관 접속사에는 두 개의 표지어가 존재하며 이들 중 하나는 주절을 표시하고 다른 하나는 종속절의 시작을 알린다. 이런 접속사에는 if … then, no sooner … than, as … as, so … as, whether … or, the … the 등이 속한다. 두 번째 표지어가 that인 경우, that은 때때로 생략하고 so … (that), such … (that) 등으로 나타낸다.

If it is true that new galaxies are forever being formed, then the universe today looks just as it did millions of years ago. 만약 새로운 은하계가 끊임없이 형성되고 있는 것이 사실이라면 현재의 우주는 수백만 년 전에 형성된 것처럼 보인다.

No sooner were the guards posted than the whole camp turned in for a night of sound sleep. 〈다소 격식체〉 경비대가 배치되자마자 막사 전체가 깊은 잠에 빠졌다.

I can be as stubborn as she can. 나도 그녀만큼 고집을 부릴 수 있다.

We are getting such high yields per acre that many farmers are being forced to buy new harvesting machines. 수확량이 너무 많아서 많은 농부들이 부득이 새로운 수확기를 구매할 수밖에 없다.

The more you jog, the more you get hooked by the habit of taking regular exercise. (233 참조)

조깅을 많이 하면 할수록 규칙적으로 운동하는 습관에 더욱 빠져들기 마련이다.

다만 whether … or 구문은 예외여서, 두 표지어가 모두 종속절에 속한 선택 사항을 표시한다.

She didn't care whether she won or not. 그녀는 이기든 말든 상관하지 않았다.

종속절의 기능

717 종속절은 주절 안에서 주어, 목적어, 보어, 부사어 같은 문법적 기능을 수행하기도 한다.

-주어: What I like doing most in my spare time is playing around with my computer. 내가 여가 시간에 가장 좋아하는 일은 컴퓨터를 가지고 노는 것이다.

-직접 목적어: It may interest you to know that Sue and I are engaged.
당신의 관심을 끌 것 같아서 말인데요, 수와 제가 약혼했습니다.

-간접 목적어: I gave whoever it was a drink. 나는 누구에게든 술을 대접했다.

-주격 보어: The idea is that we meet and work at George's place in the mornings. 계획은 우리가 매일 아침 조지의 집에서 만나서 일하는 것이다.

-목적격 보어: I can't imagine John overcome with grief.
나는 존이 슬픔을 가누지 못하는 모습을 상상할 수가 없다.

-부사어: When we moved to the new town my wife worried that she might not be able to find another job. 우리가 새로운 도시로 이사 갔을 때 내 아내는 다른 직장을 구하지 못할까봐 걱정했다.

그 밖의 다른 기능

-명사구의 후치수식어: The friend who shared Kate's room was an art student. 케이트와 방을 같이 쓰는 친구는 미술학도였다.

-전치사의 보어: Their loyalty will depend on which way the wind is blowing. 그들의 충성심은 대세가 어느 쪽으로 기우는가에 따라 달라질 것이다.

-형용사의 보어: The curtain was now ready to go up. 커튼이 막 올라가려는 참이었다.

명사절(588 참조)은 주어나 목적어, 보어, 전치사의 보어 기능을 한다. 즉, 일반적으로 명사구와 같은 기능을 수행한다. (종속절의 유형에 관해서는 495 참조)

문형(Verb patterns)

여섯 가지 기본 문형

718 절에서 동사구의 뒤에 나오는 부분은 동사에 따라 기본 구조가 달라진다. 예를 들면, 동사 find는 다음과 같은 여러 가지 문맥에서 활용된다.

I found Sophie in the library. [discover] 나는 도서관에서 소피를 발견했다.

I found Sophie a new job. [obtain] 나는 소피에게 새로운 직업을 찾아주었다.

I found Sophie to be a very competent person. [judge]
나는 소피가 아주 능력 있는 사람이라고 생각했다.

영어의 문장은 동사의 종류에 따라 다음과 같은 여섯 가지 기본 문형으로 나뉜다.

- SVC: 연결 동사 다음에 주격 보어가 등장한다. (719-20 참조)
  She is [a doctor]. 그녀는 [의사]이다.
- SVO: 동사 다음에 목적어가 한 개 등장한다. (721-6 참조)
  She wants [some help]. 그녀는 [도움을] 원한다.
- SVOV …: 동사 다음에 목적어 + 동사가 등장한다. (727-9 참조)
  She wants [you] [to help]. 그녀는 [네가] [도와주기를] 바란다.
- SVOO: 동사 다음에 목적어가 두 개 등장한다. (730-2 참조)
  She gave [her sister] [some records]. 그녀는 [여동생에게] [음반 몇 장을] 주었다.
- SVOC: 동사 다음에 목적어와 목적 보어가 등장한다. (733 참조)
  She found [the task] [impossible]. 그녀는 [임무가] [불가능함을] 알게 되었다.
- SV: 동사 다음에 목적어나 보어가 등장하지 않는다. (734 참조)
  The door opened. 문이 열렸다.

여섯 개의 기본적인 문형은 다시 각기 다른 개수의 하위 문형으로 나뉜다. 여기서 문형별로 사용되는 동사를 모두 열거할 수는 없으므로 개별적인 내용은 사전을 참고하기 바란다. 각 문형에 해당하는 예문은 능동태로 제시하겠지만 수동태(613 참조)가 일반적인 경우에는 수동태 예문도 함께 제시하겠다.

연결 동사와 주격 보어: Sorry I'm late.

719 연결 동사(또는 '계사'라고도 불린다) 다음에는 명사구나 형용사 등으로 구성된 보어가 뒤따르며 가장 자주 사용하는 연결 동사는 be이다. 아래 예문에서 동사는 볼드체로, 보어와 목적어는 대괄호로 표시되어 있다.

Sorry I'm [late]. 늦어서 미안해.

Was Scott [a personal friend of yours]? 스콧이 [당신의 친한 친구]였습니까?

다른 연결 동사는 상태 연결 동사와 결과 연결 동사, 이 두 가지 그룹으로 나뉜다.

● 상태 연결 동사는 appear, feel, look, remain, seem 등이 있으며 상태를 나타낸다는 점에서 be 동사와 비슷하다.

Mr Brown always **appears** [calm and collected].

브라운 씨는 언제나 [고요하고 침착하게] 보인다.

I never **lie** [awake] at night. 나는 결코 잠을 [못 이루는] 법이 없다.

I hope this will **remain** [a continuing tradition].

나는 이것이 [영원한 전통]으로 남기를 바란다.

That did not **seem** [a good idea] to me. 그것은 나에게 [좋은 생각으로] 보이지 않았다.

You **sound** [a bit dubious]. 당신 말은 [다소 모호하게] 들리는군요.

I'd love to go on with this job as long as I can **stay** [alive on it].

나는 이 직업에서 살아남을 수 있는 한 계속 이 일을 하고 싶다.

The things that are poisonous we don't eat, so we don't know if they **taste** [nice] or not. 우리는 독성이 있는 것은 먹지 않으므로 그 맛이 [좋은지] 나쁜지 모른다.

● 결과 연결 동사는 become, get 등이 있으며, 이러한 연결 동사의 보어는 동사에서 묘사한 사건이나 과정의 결과를 나타내는 역할을 한다.

The situation **became** [unbearable]. 상황이 [견딜 수 없게] 되었다.

Quite unexpectedly, Patricia's parents **fell** [sick] and died.

너무도 갑자기 패트리샤의 부모님이 [병에] 걸려 돌아가셨다.

Why did Mr MacGregor **get** [so angry]?

맥그러거 씨가 왜 [몹시 화가] 나셨습니까?

We have to learn to **grow** [old] because we are all going to **grow** [old].

우리는 누구나 [나이가] 들어가기 때문에 [나이가] 드는 법을 배워야만 한다.

Our neighbour said she'd seen her dog **turn** [nasty] just once.

우리 이웃 사람은 자기 개가 단 한 번 〔난폭하게〕 변하는 것을 보았다고 말했다.

720 ● 연결 동사의 보어는 위의 예문처럼 명사구나 형용사구이거나 명사절이다. (588 참조)

The answer is 〔that we don't quite know what to do now〕.

대답은 〔우리가 지금 무엇을 해야 할지 잘 모른다는 것〕이다.

● 연결 동사의 보어는 puzzled, depressed 같은 –ed형용사나 amusing, interesting 같은 –ing형용사도 가능하다.

Some of the spectators looked 〔rather puzzled〕.

관중들 일부는 〔다소 당황한 듯〕 보였다.

Dr Barry's lectures were 〔not very clear〕 but 〔rather amusing〕.

배리 박사의 강의는 〔그다지 명쾌하지는 않지만〕 〔꽤 흥미롭다〕.

● 일부 동사의 경우에는 연결 동사와 보어 사이에 to be가 삽입되기도 한다.

There doesn't seem to be 〔any trouble with this car〕.

〔이 차에는 어떤 문제도〕 없는 것처럼 보인다.

Everybody seems (to be) 〔very depressed〕 at the moment.

바로 지금 모든 사람이 〔상당히 당황한 듯〕 보인다.

What the team did proved (to be) 〔more than adequate〕.

그 팀이 한 일이 〔매우 적절했다고〕 밝혀졌다.

● 연결 동사로 쓰인 be 다음에는 부사어가 뒤따를 때가 많으며 특히 장소 부사어가 자주 등장한다.

I'd like to be 〔in town〕 for a few weeks. 나는 몇 주 동안 〔시내에〕 가고 싶었다.

하나의 목적어를 갖는 동사

명사구를 목적어로 갖는 경우: Did you phone the doctor?

721 한 개의 목적어를 가지는 동사(일반적인 타동사)의 목적어로 명사구가 올 수 있다.

Let me just finish 〔the point〕. 제가 그냥 〔점수를〕 결정짓도록 할게요.

Where did you hear 〔that rumour〕? 〔그 소문을〕 어디서 들으셨습니까?

Do you believe 〔me〕 now? 이제는 〔저를〕 믿으십니까?

Did you phone 〔the doctor〕? 〔의사에게〕 연락했습니까?

This event caused 〔great interest〕 in our little village.

이 사건은 우리의 작은 마을에 대해 〔커다란 관심을〕 불러일으켰다.

● 이런 동사는 구동사, 즉 〈동사 + 부사적 품사 + 목적어〉(630 참조)의 형태를 취하기도 한다. 이때 목적어가 완전 명사구이면 부사적 품사의 앞이나 뒤 중 아무 곳에나 자리할 수 있다.

They blew up 〔the bridge〕. 그들은 〔다리를〕 폭파했다.

~ They blew [the bridge] up.

만약 목적어가 대명사이면 부사적 품사의 앞에밖에 자리하지 못한다.

~ They blew [it] up. 그들은 [그것을] 폭파했다.

위 예문을 수동태로 바꾸면 다음과 같다.

~ The bridge/It was blown up. 다리는/그것은 폭파되었다.

● 이런 동사는 전치사적 동사, 즉 〈동사 + 전치사 + 목적어〉(632 참조)의 형태를 취하기
도 한다.

Then the president called on [the governor] to explain why.

그때 대통령은 이유를 설명하라고 [주지사를] 불렀다.

As Natasha was going up the stairs, Mr Middleton accidentally bumped into
[her]. 나타샤가 계단을 올라가고 있을 때 미들턴 씨가 뜻하지 않게 [그녀와] 마주쳤다.

Andrew came across [someone whose name he had forgotten].

앤드류는 [이름이 생각나지 않는 누군가와] 마주쳤다.

● 이런 동사는 전치사적 구동사, 즉 〈동사 + 부사적 품사 + 전치사 + 목적어〉(634 참조)
의 형태를 취하기도 한다.

The statement was firm enough to do away with [all doubts].

그 진술은 단호해서 [모든 의심을] 없앴다.

동일한 문형의 다른 동사와 마찬가지로 전치사적 동사와 전치사적 구동사 역시 수동태를
취할 수 있다.

Then the governor was called on to explain why.

그때 주지사는 이유를 설명하라고 호출되었다.

Things like that would increase rather than be done away with.

그런 것들은 없어지기 보다는 오히려 증가할 것이다.

목적어가 부정사일 때: We agreed to stay overnight.

722 타동사의 목적어로 to부정사가 올 때가 많다.

We agreed to stay overnight. 우리는 하룻밤을 묵기로 합의했다.

The company has decided to bring out a new magazine.

그 회사는 새 잡지를 출간하기로 결정했다.

Don't expect to leave work before six o'clock.

여섯 시 전에 퇴근할 생각은 하지 마시오.

I'd like to discuss two points in your paper.

네 논문에서 두 가지 사항에 대해 논의하고 싶다.

I've been longing to see you. 그동안 당신을 만나기를 간절히 바랐다.

Ed brought a manuscript I had promised to check through.

에드는 내가 꼼꼼히 살펴보기로 약속했던 원고를 가져왔다.

to부정사를 목적어로 삼는 다른 동사로는 (can't) afford, ask, dislike, forget, hate, hope, learn, love, need, offer, prefer, refuse, remember, try, want 등이 있다.

동사 help는 to부정사나 원형부정사를 둘 다 목적어로 취할 수 있다.

After her mother died Elizabeth came over to help (to) settle up the estate.
어머니가 돌아가신 뒤에 엘리자베스는 재산을 정리하는 일을 도우려고 들렀다.

목적어가 ing형일 때: I enjoyed talking to you.

723 다음과 같은 타동사 그룹은 ing형이 뒤따라 등장한다.

We ought to avoid wasting money like this.
이처럼 돈 낭비하는 걸 삼가야 한다.

Obviously there would be just a few people one would enjoy talking to at the party. 분명히, 파티에서 이야기하기 즐거울 법한 사람은 겨우 소수에 불과할 것이다.

I believe most people dislike going to the dentist.
나는 대부분의 사람들이 치과에 가기 싫어한다고 생각한다.

Why did you stop talking? 왜 이야기를 멈췄습니까?

여기에 속하는 다른 동사로는 admit, confess, deny, finish, forget, hate, keep, like, loathe, love, prefer, remember, (can) bear, (can) help, (can) stand, (not) mind 등이 있다.

목적어가 that절일 때: I agree that the prospects are pretty gloomy.

724 ● 동사의 목적어로 that절이 올 수도 있다. (이럴 때에는 종종 that을 생략한다.)

I agree (that) the economic prospects are pretty gloomy at the moment.
나는 현재 경기 전망이 상당히 어둡다는 데 동의한다.

After school I discovered (that) I hadn't got any saleable skill.
졸업한 뒤에야 나는 시장성이 있는 기술을 전혀 가지고 있지 못함을 깨달았다.

I always thought (that) you two got on well together.
나는 너희 두 사람이 사이좋게 지낸다고 늘 생각했다.

도입의 it을 이용하여 수동태 문장을 만들면 다음과 같다. (543 참조)

It would still have to be agreed that these acts were harmful.
이런 행위가 유해했다는 것은 여전히 합의가 되어야 할 필요가 있을 것이다.

that절을 목적어로 취하는 다른 동사로는 admit, announce, bet, claim, complain, confess, declare, deny, explain, guarantee, insist, mention, object, predict, promise, reply, say, state, suggest, warn, write 등이 있다.

● believe, hope, say, suppose, think 다음에는 that절을 대신해서 so를 쓰기도 한다.

    A: Is it worth seeing the manager about the job?

       그 일자리를 얻으려면 지배인을 만나볼 가치가 있을까?

    B: I believe so./I don't believe so. 나는 그렇게 생각해./나는 그렇게 생각안 해.

부정적인 that절을 대신하여 not을 쓰기도 한다.

    A: Does that symbol stand for 'cold front'? 그 기호가 '한랭전선'을 나타냅니까?

    B: No, I don't think it does. 아니오, 저는 그렇지 않다고 생각합니다.

       ~ No, I don't think so.

       ~ No, I think not.

725 이런 동사는 추정의 should(280 참조)나 가정법 동사(706 참조)를 포함하는 that절을 취하기도 한다. 이런 구문에서는 that이 종종 생략되곤 한다.

    The prosecuting attorney ordered that the store detective (should) be summoned for questioning.

    검사는 백화점 경비원이 심문을 위해 소환되어야 한다고 지시했다.

    The lawyer requested that the hearing (should) be postponed for two weeks.

    변호사는 심리가 두 주 동안 연기될 것을 요청했다.

    The officer suggested that the petitioner (should) be exempt only from combatant training. 그 장교는 청원자가 전투 훈련을 면제받아야 한다고 제안했다.

이런 구문을 취하는 다른 동사로는 ask, command, decide, demand, insist, intend, move, prefer, propose, recommend, require, urge 등이 있다.

목적어가 의문사절일 때: I wondered why we didn't crash.

726 ● 일부 동사는 how, why, where, who, whether, if와 같은 의문사(536 참조)로 시작하는 정형절을 취한다.

    The department asked if/whether it could go ahead with the expansion plans.

    그 부서는 확장계획을 계속 추진할 수 있는지 물었다.

    We flew in rickety planes so overloaded that I wondered why we didn't crash.

    나는 짐을 너무 많이 실어 흔들거리는 비행기를 타고 있었는데도 우리가 어째서 추락하지 않았는지 궁금했다.

의문사절을 목적어로 취하는 다른 동사로는 care, decide, depend, doubt, explain, forget, hear, mind, prove, realize, remember, see, tell, think 등이 있다. know, notice, say 같은 동사는 대체로 부정문에 등장한다.

> We don't know if these animals taste nice or not.
>
> 우리는 이런 동물들이 맛이 좋은지 아닌지 알지 못한다.

● forget, know, learn, remember, see와 같은 동사는 의문사로 시작하는 비정형절을 목적어로 취할 수 있다.

> I don't know what to do next. 나는 다음에 무엇을 해야 할지 모르겠다.
>
> She forgot where to look. 그녀는 어디를 보아야하는지 잊어버렸다.

목적어 + 동사가 뒤따르는 동사

〈목적어 + 부정사〉가 뒤따르는 동사: Have you heard Juliet sing?

727 수많은 타동사는 비정형 동사를 뒤에 동반하는 목적어를 취한다.

● 소수의 동사(hear, help, let, make)는 〈목적어 + 원형부정사〉 구문을 취한다.

> Have you heard [Professor Cray] [lecture on pollution]?
>
> [크레이 교수가] [공해에 관해 강의하는 것을] 들어본 적이 있습니까?
>
> Just let [me] [finish], will you? 그냥 [제가] [끝내도록] 해주세요, 네?
>
> Danielle's letter made [me] [think]. 다니엘의 편지는 [내가] [생각하게끔] 만들었다.

help 동사는 목적어 + (to)부정사 구문을 취한다.

> Will you help [me] [(to) write the invitations to the party]?
>
> [내가] [파티 초대장을 작성하는 것을] 도와주시겠어요?

수동태에서는 언제나 to부정사가 등장한다.

> The former Wimbledon champion was made [to look almost a beginner].
>
> 전 윔블던 챔피언이 [거의 초보처럼 보이게] 되었다.

● 동사가 〈목적어 + 부정사〉를 취하는 경우, 대부분은 부정사 자리에 to부정사가 온다.

> Henrietta advised [Bill] [to get up earlier in the morning].
>
> 헨리에타는 [빌에게] [아침에 더 일찍 일어나라고] 충고했다.
>
> When Joe Scott was 15 his parents allowed [him] [to attend classes at the Academy of Fine Arts].
>
> 조 스콧이 15세였을 때 부모님은 [그가] [미술 아카데미의 수업을 들도록] 허락했다.
>
> Can I ask [Dr Peterson] [to ring you back]?
>
> [당신에게 전화 드리라고] [피터슨 박사님께] 부탁할까요?
>
> I want [you] [to get back as soon as possible].
>
> 나는 [당신이] [가능한 빨리 돌아오기를] 바란다.

수동태 예문도 일반적이다.

> [Bill] was advised by Henrietta [to get up earlier in the morning].
>
> [빌은] [아침에 더 일찍 일어나라고] 헨리에타에게 충고를 받았다.

[Mr Bush] is not allowed [to drive a car], but I saw him driving a car!
[부시 씨]는 [운전을 하면] 안 되지만 저는 그가 운전하는 것을 보았어요!

이런 문형으로 사용하는 다른 동사로는 believe, force, order, permit, require, teach, tell, urge 등이 있다.

동사 + 목적어 + ing형: We got the machine working.

728 In the end we got [the machine] [working]. 결국 우리는 [기계가] [작동하게] 만들었다.

I can't imagine [Burt] [interrupting anybody].
나는 [버트가] [누군가를 방해하는 모습을] 상상할 수도 없다.

The announcement left [the audience] [wondering whether there would be a concert]. 그 발표는 [청중들이] [공연이 열릴 것인지에 관해 궁금해 하도록] 만들었다. (= 발표 가 나자 청중들이 ~ 궁금해 했다.)

I resent [those people] [spreading rumours about us].
나는 [그 사람들이] [우리 주위에 소문을 퍼뜨려서] 화가 난다.

이런 문형으로 쓰이는 다른 동사로는 catch, find, hate, like, love, (don't) mind, prefer, see, stop 등이 있다.

동사 + 목적어 + ed형: We finally got the engine started.

729 I must get [my glasses] [changed]. 나는 안경을 바꿔야겠다.

We've just had [our house] [re-painted]. 우리는 단지 집을 다시 페인트칠했다.

I like your hair-you've had [it] [curled]! 머리 멋진데. 컬을 말았구나!

이런 구문을 수반하는 동사 중에는 지각 동사인 feel, hear, see, watch 등, 의지 동사인 like, need, want 등, 사역 동사인 get, have 등이 포함된다.

두 개의 목적어를 갖는 동사
목적어 두 개가 모두 명사구일 때

730 ● 이런 동사는 〈간접 목적어 + 직접 목적어〉 구문을 취한다.

Let me give [you] [an example of this]. [당신에게] [이것의 견본을] 드리겠습니다.

Did you manage to teach [the students] [any English]?
[그 학생들에게] [조금이라도 영어를] 가르쳤습니까?

I'll write [Pam] [a little note]. 내가 [팸에게] [간단한 쪽지를] 쓰겠다.

offer 같은 동사 다음에 이런 구문이 오면 〈직접 목적어 + to + 명사구〉로 대체되기도 한다.

They offered [my sister] [a fine job].

~ They offered [a fine job] [to my sister].

그들은 [내 누이에게] [좋은 일자리를] 제안했다.

다음은 수동태로 바꾼 예문이다.

My sister was offered a fine job.

~ A fine job was offered to my sister.

전치사 to를 이용한 대체 구문을 수반하는 다른 동사로는 bring, give, hand, lend, owe, promise, read, send, show, teach, throw, write 등이 있다.

● 〈간접 목적어 + 직접 목적어〉 구문을 취하는 buy, find, get, make, order, save, spare 같은 동사는 〈직접 목적어 + for + 명사구〉의 대체 구문을 취하기도 한다.

I'll buy [you all] [a drink]. 내가 [여러분 모두에게] [술 한잔] 사겠습니다.

~ I'll buy [a drink] [for you all].

Can I get [you] [anything] [당신에게] [뭘 좀]가져다 드릴까요?

~ Can I get [anything] [for you]?

● ask, cost처럼 목적어를 두 개 갖는 동사는 to나 for를 이용한 전치사 구문으로 대체되지 않는다.

The interviewer asked [me] [some awkward questions].

그 면접관은 [나에게] [몇 가지 난처한 질문을] 던졌다.

수동태일 때에 전치사의 도움 없이 홀로 설 수 있는 것은 오직 두 번째 목적어(위 예문에서는 some awkward questions)뿐이다.

I was asked some awkward questions. 나는 몇 가지 난처한 질문을 받았다.

cost는 수동태 구문을 만들지 못한다.

It's going to cost [me] [a fortune] to buy all these course books.

이 교과서를 전부 사려면 [나는] [돈이 많이] 들 것이다.

동사 + 목적어 + that절: The pilot informed us that the flight was delayed.

731 tell 같은 동사는 〈간접 목적어 + that절〉(589 참조)을 취하며, 이 경우에 that은 주로 생략될 때가 많다.

I told [him] [I'd ring again]. 나는 [그에게] [다시 전화하겠다고] 말했다.

이런 문형으로 쓰는 다른 동사로는 advise, assure, bet, convince, inform, persuade, promise, remind, show, teach, warn, write 등이 있다.

tell 동사 다음에는 that=절을 대신하여 so가 오기도 한다.

A: Did you tell [her] [that I am busy both evenings]?

[그녀에게] [내가 두 번 다 저녁에 바쁘다고] 말했습니까?

B: Yes, I told [her] [so]. 네, [그녀에게] [그렇게] 말했습니다.

동사 + 목적어 + 의문사절: We asked him what he was going to do.

732 tell, teach, ask 같은 동사는 〈목적어 + 정형/비정형 의문사절〉(590 참조)을 취한다.

Perhaps you'd like to tell [us] [what you want].

당신이 [우리에게] [원하는 것을] 말씀해 보시지요.

Nobody taught [the students] [how to use the machines].

누구도 [학생들에게] [기계 사용법을] 가르치지 않았다.

The president asked [each department] [whether it could go ahead with the expansion plans]. 회장은 [각 부서에] [확장 계획을 추진할 것인지] 물었다.

다음은 위의 마지막 예문을 수동태로 바꾼 문장이다.

[Each department] was asked [whether it could go ahead with the expansion plans]. [각 부서는] [확장 계획을 추진할 것인지] 질문을 받았다.

목적어와 목적 보어를 갖는 동사

733 call, find, consider 같은 동사는 목적어와 목적 보어를 가지며 복합타동사라고 불린다.

● 목적어를 뒤따르는 보어가 명사구일 때

Would you call [Othello] [a tragedy of circumstance]?

[오델로]를 [상황 비극]이라고 부르시겠습니까?

일부 동사는 보어 앞에 to be가 삽입되기도 한다.

We found [Mrs Oliver] (to be) [a very efficient secretary].

우리는 [올리버 부인이] [아주 유능한 비서임을] 알게 되었다.

All fans considered [Phil] (to be) [the best player on the team].

모든 팬은 [필이] [팀 내에서 최고의 선수라고] 생각했다.

다음은 위의 마지막 예문을 수동태로 바꾼 문장이다.

~ [Phil] was considered (to be) [the best player on the team].

위와 동일하게 활용하는 다른 동사로는 appoint, elect, imagine, make, name, suppose, think, vote 등이 있다.

● declare, find, judge, keep, leave, make, wash 같은 동사에서는 형용사 보어를 취할 가능성이 크다.

If you do that it will make [Jo] [very angry].

만약 당신이 그렇게 한다면 [조를] [꽹장히 화나게] 만들 것이다.

I had to quit because I found [my work in the office] [so dull].

나는 [사무실에서 하는 일이] [아주 지루하다고] 생각했기 때문에 그만둘 수밖에 없었다.

● believe, feel, imagine, suppose, think 같은 동사에서는 형용사 보어 앞에 대체로 to be가 삽입되곤 한다.

Many students thought [the exam] (to be) [rather unfair].
수많은 학생들은 [시험이] [다소 불공평하다고] 생각했다.

We believed [the accused] (to be) [innocent].
우리는 [피고가] [무죄라고] 믿었다.

다음은 위의 마지막 예문을 수동태로 바꾼 문장이다.

~ [The accused] was believed to be [innocent].

목적어나 보어가 없는 동사

734 목적어나 보어를 취하지 않는 동사는 '자동사'라고 부른다.

Eliza's heart sank. 엘리자는 의기소침했다.

Don't ever give up. (surrender) 절대 포기하지 마.

자동사는 대체로 한 개 이상의 부사어구가 뒤따른다.

You are teaching at a college, aren't you?
대학에서 강의하시는군요. 안 그래요?

The Argentinian leads by three games to one.
아르헨티나 팀은 3:1로 게임을 앞서나간다.

Do you go to Dr Miller's lectures? 밀러 박사의 강의를 들으세요?

He used to come in late in the morning. 그는 아침에 지각하곤 했다.

동사구(Verb phrases)

735 동사구는 본동사로만 구성되기도 한다. (573 참조)

Betsy writes dozens of e-mails every day. 벳시는 매일 수십 통의 이메일을 쓴다.

동사구는 본동사 앞에 한 개 이상의 조동사를 포함하기도 한다. be, have, might 같은 조
동사는 '도와주는 동사'이므로 본동사가 동사구를 구성할 수 있도록 돕는다.

She is writing long e-mails to her boyfriend.
그녀는 남자친구에게 긴 이메일을 쓰고 있다.

She has been writing e-mails all morning. 그녀는 매일 아침 이메일을 써왔다.

Those e-mails might never have been written, if you hadn't reminded her.
네가 그녀에게 상기시키지 않았다면 그 이메일은 결코 써지지 않았을지도 모른다.

조동사에는 1차 조동사와 서법 조동사라는 두 가지 유형이 있다.

본동사		write, walk, frighten 등과 (do, have, be)
조동사	1차 조동사	do, have, be
	서법 조동사	can, could, may, might, shall, should, will, would, must, used to, ought to, dare, need

736 1차 조동사란 do, have, be 세 가지를 말한다. 위의 표에서 알 수 있듯이, 이런 동사는 본동사 역할도 수행할 수 있다.

- do는 do-구문(do-보조라고도 부른다. 611 참조)을 만들 수 있도록 돕는다.
  Betsy didn't write many e-mails. 벳시는 이메일을 많이 쓰지 않았다.
- have는 완료시제를 만들 수 있도록 돕는다.
  She has written only one e-mail. 그녀는 오직 한 통의 이메일을 썼다.
- be는 진행시제를 만들 수 있도록 돕는다.
  She was interviewing somebody or other when it suddenly started to rain.
  그녀가 누군가를 면접 보고 있을 때 갑자기 비가 내리기 시작했다.
  You must be joking! 설마 농담이겠지!
- be는 수동태를 만들 수 있도록 돕는다.
  It has been shown in several studies that these results can be verified.
  이 결과가 입증될 수 있음은 몇 가지 연구에서 이미 밝혀졌다.

서법 조동사(483 참조)는 의도(141 참조), 미래 시간(140), 능력(287) 등 여러 가지 의미를 표현할 수 있도록 돕는다.

I was teaching classics and then thought I will cease to teach classics. I will go abroad and teach English. 나는 고전을 가르치고 있었는데, 그러다가 고전을 그만 가르쳐야겠다는 생각이 들었다. 나는 해외로 가서 영어를 가르칠 것이다.

If we can catch that train across there we'll save half an hour.
만약 우리가 저 건너편의 기차를 탈 수 있다면 30분을 단축하게 될 것이다.

정형 동사구와 비정형 동사구

737 동사구에는 정형 동사구와 비정형 동사구라는 두 가지 종류가 있다.

- 정형 동사구는 단 한 가지 정형 동사로 구성되기도 한다.
  He worked very hard indeed. 그는 실제로 아주 열심히 일했다.

한 개 이상의 동사로 구성된 정형 동사구에서 정형 동사란 첫 번째 동사를 말한다. (다음 예문에서는 was와 had가 여기에 해당된다.)

> He was working for a computer company at the time.
> 그는 당시에 컴퓨터 회사에서 일하고 있었다.

> The enemy's attack had been planned for fifteen years.
> 적의 공격은 15년 동안 계획되었다.

정형 동사는 현재시제나 과거시제를 나타내는 동사구의 요소이다. 위 예문에서 working과 been planned는 비정형 동사형이지만 정형 동사구 was working과 had been planned 안에서도 쓰인다.

정형 동사구는 주절과 대부분의 종속절에서 동사 요소로 등장한다. (709 참조) 주어와 정형 동사는 대체로 인칭과 수를 일치시킨다. 인칭 일치는 I am - you are - he is 등 be 동사에서 특히 분명하게 나타난다. (509 참조) 본동사로 쓰인 대부분의 정형동사는 3인칭 단수 현재를 일치시킬 때와 다른 모든 인칭을 일치시킬 때 대조적이어서 예를 들면, she reads - they read와 같이 동사가 굴절한다. 서법 조동사는 주어와 일치시키지 않는데도 정형 동사처럼 여겨지므로 I/you/he/they can do it처럼 동사의 변화가 일어나지 않는다.

738 동사의 비정형 형태는 다음과 같다.

- 부정사: (to) call
- -ing 현재분사: calling
- -ed 과거분사: called

불규칙동사는 대부분(550 참조) 과거형(did, went 등)과 -ed분사(done, gone 등)가 다른 반면, 규칙동사는 과거형(worked)과 과거분사(worked)에서 똑같이 -ed형을 사용한다. -ed형 분사는 규칙동사에 ed 어미를 붙이기 때문에 이런 명칭이 붙었다.

이제 정형 동사구와 비정형 동사구를 비교해 보자.

- 정형 동사구

  Con works in a laboratory. 콘은 실험실에서 일한다.

  She's working for a degree in physics. 그녀는 물리학 학위 공부를 하고 있다.

  She'll be working with overseas students. 그녀는 해외 학생들과 함께 공부할 것이다.

- 비정형 동사구

  I actually like to get up early in the morning.
  나는 사실 아침에 일찍 일어나기를 좋아한다.

  Liz heard the door open. 리즈는 문이 열리는 소리를 들었다.

  When asked to help she never refused.

도와달라는 부탁을 받으면 그녀는 결코 거절하는 법이 없었다.

My father got a degree through working in the evenings.
우리 아버지는 야간에 공부를 하여 학위를 받았다.

Having bought this drill, how do I set about using it?
이 드릴을 구입했는데 어떻게 사용하기 시작할까요?

동사의 조합

739 동사구가 한 개 이상의 동사로 구성되어 있을 때 동사들이 조합하는 방법에는 정해진 규칙이 있다. 동사의 조합은 다음과 같은 네 가지 기본형이 있다.

(A) **서법** – 서법 조동사 다음에 부정사형 동사가 뒤따른다.

We [can] [do] nothing else. 우리는 다른 것은 전혀 [할] [수 없다].

(B) **완료** – have형 동사 다음에 -ed분사형 동사가 뒤따른다.

I [have] never [heard] of him since. 나는 그 이후로 그에 대해 전혀 [듣지] [못했다].

(C) **진행** – be 동사 다음에 -ing형 동사가 뒤따른다.

We [are] [getting] on well together. 우리는 서로 잘 [지내고] [있다].

(D) **수동태** – be형 동사 다음에 -ed분사형 동사가 뒤따른다.

He [was] never [forgiven] for his mistake.
그는 실수를 결코 [용서받지] [못했다].

위의 네 가지 기본 조합 역시 서로 결합하여 하나의 동사구 안에 더욱 긴 동사의 연결을 만들어내기도 한다. 그때 어순은 알파벳 순서를 따라 [A + B + C + D]로 배열한다.

[A + B]	He must have typed the letter himself.
	그는 그 편지를 직접 작성했음이 틀림없다.
[A + C]	He may be typing at the moment.
	그는 그때 타자를 치고 있을지도 모른다.
[A + D]	The letters will be typed by Mrs Anderson.
	그 편지는 앤더슨 씨에 의해 작성될 것이다.
[B + C]	He has been typing all morning. 그는 아침 내내 타자를 쳐왔다.
[B + D]	The letters have been typed already. 편지는 이미 작성되었다.
[C + D]	The letters are being typed, so please wait a moment.
	편지가 작성되고 있으므로 잠시만 기다려 주십시오.
[A + B + C]	He must have been typing the letters himself.
	그는 그 편지를 직접 작성하고 있었음이 틀림없다.
[A + B + D]	The letters must have been typed by the secretary.
	편지는 비서에 의해 작성되었음이 틀림없다.

다음 도표를 통해 알 수 있듯이, 동사구의 중간에 있는 동사들은 이전 조합의 두 번째 성분과 뒤따르는 조합의 첫 번째 성분이라는 두 가지 역할을 담당한다.

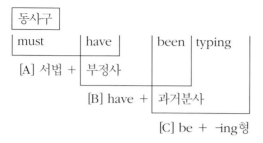

시제와 상

740 영어의 화자는 시제를 통해서 동사의 형태와 시간의 개념 사이(과거, 현재, 미래)의 대응 관계를 이해한다. 영어에는 현재시제(116 참조)와 과거시제(123 참조)라는 두 가지 단순 시제가 존재한다.

● 현재시제: How are you today? 오늘 기분이 어떠세요?

● 과거시제: Fine thanks, but yesterday I felt awful.
　　　　　 덕분에 좋습니다. 하지만 어제는 기분이 최악이었어요.

상이란 언어 행위를 실행하거나 대할 때 보이는 태도와 관련된 개념으로 예를 들면, 완료나 진행이 여기에 해당된다. 영어에는 진행상(132 참조)과 완료상(125 참조)이라는 두 가지 뚜렷한 상이 존재한다.

● 완료상: I've never felt better, thanks. 기분이 최고로 좋네요, 고맙습니다.

● 진행상: How are you feeling today? 오늘 기분이 어떠세요?

741 현재시제와 과거시제는 진행상이나 완료상과 조합하여 동사구를 형성할 수 있다. 대괄호로 묶은 알파벳은 기본적인 조합을 표시한다. (739 참조)

현재

● 단순 현재: Our teacher uses a blackboard and writes illegible things on it.
　　　　　 우리 선생님은 칠판을 사용하면서 그 위에 읽기 힘든 글자를 적는다.

● 현재 진행 〔C〕: What's he writing now? 그는 지금 무엇을 적고 있습니까?

과거

● 단순 과거: I wrote a letter and got an answer almost by return post.
　　　　　 나는 편지를 쓰고 거의 즉시 답장을 받았다.

● 과거 진행 〔C〕: I could neither read what our teacher was writing nor hear what he was saying. 나는 우리 선생님이 적는 것을 읽지도 못했고 그가 말하는 것을 알 아듣지도 못했다.

- 현재완료 〔B〕 Some people I meet at this party have written at least one book – if not two. 이 파티에서 내가 만나는 일부 사람들은 적어도 책 한 권, 그렇지 않으면 두 권을 집필했다.

- 현재완료 진행 〔B + C〕: He has been writing books on the Beatles since 1967. 그는 1967년 이래로 비틀즈에 관한 책을 계속 집필해왔다.

- 과거완료 〔B〕 The Secretary of State said he had spoken to both sides, urging restraint. 국무장관은 자제를 호소하면서 양편 모두와 이야기를 나누었다고 했다.

- 과거완료 진행 〔B + C〕: That's what people had been saying for a long time. 그것은 사람들이 오랫동안 말해왔던 것이다.

수동태(613 참조)를 만들려면 〔D〕 유형의 조합을 첨가하면 된다. 다음 예문을 살펴보자.

- 수동태 단순 과거 〔D〕: This book was written for people who have a sense of humour. 이 책은 유머 감각이 있는 사람들을 겨냥해서 집필되었다.

- 수동태 과거완료 〔B + D〕: The attack on this small friendly nation had been planned for fifteen years. 이 우호적인 소국에 가해진 공격은 15년 동안 계획되어왔다.

영어에는 현재와 과거의 시간적/시제적 관계에 대응하는 미래시제가 존재하지 않는 대신 미래 시간을 나타내는 몇 가지 표현이 존재하며(140 참조) 가장 특징적인 사례로 서법 조동사 will을 들 수 있다.

동사구의 기능사

742 지금까지 서법, 시제, 시상, 능동-수동의 측면에서 동사구의 구조와 차이점을 살펴보았다. 이 외에도 동사구가 중요한 역할을 담당하는 구문들이 존재한다. 이런 구문에서 동사구의 첫 번째 조동사는 기능사로서 특별한 역할을 수행한다. (609-612 참조)

- 일반 의문문(682 참조)에서 조동사는 기능사(볼드체로 표기) 역할을 한다.

  Will you be staying long? 오래 체류하실 겁니까?

- not을 수반한 부정문(581 참조)에서 조동사는 기능사 역할을 한다.

  I **have** received some letters this morning.
  나는 오늘 아침 편지를 몇 통 받았다.

  ~ I **haven**'t received any letters this morning.
  나는 오늘 아침에 어떤 편지도 받지 못했다.

  She speaks fluent French but she **doesn**'t speak a word of English.
  그녀는 불어를 유창하게 구사하지만 영어는 한 마디도 하지 못한다.

- 강조 효과는 기능사 do를 활용하는 경우가 많다. (264, 300, 611 참조)

  One change was likely to happen. Whether it did happen, I just don't know.
  한 가지 변화가 일어날 성 싶었다. 실제로 일어났는지는 나는 그저 모르겠다.

- do구문은 명령문에서도 사용할 수 있다. (497 참조)

  Do be careful. 정말 조심해.

- 기능사는 대용어 역할을 할 때에는 본동사 없이 홀로 사용할 수 있다. (384 참조)

  A: **Have** you seen these photographs? 이 사진들을 본 적이 있습니까?

  B: Yes I **have**, thanks. 네, 보았습니다. 감사합니다.

품사(Wordclasses)

743 영어는 주요 품사와 부수적인 품사를 구분할 수 있다. 품사와 관련한 문법사항을 이 책에서 보다 자세하게 알고 싶다면 참조 표시를 확인해 보라.

주요 품사

744 주요 품사는 개방적 품사라고도 부르는데, 새로운 단어를 쉽게 덧붙일 수 있다는 의미에서 '개방적'이라는 이름이 붙었다. 누구도 오늘날 영어에서 사용되는 명사 전부를 확실하게 알지 못하고 새로운 명사가 끊임없이 형성되기 때문에 모든 명사를 총괄하는 목록은 만들 수 없다. 영어 원문에 등장하는 전반적인 빈도에 따라 네 가지 주요 품사를 순서대로 정리해 보면 다음과 같다.

- 명사: belief, car, library, room, San Francisco, Sarah, session 등 (57, 597 참조)
- 본동사: get, give, obey, prefer, put, say, search, tell, walk 등 (573 참조)
- 형용사: afraid, blue, crazy, happy, large, new, round, steady 등 (440 참조)
- 부사: completely, hopefully, now, really, steadily, suddenly, very 등 (464 참조)

부가적인 품사

745 부가적인 품사에 속하는 단어는 폐쇄적 품사라고도 부르는데, 여기에 속하는 단어의 수가 정해져 있고 목록으로 정리할 수 있다는 의미에서 '폐쇄적'이라는 이름이 붙었다. 부가적인 품사는 새로운 단어를 덧붙여서 목록을 쉽게 연장시킬 수 없기 때문에 실제로 부가적인 품사의 목록은 폐쇄적이다. 따라서 언어를 사용하는 시대가 달라지더라도 한정사, 대명사, 접속사 같은 부가적인 품사는 상대적으로 거의 변하지 않는다.

- 조동사: can, may, should, used to, will 등 (477 참조)
- 한정사: a, all, the, this, these, every, such 등 (522 참조)
- 대명사: anybody, she, some, they, which, who 등 (661 참조)

- 전치사: at, in spite of, of, over, with, without 등 (657 참조)

- 접속사: although, and, because, that, when 등 (515, 709 참조)

- 감탄사: ah, oh, ouch, phew, ugh, wow 등 (299 참조)

746 영어 단어의 상당수는 한 가지 이상의 품사에 속한다. 따라서 영어는 활용이나 표현의 다양성에 있어서 강점을 드러내는 언어로 인정을 받고 있다. 몇 가지 예를 살펴보자.

- love는 Do you love me?(저를 사랑하세요?)에서는 동사로, What is this thing called love?(사랑이라 불리는 이것은 무엇입니까?)에서는 명사로 쓰인다.

- since는 Since the war ended, life is much better. (전쟁이 끝난 이래로 살기가 훨씬 낫다.)에서는 접속사로, Since the war life is much better. (전쟁 이후부터 살기가 훨씬 낫다.)에서는 전치사로 쓰인다.

- round는 다섯 가지 품사에 속한다.

  −전치사: Jill put her arms round Jack. 질은 잭에게 팔을 둘렀다.

  −부사: All the neighbours came round to admire our new puppy.
  　　　모든 이웃이 우리의 새 강아지를 보려고 방문했다.

  −형용사: That's a nice round sum. 상당히 많은 액수로군요.

  −명사: The champion was knocked out in the second round.
  　　　챔피언이 두 번째 회전에서 녹아웃 되었다.

  −동사: The cattle were rounded up at the end of the summer.
  　　　여름이 끝날 무렵 가축들이 한 데 모아졌다.

무(無)/부재(Zero)

747 문법에서는 어떤 성분이 생략된 위치를 나타낼 때 '생략' 또는 '무(無)'라는 용어를 사용한다. 다음 예문에서 Ø는 문장에서 어떤 성분 또는 항목이 생략되었음을 표시하는 기호이다.

- 관계대명사 that 생략 (686 참조)

  Joan is the person Ø I like best in the office.

  ~ Joan is the person that I like best in the office.
  　　조앤은 내가 사무실에서 가장 좋아하는 사람이다.

- 종속접속사 that 생략 (712 참조)

  I hope Ø you'll be successful in your new job.

  ~ I hope that you'll be successful in your new job.
  　　나는 네가 새로운 직장에서 성공하기를 바란다.

- 질량 명사와 복수 가산 명사 앞의 무관사 (523 참조)

The possession of Ø language is a distinctive feature of the human species.

언어의 소유는 인류의 변별적 특징이다.

(언어가 있다는 것은 인류와 다른 동물의 차이를 나타내는 특징이다.)

My best subject at school was Ø languages.

내가 학교에서 가장 좋아하는 과목은 언어였다.

용어 정리(색인)

- 참조 번호는 페이지가 아니라 항목을 표시한 것이다.

- 문법 용어는 굴림체로 표기되어 있다. (예를 들면, 고유 명사)

- 언어의 변이형은 꺾쇠괄호로 묶었다. 예를 들면 〈구어체〉, 〈미국식〉 등

이 책에서 추구하는 영문법 학습의 본질은 우리가 학교에서 배워왔던 시험 위주의 영문법(학문적인 접근법)에 초점을 둔 것이 아니라 실제 일상생활에서 사용되고 있는 의사소통을 위한 구어 영문법에 초점을 두었으므로 옳고 그름의 판단보다 삶의 영역에서 (활용과정이나 실수를 통하여) 올바른 표현법을 익히고, 또 틀린 표현에서 깨닫는 것이야말로 참된 학습효과가 유발된다는 점에 유의하길 바란다.

현재, 우리나라의 교육현장에서는 기존에 외국에서 출간되어 검증된 영문법에 관한 다양한 교재도 널리 사용되고 있지만 본서에서는 기존의 영문법 교재의 핵심사항을 효과적으로 정리하고 분류하였으므로 실용적인 표현어법의 활용이나 가치에 중점을 두었다.

이미 오래 전에 외국에서 출간되었으며, 우리에게 널리 알려져 있는 대표적인 영문법 교재는 다음과 같다.

- Basic Grammar in use(by Raymond Murphy) *4th Edition
- Grammar in use Intermediate(by Raymond Murphy, William R. Smalzer, Joseph Chapple)
  *4th Edition
- Understanding English Grammar(by Martha J. Kolln, Robert Funk) *8th Edition
- Easy English Grammar 1~5시리즈(by David Charlton)
- Oxford Modern English Grammar(by Aarts, Bas)
- Fundamentals Of English Grammar 시리즈(by Betty S. Azar / Hagen, Stacy A.)
- Understanding and Using English Grammar(by Betty S. Azar) *4th Edition
- Focus on Grammar 1~5시리즈(by Marjorie Fuchs, Margaret Bonner) *5th Edition

Geoffrey Leech(제프리 리치)는 랭카스터 대학교(Lancaster University)의 언어학 및 현대 영어학과 교수이고, Jan Svartvik(얀 스바르트빅)은 스웨덴 룬드 대학교(Lund University) 영어과 교수로 재직 중이다.

이 책은 랜돌프 퀴크(Randolph Quirk), 시드니 그린 바움(Sidney Greenbaum), 제프리 리치(Jeoffrey Leech), 얀 스바트빅(Jan Svartvik)이 공동 저술하였던 「A Comprehensive Grammar of the English Language」를 현대적인 영문법에 알맞게 광범위한 분량을 핵심체크 위주로 압축한 교재이다.

A Communicative
Grammar of English
원활한 의사소통을 위한 구어 영문법(3rd Edition)

2020년 3월 20일 초판 1쇄 인쇄
2020년 3월 30일 초판 1쇄 발행

지은이 | 제프리 리치, 얀 스바르트빅
감수 | 김주성
편집기획 | 이원도
디자인 | 이창욱
교정 | 이혜림, 이준표
제작 | 이규원
영업기획 | 이장호
발행처 | 빅북
발행인 | 윤국진
주소 | 서울시 양천구 목동중앙북로 18길 30 102호
등록번호 | 제 2016-000028호
이메일 | bigbook123@hanmail.net
전화 | 02) 2644-0454
전자팩스 | 0502) 644-3937
ISBN 979-11-960375-9-8 13740
값 25,000원